心王霊脈大鑑

西村大観

超科學の靈書

心王靈脈大鑑

西村大觀著

東京
心王教本院

心王教主監

西村大觀

西村大観略歴

余ハ父西村淸吉母千代ノ長男トシテ明治四年六月廿八日ニ出生シタ純粋ノ日本人デアル
拾六歳ノ時脚氣ヲ患ヒ始テ靈的ニ向ウタノデアル
拾九歳ノ時母ノ重患ヲ奉公先ニテ聞キ暇ヲ貰ウテ歸宅シ世醫投藥ノ外ニ靈的實修ヲ試ミタノデアル
余ノ一念ガ通ジテ快方ニ赴イタ
二拾四歳ニテ二三ノ事業ヲ他ニ讓リ靈修道場ヲ開設シ爾來心靈研究ニ沒頭シタノデアル
二拾八歳ノ時心靈ノ本體ヲ確認セントシテ書籍携帶深山瀧行ニ登山シタ、毎歳拾月ヲ期シテ八百日肉體苦行ニ依テ個在ノ大靈性認識ニ努力シタ、此間拾餘年研究ノ患者七八千人及ビ諸事件難問題ニ接シ、靈格者ヲ養成スル事數百人、或ハ余獨特ノ直感等モ應用シ實在本靈ノ作用ニ觸レタ
四拾一歳ニテ一大決心ヲ起シ大冒險的百貳拾日ノ絶食觀ヲ行ウ可ク遠洲ノ深山ニ籠居シ瀧行ノ傍ラ實行シ、玆ニ始テ大心王靈性ヲ確認シタ
四拾八歳ニテ研究ヲ結集シ心源術講義錄千五百頁トシテ公開シタ、入門ノ弟子數百人ヲ出シ直弟ニ讓リ爾來心王教宣傳ニ熱注シテ居ッタ
五拾三歳ノ時大震災ニ遇ヒ直後北海道ニ宣傳ヲ試ミ此時始メテ拾數年研究シタ儘秘シテ居ッタ五指靈脈ヲ余ノ門人トナッタ軍醫正寓名村愼吾氏ノ立合ニテ實研稱賛ヲ得テ北海道ヨリ歸院シ、心友社出版店ヨリ一部分ヲ拔撰シ靈脈判定術トシテ公開シタノデアル、續イテ心王靈醫學講義錄ヲ本院カラ發行シ靈脈ト靈掌ノ觸手紫光療法トヲ結ビ、心靈研究者ノ羅針トシテ權威アル公開ヲナシタ
五拾六歳ノ時大日本建國祭奉祝ノ爲五指靈脈ノ根本圖示タル三至一誠ヲ謹書シテ　皇室ニ奉献シ即時御嘉納ノ光榮ニ浴シ、爾來三至一誠圖ヲ中心ニ心王自治團ヲ組織シ思想善導ヲ力説シテ居ル
五拾八歳ニテ國家至重ノ御大典ヲ奉祝ノ爲ニ心血ヲ以テ實究シタ靈脈ヲ大統結集シ「心王靈脈大鑑」トシテ天下ニ公開シ、アラユルモノ、中心ヲ定メントシテ提供シタノデアル

序文目次　（一）

大心王の權威　鹿兒島朝日新聞記者　蒲生天隱
科學萬能より心王へ　從七位勳五等　湯原景政
一を得て萬を推し靈脈の至寶を認む　佐賀縣々農會書記　下村御年
因果指から大悟　宮崎縣農家　小崎亀治
心王靈脈は超科學の眞文明を現出す　佐賀市藥劑師　武田義助
歯痛患者に接し靈脈の超科學なるを實驗す　歯科醫生　水島清
心王の喜び　建築業　國枝三次

序文目次（二）

（序文の標題は便宜上編者が附けました此段お許しを願つておき舛）

大心王の權威

古今に絶し萬世を貫き神鏡八咫鏡の光被する所永世不滅の活道理を闡明せる者實に我が大觀西村先生創始の心王敎であろう、心王敎とは心王中心主義即ち大皇室を中心とせる大家庭主義の現れであつて、心王とは個性の本體宇宙の眞元、國家社會の脈素、總ゆる學問宗敎の根本生命である、是を以て之を無視せる思想は惡化し之を無視せる社會は秩序なく之を無視せる國家は其存立を許されない況んや其他をやである、故に『心王は絶對にして宇宙を總該す』と。

人類生存の意義も心王認識によりて始めて之を明にする事が出來、吾人の眞人格も亦之によりて始めて其完成を期する事が出來る、故に之を外に求めずして之を内に求めよと敎へたもので、生々化育宇宙一貫の大道も斷じて外にはない、其處に自ら大義名分も備はり自然の大法則も存するのである、思ふに此莊嚴理絶の大犧牲心を發揮せしめ絶對心王の大光明裡に活くるの工夫を積む事が人生向上の第一歩で、心王敎究極の大理想も亦畢竟之れに外ならないのであるまいか、故に其說く所は大義名分、其唱ふる所は常住心王の拜謁である、世の一切の迷信邪說を却け之れを諭すに指頭靈脈の權威を以てし、之を導くに因果法則の至嚴を以てしたるが如き、世の所謂賢哲や道學者先生達の似而非なる世迷語とは其間實に天地雲泥の差ありと謂ふ可きである、由來心王敎が旣成宗敎以外に在りて一切を超越し毫も他の追隨を許さゞる一大權威の存するのも亦全く之れが爲である。

先生今や年已に耳順に近く漸く老境に入るさ雖も一片耿々の志尙を燃ゆるが如きものあり、或は著書に或は言論に日夜心思を勞して心王主義の宣傳に渾身の努力を揮ひ人類の敎化思想の善導を以て畢生の事業となし日も亦足らざるもののあるは世人の普く知る所である、其嘗て心王自治國主張の生命たる三至一誠圖の成るや先づ之を皇室に献納して乙夜の覽に供し、次で臺閣要路の大官全國三百餘の新聞者に寄贈して其批判を需めたるが如き、又以て忠義淸朗一片の私心なく其志の那邊にありしやも自ら之れを推知する事が出來やう、頃者先生更に前後數十年間に於ける研究體驗の秘事を集成して新に『靈脈大鑑』を著し、御大典記念事業として愈々近く之を世に公開せんとし遙に書を寄せて其意を示さる、其志素と益世濟民に在るは玆に贅する迄もない、吁之れをしも經國の大業不朽の盛事と謂はずして何であらう、伏して惟みるに

今上登極の大儀は是洵に聖時曠古の盛典で、今や我が大皇室を中心として七千萬國民は勿論世界列强を擧つて衷心から奉祝の赤誠を捧げんとするに當り、先生多年の大業玆に完成して今此書の發刊を見るに至つたのも亦決して偶然ではあるまい、大心王八咫神鏡、大皇室、心王敎、大家庭主義、然かく念頭に浮べて靜觀する時、其間殊に意義深きものあるを痛切に感ぜざるを得ないのである、吁亦是れ宇宙大なる心王の大靈護乎。

昭和三年七月下院

鹿兒島朝日新聞記者　蒲生天隱　謹て識す

科學萬能より心王へ

夫れ天地を爐と爲し造化を工と爲し、水炭を驅使し交通の素となし、或は天地の皷を制御し通信の具となし、或は搏風飛翔、或は洋中潜航殆んど至玄の妙域に達するの勢あるも、應機接物萬境活脱には未だし、方所に縛され善惡と謬想し正邪を翻倒し、蓬蒿の見を以て學園の自由を唱へ、國體の淵源を忘れ、傳統の歴史を顧みず國家の道義を無視し、改米思想の奴隷となり國家の獨立を侵害し、憚る所なきは本地の靈光本然の實心の隱蔽し、自我錯覺の見に囚はれ其の面目を瞎却し、知障盲闇の致す所豈に愼まざる可けんや。

夫れ道義は倫理の外に向て實現實行の名なり、故に倫理道德は宗敎信仰の向下にして之れが向上は信仰となり宗敎となる、是を以て宗敎と倫理道德とは二にして不二なり、倫理道德の擴大は政治法律經濟文學藝術となる、政治法律經濟は開て資本勞働生産起業及び殖産貿易となる、本は末を離れず末は本を離れず本末相俟て統一活動し完全なる人生を建設す、最高學府に職を有する者果して之を知るや否、大和民族には大和民族の倫理道徳あり、政治經濟法律あり。知るや我國開闢以來義は君臣情は父子たるを、然るに道義節操の源泉たる學府にして、國家の發達を徂止し國民思想を惑亂混濁し、研究の自由に藉口し學問の獨立を主張し、學府をして陰謀の巢窟たらしめんとす。

想ふに之れ盲闇にして驕恣放誕を以て獨立とし自由とするにあらざるなきか國家の選良を以て自ら任ずる二三子或は之を慨し、思想善導を說くも聽くもの昏々默々たるは何ぞや、其言や誠なく妄執染心、只六根門頭に出入せしむるに過ぎず、其言其行果して範とす可きや、斯の如き輩の大聲如何んぞ其害毒に浸染せし人を浣濯覺醒し得べけんや。

然れども現下に於ける宗敎殊に佛敎は大聖釋迦の本意を沒却し、徒らに重きを繪像木像に置き、靈性を無視し寂光淨土たる本土を厭離せしむる弊に陷るのみならず、宗敎家其者は既に愛慾貪婪の巷に出沒し他を救ふの暇なし、故に大聖は既に今日あるを洞見し、曰く『魔沙門と作て吾道を壞亂す』俗の衣裳を著し、好袈裟五色の服を樂ふ、飮酒噉肉、慈心ある事無し、婬妷濁亂、貢高名を求め虛顯雅步以て榮となし人の供養を冀望す』と斯の如きの僧、如何んぞ人を度するを得んや。

玆に於てか無價至寶を覺得し體驗し理事無礙界に遊步せる我師大觀翁、奮然蹶起破邪顯正の大利劒を揮ひ、世道人を釐革せんと時代の要求に一大獅子吼し心王靈醫學を唱道し心肉の疾患を治し、其人格を向上せしめんと南船北馬席煖るの暇なく、而して其言たるや、大聖の一字不說を透得し、宇宙の生命は一の活元に在り、活元とは何んぞ大靈之れなり、我古典之を天御中主大神と稱し、釋迦大聖は之を眞如法性と云ふ。

峨々たる青山洋々たる湖海は無限の靈寶を包扉し、人の採るに任すも、人々具足の靈性は人々の開拓闡明認識するに在り、之れ活元の表示なり、日月の盈昃秋收し冬藏、是れ其因果の理現なり、晝勤夜唾是れ消極の應用なり、善用惡用一に理智に在り、一たび誤らんが活元の靈性心王は踏晦し魔王跳渠し心身調和を失ひ靈肉共に患むに至る。

是を以て人は唯だ誠に俯仰天地に耻ぢざれば心王は赫灼として靈光を放ち莊

嚴無比の極樂此に示現し、身は是れ久遠實成の無量本佛となり、度生說法人々個々をして圓成せしむ是れ大聖の本志なり、然るに世人は月を指す指に迷ひ、示方立相の眞意を誤り、己身の靈性心王を閑却し、崇高莊嚴の此土を厭離し、無常視し、煩悶懊惱し、魔王の頤使に甘從し、六塵に囚はれ、好んで濁流に投し、眼を浮雲の財に眩らし、假公濟私、一朝倒るれば悔ゆるも及ばず、之れ死亡を惡んで不仁を樂むの應報因果の理嚴として夫れ斯の如し、恐れて懼れざるべけんや、苟も百病の源を究め心身の賢實を欲し、人格の向上を希ふものは、須らく生命の本體、宇宙の大生命たる、心王の靈格を認識し自覺し、內なる眞神眞佛を正信正念せよ。

然らざれば前人未發の指頭靈脈も其用を爲さず、宇宙萬有の活動人事百般の經緯恐らくは解決し能はずと大聲疾呼、其情や熱、其志や勇、其心や誠、其言や至れり而して其所謂靈脈の百發百中は心行所滅の境界凡慮の及ぶ所にあらず。

我師大觀翁は曩きに心王教の本領たる三至一誠の圖解を畏くも　今上陛下に奉献し且つ遍く知名の士に頒與し其覺醒を促せり、而して今や又此の幾拾百なる指頭靈脈を大成し一卷とし、心王靈脈大鑑と名け、千歳一遇の曠古の大典に記念として刊行し、世に公開し以て世道人心を裨益せんとすと、想ふに此書一たび出で人々覺醒し官知止で神欲行はるゝ底に到り得て、生命の本源、靈の靈たる心王、赫として神光を放つに至らば、其志や達すと謂ふ可し。

利劍、浅學を顧みず師の需に應じ、聊か所感を記し以て序と爲し其責を塞ぐと云爾。

昭和三年七月下院

從七位勳五等　湯原景政

一を得て萬を推し靈脈の至寶を認む

心靈研究は近頃一種の流行となつてゐる觀があつて、心身の改造と云へば直ちに『精神の統一』と云ふ事を口にする樣になつたが、此の精神統一とはアラユル邪念をして心奥最深の心靈『一』に基調する事であるが、然らば其の『一』とは何ぞやと云ふ事が一番大切な事になる、此の根本の『一』の謎を解かないで術の末枝に迷ふてゐるのが全國に流布して居る千三百有餘の靈術である、一佛所說の佛教が其の主性の『一』に接合せないで其屬にのみ執着したから拾三宗五拾八派に分裂して睨み合つてゐると同じで實に哀れな次第である。

釋迦は三千年前菩提樹下の修業で此の『一』を內觀發見して『奇なる哉〱一切衆生如來の智慧德相を具有す』と云ふ大悟の初聲が迸り出た、日本の日蓮上人は斷頭場裡の大觀念の法座に於て此の『一』を體驗した、釋迦の說かれた法華經でそれを發見したから『我れ正法華經の爲には身命を惜まず』てふ莊嚴理絕の大犧牲大觀念力で『刀《ツルギ》尋《ツイデ》段々《ダンタンニ》壞《ヲレル》』の法華經を身讀して此の『一』の擴大表現の妙力を確認されて同胞民族に敎へ殘された。

猶太のヱスは十字架最終槍の馳走で人格轉換して『ア丶我事成れり』と云ふて大涅槃狀態に一致して此の『一』の寂然不動の妙味を心靈の上に味認し肉の靈化を認めた。

心王敎主監西村大観師は醫師が匙を投げた母堂の不治の胃癌を一百ヶ日の若修練行の靈念にて癒したのが導機で、此の治癒力の本源を究明すべく或は身延山下の瀧行及び遠洲金谷在の松葉瀧堂に於て斷食冥想觀を修し、又前後拾有七年間に七八千人の患者を取扱つた結果、此の治癒力の本源を自己內在に發見した、此れが即ち『一』の本體で、人間の四肢百體を大統支配愛撫される大生命『心王』である事を確認された。

釋尊が發見し、日蓮が實驗し、ヱスが味つた此の「一」を自ら實驗の上完成結集して大心王の名を以てし、現代人に最も解し易く行ひ易く入り易く、アラユル方便を捨てゝ、最も力強く敎へ人類救濟の使命を果す可く生れたのが心王靈醫學である。

一を得て萬を推し靈脈の至寳を認む

此の靈醫學の生命は五指靈脈法で此れぞ我が師西村大観先生の世界的獨創發見公開になるものである事を斷言して憚らないのである、此れは人間の單なる五指の脈動にて病氣、天候等人事萬般及天地間の一切の事件を居ながらにして識る絶對唯一の靈法である、思想、宗敎、靈術の眞は萬事此靈脈法で「一」の心王に拜謁認識してから權威と價値があるのである。

西村主監は既に耳順に近く老境に一歩を踏み入れたるを以て拾有七年來の體驗を殘りなく公開し、之れを萬世に傳へ大いに一般人類社會を稗益す可く師の大慈悲の結晶を「心王靈脈大鑑」と名け、今秋御大典を祝し奉り併せて思想善導の羅針として發行せらるゝ事になつたのである。

昭和三年七月下旬

佐賀縣々農會書記　下村御年

因果指から大悟

大聖釋迦が滅後三千年の今日を豫言して「佛滅後三千年正道將に滅盡せむ」と遺教されたが、既に三千年に近くになつた今日雜多紛然たる既成の宗教は吾々人間を救ふ力乏しく、思想界は混濁となり日々刻々に險惡を示し、政治家は政權爭奪狂となり、幾多の苦惱と混亂の渦捲く社會相の影にある宗教家は營業的實行を續けて居る有樣である。

暗夜も深く更くれば鷄鳴を告ぐ朝日輝く日の本の、八咫神鏡民族釋尊の大理想たる心王の再誕西村大觀師により絕對の新光明心王敎は生れたのである、苦難の黑闇を解脫して永遠の生命を求めんとする民衆は、輝く大心王新光の下に集り來るもの日々に數へきれない狀態である。

心王は絕對にして宇宙を總該す、心王敎には道あり敎あり術あり、八萬四千の心の魔軍を降服させるには心王の實彈たる靈脈術がある、吾等が危險や禍を前知して之れを逃れ更に新たなる幸福を發見し得る安全な生活の秘鍵は、大觀師が拾有七年間苦心發表の心王靈脈術にて得られたのである。

西村先生は卅年間苦心研究體驗の心王を廣宣せんがため拾年一日の如く濟世救民に日も亦足らざる有樣である、又心王自治團にては個體即國家として皇室中心の大義名分を力說し、人間本來生得の眞理、三至一誠圖に依り日本民族の大使命を宣揚せんものと大犧牲を拂ふて思想、宗敎、靈術等の大廓淸を促してゐる、幾年月日を通じて人類相愛の本義を說きつゝある恩師の苦心苦鬪や感謝の辭がないのである況んや筆舌に盡されないのである。

余は兩手共中指と藥指と附着したる不具者に生れ、三十六歲に至り西村先生の靈脈審判にて母の因果律なるもの判明したのである、藥指は色情關係で、中指は危險思想指である、此の指の因を發見せんとしてあらゆる宗敎や靈術等を研究したが何等得る處なきを先生の靈脈にて根本から摘發されたのである。

余の生母は處女時代同村の若い者と色情關係を通じ懷胎したのであつた、生母の父が嚴格で關係の男は養子に來る事が出來ず、失戀の結果自暴自棄となり惡事を重ね國法に觸れて宮崎監獄で死亡したのである、間もなく生んだ赤子を養子の邪魔になるとて……ツマミ殺してしまつた、軈て養子を貰ふて出來たのが不具の赤子であつたと母は心王律の嚴格に驚き七十二歳の時懺悔の涙をこぼして自白したのである。

これにて余の指の附着について三十五年間の謎が解決せられ長夜の夢が醒めたのである、恩師西村大觀師より釋迦尊の教訣たる「髻の中の明珠」を授けられ、神と佛と云ふ二條のレールを走る大法輪の心王寶車にて、あらゆる煩惱を乘り切り永遠の生命を摑んだ余の前途にはたゞ喜悦と感謝とあるのである。

噫……親愛なる日本民族よ、地上の人類よ、心王靈脈術は世人の實驗に徵して明かである、迷はず奮起せよ、余の因果指は天下獨歩の心王靈脈術の權威を更に代表的に証明した確かな……生証文……である、諸君起てよ進め、天上天下唯我獨尊境地に、富士の高峯を大黑柱として建設の大殿堂、心王大家庭主義に來り集りて之れを日常生活に應用し、吾等と民衆と悉く生き甲斐ある永遠無限の幸福を偕にせん事を祈りてやまぬ次第である。

余は皇祖發祥の地に住し皇祖の大御心である八咫神鏡を解された心王の教を

奉じて居るのであるから、心の奥底には言外に云はれぬ靈的感應に打たれて毎日に喜悦の生活をして居るのである。

八咫神鏡を二枚合せると拾六菊章になる、菊はクヽルであるから世界統一の紋章であると恩師が常に敎へられた、その眞理を含める敎を守り心王の明示たる靈脈を以て人生の大道を濶歩する愉快無上である。

昭和三年七月

皇祖發祥の地にて

小崎大隨識

心王靈脈は

超科學の眞文明を現出す

今秋行はせらるべき國家最高至重の盛典たる御即位の大禮を奉祝せん爲今回心王靈醫學開祖西村大觀師が拾有七年の實驗に成る、五指靈脈を「心王靈脈大鑑」として公開せられ、思想善導の羅針とせらるゝは誠に世界人類への一大福音である。

此の五指靈脈は人間の單なる五指の活動に依り自他の病氣は勿論、天候、其他人事萬般の一切を居ながらにして知る事が出來る實に……超科學……にして世界的新發見である。

若し醫師が診斷上に此の靈脈を應用せんか、誠に病因を根本的に發見し、更に品性を向上せしめて治病の効果を迅速ならしむると同時に、延ひては犬猿の如き暗鬪をなしつゝある、靈界と科學界との懷かしき握手が出來て、物、心、何れにも遍せざる眞文明が現出する事を確信するのである。

靈脈は日本人に限らず人種の差別なく何人にも行はれ得るので、其根本に這入つて觀れば皆同じ普遍的心王の大生命に歸着するから甫めて差別にして平等である事を觀じ、眞の博愛即ち大慈悲心が起り自由にして清新な世界的信仰に生きる事が出來て、醜き宗派爭ひなどの錯覺心の愚が一掃される。

尙最後に此の靈脈に依りて心の最奧最深に、一身四肢百體を大統愛撫される人間の大生命であり中心力である、大心王の實在を信ずれば直ちに、國家の心王即ち我が　皇室天皇の尊嚴にして無窮なる御光りをハッキリと信じ奉る事が出來るのである。

大日本帝國が三千年來磨きあげたる大皇室中心の大家庭主義と云ふ天下唯一の美しき思想信仰の、超自然、超宗教の大道理を彌々自覺すると共に、延て此の思想を以て世界民族の『大和』を圖る可き大和民族本來の面目、使命を大悟し靈氣總身に涌き出るを感ず即ち「活《イキル》」事を特筆して置く。

世の讀者諸子、本書に依り思想浮薄なる現今に際し、先づ自己の心王眞人格を認識して心身を改造して他に及ぼし更に進んで、上述の目的を達す可く大死一番の修養努力を盡されん事を希望して止まぬ次第である。

昭和三年九月上院

東京帝國大學醫學部
藥劑科專攻藥劑師
佐賀市　武田義助

齒痛患者に接し

靈脈の超科學的なるを實驗す

近時科學の進步發達により直接間接吾人がその恩惠を受くる事甚大なり、就中醫學の如きは其の研究微に入り細を穿ち往古に於て空しく死の轉歸を取らしめた患者も易々として救はれ起始回生の喜びを與ふるに至れり、而して其一分科の齒科醫學の如きも治療上及び技工上長足の進步をなし、今や齒牙の缺損も種補綴により咀嚼機能を快復し保健上重要視せらるゝに至れり、口腔諸疾患治療の如きも未だ斯學の幼稚なる時代に於て苦悶呻吟せざる可からざる患者も、今は一滴の鎭痛藥又は局所注射により一回又は數回の治療にて拔苦無痛たらしむる事を得るに至れり、之れ先輩醫科醫學者の努力の賜にして大ひに感謝す可きところなり。

然りと雖も口腔諸疾患に對する醫科學的療法は凡て其の原因を物質的に解し療法も又物質應用なり、而して單純なる齒髓尖、齒根膜尖、其他周圍組織の諸疾患も藥物器械を使用せざれば鎮痛の目的を達する事能はず、而して時には患部に藥物を塗布し局所注射を施し其の上頓服藥を與ふるも疼痛依然として去らず、患者自身は其の痛める歯が上下左右何れかを判別する事能はず、或は頭痛半面痛み、眼耳肩痛みを附へ更に疼痛が各部の組織に波及する場合、歯科診療上患歯を誤認したり又は治療に多日數を要する事往々あり。

斯る場合に吾人研究の靈脈を以てすれば疼痛の依て來る因は儼然として五指に表示さるゝ事は必然なり、而して其の原因を摘發し解除して一滴の藥物も使用せず時に一指も觸れしず心機轉換せしめ無痛たらしむる事を得るなり、靈脈研究の權威茲にあるを認むるなり。

余曾て歯痛のため苦悶呻吟し歯科醫療によるも奏効せず、三日間食事も取られず安眠も出來ざる歯痛患者の靈脈を診し、人指藥指の明示により心氣過勞及び感情衝突に因する事を發見して一回にして鈍痛たらしめ同時に安眠を得さしめたり、又最近も歯痛腹痛にて惱める患者を診し藥指人指の動きにて男女戀愛關係の爲に心配し發病せる事を認め敎化して歯痛初回腹痛三回にして治癒せしめた、之れは一二の例に止るも既往に於て此の種の患者を治癒せしめたる事屢屢なり。

之れ吾々の個體を支配せる心王靈性の自由活動たる五指靈脈の明示により原因を探究し病因を解除して治する原因療法なり、こは單に靈脈を身體の一局部に應用せるものにして特筆す可きものに非ずも記して以てその証とするものなり、更に之を大にして所謂病因不明の疾患や種々の方法を以て治せざる難病業病奇病等の原因を五指靈脈によつて探究し、之を解除して起始同生の喜びを與へ又は去就進退に就て迷へる煩悶者をして道を敎へ、破る可からざる運命の鉄條綱を打破り大中至正の大道を得るは理の當然にして、既に心王靈脈研究の同人は各方面に於て實感實行せられつゝあるなり。

余は拾年來運命說心靈諸療法術を研究し來りたるも其間却て迷妄疑惑煩悶苦惱を生じ、道を求めて道を得られず心靈界に彷徨する時、緣あつて西村大觀師に接し其の發見獨創たる靈脈を研究したるに、眞に之れ超科學的なる事を認識した爾來その靈脈に依て人類救濟に起ち、心靈上の大義名分を力說し人格の向上を致さしめて居るなり。

頃者西村師に靈脈の堂奥を極めんとして上京したりしに、偶然にも御大典記念を書して「心王靈脈大鑑」を公開するに依てその序を書く可く明示ありしを以て、過去に齒科生となつて研究しつゝありし技工上の概念と靈脈とを對照して、齒科醫は最も靈脈の必要なるを感じ茲にその序として呈出せるのみ。

昭和三年七月下旬

和歌山市に於て

齒科醫生　水島　清

心王の喜び

心王は絶對にして宇宙を總該す、私共は如何にして此の世に生を受けしか、亦何の爲に萬物の靈長であるか、世の樣々なる森羅萬象は如何なる神の仕業か神とは何んな者か等々數へ來れば限りなき疑ひ惑が頭中を往來して居つたのである。

過去數年前迄は身の不幸をかこち世の中の眞の幸福の神を探して居つたのである、何うしたら自由の生活安定が得られるのであろふか、兎やせん角やせんと身をもがきつゝある内に、何うした運命の廻り合せか大觀師著の心王祈禱傳習錄が手始めに心王の外廓を得て、更に向上して靈醫學を學び向學の心はいやが上にもせき止め得ず、遂に東京に走りて本院の門をたゝき大觀先生の御熱心御心切なる御敎授によりて、玆に始めて確固たる心王を認め迷夢は一掃して今迄の自己の虛僞を發見して消極的人生觀は一變し、心王式積極的人生觀となり日々此の壯健なる身體は心王の靈護によりて始めて尊く、槌持つ此の手に心王の靈氣溢れ踏みしむ此の足には心王の靈籠りて萬事心王の明示に依りて順序正しく少しの誤りなく、愈々出でゝ愈々愉快に曉を報ずる鷄鳴は心王を知りて怠惰の心を奮ひ立ち、一日の策戰に少しの遺漏なからしめ、嚴然たる心王の大義名分を自覺せる此身は大死一番犧牲を事とせず千仞の谷、千尋の海も何のその眼前の迷雲を拂へば光明は常に輝いた。

嗚呼、心王は絶對にして大宇宙を總該す、との絶叫は識る人こその價値を認めてゆかしけれ、心王の現れたる此の神國、心王の本體に在す我が君を頭に戴き此の處に安穩なる家庭を作りて尊き親の恩愛を受け至上の幸福を得るは何ぞ仕合せなる。

仰げば天に星ありてほゝ笑みつゝ我が心王と相通ずるを思へば無上になつかしみの情が涌き出づるのである、眞廣き野に立ちて見渡す限りの青々たる稻草は驟て吹き來るそよ風に青波綠浪の起りて取り〳〵に我が心王と感應するを思へば此の處にも會心の笑を禁じがたいのである。

心王の嚴律は心王を識りて始めて尊く嬉れし、犧牲を拂へば我れを守りて幸多からしむ、身の因果律は心王の制裁なり心王靈脈は之れを敎へて除す處なし犧牲をくゞりて因果律を消滅し犧牲的大運動に依て天地の大理法を動かす、目先きの小事を捨て心王靈脈の示す處に從ふてなすは達人の行爲なり。

曠古の御大典記念の奉祝を以て發刊される大觀師の心血を注がれた「心王靈脈大鑑」こそ實に吾等民衆の道案內である、社會の怒濤中に突進して恐れざる羅針盤である、思想善導は此の大鑑に依て定められ民衆生活のスタートは切つて放たれるのである。

昭和三年七月下旬

岐阜養老瀧の邊りにて

建築請負業　國枝三次

靈脈の權威を確信し

心王靈醫學の開祖西村大觀師は御賢母が難症の胃癌に罹り醫師數名より不治の宣告を受けたるも、孝行深き師は苦修練行の結果自己の內面に一貫する心王靈性の絕對力を認め、母の心王と共通し靈能作用を起して病氣を全治せしめ、心王その時人指と中指の感動に依りそれを發端に拾有七年間の長日月に亘り、心王靈性の自由活動によるあらゆる事物に就て實驗を重ね、天下獨特の心王の代官役である五指靈脈法を完成し、靈脈判定術を初傳に數拾卷の書籍を公開せられ殊に大義名分を敎ふべく心靈解剖圖を作製し心王自治圖を設けて三至一誠圖を生命とし絕對靈力心王表現を八咫神鏡に合體せるを說かれ。

大日本帝國三千年來の歷史を活かしめ、皇室中心大家庭主義を絕叫し宗敎、思想、諸學問及び靈術醫術に生命を與へ思想善導に人心救濟に世を益する事數ふるに遑あらず、吾等も幸ひに入門を許され靈脈に依て心王の絕對力を認め日日快樂に生活する事を得たれば一は師の高恩に報ひ、一は人生最大の眞義を遂行したく難病者救濟に或は惡思想の改造に微力を傾注し、心王主義と五指靈脈の權威は逐次我が縣下の人々にも認められ研究者の增殖するを見て洵に欣快の至りとするところなり、茲に二三の例を擧げてその確証を示す、

本年一月大阪市に出張の際西區櫻川通りに或る店舖の妻君三十六歲が、數ヶ月間病床に呻吟し其間名醫二十七名の診斷を受けしも病名不明にて二十八人目に來りし某醫學博士が漸く胃痙攣なりと診斷せしも依然疼痛止まず苦悶の折柄招かれて患者の家に至る

靈脈は小指藥指人指中指の動によつて色情關係と剛情性に因る病氣を摘發し子宮病より肝臟激痛を同時に指摘した依て患部觸手法一回にて痛み止む、今一人は工業家の主人にして五十七歲男子が貳拾有餘年の喘息にて醫術に見放され獨逸より藥物を購入し專ら療養に努めつゝありしも効果見へず、求めに依て靈脈を診したるに若年の頃親不孝と色情的空間靈波ある事を摘發し懺悔四週間前後にて何れも全治す。

五指靈脈の權威ある實例は靈醫學研究者の共に恐嘆せらるゝ處にて西村大觀

師に感謝の辭なし、大聖釋迦も日蓮偉聖も靈脈法を御存知なかりしを想はゞ、大觀師の深遠崇高なる御人格は心王の名と共に永劫不滅と申して過言はない。

尙師は今秋の御大典を奉祝の爲畢生の記念として數拾年來の尊き體驗を著し「心王靈脈大鑑」として社會人類思想善導の爲に公開せられんとす、其序を記するに當り吾等の光榮之れに過ぎたるはなし、希くば大觀師の御健任を祈ると共に難病に煩悶に健者弱者を問はず、此の珍寶無類の書に依て心身の改造をなし、心王靈性の大道理に活き皇室中心の大家庭主義を實現せられなば、獨り著者の滿足に止まらず國家の幸福之れを以て最大とす、又

吾々日本民族は過去に於ける殉難の烈士が名譽の戰死を遂げたるを歴史上に於て見る時、心王眼よりして吾人は深遠なる意義を個中に發見するのである、それは心王指の拇指が全指を大統して居るそれである。

拇指なかりせばピストルに觸れて世界の大戰爭は起ざりしものをと、云ふ者あれど拇指の動たるや悉く心王の制裁より來るものにして、即ち物質文明の行き詰りを一擊して精神文明を開拓せんとする心王の大慈悲であつた事は誰も知

らざる可し。

世界大戰後に起りし思想問題の大怒濤は戰禍を絕叫して個人の安全を計らんとせしものに外ならない、此の終局の解決こそ實に我が恩師大觀先生の發見獨創に成れる心王靈脈より外に何物もないのである。

昭和三年七月

和歌山縣實業家　高地辰次郎

仝　農家　濱本三次郎

各靈術を大觀して靈脈の權威を認む

現時心靈療法界は自然陶汰の天則の如く僞瞞的或は靈賣的のものは漸時凋落して往く傾向になつた、然し未だその殘物が日本國に勿驚ザット千二三百種もあるのであるが、拾中七八分は催眠術を胚胎し殘り三分は白隱禪師などを習ひ損ねた連中がそれである。

或は統一療法とか人道敎とか云ふて居るが悉く心靈の何物なるかを解せぬ連中ばかりであるから氣の毒である、その中に特殊療法の分類などを擧げられて精神療法、物理療法、化學療法、自然療法、綜合療法の五種を示して居るが、療法として天下に宣傳するには患者の病種と病因を診斷する靈的方法がなければならぬのである。

余が研究した無數の靈術には優越した靈診法のある心靈療法は一ツもなかつたのである、光波療法とか靈念療法とか禪の一喝とか靈子顯動作用とか雜多紛然たる方法はあるが、それは誰れにでも長短相和し取捨宣しきを得ば出來るのであるが、藥物の醫師が患者を診察せずして投藥する者がないと同じく、心靈療法が病種と病源を探らずに施法にかゝるのは氣狂が惡戲をすると同じで危險である、

精神療法と物理療法と化學療法との三部混合したのが現代の理想的療法に近いと云ふ者もあるが、精神の中樞を知らず又物理の生命を識らず化學の變通を知らないで何處で統一が出來ようか、吾輩はそれ等の人々の心理狀態が怪しまれるのである。

自然療法などは日光、空氣、土、水、の力と作用とを應用する療法であるがその四大自然物の生命である大心王を認めないから徹底療法とは云へない、太陽光線療法として宣傳されて居るが、太陽の生命は大心王靈性である事を識らなければ療療としての眞價は認められないのである、其他研究し來りし諸療法術を顧みるに病種と病因を認めての治療でないから盲目的であると云へよう。

心王靈醫學では諸療法術に超勝した靈診がある、又病因を發見する助勢として靈的嗅覺法がある、心靈內面の大義名分を識る心靈解剖正圖がある、之れに

依て心內統一の嚴則が是認されるのである、療法の骨目としては額部觸手紫光療法がある、皆之れ五指靈脈の發見に依て行はれる順序である。

故に他靈術が集り來つて靈脈法を打ち破らんとしても材料がないから仕方がないのである。病氣ばかりでなく天下の一切事象の起滅及び進退因果を目前に識ると云ふのであるから他門の追從は決して許さないのである。

心王靈脈や觸手紫光療法は他門の連中が行ふて居る綜合療法などではない、個體內の心王の明示に依る獨一靈制の療法であるから、形式や人爲の規則などに捕はれないのである、特殊療法と云へば前に擧けたのではなくて心王靈醫學の事であると合点せねばならぬ。

横井式、武田式、秋山式、小熊式、村上式、中村式、江間式等靈的療法の樣な大家があるが心王靈脈の如き確實なる診斷法は持たないのである、況んや其他をやである、藤田式などもサンゲ療法があるが心王の制裁から解除されないサンゲは、例のキリスト敎の悔亡ぶと同じである。

中井式の自疆術の如きは純粹なる物理療法であるから靈脈などはその香もか

ぐ事は出來ないのである、調精術の如きも水の生命である心王を認めないで水を奬勵するは非である、太靈道及びその他で斷食療法を强ひて居るが、心王の制裁解除をせないで絕食療法を行ふのは危險千萬である。

余は種々の方面に沒頭研究したが心王靈醫學開祖西村師の五指靈脈の權威にはどうしても服從せぬ譯には往かないのである、之れ眞に療法界の一大發見であると云ふても過言ではないのである。

昭和三年七月中旬

關西大學生
山田靜雄

孝道に依て發見した靈脈

印度の釋尊は亡母の迷魂を救はんと欲し、仙師に隨從して肉體の苦行數年間を務めたが、自己の目的を達す可き道にあらずと斷然決して下山し、進んで菩提樹下四十九日の統一に於て天地の大道理を心得開發し華嚴經に『心善道に向へば十方悉く惠方にして福德常に至る、心惡に向へば八方悉く鬼門にして災難常に多し』と敎へ次後五千餘卷の經文を說て法は良藥なりと濟度された。

支那の孔子聖人は天子より以て庶人に至るまで一に是皆身を修むゝを以て本と爲した、又其本亂れて末治る者はないと說き、又眉間より發する五光を以て吉凶前知の方法を敎へたのである。

日本の西村大觀師は自身拾六歲の時脚氣病に罹り、又其母は胃癌に罹り諸醫師博士の診を得て服藥する事數月に至るも其効果なく、遂に死の宣告を與へられた其時に臨んで策の施すなく、釋尊の說かれし『是好良藥今留在止』と云ふ經意に着眼し、齊壇を設け一百日の祈願苦行を行ひ信ずる所の一念の空しからずして、實世は快方に赴き其後拾ヶ年長壽され死亡せし以來。

大觀師は醫學術の不完全なる事を惜み之を研究して人類の病魔を救はんと信念を起し、水行瀧行斷食行、祈禱及び生理學心理學等數千萬の書籍に眼を晒し先に心源術を公開して無藥療法を敎授し又心王靈醫學を公開してその主眼とする指頭靈脈を創始された。

又嗅覺法に依りて種々の病原を察診し、又は先天的と後天的の病原或は潜在意識の疾患を治療する事を敎へ、又は心王靈格を無視した道德犯罪の因果律を解除する事も敎へた。

元來日本國は忠孝一元主義が國民の大道であつて、親に孝たる者は必らず君に忠たるは鏡の両面の如くである、大觀師は實母の病氣を癒した事に發して研究が向上するに從つて大心王の器敎八咫神鏡の本義が了解され、それに依て年來研究し來りし諸學問を大統して三至一誠圖に結び附けられたのである。

その圖顯は皇室に奉献し御嘉納となり次で台閣に贈り全國新聞社長にも贈りその批判を仰ぎたる大犧牲を表現した、而して師は今年耳順の老境に入れり、依て數拾年來研究せし體驗を『心王靈脈大鑑』として公開し、御大典記念を期して發刊されるのである。

人種社會の利益大なりと余は確信する、今や各國共に文學隆盛にして其書多多ありと雖も徒に長文に流れ時間を無視するもの多く爲に研究者は病弱となる者多々あると見る。

大觀師の說く處簡にして明、世を益する無限、殊に五指靈脈の如きは釋迦、孔子の未だ敎へざる空前の發見公開である、今回記念發刊に際し愚老に序辭を命ぜられ師弟の情辭するに言なく一言を述ぶる次第。

昭和三年七月

函館市漁業家

小西　碧謹書

宇宙常設館內の實際

『心王は絶對にして宇宙を總該す』

日月草木海蟲鳥魚其の他宇宙間の凡百物の意識的或は無意識的の活動或は存在も皆心王の活動たり表現たりである、換言すれば皆心王の當體であり表現であるのだ、心王を離れて何物の存在もない筈だ。

心王は萬象に依て表現せられ萬象は心王の當相である、故に不完全なるものは宇宙間に一つもない筈だ、日本の何處かに『生きる事は作す事であるから如何に焦つても生きる間は完全は期せられぬ』と放言した物識り坊主が嘗て生きて居た。

啻人間は人間の眼で見て人間の役用にならなければ不完全だとか何とか云ふて排斥するが、それは人間社會と云ふ事を前提として見た時の事で、今少し眼を大きく開いて見る時は不完全と云ふ事は絶對に天地間にはない、病者も不具者も愚者も痴者も狂人も人間としては不完全であらう、だが併しそれはそうならなければならぬ原因を有するのだ、其原因に由る當然の結果として不具者も病者も出るのだ、若しそれが出ぬとすれば不完全なのだ、善因善果惡因果は心王の法則である、此の完全なる法則を信ずるが故に吾人は安心して生活が出來る、亦病者不具者も心王の前には立派なる永久不滅の生命活動の保有者である事を忘れてはならぬ。

衛生展覽會等にはよく結核菌の肺部を侵して居る處や、チブス菌の腸を侵蝕して居る處や梅毒性の人が顔面や其他を侵されて蒼白となり醜惡な形相になつた處を造つて、衛生宣傳をして居るが實物に就て研究する程完全な事はない。彼等は吾々と同じ樣に働らく身體の完全は有しないが、吾々は完全な勸善懲惡の標本を彼等に得る事が出來る、因果應報の現証は斯くの如くである、諸君も斯くすれば斯くなる、故に斯くの如き倫理道懐に背戻する樣な行爲をしてはならぬ、と人に實際示し得る完全なる勸善懲惡の標本は彼等に依らざれば能はぬ事である。

或る識者が云つた如く『生きる事は作す事であり作す間は不完全だ』と云ふならば、それは正しく靈魂の廢滅を說くもので死後の活動、永久の生命を知らん者である、人間が死ねば人間としての活動の出來ぬ事はそれは餘りに解りきつた話である、然らば屍に何の生命も活動もないか、若しないとしたら蛆は如何にして生れるか、蛆は或は他から來たとしても其の腐爛せる肉塊に依て生々化育をなす處を見れば、其肉塊に生命のある事を肯定しなければならぬ、肉塊の腐爛すると云ふ事其事が既に生命あるが故ではないか、

世の中に生命のないものは一つもない、大は星の世界より小は蟲の世界に至るまで有機無機を問はず皆心王の支配統御の下に絕えざる活動を續けて居るも

のである。

斯く觀じ來たれば『心王は絕對にして宇宙を總該す』と云ふ前のモットーは決して過言でなく寧ろ適當の言である事が判るであらう。

今般恩師西村先生が御大禮の盛典を祝する爲に本書を公刊し以て思想善導の羅針となさん事を企圖せられたのであります、此内憂外患思想國難來の一大危機に逢會し本書の廣く公刊せらるゝと云ふ事は將に國家の一大福音であると云はなければなりません、世界刻下の現狀に鑑み敢て贅言蕪筆を弄し以て本書の一讀を一般民衆に勸むる次第です。

昭和三年七月下院

日本大學宗教科生　三浦一郎

靈脈の結集

西村先生が桔据二十餘年その心血を濺いで實研究明せられた靈脈に關する諸種の秘法は既に隨時發行せられて廣く世上を稗益されて居る處であるが、これ等はいづれも臨時の急に應じられたもので何れ或る機會に於てそれぞ〳〵聚約類輯せらるべきであつたことは云ふ迄もないことである、それが今度恰も好し聖上陛下御即位式の大典が擧行あらせらるゝ千載一遇の好時機に方り其奉祝を意味し玆に刋行せらるゝ運びとなつたのは誠に芽出度限りであつて、既修の學徒は大にその檢索閲覽に便利となり、又一面一層廣く世間に流布するに到るであらうことを想ひ衷心欣喜踊躍を禁じ得ぬのである。

顧れば余は大正十年の夏不思議の縁に依り先生の門に遊び圖らず其知遇を辱ふし、爾來六星霜の久しきその間懇篤なる提撕誘掖を蒙つたことは恰も父の如く母の如くであつた。

唯余や資性鹵莽にして些の造詣なく毫も發揮する處がなかつたけれ共、御陰に依り幸に今後は六道に迷ふこと丈けは免かれたと喜んで居る次第である。

昔者太昊伏犧氏は天象地理を俯仰觀察して八卦を創作し廣く萬世を益した、併しながら易の推理と卦象の活斷とは專門の研究を要し素人の能くし難き欽點があるが、今この靈脈法は何人でも其各自の五指に現はれる動作に依りて萬事を判斷するので其易にして且つ簡なること到底易と同日の談でない、これこそ眞に弘く民用に充つるに足るといふべきである、聖人孔子の言に『變化の道を知る者はそれ神のなす所を知る乎、又神にして之を明かにするは其人に存す』と言はれて居るが、この靈脈に就ても余は又然りと言ふの外はないと思ふ、乃ちこの聖語を借用して先生のこの不朽の大業を賛歎感謝するの微意を表し以て聊か序文に代へると云爾。

昭和三年初秋の日

末學　暘谷處士

仁城大統識す

實驗寫眞

（第一圖）獨習診脈

凡ての患者が獨りで診脈する着座方式である、然し患者は袴を着けなくとも臥床ふとんの上に座してよい、圖の如く正しく据ると下腹から清き靈氣がフッと出るからである。

（西村大觀師令孫）

病氣以外の諸事鑑識も此の着座方式でせねばいけない、それから病者は男ならば先づ左手を吹て病氣の種類を判別せねばならぬ、病種が判つたら直ちに右手を吹て病因を發見するのが正式の順序である、女子は右を先に。

諸事鑑識は女でも男でも片手でよいのである、拾歳以上の子供は自分で診脈させるのである、而して萬事始め動いた指を活斷の証據とするのである事も忘れない様にせられよ、二本三本と合して動いたのは充分熟練後でなければ診斷も活斷もせないのがよい。

（第二圖）他人診脈簡易式

（西村大觀師令孫と母堂）

子供でも大人でも獨りで出來ない者を簡易に診する圖示である、向ひ合て座し直ちに男は左手、女は右手を術者の掌中に仰向けて乘せ、乘せた患者の掌中を術者の右の平手にて輕くコク事一回してから患者の掌中の人指の附根を靈氣で一分間以内三度位息をかへながら吹くのである。

一分間以内に動く者と乘て吹くとすぐ動く者と、何程吹ても動かぬ者があるが、この動かぬ者は術者が掌中をコイた時に手甲の方にピクと現れて了うたのがあるからコク時に注意されよ、手甲にピクと出るのは病氣なら深いので、事件なら秘密に屬するのである、手甲脈は初心者には判らないから其時は直授であるから本院に來られよ。

注意…之れは拾歳以下の子供または何も判らない大人などは簡易に診されよ。

第三圖　家庭合併診脈式

毎朝家庭で集合して主人公が術者となつて當日の運動方針及び災難病難を前知する合併式である、之れは家庭ばかりでなく熟練すれば百人位の大衆を同座させて診脈する事が出來る靈術界獨特の方法である。

先づ圖の如く列座させ術者は起て列座一同に圖の如く手を立させ、下腹から出る靈氣で矢張り人指の附根をフッと一分間以内吹かせるのである、而して各自に動いた指を記憶する事を命令し、皆動いた事を術者が認めたらよろしいと云ふて中止させよ。

家庭の事として拇指が動いたのは無事、人指は少し心配事あり中指は無理をして災難に遇ふから注意、藥指は交際上に有利の事がある、小指は妻子の事で少し心配あり先づザットこんな活斷をして當日を萬事誡めればよい、餘は書中對照して活斷せよ。

（第四圖）重患者診脈式

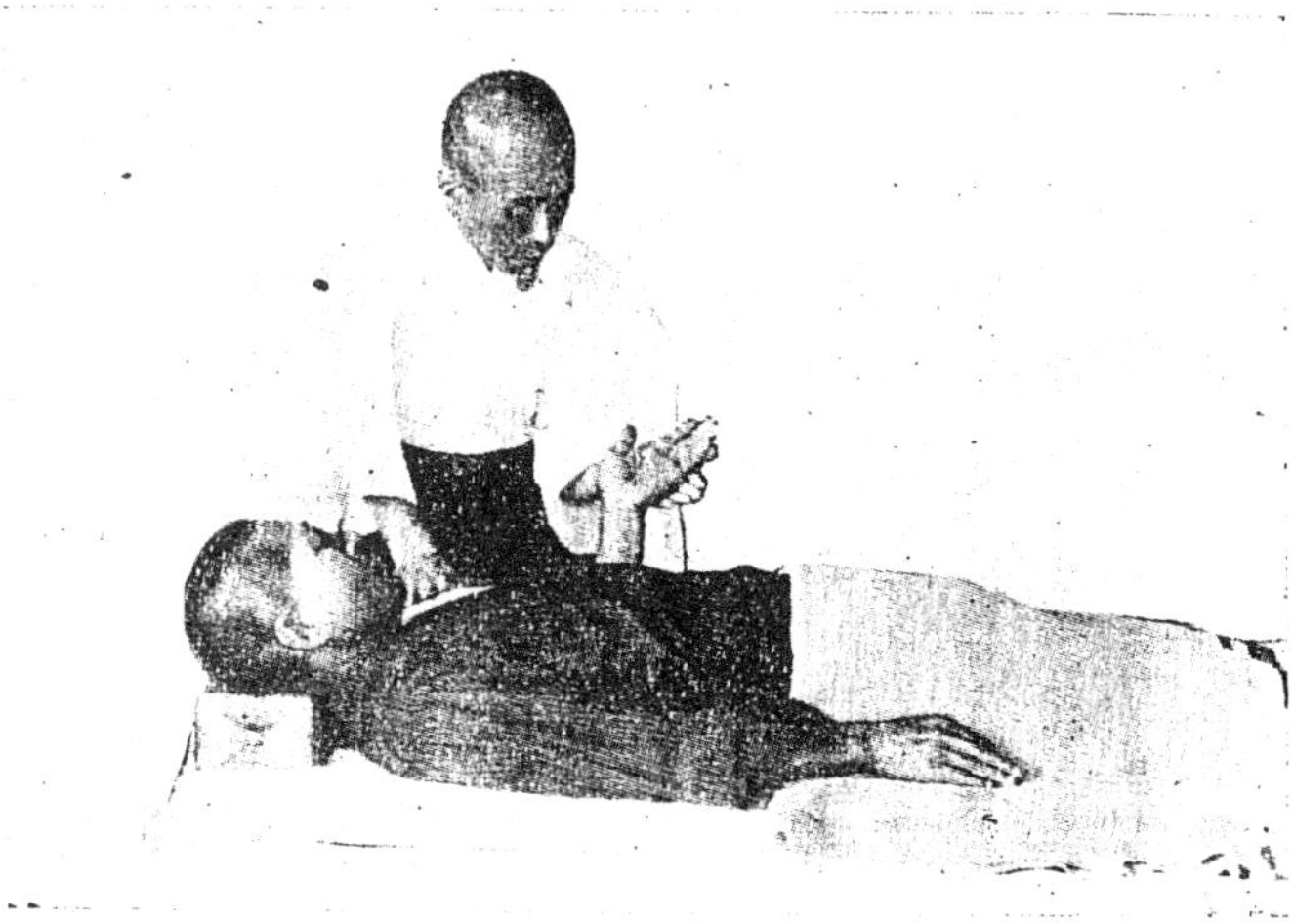

（西村大觀師と小崎大隨氏）

重患者を靈診するには寢て居る病人の側に着座し男の患者は左り方、女の患者は右の方、先づ圖の如く輕く手を受けて人指の附根を吹くのであるが、その吹く前に病人の生命脈を先に診るのである。

それは術者の掌中に乘せた患者の手を術者の右平手にて輕くコイて見るのである、そのコイた時患者の四指が「人指中指藥指小指」が掌中に自然と曲り來る樣なのは不治と斷ずる事が拾中拾人ある、而して念の爲に二三回コイて見ねばならぬ。

此の四指が自然に曲らずしてどれか一本正しく動いたらそれを目票として診斷せられよ、四指共に曲るのでなくて動いてピクピクするのは慢性的の病氣があると斷定する事が度々ある、又拇指が非常に動く重患者は危險が伴ふから注意せられよ。

第五圖（正式靈脈ノ一）

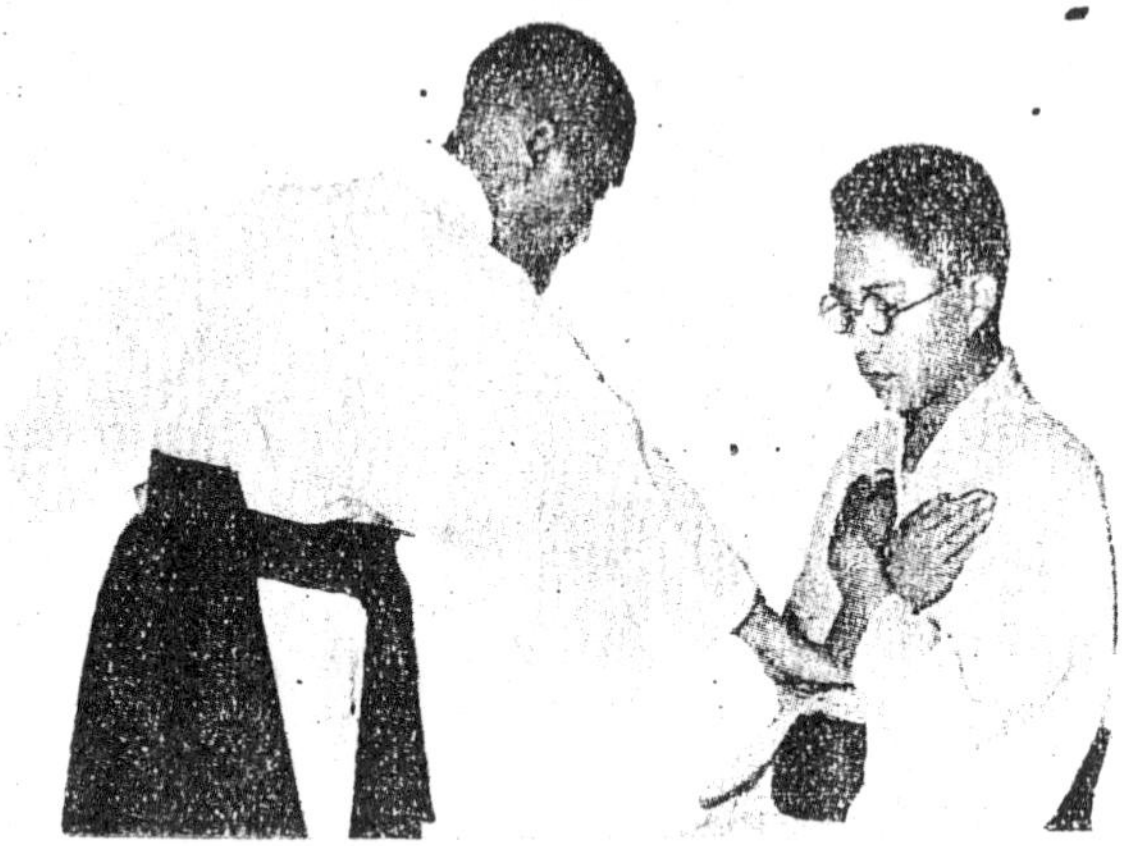

（西村大觀師と三浦大覓氏）

此の著には正式診脈法は記載せぬ積りであつたから、第四圖まで誰れにでも出來る簡易法を出し、正式法は心王靈脈法の權威として參考までに記載する事にしたのである、依て正式法を徹底的に修めたいものは直接講習を通過せねば判らないのである、然し畧して傳へて置とする。

圖示したのは正式法の椅子式であるが座形でもよい、患者の両手を十字に輕く組せて胸に附させ術者はその前に立ち「私の顔を御覧なさい」と命じ、その瞬間術者は患者の上眼廓と下眼廓の内側に注意する事、上がピクピクするは神經的疾患で、下眼廓の内側に潤氣があるは内臓疾患と見る、此の凝視る間は二三秒であつて直ちに術者は右平手先を以て胸元に輕くあてゝ「圓頓止觀」と一聲して次圖に移るのである。

第六圖（正式靈脈ノ二

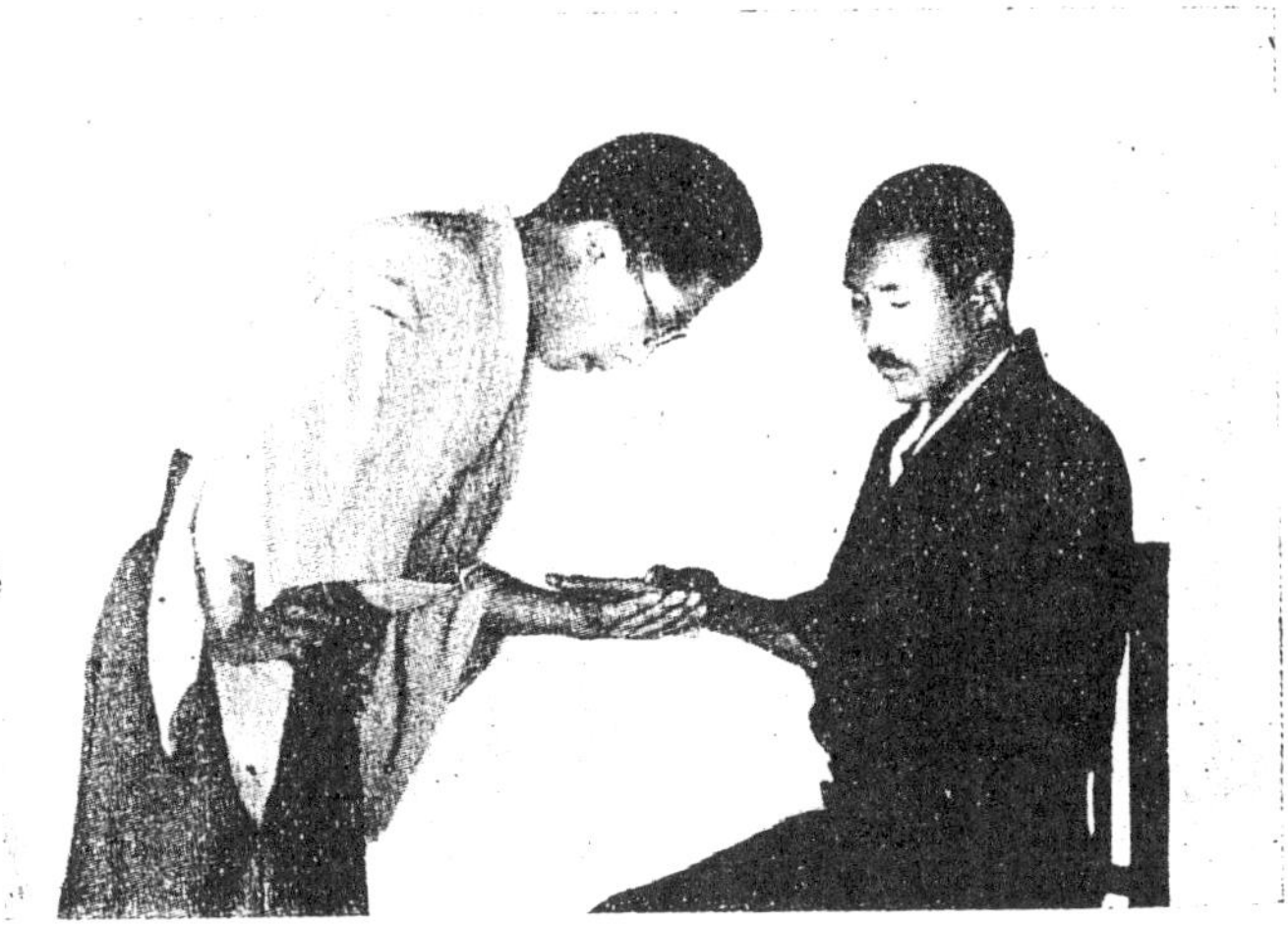

（三浦大覓氏と小崎大隨氏）

第五圖を終つたら直ちに術者の左手を仰向にして患者の手頸の處に持ち行き、胸元の手を離して患者の手先を術者の左手の上に乘てその掌中を術者の右平手に輕くコク事、コクのは手甲脈を注意の爲である。

而してすぐ患者に自分の掌中と指先を凝視する事を命じてから、術者の下腹部から出る靈氣で患者の人指の附根を一分以内三度息をかへて吹く時、單に一本動く者と二三本或は全指動く者があるから診脈する前に豫備敎化が必要である。

それは迷信を起さぬ樣にまた雜念を統一させて單一の心王靈性からの明示である事を力說する必要がある、それでないと節角神聖に行ふた事が遊戲的になるからである術者が充分熟練して居れば決して權威は損傷させないが初心では危險である注意。

（第七圖）正式靈脈ノ三

（西村大觀師に會員小熊氏）

五六圖を通過し靈脈としての觀察が明瞭になつたが、その病氣が新しいか古いかを試みんと思ふ時に常脈處を試驗するのである、圖の如く術者の左手で患者の指先を少し摘み、右手の拇指を常脈處に輕くあて、他の四指で拇指の下からうけて三段脈を調べるのである、この三段脈は前の五六の正式を非常に力強くするのである。

細かい脈動は內臟とし時に或は肉體の勞れと見る、太い脈動は腦に關した病氣または精神の疾患とも見る、細かく太く細かくフイと途切れた樣なのは腸及び子宮並に花柳病その他一切下部の病氣と見る、また中指が動いて三段脈が細かい時、人指が動いて三段脈が太い時には變則として取扱ふのである、變則は三段脈を現在とし指脈を病前の過去として見るのであるが、これは六ケ數いから中止して次圖で結論をする。

（第八圖）正式靈脈法ノ四

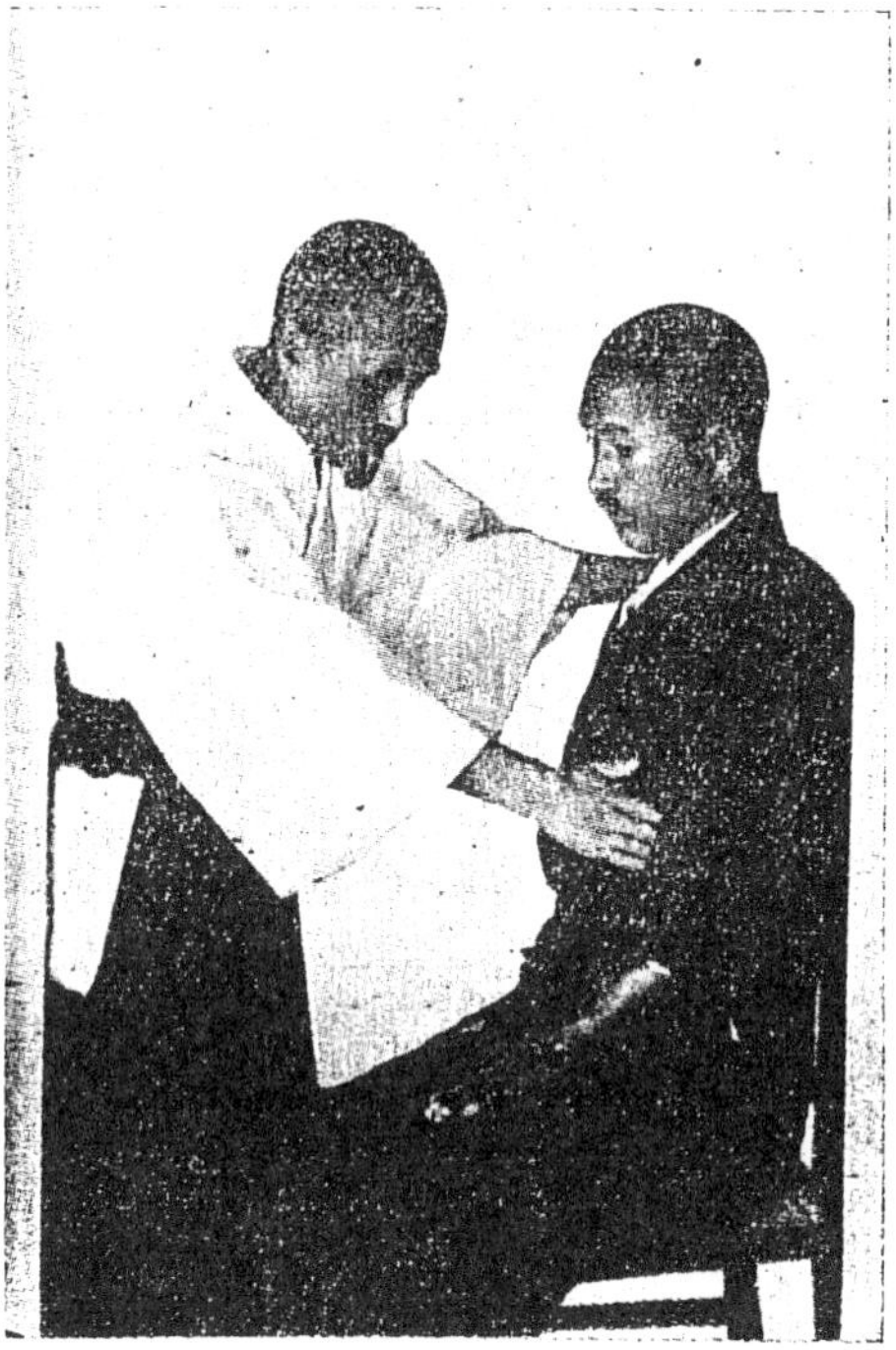

（西村大觀師と小嵜大蹊氏）

五六七圖で病種と病因が判つたが、變則脈と云ふ事がある、それは前圖にも記した如く中指の動で三段脈が細かく、人指の動で三段脈が太く示された時に圖の如く術者の右平手を輕く心臟部に附け二三秒間閉目默觀して、變則脈と心臟の皷動とを對照するのである、その對照とは心臟部に皷動があれば內臟から出た病氣と見る、皷動がなければ腦に關した疾患から出たものと見る。

而して此の對照は前の式を行つた總ての結びであるから始めの眼廓の下內側に潤があつたと云ふ事が、心臟部の皷動があればそれが確實になる、皷動がなければ精神的疾患で始めに記した上眼廓がピク〱動いた事を確めるのである、この心臟部觸手中に術者の心王鏡に病因が明確に映る事がある、然しそれは二三百人も患者施術の上熟練後である。

（第九圖）正式靈脈ノ五

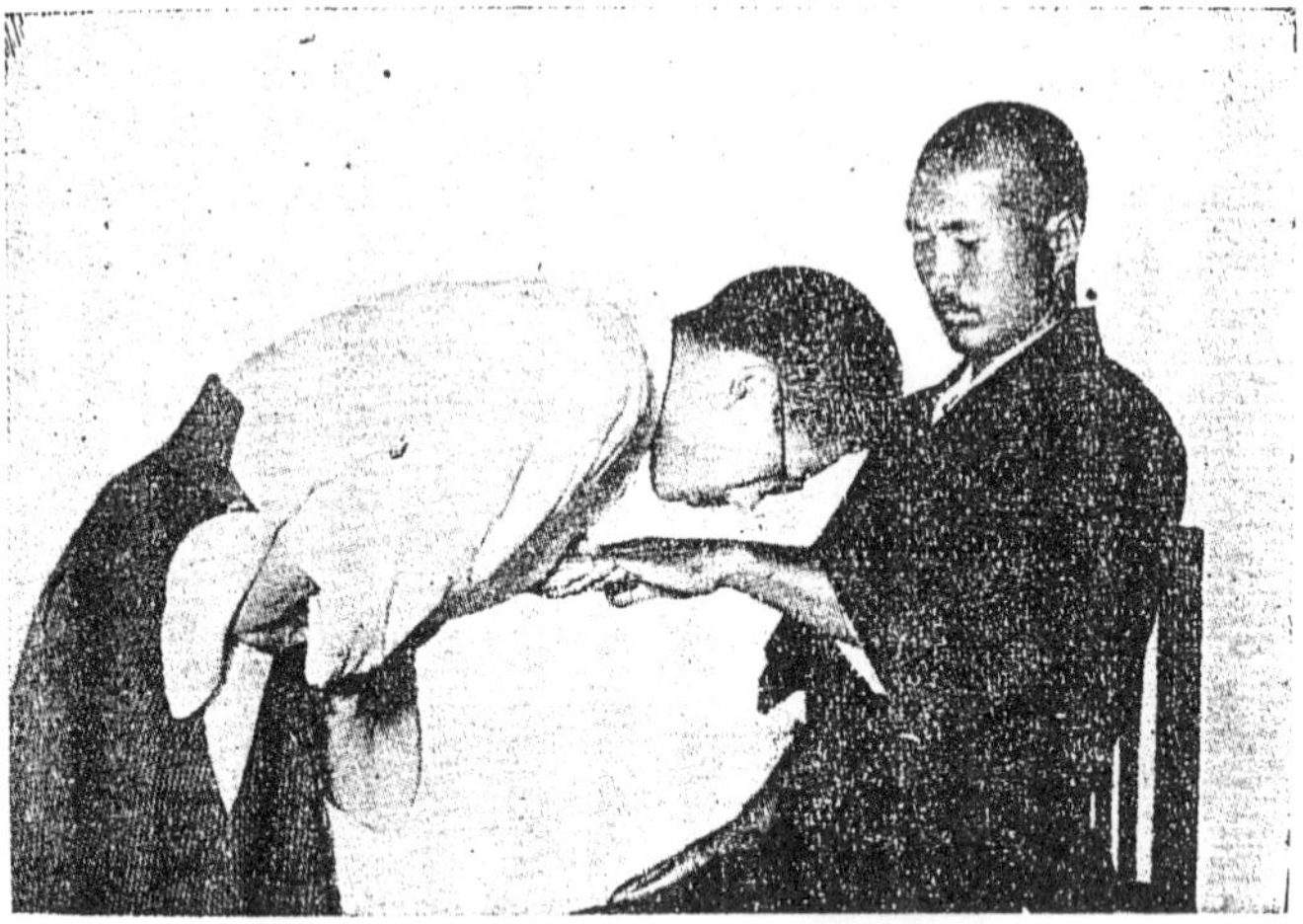

（三浦大覓氏と小崎大隨氏）

正式が一切終了してから尙慥かめる爲に圖の如く手頸を嗅覺するのである、その嗅覺は三種を中心にするのである、甘い香は毒性、甘酢の香は腦、苦い香は胃を中心に內臟と見るのである。

嗅覺の種類は百四拾餘種あるが熟練せねば判らない、嗅覺する時は術者は患者の手頸に鼻を附けながら閉目統一するのである必らず三種の內どれかが靈覺する事が出來るのである、鼻そのものが嗅覺するのではない心王が鼻の神經と合して嗅覺力の自由を與へるのである、

釋尊は地中に埋めてある高貴の物質でも天上に飛んで居る一切の鳥でも嗅覺して判ると法華經法師品と云ふのに說てあるが、心王の自由活動を默示に敎へたのである、探偵犬は盜賊を何百里も嗅覺する。

（第拾圖）正式靈脈ノ六

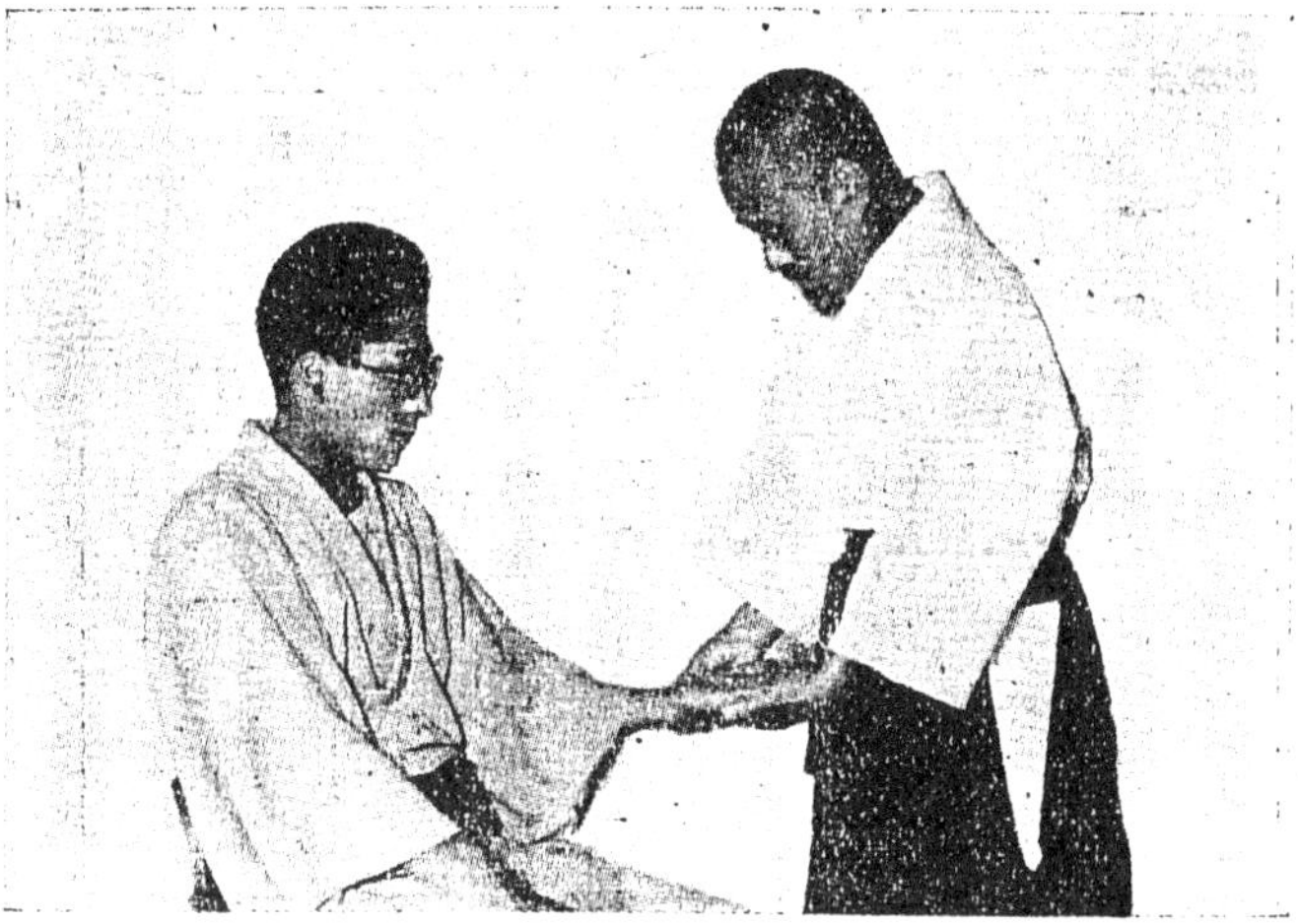

（西村大觀師と三浦大寛氏）

此の圖は正式の部分に入れてあるが之れは正式法が自由自在になつてからでなければ判らないのであるが、正式の結びとして記したのである、靈醫學大觀集には悉く記してあるから正式法の柱として研究せよ。

患者の手先を術者の掌中でうけ五指動くのを凝視ながら、術者は患者の常脈で三段脈を診するのである、之れは嗅覺も用ひないし五回の正式も用ひないで直ちに五指と三段脈で診斷をするのだから困難である。

椅子でも座形でも自由に出來るが唯だ六ケ敷から突然では出來ない、人指動いて三段脈が細かいのは内臟病とし、人指が手甲の方に少しでも反る樣になれば自分の作りし病氣とし、内側に曲る樣なれば父母の遺傳病とする、其他常脈が非常に激しいのは心王靈性に對して虚僞の事があると見る。

正式靈脈法の權威

正式靈脈法ハ心靈裁判ノ權威ヲ以テ心王ヲ無視シテ病氣ニナッタ者ニ對スルノデアルカラ嚴格ニシテ慈愛アリ、一ト度ビ心王ノ正判官ガ患者ノ椅子ノ前ニ起ッ時ハ、心王ノ使命ニ依ルガ故ニ如何ナル人爵アル者デモ必ラズ五指靈脈ニ依テ審判サレ玆ニ正邪ガ嚴定サレルノデアル。

著者の序文

序

地球上《ちきうじやう》何處《どこ》の國《くに》の民族《みんぞく》でも迷信《めいしん》のない者《もの》はない、迷信《めいしん》に附帶《ふたい》するのは豫言《よげん》とか託宣《たくせん》とか云《い》ふ一種《しゆ》の心理作用《しんりさよう》を力《ちから》として居《を》るのである、故《ゆえ》に獨逸《どいつ》のヴントは『人類《じんるい》が無《なく》ならなければ迷信《めいしん》は無《なく》ならぬ』と斷言《だんげん》した、誠《まこと》に面白《おもしろ》い說《せつ》である。

古代《こだい》の蒙古《もうこ》や滿洲《まんしう》及《およ》び朝鮮《てうせん》或《あるひ》はヨヲロッパ民族《みんぞく》がシャマ教《けふ》即《すなは》ち神宣教《しんせんけふ》を信《しん》じた事《こと》は明確《めいかく》の傳說《でんせつ》である、シャマイズムに依《よつ》て精神上《せいしんじやう》の支配《しはい》を被《うけ》て居《を》つたがその流《なが》れが吾國上代《わがくにじやうだい》に傳《つた》わつて來《き》て、神係《かんがゝり》の樣《やう》な失神狀態《しつしんじやうたい》の種々《しゆ〴〵》の方式《はうしき》がある。佛教國《ぶつけふこく》の印度《いんど》にも阿毘奢法《あびしやほう》として婆羅門教徒《ばらもんけふと》が行《おこな》つたらしい、そんな方式《はうしき》とシャマイズムと混交《こんこう》したのが今《いま》に行《おこな》つて居《を》る祈禱上《きとうじやう》の寄代《よりだい》と云《い》ふのである、先《せん》年《ねん》福來《ふくらい》博士《はかせ》が研究《けんきう》された千里眼《せんりがん》の透視《とうし》とか念寫《ねんしや》とか云《い》ふのも古代《こだい》の方式《ほうしき》に多少《たせう》の進步《しんぽ》した丈《だけ》であつた。

何處《どこ》の民族《みんぞく》でも一時間先《じかんさき》の事《こと》が知《し》りたいとか、神罰《しんばつ》があるから神命《しんめい》に從《したが》はなければならぬとか云《い》ふ事《こと》は民族《みんぞく》を一貫《かん》した習慣《しうかん》である、カイゼル帝《てい》の如《ごと》き個人《こじん》主義《しゆぎ》の巨魁《きよかい》でさへも『吾《われ》は神《かみ》を祈《いの》る故《ゆえ》に戰爭《せんそう》に强《つよ》し』などゝ迷語《めいご》を吐《はい》た事《こと》もあつた、夫《か》の一世奈翁《せいなおう》の如《ごと》きもオラキユラムとか云《い》ふて數理應用《すうりおうよう》の判斷《はんだん》をしたと傳《つた》へられてある、西洋人《せいようじん》は多《おほ》くトランプ判斷《はんだん》をも用《もち》ゆる樣《よう》である。

日本《にほん》でも貴賤《きせん》の差別《さべつ》なく何等《なんら》かの方式《はうしき》によつて判定法《はんていはう》が行《をこな》はれて居《を》る事《こと》は誰《た》れでも既知《きち》の事《こと》である、亞細亞《あじあ》の大聖《たいせい》だと云《い》はれる孔子《こうし》が完成《かんせい》した易學《えきがく》も日本《にほん》人《じん》が多《おほ》く用《もち》ひて、その判斷《はんだん》に依《よつ》て進退《しんたい》して居《を》る事《こと》は何時《いつ》の世《よ》にも廢《すた》れないので

著者の序文

ある、殊《こと》に九星《せい》などゝ云《い》ふ固定《こてい》した方法《はうはう》に依《よつ》て萬事支配《ばんじしはい》されて居《を》る事《こと》は誠《まこと》に哀《あわ》れである事《こと》を感《かん》ぜざるを得《え》ないのである。

人《ひと》は宇宙《うちう》の主宰者《しゆさいしや》であつて人《ひと》の靈智《れいち》によつて地球上《ちきうじやう》の一切《さい》は闢《ひら》かれたのである、菩心努力發明《くしんどりよくはつめい》をした人々《ひとびと》の靈性《れいせい》は無言《むごん》の心王《しんのう》の閃《ひらめ》きに依《よつ》て瞬間默示《しゆんかんもくじ》があるのではないか、ゼンナーの種痘《しゆとう》、メンデルの遺傳法則《ゐでんはうそく》、ワットの蒸氣原理《じようきげんり》、ニウトンの引力說《いんりよくせつ》、及《およ》びリーピッヒの炭酸同化作用《たんさんどうかさよう》、キユリー夫人《ふじん》のラヂユム放《はう》射《しや》などの發表《はつぺう》は悉《ことごと》く心王靈智《しんのうれいち》の放光《はうこう》でなければ斷《だん》じて不可能《ふかのう》である。

余《よ》は心王靈脈《しんのうれいみやく》を實母《じつぼ》の胃癌《ゐがん》を施術《せじゆつ》せんとして居《を》る時《とき》、合掌《がつしやう》の人指《ひとゆび》が相方《さうはう》から押《を》し合《あ》ふてピクピクして居《を》るのに氣附《きづ》き、食指《しよくし》は胃《ゐ》に關係《かんけい》があるのではないかと云《い》ふ疑問《ぎもん》からして、七千人《にん》の患者及《かんじやおよ》び鑑識要求者《かんしきえうきうしや》に試驗《しけん》した結果《けつか》、玆《こゝ》に靈脈《れいみやく》法《ほう》として發表《はつぺう》する事《こと》が出來《でき》たのである、あらゆる發明《はつめい》の導機《ごうき》は僅少《わづか》な現象《げんしやう》からパット開《ひら》く心王《しんのう》の放光《はうくわう》で常識《じやうしき》を照《てら》して合点《がつてん》させられるのである、此間《このかん》の消息《せうそく》はその本人《ほんにん》になつて見《み》なければ決《けつ》して判《わか》らないのである。

昭和三年拾一月奉祝御大典記念

大観識

心王靈脈大鑑（總目次）

第五章　心相に關する靈脈……（六九）

第拾貳章　病氣に關する雜脈

第拾三章　病脈正系と合指脈

第拾八章　諸病脈分類秘諦（下）

第貳拾參章　靈脈發見後の秘要

第貳拾四章　病脈質問應答

第貳拾五章　人事鑑識質問應答

第貳拾八章 實驗報告(三)……(五一七)

第貳拾九章　變則脈質問應答…（五三二）

▲以上本文目次……以下附錄

『附錄』

拇指の內容と活躍部面、人指の內容と活躍部面、中指の內容と活躍部面、藥指の內容と活躍部面、小指の內容と活躍部面。

心王自己療法の要義、五指靈脈獨修法の熟練、靈脈の動く原理と心身の疾患、心の病氣は社會の怒濤中に突進する事、身體の病氣は心王調節の呼吸法、心身以外の金病は諸事鑑識脈の妙致、自己療法に就て參考一束、余の自己療法の觀念。

心王教の説明…………………………(六五一)
余が主張する心王の教、心王教と他の宗教との比較、中央大日如來の本體は心王、諸學者が認めた眞我と心王、太陽の大きさと心王の大きさ。

心王靈脈大鑑總目次終り

本文

心王靈脈大鑑大意

心王靈脈《しんのうれいみやく》と名命《めいめい》したのは人間《にんげん》が先天《うまれつき》に具有《そなへて》をる手《て》の五本指《ほんゆび》に、心《こゝろ》の王様《わうさま》が指《ゆび》の動作《どうさ》に依《よ》つて一切《さい》の事《こと》を示《しめ》すから名附《なづ》けたのである、心《こゝろ》の王様自《わうさまみづ》から現《あらは》れが地球上《ちきうじやう》の人間《にんげん》の誰《たれ》にでも明示《めいじ》されると云《い》ふ簡易明確《かんいめいかく》の靈法《れいほう》である事《こと》を云《い》ひ現《あら》わす名《な》であると思《をも》へばよい。

昔《むかし》から心《こゝろ》とはどんなものであるかなど〻疑問《ぎもん》を懷《いだ》く者《もの》は此《こ》の靈脈《れいみやく》の示《しめ》しに依《よつ》て悉《こと〴〵》く解決《かいけつ》されるのである、物心《ぶつしん》二元論《げんろん》も拇指《ぼし》と人指《ひとさゆび》で示《しめ》されその二指《し》が合《がつ》してから現《あらは》れる一元《げん》と云《い》ふ事《こと》も明瞭《めいりよう》になるのである、釋尊《しやくそん》が唯心論《ゆゐしんろん》として四十有餘年間說敎《ゆうよねんかんせつけう》された佛敎《ぶつけう》も心王《しんのう》の名《な》と五指靈脈《しれいみやく》にて解決《かいけつ》されるのである。

孔子聖人《こうしせいじん》が心身《しんしん》を犧牲《ぎせい》にして完成《かんせい》した易經《えきけふ》の運用《うんよう》も、五指靈脈《しれいみやく》に來《きた》つて文明《ぶんめい》的靈書《てきれいしよ》となつて民衆《みんしう》の必要《ひつえう》となるのである、其他靈術及《そのたれいじゆつおよ》び宗敎家《しうけうか》等《とう》が虛構《きよこう》を以《もつ》て人心《じんしん》を誘惑《ゆうわく》して居《を》つた、心靈問題《しんれいもんだい》の眞《しん》も五指靈脈《しれいみやく》にて解決《かいけつ》を與《あた》へられる。藥物《やくぶつ》の醫師《いし》が誤診《ごしん》を以《もつ》て大切《たいせつ》の人命《じんめい》を損《そこな》ふた事《こと》は少《すく》なくないが、そんな診脈《しんみやく》上《じやう》の誤《あやま》りは靈脈《れいみやく》に於《おい》て完成《かんせい》されるのである、靈脈《れいみやく》の大目的《だいもくてき》は治病診斷《ちびやうしんだん》が主眼《しゆがん》であるが、靈脈《れいみやく》の本義《ほんぎ》に到達《とうたつ》すると治病問題《ちびやうもんだい》より最《もつと》も重大《ぢうだい》なる、人心《じんしん》に喰込《くひこ》んで居《を》る……思想病《しさうびやう》と迷信病《めいしんびやう》、さへも五指靈脈《しれいみやく》で適發《てきはつ》して善導《ぜんだう》する事《こと》が出來《でき》るのである權威《けんい》を有《ゆう》して居《を》る。

上《かみ》は天候《てんこう》の晴雨變化《せいうへんか》を活斷《かつだん》し、下《しも》は地中《ちちう》の水脈《すゐみやく》及《およ》び鑛物等《こうぶつとう》の發見《はつけん》に應用《おうよう》し、天地間《てんちかん》に生息《せいそく》して居《を》る生物《せいぶつ》一切《さい》の靈命《れいめい》を人間《にんげん》の五指《し》にて診《しん》し、動物全體《どうぶつぜんたい》の生死《せいし》疾病《しつぺい》の觀察《かんさつ》に利用《りよう》し延《ひい》て植物等《しよくぶつとう》の生命《せいめい》さへも五指《し》に訴《うつた》へて之《これ》を調査《てうさ》して居《を》る。

或《あるひ》は人間《にんげん》が生命《いのち》と共《とも》に大切《たいせつ》にする（金《かね》）を以《もつ》て運命《うんめい》を爭《あらそ》ふ商況株式《せうけふかぶしき》の高低《こうてい》を五指《し》に依《よ》て豫知《よち》し、之《こ》れが掛引《かけひき》に利用《りよう》するに致《いた》つては天下《てんか》一品《ぴん》と云《い》はざると雖《いへど》も云《い》はざる可《べ》からざる靈法《れいほう》である。

其他《そのた》人事《じんじ》萬般《はんはん》いかなる事《こと》でも即決《そくけつ》が出來《でき》る人間發生以來《にんげんはつせいいらい》の一大發見《だいはつけん》である事《こと》を余《よ》は斷言《だんげん》してはゞからないのである、此斷言《このだんげん》は人間《にんげん》が一番大切《ばんたいせつ》たる生命《いのち》の生《せい》死《し》を五指《し》に依《よつ》て活斷的《かつだんてき》に識《し》るからである。

いかなる名醫《めいい》でも死《し》と云《い》ふ瞬間迄《しゆんかんまで》は人《ひと》の生死《せいし》は判《わか》らないのであるが、靈脈《れいみやく》に依《よつ》て診《しん》すれば明確《めいかく》に判定《はんてい》する事《こと》が出來《でき》る、況《いは》んや生《せい》を判《はん》ずるこそ尚容易《なほようい》である又病因《またびやういん》を適發《てきはつ》する事《こと》は藥物《やくぶつ》の醫師《いし》には不可能《できない》のであるが、靈脈《れいみやく》は原因《げんいん》を確認《かくにん》するのが目的《もくてき》であるから天地《てんち》の相違《さうい》がある。

天下《てんか》を料理《りようり》した德川家康《とくがはいえやす》も千姫《せんひめ》の爲《ため》に精神狀態《せいしんじやうたい》の煩悶《はんもん》があつた、同《おな》じ天下《てんか》の料理人《りようりにん》であつた原宰相《はらさいさう》も中岡《なかをか》の九寸《すん》五分《ぶ》の閃《ひらめき》は判《わか》らなかつた、之《こ》れ皆自己内《みなじこない》面《めん》の心王《しんのう》を識《し》らざりしが故《ゆゑ》の制裁《せいさい》である、あらゆる歷史上《れきしじやう》の出來事《できごと》は自己《じこ》の眞《しん》人格心王《じんかくしんのう》を忘《わす》れて居《を》る者《もの》の自我錯覺《じがさくかく》から來《く》る現《あらは》れである。

人間《にんげん》は生命《せいめい》が何《なに》より大切《たいせつ》である大倉翁《おほくらをう》の如《ご》き九十二歲迄《さいまで》で命《いのち》があつたとても

死《し》にたくはない、と云《い》ふのが眞理《しんり》である、それを不自然《ふしぜん》の療法《れうほう》及《およ》び迷信等《めいしんさう》に依《よ》つて心王《しんのう》の靈壽《れいじゆ》を失《うしな》ふ者《もの》が天下《てんか》に澤山《たくさん》ある、靈脈《れいみやく》は心王《しんのう》の大自然《だいしぜん》の靈律《れいりつ》に眼醒《めざ》めさせんとするのである。

心王靈脈《しんのうれいみやく》には實質《じつしつ》があつて誰《た》れでも一度《たび》實驗《じつけん》すれば確信《かくしん》が出來《でき》る事《こと》は、掌中《しやうちう》に黄金《をうごん》を握《にぎ》るが如《ごと》き喜《よろこ》びである、故《ゆえ》に人間《にんげん》として一本《ぽん》を座有《ざゆう》に備《そな》へて日常《にちじよう》の進《しん》退《たい》に利《り》用《よう》すれば人後《じんご》に立《た》たざる妙案《めうあん》が併發《へいはつ》するのである。

即《すなわ》ちいきどうりを通《とほ》り、惱《なや》みを通《とほ》り、また寂《さび》しみを通《とほ》りぬけ、觀照《かんぜう》の世界《せかい》として正《まさ》に清澄《せいちよう》の境《きやう》に入《い》らしむる手引《てびき》である、而《しか》して靈脈《れいみやく》に依《よ》れば一切《さい》のものにおもねらず、心王《しんのう》の與《あた》へられたあるがまゝの姿《すがた》を見《み》つめさせ、何人《なにびと》も歩《あゆ》み寄《よ》り得《う》る大慈悲《だいじひ》の心王《しんのつ》、弱《よわ》い女性《じよせい》も勇敢《ゆうかん》になり男性《だんせい》をして進展《しんてん》せしむる羅針《らしん》となるのである、萬事《ばんじ》が瞬間《しゆんかん》に決《けつ》せられて力《ちから》ありて迷《まよ》はざる、いかなる靈感《れいかん》も占斷《せんだん》も千里眼《せんりがん》も及《およ》ばない靈法《れいほう》である事《こと》が合点《がてん》せられる。

心王靈脈大鑑

心王教主監　西村大観述

第壹章　靈脈法と分類

心王靈脈法式《しんのうれいみやくほうしき》は患者《かんじや》に依《よつ》て種々《しゆく》の法式《はうしき》が分類《ぶんるい》してあるけれども、此章《このしやう》の始《はじ》めは誰《た》れにでも簡易《かんい》に出來《でき》る樣《やう》に公開《こうかい》してあるゆえ、専門的《せいもんてき》に靈脈鑑識所《れいみやくかんしきじよ》を開設《かいせつ》せんとする人《ひと》は此章《このしやう》の末尾《まつび》の分類《ぶんるい》を修得《しゆうとく》してから直接講座《ちよくせつこうざ》を通過《つうか》して後《のち》に開業《かいげう》せられよ。

此《こ》の大鑑《かん》は余《よ》が既應《きなう》に發表《はつぴやう》した各種《かくしゆ》の靈脈《れいみやく》を全部《ぜんぶ》大統《たいとう》したのであるから、一册《さつ》あれば萬事《ばんじ》確實《かくじつ》である、それに無數《むすう》の新公開脈《しんこうかいみやく》を追加《ついか》してあるゆえ既《き》講本《こうほん》なごに述《の》べた應用數《をうやうすう》拾三萬有餘《ゆふよ》が開展《かいてん》されてあるのである、故《ゆえ》に簡易法《かんいほう》と正式法《せいしきほう》とに應用《をうやうじ》自由《ゆうじ》自在《ざい》である。

溢《あふ》るゝ樣《やう》な人間愛《にんげんあい》の力《ちから》が疲弊《ひへい》のドン底《ぞこ》に陷《おちい》り無秩序《むちつじよ》に達《たつ》した時《とき》、第《だい》一番《ばん》に力《ちから》とするのは自己《じこ》の五指《し》靈脈《れいみやく》である、釋迦《しやか》の出現《しゆつげん》もヱスの敎《をし》へもマホメットの叫《さけ》びも此間《このかん》には何等《なんら》の役《やく》に立《た》ないのではないか。

妻子《さいし》眷屬《けんぞく》を擁《よう》しながら病《やま》ひに苦《くる》しみ、生活苦《せいかつく》に妨《さまた》げられた時《とき》或《あるひ》は目的地《もくてきち》に突《とつ》進《しん》せんとする時《とき》。人間《にんげん》に相談《そうだん》しても科學的研究丈《くわがくてきけんきうだけ》しか判《わか》らないのである、一時《じ》間先《かんさき》に雨《あめ》が降《ふ》るのも三時間先《ぢかんさき》に雨《あめ》が止《や》むのも乃至《ないし》拾日先《さき》に會合《かいごう》がある時《とき》の晴雨《せいう》などは天文博士《てんもんはかせ》にも判《わか》らないのである、靈脈法《れいみやくほう》は直《たゞ》ちに之《こ》れを確的《かくてき》に解決《かいけつ》する。

簡易靈脈方式

自己《じぶん》の病氣及《びやうきおよ》び進退《しんたい》の診斷或《しんだんあるひ》は鑑識《かんしき》を行《おこな》はんとするものは男《おとこ》は左手《ひだりて》を開《ひら》いて

自分《じぶん》の顔《かほ》の前《まへ》に立《た》て顔《かほ》と離《はな》れる事《こと》四寸位《ぐらひ》の處《ところ》に置《お》く事《こと》、勿論肘《もちろんひぢ》は横腹部《よこはら》に輕《かろ》く附《つ》けて置《お》く事《こと》、開《ひら》いた手《て》及《およ》び五指《し》には力《ちから》を入《い》れない事《こと》、又曲《またまげ》ない事《こと》、平手《ひらて》正《たゞ》しく鏡《かゞみ》の如《ごと》くして自分《じぶん》の兩眼《りうがん》と對當《たいとう》にするのである、女《おんな》は萬事《はんじ》右《みぎ》である。

右《みぎ》の方法《はふほう》が出來《でき》たら閉目《へいもく》して下腹部《したはら》にその條件《でうけん》を思念《しねん》して（此間《このあひだ》二三秒間《びやうかん》）からパット開目《めをひら》きて、下腹部《したはら》から出《で》る統一《とう》した靈氣《れいき》に依《よつ》て掌中《てのひら》の人指《ゆび》の附根《つけね》を吹《ふ》く事《こと》一分間以内《ぶんかんいない》、但《たゞ》し三度位《どぐらひ》その靈氣《れいき》を休《やす》んで吹《ふ》くのである。

細《ほそ》〻冷《つめ》たく永《なが》く何事《なにごと》も思《おも》はず、而《しか》して五本指《ほんゆび》の動《うご》き方《かた》を疑視《みつめ》て誤《あやま》らぬ樣《やう》にして居《お》るのである、決《けつ》して一分間以内《ぶんかんいない》吹《ふ》いて居《お》る内《うち》に側見《よそみ》などはしてはいけぬ、吹《ふ》く時《とき》は口《くち》の先《さき》を餘《あま》り尖《とが》らしてはいけぬ、音《おと》をさせてはいけぬ下腹部《したはら》から出《で》る自《し》然《ぜん》の靈氣《れいき》で吹《ふ》くのである。

一分間以内《ぶんかんいない》三度呼吸《たびいき》をかへ休《やす》みながら吹《ふ》く時に疑問《ぎもん》を出《だ》してはいけない、又《また》手《て》を吹《ふ》かぬ内《うち》に立《た》てたばかりでピクと動《うご》く時《とき》があるから注意《ちうい》されよ、そんな時《とき》は何分間吹《なんぷんかんふい》て居《を》つても動《うご》かぬ事《こと》があるから、又吹《またふい》てをる内《うち》に螺旋《らせん》の様《やう》に指《ゆび》がなる事《こと》もある、又少《またすこ》しも動《うご》かないで手甲《てのこう》の方《はう》でムズムズする事《こと》もあるから注意《ちうい》せられよ、靈脈《れいみやく》の分類《ぶんるい》は各章《かくしやう》に明細《めいさい》に記述《きじゆつ》してあるから動《うご》いた指《ゆび》をそれにて調《しら》べると判《わか》るのである、以上《いじやう》が獨修靈脈法《どくしゆうれいみやくはう》である。

他人を診脈する簡易法

獨修《どくしゆう》で判《わか》らない者《もの》があつたら判《わか》つて居《を》るものに、本人《ほんにん》がどうぞ診斷《しんだん》して見《み》て與《く》れと頼《たの》まれた時《とき》には要求者《ようきうしや》の平手《ひらて》を術者《じゆつしや》の眼《め》の前《まへ》に出《だ》させ、術者《じゆつしや》は要求者《ようきうしや》に對《たい》してその平手《ひらて》を凝視《みつめ》る事《こと》を命《めい》じ、精神《こゝろ》を統一《とういつ》させて一イ。二イ。三ン。と掛《かけ》聲《こゑ》を三度《たび》してから相方《そうほう》でその手《て》を凝視《みつめ》て居《を》るとどれか動《うご》いて來《く》るのである。

その動《うご》いた初《はじ》めの指《ゆび》が萬事《すべて》中心《ちうしん》になるのである、それで病氣《びやうき》の時《とき》は男左《をとこひだり》が病氣《びやうき》の種類《しゆるい》で右《みぎ》が病因《やまひのもと》を發見《はつけん》するのである、女右《をんなみぎ》が病氣《びやうき》の種類《しゆるい》で左《ひだり》が病因《やまいのもと》である、病氣《びやうき》以《い》外《がい》の一切《さい》の鑑識《かんしき》は男《おとこ》は左《ひだり》ばかり、女《おんな》は右《みぎ》ばかりでよいのである、然《しか》し事《じ》件《けん》の内容《ないやう》を探《さぐ》らんとする時《とき》は左女《ひだりおんな》、右男《みぎおとこ》、を見《み》る時《とき》があるから注意《ちうい》して置《お》く、拾歳以下《さいいか》の子《こ》供又《どもまた》は赤子《あかこ》などは靈脈《れいみやく》が診《しん》し悪《にく》いから、曉方《あけがた》のア、眠《ねむ》いと云《い》ふときに男　左　女右《おとこひだりおんなみぎ》を父《ちゝ》でも母《はゝ》でもの手《て》の上《うへ》に乘《の》せて吹《ふ》くのがよい、重病者《ぢうびやうしや》も自《みづ》から見《み》られないから家族《うち》の者《もの》が平手《ひらて》に乘《の》せて診《しん》するのがよい。

家庭合併鑑識法

病人《びやうにん》でなくて毎朝《まいあさ》家族《かぞく》一同《どう》を着座《ちやくざ》させその日《ひ》の吉凶《きつけふ》を診《しん》するには、一人《り》以上《いじやう》何《なん》拾人《にん》でも正列《せいれつ》させ男　左　女右《おとこひだりおんなみぎ》の手《て》を眼先《めさき》に立《た》てさせ、凝視《みつめ》させ心《こゝろ》を靜《しづ》かにさせて術者《じゆつしや》は（家長《めうへ》でよい或《あるひ》は熱心《ねつしん》の者《もの》でもよい）起《た》つて一イ、二イ、三ン、と成《なる》べく長《なが》い音聲《こえ》で合圖《あいづ》をかけて居《を》ると各自《めい〳〵》に指《ゆび》が動《うご》くのである、而《しか》して動《うご》いた指《ゆび》を能《よ》く記憶《きをく》して居《を》る事《こと》を命《めい》じて置《お》くのである、鑑識活斷《かんしきかつだん》は本人《ほんにん》が動《うご》いた指《ゆび》を示《しめ》したら直《たゞ》ちに活斷《かつだん》してやるのである。

簡易遠隔病者診斷法

遠隔患者《えんかくかんじや》及《およ》び事件《じけん》の鑑識《かんしき》は本人《ほんにん》でなくとも誰《た》れでもよいから自己《じこ》で行《おこな》ふてよいのである、然《しか》し重大問題《ぢうだいもんだい》は夜半《よる》二時頃《ぢごろ》に診《しん》するのが確中《かくちう》する、決《けつ》して遊戯的《たわむれ》に行《おこな》ふてはならぬ失物《うせもの》などは罪人《ざいにん》が出《で》ると云《い》ふと面倒《めんどう》である故餘《ゆゑあま》り正面《せうめん》から活斷《かつだん》してはいけない。

日課鑑識脈

毎朝家庭《まいあさかてい》で日課脈《につかみやく》を鑑識《かんしき》する活斷《かつだん》の一節《せつ》を參考《さんこう》に公開《こうかい》して置《お》かふ、前述《ぜんじゆつ》した吉凶脈《きつけふみやく》は拇指《おやゆび》が動《こ》けばその日《ひ》は無事《ぶじ》、人指《ひさゆび》は人《ひさ》の世話事《せわごと》がある、中指《なかゆび》は無理《むり》をして損《そん》をする、藥指《やくし》は爭論注意《そうろんちうい》、小指《こゆび》は盗難《さうなん》に遇《あ》ふから注意《ちうい》、全指《ぜんし》がピクピクするのは何事《なにごと》も中止《ちうし》した方《はふ》がよい、……明細《くわしく》は各章《かくしやう》にて見《み》よ、それから靈脈法分類《れいみやくはつぶんるい》を修得《しゆうとく》されよ。

靈脈法式分類

前項《ぜんこう》に於《おい》て簡易《かんい》法式《ほうしき》を公開《こうかい》したから此項《このこう》に於《おい》て正式法《せいしきはう》を中心《ちうしん》に靈脈法《れいみやくはう》の分類《ぶんるい》を教《をし》へていかに嚴格《げんかく》であるかと云《い》ふ事《こと》を認《みと》める様《やう》にさせたいのである、然《しか》し實《じつ》驗講習《けんこうしう》を通過《つふか》せねばその奥秘《おうひ》を得《う》る事《こと》はとても出來《でき》ないからその積《つも》りで研究《けんきう》されよ。

正式診脈法式《せいしきしんみやくほうしき》、醫師《いし》應用水平線《をうようすいへいせん》法、獨修《どくしゆう》診脈法《しんみやくほう》、大衆合併診脈法《たいしうがつぺいしんみやくほう》、遠隔患《えんかくかん》者診脈法《じやしんみやくほう》、小兒診脈法《せうにしんみやくはう》、重患者診脈法《ぢうかんじやしんみやくほう》、隔室患者診脈法《かくしつかんじやしんみやくほう》、心臓皷動《しんぞうこどう》と三段脈《だんみやく》と嗅覺法《きうかくほう》、靈脈發見後《れいみやくはつけんご》の敎化秘諦《けふけひたい》、諸事鑑識脈秘諦《しよじかんしきみやくひたい》。

以上《いじやう》の外《ほか》に種々《いろ〳〵》の方法《はふほう》を敎《をし》へてあるが此《こ》の著《ほん》の靈脈法《れいみやくはう》の參考《さんこう》としては之《こ》れ以外《いがい》に公表《こうへう》が出來《でき》ないのである、公表《こうへう》しても直接敎授《ちよくせつけふじゆ》でなければ判《わか》らないから右《みぎ》の表記《へうき》丈《だけ》をザット判《わか》り易《やす》く敎《をし》へて置《お》かふ。

正式診脈法式

先《ま》づ患者《かんじや》を椅子《いす》にかけしめ心身《しんく》を靜《しづ》かになさしむる事《こと》、而《しか》して姿勢《しせい》を正《たゞ》しく兩手《れうて》は十字形《じがた》に組《く》ませて胸《むね》にピタと附《つ》けさせる事《こと》、而《しか》して術者《じゆつしや》はその前《まへ》に正《たゞ》しく立《た》ち兩手《れうて》は術者《じゆつしや》の帶《おび》の處《ところ》にピタと附《つ》け、直《たゞ》ちに患者《かんじや》に對《たい》して私《わたくし》の顏《かほ》を御覧《ごらん》なさいと明示《めいじ》する事《こと》、患者《かんじや》はその明示《めいじ》に依《よつ》て術者《じゆつしや》の顏《かほ》を凝視《ぎようし》する事《こと》、術者《じゆつしや》は患者《かんじや》の兩眼《れうがん》に注意《ちうい》し患者《かんじや》の兩方《れうはふ》の眼瞼《まぶた》の下《した》に潤《うるほい》があれば內臟《ないぞう》に故障《さわり》あるを悟《さと》り、上眼瞼《うはまぶた》がピクピクすれば腦《のう》に異狀《いじやう》あるを先知《せんち》せねばならぬのである、劈頭第《へきとうだい》一の大切《たいせつ》の觀察《かんさつ》である。

右《みぎ》の試驗《しけん》が終《おは》つたら閉目《へいもく》を命《めい》じ下腹部《したはら》より三回呼吸《かいいき》する事《こと》を命《かい》じ術者《じゆつしや》はその呼吸《いき》に注意《ちうい》する事《こと》、二度《ご》の呼吸《いき》の時重複《ときぢうふく》の呼吸《いき》が出《で》る患者《かんじや》は內臟《ないぞう》の不調和《ふてうわ》が判《わか》る、重複《ぢうふく》の呼吸《いき》がなく上眼瞼《うはまぶた》がピクピクするのは前記《ぜんき》の如《ごと》く腦《のう》の惡《わる》い事《こと》を確實《かくじつ》に示《しめ》すのである。

此《こ》の試験《しけん》が終《をは》つたら術者《じゆつしや》の右《みぎ》の平手《ひらて》を患者《かんじや》の胸元《むなもと》に輕《かる》くあてゝ『圓頓止觀《エンドンシカン》』と一聲《せい》して附《つけ》た平手《ひらて》の指先《ゆびさき》を少《すこ》し押《お》す樣《やう》にして手《て》を取《と》り直《たゞ》ちに術者《じゆつしや》の左手《ひだりて》を仰向《あふむ》けにして出《だ》し、出《だし》た平手《ひらて》は術者《じゆつしや》の右《みぎ》の手《て》にて患者《かんじや》の手《て》を摘《つま》み持《も》ち來《きた》りて仰向《あふむ》けにして乘《の》せる事《こと》、乘《の》せたら術者《じゆつしや》の右《みぎ》の平手《ひらて》にて患者《かんじや》の仰向《あふむ》けに乘《のせ》た平《ひら》手《て》を少《すこ》し押《お》す樣《やう》にしてコクのである、此《こ》の平手《ひらて》をコクのは患者《かんじや》の靈脈《れいみやく》が指先《ゆびさき》に出《で》ないで手《て》の甲《こう》にムヅムズとして術者《じゆつしや》の掌中《てのひら》に感《かん》ずるか感《かん》じないかを調《しら》べるのである、百人中《にんちう》七八人《にん》こんな現象《げんしやう》があるから注意《ちうい》の爲《ため》に行《おこな》ふのである。

此《こ》の平手《ひらて》をコク事《こと》がすんだら術者《じゆつしや》は患者《かんじや》に對《たい》して掌中《てのひら》を凝視《ぎようし》する事《こと》を示《しめ》し、直《たゞ》ちに術者《じゆつしや》は患者《かんじや》の平手《ひらて》の人指《ひとさし》の附根《つけね》から離《はな》れる事六寸位《すんぐらゐ》の處《ところ》から、細《ほそ》く冷《つめ》たく永《なが》く吹《ふ》く事一分間以内《ぶんかんいない》行《おこな》ふのである、吹《ふ》いて居《を》る内《うち》に五指中《しちう》の内《うち》どれかピクと動《うご》いた指《ゆび》を中心《ちうしん》として病種《びやうしゆ》を發見《はつけん》するのである。

此《こ》の靈脈《れいみやく》が終《おは》つたらすぐに男《おとこ》なれば左《ひだり》から右《みぎ》、女《をんな》なれば右《みぎ》から左《ひだり》と移《うつ》て診脈《しんみやく》するのである、男《をとこ》の右《みぎ》を診《しん》するのは病因《びやういん》を發見《はつけん》する方式《はうしき》である、左《ひだり》が人指《ひさゆび》の振動《しんどう》で內臟乃至《ないざうないし》胃病《ゐびやう》であつて右《みぎ》の參考靈脈《さんこうれいみやく》が又人指《またひさゆび》であればその者《もの》の母親《はゝおや》から遺傳《ゐでん》した胃病《ゐびやう》である事《こと》が斷言《だんげん》されるのである。

右兩指先《みぎれゆびさき》の脈《みやく》を診《しん》し終《おは》つたら直《たゞ》ちに患者《かんじや》の兩手《れうて》は膝頭《ひざがしら》に置《お》かせて術者《じゆつしや》は患者《かんじや》の三段脈《だんみやく》にかゝるのである、術者《じゆつしや》の左手《ひだりて》を出《だ》して患者《かんじや》の左手《ひだりて》の指先《ゆびさき》に出《だ》して直《たゞ》ちに指先《ゆびさき》を持《も》ちあげ、又術者《またじゆつしや》の右《みぎ》の拇指《おやゆび》と他《た》の四指《し》にて患者《かんじや》の常脈處《じやうみやくしよ》を輕《かる》く診《しん》するのである、之《こ》れが三段脈《だんみやく》と云《い》ふのである。

細《こま》かい脈《みやく》を打《う》つのは內臟《ないざう》の病氣《びやうき》とし、太《ふと》い脈《みやく》を打《うつ》のは腦《のう》に關係《かんけい》した病氣《びやうき》とし切《きれ》た脈《みやく》を示《しめ》すのは腸及《ちやうおよ》び下《しも》の病氣即《びやうきすなは》ち子宮《しきう》とか花柳病《かりうびやう》とかある事《こと》である。又《また》常脈《じやうみやく》が細《こま》かくて中指《なかゆび》の靈脈《れいみやく》の時《とき》は病氣《びやうき》になる前《まへ》に腦《のう》を非常《ひじやう》に使《つか》ふたと診斷《しんだん》するのである、之《こ》れが爲《ため》に內臟《ないざう》が目下《もつか》惡《わる》いと見《み》て決《けつ》して誤《あやま》りはないのである、又人指《またひさゆび》が動《うご》いて常脈《じやうみやく》が太《ふと》い時《とき》は病氣《びやうき》になる前《まへ》に何《なに》か非常《ひじやう》に心配《しんぱい》したり勞働《はたらき》過《す》ぎた事《こと》があつたろふと質問《しつもん》すれば必《かな》らず的中《てきちう》するのである。

以上《いじやう》が五指《し》靈脈《れいみやく》から三段脈《だんみやく》を終《をは》つた順序《じゆんぢよ》である、三段脈《だんみやく》が變則《へんそく》即《すなは》ち人指《ひとさゆび》が動《うご》いて太《ふと》い時《とき》、中指《なかゆび》が動《うご》いて常脈《じやうみや、》が細《こま》かい時《とき》には直《たゞ》ちに心臓部《しんぞうぶ》に術者《じゆつしや》の右《みぎ》の平手《ひらて》を軽《かる》くピタとあてゝ心臓《しんぞう》の皷動《こどう》を試驗《しけん》するのである、心臓《しんぞう》に皷動《こどう》があれば内臓《ないぞう》から出《で》た病氣《びやうき》とし、皷動《こどう》がなければ脳《のう》から來《き》た病氣《びやうき》として斷《だん》ずるのである。

以上《いじやう》が終《おは》つたら術者《じゆつしや》の平手《ひらて》を患者《かんじや》の口《くち》の處《ところ》に出《だ》してその平手《ひらて》に息《いき》を三度《さ》かけさせて、術者《じつしや》はその息《いき》を靈嗅覺《れいきうかく》するのである、その時《とき》甘《あま》い香《にほひ》は毒《どく》に關《かん》する疾病《やまひ》とし、苦味《にがみ》があれば胃《ゐ》を中心《ちうしん》の内臓病《ないぞうびやう》とし、甘酢《あまずい》のは脳《のう》に關係《かんけい》した病氣《びやうき》として斷《だん》ずるのである、而《しか》して最終《さいしう》に患者《かんじや》の左手首《ひだりてくび》を術者《じゆつしや》の左手《ひだりて》にて持《もち》あげて患者《かんじや》の手首《てくび》を嗅覺《きかく》するのである、香《にほひ》は吐《はい》た息《いき》と同《おな》じである。

全部《ぜんぶ》の方式《ほうしき》は四分間《ふんかん》にて修了《しうれう》するのであるが、直接講習《ちよくせつこうしう》の時《とき》の方式《はふしき》とは少《すこ》し簡易《かんい》に敎《おし》へてあるから此《こ》の方式《はうしき》にて豫《あらかじ》め修得《しゆつとく》してから直接講習《ちよくせつこつしう》にて完成《かんせい》した方《はう》がよい、而《しか》して此《こ》の方式《はうしき》は最《もつさ》も嚴格《げんかく》にして少《すこ》しも油斷《ゆだん》なく法廷《はうてい》の審判官《しんぱんかん》が天皇《てんのう》の命《めい》に依《よつ》て審判《しんぱん》すると少《すこ》しの變《かは》りがないのである。

一切《さい》の病患者《びやうかんじや》は心王を無視《むし》した罪《つみ》に依《よつ》て來《く》る因果律《いんがりつ》であるからである、故《ゆえ》に術者《じゆつしや》となる者《もの》も少《すこ》しの罪惡《ざいあく》でも犯《おか》して居《を》れば心王《しんのう》が眞《しん》の靈護《れいご》をせぬのである此間《このかん》の消息《せつそく》をよく了解《れうかい》せねば術者《じゆつしや》としての權威《けんゐ》がないのであるから注意《ちうい》されよ、それで此《こ》の方式《はうしき》は病氣《びやうき》の診斷丈《しんだんだけ》であつて諸事鑑識《しよじかんしき》には使《つか》ふてはならぬのである、………委細《くはしく》は直講《ちよくこう》にて。

醫師應用水平線法

之《こ》れは椅子《いす》にかけさせても座形《ざけい》でもよい、靜座閉目《せいざへいもく》させ兩手《れうて》を水平線《すいへいせん》に出《だ》させ掌中《てのひら》は下向《したむ》けに手先《てさき》は開《ひら》いて拇指《ぼし》と拇指《ぼし》の間《あい》だは五分位離《ぶくらひはな》れさせて置《お》く事《こと》而《しか》して半紙《はんし》を竪《たて》に折《を》つてその患者《かんじや》の手《て》の上《うへ》に軽《かる》く乗《の》せる事《こと》乗《の》せたら醫師《いし》は自分《じぶん》の兩手《れうて》を下腹部《したはら》にあてゝ腹部《ふくぶ》を押壓的《なうあつてき》に力《ちから》を入《い》れその力《ちから》が患者《かんじや》の方《はう》に感動《かんどう》すると患者《かんじや》の指先《ゆびさき》がピクと動《うご》くのである、動《うご》けば靈脈《れいみやく》が出《で》たのであるから紙《かみ》を取除《とりのけ》て傍《かたは》らに置《お》き直《たゞ》ちに常脈診察《じやうみやくしんさつ》にかゝつて五指靈脈《しれいみやく》と對照《たいせう》すると正確《せいかく》に的中《てきちう》する、此《こ》の方法《はうほふ》は聖句《せいく》も氣合《きあい》も使用《しよう》してはいけないのである。

注意……獨修診脈法《どくしゆうしんみやくはう》と大衆合併診脈法《たいしうがつぺいしんみやくはう》と遠隔者診脈法《えんかくしやしんみやくはう》及《およ》び小兒診脈法《せうにしんみやくはう》は此章《このしやう》の始《はじ》めの簡易法中《かんいほつちう》に出《だ》してあるから之《こ》れにて行《おこな》ふ方《はう》がよい、明細《めいさい》の事《こと》は面授《めんじゆ》口訣《くけつ》でなければ判《わか》らないからである、それから心臓鼓動《しんぞうこごう》と三段脈《だんみやく》の事《こと》は正式《せいしき》法《はう》の末尾《おはり》に出《だ》してあるから、重患者診脈法《ぢうかんじやしんみやくはう》と隔室患者診脈法《かくしつかんじやしんみやくはう》及《およ》び發見後《はつけんご》の敎《けふ》化秘諦《げひたい》と諸事鑑識脈《しよじかんしきみやく》の畧解文《りやくかいけ》を記《しる》すとしよう。

重患者診脈法

重患者《ぢつかんじや》は方式《はうしき》は用《もち》ひない方《はう》がよい、先《ま》づ患者《かんじや》の側《そは》に座《ざ》し術者《じゆつしや》の左手《ひだりて》に患者《かんじや》の手《て》を仰向《あふむ》けに乘《の》せて術者《じゆつしや》の右平手《みぎひらて》にてコクのである、そのコイた時患者《ときかんじや》の四指即《しすなは》ち人指中指藥指小指《ひとさゆびなかゆびくすりゆびこゆび》が自然《しぜん》と掌中《てのひら》に曲《まが》り、何回《なんかい》しても曲《まが》るのは不治《ふぢ》の靈《れい》脈《みやく》である、そんな患者《かんじや》は病種《びやうしゆ》の靈脈《れいみやく》は決《けつ》して出《で》ないのである、而《しか》して四指《し》が自然《しぜん》と曲《まが》る患者《かんじや》は生命《いのち》は七日以内《いない》しかない事《こと》は余《よ》が實驗《じつけん》して疑《うたがひ》はないのである。

若《も》し術者《じゆつしや》が右《みぎ》の如《ごと》くして四指《し》が曲《まが》らず正當《せいとう》に他指《たし》が一本《ほん》でもピクと動《うご》いたら念《ねん》を入《い》れて診脈《しんみやく》せねばならぬ、重患者《ぢつかんじや》の診脈《しんみやく》は以上《いじやう》でよいのである。

隔室患者診脈

患者《かんじや》の室内《しつない》に入《い》る事《こと》が出來《でき》ない時《とき》には一室《しつ》を隔《へだ》つて術者《じゆつしや》は座《ざ》し、看護《かんご》して居《を》る者《もの》に男《をとこ》は左《ひだり》、女《をんな》は右《みぎ》、の手首《てくび》を輕《かる》く握《にぎ》らして人指《ひとさゆび》の附根《つけね》を吹《ふ》かして見《み》るのである術者《じゆつしや》は室《へや》を隔《へだ》て見《み》て居《を》れば判《わか》る、その時《とき》術者《じゆつしや》の指《ゆび》にも感《かん》ずるから直《たゞ》ちに判斷《はんだん》してやるのである。

靈脈發見後の教化秘諦

患者《かんじや》の靈脈《れいみやく》を發見《はつけん》したら直覺的《ちよつかくてき》に質問《しつもん》してはいけない、先《ま》づ病脈《びやうみやく》から質問《しつもん》して本人《ほんにん》が得道《とくどう》したら直《たゞ》ちに病因《びやういん》を質《たゞ》して因果律《いんがりつ》の摘發《てきはつ》に力説《りきせつ》してから、本人《ほんにん》がサンゲしたらそのサンゲを惡感《あくかん》せぬ様《やう》に例《れい》を引《ひい》て軟《やわら》かに説《と》き諭《さと》さねばいけない、嚴格《げんかく》に教化《けふけ》すると一度《ど》で驚《おどろ》いて來《こ》なくなるからである…此間《このかん》直授《ちよくじゆ》

諸事鑑識脈

諸事《しよじ》鑑識脈《かんしきみやく》の方法《はうはう》は病脈《びやうみやく》の様《やう》に面倒《めんどう》でないが重要事件《ぢうえうじけん》の時《とき》は夜半《よる》に行《おこな》はねばならぬのである、それから人《ひと》の事《こと》を依頼《いらい》されて見《み》る事《こと》は絶對《ぜつたい》に禁《きん》じなければならぬ、萬事《はんじ》が心王《しんのう》よりの命《めい》なればその人《ひと》の事《こと》はその人《ひと》の心王《しんのう》がその人《ひと》の

因果律《いんがりつ》に應《おう》じて明示《めいじ》するのであるから代脈《だいみやく》と云《い》ふ事《こと》は絶對《ぜつたい》にしてはならぬ事《こと》になつて居《な》る。

未研究者《みけんきうしや》が既研究者《きけんきうしや》に對《たい》し『君僕《きみぼく》の事《こと》を君《きみ》の靈脈《れいみやく》で見《み》て呉《く》れ給《たま》へ』と云《い》ふ輕《かる》忽《はやみ》ひの要求《ようきう》は必《かな》らず行《おこな》ふてはならぬ、要求者《ようきうしや》が出來《でき》る迄何回《までなんかい》でも行《おこな》はせるがよい、又諸商況相場高低《またしよせうきやうそうばかうてい》なども代脈《だいみやく》は決《けつ》して行《おこな》ふてはならぬ、本人《ほんにん》の運命《うんめい》を支《し》配《はい》して居《を》る心王《しんのう》の明示《めいじ》であるから本人自《ほんにんじ》心《しん》に豫知《よち》するがよいのである、然《しか》し重要事《ちうようじ》件《けん》は術者《じゆつしや》が依頼《いらい》されても夜半《よる》でなければ行《おこな》ふてはならぬ。

鑑識脈《かんしきみやく》は萬事《ばんじ》獨修《どくしゆう》に限《かぎ》るのであるから男《をとこ》は左手《ひだりて》、女《をんな》は右手《みぎて》を開《ひら》いて立《た》て肘《ひぢ》は横腹《よこはら》に輕《かる》く附《つ》け、立《た》てた平手《ひらて》は顏《かほ》と離《はな》れる事《こと》四五寸位《すんぐらひ》の處《ところ》に置《お》き下腹部《したはら》に要《よう》件《けん》を思念《しねん》し閉目《へいもく》二三秒間《べうかん》、パット開目人指《かいもくひとゆび》の附根《つけね》を吹《ふ》く事《こと》一分間以内《ぷんかんいない》、動《うご》いた指《ゆび》にて活斷《かつだん》するのである、萬事成不成《ばんじなるならない》は拇指及《おやゆびおよ》び人指等《ひゞゆびとう》の動《うごき》に依《よつ》て解釋《かいしやく》せねばならぬのである。餘《よ》は實驗《じつけん》の上《うへ》。

第貳章　思想觀破靈脈

思想問題《しさうもんだい》は人間《にんげん》の心理狀態《しんりじやうたい》を自由《じゆう》に支配《しはい》して境涯《はて》がないから世界中何處《せかいちうどこ》の國《くに》へでも侵入《しんにふ》するのである、故《ゆゑ》にいかなる博士《はかせ》でも鑑識家《かんしきか》でも人心裡《じんしんり》に起《おこ》る思想《しさう》を觀破《かんぱ》する事《こと》は到底出來《とうていでき》ないのである。

博士《はかせ》や鑑識家《かんしきか》が心王《しんのう》の靈性《れいせい》を認識《にんしき》すれば學問《がくもん》の力《ちから》が靈的《れいてき》に闢《ひら》いて觀破《かんぱ》する事《こと》は自由《じゆう》である、昭和三年四月中旬《ちうじゆん》に彈壓《だんあつ》を加《くわ》へられた共產主義者《きやうさんしゆぎしや》を敎《おし》へたさか云《い》われる大學校《だいがくかう》の校長《こうちやう》さんが『思想問題《しさうもんだい》の心理《しんり》はとても觀破《かんぱ》する手段《しゆだん》がない』と嘆息《たんそく》したのは學問《がくもん》の力《ちから》では觀破出來《かんぱでき》ない事《こと》を立證《りつしやう》するのである。

然《しか》るに心王靈脈《しんのうれいみやく》に依《よつ》て人心裡《じんしんり》に喰込《くひこ》んで居《を》るあらゆる思想《しさう》を摘發《てきはつ》して、災害《わざはひ》を未然《みぜん》に防《ふせ》ぐと云《い》ふ事《こと》は空前《くうぜん》の大發見《だいはつけん》である事《こと》を研究者《けんきうしや》は承知《しやうち》されたい、學校《がつかう》で精神試驗《メンタルテスト》を行《おこな》ふても之《こ》れは形式丈《かたちだけ》であつて眞實《ほんたう》の精神發動《せいしんはつどう》の根本《こんぽん》に觸《ふ》れる事《こと》は不可能《できない》のである、故《ゆえ》に心王靈脈《しんのうれいみやく》を修得《しゆうさく》された校長《こうちやう》さんなどは教授《けふじゆ》の傍《かたわ》ら靈脈《れいみやく》指導《しどう》にて生徒《せいと》を善導《ぜんどう》して居《を》るから、眞《しん》の人心救濟《じんしんきふさい》の天職《てんしよく》を遂行《すゐこう》して居《を》るのであると云《い》へよう。

思想家《しそうか》なども自分《じぶん》で各思想《かくしそう》を批判《ひはん》し討究《とうきう》してから自分《じぶん》の思想《しそう》の題材《だいざい》とすれば誤《あやま》らないのである、カントを研究《けんきう》したマルクスとヱンゲルスはカントの心《こゝろ》を脱線《だつせん》して物質主義《ぶつしつしゆぎ》に趨《はし》つたのであるから、マルクス研究者《けんきうしや》などは靈脈《れいみやく》を研究《けんきう》してから研究《けんきう》した方《はう》がよい、自分《じぶん》も誤《あやま》り人《ひご》をも誤《あやま》らしめて勞働爭議《ろうどうそうぎ》の終結《しゆうけつ》の如《ごと》く兩損《れうそん》となるからである。

智識《ちしき》を世界《せかい》に求《もと》め自己《じこ》の完成《かんせい》と國家《こつか》の發展《はつてん》を計《はか》る可《べ》き學術《がくじゆつ》の生命《せいめい》と國民教養《こくみんけふやう》の眼目《がんもく》を忘《わす》れては困《こま》る、學生《がくせい》は概《おほむ》ね年少《ねんせう》にして經驗《けいけん》に乏《とぼ》しいから思慮《しりよ》も未《いま》だ深密《しんみつ》でない、隨《したがつ》て新奇《しんき》なる新說矯激《しんせつけふげき》なる言論《げんろん》に傾聽心醉《けいちやうしんすゐ》し易《やす》き趨向《すうかう》あるを免《まぬか》れない、外間危激《がいかんきげき》の徒《と》之《これ》に乘《じやう》じて百方誘惑《ほうゆうわく》するから延《ひい》ては國家《こつか》と相容《あい》れない思想《しそう》を鼓吹注入《こすゐちうにふ》して遂《つゐ》に人心《じんしん》の方向《はうかう》を誤《あやま》らしむるのである。

國家主義《こつかしゆぎ》を鼓吹《こすゐ》する憂國《いうこく》の士《し》も澤山《たくさん》あるが未《いま》だ眞《しん》の國家主義《こつかしゆぎ》を識《し》らずに排他《はいた》をして居《を》るからいけない、心王靈脈《しんのうれいみやく》で鑑識《かんしき》してからでなければ國家《こつか》の本體《ほんたい》に觸《ふ》れる事《こと》は斷《だん》じて可能《でき》ないのである、我國《わがくに》往古《をうこ》にも共産主義《きやうさんしゆぎ》を主張《しゆちやう》した者《もの》があつたが誰《たれ》も耳《みゝ》を傾《かたむ》けないから立消《たちぎ》へとなつた事《こと》は識者《しきしや》の傳《つた》へる處《ところ》である、其人《そのひと》は佐藤信淵《さとうしんえん》であるから歴史《れきし》を研究《けんきう》してから排他《はいた》をせぬと一喝喰《かつくら》わされるから注意《ちうい》。

宗教上《しうけうじやう》の迷信《めいしん》や往古《むかし》の封建制度《ほつけんせいど》が瓦解《がかい》して近代《きんだい》の人心《じんしん》は自由《じゆう》な天地《てんち》に放《はな》たれたから、世界中《せかいぢう》から流《なが》れ込《こ》む思想《しそう》を自由《じゆう》に研討《けんとふ》する事《こと》が出來《でき》る丈《だけ》それだけ危險《きけん》であるから靈脈《れいみやく》の應用《をうよう》が蜜接《みつせつ》に必要《ひつよう》となるのである、三至《し》一誠圖《せいづ》は思想《しそう》を判《はん》ずる羅針《らしん》であるから思想觀破《しそうかんぱ》の靈脈《れいみやく》も添附《てんぷ》してあるが、今茲《いまこゝ》に公表《こうへう》するのは既公《きこう》表《へう》の思想脈《しそうみやく》に今《いま》一歩《ほ》深刻《しんこく》なる解決《かいけつ》を與《あた》へた秘脈《ひみやく》の公開《こうがい》である事《こと》を御承知《ごしやうち》が願《ねが》ひたい。

思想脈の分類

拇指《ゆし》……動《うご》けば純國家思想《じゆんこつかしそう》の持主《もちぬし》である、又之《またこ》れを應用《おうよう》すると皇室中心思想者《こうしつちうしんしそうしや》大明心王思《たいみんしんのうし》想者《そうしや》、物心《ぶつしん》二元調和《げんてうわ》一元思《げんし》想者《そうしや》、指《ゆび》が内外《ないがい》に動《うご》きて眞直《まつすぐ》に立《たつ》のは思《し》想的《そうてき》に世《せ》界《かい》の人心《じんしん》を大統《だいとう》する轉輪聖王《てんりんじようわう》の目的《もくてき》が實現《じつげん》した時《とき》である、即《すなは》ち世《せ》界統《かいとう》一の國王《こくわう》。

此《こ》の拇指《おやゆび》に中指《なかゆび》が合《かつ》して動《うご》くのは英雄崇拜《えいゆうすうはい》の國家思想《こつかしそう》の持主《もちぬし》であると觀《み》てよい、楠公《なんこう》や西郷崇拜《さいがうすうはい》の如《ごと》きである。

拇指《おやゆび》に人指《ひさゆび》が合《がつ》したのは天下泰平思想《てんかたいへいしそう》である、拇指《おやゆび》に藥指《くすりゆび》が加《くは》われば國家思《こつかし》想《そう》の宣傳者《せんでんしや》と觀《み》る、拇指《おやゆび》に小指《こゆび》が合《がつ》したのは國家思想《こつかしそう》を假信《かしん》する者《もの》と觀《み》る。

拇指《おやゆび》は凡《すべ》て堅實《けんじつ》なる心王靈性《しんのうれいせい》に取《とる》のであるから西郷隆盛《さいがうたかもり》が常《つね》に拇指《わやゆび》を出《だ》して『拇指《これ》』が承知《しようち》せぬからと云《い》ふたのは非常《ひじやう》に意味《いみ》が深《ふか》い表情《へうぜう》である、天皇陛《てんのうへい》下《か》の爲《ため》に一死《し》以《もつ》て國《くに》に殉《じゆん》ずる決心《けつしん》であつたから自分《じぶん》の心王大靈性《しんのうだいれいせい》を通《つう》じて天《てん》皇陛下《のうへいか》を尊信《そんしん》した意味《いみ》である事《こと》を余《よ》は了解《れうかい》した。

故《ゆえ》に拇指《おやゆび》が動《うご》けば先《ま》づ正《たゞ》して思想《しそう》の持主《もちぬし》と觀《み》て談和《だんわ》を交《まじ》へてもよい、それは先方《せんほう》の指《ゆび》を以《もつ》て鑑識《かんしき》するのではない先《ま》づ自己《じこ》ので試脈《しみやく》してから話《はな》しの進境《しんきやう》に依《よつ》て先方《せんほう》の脈《みやく》を診《しん》するのである、若《も》し自己《じこ》ので拇指《おやゆび》が動《うご》いて先方《せんほう》が人指丈《ひとゆびだけ》に振動《しんどう》したら當方《さうはう》の話《はなし》に合致《がつち》する者《もの》であると察知《さつち》せねばならぬ、思想問題《しそうもんだい》も穩《おん》健《けん》であると見《み》てよい。

又自分《またじぶん》のが拇指《おやゆび》で中指《なかゆび》が先方《せんほう》に振《ふる》ふたら注意《ちうい》して談話《はなし》せぬと失敗《しつぱい》する、先方《せんほう》は危險思想《きけんしそう》の持主《もちぬし》であつて當方《さうはう》を謀《はか》りに來《き》たと見《み》て談話《はなし》せねばならぬ、然《しか》し二三話頭《はなし》を交《まじ》へて居《を》る内《うち》に英雄崇拜《えいゆうすうはい》の思想《しそう》を口外《こうがい》したら先方《せんほう》の意中《いちう》に飛《と》び込《こ》んで何物《なにもの》が潜《ひそ》んで居《を》るかを摘發《てきはつ》せねばいけない。

當方《さうはう》が拇指《おやゆび》の動《うごき》で對者《たいしや》が藥指《やくし》の動《うごき》であつたら兩股主義《れうまたしゆぎ》の持主《もちぬし》である故使用者《かちしようしや》

次第《しだい》で役《やく》に立《た》つ者《もの》である、一定《てい》の思想《しそう》を堅持《けんぢ》する者《もの》ではないから注意《ちうい》せねばいけない。

當方《とうはう》が拇指《おやゆび》で對者《たいしや》が小指《こゆび》の動《うごき》であつたらば別《べつ》に心配《しんぱい》はないが、一應《をうし》思想《そう》を探《さぐ》り出《だ》した上《うへ》で長短《ちようたん》よろしきを得《え》させればよい。

人指脈思想解

人指《ひとゆび》……動《うご》けば單平等思想《たんべうどうしそう》の持主《もちぬし》、常識中心思想《じやうしきちうしんしそう》、御座《おざ》なり思想《しそう》、催眠的思想《さいみんてきしそう》平和思想《へいわしそう》の端《たん》、舊式《きうしき》の皇室中心思想《こうしつちうしんしそう》、佛教丸呑《ぶつけふまるのみ》の國家思想《こつかしそう》、無意味《むいみ》の合同思《ごうどうし》想《そう》、汎尊皇奉佛思想《はんそんのうほうぶつしそう》、元始佛教《げんしぶつけふ》の涅槃思想《ねはんしそう》。

此指《このゆび》に拇指《おやゆび》が加《くは》われば非國家思想者《ひこつかしそうしや》、中指加《なかゆびくは》われは樂天思想家《らくてんしそうか》、藥指加《やくしくわ》わつて無内容《むないよう》の神權思想《しんけんしそう》、小指《こゆび》が加《くは》わつてマルクスの資本主義贊成者《しほんしゆぎさんせいしや》。

人指《ひとゆび》は凡《すべ》て和同《わどう》を意味《いみ》するのである、然《しか》し此指《このゆび》に拇指《おやゆび》が合《がつ》した時《とき》は不和《ふわ》であるから注意《ちうい》せられよ、されども自分《じぶん》より目下《めした》の者《もの》に對《たい》しては非常《ひじやう》に慈意《じひ》ある思想《しそう》の持主《もちぬし》である、自分《じぶん》と對當《たいとう》或《あるひ》は目上《めうへ》に對《たい》しては不和《ふわ》と見《み》ねばならぬのである。

此指《このゆび》に中指《なかゆび》加《くわ》わつて樂天主義《らくてんしゆぎ》と云《い》ふのは人生《じんせい》を自覺《じかく》してからの樂天主義《らくてんしゆぎ》でないから先方《せんぽう》を靈脈《れいみやく》で探《さぐ》らねばならぬ、所謂人《いはゆるひと》に頼《たよ》つて居る即《すなは》ち悴《せがれ》が父親《ちゝおや》を背景《はいけい》として居《を》るのであるからこんな人《ひと》と組合事業《くみあいじぎよう》をなすとふんでゐない矛盾《むじゆん》した事《こと》を言《い》ひ出《だ》す事《こと》があるから充分注意《じうぶんちうい》を要《よう》する。

此指《このゆび》に藥指《やくし》加《くは》わつて無内容《むないよう》の神權思想《しんけんしそう》の持主《もちぬし》とは、キリスト教《けふ》や神道《しんとう》などを無茶《むちや》に信《しん》じて居《を》る者《もの》である、國神《こくしん》を賣物《うりもの》とする者《もの》も此《こ》の指《ゆび》と藥指《やくし》が動《うご》く。

此指《このゆび》に小指《こゆび》が加《くは》わつてマルクス主義者《しゆぎしや》と云《い》ふのは、ヴオルトマンと云《い》ふ人《ひと》がエンゲルスの『學説《がくせつ》の最後《さいご》の訂正《ていせい》』に云《い》ふた事《こと》を推《すい》すれば判《わか》る『マルクス、エングルスも亦其時代《またそのじだい》の生《う》むだ精神上《せいしんじやう》の子供《こども》である』と斷言《だんげん》した、人指《ひとゆび》は哲學《てつがく》で小指《こゆび》は兒戲的《じぎてき》であるから此《こ》の斷言《だんげん》は至當《しとう》であろふ。

中指脈思想解

中指《なかゆび》……動《うご》けば英雄陶醉思想《えいゆうとうすゐしそう》、僞社會主義《にせしやかいしゆぎ》、單普通選擧渴仰者《たんふつうせんきよかつごうしや》、共產思想《きやうさんしさう》、デモクラシー思想《しそう》の溺死者《できししや》、無國家思想《なこつかしそう》、無賴漢思想《ぶらいかんしそう》、赤禍宣傳陶醉者《せきかせんでんとうすゐしや》。

此指《このゆび》が外《そと》の方《はう》に動《うご》けば暴動思想參加者《ぼうどうしそうさんかしや》、軍敎反對思想者《ぐんけふはんたいしそうしや》、此指《このゆび》に拇指加《おやゆびくは》われば自然主義者《しぜんしゆぎしや》、人指加《ひとさゆびくは》われば反共產主義者《はんきやうさんしゆぎしや》、藥指加《やくしくは》われば流行思想煽動者《りうこうしそうせつせんごうしや》、小指加《こゆびくは》はれば共產主義參加《きようさんしゆぎさんか》の初《はじ》めである。

此指《このゆび》に人指《ひとさゆび》から加《くわ》われば英人《えいじん》のトマス、モーアのユトピヤ社會思想《しやかいしそう》と見《み》る、反共產主義《はんきようきんしゆぎ》と云《い》ふのは中指《なかゆび》が心醉《しんすゐ》から醒《さめ》て人指《ひとさゆび》に合《がつ》したので、即《すなは》ち忰《せがれ》の中指《なかゆび》が拇指《おやゆび》に復《かへ》り父親《ちゝおや》に詫《わび》て吳《く》れと云《い》ふ樣《やう》なものである。

藥指《やくし》加《くは》わつて煽動者《せんどうしや》と云《い》ふのは中指《なかゆび》は獨斷指《どくだんゆび》であつて、藥指《やくし》は心王《しんのう》の直接使《ちよくせつし》命指《めいゆび》であるから中指《なかゆ》が眼醒《めざめ》る可《べ》く突進《とつしん》して、悔亡《くひほろ》ぶ自我錯覺《じがさくかく》を正覺《せうかく》にさせんとする慈悲《じひ》であると見《み》ればよい、偏執性《パラノイヤ》も時《とき》に或《あるひ》は中指《なか〻》が藥指《やくし》を引《ひ》き付《つ》けてなる事《こと》もあるから兩指《れうし》合併《がつぺい》は餘程《よほど》注意《ちうい》を要《よう》する。

此指《このゆび》に小指《こゆび》加《くは》わつて共産主義《きようさんしゆぎ》參加《さんか》と云《い》ふのは雷同《らいどう》せられて仕方《しかた》がなしに參加《さんか》するのである、小指《こゆび》は自主力《じしゆりよく》がないからである。

藥指脈思想解

藥指《やくし》……動《うご》けば流行思想《りうこうしそう》、時《とき》に變化《へんか》する思想《しそう》、賴他思想《らいたしそう》、厭世思想《えんせいしそう》の崇拜者《すうはいしや》、
此指外《このゆびそと》に動《うご》けば雷同思想者《らいどうしそうしや》。
此指《このゆび》に拇指《おやゆび》加《くは》われば女權擴張論者《ぢよけんかくちやうろんしや》、嬶天下思想《かゝあでんかしそう》の奴隷者《どれいしや》、人指《ひとさゆび》加《くわ》われば處女主義者《しゆぎしや》キリスト教《けふ》などに沒頭《ぼつとう》した者《もの》、中指《なかゆび》加《くは》われば人間思想《にんげんしそう》の所有者《しよいうしや》即《すなは》ち常《ぜう》識中心者《しきちうしんしや》、小指《こゆび》加《くは》われば舊君子《きふくんし》主義者《しゆぎしや》即《すなは》ち保守主義者《ほしゆしゆぎしや》。
此指《このゆび》は凡《すべ》ての思想《しそう》に關係《かんけい》して居《を》るから鑑識《かんしき》の時《とき》には注意《ちうい》せねばならぬ、概《がい》して流行思想《りうこうしそう》の仲介指《ちうかいゆび》であるから發見《はつけん》に面倒《めんだう》である、人間《にんげん》は誰《た》れでも賴他《らいた》の念《ねん》

のないものはない人間《にんげん》に頼《たよ》り虚構《きよこう》の神佛《しんぶつ》に頼《たよ》り學問《がくもん》に頼《たよ》り其他《そのた》何事《なにごと》にも頼《たよ》ると云《い》ふ性質《せいひつ》を發見《はつけん》するには此指《このゆび》である。

舊君子《きうくんし》主義《しゆぎ》とは明治《めいぢ》維《ゐ》新前《しんぜん》は各大名《かくだいみやう》や旗元《はたもと》があつて、その家來《けらい》が主人《しゆじん》を守《まも》ると云《い》ふのであるから一定《てい》して居《を》らぬ風《かぜ》の吹《ふ》き廻《まわ》しと少《すこ》しも異《ちが》はないのであるその極《きよく》には厭世的心理《えんせいてきしんり》が含《ふく》まれて居《を》るのである。

小指脈思想脈

小指《こゆび》……動《うご》けば兒戯的思想《じぎてきしそう》、雷同思想《らいどうしそう》に陷溺《かんでき》される者《もの》、キリスト教《けふ》のデモクラシー思想《しそう》、單處女思想《たんしよぢよしそう》、不現《ふげん》の思想《しそう》、劣等《れつとう》なる勞動思想《ろうどうしそう》渴仰者《かつがふしや》。

此指外《このゆびそと》に動《うご》けば雷動《らいどう》されて死《し》にたがる者《もの》、此指《このゆび》に拇指加《おやゆびくは》わつて赤化思想變則《せきかしそうへんそく》喧嘩思想者《けんかしそうしや》、人指加《ひとさゆびくは》わつて戰爭常習思想者《せんそうじやうしうしそうしや》及《およ》び掠奪思想《りやくだつしそう》、中指《なかゆび》が加《くは》わつて無《む》内容《ないよう》の仲介思想《ちうかいしそう》即《すなは》ち兩股主義《れうまたしゆぎ》、藥指《やくし》が加《くは》わつてブラブラ思想崇拝者《しそうすうはいしや》。

小指《こゆび》が内《うち》に曲《まが》つて掌中《てのひら》に附《つ》く様《やう》なのは未開時代《みかいじだい》のキリスト教《けふ》の修道院思想《しゆうごうゐんしそう》の持主《もちぬし》、キリスト教《けふ》の共産主義思想《きようさんしゆぎしそう》、スパルタ思想《しそう》の誤信者《ごしんしや》、羅馬《ろふま》法皇思想《ほうなうしそう》の迷執者《めいしうしや》、封建時代崇拝思想者《ほけんじだいすうはいしそうしや》、佛教小乘部者想《ぶつけふせうじようぶしそう》の惑溺者《わくできしや》、劣等政治家崇拝者《れつとうせいぢかすふはいしや》凡《すべ》て小指《こゆび》は不現《ふげん》の思想《しそう》を含《ふく》むのであるが、此指《このゆび》に合《がつ》したのが良《よ》い指《ゆび》なれば良《よ》い思想《しそう》に現《あらは》れ、悪《わる》い指《ゆび》が合《がつ》すれば悪《わる》い思想《しそう》に現《あらは》れるのである、此指《このゆび》はあらゆる思想《しそう》の原《もと》であるから、鑑識《かんしき》には此指《このゆび》に着眼《ちやくがん》する必要《ひつよう》がある、それで良《よ》い指《ゆび》とは拇指《おやゆび》と人指《ひとゆび》で、悪《わる》い指《ゆび》は中指《なかゆび》に次《つぎ》に薬指《くすりゆび》である、何故《なにゆえ》小指《こゆび》が思想《しそう》の原《もと》であるかと質問《しつもん》する者《もの》があるだろふから解決《かんけつ》をして置《お》かふ。

小指《こゆび》は他指《たし》と異《こと》なり邪智《じやち》を含《ふく》み盗心《たうしん》を含《ふく》み濁氣《だくき》を含《ふく》んで居《を》るからである、然《しか》し非常《ひじやう》に潔白《けつぱく》の氣《き》と慈悲《じひ》の氣《き》とを含《ふく》んで居《を》るから合指《ごうし》に依《よ》つて思想心《しそうしん》も善悪《ぜんあく》いづれとも断《だん》じられるのである。

注意《ちうい》……凡《すべ》て正《ただ》しき思想脈《しそうみやく》は拇指《おやゆび》に人指《ひとゆび》が合《がつ》して第《だい》三番目《はんめ》に中指《なかゆび》が強《つよ》く人指《ひとゆび》に

引《ひき》つけられるのが正道脈《せいどうみやく》である事《こと》を承知《しようち》して置《おか》れよ。

八咫《やた》神鏡民族《しんけいみんぞく》か大義名分《だいぎめいぶん》を行《おこな》ふ者《もの》は必《かな》らず拇指《おやゆび》が動《うご》く、徳川天下《とくがはてんか》の樣《やう》な心理《しんり》狀態《ぜうたい》は人指《ひとゆび》に感《かん》じ、ナポレオンの如《ごと》き暴《あば》れ者《もの》は中指《なかゆび》に感《かん》ずる、レニンの樣《やう》な思想《しそう》は中指《なかゆび》が藥指《やくし》の方《はう》に合《がつ》する、科學智識《かがくちしき》を云々《うんぬん》したり打算《ださん》と數理《すうり》のみを主《しゆ》張《ちやう》する者《もの》は小指《こゆび》に感《かん》ずる、指《ゆび》が五本共中《ほんともなか》に曲《まが》るのは騷然《さうぜん》として統一出來《とういつでき》ざる事《こと》がある、中指《なかゆび》が眞直《まつす》ぐになつてブルブルに振《ふる》ふのは足利時代《あしかゞじだい》の現《あらは》れ心象《しんしよう》である、寶塚《たからづか》の印紙《いんし》瞞着《まんちやく》の郵便局長《ゆうびんきよくてう》の如《ごと》きは小指《こゆび》が眞直《まつすぐ》になつてブルブルに振《ふる》ふ。

皇室中心《こうしつちうしん》を賣物《うりもの》に自己《じこ》や自黨《じとう》を賣《う》らんとする賣名漢《ばいめいかん》は中指《なかゆび》に小指《こゆび》が合《がつ》し終《おは》りに拇指《ぼし》が合《がつ》する、皇宣中心《こうしつちうしん》の本義《ほんぎ》を知《し》らずに單《たん》に熱心《ねつしん》に主張《しゆちやう》して居《ゐ》る者《もの》は小《こ》指《ゆび》に拇指《おつゆび》が合《がつ》する、拇指《おやゆび》が外《そと》に反《そ》るのは反皇室中心思想《はんこうしつちうしんしそう》。

極秘《きよくひ》……直覺的《ちよくかくてき》に人《ひと》の心裡《しんり》の思想《しそう》を觀破《かんぱ》するには先《ま》づ拇指《おやゆび》を正《せい》とし人指《ひとゆび》を和《わ》と

し中指《なかゆび》を危險《きけん》とし藥指《やくし》を合同《ごうどう》とし小指《こゆび》を處女《しよぢよ》とするのである、萬事《ばんじ》單的《たんてき》に指《し》動《どう》を見《み》てサグリを入《い》れてから改《あらた》めて細蜜《さいみつ》に鑑識《かんしき》するのがよい。

右《みぎ》の如《ごと》くしてサグリを入《い》れると先方《むかふ》の常識《じやうしき》にピンと響《ひゞ》けるから顏色《かほいろ》に變化《へんか》を來《きた》すのである、故《ゆえ》に先《ま》づ單指《たんし》にて豫備《よび》觀破《かんぱ》の必要《ひつよう》があるから心得《こゝろえ》られよ。

思想戰脈

拇指《ぼし》動《うご》けば心王思想《しそう》を中心《ちうしん》に獨逸思想《ごいつしそう》の諸學科《しよがくか》を併呑《へいどん》し消化《せうか》して起《た》て。

人指《ひさゆび》動《うご》けば米國主義《べいこくしゆぎ》の金權集中思想《きんけんしうちうしそう》。

中指《なかゆび》動《うご》けば獨逸流《ごいつりう》の學科《がくか》を淘汰《とうだ》して長短取捨宣《ちやうたんしゆしやよろ》しきを得《う》ればよい。

藥指《やくし》動《うご》けば流行思想《りうこうしそう》を洗練《せんれん》してその長《ちやう》を取《とつ》て大同團結《だいどうだんけつ》すればよい。

小指《こゆび》動《うご》けば淺薄《あさはか》なる思想故《しそうゆゑ》取るに足《た》らぬ。

注意……思想戰《しそうせん》は拇指《おやゆび》と中指《なかゆび》の對照《たいせう》なり。

差別と平等脈

拇指《おやゆび》動《うご》けば中心《ちうしん》を認《みと》めての平等《べうどう》であつて即《すなは》ち心王認識《にんしき》ばかり出《で》た時《とき》である。

人指《ひとゆび》動《うご》けば單平等《たんべうどう》で母親《はゝおや》が子供《こども》を一同《どう》に可愛《かあい》と思《おも》ふ平等觀《べうどうかん》と同《おな》じである。

中指《なかゆび》動《うご》けば勞働者《ろうどうしや》が勞銀《ろうぎん》の追加《ついか》を要求《ようきう》する爲《ため》に平等《べうどう》を主張《しゆてう》する西洋思想《せいようしそう》の變《へん》形《けい》である、即《すなは》ち惡平等《あくべうどう》である。

藥指《やくし》動《うご》けば惡平等《あくべうどう》の意思《いし》なき無差別《むさべつ》の平等《べうどう》を主張《しゆてう》する脈《みやく》であるから注意《ちうい》せぬと惡平等《あくべうどう》に變化《へんか》するのである。

小指《こゆび》動《うご》けば子供心《こどもごゝろ》の差別《さべつ》と平等《べうどう》の一時《ち》的現《てきあら》はれであるから別《べつ》に氣《き》にする事《こと》はないが中指《なかゆび》が追加《ついか》したら注意《ちうい》。

同盟と合同と聯合脈

拇指《おやゆび》動《うご》けば中心《ちうしん》あつて統合脈《とうごうみやく》であるから中心《ちうしん》を定《さだ》めて進《すゝ》めば良《よ》い。

人指動《ひとゆびうご》けば合同脈《ごうどうみやく》であるから合意《ごうい》した連中《れんちう》で單《たん》なる合同《ごうどう》をせよ中心《ちうしん》を立《た》てると爭《あらそ》ひが起《おこ》るから注意《ちうい》。

中指動《なかゆびうご》けば若《わか》い者《もの》が集合《しうごう》して同盟脈《どうめいみやく》であるから時《とき》に或《あるひ》は階級《クラス》ある國家《こつか》及《およ》び集團《しうだん》ではこの脈《みやく》は危險《きけん》だから中止《ちうし》せよ。

藥指動《やくしうご》けば世間通《せけんつう》の粹人計《すいじんばか》り集合《しゆうごう》して其中《そのうち》の最《もつと》も粹《すい》の者《もの》を中心《ちうしん》とすれば良《よ》いのである。

小指動《こゆびうご》けば兒戲的合同《じぎてきごうどう》なればよいが此指動《このゆびうご》いては眞《しん》の合同《ごうどう》は出來《でき》ないお伽話《とぎばなし》的《てき》の合同《ごつどう》なれば良《よ》い。

注意……凡《すべ》て人心《じんしん》の統一《とういつ》を目的《めあて》とする事業商業工業等《じぎやうせうぎやうこうげふとう》は先《ま》づ自分《じぶん》の靈脈《れいみやく》を診《しん》してから他《た》の診脈《しんみやく》をするのがよい。

聯合と獨立脈

拇指動《おやゆびうご》けば聯合《れんごう》と獨立《どくりつ》とを調節《ちようせつ》して絕對大慈悲《ぜつたいだいじひ》の獨立也《どくりつなり》、民本《みんぽん》にして民衆《みんしゆう》が本義《ほんぎ》を現《あら》はす、外《そと》に動《うご》けば調節《てうせつ》の力《ちから》なき傍觀者《ほうかんしや》なりされど中指《なかゆび》が合《がつ》して野心《やしん》あり注意《ちうい》。

人指《ひとさゆび》動《うご》けば聯合《れんごう》なり仲人《なかふど》なくして聯合《れんごう》するなり、外《そと》に動《うご》けば聯合《れんごう》を疑《うたが》ふなり、總《すべ》て此指《このゆび》は合併《がつぺい》を實現《じつけん》する時《とき》には必《かなら》ず成《な》る脈《みやく》なれば進《すゝ》んで吉《きち》、藥指《やくし》の共同《きやうどう》と意義《わけ》が異《ちが》ふ。

中指《なかゆび》動《うご》けば獨逸《どいつ》のカイゼル思想《しそう》を出《だ》すと聯合成《れんごうな》らず却《かへ》つて嫌《きら》はれる、外《そと》に動《うご》けば獨立出來《どくりつでき》ずして人《ひと》の世話《せわ》になる傾向《けいこう》を愼《つゝし》む可《べ》し。

藥指《やくし》動《うご》けば聯合《れんごう》の眞《しん》を得《ゑ》たる脈《みやく》なれども野心《やしん》あれば對手《あいて》を注意《ちうい》せよ、外《そと》に動《うご》けば聯合成《れんごうな》つて後禍《のちわざは》ひあり故《ゆゑ》に聯合《れんごう》の時《とき》に注意《ちうい》せよ。

小指《こゆび》動《うご》けば婦人團等《ふじんだんとう》の聯合可《れんごうか》なり、男子《だんし》の聯合不可《れんごういけ》也《ない》、されど婦人《ふじん》が中心《ちうしん》なれば吉《きち》。

注意……聯合《れんごう》は中指《なかゆび》が拇指《おやゆび》に合《がつ》して萬事吉《ばんじきち》とすされど人指《ひとさゆび》が合《がつ》せねば善良《ぜんりやう》なら

ずさせよ。

思想病脈

拇指《おやゆび》　動《うご》けば世界的《せかいてき》思想《しそう》を説《と》く積《つもり》で人《ひと》に馬鹿《ばか》にされるのも知《しら》ずに居《を》る好人物《おひとよし》。

人指《ひとゆび》　動《うご》けば支那人《しなじん》氣風《きふう》の締《しま》りなき灰《はい》から思想《しそう》の持主《もちぬし》で常《つね》に悶々《もん〳〵》する人《ひと》。

中指《なかゆび》　動《うご》けば自分《じぶん》獨《ひと》り偉《えら》がりで人《ひと》を馬鹿《ばか》にする思想《しそう》の持主《もちぬし》。

藥指《やくし》　動《うご》けば何《なん》でも感染《かんせん》して獨《ひと》りで彼此《かれこれ》心配《しんぱい》して居《を》る思想的《しそうてき》流行病者《りうこうびやうしや》。

小指《こゆび》　動《うご》けば人《ひと》の煽動《をだて》によつて右往左往《うわうさわう》して日《ひ》を暮《くら》す思想者《しそうしや》と政治氣狂病《せいぢきちがひびやう》。

注意……思想病《しそうびやう》は日本人《にほんじん》も各國人《かくこくじん》も患《わづら》ふて居《を》るのであるから、先《ま》づ自分《じぶん》の思想《しそう》を靈脈《れいみやく》で試驗《しけん》して向上《かうじやう》を計《はか》らねばならぬ、偶像崇拜《ぐうぞうすうはい》の時代《じだい》が向上《かうじやう》すれば理性《りせい》崇拜《すうはい》になり、遂《つい》に本體《ほんたい》の本尊《ほんぞん》を確認《かくにん》して崇拜《すうはい》する事《こと》になつて宗教《しうけふ》の結論《けつろん》であると同《おな》じく、思想病《しそうびやう》から脱却《だつきやく》してあらゆる哲人《てつじん》が求《もと》めて求《もと》められなかつた純《じゆん》心王《しんのう》思想《しそう》に復活《ふくかつ》して無病健全《むびやうけんぜん》の思想家《しそうか》になられよ。

第參章　宗教及心靈脈

宗敎脈《しうけふみやく》にはその人《ひと》の宗敎信仰及《しうけふしんかうおよ》び正信迷信《せいしんめいしん》の心理《しんり》を觀破《かんぱ》するのとの差別《さべつ》がある、それから心靈問題《しんれいもんだい》の脈《みやく》はその人《ひと》がいかなる心靈問題《しんれいもんだい》を研究《けんきう》して居《を》ると云《い》ふのと全般《ぜんぱん》に亘《わた》っての心靈問題脈《しんれいもんだいみやく》とを擧《あ》げるのである。

宗敎觀破脈

拇指《ぼし》　内《うち》に動《うご》けば佛敎《ぶつけふ》の如《ごと》き唯心論《ゆゐしんろん》にして祖先敎《そせんけふ》に國家主義《こつかしゆぎ》の宗敎《しうけふ》と見《み》る心王《しんのう》敎《けふ》に類似《るゐじ》の宗敎《しうけふ》、掌中《てのひら》に附《つ》きたるは純國家敎《じゆんこくかけふ》、此《こ》の指外《ゆびそと》に動《うご》けば天祖《てんそ》を無視《むし》した德川時代《とくがはじだい》の羅山《らざん》と山崎等《やまざきら》が起《おこ》さんとした神道《しんだう》。

凡《すべ》て堅固《けんご》なる自己表現《じこへうげん》の宗敎《しうけふ》は拇指《おやゆび》の動《どう》であるから此《こ》の指《ゆび》は交《まぜ》ものがない純《じゆん》眞《しん》の人道救濟敎《じんだうきうさいけふ》として見《み》てよい、外《そと》に動《うご》いたり内《うち》に曲《まが》ったり横《よこ》に振《ふ》れたりするのは自己《じこ》没却《ほつきやく》の宗教《しうけふ》と見《み》て的中《てきちう》する、無我愛信教《むがあいしんけふ》などがそれである。

人指《ひとゆび》　内《うち》に動《うご》けば天理教《てんりけふ》、金光教《こんくわうけふ》、月讀教等《つきよみけふとう》の無内容《むないよう》の祖先崇拜教《そせんすうはいけふ》と見《み》る、外《そと》に動《うご》けば天理教《てんりけふ》及《およ》び大本教《おほもとけふ》の脱退者《だつたいしや》の如《ごと》き宗教《しうけふ》、吾國各神道《わがくにかくしんとう》や二宮尊徳並《にのみやそんとくならび》に大道長安《だいどうちやうあん》の觀音救世教《かんのんきうせいけふ》、心理神教《しんりしんけふ》なども此指《このゆび》に出《で》る。

中指《なかゆび》　内《うち》に動《うご》けばマホメット教《けふ》の如《ごと》き獨《どく》一神《しん》の命《めい》に服《ふく》して勝手《かつて》の戰爭《せんそう》をする宗教《しうけふ》、盗賊的宗教《さうぞくてきしうけふ》、野心宗教《やしんしうけふ》、外《そと》に動《うご》けは社會主義教《しやかいしゆぎけふ》、アムハラハ教《けふ》、波羅門教《ばらもんけう》。

藥指《やくし》　内《うち》に動《うご》けば流行神教《りうこうしんけふ》より轉化《てんか》した迷信教《めいしんけふ》、外《そと》に動《うご》けば相場《そうば》豫言《よげん》の宗教《しうけふ》、僞物教《にせものけふ》、類似教《るいじけふ》、基督教《きりすとけふ》のデモクラシー向上教《こうじやうけふ》、一燈園《とうえん》の西田宗《にしだしう》の如《ごと》き。

小指《こゆび》　内《うち》に動《うご》けば婦人子供《ふじんこども》が信《しん》ずる狐狗狸教《こくりけふ》、キリスト教《けふ》、日月教《じつげつけふ》、稲荷崇拜《いなりすうはい》教《けふ》、蛇及《へびおよ》び動植物崇拜教《どうしよくぶつすうはいけふ》。

此《こ》の指《ゆび》に拇指《おやゆび》が合《がつ》すれば國家主義《こつかしゆぎ》を背景《はいけい》に劣等宗教《れつとうしうけふ》を賣捌《うりさば》く者《もの》とす、此指《このゆび》に中指合《なかゆびがつ》して劣等《れつとう》なる英雄崇拜教《ゑいゆうすうはいけふ》、此《こ》の指《ゆび》に薬指合《やくしがつ》して流行神《はやりがみ》と云《い》ふ穴守稲荷《あなもりいなり》か梅《うめ》の木《き》稲荷《いなり》と云《い》ふ可《べ》き最劣等教《さいれつとうけふ》。

迷信正信観破脈

拇指《ぼし》　祖先《そせん》を信《しん》ずる者《もの》が多《おほ》い、祖先《そせん》を靈物視《れいぶつし》して祈禱《きとう》するは迷信《めいしん》であるからいけない、心王教《しんのうけふ》を信《しん》ずる脈《みやく》である。

外《そと》に動《うご》けば先祖《せんぞ》を賣《う》つて罪悪《ざいあく》を作《つく》るから大《おほい》に注意《ちうい》して正《せい》に復《ふく》した心理《しんり》なればよい、僞國家中心教《ぎこつかちうしんけう》はいけない。

人指《ひとさゆび》　内《うち》に動《うご》けば父母《ふぼ》の信仰《しんかう》して居《を》る宗教《しうけふ》を繼續《けいぞく》する者《もの》が多《おほ》い、吾國《わがくに》拾三派《は》神《しん》道中《さつちう》の正《たゞ》しい信仰《しんかう》をする者《もの》、汎佛教《はんぶつけふ》の信仰者《しんかうしや》とす、平和主義《へいわしゆぎ》の宗教《しうけふ》とする、

外《そと》に動《うご》けば夫婦者《ふうふもの》が熱心《ねつしん》に信《しん》じて居《を》る宗教《しうけふ》。

中指《なかゆび》　自力宗教《じりきしうけふ》の信者《しんじや》、禪宗《ぜんしう》の如《ごと》き即身是佛《そくしんぜぶつ》の信仰《しんかう》、心王《しんのう》を知《し》らぬ唯心教《ゆゐしんけふ》らし

い、他力信仰《たりきしんこう》を害《がい》とする者《もの》、外《そと》に動《うご》けば信仰信仰《じりきしんこう》が變化《へんか》した野狐禪《やこぜん》の如《ごと》き信《しん》者《じゃ》、米國《あめりか》のフリーシンガー倶樂部《くらぶ》宗《しう》、ユニテリアン宗《しう》。

藥指《やくし》　流行宗教崇拜者《りうこうしうけふすうはいしゃ》、大本教《おほもとけふ》及《およ》び梅木稻荷《うめのきいなり》崇拜《すうはい》、迷信《めいしん》を二ッも三ッも行《やっ》て居《を》るから正信《せいしん》に復《かへ》れない人《ひと》、シャマ神宣教崇拜者《しんせんけふすうはいしゃ》、此《こ》の指外《ゆびそと》に動《うご》いて信仰《しんこう》から脫却《だっきゃく》して流行宗教《はやりしうけふ》に反抗《はんこう》する者《もの》。

小指《こゆび》　内《うち》に動《うご》いても外《そと》に動《うご》いても横《よこ》に振《ふる》つても祖先教《そせんけふ》を子供《こども》の爲《ため》に信《しん》じた赤染《あかそめ》衛門《えもん》の如《ごと》き人《ひと》、劣等《れつとう》の透視者《とうししゃ》に迷醉《めいすい》して居《を》る人《ひと》、フランセット崇拜者《すうはいしゃ》。

凡《すべ》て此《こ》の迷信正信《めいしんせいしん》を觀破《かんぱ》するにはその人《ひと》に何《なに》も話《はな》さないで鑑識《かんしき》せねばいけない、その鑑識《かんしき》に單指《たんし》からせねばならぬ、合指《ごふし》だと直《たゞ》ちに活斷《かつだん》が出來《でき》ないからである、合指《ごふし》の時《とき》に斷《だん》ずる資料《しれう》として左《さ》に示《しめ》して置《を》く。

拇指《ぼし》と人指《ひとゆび》と合《がっ》したのは神道《しんとう》の眞《しん》である八咫《た》神鏡《しんけふ》と佛教《ぶつけふ》の眞《しん》である法華經《ほけきやう》の眞髓《しんずい》とする本門壽量《ほんもんじゆりやう》の本佛《ほんぶつ》の本體《ほんたい》たる大心王《だいしんのう》と合致《がっち》した宗教信者《しうけふしんじゃ》である。

拇指《ほし》に中指《なかゆび》が合《がつ》したのは八咫《た》神鏡《しんけふ》の爲《ため》に殉死《じゆんし》した英雄《えいゆう》を崇拜《すうはい》する信者《しんじや》即《すなは》ち乃《の》木大將《ぎたいしやう》の靈《れい》を祭祠《さいし》する人《ひと》か楠公崇拜者《なんこうすうはいしや》。
拇指《ほし》に藥指《やくし》が合《がつ》したのは皇室中心主義《こうしつちうしんしゆぎ》を表面《ひやうめん》に自己《じこ》の俄出來《にわかでき》の宗教《しうけふ》を賣捌《うりさば》く人《ひと》、拇指《ほし》に小指《こゆび》が合《がつ》すれば劣等《れつとう》の吾國神道者《わがくにしんとうしや》の一部《ぶ》に屬《ぞく》する種類《しゆるい》の迷信者《めいしんしや》、
拇指《ほし》丈動《だけうご》かずして他《た》の四指《し》が掌中《たなごゝろ》に曲《まが》るのは混亂《こんらん》した信仰《しんこう》の持主《もちぬし》である。
人指《ひとゆび》に拇指《ほし》が合《かつ》したのは純佛教或《じゆんぶつけふあるひ》は純神道《じゆんしんとう》に國家主義《こつかしゆぎ》を無理《むり》に加《くわ》へた信仰《しんこう》者《しや》、人指《ひとゆび》に中指《なかゆび》合《がつ》して無内容《むないよう》の古英雄崇拜者《こえいゆうすうはいしや》、人指《ひとゆび》に藥指《やくし》合《がつ》して俗神道《ぞくしんとう》及《およ》び儒教神道者《じゆけふしんとうしや》、人指《ひとゆび》に小指《こゆび》が合《がつ》して神道《しんとう》や佛教《ぶつけふ》の妄信者《もうしんじや》にして遊戯的信仰《ゆうぎてきしんこう》の連中《れんちう》さする

心靈問題脈

心靈問題《しんれいもんだい》の靈脈《れいみやく》は心靈解剖圖《しんれいかいほうづ》の出發点《しゆつぱつてん》になつて居《を》る、拇指《ほし》が心王《しんのう》で人指《ひとゆび》がア

ラヤ含臟識《がんぞうしき》で、中指《なかゆび》が自我意識《じがいしき》で藥指《やくし》が常識《じやうしき》で小指《こゆび》が五官作用《かんさやう》と定《さだ》まつて居《を》る、然《しか》し此《こ》の五指《し》の動《うご》き方《かた》に依《よ》つて種々《しゆ〳〵》の心靈問題《しんれいもんだい》を認《みと》めなければならないのである、心靈解剖圖《しんれいかいぼうづ》を見《み》られよ。

五指《し》の動《うご》きに依《よつ》てあらゆる心靈現象《しんれいげんしやう》を解決《かいけつ》するなど〻云《い》ふ事《こと》は人間開闢以來《にんげんかいびやくいらい》誰《た》れも發表《はつぴやう》した者《もの》はないのである、それを心王認識者《しんのうにんしきしや》は誰《た》れにでも出來《でき》るのであるから不思議《ふしぎ》とも妙《めう》とも云《い》ふ事《こと》は出來《でき》ないのである、以上《いじやう》に擧《あ》げる心靈脈《しんれいみやく》に照《てら》して萬事《ばんじ》を裁判《さいばん》せられよ。

心的階級脈

拇指《ほし》　動《うご》けば道徳上欽陷《だうとくじやうけつかん》なき意思《いし》の持主《もちぬし》、即《すなは》ち天下《てんか》に恥《は》ぢざる賢實心《けんじつしん》の體現者《たいげんしや》なり。

人指《ひさゆび》　動《うご》けば心的階級《しんてきかいきう》を認《みと》めない民衆的意識《みんしゆうてきいしき》の持主《もちぬし》、併《しか》し順《じゆん》なる心理狀態《しんりじやうたい》があるから注意《ちうい》。
中指《なかゆび》　動《うご》けば心的階級《しんてきかいきう》を強《しい》て好《この》まぬ心理狀態《しんりじやうたい》の持主《もちぬし》である。
藥指《やくし》・動《うご》けば心的階級《しんてきかいきう》などは云《い》はずして片寄《かたよ》らぬ心理狀態《しんりじやうたい》の持主《もちぬし》である。
小指《こゆび》　動《うご》けば心的階級《しんてきかいきう》は普通性《ふつうせい》を好《この》み絕對性《ぜつたいせい》を嫌《きら》ふ傾向《かたむき》がある。

心王認識可否脈

拇指《ぼし》　動《うご》けば心王《しんのう》を認《みと》める事《こと》は人《ひと》より早《はや》い。
人指《ひとゆび》　動《うご》けば認《みと》めんとして或《ある》ひは認《みと》められない。
中指《なかゆび》　動《うご》けば認《みと》めぬ者《もの》が十中十《ちう》である。
藥指《やくし》　動《うご》けば認《みと》めたり認《みと》めなかつたりして常《つね》に迷《まよ》ふ人《ひと》である。
小指《こゆび》　動《うご》けば心王《しんのう》を認《みと》める欲求心《よくきうしん》なし唯小我《たゞせうが》に執着《しうちやく》する者《もの》なり。

靈魂の滅不滅脈

拇指《ほし》　動《うご》けば心王《しんのう》の靈性《れいせい》の不滅《ふめつ》を識《し》る、此指外《このゆびそと》に動《うご》けば非禮《ひれい》の靈即《れいすなは》ち淫祠《いんし》の靈《れい》と觀《み》よ。

人指《ひとさゆび》　動《うご》けば心王《しんのう》を背景《はいけい》とした父母《ふほ》の靈《れい》と觀《み》てよい、外《そと》に動《うご》けば知友《ちゆう》の靈《れい》の記《き》臆存續《をくぞんぞく》）

中指《なかゆび》　動《うご》けば靈《れい》にあらず二重人格《だうじんかく》であると觀《み》る、この指《ゆび》は槪《がい》して拇指《ほし》と合《がつ》して高貴《かうき》の人《ひと》の靈《れい》を祭《まつ》ると觀《み》る、然《しか》し靈體《れいたい》が別個《べつこ》にあると思《おも》ふと大《おほい》に誤《あやま》るから心《しん》王《のう》に直面《ちよくめん》した靈《れい》と觀《み》よ、此間餘程注意《このかんよほどちうい》を要《よう》す。

藥指《やくし》　動《うご》けば人口《じんこう》に膾炙《かいしや》して居《を》る人《ひと》の魂《たましい》が飛《と》んで行《ゆ》くと云《い》ふのであるが、別《べつ》に飛《と》んでゆくのでも伸《のび》るのでもない、心王《しんのう》の探照燈《たんせうとう》が五官能《かんのう》を離《はな》れた自由活《じゆうかつ》動《どう》の一面《めん》である、十方法界《ほうはうかい》を以《もつ》て我心《わがこゝろ》とす、と云《い》ふ事《こと》は釋迦《しやか》の敎《をし》へである如《ごと》く五官作用《かんさやう》が閉止《へいし》すると生理學上《せいりがくじやう》の温暖《おんだん》の原《もと》である宇宙《うちう》の熱《ねつ》と光《ひかり》と一如《によ》になるので、ピカ〳〵フワ〳〵尾《を》を曳《ひ》く樣《やう》になるのである。

小指《こゆび》動《うご》くのは虚靈《きよれい》にして別《べつ》に何等《なんら》の意義《いぎ》はないのであるが、古來《こらい》の迷信《めいしん》から客観《きやくかん》の神佛《しんぶつ》を祈念《きねん》すると茲《こゝ》に別個《べつこ》の我《われ》が出來《でき》て憑靈狀態《ひやうれいじやうたい》になるのである。

注意……靈魂不滅《れいこんふめつ》は先《ま》づ心王《しんのう》を認《みと》めてから談《だん》ず可《べ》し、五指靈脈《しれいみやく》は心王靈明《しんのうれいめい》の活躍《かつやく》であつて、四肢百體《しひやくたい》は末流《まつりう》の部分作用《ぶぶんさやう》である如《ごと》く、心王以外《しんのういがい》は全部虚靈《ぜんぶきよれい》であつて心王《しんのう》を認《みと》めて滅不滅《めつふめつ》が判明《はんめい》されるのである。

心靈問題の善惡脈

拇指《ほし》内《うち》に動《うご》けば堅實《けんじつ》なる心靈《しんれん》の持主《もちぬし》にして確實《かくじつ》なる一元主義者《げんしゆぎしや》である、しかし此指《このゆび》外《そと》に動《うご》けば冨士川游氏《ふじかはゆふし》の様《やう》な親鸞《しんらん》一元《げん》の崇拜者《すうはいしや》である、ブルブル振《ふる》ふて中指《なかゆび》が合《がつ》する様《やう》なのはマホメットの如《ごと》きに似《に》た一元神《げんしん》である、カントの神《かみ》も此指《このゆび》が外《そと》に動《うご》いたのと同《おな》じである、カントの超個人《てうこじん》の我《われ》と制限《せいげん》された我《われ》と一致《ち》するのは心王《しんのう》を認《みと》めてからでなければならぬ、近江聖人《あふみせいじん》と王陽明《わうやうめい》とオイケンなども認識《にんしき》の根本《こんぽん》は此指《このゆび》に屬《ぞく》するのである、マルクスとエンゲルスの認《にん》識境《ききやう》はカントの認識境《にんしききやう》から脱線《だつせん》したのであるから此指《このゆび》が外《そと》に動《うご》いた部分《ぶぶん》である。

人指《ひとゆび》　動《うご》けば現在流布《げんざいるふ》して居《ゐ》る各心靈問題者《かくしんれいもんだいしや》、又佛國《またふつこく》のフラマリオンの八識中《きちう》心主義《しんしゆぎ》と同《おな》じ者《もの》、凡《すべ》ての心理學説明者《しんりがくせつめいしや》、高田道見氏《たかだどうげんし》の如《ごと》きアララヤ中心主義《ちうしんしゆぎ》の人《ひと》、金光敎《こんくわうけふ》の汎神的心靈者《はんしんてきしんれいしや》、福來博士《ふくらいはかせ》の認識境《にんしききやう》。

中指《なかゆび》　動《うご》けばユニテリアン主義《しゆぎ》の心靈解答者《しんれいかいたふしや》の類《るい》、米國《べいこく》のフリーシンガー主義《しゆぎ》即《すなは》ち自由神敎《じゆうしんけふ》の樣《やう》な類《るゐ》、將門崇拜《まさかどすうはい》、歡喜天崇拜心靈者《かんきてんすうはいしんれいしや》、誤《あやま》れる自由神像崇拜《じゆうしんぞうすうはい》心靈者《しんれいしや》。

藥指《やくし》　動《うご》けば煽動的心靈《せんどうてきしんれい》の持主《もちぬし》、フワフワ心靈者《しんれいしや》、八方美人主義《はっぴじんしゆぎ》の心靈者《しんれいしや》、藝《げい》娼妓及《しやうぎおよ》び笑婦連《せうふれん》の心靈狀態《しんれいじやうたい》、政治《せいぢ》ゴロの如《ごと》き心靈者《しんれいしや》、未亡人及《みぼうじんおよ》び繼母《まゝはゝ》の如《ごと》き無中心《むちうしん》の心靈者《しんれいしや》。

小指《こゆび》　動《うご》けば兒戯的心靈者《じぎてきしんれいしや》、羅馬《ろうま》の太陽神《たいやうじん》とクリスマス合併誤信者《がつぺいごしんじや》の心靈《しんれい》、シナイ山《ざん》の雷神《らいじん》を妄信《もうしん》する心靈者《しんれいしや》、マグダラのマリヤの復活《よみがへり》説を信《しん》ずる輕忽者《あわてもの》の心靈《しんれい》。

注意……心靈問題《しんれいもんだい》は凡《すべ》て心王《しんのう》を認《みと》める爲《ため》のでなければいけない、心王《しんのう》を見《み》ず識《し》らずして心靈問題《しんれいもんだい》を談《だん》ずるものは自分《じぶん》の親《おや》を知《し》らずして人《ひと》の親《おや》を云々《うんぬん》する大《おほ》馬鹿者《ばかもの》である。

空間靈波の種類脈

拇指《ほし》　動《うご》けば高貴《こうき》の人《ひと》の刹那《せつな》觀念《かんねん》の波《は》動脈《どうみやく》。

人指《ひとゆび》　動《うご》けば肉身者《みうちのもの》の刹那《せつな》觀念《かんねん》の波《は》動靈波《どうれいは》、即《すなは》ち血《ち》と血《ち》の中《なか》に流《なが》れて居《を》る靈性《れいせい》合《ごう》一境《きやう》。

中指《なかゆび》　動《うご》けば我見《かけん》強《つよ》き者《もの》の刹那《せつな》の靈波《れいは》にしてシユライエルマツエルの如《ごと》き空中《くうちう》

に聲《こえ》ありと云《い》ふ境《きやう》。

薬指《やくし》　動《うご》けば凡《すべ》て人間《にんげん》及《およ》び生物《せいぶつ》の自我《じが》意識《いしき》の分裂活動《ぶんれつかつどう》の靈波《れいは》。

小指《こゆび》　動《うご》けば毒性《どくせい》の中《うち》に含有《がんゆう》した精液體《せいえきたい》の細胞靈波《さいぼうれいは》と見《み》る。

人間心理脈

拇指《ぼし》　動《うご》くのは大雑把《おほざつぱ》にて細微《こまか》に眼《め》が附《つ》く人《ひと》である、小事《せうじ》には抜目《ぬけめ》ばかりある人《ひと》と見《み》よ。

人指《ひとゆび》　動《うご》くのは細《こま》かくして包擁性《ほうえふせい》がある人《ひと》。

中指《なかゆび》　動《うご》くのはパツトして大風《おほかぜ》に灰《はい》を散《ま》きちらした様《やう》な氣質《きしつ》の人《ひと》。

薬指《やくし》　動《うご》くのは締《しま》りなき心理狀態《しんりじやうたい》だが世間《せけん》の人《ひと》には便利《べんり》がられる人《ひと》。

小指《こゆび》　動《うご》くは一面《めん》に着眼《ちやくがん》の心理狀態《しんりじやうたい》の人《ひと》。

生産者と都會人の心理脈

拇指《ぼし》　動《うご》けば郊外《こうがい》に住居《すまい》したい性質《せいしつ》。

人指《ひきゆび》　動《うご》けば田畑《たはた》の郷里《いなか》を好《この》む反對《はんたい》に都會《みやこ》を夢想《むそう》する心理《こゝろ》なり。

中指《なかゆび》　動《うご》けば何處《いづこ》も思《おも》はず英雄氣取《えいゆうきどり》の性質《たち》。

藥指《やくし》　動《うご》けば都會《とかい》を思《おも》ふて墮落《だらく》する心理《しんり》。

小指《こゆび》　動《うご》けば子供《こども》の處《ところ》に居《ゐ》たいだけ、或《あるひ》は女《をんな》の心理《こゝろ》に附隨《ふずゐ》してなす者《もの》。

以上擧《いじやうあ》げて來《き》た心靈問題《しんれいもんだい》は心王《しんのう》の一元靈《げんれい》を中心《ちうしん》にして、あらゆる心象發現境《しんせうはつげんけふ》を批判《ひはん》した究極《きうきよく》であるから靈脈研究者《れいみやくけんきうしや》は熟讀《じゆくどく》し味識《みしき》して靈覺《れいかく》されよ、此外《このほか》あらゆる心靈現象《しんれいげんしやう》に就《つい》て批判《ひはん》すれば種類《しゆるい》は澤山《たくさん》あるが、要《よう》するに本體《ほんたい》の靈《れい》と虚靈《きよれい》との作別《さべつ》さへ判《わか》れば萬事解決《ばんじかいけつ》がつくのであるから前記公開《ぜんきこうかい》を土台《ごだい》として究明《きつめい》すればいかなる心靈問題《しんれいもんだい》も解決《かいけつ》が出來《でき》るのである事《こと》は斷言《だんげん》して置《を》く。注意《ちうい》して置《を》く萬事自我錯覺意識《はんじじがさつかくいしき》の發現《はつげん》を中心《ちうしん》として批判《ひはん》する事《こと》は絶對《ぜつたい》に止《やめ》て貰《もら》いたいのである。

人間の奮起心有無脈

拇指《ほし》　動《うご》けばあつても起《た》てぬ純朴性質《じゆんぼくせいしつ》。
人指《ひとゆび》　動《うご》けば依頼心多《いらいしんおほ》くして起《た》てぬ。
中指《なかゆび》　動《うご》けば猪突的奮起心《ちよとつてきふんきしん》あり。
藥指《やくし》　動《うご》けば奮起心《ふんきしん》なし。
小指《こゆび》　動《うご》けば恐怖觀念故無《きやうふかんねんゆえな》し。
注意……拇指《ほし》に中指合《なかゆびがつ》して正當《せいとう》の奮起心《ふんきしん》あり、人指《ひとゆび》に小指合《こゆびがつ》して身體怯弱《しんたいきよじやく》の爲《ため》になし、人指《ひとゆび》に中指合《なかゆびがつ》して非常《ひじやう》に奮起心《ふんきしん》あれ共心內弱《ともしんないよわ》し、引込思案勝《ひつこみじあんがち》なり。

心靈作用の分類脈

拇指《ほし》　動《うご》けば眼《め》に立《た》たないで徐々《じよく》と現《あら》はれて行《ゆ》く心靈作用《しんれいさよう》がある。
人指《ひとゆび》　動《うご》けば民衆《みんしゆう》に誘發《いうはつ》されて現《あら》われる平凡《へいぼん》の心靈作用《しんれいさよう》がある。

中指《なかゆび》　動《うご》けば人《ひと》に先立《さきだ》ちで出《い》でんとする心靈作用《しんれいさよう》があるから失敗度々《しくじりたび〱》ある。

藥指《やくし》　動《うご》けば人《ひと》の口《くち》と氣《き》に隨《したが》つて行《ゆ》かふとする心靈作用《しんれいさよう》がある即《すなは》ち中心《ちうしん》の無《な》い人《ひと》と見《み》よ。

小指《こゆび》　動《うご》けば進退共《しんたいとも》に合点《がてん》の往《ゆ》かぬ作用《さよう》。

注意……心靈作用脈《しんれいさようみやく》は單指《たんし》ばかり出《で》ないから合指《ごうし》も心得《こゝろえ》て置《お》かねばならぬ、音聲《おんせい》が猫《ねこ》の鳴聲《なきごゑ》の樣《やう》な人《ひと》は必《かなら》ず人指《ひとゆび》と小指《こゆび》が動《うご》くから注意《ちうい》されよ、非常《ひじやう》に隱忍《いんにん》の後天性《こうてんせい》を現《あら》わして居《を》るからである、支那人《しなじん》の樣《やう》な性質《せいしつ》の人《ひと》は人指《ひとゆび》と藥指《やくし》が動《うご》く、米國人《べいこくじん》の樣《やう》な性質《せいしつ》の人《ひと》は人指《ひとゆび》と拇指《ぼし》が動《うご》く、英國人《ゑいこくじん》の樣《やう》な人《ひと》は藥指《やくし》に小指《こゆび》が追加《ついか》する。

物質欲《ぶつしつよく》があつてそれが締《しま》りの附《つ》かぬのと、隱忍《ゐんにん》の性《せい》を内《うち》に秘《ひ》して外《そと》に合同《ごうどう》の氣分《きぶん》を示《しめ》して居《を》る者《もの》と、無茶《むちや》に人間《にんげん》を平等《べうどう》にしたい樣《やう》な性質《せいしつ》の者《もの》があるがそんな人間《にんげん》は軈《やが》て制裁《せいさい》を受《う》ける事《こと》になるのである。

心靈作用と音聲脈

拇《ぼ》指《し》　動《うご》く人《ひと》は締《しま》りある聲《こえ》であつて人《ひと》に對《たい》して綺語兩舌《きごれうぜつ》を吐《は》かぬ人《ひと》である、落附《おちつき》あつてサビ聲《ごえ》で太《ふと》い音《ね》が出《で》る、實行主義《じつこうしゆぎ》の人《ひと》であるから交際上《こうさいじやう》に餘《あま》り飾《かざ》らないのである。

人指《ひとゆび》　動《うご》く人《ひと》は始《はじ》めは人《ひと》を馬鹿《はか》にした様《やう》な聲《こえ》を出《だ》し、對者《あいて》が自己《じこ》の有益《ため》であると見込《みこみ》を附《つ》けると直《ただ》ちに聲《こえ》が變《かは》つてその人《ひと》を魅化《ばか》す事《こと》に熱注《ねつちう》する性質《たち》を含《ふく》んで居《を》るから注意《ちうい》するがよい。然《しか》して若《も》し對者《あいて》が自己《じこ》の有益《ため》の事《こと》をせぬことなるとドス黒《ぐろ》い聲《こえ》を出《だ》して人《ひと》を罵詈《ばり》するのは何《な》んとも思《おも》はぬ人《ひと》である。

中指《なかゆび》　動《うご》く人《ひと》は始《はじ》めは人《ひと》を壓迫《あつはく》して大聲《をはごえ》を發《はつ》して威《おど》して於《おい》て、對者《あいて》の心《こゝろ》を見《み》て威《をど》しが利《き》くと思《おも》ふとその人間《にんげん》に低頭《ていとう》して僞瞞《ぎまん》せんとする惡意《あくい》を含《ふく》んで居《を》るから注意《ちうい》せよ。

藥指《やくし》　動《うご》く人《ひと》は表面《おもて》は誠《まこと》に親切《しんせつ》らしい事《こと》を云《い》ふてその人《ひと》の心《こゝろ》を動《うご》かし、何《なん》とかして利益上《りえきじやう》の片腕《かたうで》にしようと目論見《もくろみ》て時《とき》ならぬ馳走《ちそう》をしたり遣《つか》ひ物《もの》を送《おく》つたりして自己《じこ》に引附《ひきつ》け樣《やう》とするので聲《こえ》は誠《まこと》にさわやかであるが、何《なん》となく遊惰《ゆふだ》の音律《こわね》を發《はつ》する事《こと》が度々《たび〳〵》ある、而《しか》して人《ひと》の顔《かほ》をヂロリヂロリと横目《よこめ》で見《み》るから注意《ちうい》せられよ。

小指《こゆび》　動《うご》く人《ひと》は人《ひと》を計《はか》る樣《やう》な性質《たち》はないから聲《こゑ》は音尾《おんび》が上《あが》らない、常《つね》に消《き》へてなくなる樣《やう》な音尾《おんび》である、而《しか》して隱忍《ゐんにん》の後天性《こうてんせい》を時々《とき〴〵》發揮《はつき》する事《こと》があるから注意《ちうい》して交際《つきあひ》するのがよい、然《しか》し此指《このゆび》が動《うご》いて非常《ひじやう》に音聲《こゑ》がよい人《ひと》もあるが百人中《にんちう》二三人位《にんぐらひ》であつて、父母《ふぼ》が社會的《しやかいてき》に善因《ぜんゐん》を植《うゑ》てある系統《けいとう》を持《も》つて居《を》る人《ひと》かも知《し》れないのである。

注意……音聲《こゑ》と靈脈《れいみやく》と對照《たいせう》して人心《じんしん》の秘《ひ》を發見《はつけん》するのは誠《まこと》に六ケ敷《し》いから百人《にん》位《ぐらひ》實驗《じつけん》せねば判《わか》らない、何處《どこ》となく落附《をちつい》て人《ひと》の顔《かほ》を上《うへ》から見下《みおろ》して兩眼《りやうがん》を細《ほそ》く開《ひら》いて舌《した》をなめる人《ひと》は黒《くろ》い聲《こゑ》が出《で》て人《ひと》を計《はか》るから注意《ちうい》。

第四章　家庭に關する靈脈

家庭《かてい》は人生問題《じんせいもんだい》の第《だい》一番《ばん》の生命《せいめい》であるから特《とく》に家庭脈《かていみやく》として玆《こゝ》に出《だ》したのである、而《しか》して家庭《かてい》は結婚問題《けつこんもんだい》から出發《しゆつぱつ》して種々《しゆ〲》なる變動《へんどう》が實現《じつげん》されるのである故《ゆゑ》先《ま》づ結婚脈《けつこんみやく》を中心《ちうしん》に必要《ひつやう》に應《おう》じた脈《みやく》を隨意《ずゐい》に記《き》してあるからその積《つも》りで研究《けんきう》されよ。

家庭和合不和合脈

拇指《ぼし》　内《うち》に動《うご》けば祖父母《そふぼ》に合《がつ》した脈《みやく》と見《み》てよい、外《そと》に動《うご》けば祖父母《そふぼ》と不和合《ふわがう》である、此指《このゆび》は理性《りせい》さへ判《わか》れば相方《さうはふ》共《とも》後《のち》に和合《わがう》する、萬事《ばんじ》此指《このゆび》と合《がつ》すれば和合《わがう》と見《み》てよい、併《しか》し理屈《りくつ》を云《い》ふと和合《わがう》せない。

此指《このゆび》は家庭内《かていない》の大義名分《だいぎめいぶん》の中心《ちうしん》で祖先崇拜《そせんすうはい》の脈《みやく》であるから、毎朝《まいあさ》家庭《かてい》の者《もの》全《ぜん》部《ぶ》正列《せいれつ》して祖先《そせん》に禮拜《れいはい》の儀式《ぎしき》を行《おこな》ひ和合《わごう》の中心《ちうしん》を靈的《れいてき》にせねばならぬのが此《この》指《ゆび》に含《ふく》める眞理《しんり》。

人指《ひとゆび》　内《うち》に動《うご》けば和合《わごう》する尤《もつと》も順理《じゆんり》の脈《みやく》なり、外《そと》に動《うご》けば不和合《ふわごう》と見《み》るされども金錢上《きんせんじやう》で和合《わごう》する我利《がり》の脈《みやく》を含《ふく》む。此指内外《このゆびないがい》に動《うご》き又《また》は横《よこ》に開《ひら》きたる脈《みやく》は父母《ふぼ》の心《こゝろ》は舊式《きふしき》なる故和合《ゆゑわごう》せざるなり依《よつ》て自覺《じかく》して包擁《はふよう》される事《こと》にすればよい。

中指《なかゆび》　内《うち》に動《うご》けば萬事《ばんじ》合致《がつち》する、外《そと》に曲《まが》れば自己中心《じこちうしん》、舊式固守故和合《きうしきこしゆゆえわごう》せぬ、剛情《ごうぜう》にして我慢心《がまんしん》ある故誰《ゆえた》れにも合致《がつち》せない、此指内外《このゆびないがい》に眞直《まつす》ぐになつて動《うご》く時《さき》は迚《とて》も合致《がつち》せないから分離《ぶんり》より仕方《しかた》がない。

藥指《やくし》　内《うち》に動《うご》けば人《ひと》を馬鹿《ばか》にする爲《ため》に家庭和合《かていわごう》せず、此指《このゆび》は外面《そとづら》がよく家庭内《かていない》が惡《わる》いと云《い》ふ後天的性質《こうてんてきせいしつ》がある人《ひと》。

小指《こゆび》　内《うち》に動《うご》くは小心翼々吝嗇《せうしんよくよくりんしよく》にして家庭和合《かていわごう》せず、共同精神《けふごうせいしん》を養《やしな》ふ者《もの》は和合《わごう》する、子供心《こどもごゝろ》の樣《やう》になれば和合《わごう》する指《ゆび》。

注意……拇指《ぼし》の心王《しんのう》を中心《ちうしん》にすれば必《かなら》ず和合《わごう》する、人間各自《にんげんかくじ》に心王《しんのう》を具有《ぐゆう》して居《を》るのであるから犠牲《ぎせい》の成《な》り合《あい》と云《い》ふ事《こと》を持《ぢ》せば眞《しん》に合致《がつち》するのである、毎《まい》朝食事後靈脈《あさしよくじごれいみやく》を吹《ふい》て見《み》ると其《そ》の日《ひ》の心理作用《しんりさよう》の發現《はつげん》が出《で》るから實驗《じつけん》して萬事《ばんじ》心王《しんのう》に基調《きてう》して安泰《あんたい》なれ。

結婚見合ひ可否脈

拇指《ぼし》　動《うご》けば見合《みあ》ひしてもよいが人間《にんげん》は善良《ぜんりやう》で活動意識《かつどういしき》に乏《とぼ》しいから注意《ちうい》。

人指《ひさゆび》　動《うご》けば夫婦和合及《ふうふわごうおよ》び父母《ふぼ》に和合心《わごうしん》はあれども眞實《ほんとう》の夫婦愛《ふうふあい》が缺《か》けて居《を》る人《ひさ》が多《をほ》いから用心《ようじん》。

中指《なかゆび》　動《うご》けば獨立心《どくりつしん》はあれ共自我心《ごもじがしん》が多《をほ》いから家庭合致《かていがつち》を缺《か》くから注意《ちうい》。

藥指《やくし》　動《うご》けば夫婦《ふうふ》の仲睦《なかむつま》しいが永續《ながつゞ》きはない、又妻《またつま》一人《り》の外《ほか》に妾《めかけ》を置《お》きたい氣《き》分《ぶん》あるから注意《ちうい》して見合《みあ》はす可《べ》し。

小指《こゆび》 動《うご》けば女《をんな》は冷性《ひえしやう》の者《もの》多《をは》く男《をさこ》は花柳病《かりうびやう》があるから注意《ちうい》。

注意……凡《すべ》て見合《みあ》ひの時《とき》は兩人《れうにん》對立《たいりつ》した時《とき》必《かなら》ず兩人《れうにん》の心頭《しんとう》にフイと浮《うか》ぶからそれが眞《しん》の見合《みあい》である事《こと》を知《し》らねばならぬ、此間《このかん》の心理状態《しんりじやうたい》を中心《ちうしん》として結合《けつごう》するがよい父母《ふぼ》の壓迫的《あつぱくてき》ではいけない。

結婚の眞脈

拇指《ぼし》 に人指《ひとゆび》が合《がつ》すれば結婚良縁《けつこんりやうえん》と見《み》るのは敎《をし》へてあるが、拇指《ぼし》内外《ないがい》に振《ふる》ふて動《うご》けば先方《せんぽう》にて祖父母《そふぼ》が口八釜敷《くちやかまし》いか、又祖父母《またそふぼ》以外《いがい》の者《もの》が祖父母《そふぼ》を馬鹿《ばか》にするかである故《ゆえ》に先方《せんぽう》を探《さぐ》る必要《ひつえう》がある。

人指《ひとゆび》 動《うご》けば先方《むかふ》の父母《ふぼ》が六ケ敷《し》いか、嫁《よめ》を貰《もら》ふに附《つい》て父母《おや》が苦情《くぜう》を云《い》ふのを伜《せがれ》が秘密《ないしよ》で居《を》るかであるから注意《ちうい》。

中指《なかゆび》　動《うご》けば本人同志《ほんにんどうし》が合意《ごうい》で出來《でき》たら兩方《りやうはう》の父母《ふぼ》及《およ》び家庭《かてい》を承知《せうち》させなければいけない、勝手《かつて》にやると結婚後《けつこんご》二三ヶ月《げつ》で破談《はだん》となるから注意《ちうい》。

藥指《やくし》　動《うご》けば見合《みあひ》しても三人目位《にんめぐらゐ》でなければ眞《しん》に良縁《よいえん》が定《き》まらない、然《しか》し談《はなし》が成立《なりた》つても小姑《こじふと》が八釜敷《かまし》いから注意《ちうい》す可《べ》し、小姑《こじふと》は本人《ほんにん》の姉《あね》か兄《あに》である、或《あるひ》は再縁《さいねん》の事《こと》もあるから、併《しか》し隨順《ずいじゆん》すれば後大《のちをほ》ひに吉《きち》なり。

小指《こゆび》　動《うご》けば先方《むかふ》は子供《こども》があるから注意《ちふい》、子供《こども》がなければ子宮病《しきふびやう》か花柳病《かりうびやう》があるかも知《し》れぬ、又小姑《またこじふと》がある、本人《ほんにん》の妹《いもふと》か弟《おとうと》かであるから注意《ちうい》す可《べ》し。

注意……凡《すべ》て結婚脈《けつこんみやく》は合指《ごうし》に依《よ》つて斷《だん》ずると妙《めう》がある假令《たとへ》ば小指《こゆび》と藥指《やくし》と人指《ひとゆび》と合《がつ》すれば子供《こども》の事《こと》で爭《あらそ》ふ事《こと》が起《おこ》るから注意《ちうい》せられよ、又結婚脈《またけつこんみやく》に人指《ひとゆび》ばかり動《うご》くのは先《ま》づ普通縁《ふつうえん》はあるが、餘《あま》り嫁《よめ》などは優秀《ゆうしう》な嫁《よめ》とは云《い》へないのであるから先方《むかふ》をよく探《さぐ》るがよい。

緣談の可否脈

拇指《ぼし》 内《うち》に動《うご》けば祖父系《そふけい》に緣談《えんだん》あり、右《みぎ》は女《をんな》、左《ひだり》は男《をとこ》、精神堅固《せいしんけんご》の緣談《えんだん》と見《み》る代々血統正《だいだいけつとうたゞ》しき家業《かげう》と見《み》る、外《そと》に動《うご》けば知人《ちじん》の老父母《ろうふぼ》の世話《せわ》にて緣談成《えんだんな》る、人指《ひとゆび》と合《がつ》すれば祖父系《そふけい》の緣《えん》を父母《ふぼ》の世話《せわ》で成《な》ると見《み》る。

人指《ひとゆび》 内《うち》に動《うご》けば父母系《ふぼけい》の緣《えん》あり右《みぎ》は母《はゝ》左《ひだり》は父《ちゝ》なり、中指《なかゆび》と合《がつ》すれば性實少《せいしつすこ》し強《つよ》い故注意《ゆゑちうい》、或《あるひ》は父《ちゝ》の遺傳《ゐでん》らしい。

萬事父母《ばんじふぼ》に任《まか》す方《はふ》が緣成《えんな》る事早《ことはや》し、拇指《ぼし》と合《がつ》すれば良《よ》き緣談《えんだん》とす、女《をんな》なれば小指《こゆび》と合《がつ》してもよい、外《そと》に動《うご》けば知人《ちじん》に良緣《こきえん》あり。

中指《なかゆび》 内《うち》に動《うご》けば自由結婚吉《じゆうけつこんきち》、拇指《ぼし》と合《がつ》すれば良緣《りやうえん》なり對手《あいて》は剛情《ごうぜう》の性《せい》あり、外《そと》に動《うご》けば緣談《えんだん》を中止《ちうし》せよ、人指《ひとゆび》に合《がつ》すれば父母《おや》と相談《はなし》して萬事《ばんじ》をなす事《こと》が吉《きち》、眞直《まつすぐ》に伸《のび》てブルブル振《ふる》ふのは緣談中止《えんだんちうし》。

注意……自由結婚《じゆうけつこん》と云《い》ふのは勝手《かつて》に結婚《けつこん》せよと云《い》ふのではない、相方《さうはふ》の意志《いし》が相通《あいつふ》じて互《たがひ》に結婚《けっこん》しても生活上《くらしのうへ》に餘裕《よゆう》の出來《でき》る迄東西《までとうざい》に離《はな》れて居《を》って、心靈《しんれい》上《じやう》の堅實《けんじつ》なる契約《けいやく》の元《もと》に時期《とき》を待《ま》ちて、心王《しんのう》と心王《しんのう》との即《すなは》ち相互《さうご》の人格《じんかく》を認《みと》めてから自由結婚《じゆうけっこん》をするのである、公園《こうえん》のロハ台《だい》の上《うへ》などで相抱擁《あいほうよふ》した自由《じゆう》ではないから此間誤《このかんあやま》りなき様注意《やうちうい》。

藥指《やくし》　内《うち》に動《うご》けば緣成《えんなつ》て變《かわ》る事《こと》あり夫婦何《ふうふいづ》れか負《ま》けるなり、拇指《ほし》と合《がつ》すれば年《とし》上《うへ》の者《もの》と緣《えん》あり、若《も》し成《な》れば非常《ひじやう》に發展《はってん》する指也《ゆびなり》、外《そと》に動《うご》けば遠地《えんち》の緣談《えんだん》を吉《きち》とす。

小指《こゆび》　内《うち》に動《うご》けば良緣《りやうえん》あり子供多《こどもおほ》く持《も》つ、外《そと》に動《うご》けば花柳界《かりうかい》に良緣《りやうえん》あり、拇指《ほし》と合《がつ》すれば良緣《りやうえん》あり、藥指《やくし》と合《がつ》すれば女《をんな》は痙攣病《けいれんびやう》の持主《もちぬし》なり、男《をとこ》は淋病《りんびやう》あり注意《ちうい》す可《べ》し。

注意……緣談脈《えんだんみやく》は先《ま》づ先方《むかふ》の性質《せいしつ》を診脈《しんみやく》し、次《つぎ》に成立可否《せいりつかひ》を鑑識《かんしき》せねばならぬ拇指《ほし》が先《さき》に次《つい》で人指《ひとゆび》が合《がつ》すれば萬事好都合良緣《ばんじこうつがふりやうえん》とす、中指《なかゆび》と藥指《やくし》が合《がつ》した時《とき》は餘程《よほど》注意《ちうい》せぬと破鏡《はきやう》にならぬとも計《はか》りがたい、女《をんな》で人指《ひさゆび》、男《をとこ》で拇指《ほし》が動《うご》けば性質《せいしつ》互《たがひ》に順《じゆん》とする。

男女秘密關係有無脈

拇指《ほし》　動《うご》けば男女關係《だんによかんけい》は絶對《ぜつたい》にない。

人指《ひさゆび》　動《うご》けば或《あるひ》は關係《かんけい》なきにしもあらず。

中指《なかゆび》　動《うご》けは關係《かんけい》あつても剛情《ごうぜう》で發言《はつげん》せず依《よつ》て方法《はふほう》を以《もつ》てせば恐《おこ》つて發言《はつげん》す。

藥指《やくし》　動《うご》けば關係《かんけい》あり注意《ちうい》した方《はふ》がよい。

小指《こゆび》　動《うご》けば女子《をんな》の方《はふ》が僞《いつは》られて居《を》る。

注意……男女秘密關係問題《だんによひみつかんけいもんだい》は無茶《むちや》に言外《げんがい》すると大事《だいじ》になり人《ひと》の名《な》に傷《きず》つける事《こと》になるから充分注意《じうぶんちうい》、藥指《やくし》と小指《こゆび》が動《うご》いたら必《かなら》ず關係《かんけい》ある事《こと》は疑《うたが》ひない。

離婚問題脈

拇指《をし》　動《うご》けば女《をんな》の方《はふ》が剛情《ごうぜう》の爲《ため》に離婚《りこん》となつた者《もの》が多《をは》い、然《しか》し祖父母系《そふぼけい》の人《ひと》に仲人《なかふさ》になつてもらへば戻《もど》るかも知《し》れない。

人指《ひとゆび》　動《うご》けば和合心《わごうしん》はあれども先方《むかふ》の目上《めうへ》の者《もの》が邪魔《じやま》すると見《み》てよい。

中指《なかゆび》　動《うご》けば相方《さうはふ》勝手《かつて》の事《こと》を云《い》ふて居《を》るから捨《す》て置《お》くと兩方《れうはふ》氣《き》が折《お》れて合致《がつち》すると見《み》よ。

藥指《やくし》　動《うご》けば両方《れうはふ》に怪《あや》しい他《た》に關係《かんけい》があつて意思《いし》が合《あ》はないと見《み》る。

小指《こゆび》　動《うご》けば子供《こども》の事《こと》で爭《あらそ》いがあるか、子供《こども》に附《つ》いて居《な》る財產《さいさん》を目當《めあ》てにして居《を》るか子供《こども》が出來《でき》ぬかである。

夫婦愛眞脈

拇指《をし》　動《うご》けば夫婦《ふうふ》共《とも》無邪氣《むじやき》にして一点《てん》の雲《くも》りなき性《しやう》。

人指《ひとゆび》　動《うご》けば肉體的《にくたいてき》欲求《よくきう》から結合《けつごう》した夫婦《ふうふ》故《ゆゑ》女子《じよし》の三欲《よく》を靈化《れいか》すれば夫《をつと》も和合《わごう》

する、食物《しよくもつ》を惜《おし》み嫉妬《しつと》心《しん》ある色情的妄想《しきぜうてきもうさう》等《とう》を去《さ》るが良《よ》い。

中指《なかゆび》　動《うご》けば西洋式《せいやうしき》の自由結婚《じゆうけつこん》なればよいが日本人《にほんじん》の野合《やごう》では眞《しん》の愛《あい》なきは知《し》れて居《を》る、大正夫婦《たいしやうふうふ》と云《い》ふ樣《やう》な三年《ねん》で離別《りべつ》する誤《あやま》りたる時代相《じだいさう》の惡戯《あくぎ》ではいけない。

藥指《やくし》　動《うご》けば眞底《しんそこ》に愛《あい》なく男女共常《だんじよともつね》に色情的變化性《しきぜうてきへんかせい》あるから注意《ちうい》、男女共《だんじよとも》二三人變《にんかわ》るのが通例《つうれい》である、され共《ども》一人《り》で變《かは》らず往《ゆ》けば家庭上《かていじやう》に苦《くる》しみがあるけれ共子供《どもこども》に良《よ》いのが出來《でき》る事《こと》を樂《たの》しみにせよ。

小指《こゆび》　動《うご》けば子供《こども》の樣《やう》な無邪氣《むじやき》の夫婦《ふうふ》であるから先《ま》づ愛《あい》の有無《うむ》を云《い》へば兒戯的《じぎてき》であつて若《わか》い夫婦《ふうふ》の初婚時代《しよこんじだい》三四年間位《ねんかんぐらひ》の心理狀態《しんりじやうたい》であると思《おも》へばよい。

注意……凡《すべ》て夫婦《ふうふ》の眞愛《しんあい》を診脈《しんみやく》するに拇指《おやゆび》に人指《ひさゆび》が加《くわ》わつた次《つぎ》に小指《こゆび》が合《かつ》するのがよい。即《すなは》ち母《は》性愛《せいあい》のある夫婦《ふうふ》でなければならぬ。

夫婦愛に對しての進退脈

拇指《ぼし》 動《うご》けば愛《あい》あつても口《くち》に出《だ》せない性《たち》があるから食事《しよくじ》の時《とき》にその眞《しん》を試驗《しけん》す可《べ》し。

(一)妻《つま》の手製《てせい》の食事《しよくじ》は何《なん》でも食《しよく》する夫《をつと》は眞實《ほんとう》の愛《あい》がある。

(二)食事《しよくじ》に文句《もんく》を言《い》ふて突然立《とつぜんたつ》て外《そと》に出《で》る者《もの》は愛《あい》はない。

(三)夫《をつと》が外出《がいしゆつ》から買《かつ》て來《き》た物《もの》を食《しよく》せざる妻《つま》は愛《あい》はないが、夫《をつと》の歸《かへ》る迄待《まてまつ》て食《しよく》せず居《を》る妻《つま》は先《ま》づ儀式《ぎしき》は別《べつ》として愛《あい》あると見《み》る。

萬事拇指《ばんじぼし》が動《うご》いたら右《ろぎ》の事《ここ》を試驗《しけん》するがよい、併《しか》し夫《をつと》が外妾《そとめかけ》でもあるものは妻君《さいくん》を魅化《ばか》すから注意《ちうい》せられよ。

人指《ひとゆび》 動《うご》けば心理上《しんりじやう》の愛《あい》はないと見《み》る、即《すなは》ち肉的愛《にくてきあい》だけである、小指《こゆび》加《くは》われば子供《こども》があるから仕方《しかた》がないからと云《い》ふのみ、男女共《だんじよとも》同《おな》じ性質《せいしつ》の現《あらは》れと見《み》てよい。

中指《なかゆび》 動《うご》けば両方《れうはふ》に愛《あい》なし誰々《たゞく》流行《はやり》思想《しそう》の目先《めさき》一致《ち》より合體《がつたい》したのであるから

一方《ほう》が思想上《しさうじやう》に變化《へんか》あれば愛《あい》も變《かわ》る。

藥指《やくし》　動《うご》けば肉《にく》の上《うへ》でも心靈上《しんれいじやう》でも愛《あい》はない唯《た》だ口先《くちさき》ばかりで誤魔化《ごまか》すのである、併《しか》し眞《しん》の愛《あい》のある者《もの》はこの指《ゆび》が人指《ひとさゆび》に合《がつ》する。

小指《こゆび》　動《うご》けば遊戯的愛《ゆうぎてきあい》はあるが眞《しん》の愛《あい》はない、併《しか》し子供《こども》が出來《でき》ると兩方《れうはふ》に愛《あい》が出《で》る。

注意……凡《およ》そ眞愛《しんあい》を試驗《しけん》するには前項《ぜんこう》にも記《き》した食膳《しよくぜん》に向《むか》ふ時《とき》が一番判《わか》り易《やす》いのである、又《また》ソヨ〳〵として居《を》る男女《だんじよ》は愛《あい》がない、萬事《ばんじ》兩人《れうにん》で相談《さうだん》した上《うへ》でせねばいけないが一方《ほう》がソヨ〳〵して居《を》ると相談《さうだん》せずに何事《なにごと》も行《おこな》ふがそれが愛《あい》の破滅《はめつ》である。

人指《ひとさゆび》と藥指《やくし》は概《がい》して利益上《りえきじやう》配偶《はいぐう》して居《を》る者《もの》が多《おほ》いのであるから餘程注意《よほどちうい》す可《べ》し。

丙午女と結婚可否脈

拇指《をし》 動《うご》けば前途何事《ぜんとなにごと》もない、然《しか》し中指《なかゆび》加《くは》はれば性質《せいしつ》多少剛情《ごうぜう》であるから敎化《けふげ》必要《ひつよう》。

人指《ひとゆび》 動《うご》けば家庭《かてい》に和合《わがう》して目上《めうへ》の者《もの》を大切《たいせつ》にする、但《たゞ》し統《とう》一心《しん》に缺《か》けて居《を》る傾向《かたむき》があるから注意《ちうい》。

中指《なかゆび》 動《うご》けば底《そこ》に堅《かた》き意力《いりよく》あるか或《あるひ》は夫《をつと》と合《がつ》せぬ傾向《かたむき》があるから夫《をつと》が寛大《ゆるやか》でなければ和合《わがう》せぬから萬事注意《ばんじちうい》。

藥指《やくし》 動《うご》けば見《み》かけより精神狀態《せいしんじやうたい》は弱《よわ》いから敎化次第《けふげしだい》で良婦人《りやうふじん》となる。

小指《こゆび》 動《うご》けば無邪氣《むじやき》の者故敢《ものゆえあへ》て心配《しんぱい》する事《こと》はないが餘《あま》り無邪氣故姑《むじやきゆへしうと》などが氣《き》にする事《こと》があるといけないから注意《ちうい》せよ。

注意……凡《すべ》て結婚《けつこん》は相性《あいせう》などは決《けつ》して關係《かんけい》せないのである、本人《ほんにん》の氣質《きしつ》が合致《がつち》すればそれが相性《あいせう》である、金性《かねせう》だの木性《きせう》だの丙午《ひのえうま》の女《をんな》だのと云《い》ふ事《こと》は支那人《しなじん》の迷信《めいしん》が日本人《にほんじん》の頭《あたま》に流《なが》れ込《こ》んで浸《し》み込《こ》んだのであるから萬事靈脈《ばんじれいみやく》で診《しん》して見《み》れば判《わか》るのである。

關東人《かんとうじん》と關西人《かんさいじん》とが相生《あいしやう》がよいと云《い》ふ事《こと》の傳說《でんせつ》があるが剛弱相《どうじやくあい》一致《ち》したのが相生《あいしやう》が良《よ》いのである、女《をんな》が剛《つよ》く男《をとこ》が弱《よわ》いのはいけない、女《をんな》が弱《よわ》く男《をとこ》が剛《つよ》いのが合致《がつち》して善良《ぜんりやう》な子供《こども》が出來《でき》るのである、メンデルの遺傳法則《ゐでんほうそく》などを見《み》ると相生《あいしやう》などは更《さら》に出《だ》してない、唯《た》だ精神上《せいしんじやう》さへ良《よ》ければその系統《けいとう》は必《かな》らず良《よ》い子供《こども》が出來《でき》ると斷言《だんげん》して居《を》るのであるから萬事靈脈《ばんじれいみやく》にて活斷《かつだん》して既成《きせい》の迷信《めいしん》を放棄《はうき》するのがよい。

妻縁ある方角脈

拇指《ぼし》　動《うご》けば要求者《やうきうしや》の附近《ふきん》にあり。

人指《ひさゆび》　動《うご》けば住居《すまゐ》より北方《ほくはふ》十丁内外《ないがい》にあり。

中指《なかゆび》　動《うご》けば南方《なんはふ》三里《り》以内《いない》にあり。

藥指　動《うご》けば西方《さいはふ》七八丁内外《ないがい》にあり、或《あるひ》は七八十里《り》内外《ないがい》に遠縁《さうえん》ありと見《み》よ。

小指　動《うご》けぱ東方《さうはふ》一里《り》内外《ないがい》にある年若《としわか》なり。

夫婦子寶有無脈

拇指　動《うご》けば結婚後《けつこんご》四五年《ねん》である。

人指　動《うご》けば仲《なか》が好《よ》過《す》ぎて子《こ》なし。

中指　動《うご》けば健全《けんぜん》の子《こ》あり。

藥指　動《うご》けは遊《あそ》び過《す》ぎて子《こ》なし。

小指　動《うご》けば冷性《ひえしやう》の婦人《おんな》は子《こ》なし。

乳母の可否脈

拇指　動《うご》けば好《よ》い乳《ちゝ》が出《で》る。

人指　動《うご》けば少《すこ》し内臟病《ないざうびやう》あり注意《ちうい》。
中指　動《うご》けば腦病《のふびやう》あり中止《ちうし》せよ。
藥指　動《うご》けば普通《ふつう》の乳《ちゝ》が出《で》る。
小指　動《うご》けば乳《ちゝ》は出《で》るが澤山《たくさん》出《で》ない。

子供將來の運氣脈

拇指　動《うご》けば成人《せいじん》して漸次《ぜんじ》よし。
人指　動《うご》けば社會的事業《しやかいてきじぎやう》に參加《さんか》してよい。
中指　動《うご》けば人《ひと》を使役《しえき》する氣性《きしやう》あり。
藥指　動《うご》けば教育《けふいく》の如何《いかん》に依《よ》り運命分《うんめいわか》る。
小指　動《うご》けば兒童《じどう》を對手《あいて》の仕事《しごと》は開運《かいうん》する。

子供世繼可否脈

拇指　動《うご》けば世繼《よつぎ》出來《でき》る。

人指　動《うご》けば兩親《れうしん》の心《こゝろ》次第《しだい》。

中指　動《うご》けば世繼《よつぎ》は出來《でき》るが廿五歳から三十歳前後《ぜんご》に注意《ちうい》せられよ。

藥指　動《うご》けば成《な》つても變《かわ》る事《こと》がある。

小指　動《うご》けば世繼《よつぎ》は至難《しなん》である。

注意……凡《すべ》て拇指《し》と人指《ひとゆび》が合《がつ》して世繼完成《よつぎかんせい》である、然《しか》し老人《ろうじん》が孫《まご》を世繼《よつぎ》にせんとする時《とき》は人指《ひとゆび》に小指《こゆび》が合《がつ》するから注意《ちうい》せられよ、又《また》三人兄弟《にふけふだい》とか三人姉妹《にんしまい》とか云《い》ふ時《とき》には小指《こゆび》が動《うご》けば末《すえ》の子《こ》、藥指《やくし》が動《うご》けば中《なか》の子供《こども》、中指《なかゆび》が動《うご》けば長子《ちようし》、人指《ひとゆび》が動《うご》けば父母《おや》の心《こゝろ》に定《き》めてある子供《こども》、拇指《ぼし》が動《うご》けば世繼《よつぎ》と云《い》ふ時《とき》に心王《しんのう》の命《めい》がある事《こと》。

汎例……家庭《かてい》は小《ちい》さな國家《こつか》であるから拇指《ぼし》の主人《しゆじん》と人指《ひとゆび》の妻君《さいくん》と中指《なかゆび》の長男《ちようなん》を中心《ちうしん》にして藥指《やくし》の長女《ちようじよ》小指《こゆび》の二男《なん》、小指裏《こゆびうら》の二女《じよ》藥指裏《やくしうら》の三女《じよ》中指裏《なかゆびうら》の三男《なん》等《とう》の配置《はいち》に依《よつ》て萬事混亂《ばんじこんらん》せぬ様《やう》にせねばならぬ、以上擧《いじやうあ》けた家庭脈《かていみやく》に依《よつ》て萬《ばん》事《じ》を推定《すゐてい》し活斷《かつだん》の應用《おうよう》を旁《ひろ》く利用《りよう》せられよ。

家庭脈活斷に就て秘諦

家庭脈《かていみやく》は心靈解剖圖《しんれいかいぼうづ》を萬事中心《ばんじちうしん》として靈脈法診斷簡易法式《れいみやくほうしんだんかんいはふしき》の中《うち》にある毎朝《まいあさ》の靈脈《れいみやく》をよく了解《れうかい》して、その日《ひ》の儀式《ぎしき》を嚴格《げんかく》にせねばならぬ、毎朝《まいあさ》の禮儀《れいぎ》が亂《みだ》れて居《を》る家《うち》は必《かな》らず主人公《しゆじんこう》が家族《かぞく》に對《たい》して酷《こく》の事《こと》か無理《むり》の事《こと》があるからである、故《ゆえ》に心王《しんのう》の主人公《しゆじんこう》は萬事《ばんじ》愼《つゝし》んで靈脈《れいみやく》を信《しん》じて妻君《さいくん》と共《とも》に靈式《れいしき》を行《おこな》はれよ決《けつ》して嫁《よめ》と姑《しうと》の差別《さべつ》をしてはいけない悉《ことごと》く心王中心《しんのうちうしん》の一家庭《かてい》であるから。

家庭脈では人指の動が一番である、家庭は理性でなく情を以て制御せねばならぬ、拇指の理性を先とすれば失敗を招來する。注意

第五章　心相に關する靈脈

心相《しんさう》に關《かん》する脈系《みやくけい》と人身《じんしん》に關《かん》する脈系《みやくけい》は自《おのづ》から分類《ぶんるい》せねばならぬから玆《こゝ》に心《しん》相脈《さうみやく》として記《き》する事《こと》にしたのである、吾々《われ〳〵》が日常交際《にちじやうこうさい》及《およ》び進退上《しんたいじやう》に關《かん》して必須《ひつす》缺《か》く可《べ》からざる羅針《らしん》であるから愼《つゝし》んで鑑識《かんしき》せねばならぬ、遊戯的《ゆふぎてき》に鑑識《かんしき》してはならぬと云《い》ふ事《こと》は諸所《しよ〳〵》に述《の》べてあるから忘《わす》れない樣《やう》にされよ、大事《だいじ》の時《とき》は夜半《よる》より外《ほか》に診脈《しんみやく》してはいけない。

爭議者心理脈

拇指　動《うご》けば爭議者《そうぎしや》は混沌《こんとん》として居《を》る、併《しか》し老練者《ろうれんしや》が仲介《ちうかい》に這入《はい》つて相互讓步《そうごじやうほ》がある。

人指　動《うご》けば大衆集《たいしうあつ》まつて凝議《ぎやうぎ》して居《を》るから日《ひ》ならず老練者《ろうれんしや》が仲裁《ちうさい》に來《きた》る。

中指　動《うご》けば雷同者《らいどうしや》が大勢《をほぜい》集《あつ》まつて統一《とう》が出來《でき》ない故《ゆゑ》騒然《さうぜん》として居《を》る、鼻息强《はないきつよ》き者丈《ものだけ》で中心力《ちうしんちよく》なき脈《みやく》。

藥指　動《うご》けば婦人團《ふじんだん》が活動《かつどう》激《はげ》しいが別《べつ》に大《たい》した騒《さわ》ぎにもならずに婦人《をんな》の老練家《ろうれんか》が二三人出《にんで》て調停《てうてい》させるから心配《しんぱい》なし。

小指　動《うご》けば爭議者《そうぎしや》の家庭《かてい》にて苦情《くぜう》が百出《しゆつ》して爭議者《そうぎしや》過半《かはん》は弱腰《よわごし》になつた樣《やう》である、或《あるひ》は食料等《しよくれうとう》の不足《ふそく》にて内輪《うちわ》でゴタゴタ起《おこ》る。

注意……爭議脈《そうぎみやく》は拇指《し》と中指《なかゆび》を目標《もくひやう》として斷《だん》をせねばならぬ、四指《し》動《うご》いて拇指《ぼし》動《うご》かざれば正義《せいぎ》が負《ま》けて邪義《じやぎ》熾《さか》んなる驗《しる》しである、拇指《ぼし》動《うご》いて中指加《なかゆびくわ》われば爭議解決《そうぎかいけつ》する、拇指《ぼし》が非常《ひじやう》に振《ふる》ふ時《とき》は資本主《しほんぬし》が負《ま》けて爭議團《そうぎだん》に和《わ》を講《こう》ずる脈《みやく》である。

罪惡心理發見脈

拇指　動《うご》けば祖父母系《そふぼけい》の背景《はいけい》あると見《み》よ、一切老人《さいろふじん》の背景《はいけい》ありと見《み》てよい。

此指内《このゆびうち》に曲《まが》れば血縁《みうち》の老人《ろふじん》と見《み》る、外《そこ》に動《うご》けば一切《すべて》老人《としより》の波動《はどう》ありての罪惡《ざいあく》と見《み》る。

人指　動《うご》けば父母《ふぼ》及《およ》び尊屬《そんぞく》の背景《はいけい》ありと見《み》る、内《うち》に動《うご》けば父母《ふぼ》と見《み》る外《そこ》に少《すこ》しでも動《うご》けば友人《ゆうじん》か知人《ちじん》の爲《ため》になしたる罪《つみ》と見《み》る。

中指　動《うご》けば我見《がけん》及《およ》び慢心《まんしん》より出《で》た罪《つみ》、虚榮心《きよゑいしん》より出《で》た罪惡《ざいあく》、主義《しゆぎ》に溺《おぼ》れて國《こつ》家《か》を無視《むし》した亡國的罪惡《ぼうこくてきざいあく》と見《み》る、無中心主義《むちうしんしゆぎ》の脈《みやく》。

藥指　動《うご》けば友人《ゆうじん》か知人《ちじん》の背景《はいけい》ありと見《み》る背後《はいご》に同類《ごうるい》三五人《にん》あると見《み》よ、同類《ごうるい》は餘《あま》り剛《つよ》き者《もの》にあらず煽動《せんどう》されて自由《じゆう》になる弱者《よはむし》ばかりと見《み》る。

小指　動《うご》けば婦人《をんな》の背景《はいけい》あると見《み》る、子供《こども》に執着《しうちやく》より出《で》た罪惡《ざいあく》と見《み》る、子供《こども》が死去《しきよ》して精神錯亂《せいしんさくらん》、罪惡内《ざいあくうち》に秘《かく》す。

注意……罪惡脈《ざいあくみやく》は無茶《むちや》に口外《こうがい》してはならぬ、必《かなら》ず本人《ほんにん》より告白《こくはく》する樣《やう》敎化《けふげ》するのがよい、凡《すべ》て本人《ほんにん》から自白《じはく》するのでなければ再《ふたゝ》び罪惡《ざいあく》を作《つく》り段々《だん〴〵》增長《ぞうちやう》するからである、要《よう》するに罪惡脈《ざいあくみやく》は人《ひと》をして罪人《ざいにん》たらしめざる様《やう》にせねばならぬのである。

心相脈系

心相脈《しんさうみやく》は非常《ひじやう》に六ケ敷《し》いのである。罪惡脈《ざいあくみやく》に次《つ》ぐのが心相脈《しんさうみやく》である、然《しか》し罪《ざい》人《あく》を發見《はつけん》するのでないから人《ひと》の人格《じんかく》に傷《きづ》をつけると違《ちが》ふ故《ゆゑ》赤裸々《あからさま》に診脈《しんみやく》するのがよい、釋尊《しやくそん》の佛敎《ぶつけふ》五十年《ねん》は悉《ことごと》く心相《しんさう》を説《と》かれたのであるが、五指《し》に依《よつ》て心《しん》相《さう》を識《し》るのは釋迦《しやか》も敎《おし》へなかつた様《やう》である、又《また》梅花《ばいくわ》心易《しんえき》などの比《ひ》ではない。

拇指　動《うご》くは賢實《けんじつ》な事《こと》も奮起《ふんき》心《しん》なき心相《しんさう》、家屋《かをく》より地所《ぢしよ》を求《もと》むる心相《しんさう》、着實《ちやくじつ》の心相《しんさう》。

人指　動《うご》くは尊屬《そんぞく》を背景《はいけい》にせんとする心相《しんさう》、されども中心《ちうしん》がある心相《しんさう》とす此指《このゆび》が外《そと》に少《すこ》しでも動《うご》けば知人《ちじん》の親切《しんせつ》な者《もの》を頼《たよ》りにする心相《しんさう》、衆合的《しゆうごうてき》を望《のぞ》む心相《しんさう》。

中指　動《うご》くは獨立的心相《どくりつてきしんさう》あり、外《ほか》に動《うご》けば破壞的心相《はかいてきしんさう》もあり、人《ひと》を煽動《せんどう》する心《しん》相《さう》の持主《もちぬし》、惡覺妄想心相《あくかくもうそうしんさう》の持主《もちぬし》。

藥指　動《うご》くのは依賴心《ゐらいしん》を含《ふく》む心相《しんさう》、時々刻々《じき〳〵こく〳〵》變化《へんか》する心相《しんさう》、共同《きやうどう》を望《のぞ》む心相《しんさう》。

小指　動《うご》くは男《をとこ》にて女《をんな》らしき心相《しんさう》、獨立心《どくりつしん》に乏《とぼ》しき心相《しんさう》、子供《こども》らしき心相《しんさう》、此《この》指《ゆび》は萬事《ばんじ》秘《ひ》して現《あら》わさゞる隱忍性《ゐんにんせい》がある。

注意……西洋人《せいようじん》は心《こゝろ》の事《こと》をマインドと云《い》ひ心臟《しんぞう》の形《かたち》をハートと云《い》ふて居《を》るが、靈脈《れいみやく》で發表《はつぴやう》する心《こゝろ》は拇指《ぼし》の圓滿無欠《えんまんむけつ》の心《こゝろ》の本體《ほんたい》でなければいけない、心靈《しんれい》の本體《ほんたい》を認《みと》めた者《もの》は地球上《ちきうじやう》には釋迦《しやか》一人《り》丈《だけ》である、無《む》にして有《う》、有無《うむ》を以《もつ》て思《し》度《ど》す可《べ》からず、心相《しんさう》は一にして心王《しんのう》の命《めい》に依《よつ》て無量《むりやう》である。

人心観破脈

心相脈《しんさうみやく》と並《なら》び行《おこな》ふのである又罪惡脈《またざいあくみやく》と同《おな》じく並《なら》び究《きわ》めねばならぬ重要《ちつよう》の脈《みやく》で

ある、大同小異《だいどうせうい》の樣《やう》に思《おも》われるが應用《おうよう》の時《とき》に大差《たいさ》があるから活斷上《かつだんじやう》に差別《さべつ》を見《み》分《わけ》られよ。

拇指　動《うご》くは虚言《いつはり》なき人《ひと》、而《しか》して實行主義《じつこうしゆぎ》の人《ひと》と見《み》る、聖人愚《せいじんぐ》なるが如《ごと》しと云《い》ふ事《こと》を以《もつ》て觀破《かんは》せられよ。

人指　動《うご》くは父母《ふぼ》に依賴《いらい》して獨立《ひとりだち》が出來《でき》ざる人《ひと》、和合心《わごうしん》ある故雇人《ゆゑやとひにん》として主人《しゆじん》の爲《ため》になるから大切《だいじ》になると見《み》る。

中指　動《うご》くは自分勝手《じぶんかつて》多《おほ》き人《ひと》であるが人《ひと》に對《たい》しては禮儀《れいぎ》ある人《ひと》、外《そと》に少《すこ》しでも動《うご》けば無禮者《ぶれいもの》と見《み》てその無禮《ぶれい》は慢心《まんしん》より出《で》た無禮《ぶれい》であつて淺《あさ》い考《かんが》へと見《み》る。

藥指　動《うご》くは時潮《じてう》の變化《へんか》に處《しよ》して活躍《かつやく》する併《しか》し手腕家《しゆわんか》であつても注意《ちうい》を要《よう》す。

小指　動《うご》くは大事業《だいじげふ》は出來《でき》ぬ人《ひと》なり、小心翼々《せうしんよくよく》哀《あはれ》む可《べ》き心《こゝろ》なり。

注意……人心觀破《じんしんかんは》の最《もつと》も注意《ちうい》す可《べ》き靈脈《れいみやく》は中指《なかゆび》と藥指《やくし》と小指《こゆび》である、殊《こと》に中指《なかゆび》と小指《こゆび》と合《がつ》した時《とき》は少事《せうじ》としても何事《なにごと》か隱謀《ゐんぼう》ある事《こと》を遠廻《とほまわ》しに探《さぐ》らねばならぬのである、藥指《やくし》と小指《こゆび》と合《がつ》した時《とき》は色情《しきぜう》に就《つい》て常《つね》に人《ひと》を僞瞞《ぎまん》して居《を》る人《ひと》と見《み》ねばならぬ、此間《このかん》の應用《をうよう》は無數《むすう》にあるから徹底《てつてい》せられよ。

人相骨相判定脈

フレノロジーヤ南北相法《なんぼくさうぼう》の法《ほう》で觀察《かんさつ》すれば種々《しゆじゆ》の活斷妙案《かつだんめうあん》があるのであるけれども、五指靈脈《しれいみやく》に依《よつ》て顏《かほ》にある三十二相《さう》乃至《ないし》無數《むすう》の相《さう》を觀《み》るのであるから至《し》難《なん》である、然《しか》し南北相法《なんぼくさうぼう》の水野氏《みづのし》の遺書《ゐしょ》には『無相《むさう》の相《さう》を觀《み》よ』と云《い》ふ事《こと》が誠《まこと》に心王式《しんのうしき》である。

有相《うさう》の相《さう》は少《すこ》し本《ほん》を讀《よ》めば誰《た》れにでも判《わか》るが無相《むさう》の相《さう》は判《わか》らないのである、閉目《へいもく》して七息《そく》なしパット對者《あいて》の相《さう》を見《み》よ、と云《い》ふ處《ところ》は丸《まる》で心王《しんのう》からの命令《めいれい》の樣《やう》である、七息《そく》は第《だい》七識《しき》の末那識《まなしき》を心王《しんのう》に基調《きてう》して眞《しん》の絶對靈格《ぜつたいれいかく》になつた刹那《せつな》に無相《むさう》の相即《さうすなは》ち心靈的相《しんれいてきさう》を觀破《かんぱ》せよと云《い》ふのである、靈脈《れいみやく》の人相骨相判定《にんさうこつさうはんてい》は本人《ほんにん》を見《み》ないで何百里離《なんびやくりはな》れて居《を》つても五指丈《しだけ》で觀破《かんは》するのであるから六ケ敷《し》いのであるが、それが確的《たしか》だから妙《めう》である。

拇指　内《うち》に動《うご》けば福相《ふくさう》なり財産家《ざいさんか》の相《さう》あり頬骨肥《ほゝぼねゆた》かなり、頬骨丸《ほゝぼねまる》きは富《とみ》あれども尖《とが》るは富《とみ》は身《み》を害《がい》して災難《さいなん》ありとす、されども指内《ゆびうち》に曲《まが》りて掌中《たなごゝろ》に附《つ》く人《ひと》は災《わざわひ》を遁《のが》るる也《なり》。

人指　内《うち》に動《うご》けば順理《じゆんり》なる骨相《こつさう》とす、外《そと》に動《うご》きたるは頬骨高《ほゝぼねたか》くして父《ちゝ》の遺産《ゐさん》を繼《つ》げぬ人《ひと》なり、顔色少《かほいろすこ》し黑色《くろいろ》を帶《お》びたる者《もの》拾中六人位《にんぐらゐ》あり、或《あるひ》は利《り》の爲《ため》に野《や》卑《ひ》の相《さう》あり高利貸《かうりかし》の如《ごと》き相《さう》を調《しら》べると此相《このさう》がある。

中指　動《うご》けば權威《けんゐ》ある相《さう》とす額部《がくぶ》毛《け》の生《は》へ際《ぎわ》四角《かく》にして廣《ひろ》し、外《そと》に動《うご》けば劣等《れつこう》にして傲慢《がうまん》の相《さう》を示《しめ》す、此指内《このゆびうち》に動《うご》きて又眞直《またまつす》ぐになるは狂暴《きやうぼう》なる骨相《こつさう》あり又鼻《またはな》が平《ひら》たくて慘忍性《ざんにんせい》を示《しめ》す者《もの》もある。

藥指　動《うご》けば人好《ひとず》きのする相《さう》、美貌《びばう》にして色男《いろおとこ》なり、女《をんな》は美貌《びばう》にして男《をとこ》に好《す》かれる相《さう》。

小指　動《うご》けば子供《こども》の如《ごと》き相《さう》、骨相《こつさう》も弱者《じやくしや》の相《さう》あり、外《そと》に動《うご》けば玉子《たまご》の如《ごと》く丸《まる》く少《すこ》し長《なが》し、此指《このゆび》に異狀《いじやう》ある者《もの》は水《みづ》に緣《ねん》ある業《わざ》にて損害《そんがい》あり注意《ちうい》、頤短《あごみぢ》かくなきが如《ごと》き相《さう》あり。

注意……拇指《ぼし》と中指《なかゆび》とが合《がつ》した時《とき》は富豪《ふごう》で吝嗇《しみつたれ》である、藥指《やくし》が合《がつ》したのは富豪《かねもち》で色魔《しきま》の相《さう》あり猿《さる》の變化《へんげ》相《さう》と見《み》てよい、拇指《ぼし》と人指《ひとゆび》と合《がつ》して眞實《ほんとう》の富豪相《かねもちさう》と觀《み》る、小指《こゆび》と拇指《ぼし》と合《がつ》して富豪《ふごう》にて卑吝《ひりん》下劣《げれつ》の相《さう》あり、俄成金《にはかなりきん》で金持《かねもち》ブル相《さう》あり。

骨相と人相眞脈

拇指　がブルブル振《ふる》ふのは富豪相《ふごうさう》の零落《れいらく》した人《ひと》である、人指加《ひとゆびくわ》われば老年《としより》になつて安心《あんしん》の出來《でき》る相《さう》とす、中指加《なかゆびくは》わつて老年《としより》に到《いた》つて人《ひと》に嫌《きら》はれる相《さう》とす、何處《ごこ》となく顏《かほ》に權《けん》ありて人好《ひとず》きせぬ相《さう》。

人指　動《うご》けば溫順《をんじゆん》の相《さう》であるが拇指《おし》加《くは》はつて卑吝《けちんぼ》の相《さう》とす、中指合《なかゆびがつ》して人《ひと》に好《す》かれて人々《ひと〴〵》の中心《ちうしん》となる相也《さうなり》、額部《ひたへ》の生《は》へ際《ぎわ》四角《かく》にして顏色《かほいろ》は少《すこ》し黑色《くろいろ》を帶《を》び穩《おだや》かにして一見《けん》して人《ひと》が服《ふく》する相《さう》あり。

中指　動《うご》き藥指合《やくしがつ》すれば流行的英雄《りうこうてきえいゆう》の相《さう》あり、小指合《こゆびがつ》して英雄《えいゆう》の眞似《まね》をする樣《やう》な相《さう》あり、骨相《こつさう》は見《み》る可《べ》き處《ところ》なし。

藥指　動《うご》き拇指加《おしくは》われば愛敬《あいきやう》ある富豪《かねもち》の相《さう》にして色情《いろごと》の爲《ため》に身《み》を傷《そこな》ふ相《さう》あり、顏《かほ》は丸《まる》く大《をほ》きくして顏色蒼白《かほいろあをじろ》なり。

小指　動《うご》き人指合《ひとゆびがつ》して卑吝《けちんぼう》の相《さう》にして鼻尖《はなさが》り兩眼《れうがん》の瞳尖《ひとみさが》り黑眼勝《くろめがち》の人《ひと》なり。

注意……以上《いじやう》の人相骨相《にんさうこつさう》に依《よつ》て各自《めい〳〵》の疾病《しつぺい》が判《はん》ぜられるのは先《ま》づ拇指《おし》に人指合《ひとゆびがつ》した老年安心《ろふねんあんしん》の出來《でき》る相《さう》は注意《ちうい》せぬと動脈硬化症《かうみやくこうかしやう》が出《で》る事《こと》がある、中指合《なかゆびがつ》した人《ひと》は耳《み》が聾《つんぼ》になる事《こと》があるから餘《あま》り剛情《ごうぜう》を張《は》つてはいけない。

人指《ひとゆび》　に拇指《ぼし》合《がつ》して卑吝《けちんぼ》の相《さう》ある人《ひと》は色情《しきぜう》について苦勞《くろう》する病氣《びやうき》があるから注《ちう》意《い》されよ。

中指《なかゆび》　に藥指《やくし》加《くは》わる人《ひと》は老年《ろふねん》に到《いた》つて居所《ゐどころ》が度々《たびたび》變化《へんか》する移轉病《いてんびやう》があるから注《ちう》意《い》せよ。

藥指《やくし》　に拇指《ぼし》合《がつ》した相《さう》は亂費性《らんぴせい》を具有《ぐゆう》して居《を》るから酒色《しゆしよく》に溺《おぼ》れぬ樣《やう》にせねばならぬ。

小指《こゆび》　に人指合《ひとゆびがつ》して卑吝《けちんぼ》の相《さう》ある者《もの》は高利貸《かうりかし》などで劍難災難《けんなんさいなん》にて斃《たほ》れる事《こと》があるから注意《ちうい》。病氣《びやうき》は常《つね》に陰症《いんしやう》にして水氣腫等《すゐきばれとう》もあるから運動《うんどう》をよくせねばならぬ。

以上《いじやう》は心相《しんさう》を中心《ちうしん》とする部分《ぶぶん》であるから萬事《ばんじ》の標準《ひやうじゆん》として廣《ひろ》く活斷《かつだん》の原《もと》とせられよ、而《しか》して普通《ふつう》の相法《さうほう》と對比《たいひ》して妙《めう》を知《し》れ。

心相の秘脈

心相《しんそう》の中心《ちうしん》たる心王《しんのう》を中心《ちうしん》として萬事《ばんじ》活斷《かつだん》せられよ、而《しか》して拇指《おし》と人指《ひとゆび》が心《しん》相《そう》の大慈悲《だいじひ》を示《しめ》して居《を》るに反《はん》し、人指《ひとゆび》と拇指《おし》は無慈悲《むじひ》を示《しめ》すのである、人指《ひとゆび》と中指《なかゆび》は老母《ろふぼ》を無視《むし》して外《そと》に於《おい》て勝手《かつて》氣儘《きまゝ》をして居《を》るとなし、中指《なかゆび》と人指《ひとゆび》は老母《ろふぼ》に詫《わ》びて歸宅《きたく》したのである、否《いな》、歸宅《きたく》したくも歸《かへ》れない心相《しんそう》である、人指《ひとゆび》に中《なか》指《ゆび》と藥指《やくし》が加《くは》わつて老母《ろふぼ》を無視《むし》して花柳界《かりうかい》に墮落《だらく》して居《を》る心相《しんそう》である。

拇《お》指《し》のみ動《うご》き四《し》指が合併《がつぺい》して曲《まが》るは精神的愚者《せいしんてきぐしや》なれば萬事《すべて》話《はなし》が出來《でき》ない者《もの》とする、又藥指《またやくし》と小指《こゆび》が非常《ひじやう》に動《うご》くのは餘《あま》り精神《せいしん》が女《をんな》の爲《ため》に亂《みだ》れて居《を》る人《ひと》であるから注意《ちうい》。

中指丈眞直《なかゆびだけまつす》ぐになつて振《ふる》はずに曲《まが》らずに居《を》るのは危險性《きけんせい》を帶《を》びて居《を》るから注意《ちうい》せぬと恥《はぢ》をかく事《こと》がある、小指《こゆび》がブルブル振《ふる》ふのは隱忍酷薄《いんにんこくはく》の性質《せいしつ》の持主《もちぬし》であるから餘《あま》り交際等《つきあいなど》はせぬがよい、凡《すべ》て心相上《しんそうじやう》に關《かん》した事《こと》は拇指先《おしさき》に人指後《ひとゆびあと》に動《うご》いたら安心《あんしん》である。

心相病系脈分類

心相病系脈《しんそうびやうけいみやく》 は心王靈脈寶鑑《しんのうれいみやくはうかん》の解剖圖《かいはうづ》に靈指《れいし》の應用《おうよう》を配置《はいち》しあるが、その細《さい》説《せつ》を公表《こうひやう》してないから此章《このしやう》の末尾《をはり》にそれを記《しる》して研究《けんきう》の資料《しれう》としよう。

心相病系《しんそうびやうけい》は佛敎《ぶつけふ》で説《と》く心《こゝろ》の中《なか》の十界《かい》をその儘《まゝ》利用《りよう》して地獄《ぢごく》、我鬼《がき》、畜生《ちくしやう》、修《しう》羅《ら》、人間《にんげん》、天人《てんにん》、聲聞《しやうもん》、緣覺《えんかく》、菩薩《ぼさつ》、佛界《ぶつかい》、と云《い》ふ心《こゝろ》の相《そう》を五指靈脈《しれいみやく》にて識《し》るのであるから佛敎《ぶつけふ》の十界《かい》を完全《かんぜん》にして科學的《かがくてき》にそれを常識眼《じやうしきがん》で認《みと》める事《こと》になるのである、即《すなは》ち佛説《ぶつせつ》の完成《かんせい》であると云《い》ふても差支《さしつか》へない斷言《だんげん》である。

佛界脈　拇指《ぼし》が眞直《まつす》ぐに振《ふ》るのであつて大慈悲《だいじひ》の發動《はつどう》である、宇宙萬有救濟《うちうばんゆうきうさい》の心《こゝろ》

菩薩脈　人指《ひとさしゆび》眞直《まつすぐ》に振《ふる》ふのであつて民族《みんぞく》の爲《ため》に犧牲心《ぎせいしん》を發揮《はつき》する現《あらわ》れである。

緣覺脈　藥指《やくし》内《うち》に動《うご》き小指《こゆび》振《ふる》ふそれは利己主義《りこしゆぎ》を示《しめ》す心相《しんそう》である。

聲聞脈　小指表面中指背景《こゆびひやうめんなかゆびはいけい》に振《ふる》ふのであつて厭世的氣分《えんせいてききぶん》を示《しめ》す心相《しんそう》である。

修羅脈　中指《なかゆび》と小指《こゆび》と合《がつ》したのである中指《なかゆび》は我見《がけん》と錯覺《さくかく》で小指《こゆび》は我利《がり》の代表《だいひやう》、人《ひと》の成功《せいこう》を妬《ねた》むのであるから野卑《やひ》の心相《しんさう》。

餓鬼脈　小指《こゆび》内《うち》に曲《まが》る之《こ》れは子供心《こどもごゝろ》の欲心《よくしん》と同《おな》じで無茶《むちや》に人《ひと》の物《もの》をほしがる心《しん》相《そう》。

畜生脈　小指《こゆび》左右《さゆう》内外《ないがい》に振《ふる》ふ之れは憑依心象《つきものしんしやう》で無茶《むちや》に喰《く》いたがる餓鬼脈《がきみやく》の一層《そう》劣等《れつとう》なる現《あらは》れである。

地獄脈　中指《なかゆび》左右《さゆう》内外《ないがい》に振《ふる》ふ之《こ》れは一切《さい》の心象《しうしやう》及《およ》び肉體《にくたい》を自我《じが》の爲《ため》の犠牲《ぎせい》にして勝手氣儘《かつてきまゝ》をなした最後《さいご》心身《しんしん》の自由《じゆう》を失《うしな》ふた哀《あは》れの心相《しんさう》が肉體《にくたい》に現《あらは》れたのである。

天上脈　藥指《やくし》と小指《こゆび》の合振《ごうしん》である之《こ》れは常識《じやうしき》の藥指《やくし》が小指《こゆび》の無邪氣《むじやき》の性質《せいしつ》と合《がつ》した樂天主義《らくてんしゆぎ》の心相《しんさう》である、世相《せそう》に無頓着《むとんちやく》で詩歌《しか》音樂《おんがく》に沒頭《ぼつとう》する者《もの》である。

人間脈　藥指《やくし》眞直《まつす》ぐに振《ふる》ふ之《こ》れは心王《しんのう》を奥《おく》に認《みと》めて常識《じやうしき》の現《あらは》れを中心《ちうしん》とする者《もの》

即《すなは》ち心理學《しんりがく》の顯在心《けんざいしん》の現《あらは》れを藥指《やくし》とするのであるから常《つね》に心王《しんのう》この脈絡相通《みやくらくあいつう》ずる平《たい》らの心相《しんさう》を云《い》ふのである。

以上《いじやう》は十界脈《かいみやく》の大要《たいよう》を記述《きじゆつ》したのであるから、その奧《おく》に作用《はたらき》して居《を》る秘諦《ひたい》を茲《こゝ》に述《の》べて結論《けつろん》して置《お》かふ、之《こ》れは佛敎《ぶつけふ》では觀心《かんしん》と安心《あんしん》と云《い》ふ事《こと》を説《と》くが、その心《こゝろ》を觀《み》ると云《い》ふのは常識《じやうしき》が心王《しんのう》に拜謁《はいえつ》する事《こと》を云《い》ふのである、安心《あんしん》とは心王《しんのう》に雜念《ざつねん》が基調《きてう》して宇宙大《うちうだい》なる靈力《れいりよく》と一致《ち》して居《を》る自覺《じかく》、之《こ》れが安心《あんしん》である。

十界《かい》の脈《みやく》に現《あらは》れて居《を》る心相《しんさう》は絶頂《ぜつてう》の心王《しんのう》に歸統《きとう》せねば十界《かい》の衆生《しゆうぜう》の本地《ほんち》の心《しん》相《さう》が判《わか》らないのである、外《そと》に邪見《じやけん》の聲聞《しようもん》の相《さう》を示《しめ》し心《こゝろ》に菩薩《ほさつ》の犧牲心《ぎせいしん》を秘《ひ》して居《を》る事《こと》を示《しめ》されてあるから、十界《かい》の衆生心相《しゆうぜうしんさう》は奧《おく》の心王《しんのう》に拜謁《はいえつ》して權現出沒自《ごんげんしゆつぼつじ》在《ざい》の作用《はたらき》が出來《でき》るのである。

十方《ほう》の諸々《もろく》の國土《こくど》に變現自在《へんげんじざい》に聖賢君子《せいけんくんし》が現《あらは》れて民衆《みんしゆう》を訓化《くんか》するのは心王《しんのう》の大慈悲《だいじひ》である、孔子《こうし》ありマホメットありヱスあり釋迦《しやか》あり日蓮《にちれん》あり、其他《そのた》星《ほし》の如《ご》き救主《きふしゆ》は悉《ことごと》く心王《しんのう》の使命《しめい》を帶《お》びて現《あらは》れて居《を》るのである、十界《かい》の衆相《しゆうそう》も悉《ことごと》く差別《さべつ》にして即《すなは》ち平等《べうどう》の一元心王《げんしんのう》に眼醒《めざめ》て意義《いぎ》ある十界《かい》の心相《しんそう》となるのである。

それから十界《かい》の心相《しんそう》に依《よつ》て諸病《しよびやう》が人身《じんしん》に現《あらは》れると云《い》ふ事《こと》は靈脈研究者《れいみやくけんきうしや》は知《し》らぬであろふから茲《こゝ》にその秘諦《ひたい》を一言《げん》して置《お》かふ、菩薩界《ほさつかい》に侠客病《けふかくびやう》と云《い》ふ事《こと》があるが、之《こ》れは祖先《そせん》が植《う》へた善因《ぜんいん》の萠芽《めばえ》である、祖先《そせん》の善因《ぜんいん》は吾々《われく》の兩眼《れうがん》に出《で》る佛教《ぶつけふ》では『慈眼視衆生《じがんししゆうぜう》』と云《い》ふてあるが慈眼《じがん》と云《い》ふ心《こゝろ》の作用《さよう》が眼《め》に出《で》て、困《こま》る人《ひと》、苦《くる》しむ人《ひと》、煩悶《はんもん》する人《ひと》、等《とう》を眼先《めさき》に見《み》せ附《つ》けられると死《し》んでもよいから此《こ》の人《ひと》を救《すく》ふ、と云《い》ふ心《こゝろ》が勃然《ほつぜん》として出《で》るのである、祖先《そせん》が善因《ぜんいん》を植《う》へてあるのがその孫《まご》を通《つう》じて現《あらは》れてその徳相《とくさう》を果《はた》すのである、それを人《ひと》を救《すく》ひたい病《やまひ》と菩薩界《ほさつかい》に表示《ひやうじ》したのである。之《こ》れを又吐瀉病《またさしやびやう》としてあるのは悪《わる》い物《もの》を食《しよく》すると心王靈性《しんのうれいせい》の自由活動《じゆうかつどう》で全部《ぜんぶ》吐瀉《さしや》せしむるから即《すなは》ち自然靈癒力《しぜんれいゆりよく》を示《しめ》したのである。

それから人間脈《にんげんみやく》に眞社會主義《しんしやかいしゆぎ》とあるのは心王《しんのう》を認識《にんしき》した靈的社會主義《れいてきしやかいしゆぎ》は流行《りうこう》

の社會主義《しやかいしゆぎ》の如《ごと》く民衆《みんしゆう》や國家《こつか》に害《がい》を致《いた》さない、自己《じこ》の内面《ないめん》を修《おさ》め家庭《かてい》を修《おさ》めてその餘融《よゆう》を社會《しやかい》に波及《はきふ》して、皇室中心《こうしつちうしん》の大家庭主義《だいかていしゆぎ》と云《い》ふ大團結《だいだんけつ》が實現《じつげん》されるのである、之《ご》れを眞社會主義《しんしやかいしゆぎ》と云《い》ふて心王認識境《しんのうにんしききやう》を示《しめ》したのである、又禿頭病《またとくとうびやう》とあるのは常識《じやうしき》のみ嚴守《げんしゆ》して大義名分《だいぎめいぶん》を忘《わす》れ人類愛《じんるいあい》を無視《むし》した者《もの》は必《かな》らず禿頭《とくとう》病《びやう》になるからそれを表明《ひやうめい》したのである余《よ》の實驗《じつけん》に六七人《にん》あつたからである。

拇指は理性で人指は情、理に服しても情に枉げないのは中指の我見が人指の情に與みするからである、堂々たる論議も其裏面には情の背景あり、之れ皆不具者の心相である。

第六章　身體に關する靈脈

心相脈《しんそうみやく》は畧公開《ほゞこうかい》をしたから玆《こゝ》には身體丈《しんたいだけ》に關《かん》した脈《みやく》を續出《ぞくしゆつ》して置《お》かう、疾病《しつぺい》上《じやう》の事《こと》は別章《べつしやう》に出《だ》す事《こと》になつて居《を》るから此項《このこう》は五體《たい》に關《かん》した部分《ぶぶん》を判《わか》り易《やす》く摘《てき》出《しゆつ》したのである。

音調脈

拇指　内《うち》に動《うご》けば太《ふと》くしてサビある音聲《おんせい》ありと見《み》る外《そと》に動《うご》けば大聲《たいせい》にして人《ひと》を威《おど》すの音《おん》ありと見《み》る、凡《すべ》て此指《このゆび》は太《ふと》い落附聲也《おちつきごえなり》。

人指　内《うち》に動《うご》けば慈父母《じふぼ》の聲《こえ》あり、外《そと》に動《うご》けば繼母《まゝはゝ》が怒《おこ》る聲《こゑ》あり、キイ〳〵聲《ごゑ》も此指《このゆび》が外《そと》に動《うご》く脈《みやく》を示《しめ》す、何《なん》となく軟《やわら》かき聲《こゑ》。

中指　内《うち》に動《うご》けば天下《てんか》に號令《ごうれい》するが如《ごと》き權威《けんゐ》ある聲《こゑ》あり、外《そと》に動《うご》けば破鐘《われがね》の如《ごと》き聲《こゑ》と見《み》る、眞直《まつすぐ》に伸《の》びグルぐ〵動《うご》くは人《ひと》を馬鹿《ばか》にする音聲《こゑ》を常《つね》に發《はつ》す。

藥指　内《うち》に動《うご》けば美音《びおん》あり、藝人《げいにん》の如《ごと》きは此指《このゆび》に感《かん》ずる、外《そと》に動《うご》けば人《ひと》を魅《み》する聲《こゑ》あり。

小指　内《うち》に動《うご》けば子供《こども》の様《やう》な聲《こゑ》あり、外《そと》に動《うご》けば婦人《をんな》の泣聲《なきごゑ》の如《ごと》し、眞直《まつす》ぐに動《うご》くのは涙《なみだ》で人《ひと》を動《うご》かす聲《こゑ》あり凡《すべ》て小指《こゆび》は隱聲《かくしごゑ》を帶《お》びて居《を》る。

注意……音聲《おんせい》に紫色《むらさき》の聲《こゑ》と云《い》ふのがあるが之《こ》れは拇指《し》と人指《ひとゆび》と合《がつ》した者《もの》でなければ發《はつ》せぬ聲《こゑ》である、拇《ぼ》指《し》が先《さき》に動《うご》き次《つぎ》に人指《ひとゆび》が合《がつ》するを以《もつ》て順《じゅん》とするのである。

人相《にんそう》がよくて聲《こゑ》が惡《わる》く、聲《こゑ》が美音《びおん》で人相《にんさう》が醜《しう》で下劣《げれつ》の人《ひと》があるが、音調《おんてう》は心《しん》王《のう》の發露《はつろ》であるから第《だい》一番大切《ばんたいせつ》である故靈脈《ゆゑれいみやく》も注意《ちうい》して鑑識《かんしき》せよ。

靈《れい》は聲《こゑ》なり……であるから聲《こゑ》の出方《でかた》に依《よつ》て人間《にんげん》の心相及《しんそうおよ》び思想《しそう》が全部《ぜんぶ》解《わか》る、馬子《まご》などが追分《おひわ》けでも唄《うた》ふと馬《うま》は嬉《うれ》しく進《すゝ》む。眞《しん》の美音《びおん》は藥指《やくし》に拇指《ぼし》が合《がつ》し人指《ひさゆび》が第三《だい》に台《がっ》したのが藝人《げいにん》としての美音家《びおんか》である。

音聲の出る可否脈

拇指　動《うご》けば太《ふと》い聲《こゑ》ゆえ小聲《こごゑ》使用《しよう》には不可《いけない》。
人指　動《うご》けば何《なん》でも應用出來《をーようでき》る聲《こゑ》あり。
中指　動《うご》けば號令《ごうれい》などに使用《しよう》して良聲出《よいこゑで》る。
藥指　動《うご》けば遊藝上《ゆうげいじやう》の聲《こゑ》は出《で》る大音《たいおん》は出《で》ぬ。
小指　動《うご》けば良《よ》い聲《こゑ》は出《で》ないらしい。
注意……聲《こゑ》の有無《うな》は論《ろん》ずる必要《ひつよう》はないが、此《こ》の靈脈《れいみやく》は先天聲《せんてんせい》を見《み》るのである、練習《れんしう》すればどんな音《こゑ》も出《で》る。

衆人愛敬脈

拇指　內《うち》に動《うご》けば老人《ろふじん》に愛《あい》せらる、外《そと》に動《うご》けば他家《たけ》に出《で》た老人《ろふじん》に愛《あい》せらる、內《ない》外《がい》に動《うご》けば心《こゝろ》の散亂《さんらん》した老人《ろうじん》に愛《あい》せられ災難《さいなん》受《うけ》る。

人指　内《うち》に動《うご》けば父母《ふぼ》及《およ》び父母《ふは》の知人《ちじん》に愛《あい》せらる、外《そと》に動《うご》けば世間《せけん》の人《ひと》に愛《あい》せらる、此指《このゆび》眞直《まつす》ぐに伸《のび》てブル〳〵振《ふる》ふのは民衆《みんしゆう》に愛《あい》せられて民衆《みんしゆう》の中心《ちうしん》となる事《こと》あり、されども拇指《ぼし》と中指《なかゆび》が合《がつ》せざれば短期《たんき》の愛《あい》なり。

中指　内《うち》に動《うご》けば自分《じぶん》の活動《かつどう》次第《しだい》にて人《ひと》に愛《あい》せらる、外《そと》に動《うご》けば出過《です》ぎて嫌《きら》はるゝ。

藥指　内《うち》に動《うご》けば大《おほ》いに愛《あい》せらる、外《そと》に動《うご》けば可愛《かあい》がられたり惡《にく》まれたり。

小指　内《うち》に動《うご》けば子供《こども》は愛敬《あいけふ》あり、女子《なんな》も可愛《かあい》がられる、外《そと》に動《うご》けば可愛《かあい》さ餘《あま》つて惡《にく》さ百倍《ばい》、眞直《まつす》ぐに伸《のび》て振《ふる》ふのは愛《あい》する者澤山《ものたくさん》ありて定《さだ》まらず。

交際と人員選定脈

拇指　内《うち》に動《うご》けば年上《としうへ》の者《もの》と交際《つきあひ》す可《べ》し、外《そと》に動《うご》けば識者《しきしや》と交際《つきあひ》す可《べ》し、又國《またこつ》家《か》主義《しゆぎ》を主張《しゆちやう》する老人《ろふじん》と交際《つきあひ》す可《べ》し。

人員選定《じんいんせんてい》は祖父母系《そふほけい》より雇入《やとひい》れる者《もの》、雇人《やとひにん》は使用者《しようしや》より年上《としうへ》の者《もの》、口數少《くちかづすく》なき者《もの》を吉《きち》とす、口輕《くちかる》き者《もの》は始《はじ》め吉《きち》にして後凶《のちけふ》とす、雇主《やとひぬし》に害《がい》を殘《のこ》す事《こと》あり。

人指　内《うち》に動《うご》けば夫婦和合《ふうふわごう》の家庭《かてい》と交際《つきあひ》するを吉《きち》とす、必《かな》らず將來《せうらい》の爲大《ためおほい》に徳《とく》がある、外《そと》に動《うご》けば夫婦《ふうふ》でなく共吉《ともきち》、拇指《ぼし》と合《がつ》すれば老人《ろふじん》と和合吉《わごうきち》。

人員選定《じんいんせんてい》は兩親《ふたおや》ある者《もの》を雇入《やとひい》れよ、兩親《ふたおや》なき者《もの》を雇入《やとひい》れると末遂《すへと》げ難《がた》し注意《ちうい》外《そと》に動《うご》けば片親《かたおや》ある者《もの》でも雇入《やとひい》れて害《がい》なし。

中指　内《うち》に動《うご》けば主人《しゆじん》と交際《つきあひ》して他《ほか》の者《もの》と交際《つきあひ》を忌《いな》む、若《も》し交際《つきあひ》すれば惡口《あくこう》される、外《そと》に動《うご》けば支配人《しはいにん》と交際《つきあひ》して大《おほい》に徳《とく》あり、眞直《まつす》ぐに伸《の》びて振《ふる》ふは主人《しゆじん》の代理《だいり》して居《を》る支配人《しはいにん》を説《さい》てから主人《しゆじん》に往《ゆ》くと見《み》る。

人員選定《じんいんせんてい》は獨立心《どくりつしん》ある者《もの》を雇入《やとひい》れるが吉《きち》、注意《ちうい》せぬと主人《しゆじん》を馬鹿《はか》にする者《もの》が多《おほ》い、外《そと》に動《うご》けば外交手腕《がいこうしゆわん》ありとす凡《すべ》て此指《このゆび》は剛情者《ごうぜうもの》が多《おほ》いから注意《ちうい》せよ。

藥指　內《うち》に動《うご》けば交際上手《つきあひじやうず》にすれば大《おほい》に發展《はつてん》する、外《そと》に動《うご》けば交際上手《つきあひじやうず》の爲《ため》に失敗《しつぱい》あり注意《ちうい》す可《べ》し。

人員選定《じんいんせんてい》には外交手腕《がいこうしゆわん》あり、外《そと》に動《うご》けば使用《しよう》するはよいが變化《へんか》する事《こと》あるから注意《ちうい》、役《やく》に立《たつ》が裏面《かげ》で惡《わる》い事《こと》をする。

小指　內《うち》に動《うご》けば子供《こども》より手馴《てな》れてから主人及《しゆじんおよ》び妻君《さいくん》にせよ、女主人《をんなしゆじん》と交際吉《つきあひきち》注意《ちうい》。

人員選定《じんいんせんてい》は雇人《やといにん》は小心者也《せうしんじやなり》、外《そと》に動《うご》けば婦女子《をんなこども》の如《ごと》き心《こゝろ》あり、女中《じよちう》は適當《てきとう》、凡《すべ》て此指《このゆび》は雇人《やといにん》としては男《をとこ》より女《をんな》を適當《てきとう》とする、或《あるひ》は既《すで》に雇入《やといひ》れてある者《もの》の手蔓《てづる》で入《はい》る。

注意……雇人脈《やといにんみやく》は商工業《せうこうげう》に依《よつ》て應用《をうよう》が違《ちが》ふから注意《ちうい》せねば不適中《ふてきちう》に終《をは》る、商事《あきないごと》には藥指《やくし》を吉《きち》とし合資會社《ごうしがいしや》などには人指《ひとゆび》を吉《きち》とし、會計係《かいけいがゝり》などには拇指《ぼし》を吉《きち》とす、小指《こゆび》は下女下僕小使《げじよかぼくこづかひ》等《とう》の脈《みやく》には吉《きち》、地方《ちほう》の支配人《しはいにん》とか商店《せうてん》の重要役《ぢうようやく》などには中指《なかゆび》がよい。

音信來否と待人脈

拇指　内《うち》に動《うご》けば音信《おとづれ》あり待人來《まちびときた》る外《そと》に動《うご》けば音信《おとづれ》あれども日《ひ》が延《のび》る、祖父母《そふぼ》より來《きた》る音信《おとづれ》なれば早《はや》し、老人《としより》の交際《つきあひ》なればあれども遲《おそ》し、待人《まちびと》も同樣《おなじ》。凡《すべ》て此指《このゆび》は内外何《うちそといづ》れに動《うご》いても祖父母《そふぼ》及《およ》び老人等《ろうじんなど》よりの音信《おとづれ》なればあり、此《この》指外《ゆびそと》に動《うご》いた時音信《ときおとづれ》なき事度々《ことたびたび》實驗《じつけん》あり。

人指　内《うち》に動《うご》けば父母《ふぼ》の名宛《なあて》で來《きた》る、外《そと》に動《うご》けば父母《ふぼ》の友人《ともだち》か知人《ちじん》に托《たく》して音《たよ》信《り》あり、凡《すべ》て此指《このゆび》に感《かん》ずる音信《たより》は父母《ふぼ》か親友《しんゆう》の音信《たより》は速《すみや》かなりと見《み》る、待人《まちびと》は五日《か》か十日《か》の午後來《ごごきた》ると見《み》よ。

中指　内《うち》に動《うご》けば遠方《えんぽう》の音信《たより》は來《きた》る、近《ちか》き音信《おとづれ》は遲《おそ》く來《きた》る、當方《こちら》が再《ふたゝ》び出《だ》せば往《ゆ》き違《ちが》ひにて來《きた》ると見《み》る外《そと》に動《うご》くは虛僞《いつはり》の音信《たより》來《きた》る音信《たより》ありて待人來《まちびときた》らず。

近《ちか》き人《ひと》は來《きた》るが遠《とう》き人《ひと》は疑《うたが》ひあり。
凡《すべ》て此指《このゆび》は音信《たより》の文字《もんじ》に權威《けんゐ》を振《ふる》ふ故遲《ゆえおよ》し。

藥指　内《うち》に動《うご》けば音信《たより》早《はや》し、非常《ひじやう》に振《ふる》へば直《たゞ》ちに來《きた》る、小指《こゆび》と合《がつ》して子供《こども》か婦《をん》人《な》に托《たく》して來《きた》る、總《すべ》て此指《このゆび》は音信《たより》早《はや》しとす、人指《ひとゆび》と合《がつ》し双方少《さうはうすこ》しの動《うご》きは來《く》る積《つも》りありて來《こ》られぬ事《こと》あり、此指非常《このゆびひじやう》に振《ふる》ふて掌中《てのひら》に曲《まが》る樣《やう》なのは近傍迄《ちかくまで》來《き》て居《を》ると見《み》る。

小指　内《うち》に動《うご》けば子供《こども》に托《たく》して來《く》る、外《そと》に動《うご》けば婦人《をんな》に托《たく》して來《く》る、凡《すべ》て此指《このゆび》は音信滯《たよりとゞこほ》り勝《がち》と見《み》る。

注意……凡《すべ》て音信《たより》は藥指《やくし》を用《もち》ゆるのであるが藥指《やくし》に人指《ひとゆび》が合《がつ》する時《とき》は音信必《たよりかなら》ずありと斷《だん》じて誤《あやま》りなし。

失人發見脈

拇指　内《うち》に動《うご》けば老人《としより》に尋《たづ》ぬれば判《わか》る、外《そと》に少《すこ》し動《うご》けば知人《ちじん》の老人《としより》に依《よつ》て判《わか》る此指《このゆび》の人《ひと》は絶對《ぜつたい》に惡意《あくい》なき人故《ひとゆえ》發見《はつけん》しても疑《うたが》ふ可《べ》からず此間注意《このかんちうい》を要《よう》す。

人指　内《うち》に動《うご》けば父母《ふぼ》が居所《ゐどころ》を知《し》つて居《を》る筈《はず》である、外《そと》に動《うご》けば他人《たにん》の父母《ふぼ》に問《と》ふ可《べ》し、又手掛《まてが》りを得《う》る、先《ま》づ此指《このゆび》は父母《ふぼ》を中心《ちうしん》に尋《たづ》ぬるがよい。

中指　内《うち》に動《うご》けば高貴《こうき》の家《いへ》に居《を》る或《さるひ》は高《たか》き家《いへ》に住込《すみこ》んで居《を》る、外《そと》に動《うご》けば二三軒住更《げんすみか》へて今《いま》では高貴《こうき》の家《いへ》に居《を》る。

藥指　内《うち》に動《うご》けば色情關係《しきぜうかんけい》ありて西方《さいほう》の知人《しりびと》か朋友《ともだち》の家《いへ》に隱《かく》れて居《を》る、男女共《だんじよとも》居《を》る或《あるひ》は一人《り》なれば苦勞《くらう》して居《を》る。

小指　此指《このゆび》が自然《しぜん》と拇指《ぼし》に合《がつ》して人指《ひとゆび》が追加《つゐか》する樣《やう》になれば必《かなら》ず子供《こども》の口《くち》から現《あらは》れる。

注意……失人《うせびと》に二種《しゆ》あるから鑑識《かんしき》も二種《しゆ》にせねばいけない、煩悶者《はんもんしや》、失敗等《しつぱいとう》で突然家出《とつぜんいへで》、男女色情等《だんじよしきぜうとう》で家出《いへで》したのはその情實《ぜうじつ》を探《さぐ》つてからでなければ無茶《むちや》に斷《だん》じては不可《いけね》。

姓名撰定脈

拇指　に感《かん》じたら極《きわ》めて堅實《けんじつ》の名《な》を撰宛《せんてい》す可《べ》し、而《しか》して一字名《じな》がよい又圓滿《またえんまん》の名《な》が吉《きち》。

人指　に感《かん》じたら民衆的《いつぱんてき》の平凡《ふつふ》の名《な》がよい六ケ敷《し》い名《な》を附《つ》けると病氣《びやうき》になる。

中指　に感《かん》じたら勇《いさ》ましい名《な》を附《つ》けよ勇壯《ゆうそう》にして活發《かつはつ》に、併《しか》し古人《こじん》の名《な》を附《つ》けるは凶《わるし》。

藥指　に感《かん》じたら愛敬《あいきやう》ある名《な》がよい、併《しか》し商家《せうか》か工業家《こうぎやうか》か官吏《かんり》か調査《てうさ》して撰定《せんてい》せられよ。

小指　に感《かん》じたら若《わか》い可愛《かあい》らしい名《な》がよい、餘《あま》り勇《いさ》ましい名《な》は出世《しゆつせ》の妨《さまた》げとなる。

注意……姓名撰定《せいめいせんてい》は子供《こども》の指《ゆび》を吹《ふい》て見《み》るのがよいけれども母親《はゝおや》の五指《し》を吹《ふい》た方《はふ》が大《おほ》いに信《しん》ず可《べ》き名命《めいく》がある、而《しか》して八種《しゆ》を撰定《せんてい》してその内《うら》一種《しゆ》を妻君《さいくん》に摘《つま》せて附《つ》く可《べ》し。

金主成否脈

拇指　動《うご》けば賢實《けんじつ》の事業《じぎやう》は金主《きんしゆ》あり。

人指　動《うご》けば合同事業《ごうどうじぎやう》なれば金主《きんしゆ》あり。

中指　動《うご》けば金主《きんしゆ》を入《い》れて害《がい》あり。

藥指　動《うご》けば金主何人《きんしゆなんにん》もありされども陽氣《ようき》の事業《じぎやう》でなければ金主《きんしゆ》なし。

小指　動《うご》けば女金主《をんなきんしゆ》あれ共《ども》大金《たいきん》は成立《せいりつ》せず。

財產の有無を知る脈

拇指　動《うご》けば先祖傳來《せんぞでんらい》の資產《しさん》あり。

人指　動《うご》けば親讓《おやゆづ》りの資產《しさん》あり。

中指　動《うご》けば財産《ざいさん》ある樣《やう》で無《な》い。

藥指　動《うご》けば金《かね》ある樣《やう》で無《な》く借金澤山《しやくきんたくさん》。

小指　動《うご》けば女子《じよし》及《およ》び子供《こども》の資財《しさん》多《をほ》し。

毎歳運氣脈

拇指　動《うご》けば平穩無事《へいおんぶじ》なり。

人指　動《うご》けば利益上《りえきじやう》で目上《めうへ》と合《がつ》すればよい。

中指　動《うご》けば獨立《どくりつ》して起《た》てば後援者《こうえんしや》が出《で》る。

藥指　動《うご》けば合併事業《がつぺいじぎやう》で發展《はつてん》する事《こと》。

小指　動《うご》けば婦人《おんな》の手引《てびき》で目的《もくてき》少《すこ》し開《ひら》く。

食物の害有無脈

拇指　動《うご》けば從來《じゆうらい》食《く》つた物《もの》か堅《かた》い物《もの》がよい。

人指　動《うご》けば肉類害《にくるいがい》なし、父母《ふぼ》の與《あた》へ物吉《ものきち》。

中指　動《うご》けば野菜汁及《やさいしるおよ》びソップ類《るい》よし。

小指　動《うご》けば水分《みやけ》あるもの及《およ》び雑魚類《ざつこるい》よし。

人の資財有無脈

拇指　動《うご》けば財力多《ざいりよくおほ》し。

人指　動《うご》けば父母《ふぼ》の遺産丈《ゐさんだけ》なり。

中指　動《うご》けば財力餘《ざいりよくあま》りなし。

藥指　動《うご》けば融通《ゆうづう》ある人《ひと》なり。

小指　動《うご》けば小資本《せうしほん》あり。

生花修得撰定脈

拇指　動《うご》けば遠洲流及《えんしうりうおよ》び古流《こりう》がよい。

人指　動《うご》けば池《いけ》の坊《ばう》の類《るい》、美生流《びせうりう》もよい。

中指　動《うご》けば天眞古流《てんしんこりう》の如《ごと》きがよい。

藥指　動《うご》けば流行《はやり》もの何《なん》でもよい。

小指　動《うご》けば籠物《かごもの》及《およ》び投入《なげい》れの方《はう》がよい。

就業脈の眞髓

拇指　動《うご》けば堅實《かたぎ》の事業《じぎやう》はよいと敎《おし》へてあるが、人指《ひとゆび》が加《くは》われば堅實《けんじつ》の證明《しるし》である故《から》安心《あんしん》して就業《しうぎやう》してよい、然《しか》し中指合《なかゆびがつ》すれば堅實《かたぎ》の中《なか》に危險性《きけんせい》を帶《お》びて居《を》るが若《わか》い者《もの》ならば適業《てきぎやう》である。

人指　動《うご》けば萬人《ばんにん》の出來《でき》る事業《じぎやう》がよい、然《しか》し利己的分子《りこてきぶんし》が含《ふく》むと爭鬪《あらそひ》が起《おこ》るからいけない、萬事《すべて》萬人向《いつぱんむ》きの仕事《しごと》が有利《よい》。

中指　動《うご》けば專門的事業《せんもんてきじぎやう》が良《よい》が人《ひと》の眞似《まね》の出來《でき》ぬ仕事《しごと》でなければ發展《はつてん》しない。

藥指　動《うご》けば流行的商工業及《りうこうてきせうこうぎやうおよ》び官吏《かんり》がよいが期間《きかん》が短《みぢか》いから注意《ちうい》す可し。

小指　動《うご》けば小細工事《こざいくごと》がよいことは敎《おし》へてあるが水商賣《みずせうばい》がよい、又債券賣買《またさいけんうりかひ》の事業《しごと》もよい、藥指《やくし》加《くは》われば一切《すべて》のブローカー及《およ》び仲介仕業等《なかがひしごと、おこ》がよい。

注意……凡《すべ》て就業脈《しつげうみやく》の眞髓《しんずい》は合指《ごうし》を尊《たつと》むから合指《ごうし》に依《よつ》てよく活斷《かつだん》せよ。

毎日運氣脈

拇指　動《うご》けば一日先《にちま》づ安泰《あんたい》なり、されど共中指加《もなかゆびくは》われば危險《きけん》の事《こと》が突發《とつはつ》するから注意《ちうい》せられよ。

人指　動《うご》けば家庭《うち〳〵》内では別《べつ》に心配《しんぱい》はないが、外出先《がいしゆつさき》で大勢《おほぜい》より心配事《しんぱいごと》を持《も》ちかけられる事《こと》がある、注意《ちうい》して民衆本位《みんしゆうほんい》ですれば災難《さいなん》を遁《のが》れるなり。

藥指　動《うご》けば商業上《せうばいじやう》でも交際上《こうさいじやう》でも其日《そのひ》一日《にち》だけは完全《あんぜん》であるが、尻締《しりしま》りがなくて損《そん》をするから注意《ちうい》。

小指　動《うご》けば午前《ひるまへ》は惡《わる》く午後《ごゞ》より夕刻《ゆふがた》にかけて都合《つがふ》よき事《こと》がある。

注意……毎日運氣脈《まいにちうんきみやく》は朝《あさ》二時《ぢ》に起床《きしやう》して二三分間《ぶんかん》の内《うち》に診脈《しんみやく》するのである。

女子體育養成可否脈

拇指　動《うご》けば體育養成《たいゝくようせい》せずとも婦人《ふじん》の品性《ひんせい》を保《たも》ち賢母良妻《けんぼりやうさい》となる。

人指　動《うご》けば程度問題《ていどもんだい》にして餘《あま》り體育《たいゝく》を仕込《しこ》むと病弱《びやうじやく》となる。

中指　動《うご》けば仕込《しこ》んでも良《よ》い、然《しか》し無理《むり》をしてはいけない。

藥指　動《うご》けば身體《しんたい》に適《てき》した事《こと》を養成《ようせい》す可《べ》し、拇指《ぼし》合《がつ》せば大《おほい》によし。

小指　動《うご》けば體育養成《たいゝくやうせい》は中止《ちうし》。

病弱兒女運動會可否脈

拇指　動《うご》けば運動會《うんどうかい》に出《で》てもよい。

人指　動《うご》けば程度《ていど》を越《こ》へると身體《からだ》が疲《つか》れる。

中指　動《うご》けば運動會差支《うんどうかいさしつか》へなし。

藥指　動《うご》けば當日《とうじつ》の身心《しんく》の都合《つがふ》にてす可《べ》し。

小指　動《うご》けば過勞《かろう》は惡《わる》いから用心《ようじん》す可《べ》し。

注意……此頃學校《このごろがつこう》の遠足及《えんそくおよ》び運動會《うんどうくわい》に於《おい》て小學生《せうがくせい》や中學生《ちうがくせい》の死傷者《しやうしや》が澤山《たくさん》あるから、靈脈《れいみやく》でよく試驗《しけん》して成《な》る可《べ》く行《ゆ》かぬ方《はふ》がよい、敎員《けふいん》の無責任《むせきにん》は實《じつ》に甚《はなは》だしいからである。

秘密發見脈

拇指　動《うご》けば秘密《ひみつ》あつて深《ふか》くして仲々發見《なか〱はつけん》するに難《がた》い事《こと》あり、然《しか》し人指加《ひさゆびくは》われば直《たゞ》ちに判《わか》るなり。

人指　動《うご》けば秘密澤山《ひみつたくさん》あつて發見《はつけん》するに難《がた》い、然《しか》し目上《めうへ》の手《て》から發見《はつけん》される。

中指　動《うご》けば自《みづ》から隱《かく》す事多《ことおほ》し、され共《ども》自分《じぶん》の行爲《こうゐ》及《およ》び口《くち》より自發的《じはつてき》に人《ひと》に知《し》られる。

藥指　動《うご》けば秘密《ひみつ》があつても無《な》い樣《やう》に飾《かざ》るから發見《はつけん》に苦《くる》しむ事《こと》が澤山《たくさん》ある、故《ゆゑ》に先方《せんぽう》の機《き》を見《み》てその弱点《じやくてん》に突込《つゝこ》み發見《はつけん》せよ。

小指　動《うご》けば秘密深《ひみつふか》けれ共《ども》小膽者《せうたんもの》であるから因果律《いんがりつ》を說《と》くと自白《じはく》する。

注意……凡《すべ》て秘密《ひみつ》を發見《はつけん》するには先《ま》づ自分《じぶん》が試驗《しけん》してから先方《むかふ》のを診《しん》すると確《かく》信《しん》が出來《でき》るのである、而《しか》して秘密《ひみつ》は表面《ひやうめん》より直面《ちよくめん》に話《はな》してはいけない、先方《むかふ》の口《くち》頭より出《で》る話《はなし》をよく聞《きい》て居《を》る内《うち》に當方《こちら》の心王《しんのう》にピンと應《をう》ずるからその時《とき》に發見《はつけん》が出來《でき》る。

體育奬勵撰定脈

拇指　動《うご》けば精神的《せいしんてき》より發《はつ》した體育《たいいく》がよい即《すなは》ち靈動體現《れいどうたいげん》を奬勵《しやうれい》するのである。

人指　動《うご》けば肉體上《にくたいじやう》の體育《たいく》より起《おこ》りて精神《せいしん》に結《むす》びつけるのがよい。

中指　動《うご》けば肉體上《にくたいじやう》の體育《たいく》で先《ま》づ充分養成《じゆうぶんやうせい》するのがよい、而《しか》して直《たゞ》ちに靈動體《れいどうたい》現《げん》に進《すゝ》むがよい。

藥指　動《うご》けば流行《りうこう》に從《したが》つて萬事《ばんじ》行《おこな》ふがよい、然《しか》し身體虚弱《しんたいきよじやく》なれば心王呼吸法《しんのうこきふほう》を先《ま》づ行《おこな》ふ可《べ》し、心臟肺病《しんぞうはいびやう》には心王呼吸《しんのうこきふ》は中止《ちうし》。

小指　動《うご》けば柔道《じゆうどう》もよいが野球《やきう》もよい、撃劍《げきけん》もよい、けれども度《ど》を過《す》ごさぬ樣注《やうちう》意《い》せよ。

不在中吉凶識る脈

拇指　動《うご》けば何事《なにごと》も無《な》し、中指加《なかゆびくは》わつて驚《おどろ》くことあり、人指加《ひとゆびくは》わつて安泰家庭《あんたいかてい》和合《わごう》、藥指加《やくしくは》わつて來客《らいきやく》あり、小指加《こゆびくは》わつて子供《こども》の事《こと》で心配《しんぱい》あり。

人指　動《うご》けば心配事《しんぱいごと》はないが妻《つま》が少《すこ》し心配《しんぱい》があるかも知《し》れない、拇指加《ぼしくは》わつて妻《つま》と姑《しうと》と意《い》見《けん》が衝《しやう》突《とつ》した事《こと》がある、中《なか》指《ゆび》加《くは》わつて妻《つま》の兄《けふ》弟《だい》が無《む》理《り》を云《い》ふて心《しん》配《はい》あり、藥《やく》指《し》加《くは》わつて妻《つま》が寒《かん》冒《ばう》の氣《き》味《み》あり、小《こ》指《ゆび》加《くは》はつて子《こ》供《ども》が胃《ゐ》腸《ちやう》を痛《いた》めた様《やう》子《す》あり。

中指　動《うご》けば妻《つま》が堅《けん》固《ご》だから心《しん》配《ぱい》はないが雇《やとひ》人《にん》の剛《がう》情《ぜう》なのに心《しん》配《ぱい》する事《こと》あり、拇《ぼ》指《し》加《くは》われば何《なに》事《ごと》も無《な》い、人《ひと》指《さゆび》加《くは》わつて多《おほ》勢《ぜい》の人《ひと》が出《で》入《いり》した、藥《やく》指《し》加《くは》わつて商《せう》業《げふ》上《じやう》に大《だい》利《り》益《えき》があつた、小《こ》指《ゆび》加《くは》わつて子《こ》供《ども》の事《こと》か妻《さい》君《くん》の下《しも》の病《びやう》氣《き》があつて苦《くる》しむ事《こと》がある。

藥指　動《うご》けば妻《さい》君《くん》か家《いへ》の者《もの》が風《か》邪《ぜ》の氣《き》味《み》で心《しん》配《ぱい》がある、拇《ぼ》指《し》加《くは》わつて妻《さい》君《くん》が姑《しうと》に壓《あつ》迫《ぱく》せられて苦《くる》しむことあり、人《ひと》指《さゆび》加《くは》はれば別《べつ》に心《しん》配《ぱい》なし、中《なか》指《ゆび》加《くは》われば主《しゆ》人《じん》が家《いへ》に居《を》ると同《おな》じである、藥《やく》指《し》眞《まつ》直《す》ぐに振《ふ》へば商《せう》業《ぎやう》は繁《はん》昌《じやう》だが金《かね》が入《はい》らず貸《かし》が多《おほ》くて心《しん》配《ぱい》する、小《こ》指《ゆび》合《がつ》すれば心《しん》配《ぱい》ないが子《こ》供《ども》が食《しよく》あたりであるかも知《し》れない。

小指　動《うご》けば子供《こども》の事《こと》で多少心配《たせうしんぱい》があるが別《べつ》に出先《でさき》から戻《もど》る必要《ひつえう》なし、拇指加《ぼしくは》わつて主人《しゆじん》の不在《ふざい》を見込《みこ》んで目上《めうへ》の者《もの》が爭《あらそ》ひあり。

人指加《ひさゆびくは》わつて家庭中《かていちう》で妻君《さいくん》一人《り》を責《せ》めることがある、中指加《なかゆびくは》わつて主人不在《しゆじんふざい》中歸《ちうかへ》つて安泰《あんたい》である、藥指加《やくしくは》わつて心配事《しんぱいごと》は少《すこ》しもない、小指振《こゆびふる》へば子供同《こどもどう》志《し》で喧嘩《けんくわ》がある。

以上身體《いじやうしんたい》に關《かん》する諸脈《しよみやく》を擧《あ》げたが、多少混亂《たせうこんらん》して居《を》る脈《みやく》もあるけれども數《すう》が多《おほ》いから人事脈《じんじみやく》と對照《たいせう》して研究《けんきう》されよ。

身體ハ人指ヲ中心トシテ中指ノ動ニ萬事注意セラレヨ、掌中ニ出ルノハ現在デ外ニ反ルノハ過去ノ事デアル。

第七章　人事萬般鑑識脈（上）

心相《しんさう》以外《いがい》身體《しんたい》以外《がい》にて吾々《われ〳〵》が社會的《しやかいてき》に進退《しんたい》するには靈脈《れいみやく》が最《もつと》も必要《ひつえう》である。然《しか》し商業上《せうげうじやう》の關係《かんけい》進退等《しんたいとう》は別章《べつしやう》に公表《こうひやう》する事《こと》になつて居《を》るから茲《こゝ》にはそれ等《ら》以外《がい》の必要《ひつえう》の人事《じんじ》萬般《ばんぱん》を鑑識《かんしき》する脈《みやく》として研究《けんきう》されよ。

災難豫知と運氣吉凶脈

拇指　動《うご》けば思想《しさう》堅固《けんご》なる爲《ため》に人《ひと》に疑《うたが》はれて災難《さいなん》あり、祖父母《そふぼ》の云《い》ふ事《こと》を聞《き》いて止《や》めれば無難《ぶなん》なり、神光《しんくわう》が紅黄色《あかきいろ》なれば無難《ぶなん》なり、神光《しんくわう》とは中指《なかゆび》で眼尾《めじり》の閉《へい》目《もく》せるを輕《かる》く押《お》せば閃々《せん〳〵》たる光《ひか》が閉目中出《へいもくちうで》るのである熟練《じゆくれん》を大《おほ》ひに要《えう》する。運氣《うんき》は開運《かいうん》ずされども急《きふ》の事《こと》は成《な》らず漸時《ぜんじ》發展《はつてん》するを可《よし》とす、實直《じつちよく》の事《こと》に就《つ》けば吉《きち》、投機的《とうきてき》事業《じぎやう》は末遂《すゑと》げ難《がた》しと見《み》る。

人指　動《うご》けば父母《ふぼ》の縁《えん》ある人《ひと》の爲《ため》に災難《さいなん》あり注意《ちうい》、少《すこ》し指《ゆび》が外《そと》に動《うご》けば外出先《がいしつさき》で人《ひと》に救《すく》はれる事《こと》あり、神光青色《しんくわうあをいろ》なれば驚《おどろ》きあり、紅黄色《あかきいろ》は吉《きち》と見《み》る。

運氣《うんき》は常識的仕事《じやうしきしきしごと》は開運《かいうん》する、我利事業《がりじぎやう》はいけない北方《ほくほう》の歳上《としうへ》の者《もの》に就《つい》て運《うん》氣《き》の向上《かうじやう》を求《もと》むるがよい、萬事《ばんじ》父母《ふぼ》に相談《さうだん》がよい、或《あるひ》は夫婦和合《ふうふわがう》の者《もの》に相談《さうだん》すれは吉《きち》なり。

中指　動《うご》けば剛情《がうぜう》を中止《ちうし》すれば災難《さいなん》を遁《のが》る、主義《しゆぎ》の爲《ため》に恨《うら》まれる事《こと》あり、神光《しんくわう》紫色《むらさき》なれば吉《きち》、凡《すべ》て災難《さいなん》は此指《このゆび》が外《そと》に動《うご》きたる時《とき》に多《おほ》くある、内《うち》に動《うご》いた時《とき》は用心《ようじん》してよい。

運氣《うんき》は獨立事業《どくりつじぎやう》は成《な》る、南方《なんぽう》に道《みち》を求《もと》めよ成《な》る、共同《きやうどう》は一切不可《さいいけね》、後援《こうえん》するは差支《さしつかへ》なし。

藥指　動《うご》けば人《ひと》を馬鹿《ばか》にする爲《ため》に來《きた》る災難《さいなん》が多《おほ》い、神光《しんくわう》青色《せいしよく》なれば萬事《ばんじ》注意《ちうい》せよ。

運氣《うんき》は相場《さっぱ》事及《ごとおよ》び興業事吉《こうぎやうごときち》、成《な》れば非常《ひじやう》に利益《りえき》あり、時期《じき》に叶《かな》ふた事業《じぎやう》は開《かい》運《うん》す。

小指　動《うご》けば途中《とちう》にて災難《さいなん》を突然《とつぜん》受《う》けるから用心《ようじん》、子供《こども》を同伴《ごうはん》すれば遁《のが》れる。

運氣《うんき》は子供及《こどもおよ》び衆人《しゆうじん》を集《あつ》める事吉《こときち》、單獨事業《たんどくじぎやう》は成《な》らず、女同士《をんなどうし》でする事《こと》はよいが男子《をとこ》が表《おもて》にやる事《こと》は損害《そんがい》をする事《こと》あり。

裁判勝負と掛合脈

拇指　動《うご》けば着實《ちやくじつ》の裁判《さいばん》は勝《か》つ、邪訴《じやそ》は負也《まけなり》、老人《としより》に相談《さうだん》してやれば示談《じだん》となる、外《そと》に動《うご》けば勝訴《かち》と見《み》る可《べ》し。

掛合事《かけあひごと》は成《な》る外《そと》に動《うご》けば永引《ながび》く事多《ことた》々あり、手甲《てこう》に靈脈《れいみやく》ありたる時《とき》は老辯護《ろふべんご》士《し》に依頼《いらい》するがよい。

人指　動《うご》けば父母《ふぼ》と合意《ごうい》した訴《うつた》へは勝《か》つが父母《ふぼ》の云《い》ふ事《こと》を用《もち》ひざれば負《まけ》る、訴《うつ》訟事《たへごと》が勝利《しやうり》の時《とき》は拇指《ぼし》が合《がつ》する。
掛合事成《かけあいごとな》る、外《そと》に動《うご》けば否也《いけぬ》、父母《ふは》に頼《たの》んですれば成《な》る、中指《なかゆび》が追加《つゐか》すれば自《みづか》ら進《す》んで掛合《かけあ》ふて成《な》る。

中指　動《うご》けば自分《じぶん》が正義《せいぎ》なれば勝《か》つが邪義《じやぎ》なれば大敗《たいはい》する、外《そと》に動《うご》けば辯護《べんご》次《し》第《だい》なり、凡《すべ》て此指《このゆび》が動《うご》く時《とき》は相互《おたがひ》に無理《むり》があるから仲人《なかだち》を入《い》れ和解《わかい》せよ。掛合《かけあひ》は熱心《ねつしん》なれば成《な》る、外《そと》に動《うご》けば熱心《ねつしん》に人《ひと》を頼《たの》んで成《な》る。

藥指　動《うご》けば商業上《せうげふじやう》の裁判事《さいばんごと》は勝《か》つ、外《そと》に動《うご》けば勝《か》つも敗《まけ》となる事《こと》あり、外《そと》に動《うご》き振《ふる》ふたらば中止《ちうし》するがよい。掛合事《かけあひごと》は成《な》つて大《をほ》ひに喜《よろこ》びあり、外《そと》に動《うご》く時《とき》は成《な》つて成《な》らずとす。

小指　動《うご》けば婦人《をんな》の事《こと》でも男子《をとこ》の事《こと》でも中止《ちうし》せよ外《そと》に動《うご》けば婦人《をんな》の事《こと》は勝《か》つ。掛合事《かけあひごと》は子供《こども》を大切《だいじ》にして成《な》る、外《そと》に動《うご》けば女子《をんな》を大切《だいじ》にして成《な》る、藥指《やくし》と合《がつ》すると掛合《かけあひ》は成《な》るが後《あと》の物入《ものい》りがあるから注意《ちうい》。

注意……凡《すべ》て裁判《さいばん》でも掛合《かけあひ》でも心王《しんのう》の理性《りせい》に照《てら》して先方《むかふ》が 邪《よこしま》であれば當方《こちら》は必《かなら》ず勝《か》つが、始《はじ》めは邪《じや》の方《はふ》が勢力《せいりよく》が強《つよ》き事《こと》があるから終始《しうし》一貫心王《かんしんのう》の正義《せいぎ》に進《すゝ》めば最後《さいご》の勝利《せうり》がある、併《しか》し拇指《ほし》が動《うご》かない限《かぎ》りは當方《こちら》に正義《せいぎ》が欠《か》けて居《を》ると見《み》る。

競爭勝敗脈

拇指　動《うご》けば勝《かつ》て老人達《としよりだち》を喜《よろこ》ばせる、外《そと》に動《うご》けば二度目《ごめ》に勝《か》つ。

人指　動《うご》けば父母《ふぼ》の事《こと》を聞《きい》て勝《か》つ、外《そと》に動《うご》けば歳上《としうへ》の者《もの》の云《い》ふ事《こと》を聞《きい》て勝《か》つ。

中指　動《うご》けば自己《じこ》一心《しん》にして必《かなら》す勝《か》つ、外《そと》に動《うご》けば勝《か》つて敗《まけ》る、凡《すべ》て此脈《このみやく》が動《うご》いた時《とき》は熱心《ねつしん》にせねば負《ま》ける、熱心《ねつしん》なれば意表《いひやう》にして勝《か》つ事《こと》あり。

藥指　動《うご》けば大《をはい》に勝《かつ》て喜《よろこ》びあり、外《そと》に動《うご》けば勝《かつ》て敗《やぶ》れる、眞直《まつす》ぐに伸《のび》て振《ふる》ふは苦心《くるしん》で成《な》る。

小指　動《うご》けば歳下《とし・した》の者《もの》が勝《か》つ、女子《をんな》と競爭《きやうそう》して女子《をんな》に負《まけ》る。

注意……競爭勝敗脈《けふそうけうはいみやく》は拇指《ほし》と中指《なかゆび》の對照《たいせう》、人指《ひとゆび》と藥指《やくし》の對照《たいせう》、小指《こゆび》と藥指《やくし》の對《たい》照《せう》である、依《よつ》て男《をとこ》は左手《ひだりて》にて靈脈《れいみやく》を診《しん》し拇指《ほじ》が動《うご》いたら堅實《けんじつ》に立脚地《りつきやくち》を固《かた》め右手中指《みぎてなかゆび》なれば决勝点《けつせうてん》間近《まじか》に行《い》つた時最後《ときさいご》の五分間《ふんかん》に一瀉千里《しやり》の勢《いきほ》ひにて突《とつ》進《しん》す可《べ》し、人指《ひとゆび》と藥指《やくし》とが兩方《れうはふ》に動《うご》いたら奇《き》を用《もち》ひて勝《かち》を得《え》よ、小指《こゆび》は先方《せんぱふ》は相手《あいて》にあらず併《しか》し注意《ちうい》。

仕官可否脈

拇指　動《うご》けは仕官《しかん》も就職《しうしよく》も吉《きち》、外《そと》に動《うご》けば老人吉《としよりきち》、老人《としより》の長官《ちようかん》に仕《つか》へるがよい古《ふる》い店《みせ》に奉公《ほうこう》はよいが新店《しんみせ》は永持《ながもち》がない、流行的事業《りうこうてきじぎやう》は就職《しうしよく》しても失敗也《しつぱいなり》。

人指　動《うご》けば父母《ふぼ》の云《い》ふ事《こと》を聞《きい》て仕官《しかん》せよ、外《そと》に動《うご》けば中止《ちうし》するがよい、眞直《まつす》ぐに伸《のび》た時《とき》は先方《むかふ》より望《のぞ》まれて却《かへ》つてならぬ事《こと》あり。

中指　動《うご》けば仕官《しかん》は獨立《どくりつ》して進《すゝ》めば成《な》る、外《そと》に動《うご》けば萬事《ばんじ》吉《きち》、獨立《どくりつ》の役割《やくわり》がよい思想問題《しさうもんだい》に關係《かんけい》凶《きよ》。

藥指　動《うご》けば仕官《しかん》は吉大《きちをほい》に昇進《しやうしん》する、外《そと》に動《うご》けば成《な》るも人《ひと》に惡《にく》まるゝ也《なり》。

小指　動《うご》けば小官吉《せつかんきち》、大官《たいかん》は凶《わるし》、女子《をんな》は萬事《ばんじ》吉《きち》、此指《このゆび》は概《がい》して小事《せうじ》に從事吉大《じゆうじきちたい》事《じ》凶《わるし》也。

技藝上達脈

拇指　動《うご》けば上達《じやうたつ》する事《こと》疑《うたが》ひなし、外《そと》に動《うご》けば上達《じやうたつ》しても遲《おそ》し、熟練《じゆくれん》した老師《ろうし》に就《つ》け。

人指　動《うご》けば技藝吉《ぎげいきち》されど小細工《こざいく》は上達《じやうたつ》す、大物《おほもの》は遲《おそ》し、拇指中指合《ぼしなかゆびがつ》せば何《なん》でも達《たつ》す。

中指　動《うご》けば自分《じぶん》より上達《じやうたつ》する期《き》を作《つく》る、外《そと》に動《うご》けば否《しからざる》なり、萬事自分《ばんじじぶん》が大《たい》切《せつ》なり。

藥指　動《うご》けば技藝上達《ぎげいじやうたつ》す、人《ひと》の上《うへ》に立《た》つ程《ほど》に上達《じやうたつ》す、外《そと》に動《うご》けば上達《じやうたつ》しても又《また》戻《もど》る。

小指　動《うご》けば女性的《じよせいてき》の事《こと》が上達《じやうたつ》す外《そと》に動《うご》けば裁縫事業上達《さいほうじぎやうじやうたつ》す、此指《このゆび》は萬事手先《ばんじてさき》の仕事《しごと》を撰《えら》んでするがよい、大仕事《おほしごと》は成《な》らず災有《さいあり》。

航海吉凶脈

拇指　動《うご》けば陸行吉《りくゆききち》、海路《うみ》は安全《あんぜん》なれども老人同伴《としよりごうはん》して吉《きち》、外《そと》に動《うご》けば海路《うみ》は危險《きけん》。

人指　動《うご》けば父母同伴吉《ふぼごうはんきち》、獨《ひと》り航海《ふなゆき》すると氣病《きびやう》の兆《きざし》あり、夫婦者《ふうふもの》と同伴《みちづれ》すればよい。

中指　動《うご》けば獨《ひと》り航海吉《こうかいきち》、近海《きんかい》は大《おほ》いに注意《ちうい》、飛行旅行吉突風《ひこうりよこうきちとつぷふ》が出《で》る注意《ちうい》。

薬指　動《うご》けば商業上《せうげうじやう》の航海《こうかい》は吉《きち》、外《そと》に動《うご》けば風雨《かせあめ》の難《なやみ》あり注意《ちうい》。

小指　動《うご》けば近海吉《きんかいきち》、外《そと》に動《うご》けば内海《うちうみ》より出《い》づれば永雨《ながあめ》に逢《あ》ふ事《こと》あり。

注意……航海《こうかい》は人指《ひとゆび》なれば概《がい》して陸地《りくち》、小指《こゆび》なれば概《がい》して水上《するじやう》、唯《た》だ合指《ごうし》について吉凶《よしあし》あれば實驗《じつけん》の上《うへ》証《せう》を得《え》られよ。

漁業成否脈

拇指　動《うご》けば中漁《ちうれう》、拇指《ほし》中指《なかゆび》合《がつ》すれば中漁《ちうれう》。

人指　動《うご》けば中漁《ちうれう》、薬指《やくし》合《がつ》すれば大漁《たいれう》。

中指　動《うご》けば不漁《ふれう》なり薬指《やくし》と小指《こゆび》合《がつ》すれば災害《さいがい》あり注意《ちうい》す可《べ》し。

薬指　動《うご》けば大漁《たいれう》なり但《たゞ》し風《かぜ》あれば注意《ちうい》。

小指　動《うご》けば水害《するがい》ありて不漁《ふれう》なり注意《ちうい》。

注意……凡《およ》そ魚業《ぎよぎやう》は薬指《やくし》を中心《ちうしん》として實驗《じつけん》せられよ。併《しか》し靈脈《れいみやく》は夜半《よる》二時《じ》精神《せいしん》統《こう》一して行《おこな》はなければならぬ、遊戯的《ゆうぎてき》では出《で》ても的中《てきちう》せないから充分注意《じうぶんちうい》す可《べ》し。

それから小指《こゆび》が東《ひがし》で薬指《やくし》が西《にし》、中指《なかゆび》が南《みなみ》、人指《ひさゆび》が北《きた》、拇指《ぼし》は中央《ちうなう》であるから出漁《しゆつれう》にも方角《はふかく》を撰《えら》ぶに使《し》用《よう》せられよ。

目的脈

拇指　動《うご》けば堅實《けんじつ》なる事業吉《じぎやうきち》、内勤事務《ないきんじむ》大吉《だいきち》、金庫《きんこ》の番人吉《ばんにんきち》、ペンで立《た》つ事吉《こときち》祖父《そふ》母の家《いへ》を繼事吉《つぐこときち》、凡《すべ》て堅固《けんご》の事業《じぎやう》に進《すゝ》むのがよいが堅固《けんご》の事業《じぎやう》は心靈的《しんれいてき》に活動《かつどう》するのが一番確實《ばんかくじつ》である様《やう》に。物質上《ぶつしつじやう》の事《こと》にも確實《かくじつ》の事《こと》に進《すゝ》むのがよい時多《ときおほ》く此指《このゆび》に感《かん》ずる。

人指　動《うご》けば目上《めうへ》の者《もの》の後援吉《こうえんきち》、尊屬及《そんぞくおよ》び父母等《ふぼさう》の合併吉《がつぺいきち》、親《おや》の事業《じぎやう》を繼《つ》ぐ吉《きち》目的事《もくてきごと》は兩親《ふたおや》に相談《さうだん》せよ、右《みぎ》は母左《はゝひだり》は父《ちゝ》である。

中指　動《うご》けば獨立事業吉《どくりつじぎやうきち》、高尚《かうしやう》の事《こと》は吉《きち》、人《ひと》を賴《たの》むと損《そん》をする、心靈研究吉《しんれいけんきうきち》、宗教家吉《しうけうかきち》、南極探見《なんきよくたんけん》の如《ごと》き目的《もくてき》を立《た》つる事吉《こときち》。

藥指　動《うご》けば友人知人《ゆうじんちじん》と合資吉《ごうしきち》、右《みぎ》の指《ゆび》は女左《をんなひだり》は男萬事《をとこばんじ》合資《ごうし》にて目的事成《もくてきことな》る。

小指　動《うご》けば婦人《をんな》を使用《しよう》すると成《な》る、婦人《をんな》を使用《しよう》する業吉《ぎやうきち》、料理屋《れうりや》、待合《まちあひ》、藝《げい》妓屋《しや》、其他花柳界事業《そのたかりうかいじぎやう》に附屬《ふぞく》した業務吉《しごときち》。

注意……目的脈《もくてきみやく》は概《がい》して中心《ちうしん》を立《た》てるにあるのだが豫《あらか》じめ自己《じこ》の目的《もくてき》を立《た》てゝ置《をい》てから靈脈《れいみやく》を診《しん》しないと安心《あんしん》が出來《でき》ない、靈脈《れいみやく》を見《み》てから目的《もくてき》に進《すゝ》むのはいけない、それから目的事《もくてきごと》を二三撰定《せんてい》して拇指《ぼし》を元《もと》として萬事《ばんじ》定《さだ》められよ。

古物鑑識脈

拇指　動《うご》けば祖先《そせん》の遺物《ゐぶつ》なれば本物也《ほんものなり》、純古物《じゆんこぶつ》なり、心王《しんのう》の鑑識《かんしき》を可《か》とす、外《そと》に動《うご》けば古物《こぶつ》なれども疑《うたが》ひ多《をほ》し、熟練《じゆくれん》した鑑識者《かんしきしや》に就《つい》て斷定《だんてい》を乞《こ》ふがよい。

人指　動《うご》けば夫婦《ふうふ》して鑑識渡世《かんしきとせい》する者《もの》に見《み》せるがよい、拇指《ぼし》合《がつ》すれば眞物《ほんもの》なり眞直《まつす》ぐに伸《のび》て多《おほ》く動《うご》けば疑物也《ぎぶつなり》、外《そと》に動《うご》けば時《とき》を經《たつ》て判明《はんめい》する、中指《なかゆび》と合《がつ》すれば名作《めいさく》と見《み》る。

中指　動《うご》けば有名《ゆうめい》な人《ひと》の作物《さくぶつ》及《およ》び歴史《れきし》ある古物故《こぶつゆゑ》輕忽《おろそか》にす可《べ》からず、外《そと》に動《うご》けば決斷力強《けつだんりよくつよ》き鑑識者《かんしきしや》に見《み》せよ。

藥指　動《うご》けば古物《こぶつ》にあらず、刀《かたな》の如《ごと》きは新刀《しんとう》とす、されども鑑識者《かんしきしや》に於《おい》て變化《へんか》す、外《そと》に動《うご》けば新古共《しんことも》大《おほ》いに賣《う》れ口多《くちおほ》しと見《み》る。

小指　動《うご》けば婦人《ふじん》鑑識者《かんしきしや》に見《み》せる可《べ》し、拇指《ぼし》に合《がつ》すれば鑑識正《かんしきせい》なり。

注意……鑑識《かんしき》に於《おい》ては余《よ》が西園寺公毅君《さいおんじこうきくん》より華山《かざん》の卷物《まきもの》を依賴《いらい》されて二十八ケ所持參《しよぢさん》して鑑識《かんしき》させたが、適確《てきかく》に鑑識《かんしき》した者《もの》は一人《り》もなかつた、其時余《そのときよ》の拇《ぼ》指《し》が外《そと》に動《うご》いて眞直《まつす》ぐになる事何回《ことなんかい》であつたか知《し》れない、最後《さいご》に鑑識《かんしき》した東《とう》京下谷黑門町《けふしたやくろもんちやう》の酒井《さかゐ》と云《い》ふ人《ひと》が一番余《ばんよ》の拇指《ぼし》の外《そと》に動《うご》いたのに近《ちか》い鑑定《かんてい》をした、即《すなは》ち華山《かざん》の主人《しゆじん》三宅家《みやけ》の爲《ため》に子供《こども》の繪手本《ゑてほん》として書《か》かれたと結論《けつろん》をつけた、依《よつ》てそんなに尊《たふと》いものではない事《こと》が判《わか》つたのである、鑑識《かんしき》には心王《しんのう》の無《む》意《い》識眼《しきがん》が必要《ひつえう》である、次《つぎ》の合指脈《ごうしみやく》をよく了解《れうかい》して心王《しんのう》の無意識眼《むいしきがん》の研究《けんきう》に徹《てつ》底《てい》せられよ立派《りつぱ》の鑑識家《かんしきか》になる。

古物鑑識合指脈

拇指　に人指《ひとさゆび》が合《がつ》して純眞《ほんもの》と見《み》る。

人指　に拇指合《ぼしがつ》して非純眞《にせもの》と見《み》る。

中指　に拇指人指合《ぼしひとさゆびがつ》して純眞《ほんもの》に近《ちか》いもの。

藥指　に拇指合《ぼしがつ》すれば金銀《きんぎん》ものわ僞物多《にせものをほ》し。

小指　に人指合《ひとさゆびがつ》したのは親《おや》より貰《もら》ふた物《もの》であるから先《ま》づ本物《ほんもの》なり。

注意……古物鑑識《こぶつかんしき》は世間《せけん》の鑑識者《かんしきしや》が眞僞不明《しんぎふめい》の時《とき》に行《おこな》ふのがよい、然《しか》し品物《しなもの》に着眼《ちやくがん》して居《を》る内《うち》に心王《しんのう》の鏡《かゞみ》に映《えい》じるから注意《ちうい》。

遊藝上達可否脈

拇指　動《うご》けば老練《ろふれん》の師《し》に就《つい》て成《な》る。

人指　動《うご》けば親切《しんせつ》の師《し》に就《つい》て成《な》る。

中指　動《うご》けば專門《せんもん》の藝《げい》は成《な》る。

藥指　動《うご》けば上達可能《じやうたつできる》。

小指　動《うご》けば遊藝《ゆうげい》はいけない。

金病脈

拇指　動《うご》けば金《かね》あつて使《つか》い道《みち》を知《し》らぬ金脈《きんみやく》。

人指　動《うご》けば貯蓄上手《ちよちくじやうず》で出《だ》して使《つか》はず殺《ころ》して使《つか》ふ病氣《びやうき》。

中指　動《うご》けば勘定《かんてつ》知《し》らずに金《かね》を使《つか》ふて後《のち》に困《こま》る事《こと》を知《し》らぬ金病《きんびやう》。

藥指　動《うご》けば金《かね》を取《とる》ことは人《ひと》より上手《じやうず》で後《あと》の締《しま》りがない金病《きんびやう》。

小指　動《うご》けば常《つね》に金《かね》なくてある振《ふり》をして使《つか》ふ金病者《きんびやうしや》。

懸賞の當否脈

拇指　動《うご》いて老人《ろふじん》と相談《さうだん》すれば當《あた》る。

人指　動《うご》いて目上《めうへ》の智慧《ちゑ》を借《か》りてよい。

中指　動《うご》いて獨《ひと》り考《かんが》へが當《あた》る。

藥指　動《うご》いて十中《ちう》九迄《まで》當《あた》る。

小指　動《うご》いて當《あた》らない。

選擧當選可否脈

拇指　動《うご》いて當選《たうせん》疑《うたが》ひなし併《しか》し非《ひ》國家主義者《こつかしゆぎしや》は落選《らくせん》する。

人指　動《うご》いて多數《たすう》の後援《こうえん》で當選《とうせん》。

中指　動《うご》いて獨立運動《どくりよくうんどう》届けば當選《とうせん》す。

藥指　動《うご》いて花柳界《かりうかい》の後援《こえん》あれば當選《とうせん》す。

小指　動《うご》いて少年團《せうねんだん》の事《こと》は當選《とうせん》す其他《そのた》は否《だめ》。

先方の人に面會可否脈

拇指　動《うご》けば面會《めんくわい》出來《でき》る。

人指　動《うご》けば夜間《やかん》なれば出來《でき》る。

中指　動《うご》けば面會《めんかい》出來《でき》ない。

藥指　動《うご》けば何時《いつ》でも出來《でき》る。

小指　動《うご》けば子供《こども》ばかりで留守《るす》。

支配人及手代撰定脈

拇指　動《うと》けば支配人《しはいにん》によいが番頭《ばんとう》には中止《ちうし》。
人指　動《うご》けば番頭《はんとう》でも若者《わかもの》でも小僧《こぞう》もよい。
中指　動《うご》けば主人《しゆじん》の使《し》役《えき》次《し》第《だい》働《はた》らく。
藥指　動《うと》けば外交《がいこう》させればよい内勤《ないきん》は惡《わる》い。
小指　動《うご》けば支配人《しはいにん》及《およ》び番頭《ばんとう》は中止《ちうし》小僧吉《こぞうきち》。

成功の近道脈

拇指　動《うご》けば永《なが》くかゝつて成《な》る。
人指　動《うご》けば親達《おやだち》の後援《こうえん》でなる。
中指　動《うご》けば獨立《どくりつ》で何回《なんかい》も運《はこ》びてなる。
藥指　動《うご》けば物質上《ぶつしつじやう》で成《な》る。愛敬《あいきやう》あれば物質《ぶつしつ》は要《えう》なし注意《ちうい》せよ。
小指　動《うご》けば目下《めした》の者《もの》か婦人《をんな》の後援《こうえん》で成功《せいこう》。

劒道上達可否脈

拇指　動《うご》けば祖先《そせん》の德風《とくふう》を學《まな》びて上達《じやうたつ》す。
人指　動《うご》けば目上《めうへ》の試練《しれん》に遇《あ》ふて上達《じやうたつ》す。
中指　動《うご》けば獨力練習《どくりよくれんしう》して上達《じやうたつ》す。
藥指　動《うご》けば依賴心《いらいしん》あり上達《じやうたつ》しても變《かわ》る。
小指　動《うご》けば全然駄目《ぜんぜんだめ》である。

醜業救濟脈

拇指　動《うご》けば救《すく》ふてもよいが心理狀態《しんりじやうたい》をよく調査《ていさ》せないと第《だい》二の精神《せいしん》を作《つく》つて居《を》る者《もの》があるから餘程注意《よほどちうい》せねばならぬ。
人指　動《うご》けば肉《にく》の解放《かいほう》の習慣《しうかん》があるからその習慣《しうかん》を敎化《けふげ》して無《な》くせよ。
中指　動《うご》けば自發的《じはつてき》にさせないと後《のち》に災害《さいがい》を作《つく》り救人《すくひびと》を困《こま》らせる。

藥指　動《うご》けば救《すく》ふても駄目《だめ》である棄《す》て置《お》くがよい。心王《しんのう》の制裁《せいさい》で自覺《じかく》する迄《まで》。

小指　動《うご》けば毒性感受《どくせいかんじゆ》第《だい》一期位《きぐらひ》だから注意《ちうい》。

注意……藥指《やくし》に甲脈《こつみやく》があれば人《ひと》に欺《あざむ》かれて色情界《しきじやうかい》に墮落《だらく》したのであるから救《すく》ふてやるも良《よ》い。

學校試驗先知脈

拇指　動《うご》けば國語《こくご》に關《かん》した事《こと》が提出《ていしゆつ》される、人指合《ひとゆびがつ》して家庭的《かていてき》及《およ》び一般的《ぱんてき》の事《こと》並《ならび》に民衆的《みんしゆうてき》のもの提出《ていしゆつ》あり。

人指　動《うご》けば衆合的心理學《しゆうごうてきしんりがく》及《およ》び經濟上《けいざいじやう》に關《かん》するもの並《ならび》に農業《のうぎやう》に關《かん》した物《もの》提出《でる》。

中指　動《うご》けば專門的學科《せんもんてきがくか》の提出《ていしゆつ》及《およ》び社會科學《しやかいかがく》或《あるひ》は過激思想《かげきしそう》に關《かん》する事《こと》、惡平等《あくびやうどう》等問題《きつもんだい》。其《そ》の他《た》英雄《えいゆう》の件《けん》に就《つい》て提出《でる》。

藥指　動《うご》けば商業上《せうげうじやう》に對《たい》しての事呈出《ことていしゆつ》、或《あるひ》は流行的學科《りうこうてきがつか》及《およ》び外國語《がいこくご》、藝術上《げいじつじやう》に關《かん》して提出《でる》。

小指　動《うご》けば少年教育《せうねんけふいく》に關《かん》しての事《こと》、水上遊戯《すゐじやうゆうぎ》、醫學《いがく》は血液及《けつえきおよ》び梅毒《ばいどく》に關《かん》した る事《こと》、拇指合《ぼしがつ》して遺傳梅毒《ゐでんばいどく》の件《けん》。

注意……學校試驗提出科目先知《がくかうしけんていしゆつかもくせんち》は夜間《やかん》二三時間睡眠《ちかんすゐみん》してからフイと起床《きしやう》して、一科目《かもく》靈脈《れいみやく》を試驗《しけん》するがよい、又學校《またがくかう》にて突然提出《とつぜんていしゆつ》される事《こと》を先知《せんち》するのは一科目が終了《しうれう》したら便所《べんじよ》に往《ゆ》き統一《とういつ》した刹那《せつな》に實修《じつしう》せよ。

學校試驗科目提出《がつかうしけんかもくていしゆつ》を先知《せんち》するのは非常《ひじやう》な苦《くる》しみの問題《もんだい》であるから、常識《じやうしき》にて豫《あらか》じめその修《おさ》めた學科《がくか》を靈脈《れいみやく》にて復習《ふくしう》するのがよい、必《かな》らず無心《むしん》の感《かん》として心頭《しんとう》に浮《うか》び來《きた》りてア、と云《い》ふ事《こと》が判《わか》る。されども餘《あま》り頭腦《あたま》を使用《しよう》するのが過《す》ぎると精神《せいしん》の統一《とういつ》が出來《でき》ないから萬事眠《ばんじねむ》る事《こと》に心《こころ》がけねばならぬのである。眠《ねむ》りが足《た》りないとよい考《かんが》へが心頭《あたま》に浮《うか》ばないから靈脈《れいみやく》も正確《せいかく》に出《で》ない。

第八章　人事萬般鑑識脈（下）

試驗書籍の種類と頁脈

拇指　動《うご》けば國民讀本《こくみんとくほん》に關《かん》したもの及《およ》び賢實《けんじつ》の思想《しそう》に關《かん》したものゝ四枚目《まいめ》か九枚目《まいめ》或《あるひ》は三十六枚目《まいめ》が出《で》る。

人指　動《うご》けば汎神論《はんしんろん》及《およ》び民衆的經濟論《みんしゆうてきけいざいろん》の五枚《まい》か拾枚目《まいめ》或《あるひ》は五十枚目《まいめ》が出《で》る、又《また》農業《のうぎやう》に關《かん》したもの注意《ちうい》せよ、數《すう》は五倍《ばい》五十倍《ばい》せよ。

中指　動《うご》けば概《がい》して專門書類《せんもんしよるい》の三枚目《まいめ》又《また》は三十枚目《まいめ》八枚目《まいめ》或《あるひ》は八十枚目《まいめ》又《また》二十四枚目《まいめ》に注意《ちうい》す可《べ》し。

藥指　動《うご》けば一般商業上《はんせうげうじやう》に關《かん》する書籍《しよせき》、三十枚目《まいめ》八十枚目《まいめ》、二十四枚目《まいめ》の全部《ぜんぶ》に注意《ちうい》せられよ。

小指　動《うご》けば醫學《いがく》の方《はふ》では血液《けつえき》及《およ》び梅毒《ばいどく》或《あるひ》は末梢神經《まつせうしんけい》に關《かん》した問題《もんだい》にて拾枚目《まいめ》か拾六枚目《まいめ》或《あるひ》は百枚目《まいめ》に注意《ちうい》す可《べ》し。

注意……凡《すべ》て書籍頁數《しよせきぺーじすう》を發見《はつけん》するには閉目《へいもく》して無意識《むいしき》になつて書籍《しよせき》の出《で》る頁《ぺーじ》を両手《れうて》に持《も》ち拇指《ぼし》にて双方《さうはふ》に分《わ》けそれを研究《けんきう》せよ。

文學判定脈

拇指　に人指合《ひとゆびがつ》し中指之《なかゆびこ》れに加《くは》われば舊套《きうたう》を脱《だつ》した自由《じゆう》の作意《さくい》にして勸善懲惡《かんぜんちようあく》及《およ》びクラス嚴定《げんてい》ある超時代《ちやうじだい》の文學《ぶんがく》と見《み》る。

人指　動《うご》けば理想的作意《りさうてきさくい》を避《さ》けて寫實的描寫《しやじつてきべうしや》に移《うつ》る如《ごと》き文學《ぶんがく》と見《み》る。然《しか》し中指《なかゆび》加《くは》われば寫實《しやじつ》の墮落《だらく》と見《み》てよい。

中指　動《うご》けば西洋文學《せいやうぶんがく》の輸入《ゆにふ》から受《う》けた感化《かんか》に依《よ》る構造文學脈《こうぞうぶんがくみやく》及《およ》び獨斷派《ドグマテツク》の文《ぶん》學《がく》と見《み》よ。

藥指　動《うご》けば學問《がくもん》の興隆《こうりう》に伴《ともな》われ社會事象《しやかいじしよう》の增多《ぞうた》に依《よ》れる描寫《べうしや》及《およ》び思想《しそう》の著《いちじ》るしい變化《へんか》文學《ぶんがく》と見《み》る。

小指　動《うご》けばキリスト教《けふ》に胚胎《はいたい》したトルストイ文學《ぶんがく》及《およ》び洋拜主義《ようはいしゆぎ》の文學《ぶんがく》と見《み》る。

哲學的判定脈

拇指　動《うご》けばフヱヒナー心理哲學《しんりてつがく》か、ブントとオイケンと合《がつ》した哲學《てつがく》と見《み》る、ラッド心理哲學《しんりてつがく》も入《い》れてもよい。

人指　動《うご》けばカント哲學《てつがく》或《あるひ》はソクラテス並《ならび》に陽明哲學《ようめいてつがく》と見《み》る、然《しか》しカントは舊《きふ》派《は》なり。

中指　動《うご》けばショッペンホワー哲學《てつがく》或《あるひ》はニイチヱ並《ならび》に孟子《もうし》哲學《てつがく》と見《み》る。

藥指　動《うご》けば朱程子《しゆていし》の哲學《てつがく》及《およ》び孔子哲學《こうしてつがく》の粹《すゐ》の處《ところ》と見《み》る。

小指　動《うご》けばシユライヱルマッヘル及《およ》びモセスの宗教哲學《しうけふてつがく》或《あるひ》は本居宣長《もとをりのりなが》さんの

心理《しんり》哲學《てつがく》の類《るい》と見《み》る、平田篤胤《ひらたあつたね》さんの含臟哲學《がんぞうてつがく》。

注意……凡《すべ》て宗教《しうけう》は哲學《てつがく》を背景《はいけい》として出發《しゆつぱつ》するのでなければならぬから撰定《せんてい》せねばいけないのである。

卒業試驗の可否脈

拇指　動《うご》けば卒業《そつぎやう》可《か》なりされども詰込《つめこみ》學問《がくもん》の氣《き》あれば新舊智識《しんきうちしき》の調節《てうせつ》を上手《じやうず》にせぬと卒業後《そつぎやうご》役《やく》に立《た》たぬ事《こと》がある。

人指　動《うご》けば學問《がくもん》が充分《じうぶん》出來《でき》て卒業《そつぎやう》は樂々《らく〳〵》と通過《つうか》する、然《しか》し經濟學《けいざいがく》以外《いがい》は少《すこ》し困《こま》る事《こと》があるから注意《ちうい》せねばならぬ。

中指　動《うご》けば人《ひと》を頼《たよ》りとせぬ者《もの》は成績《せいせき》は良《よ》いが、人《ひと》を頼《たよ》りとする者《もの》は卒業當時《そつぎやうとうじ》失敗《しつぱい》するから獨立《どくりつ》の力《ちから》にて行《おこな》ふがよい、餘《あま》り輕忽《かるはずみ》の性《しやう》あれば注意《ちうい》を要《えう》する。

藥指　動《うご》けば學科《がくか》によつて優等卒業《ゆうとうそつぎやう》をする、概《がい》して科學頭腦《かがくあたま》の持主《もちぬし》は上々《じやう〴〵》であるが、流行《はやり》思想《しそう》は良過《よす》ぎて失敗《しつぱい》する事《こと》がある。

小指　動《うご》けば單位《たんゐ》の學科《がくか》は卒業《そつぎやう》するが複雜《ふくざつ》の學科《がくか》は失敗《しつぱい》する。

青年男女讀物撰定脈

拇指　動《うご》けば堅《かた》い書籍《しよせき》、歴史物《れきしもの》、成功《せいこう》談《だん》物、國家主義《こつかしゆぎ》の讀物《よみもの》、心靈的《しんれいてき》の書籍《しよせき》。

人指　動《うご》けば一般《ぱん》の讀物《よみもの》、修身物《しうしんもの》、因緣物《いんねんもの》。

中指　動《うご》けば專門物《せんもんもの》、オイケン、ヴント、南洲《なんしう》、陽明《やうめい》、日蓮《にちれん》の如《ごと》きもの。

藥指　動《うご》けば流行物《はやりもの》、新《しん》カント派《は》の書籍《しよせき》、トルストイの歴史物《れきしもの》、アインシユタイン、軟文學《なんぶんがく》に類《るゐ》した一切《さい》讀物《よみもの》。

小指　動《うご》けば兒童物《じどうもの》、育兒法《いくぢはう》、婦人物《ふじんもの》、主婦《しゆふ》の友《とも》、女性等《じよせいとう》の讀物《よみもの》。

戰爭勝敗を知る脈

拇指　動《うご》けば國家中心《こつかちうしん》の大團結《だいだんけつ》があれば勝利《せうり》疑《うたが》ひなし。

人指　動《うご》けば戰地《せんち》の將士《しやうし》團結堅固《だんけつけんご》なれば勝利《せうり》ある可《べ》し。

中指　動《うご》けば戰地《せんち》の大將《たいしやう》と兵卒《へいそつ》との調和《てうわ》が出來《でき》ぬから危《あやふ》し。

藥指　動《うご》けば地《ち》の利《り》、人《ひと》の和《わ》は得《え》ても時《とき》を無視《むし》すれば勝事《かつこと》疑《うたが》はし。

小指　動《うご》けば敗戰《はいせん》なる可《べ》し。

注意……戰略《せんりやく》は隊長《たいちやう》が國家《こつか》中心《ちうしん》なれば心王《しんのう》が擁護《ようご》して人道《じんだう》の大義《たいぎ》のために必《かなら》ず勝利《せうり》あり、心王《しんのう》と末那識《まなしき》と對照《たいせう》すれば自重戰《じちようせん》となると必《かなら》ず正理《せいり》の方《はふ》が有利《ゆうり》、世《よ》の相摶《そうは》なども強弱《きやうじやく》互角《ごかく》の持合《もちあひ》になれば一方《ほふ》に實力《じつりよく》ある正義《せいぎ》なれば必《かなら》ず上《うは》放《ばな》れか下放《したはな》れかする事《こと》あり、無理《むり》にすれば必《かなら》ずその反動《はんどう》があるから戰爭《せんそう》も正《せい》邪《じや》に由《よつ》て勝敗《まけかち》が岐《わか》れる、一世奈翁《せいなをう》と佛帝《ふつてい》の當時《とうち》の歴史《れきし》を見《み》れば判《わか》る。

敵地に食糧の有無脈

拇指　動《うご》けば穀類多《こくるいおほ》しと見《み》よ。

人指　動《うご》けば肉類《にくるい》多《おほ》しと見《み》よ。
中指　動《うご》けば食料皆無《しよくれうかいむ》。
藥指　動《うご》けばある樣《やう》に見《み》へて無《な》し。
小指　動《うご》けば酒類《さけるい》多少《たせう》あり。

敵兵の數多少脈

拇指　動《うご》けば將士《せうし》多《をほ》く雜兵《ざつぺい》少《すく》なし。
人指　動《うご》けば雜兵《ざつぺい》多《をほ》く將士《せうし》少《すく》なし。
中指　動《うご》けば將士《せうし》も雜兵《ざつぺい》も皆勇士《みなゆうし》也《なり》。
藥指　動《うご》けば弱兵《じやくへい》のみなれば一蹴出《しうで》來《き》る。
小指　動《うご》けば不統《ふとう》一の兵卒《へいそつ》のみなり。

海陸戰勝敗脈

拇指　動《うご》けば海戰《かいせん》利《り》なし、小《こ》指《ゆび》加《くわ》われば當方《こちら》勝利《せうり》あり、中《なか》指《ゆび》加《くは》われば隊長《たいちやう》次第《しだい》、人《ひと》指《ゆび》加《くは》われば陸地《りくち》を征《せ》めて勝《か》つ。

人指　動《うご》けば陸戰《りくせん》利《り》あり、拇《ぼ》指《し》加《くは》わりたら陸戰隊《りくせんたい》の背後《はいご》注意《ちうい》す可《べ》し。

中指　動《うご》けば海戰《かいせん》利《り》なし。

藥指　動《うご》けば海戰《かいせん》は大風《たいふう》の妨《さまた》げあれ共當方《ども こちら》の利《り》あると見《み》る。

小指　動《うご》けば海戰《かいせん》は双方互《そうほうご》角《かく》なり。

飛行機戰の勝負脈

拇指　動《うご》けば飛行機《ひこうき》利《り》あり。

人指　動《うご》けば海上飛行機《かいじやうひこうき》利《り》なし。

中指　動《うご》けば機士《きし》の腕次《うでし》第《だい》。

藥指　動《うご》けば風《かぜ》を利用《りよう》して利《り》あり、突風《とつぷう》あり注意《ちうい》せぬと敗《やぶれ》あり。

小指　動《うご》けば水陸等半《すゐりくとうはん》の場《ば》所有利《しよゆうり》。

野球勝負脈

拇指　動《うご》けば勝利《せうり》、ブル〳〵振《ふる》ふは或《あるひ》は危険故注意《きけんゆえちうい》す可《べ》し。

人指　動《うご》けば勝《かつ》て人望《じんばう》を蒐《あつ》める。

中指　動《うご》けば餘《あま》り慢心《まんしん》して破《やぶ》れる。

藥指　動《うご》けば人氣《にんき》に煽動《せんどう》されて時《とき》に或《あるひ》は破《やぶ》れるが概《がい》して有利《り》脈《あるみやく》。

小指　動《うご》けば年少《としわか》の者《もの》に負《ま》ける。

ボートレース脈

拇指　動《うご》いて利《り》あり。

人指　動《うご》いて併行《へいかう》なり。

中指　動《うご》いて腕次第《うでしだい》なり。

藥指　動《うご》いて當方勝利《さうにふせうり》なり。

小指　動《うご》いて水路《すゐろ》惡《あ》しき故注意《ゆえちうい》。

碁將棋勝敗脈

拇指　動《うご》けば上手《じやうず》の者勝《ものか》つ。

人指　動《うご》けば互角《ごかく》、勝負《しようぶ》なし然《しか》し年長者勝《ねんちようしやかち》

中指　動《うご》けば逆手《さかて》を行《おこな》ふて勝《か》つ。

藥指　動《うご》けば兩方弱《れうはうよわ》い同志《どうし》。

小指　動《うご》けば少年者勝《せうねんしやか》つ。

角力勝負脈

拇指　動《うご》けば勝利《せうり》だがこの指《ゆび》は手出《てだ》しが上手《じやうず》でないから時《とき》に或《あるひ》は敗《はい》を取《と》る事《こと》がある。

人指　動《うご》けば引分《ひきわけ》が多《おほ》い様《やう》である。

中指　動《うご》けば組合《くみあひ》の者《もの》に依《よつ》て勝《か》つ。

藥指　動《うご》けば愛敬相模《あいきようすもふ》で手出《てだ》しは早《はや》いが底力《そこぢから》がないからいけない。

小指　動《うご》けば誰《たれ》にでも負《ま》ける角士《すまふ》である。

注意……角力《すまふ》は取組《とりくみ》を見《み》てから診脈《しんみやく》すると能《よ》く的中《てきちう》する、凡《すべ》て二人《り》對々《たい〳〵》の勝負《せうぶ》は角力《すまふ》と同《おな》じに靈診《れいしん》せられよ。

マラソン競爭脈

拇指　動《うご》けば勝利《せうり》。

人指　動《うご》けば第《だい》二番位《ばんぐらひ》なり。

中指　動《うご》けば第《だい》一番勝《はんかち》。

藥指　動《うご》けば人氣《にんき》丈《だけ》で勝《か》てぬ。

小指　動《うご》けば負《ま》け。

ラヂオ機械脈

拇指　動《うご》けば鑛石《こうせき》に異狀《いじやう》あり、鑛石《こつせき》の屬《ぞく》した部分《ぶぶん》に氣《き》を附《つ》けて見《み》るがよい。

人指　動《うご》けば箱全體《はこぜんたい》に注意《ちうい》して見《み》よ波調《はちやう》も合《あは》せよ。

中指　動《うご》けば内外《ないがい》の電線《でんせん》に故障《こしやう》あり注意《ちうい》。

藥指　動《うご》けば風《かぜ》で外線《がいせん》に故障《こしやう》あり或《あるひ》は餘《あま》り外線《がいせん》が低《ひく》いから電波《でんぱ》の通《つう》じがない傾《けい》向《かう》とす。

小指　動《うご》けば地中線《ちちつせん》に故障《こしやう》あり水分《みずけ》澤山《たくさん》ある處《ところ》に地水線《ちすゐせん》を置《を》けば良《よ》い。

出張商業成否脈

拇指　動《うご》けば出張《しゆつてう》は中止《ちうし》がよい。

人指　動《うご》けば出張《しゆつてう》でも自宅《じたく》でもよい。

中指　動《うご》けば自分《じぶん》の自由《じゆう》。

藥指　動《うご》けば四季《き》必要物《ひつえうぶつ》は出張成功《しゆつてうせいこう》。

小指　動《うご》けば女人《をんな》同伴《どうはん》の商業《せうぎやう》は成《な》る。

家屋賣買吉凶脈

拇指　動《うご》けば賣《う》らぬ。

人指　動《うご》けば賣《うつ》ても賣《う》らぬでもよいらしい。

中指　動《うご》けば價格《ねだん》はまけない。

藥指　動《うご》けば二三人買手《にんかひて》があるから強氣《つよき》。

小指　動《うご》けば子供《こども》の爲《ため》に買《か》ふた家《いへ》ゆえ子供《こども》に相談《さうだん》して賣《う》る。

地所賣買成否脈

拇指　動《うご》けば先祖《せんぞ》の遺《ゐ》産《さん》故《ゆえ》賣《う》らぬ。

人指　動《うご》けば兩親《れうしん》と相談《さうだん》してから賣《う》る。
中指　動《うご》けば價格《ねだん》が折合《なりあ》はない。
藥指　動《うご》けば他《ほか》に賣約《ばいやく》が出來《でき》て居《を》るらしい。
小指　動《うご》けば買《か》はぬがよい強《しい》て買《かへ》ば損《そん》する。

物件賣買成立の月日脈

拇指　動《うご》けば一ケ月内《げつない》に成立《なりたつ》。
人指　動《うご》けば月末成立《つきずえなりたつ》。
中指　動《うご》けば初旬《しよじゆん》、されど虛偽注意《いつはりちうい》。
藥指　動《うご》けば先方《むかふ》が決定《けつてい》せない、有利《ゆうり》の話《はなし》を持《も》ち行《ゆ》けば即日成立《そくじつせいりつ》す。
小指　動《うご》けば隱忍《いんにん》で成立不可能《せいりつふかのう》。

商戰掛引脈

拇指　動《うご》けば自重《じちよう》の時《とき》なり。

人指　動《うご》けば對者併呑策《たいしやへいどんさく》が勝利《せうり》。

中指　動《うご》けば當《あた》つて碎《くだ》ける策《さく》が有利《ゆうり》。

藥指　動《うご》けば進退《しんたい》は時《とき》にあり。

小指　動《うご》けば先方《むかふ》に取入《とりい》れられて利《り》あり。

士農工商脈

拇指　動《うご》けば士農工商以外《しのうこうせういがい》の尊貴《そんき》の職《しよく》に就《つく》のがよい。神官僧侶靈術家其他《かんぬしぼうさんれいじゆつかそのた》。

人指　動《うご》けば農業《のうぎやう》に進《すゝ》むを吉《きち》とす。

中指　動《うご》けば仕官《しくわん》は上達《じやうたつ》す軍人《ぐんじん》も吉《きち》。

藥指　動《うご》けば商業家《せうぎやうか》及《およ》び仲介業《なかだちぎやう》吉《きち》。

小指　動《うご》けば工業家《こうぎやうか》及《およ》び工學士《こうがくし》吉《きち》。

鑛物業可否脈

拇指　動《うご》けば鑛物業《こうぶつぎやう》大《おほ》ひに吉《きち》。

人指　動《うご》けば石炭業《せきたんぎやう》大《おほ》ひに吉《きち》。

中指　動《うご》けば鑛物業《こうぶつぎやう》適合《てきごう》せない。

藥指　動《うご》けば鑛物賣買仲介《こうぶつばいくちうかい》吉《きち》。

小指　動《うご》けば鑛泉類賣買《こうせんるいばいく》がよい。

鑛泉鑑識脈

拇指　動《うご》けばラヂウム或《あるひ》はラヂオカルクなどの優等《ゆうとう》の名《な》ある鑛物《こうぶつ》とす。

人指　動《うご》けば別《べつ》に有益《ゆうえき》の鑛泉《こうせん》ではないが多少鉄分《たせうてつぶん》が混和《こんわ》して居《を》る。

中指　動《うご》けば鑛泉《こうせん》と認《みと》む可《べ》き價値《かち》はない。

藥指　動《うご》けば皮膚病《ひふびやう》などに良《よ》い鑛泉《こうせん》らしい。

小指　動《うご》けば梅毒性《ばいどくせい》に適應《てきおう》の鑛泉《こうせん》らしい。

出火遠近鑑定脈

拇指　動《うご》けば遠《とほ》い而《しか》して靜《しづ》かな處《ところ》で或《あるひ》は少《すこ》し高台《たかだい》かも知《し》れない。

人指　動《うご》けば餘《あま》り遠《とほ》くはなくて家屋建並《かおくたてなら》べられた賑《にぎ》やかの場所《ばしよ》である。

中指　動《うご》けば大《おほ》きな建物《たてもの》で一軒燒《けんや》けであるが多少傷俄人《たせうけがにん》があるかも知《し》れない。

藥指　動《うご》けば花柳界《かりうかい》のある場所《ばしよ》である。

小指　動《うご》けば河《かは》に添《そ》ふた小屋《こや》である。

損益を知る脈

拇指　動《うご》けば損害《そんがひ》なし。

人指　動《うご》けば損徳《そんとく》なし。

中指　動《うご》けば大損害《だいそんがひ》あり然《しか》し自己《じこ》で負債《ふさい》を償《つぐな》ふ事《こと》は出來《でき》る覺悟《かくご》である。

薬指　動《うご》けば利《り》益《えき》多《おほ》し。
小指　動《うご》けば小利益《せうりえき》である。

投機事業可否脈

拇指　動《うご》けば投機事業《とうきじぎやう》は中止《ちうし》がよい。
人指　動《うご》けば餘《あま》り慾《よく》が深《ふか》くて失敗《しつぱい》する。
中指　動《うご》けば拾中《ちう》七位迄《ぐらひまで》はよい。
薬指　動《うご》けば投機事業《とうきじぎやう》は人《ひと》より利《り》を得《う》る。
小指　動《うご》けば投機事業《とうきじぎやう》は中止《ちうし》がよい。

金錢貸借可否脈

拇指　動《うご》けば貸《か》しても必《かな》らず取《と》れるが決《けつ》して違約《ゐやく》せぬ人《ひと》である、貸借證《たいしやくしやう》を堅《けん》固《ご》にせよ。

人指　動《うご》けば貸《か》してもなか〳〵返《かへ》さない。

中指　動《うご》けば貸借《たいしやく》上《じやう》の事《こと》は中止《ちうし》がよい。

藥指　動《うご》けば金錢《きんせん》上《じやう》の融通《ゆうづう》はつく人《ひと》であるが人《ひと》の物《もの》を借《かり》ると自分《じぶん》のものだと思《おも》ふて返《かへ》さんとする氣持《きもち》のない人《ひと》である。

小指　動《うご》けば小資本《せうしほん》の貸借《たいしやく》は差支《さしつか》へなし。

出版物利益有無脈

拇指　動《うご》けば國家的《こくかてき》系統《けいとう》を帶《お》びた書物《しよもつ》は利益《りえき》あり大《おほ》ひに賣《う》れる、心理學《しんりがく》ものがよい又《また》正《たゞ》しい宗教《しふけふ》ものゝ或《あるひ》は社會《しやかい》廓清的《かくせいてき》出版物《しゆつぱんぶつ》は大《おほ》ひに利益《りえき》あり。

人指　動《うゆ》けば民衆《みんしゆう》に適合《てきごう》したものは大利益《だいりえき》があるが賣本主義《ばいほんしゆぎ》では失敗《しつぱい》する。

中指　動《うご》けば專門《せんもん》の出版物《しゆつぱんぶつ》がよい利益《りえき》は餘《あま》りないが確實《かくじつ》に賣《う》れる。

藥指　動《うご》けば時期《じき》に適合《てきごう》したものは何《なん》でも利益《りえき》がある。

小指　動《うご》けば子《こ》供連中《ごもれんちう》の好《すき》の出版《しゆつぱん》が當《あた》る、又《また》は婦人《ふじん》に關係《かんけい》した出版物《しゆつぱんぶつ》も良《よ》い。

掛合事適任者脈

拇指　動《うご》けば老人《ろふじん》の理智《りち》明確《めいかく》の人《ひと》を撰《えら》べ、然《しか》し青年《せいねん》でも意思《いし》堅固《けんご》の者《もの》はよい。

人指　動《うご》けば穏健《おんけん》の人《ひと》なら誰《た》れでもよいが或《あるひ》は掛合事《かけあひごと》不調《ふてう》となる可《べ》し。

中指　動《うご》けば適任者《てきにんしや》であるが氣《き》が短《みぢ》かいから或《あるひ》は爭《あらそ》ひを起《おこ》すかも知《し》れない。

藥指　動《うご》けば八方美人《はふびじん》主義《しゆぎ》だからよいが酒食《しゆしよく》に捕《とら》われて肝要《かんえう》の事《こと》が解決《かいけつ》出來《でき》ない。

小指　動《うご》けば子供《こども》の喧嘩《けんか》の樣《やう》な事《こと》はよいが大事件《だいじけん》の掛合《かけあひ》は全然《ぜんぜん》駄目《だめ》である。

家庭爭議の出發点脈

拇指　動《うご》けば祖父母《そふぼ》が無理《むり》を云《い》ふので家族《かぞく》が承知《せつち》せぬのが始《はじ》めである。

人指　動《うご》けば父母《ふぼ》が無理《むり》を云《い》ふので家族《かぞく》が承知《せうち》せないのである、左《ひだり》は父《ち》、右《みぎ》は母《はゝ》、此指《このゆび》が外《そと》に反《そ》る様《やう》になるのは繼母《まゝはゝ》である、親類《みより》一同《ごう》が繼母《まゝはゝ》の非《ひ》を鳴《なら》して**家庭騒然《かていそうぜん》。**

中指　動《うご》けば相續人《さつぞくにん》となつて居《を》る者《もの》が無理《むり》を云《い》ふて家族《かぞく》を困《こま》らせるのである。

藥指　動《うご》けば妻君《さいくん》が精神上《せいしんじやう》に變質《へんしつ》があつて何事《なにごと》も無理解《むりかい》の爲《ため》に爭《あらそ》ひがあると見《み》る。

小指　動《うご》けば常《つね》に子供《こど》の事《こと》で家庭《かてい》が騒然《そうぜん》として祖父母《そふぼ》も父母《ふぼ》も爭《あらそ》ふのである。

嫁姑爭ひ正邪脈

拇指　動《うご》けば嫁《よめ》も姑《しうと》も剛情《ごうじやう》で兩方共《れうはふとも》一歩《ほ》も讓《ゆづ》らぬ爲《ため》に何事《なにごと》にも爭《あらそ》ひあり。

人指　動《うご》けば嫁姑共《よめしうとゝも》に利益上《りえきじやう》で常《つね》に爭《あらそ》ひあり我利々々《がりがり》亡者《もうじや》の寄《よ》り集《あつま》りである。

中指　動《うご》けば嫁姑共《よめしうとゝも》に自我心《じがしん》あり增上慢《ぞうじやうまん》あり屁理屈《へりくつ》を云《い》ふて毎日爭《まいにちあらそ》ふが、畢竟《ひつきやう》するに双方《そうはふ》の理性《りせい》が暗黒《あんこく》の爲《ため》であるから理智《りち》が向上《こうじやう》すれば必《かなら》ず和合《わごう》す。

薬指　動《うご》けば嫁姑《よめしうと》も互《たがひ》に和合《わごう》すれども發作的《はつさてき》に何事《なにごと》かで爭《あらそ》ひを起《おこ》すが直《たゞ》ちに消《き》えて後方《あとかた》なくなつて了《しま》ふから平《たい》らである。

小指　動《うご》けば嫁《よめ》に子供《こども》がないか或《あるひ》はあれば子供《こども》の爲《ため》に姑《しうと》と爭《あらそ》ひを起《おこ》す事《こと》があるが祖父母《そふほ》が仲《なか》にはいつて常《つね》に安泰《あんたい》である。

鑑識脈は上述したより無數にあるから、上述を意得して應用自在なれ、常に拇指と人指の動を中心として萬事の吉凶を活斷せられよ之れ秘傳なり。

第九章　諸相場豫知秘脈

世間普通《せけんふつう》の商業《とうぎやう》は千遍《ぺん》一律《りつ》には往《ゆ》かない必《かな》らず打算上《たさんじやう》に作意《さくい》がある、然《しか》るに諸相場《しよさうば》の賣買《うりかひ》は全國通《ぜんこくつう》じて一定《てい》して居《を》るから策戰上《さくせんじやう》誠《まこと》に面白《おもしろ》い處《ところ》がある。株式《かぶしき》は世界中《せかいぢう》の人氣《にんき》及《およ》び波動《はどう》が來《き》て正《たゞ》しく現《あらは》れるが、期米《きまい》などは一國《こく》の人氣《にんき》と朝鮮台灣位《てうせんたいわんぐらひ》の關係《かんけい》であるから大概《たいがい》はその金線《きんせん》に觸《ふ》れる事《こと》は出來《でき》るのである、然《しか》し靈脈《れいみやく》は統計上《とうけいじやう》からでもなければ罫線《けいせん》を引《ひ》くのでもない、又《また》四方《はう》の狀況《じやうけふ》を探《さぐ》る心配《しんぱい》も入《い》らないのである、五指《し》の動《どう》に依《よつ》てその秘《ひ》を知《し》ればよいのである。

單指にて商況豫知脈

拇指　動《うご》けば相場《さうば》持合《もちあひ》である、併《しか》しピクと動《うご》いて掌中《しやうちう》に曲《まが》りきりは持合《もちあひ》にて終《おは》る、外《そと》に反《そ》る様《やう》になるのは持合分《もちあひわか》れと知《し》れ。

人指　動《うご》けば相場《さうば》安《やす》く下落《げらく》なり、横《よこ》に少《すこ》し開《ひら》いて少《すこ》し上《あが》る、掌中《てのひら》に曲《まが》りて附《つ》くは寄附《よりつき》にて安價《やすね》が出《で》る。

中指　動《うご》けば相場《さうば》は高《たか》く上《あが》る、プル〳〵に振《ふる》ふのは高《たか》くて變動《へんどう》がある、掌中《しやうちう》に曲《まが》りきりは寄附高《よりつきだか》である、内外《ないがい》に動《うご》くのは注意《ちうい》。

藥指　動《うご》けば下押《したおし》して高《たか》し、掌中《しやうちう》に附着《ふちやく》するのは押《お》したきりである、掌中《しやうちう》に附《つい》たり眞直《まつすぐ》に伸《のび》たりするのは上下變動《じやうげへんどう》あり注意《ちうい》。

小指　動《うご》けば下落《げらく》である、掌中《しやうちう》にピタと附《つい》たのは下落引《げらくびけ》である、此指《このゆび》は概《がい》して下落《げらく》であるが小巾《こはゞ》の方《はう》が多《おほ》い。

以上《いじやう》が商況豫知《せうけふよち》の根本脈《こんほんみやく》で單指活動《たんしかつどう》である、商況豫知《せうけふよち》は右《みぎ》の單指活動《たんしかつどう》を徹底的《てつていてき》に暗記《あんき》すれば自由自在《じゆうじざい》になるのである、然《しか》して期米《きまい》では東京《とうけふ》の本場《ほんば》戰《せん》、株式《かぶしき》では短期物《たんきぶつ》の豫知《よち》に應用《おうよう》すれば妙《めう》に適中《てきちう》するが、それには此外《このほか》に秘訣《ひけつ》があるから面授口訣《めんじゆくけつ》でなければならぬ。

商況豫知合指脈秘傳

拇指　に人指合《ひさゆびがつ》して持合後安《もちあいのちやす》いと見《み》る、中指《なかゆび》が合《がつ》して持合後上《もちあひのちあが》ると見《み》る、藥指《やくし》合《がつ》して持合後下《もちあひのちさが》りて底値《そこね》を見《み》せて急《きう》に上《のゝ》る事《こと》がある、小指《こゆび》が合《がつ》して持合《もちあひ》の後《のち》下《さが》ると見《み》る拇指《ほし》に四指《し》が合《がつ》すれば相場《さうは》は大持合《なほもちあひ》の後分《のちわか》れあると見《み》る、この岐《わか》れは中指《なかゆび》と藥指《やくし》と強《つよ》く附《つい》て居《を》れば上《あが》る、人指《ひさゆび》と小指《こゆび》とが合《がつ》する樣《やう》なれば下《さが》る拇指《ぼし》に四指《し》が合《がつ》した時《せき》は相場《さうは》に苦情《くじやう》が附《つ》く事《ここ》があるから注意《ちうい》せられよ。

人指　に拇指合《ぼしがつ》して初《はじ》め安含《やすふく》みにて少《すこ》し上《あが》る、中指合《なかゆびがつ》して安《やす》く見《み》せて上《あが》る値巾《ねはゞ》は八九錢《せん》か八九十錢《せん》か八九圓《えん》かである、藥指《やくし》が合《がつ》して暴騰《ほうとう》あり、小指《こゆび》が合《がつ》して後多少《のちたせう》の下落《げらく》ありと見《み》る、人指《ひさゆび》に小指丈《こゆびだ》け合《がつ》して掌中《しやうちう》に曲《まが》れば底《そこ》を見《み》せる事《ここ》あり。

中指　に拇指合《ぼしがつ》して高《たか》い、併《しか》し高持合《たかもちあひ》の時《とき》もある、人指合《ひさゆびがつ》して絶對買《ぜつたいかひ》に妙味《めうみ》がある併《しか》し本場戰《ほんばせん》は買《か》ふてドデン賣《うり》の處《こころ》がある、藥指合《やくしがつ》して大《をはい》に高下《かうげ》して結局《けつきよく》高《たか》い、小《こ》指合《ゆびがつ》して持合《もちあひ》にして安《やす》い。

藥指　に拇《ぼ》指《し》が合《がつ》したのは押目《おしめ》買利《かひり》あり、藥指《やくし》に人指合《ひとさゆびがつ》したのは徐々《じよ〳〵》上《あが》るが大《たい》した上《あ》げはない、中指合《なかゆびがつ》したのは多《をほ》く買《かひ》に利《り》あり。小指合《こゆびがつ》したのは多《おほ》くは下《げ》落《らく》。

小指　に拇指合《ぼしがつ》したのは相場《さうば》分《わか》れあり注意《ちうい》、されど普通《ふつう》は初《はじ》め安《やす》く後持合《のちもちあひ》、人《ひさ》指合《ゆびがつ》して内《うち》に曲《まが》れば追掛《おひか》け賣成功《うりせいこう》す、併《しか》し商況《せうけふ》の味《あぢ》をよく靈覺《れいかく》す可《べ》し中指合《なかゆびがつ》したのは大下落《だいげらく》あり。藥指《やくし》が合《がつ》したのは安含《やすふく》みで少高《すこしたか》し。

商況豫知二指脈秘傳

拇指　に人指合《ひさゆびがつ》した時《とき》は商況《せうけふ》は原價《げんか》に戻《もど》りたる時《とき》と見《み》てこれより打算《ださん》して持合《もちあひ》百日底調《そこしら》べと云《い》ふ事《ここ》を味《あぢは》ひてから變化《へんか》せよ。

人指　に拇指合《ぼしがつ》した時《とき》は大手《なほて》筋《すぢ》に思惑《おもわく》があつて相場《さうば》は安《やす》くして人氣《にんき》に迷《まよ》はされ

る時《とき》がある、され共《ごも》大體《だいたい》は安《やす》いのであるから大手筋《おほてすぢ》の思惑《しわく》が非《ひ》と見《み》ると大《おほい》に下落《ひらく》する事《こと》あり。

中指　に拇指合《しがつ》した時《とき》は人爲的進退《じんゐてきしんたい》が負《ま》けて相場自體《さうばじたい》が上下共進《じやうげともすゝ》んだ足《あし》に附隨《ふずゐ》すれば勝利《せうり》する、併《しか》し突然邪魔者《とつぜんじやまもの》が出《で》て場面《ばめん》を騷然《さうぜん》たらしむる事《こと》があるから驚《おどろ》いてはならぬ。

藥指　に拇指合《ぼしがつ》して變化相場《へんかさうば》あると見《み》る、此變化《このへんか》は東京《とうけふ》なれば大阪《おほさか》より、大阪《おほさか》なれば東京《とうけふ》より何《いづ》れも他動的《たどうてき》に壓《あつ》せられて動《うご》く。

小指　に拇指《ぼし》が合《がつ》して隱氣《いんき》な相場《さうば》と見《み》る、この隱氣《いんき》は環境不良《かんきやうふりやう》の爲《ため》に來《きた》る隱氣《いんき》であるから大放《おほばな》れした時《とき》には向《むか》つて利《り》を得《う》る。

注意……商況《せうけふ》は萬事單指《ばんじたんし》がよいけれ共時《ごもとき》に二指及《しおよ》び三四指《し》の合指《ごうし》があるから參《さん》考迄《こうまで》に公表《こうひやう》して置《お》くから充分研究《じうぶんけんきう》されよ、凡《すべ》て合指《ごうし》が二本《ほん》の時《とき》は誤《あやま》る事《こと》があるから注意《ちうい》、小指《こゆび》に藥指合《やくしがつ》して非常《ひじやう》に高《たか》い事《こと》がある、これは下落《げらく》して人氣《にんき》と相場《さうば》が腐《くさ》つた樣《やう》な時《とき》に、買時《かひどき》を認《みと》める可《べ》く變化《へんか》したのである。それから期米《きまい》などが天候《てんこう》に依《よつ》て支配《しはい》され天災時《てんさいじ》には往來《わうらい》が激《はげ》しい事《こと》があるが天候《てんこう》の項《こう》に委細出《いさいだ》してあるから研究《けんきう》されよ、又株式期米以外《またかぶしききまいいがい》の諸商況《しよせうけふ》も成《な》る可《べ》く單指《たんし》にて斷《だん》ぜぬと誤《あやま》りがあるから承知《せうち》されよ。

商況豫知脈《せうけふよちみやく》を行《おこな》ふのは成《な》る可《べ》く夜半《よる》二時《じ》がよい、晝日《ひる》は時《とき》に或《あるひ》は誤《あやま》る事《こと》があるからである、それは自我《じが》が手傳《てつだ》ふて心王《しんのふ》に雜念《ざつねん》が基調《きてう》せぬからである。夜半《よる》に行《おこな》へば確的疑《かくてきうたが》ひないのである。

短期及長期賣買秘脈

前項《ぜんこう》に公開《こうかい》したのは多《おほ》く期米株式《きまいかぶしき》の日々賣買及《にちくばいくおよ》び東京期米《とうけふきまい》の本場賣買《はんばばいく》の進退《しんたい》を指示《しじ》したのであるから、此項《このこう》には期米《きまい》の日曜間及《にちようかんおよ》び東京株式《とうけふかぶしき》の即《すなは》ち新東《しんとう》の賣買或《ばいあるひ》は其他《そのた》の短期株《たんきかぶ》に應用《をうよう》が出來《でき》るのである。

拇指　動《うご》けば日曜間賣買《にちようかんばいばい》は始《はじ》め下押《したお》しあれば買《か》い始《はじ》め高値《たかね》あれば賣《う》りと見《み》よ。
人指　動《うご》けば日曜間賣買《にちようかんばいばい》は先《ま》づ戻《もど》り共賣《ともう》るのがよい、併《しか》し前週《ぜんしゆう》が持合《もちあひ》であると此週間《このしゆうかん》は月曜日《げつようび》にドン底《ぞこ》を見《み》せて先《ま》づ上《あが》る事《こと》があるから注意《ちうい》、併《しか》し又下《またさが》る故《から》何《いづ》れとも注意《ちうい》せねばならぬ。
中指　動《うご》けば日曜間賣買《にちようかんばいばい》は先《ま》づ買場所《かひばしよ》を見附《みつ》けるのが勝利《せうり》である、併《しか》し足《あし》が早《はや》い相場《さうば》だから注意《ちうい》して利喰《りぐい》せぬと損《そん》をする。
藥指　動《うご》けば日曜間賣買《にちこうかんばいばい》は先《ま》づ押《お》した時《とき》に買場所《かひばしよ》を見附《みつ》けるのがよい、押《お》した儘《まゝ》で持合《もちあ》ふ時《とき》は注意《ちうい》せよ大上放《なほうはばな》れを示《しめ》すから。
小指　動《うご》けば日曜間賣買《にちようかんばいばい》は先《ま》づ賣《うり》が利《り》を得《う》る、併《しか》し小巾《こはゞ》の事《こと》が往々《わうく》あるから注《ちう》意利喰《いりぐい》。
以上《いじやう》は新東《しんとう》などの二十日短期《たんき》に應用《おうよう》してもよいのである。毎月《まいつき》の大勢《たいせい》を豫知《よち》するにも之《こ》れでよいのである、然《しか》し靈脈《れいみやく》に熟練《じゆくれん》したらその相場《さうば》の味《あぢ》と云《い》ふ事《こと》に着眼《ちやくがん》しないと靈脈《れいみやく》の應用《おうよう》が出來《でき》ないのである。

味《あぢ》……と云《い》ふのは心靈的《しんれいてき》に感《かん》ずる樣《やう》なものであるが、各商况共大持合《かくせうけふともおほもちあひ》の岐《わか》れとか小波瀾《せうはらん》の放《はな》れとか云《い》ふ事《こと》があるから、それを靈脈《れいみやく》にて合致《がつち》させて分別《ふんべつ》せねばならぬのである。

人指《ひさゆび》が横《よこ》に開《ひら》き中指《なかゆび》が振《ふる》ひ藥指《やくし》が中《なか》に少《すこ》し曲《まが》つた樣《やう》な時《とき》は相場《さうば》必《かな》ず高《たか》くはねる事《こと》がある、そんな時《とき》に期米《きまい》で一圓以上《ゑんいじやう》、新東《しんとう》などで拾圓以上動《ゑんいじやううご》く相場《さうば》の時自《ときじ》分《ぶん》の常脈《じやうみやく》に拇指《ほし》を附《つ》けて試驗《しけん》せられよ、必《かな》らず常脈《じやうみやく》が變動《へんどう》して居《を》るからである。

一ケ月《げつ》とすれば毎月《まいげつ》廿八日《にち》に來月《らいげつ》の商勢《せうせん》を靈脈《れいみやく》にて鑑識《かんしき》し、初旬《しよじゆん》中旬《ちうじゆん》下旬《げじゆん》と三段《だん》に靈脈《れいみやく》にて鑑識《かんしき》するのがよい、期米《きまい》などは必《かな》らず拾日《か》前後《ぜんご》に賣買《ばいばい》仕掛時《しかけどき》があるから注意《ちうい》するのがよい、決《けつ》して人氣《にんき》に附和雷同《ふわらいどう》してはいけない、人氣《にんき》の裏《うら》を走《はし》るのが諸相場《しよさうば》の大道《だいどう》であるから熱《ねつ》せず冷《ひや》やかになつて靈診《れいしん》されよ。

長期《ちようき》即《すなは》ち一ヶ月間《げつかん》及《およ》び三ヶ月間《げつかん》延取引賣買《のべとりひきばいばい》に對《たい》するには餘《よ》程《ほど》注意《ちうい》をせねばならぬ、それで拇指《ぼし》は強人氣《つよにんき》として見《み》、人指《ひとゆび》は弱人氣《よわにんき》として見《み》るのであるが、拇《ぼ》指《し》が張《は》り詰《つめ》る樣《やう》になつて眞直《まつす》ぐに伸《のび》るのは長期《ちやうき》とすれば買方針《かひはふしん》に利《り》がある、人《ひと》指《ゆび》が眞直《まつす》ぐになつて振《ふる》ふのは長期《ちやうき》とすれば賣場所《うりばしよ》を見附《みつ》けねばならぬ。

拇指《ぼし》は米《こめ》がなくて人氣《にんき》が強《つよ》く人指《ひとゆび》は米《こめ》があつて人氣《にんき》が弱《よは》いと見《み》るのである、株式《かぶしき》とすれば拇指《ぼし》の金《かね》があつて買手《かひて》なく、人指《ひとゆび》は金《かね》がなくて買手《かひて》があると云《い》ふ事《こと》になる、拇指《ぼし》は陽《よう》の極《きよく》を示《しめ》し人指《ひとゆび》は陰《いん》の極《きよく》を示《しめ》す事《こと》があるから注意《ちうい》せよ。

中指《なかゆび》は騒然《さうぜん》として虚勢《きよせい》を張《はつ》て場面《ばめん》を混亂《こんらん》させる事《こと》がある、然《しか》し中指《なかゆび》動《うご》いた時《とき》は突然《とつぜん》大手《おほて》の大買物《をほかひもの》が廻《まは》つて來《き》て煽《あを》る事《こと》があるから驚《おどろ》く可《べ》からず、金《かね》がなく品《しな》がなくて掛引《かけひき》するのであるから、藥指《やくし》動《うご》くは融通《ゆうづう》が利《きく》か金《かね》があるかして大《おほ》ひに煽《あを》る事《こと》があるからその積《つも》りで下押《したおし》を見《み》て買場所《かひばしよ》を發見《はつけん》せられよ、小指《こゆび》動《うご》く時投《ときなげ》物《もの》が續出《ぞくしゆつ》して崩落《ほうらく》する事《こと》がある賣買《ばいばい》は何《なん》でも午後《ごご》によい場所《ばしよ》があるから注意《ちうい》。

天候に依て期米高下豫知脈

拇指　の動《ごう》は持合《もちあひ》だが天候《てんこう》に依《よつ》て相場變化《さうばへんか》する事《こと》は墨《すみ》を流した樣《やう》に曇《くも》りたる時《とき》は相場《さうば》に大變化《だいへんか》がある、或《あるひ》は無謀《むぼう》の買煽《かひあを》りがあつて相當高《さうたうたか》い事《こと》が十中《ちう》三位《ぐらひ》はある、七八月頃《がつごろ》の天候《てんこう》のみである。

人指　の動《ごう》は別《べつ》に相場《さうば》と關係《かんけい》がないが或《あるひ》は持合《もちあひ》が永《なが》い時《とき》に此指《このゆび》が横《よこ》に開《ひら》いて晴《せい》天《てん》なれば相場《さうば》岐《わか》れを見《み》せる、或《あるひ》は高《たか》い樣《やう》で下《さ》げる事《こと》が多々《たゝ》ある、或《あるひ》は増收《ぞうしう》で下《さげ》る事《こと》もある。

中指　の動《ごう》は暴風警報《ぼうふうけいほう》が出《で》て非常《ひじやう》の高相場《たかさうば》を出《だ》す事《こと》がある、併《しか》し暴風警戒《ぼうふうけいかい》が解《かい》除《じよ》された時注意《ときちうい》せぬと反對《はんたい》に崩落《ほうらく》する事《こと》がある。

藥指　の動《ごう》は風害《ふうがい》を云々《うんぬん》して秋《あき》は高値《たかね》を出《だ》す事《こと》がある、併《しか》し虫拂《むしばら》ひを云《い》ひ觸《ふ》らして一と押《お》しあつてから上《あ》げる事《こと》が十中《ちう》七八ある、凡《すべ》て此指《このゆび》は象《かたち》あつてなきが如《ごと》くである注意《ちうい》。

小指　の動《どう》は水害《すいがい》を云々《うんぬん》するが全部《ぜんぶ》でなく一部分《ぶぶん》であるから別《べつ》に期米《きまい》には何等《なんら》妨《さまた》げはないのである。

注意……期米《きまい》は秋天候《あきてんこう》が非常《ひじやう》に妨《さまた》げをするから五指《し》をよく了解《れうかい》して應用《をうよう》せねばならぬ、然《しか》し天災期《てんさいき》は素人《しろうと》には危險《きけん》だから注意《ちうい》。

二指應用秘脈

諸商況《しよせうけふ》に單指《たんし》及《およ》び合指《ごうし》以外《いがい》に二指《し》の應用秘脈《をうようひみやく》を傳《つた》へて置《お》かふ、相場《さうば》は人氣《にんき》と相場《さうば》とがある事《こと》は誰《た》れでも承知《せうち》であるが、靈脈《れいみやく》で拇指《ぼし》が先《さき》に動《うご》き人指《ひとゆび》が次《つぎ》に動《うご》くのは、拇指《ぼし》を相場《さうば》とし人指《ひとゆび》を人氣《にんき》とするのである、相場《さうば》強《つよ》くして人氣《にんき》弱《よは》しと見《み》る時《とき》に對照《たいせう》して强弱《きやうじやく》を斷《だん》ずるのが味《あぢ》である。

上《あ》げては持合《もちあひ》、下《さ》げては持合《もちあ》ふ處《ところ》に味《あぢ》がある事《こと》を直感《ちよくかん》せねばならぬ、百丁上《ちやうあ》げや拾圓上《ゑんあ》げにて一と息《い》きつく時《とき》に味《あぢ》を見《み》ると云《い》ふのである、靈脈《れいみやく》が持合《もちあひ》の時《とき》に中指《なかゆび》と藥指《やくし》が合《がつ》したら中指《なかゆび》の相場《さうば》は藥指《やくし》の人氣《にんき》に煽《あを》られて大《おほ》ひに活躍《かつやく》すると見《み》ねばならぬ。

百日位持合《にちぐらひもちあひ》が續《つゞ》いた時《とき》に靈脈《れいみやく》を診《しん》して人指《ひさゆび》が掌中《しやうちう》に曲《まが》つて附着《ふちやく》し、藥指《やくし》が同《おな》じく掌中《しやうちう》に附着《ふちやく》した時《とき》は底値《そこね》であるから買方針《かひはうしん》の一点《てん》と見《み》るのである。

大崩落《だいほうらく》が三ケ月《げつ》も續《つゞ》いた時《とき》に小指《こゆび》が掌中《しやうちう》に附着《ふちやく》し、人指《ひさゆび》が振《ふる》ふのは今《いま》一段下《だんげ》落《らく》ありて後相場《のちさうば》の象《かたち》が變《かは》ると見《み》ねばならぬのである、然《しか》しその大崩落《たいほうらく》のあつた値合《ねあ》ひが節《ふし》を出《だ》すからその時《とき》に注意《ちうい》を要《えう》するのである。

凡《すべ》て中指《なかゆび》は絶對《ぜつたい》に高《たか》くして足早《あしばや》い相場《さうば》を出《だ》すが、藥指《やくし》は押《お》しては放《はな》れ押《お》しては放《はな》れるのである、人指《ひさゆび》はドカリと落《おさ》し持合《もちあ》ふては又《また》ドカリと落《おと》すのが性質《せいしつ》である、小指《こゆび》はヂリ〳〵安《やす》を示《しめ》すのである、拇指《ぼし》は持合《もちあ》ふて强含《つよふく》みを示《しめ》す。

中指《なかゆび》が掌中《しやうちう》に附着《ふちやく》し藥指《やくし》が共《とも》に附着《ふちやく》した時《とき》は大放《おほはな》れを演《えん》ずる時《とき》である、拇指《し》追加《つゐか》すれば大放《おほばな》れは上《あ》げであるが、人指追加《ひさゆびつゐか》は下《さ》げである、中指《なかゆび》と藥指《やくし》がブルブル振《ふる》ふ時《とき》は三十丁《ちやう》か株《かぶ》なれば三圓《ゑん》位《ぐらひ》放《はな》れて上《あが》る事《こと》が度々《たびたび》あるから注意《ちうい》せよ。

拇指《ぼし》が掌中《しやうちう》に附着《ふちやく》して少《すこ》しも動《うご》かないのは持合《もちあひ》が永《なが》い示《しめ》しであるから賣買《ばいばい》は中止《ちうし》がよい、然《しか》し中指《なかゆび》が眞直《まつす》ぐになつて追加《つゐか》すれば上《うへ》に放《はな》れるから用心《ようじん》せよ、人指《ひとゆび》が拇指《ぼし》に合《がつ》しても拇指《ぼし》が少《すこ》しも動《うご》かないのは安持合《やすもちあひ》が永《なが》い事《こと》を示《しめ》すのである、然《しか》し藥指《やくし》が追加《つゐか》すれば煽《あふ》つて高《たか》くなる示《しめ》しである。

藥指《やくし》が小指《こゆび》を押《お》して開《ひら》くのは藥指《やくし》が相塲《さうば》で下押性《したおしせい》を持《も》て居《を》り、小指《こゆび》は下落性《げらくせい》を持《も》つて居《を》るが、無理《むり》に人氣《にんき》で押《お》すのであるから必《かな》らず中指《なかゆび》が動《うご》かない様《やう》で螺《ら》旋《せん》の如《ごと》く動《うご》いて示《しめ》す時《とき》は必《かなら》ず上《のぼ》るから押目《おしめ》の處《ところ》を買《か》ふのがよい。

以上《いじやう》二指脈應用《しみやくをうよう》は中々《なかなか》六ケ敷《し》いから熟練《じゆくれん》せられよ、而《しか》して諸商況《しよせうけふ》は各自《かくじ》の運《うん》氣《き》と金力《きんりよく》と膽力《たんりよく》と先見《せんけん》の明《めい》が備《そな》はらなければ無茶《むちや》に行《おこな》ふてはならぬ、靈脈《れいみやく》を發表《はつぴやう》しても余《よ》は責任《せきにん》は負《をは》ないから承知《せうち》されよ、靈脈《れいみやく》なるものが天下《てんか》のあらゆる事物《しぶつ》の起居《ききよ》に觸《ふ》れて的中《てきちう》すると云《い》ふ事《こと》に就《つい》て相塲脈《さうばみやく》を出《だ》したのであるから諸君《しよくん》に相場《さうば》を行《おこな》へと云《い》ふのではない、然《しか》し心王《しんのう》は絶對《ぜつたい》にして宇宙《うちう》を總該《そうがい》すと云《い》ふ叫《さけ》びを忘《わす》れさへせねば何《なん》でも判《わか》る。

賣買必要値巾和解

靈脈《れいみやく》を診《しん》して賣買《ばいばい》の豫知《よち》及《およ》び高下《かうげ》の先見等《せんけんとう》を立《た》てゝもその現《あらは》れ來《きた》る値巾《ねはゞ》に就《つい》て豫《あらか》じめ知《し》つて置《お》く必要《ひつえう》がある、今茲《いまこゝ》に記《き》するのは靈脈《れいみやく》そのものに應用《をうよう》するのであつて、その出處《でどころ》は眞勢中洲先生《ませちうしうせんせい》が確實《かくじつ》に研究發表《けんきうはつぴやう》せられた河圖《かと》の數《すう》である、その河圖《かと》の數《すう》を五指《し》に配置《はいち》して應用《をうよう》するに誠《まこと》に的中神《てきちうかみ》の如《ごと》くであるから利用《りよう》するのである、決《けつ》して易《えき》を以《もつ》てなすと云《い》ふ事《こと》を思《おも》ふてはならぬ、聖人《せいじん》の教書《けふしよ》は必《かな》らず徹底《てつてい》すれば一元《げん》に歸《き》するのであるから應用《をうよう》して差支《さしつか》へない事《こと》は余《よ》が研究《けんきう》證明《めいせう》する處《ところ》である。

拇指……四、九、

人指……五、十、

中指…………三、八、　　藥指…………三、八、
小指…………一、六、

以上《いじやう》の數《すう》を利用《りよう》すると拇指《ぼし》が動《うご》けば四錢《せん》、四十錢《せん》、四圓《ゑん》、四十圓《ゑん》、九錢《せん》、九十錢《せん》、九圓《ゑん》、九十圓《ゑん》と擴《ひろ》げて應用《をうよう》するのである、人指《ひとゆび》も中指《なかゆび》も同《おな》じ數《すう》に利用《りよう》すればよいのである、然《しか》して拇指《ぼし》の四と九を四九三十六と伸《の》べてもよいが之《こ》れは變則《へんそく》であるから術者《じゆつしや》の活斷《かつだん》にあるのであつて秘傳《ひでん》ではない。

然《しか》し人指《ひとゆび》を五と十としてあるが五錢《せん》、五十錢《せん》とし十錢《せん》一圓《ゑん》とする事《こと》を用《もち》ゆれば大《なほ》ひに的中《てきちう》する、或《あるひ》は商品《せうひん》が三拾六圓《ゑん》の賣買値段《ばいばいねだん》が附《つ》けられた時《とき》、三拾六圓《ゑん》を四八三十二と引《ひい》て四殘《のこ》るとなつた時《とき》には賣買値段《ばいばいねだん》は一定《てい》せず浮動《ふどう》と見《み》る秘傳《ひでん》がある。

今茲《いまこゝ》には秘傳《ひでん》を公開出來《こつかいでき》ないから値巾應用丈《ねはばをうようだけ》に止《とゞ》めて置《お》くから、此《こ》の大鑑《たいかん》を讀《よ》んで了解《れうかい》した人《ひと》には秘傳《ひでん》を公開《こうかい》する、又靈脈《またれいみやく》が二本動《ほんうご》いた時《とき》に値巾《ねはゞ》を見《み》るに

は拇指《ぼし》と中指《なかゆび》と合《がつ》した數《すう》は、六十となるそれは拇指《ぼし》の四九三十六と中指《なかゆび》の三八二十四とを合《あは》せて見《み》るのである、双指共高《もろゆびともたか》くなる時《とき》に見《み》るのである、拇指《ぼし》は持《もち》合後高《あいごたか》いので中指《なかゆび》は高《たか》いから兩方合《れうはふがつ》して見《み》たのである。

人指《ひとゆび》と小指《こゆび》と合《がつ》した時《とき》は六十六として人指《ひとゆび》の五十と小指《こゆび》の拾六を合《がつ》したのである、之《こ》れは双指《そうし》共下落《ともげらく》を示《しめ》すのであるから數《すう》も合《がつ》したのである、右《みぎ》二指《し》同樣《どうやう》に應用《をうよう》せられよ。

萬事商况は………味が肝用で味とは靈感の作用であるから
味が判れば利益百倍である。

第拾章　農家と天候脈

農家《のつか》と天候《てんこう》は附物《つきもの》であるから玆章《このしやう》に合併《がつぺい》して公表《こうひやう》する事《こと》にしたのである、而《しか》して農業《のうぎやう》は國《くに》の基《もとひ》であるから農家《のうか》を富《とま》せなければ國本《こくほん》が安全《あんぜん》でない事《こと》を知《し》るが故《ゆえ》に農家《のうか》の應用靈脈《をうようれいみやく》を特《とく》に發表《はつぴやう》するのである、余《よ》が公表《こうひやう》した講本《こうほん》にも出《だ》してあるが此著《このちよ》に於《おい》て綜合大統《そうごうたいとう》し、徹底的《てつていてき》に發表《はつぴやう》する事《こと》にしたのである、殊《こと》に天候《てんこう》なども蚕期《かいこき》に於《おい》ては非常《ひじやう》に必要《ひつよう》で余《よ》の門人《もんじん》は靈脈　發表《れいみやくはつぴやう》　以《い》來《らい》日々《にちく》研究報告《けんきうほうこく》して來《く》るのである。

米作豊凶脈

拇指　動《うご》き人指合《ひとさゆびがつ》すれば豊作也《ほつさくなり》拇指《ぼし》計《ばか》りでは八分作《ぶさく》である。

人指　動《うご》けば大豊作《だいほつさく》、拇指《ぼし》加《くは》われば普通作《ふつうさく》。

中指　動《うご》けば不《ふ》作也《さくなり》、人指《ひとゆび》加《くは》わつて七分作《ぶさく》。

薬指　動《うご》けば風害《ふうがい》あり、人指《ひとゆび》合《がつ》して七八分作《ぶさく》。

小指　動《うご》けば水害《すゐがい》あり、中指《なかゆび》合《がつ》し水害《すゐがい》は思《おも》ふより被害《ひがい》少《すく》なし。

早稲、中、奥、豊凶脈

拇指　動《うご》けば奥作吉《おくさくきち》、されど早冷《はやびえ》する事《こと》あり最《もつと》も注意《ちうい》す可《べ》し。

人指　動《うご》けば早稲《わせ》、中稲《なかて》共《とも》に吉《きち》。

中指　動《うご》けば奥作凶《おくさくけふ》、早稲《わせ》中稲《なかて》は中吉《ちうきち》。

薬指　動《うご》けば早稲吉《わせきち》、中稲凶《なかてけふ》。

小指　動《うご》けば早稲《わせ》、陸稲吉《おかぼきち》、他《た》は凶《けふ》。

麥作豊凶脈

拇指　動《うご》けば麥作上々《むぎさくじやう／＼》。

人指　動《うご》けば前年《ぜんねん》より上作《じやうさく》。
中指　動《うご》けば不作《ふさく》にて價格《かゝ》高《たか》し。
藥指　動《うご》けば先《ま》づ中作《ちうさく》、蟲《むし》の害《がい》注意《ちうい》。
小指　動《うご》けば種蒔《たねまき》注意《ちうい》す可《べ》し。

小麥豊凶脈

拇指　動《うご》けば中吉《ちうきち》。
人指　動《うご》けば上作《じやうさく》。
中指　動《うご》けば不作《ふさく》。
藥指　動《うご》けば八分《ぶ》作《さく》。
小指　動《うご》けば半作《はんさく》なり。

大豆豊凶脈

拇指　動《うご》けば八分作《ぶんさく》、人指合《ひとゆびがつ》して上作《じやうさく》。
人指　動《うご》けば豊作《ほうさく》。
中指　動《うご》けば中作《ちうさく》。
藥指　動《うご》けば中作《ちうさく》で價格高《かかくたか》し。
小指　動《うご》けば豊作《ほうさく》で價《か》格安《かくやす》し。

風水害豫知脈

拇指　動《うご》けば霰《あられ》、雹害《へうがい》あり。
人指　動《うご》けば霜害注意《しもがいちうい》。
中指　動《うご》けば旱害注意《ひでりがいちうい》。
藥指　動《うご》けば風害《かぜがい》あり。
小指　動《うご》けば水害《すゐがい》あり。

米作蟲害豫知脈

拇指　動《うと》けば蟲害無《むしがいな》し。
人指　動《うご》けば蟲害《むがい》あるも心配《しんぱい》なし。
中指　動《うと》けば蟲害《むしがい》は一部分《ぶぶん》なり。
藥指　動《うご》けば蟲害《むがい》あるも風《かぜ》で拂《はら》ふ。
小指　動《うご》けば蟲害《むしがい》は少《すくな》し、藥指《くすりゆび》合《がつ》して蟲害《むしがい》は多《おほ》しと知《し》れ。

小豆豐凶脈

拇指　動《うご》けば七八分作《ぶさく》。
人指　動《うご》けば上作《じやうさく》なり。
中指　動《うと》けば不作《ふさく》。
藥指　動《うご》けば豐作《ほうさく》。

小指　動《うご》けば普通作《ふつうさく》。

玄米賣出期撰定脈

拇指　動《うご》けば賣出《うりだ》し期《き》早《はや》し七八日待《にちまつ》がよい。

人指　動《うご》けば三四人同値《にんおなじね》を附《つ》けてから賣《う》れ。

中指　動《うご》けば人氣《にんき》を見《み》て賣《う》れ。

藥指　動《うご》けば人氣《にんき》の沈《しづ》んだ時《とき》は中止《ちうし》。

小指　動《うご》けば早《はや》く賣《う》れ。

麥賣出しと期脈

拇指　動《うご》けば賣出《うりだ》し期《き》なし。

人指　動《うご》けば早《はや》く賣《う》れ。

中指　動《うご》けば七八日待《にちまつ》て賣《う》れ。

藥指　動《うご》けば高値《たかね》三四人附《にんつけ》けてから賣《う》れ。
小指　動《うご》けば早《はや》く賣《う》らぬと下落《げらく》する。

肥料買入吉凶脈

拇指　動《うご》けば從來《これまで》取附《とりつ》けの商人《せうにん》から買《か》へ。
人指　動《うご》けば安《やす》き處《ところ》にて買《か》へ。
中指　動《うご》けば買入《かひい》れを控《ひか》へよ。
藥指　動《うご》けば買《か》つた後高《のちたか》くなる。
小指　動《うご》けば小買《こが》いがよい澤山買《たくさんか》ふは凶《けふ》。

小作取組吉凶脈

拇指　動《うご》けば祖父母《そふぼ》の代《だい》からの小作《こさく》に頼《たの》め。
人指　動《うご》けば父母《ふぼ》乃至《ないし》目上《めうへ》の者《もの》の縁者吉《えんじやきち》。

中指　動《うご》けば獨斷《どくだん》で定《さだ》めるがよい。

藥指　動《うご》けば友達《ともだち》に頼《たの》む可《べ》し。

小指　動《うご》けば無邪氣《むじゃき》の人《ひと》に頼《たの》め。

肥料効果有無脈

拇指　動《うご》けば肥料効《ひれうこう》あり。

人指　動《うご》けば効果《こうか》ありすぎる。

中指　動《うご》けば肥料効《ひれうこう》なき處《ところ》がある。

藥指　動《うご》けば粉末肥料吉《ふんまつひれうきち》。

小指　動《うご》けば水分《みづけ》を含《ふく》む肥料吉《ひれうきち》。

田畑賣買脈

拇指　動《うご》けば祖父母《そふぼ》に相談《さうだん》して買賣《ばいばい》せよ。

人指　動《うご》けば父母《ふぼ》か目上《めうへ》に相談《そうだん》して行《おこな》へ。

中指　動《うご》けば相對《そうたん》で出來《でき》た値《ね》で行《おこな》へ。

藥指　動《うご》けば賣買《ばい〳〵》出來《でき》ず。

小指　動《うご》けば小地所《せうぢしよ》の買賣吉《ばい〴〵きち》。

牛馬賣買脈

拇指　と人指《ひとさゆび》と中指《なかゆび》とが少《すこ》しでも合《がつ》したら良馬《りようば》である。

人指　動《うご》けば壽命《じゆみやう》永《なが》くない、人指《ひとさゆび》に中指《なかゆび》合《がつ》すれば壽命《じゆみやう》永《なが》し、人指《ひとさゆび》計《ばか》りでは弱《よは》い馬也《うまなり》。

中指　動《うご》けば性質《たち》剛性《ごうぜう》なり。

藥指　動《うご》けば役《やく》に立《た》つが氣《き》が弱《よは》い。

小指　動《うご》けば年若《としわか》し見合《みあは》すがよい。

肥料種類撰定脈

拇指　動《うご》けば漸時《ぜんじ》効《こう》あるのが良《よ》い。
人指　動《うご》けば何《なん》でも良《よ》い。
中指　動《うご》けば急《きう》に効《こう》あるのが良《よ》い。
薬指　動《うご》けば普通《ふつう》流行《はやり》物《もの》が良《よ》い。
小指　動《うご》けば餘《あま》り効《こう》のあるのはいけない。

甘藷豊凶脈

拇指　動《うご》けば上作《じようさく》。
人指　動《うご》けば豊作《ほうさく》。
中指　動《うご》けば地所《ちしよ》悪《あ》しきため中作《ちうさく》。
薬指　動《うご》けば多《おほ》く甘味《あまみ》あり。

小指　動《うご》けば雨《あめ》多《おほ》くして害《がい》ある事《こと》あり。

桑葉高下豫知脈

拇指　動《うご》けば使用時《しようじ》一定價格《ていねだん》也。
人指　動《うご》けば使用時《しようじ》安《やす》し。
中指　動《うご》けば使用時《しようじ》高《たか》し。
藥指　動《うご》けば正月氣《せつがつけ》配《はい》安《やす》く使用時《しようじ》高《たか》し。
小指　動《うご》けば始《はじ》めより安《やす》し、眞直《まつすぐ》に振《ふる》へば使用時《しようじ》大《おほい》に安《やす》し。

養蠶豊凶脈

拇指　動《うご》けば飼手《かひて》次第《しだい》で上作《じようさく》。
人指　動《うご》けば豊作《ほうさく》なり。
中指　動《うご》けば飼手《かひて》惡《あ》しく不作《ふさく》。

藥指　動《うご》けば蠶紙《さんし》に癖《くせ》なく上出來《じやうでき》。
小指　動《うご》けば水分《みづけ》ある桑葉《くわつは》惡《わる》し。

蠶紙買入吉凶脈

拇指　動《うご》けば熟練《じゆくれん》した種紙屋《たねがみや》のを買《か》へ。
人指　動《うご》けば何處《どこ》でもよし心配《しんぱい》なし。
中指　動《うご》けば蠶種《さんしゆ》餘《あま》り良《よ》くない時《とき》あり。
藥指　動《うご》けば蠶種《さんしゆ》より飼手《かひて》次第《しだい》。
小指　動《うご》けば種紙《たねがみ》飼《し》育者《いくしや》の家《いへ》に合《あ》はない。

霜害豫知脈

拇指　動《うご》けば霜害《しもがい》なし然《しか》し霰雹《あられひよ》を注意《ちうい》。
人指　動《うご》けば霜害《しもがい》あり注意《ちうい》。

中指　動《うご》けば霜害《しもがい》なし。
藥指　動《うご》けぱ霜害《しもがい》なく乾燥《かんさう》多《おほ》し。
小指　動《うご》けば雨多《あめおほ》し而《しか》して氣候《きこう》冷《ひ》へる。

繭賣却高下豫知脈

拇指　動《うご》けば持合《もちあひ》で少《すこ》し強《つよ》し。
人指　動《うご》けば買手《かひて》は安買多《やすがひおほ》し。
中指　動《うご》けば高《たか》し、然《しか》し早《はや》く賣《う》るがよい。
藥指　動《うご》けは初《はじ》め安氣《やすき》二三日後騰《のちのぼ》る。
小指　動《うご》けば買手《かひて》悉々《こと〴〵》く安《やす》し。

杉苗植附吉凶脈

拇指動《うご》けば植附吉《うゑつけきち》。

人指　動《うご》けば將來大《しようらいおほ》ひに吉《きち》。

中指　動《うご》けば中途害《ちうとがい》あり注意《ちうい》。

藥指　動《うご》けば風害《かぜがい》で失敗《しつぱい》する注意《ちうい》。

小指　動《うご》けば水分近《すいぶんちか》き處《ところ》がよい。

茶摘豊凶脈

拇指　動《うご》けば中作《ちうさく》

人指　動《うご》けば上作《じようさく》。

中指　動《うご》けば茶芽《ちやめ》少《すく》なし。

藥指　動《うご》けば豐作《ほうさく》。

小指　動《うご》けば雨多《あめおほ》くして伸過《のびす》ぎあり。

井戸堀吉凶脈

拇指　動《うご》けば水《みづ》遠《とほ》く深《ふか》し。

人指　動《うご》けば何處《どこ》でも良《よ》し。

中指　動《うご》けば惡《わる》い水《みづ》が出《で》る。

藥指　動《うご》けば水《みづ》は出《で》るが時《とき》に止《とま》る。

小指　動《うご》けば住居《すまゐ》より北戌亥《きたいぬゐ》の方《ほう》を撰《えら》め。

烟草收穫吉凶脈

拇指　動《うご》けば順收穫《じゆんしうかく》なり。

人指　動《うご》けば氣候注意《きこうちうい》。

中指　動《うこ》けば種下《たねをろ》しの時注意《ときちうい》せぬと不作《ふさく》。

藥指　動《うご》けば上收穫《じよつしうかく》なり。

小指　動《うご》けば冷氣《ひえき》が收穫《しうかく》に障《さわ》る事《こと》あり。

植物生命有無脈

拇指　非常《ひじよう》に内《うち》に曲《まが》れば生命《せいめい》なし。
人指　動《うご》けば手入《ていれ》次第《しだい》にて命《いのち》あり。
中指　動《うご》けば外形《そとみ》よくて中空洞《なかゝらつほ》の事《こと》あり、然《しか》し生命差支《せいめいさしつか》へなし。
藥指　動《うご》けば變化《へんか》あれども手入《てい》れ次第《しだい》。
小指　動《うご》けば肥料《ひれう》次第《しだい》水分《すいぶん》を吉《きち》とす。

鑛脈水脈豫覺脈

拇指　動《うご》けば鑛物《こうぶつ》も水脈《すいみやく》も皆無《かいむ》か或《あるひ》は出《で》れば餘程深《よほどふか》し他指加《たしくわ》われば變化《へんか》す。
人指　動《うご》けば鑛物《こうぶつ》も水脈《すいみやく》も澤山《たくさん》出《で》る。
中指　動《うご》けば鑛物《こうぶつ》も水脈《すいみやく》も初《はじ》め出《で》て後止《のちとま》る事《こと》がある、其時靈脈《そのときれいみやく》を再診《さいしん》してもよい。

藥指　動《うご》けば鑛物《こうぶつ》は種類《しゆるい》に依《よつ》て吉《きち》、水脈《すいみやく》は岩多《いわおほ》し注意《ちうい》。

小指　動《うご》けば鑛脈《こうみやく》は至難《むづかし》、水脈吉《すいみやくきち》。

酒造吉凶脈

拇指　動《うご》けば良好《よし》。

人指　動《うご》けば普通《ふつう》。

中指　動《うご》けば少《すこ》し杜氏《とうぢ》の過《あやま》ちあり。

藥指　動《うご》けば良好《りようこう》なり。

小指　動《うご》けば中良《なかばよし》。

農業出稼吉凶脈

拇指　動《うご》けば出稼吉《でかせぎ・ち》。

人指　動《うご》けば出稼《でかせ》ぎすれば病難《べうなん》あり。

中指　動《うご》けば出稼《でかせ》ぎ吉《きち》
藥指　動《うご》けば遠方吉《えゝほうきよ》。
小指　動《うご》けば全然中止《ぜんぐちうし》がよい。

馬病氣診脈

拇指　動《うご》けば過勞《かろう》。
人指　動《うご》けば內臟及《ないぞうおよ》び腹部《はら》痛《いた》む。
中指　動《うご》けば氣力衰《きりよくおとろ》ふ。
藥指　動《うご》けば馬《うま》の流行病《はやりやまひ》あり。
小指　動《うご》けば水分不足病《すいぶんふそくべう》。

牛病氣診脈

拇指　動《うご》けば無理使役《むりしえき》の害《がい》。

人指　動《うご》けば食《しょく》より病氣《べうき》。

中指　動《うご》けば心《こゝろ》の中《うち》に怒《いか》りあり注意《ちうい》。

藥指　動《うご》けば驚《おどろ》きし事《こと》あり。

小指　動《うご》けば食物《しょくもつ》次第《しだい》治《なほ》る。

天候秘脈

天候鑑識脈

拇指　動《うご》けば曇《くも》りとす、拾中八九的中《てきちう》す、されども指《ゆび》が外《そと》に動《うご》けば曇《くもり》の極晴《きょくはれ》と知《し》る可《べ》し、四季《き》共《とも》曇《くも》る事的中《ことてきちう》す。
此指《このゆび》は無事《ぶじ》を意味《いみ》するのであるから曇《くもり》も俄雨《にはかあめ》の夕立《ゆうだち》の様《やう》な曇《くも》りでなく自然《しぜん》と曇《くも》つて居《お》ると見《み》るのがよい。

外《ほか》の活斷《かつだん》には賢實《けんじつ》として應用《おうよう》し天候《てんこう》には曇《くもり》として應用《おうよう》するのは矛盾《むじゆん》して居《を》る樣《よう》であるが、此指《このゆび》心王易《しんのうえき》では乾《けん》に利用《りよう》するから乾《けん》には雲行《くもゆ》き雨施《あめほどこ》すと云《い》ふ事《こと》があるからそれを利用《りよう》したのである。

人指　動《うご》けば半日降《はんにちふ》り或《あるひ》は半晴半曇《はれたりくもつたり》の時《とき》もある、横《よこ》に指《ゆび》が開《ひら》けば晴天伸《せいてんの》びてグル〴〵に廻時《まわるこき》は注意《ちうい》天候《てんこう》もめる兆《しるし》である、外《そと》に指《ゆび》が動《うご》けば一日降《にちふり》とする。

中指　動《うご》けばバラ〴〵雨《あめ》とす、掌中《しようちう》に附《つけ》ば雨《あめ》となる、外《そと》に動《うご》けば直《たゞ》ちに止《や》む眞《まつ》直《す》ぐになつて振《ふる》ふは所謂高氣壓《いわゆるこうきあつ》と見《み》てよい、内外《うちそと》に動《うご》くのは暴《あれ》る下地《したち》なり。

藥指　動《うご》けば風《かぜ》ありて晴天《せいてん》、小指《こゆび》と合《がつ》すれば暴風《ぼうふう》雨なり、中指加《なかゆびくわ》われば雷雨《らいう》。

小指　動《うご》けば永雨《ながあめ》、人指《ひとゆび》と合《がつ》して人指《ひとゆび》が横《よこ》に開《ひら》いた時《とき》は雨《あめ》なく大風《たいふう》のみ、此指《このゆび》凡《すべ》て雨《あめ》。

注意……天候《てんこう》を靈脈《れいみやく》で診《しん》し雨《あめ》の止《や》む時間《じかん》を豫知《よち》せんとするには、小指《こゆび》から一時《じ》藥指《くすりゆび》が二時《じ》、中指《なかゆび》が三時《じ》、人指《ひとゆび》が四時《じ》として思念《しねん》し人指《ひとゆび》の附根《つけね》を吹《ふい》て何《なに》の指《ゆび》も動《うご》かなかつたら、又戻《またもど》つて小指《こゆび》から五時《じ》、藥指《くすりゆび》が六時《じ》、中指《なかゆび》が七時、人指《ひとさゆび》が八時《じ》として前《まへ》の通《とほ》り吹《ふ》くのである、それでも指《ゆび》が動《うご》かなかつたら、次《つ》ぎに又小指《こゆび》から九時《じ》、藥指《くすりゆび》が十時《じ》、中指《なかゆび》が十一時《じ》、人指《ひとさゆび》が十二時《じ》と思念《しねん》して吹《ふい》て見《み》るのである。

此《こ》の時間《じかん》は朝《あさ》の一時《じ》からヒルの十二時《じ》、ヒル後《ご》の一時《じ》から夜《よる》半の十二時《じ》迄《まで》とするのである、而《しか》してその吹《ふ》いた時《とき》三度《た》び時間《じかん》を思念《しねん》したその指《ゆび》がピクと動《うご》いたのを止《や》む時間《じかん》とするのである、三度目《たびめ》に中指《なかゆび》が動《うご》けば午前《ごぜん》なり午後《ご》なりの十一時《じ》に止《や》むと見《み》るのである、此《こ》の時間豫知《じかんよち》は必《かなら》ず的中《てきちう》する。

天候鑑識合指脈

拇指が内外《ないがい》にピクピクする時《とき》は非常《ひじやう》に曇《くも》るが、曲《まが》つたその儘《まゝ》で藥指《くすりゆび》が合《がつ》すれば風《かぜ》が吹《ふ》き拂《はら》つて天氣《てんき》になると見《み》る、小指《こゆび》が加《くわ》わつたら風雨《ふうう》になり藥指《やくし》が外《そと》に動《うご》いたら暴風雨《ぼうふうう》と變化《へんか》する事《こと》と知《し》る可《べ》し。

拇指《ぼし》が非常《ひじやう》に内外《ないがい》に出《で》る時《とき》は風《かぜ》なら夏《なつ》は蒸《むし》あついと見《み》てよい、中指《なかゆび》が拇指《ぼし》に加《くは》わつて動《うご》けば曇《くもり》の内《うち》にバラ〳〵雨《あめ》があつて、半晴半曇《はんせいはんどん》に終《おは》ると見《み》る、拇指《ぼし》が内外《ないがい》にピクピクした後《のち》眞直《まつす》ぐに伸《のび》る樣《やう》になるのは陰曇《くもり》の後《のち》に天氣《てんき》になると見《み》てよい。

人指　は横《よこ》に開《ひら》いて天氣《てんき》になり曲《まが》つて降《ふ》りであるが、眞直《まつす》ぐに伸《のび》てグル〳〵廻《まは》るは天氣非常《てんきひじやう》に危險《きけん》、先《ま》づ他指《たし》が加《くは》わつた處《ところ》で考《かんが》へねばならない、或《あるひ》は突發《とつぱつ》的《てき》の風《かぜ》か雨《あめ》になる即《すなは》ち俄雨《にはかあめ》の傾向《けいこう》であると見《み》てよい、又非常《またひじやう》の霜《しも》か霧《きり》があると甲脈《こうみやく》の方《はう》からムズ〳〵とする事《こと》があるから注意《ちうい》せられよ、小指《こゆび》と加《くは》わつて永《なが》い雨《あめ》になる兆《しるし》である之《こ》れも注意《ちうい》。

中指　は拇指《ぼし》と合《がつ》して低氣壓《ていきあつ》と見《み》る、中指丈《なかゆびだけ》なら高氣壓《こうきあつ》を推知《すいち》してよい、グルグル廻《まは》る時《とき》は氣壓《きあつ》の關係非常《かんけいひじやう》にして夏《なつ》は非常《ひじやう》の南風《なんぷふ》吹《ふ》き荒《すさ》む事《こと》があると見《み》よ藥指《やくし》が合《がつ》して大暴風雨《だいぼうふうう》となり南東《なんとう》の風非常《かぜひじやう》であると見《み》よ、凡《すべ》て此指《このゆび》は氣壓關《きあつかん》係《けい》と大風《たいふう》に變化《へんか》する指《ゆび》と推《お》してよい。

藥指　は風《かぜ》と照《てり》とに應用《おうよう》する事《こと》は判《わか》つて居《を》るであろふが、此指《このゆび》はとかく他指《たし》と合《がつ》したがる事《こと》が拾中八迄《ちうまで》あるから、此指《このゆび》の動《うご》く時《とき》は他指《たし》を注意《ちうい》せぬといけない、萬事此指《ばんじこのゆび》は風《かぜ》と照《てり》とを中心《ちうしん》として推斷《すいだん》すると十中十《ちう》は的中《てきちう》する事請合《ことうけあい》。

小指　は萬事雨《ばんじあめ》と定《き》めてあるが、五日《か》も六日《か》も續《つゞ》いた雨《あめ》の時《とき》に此指《このゆび》が内《うち》に曲《まが》りきりなれば天氣《てんき》になる事《こと》拾中四位《ちうぐらひ》あるから注意《ちうい》す可《べ》し、拇指《おやゆび》と小指《こゆび》と合指《がうし》に動《うご》くのは順雨《じゆんう》であるから夏《なつ》などは草木《くさき》が枯死《かれじに》せんとする時《とき》に良《よ》い雨《あめ》である。

注意……此外《このほか》に五指《し》の應用《おうよう》は春夏秋冬《はるなつあきふゆ》に對《たい》し自由《じゆう》に使用《しよう》が出來《でき》るが、あとは各自《めい》の實驗《じつけん》に依《よつ》て擴充《かくじう》して貰《もら》ひたい、然《しか》し天候《てんこう》は成《な》る可《べ》く單指《たんし》で行《や》つて貰《もら》ひたいのである。

第拾壹章　農家脈秘諦

農家脈《のうかみやく》の簡易《かんい》なのは前章《ぜんしやう》に公表《こうへう》したが此章《このしやう》に記《しる》すのはその應用《おうよう》が少《すこ》し面倒《めんだう》で秘脈《ひみやく》に屬《ぞく》して居《を》るから章《しやう》を改《あらた》めて出《だ》したのである、而《しか》して最終《さいしう》に農家《のうか》の副業《ふくぎやう》として輸出品《ゆしゆつひん》とせられてある葛布《くずふ》の製造方法《せいざうほうはふ》を明細《こまか》に教《おし》へてあるから實驗《じつけん》せよ。

米作豊凶地所鑑定脈

拇指　動《うご》けば先祖傳來《せんぞでんらい》の地《ち》所吉《しよきち》。

人指　動《うご》けば何處《どこ》でも自由也《じゆうなり》。

中指　動《うご》けば耕作次第《こうさくしだい》である。

藥指　動《うご》けば風害《かぜがい》なき處《ところ》を撰《えら》め。

小指　動《うご》けば泥深《どろぶか》き處《ところ》は凶也《わるし》。

注意……米作地所撰定《べいさくちしよせんてい》をするには持地所《もちちしよ》の圖面《づめん》を自分《じぶん》の前《まへ》に置《お》きて獨修脈《とくしうみやく》で行《おこな》ふがよい、四指合《しがつ》してブル〴〵動《うご》くのは何等《なんら》か地所《ぢしよ》に苦情《くじやう》あるから注意《ちうい》す可《べ》し或《あるひ》は父《ちゝ》か祖父《そふ》の代《だい》に地所《ちしよ》に就《つい》て因果律《いんがりつ》あると見《み》る。

古米賣出し期脈

拇指　動《うご》けば古米賣出《こまいうりだ》し期《き》は平常也《へいじやうなり》。

人指　動《うご》けば古米澤山《こまいたくさん》あり安《やす》くなるから早《はや》く賣《う》る方《はふ》がよい。

中指　動《うご》けば賣出《うりだ》し期《き》上《あが》る、古米《こまい》なき事《こと》を證《せう》するのである。

藥指　動《うご》けば人氣往來《にんきわうらい》高《たか》くなる。

小指　動《うご》けば米質惡《べいしつわる》く爲《ため》に賣出《うりだ》し期《き》下《さが》る。

注意……古此《こまい》及《およ》び殘存米《のこりまい》を賣出《うりだ》す時《とき》は餘程氣《よほどき》をつけぬと買手《かひて》に瞞着《まんちやく》されるから靈脈《れいみやく》を見《み》てからにす可《べ》し、中指《なかゆび》と藥指《やくし》と合《がつ》したときには暴騰《ぼうとう》するからそれを見《み》て賣《う》れ。

麥賣出し期秘脈

拇指　動《うご》けば賣出《うりだ》し期《き》なきは定《き》まつて居《を》るが三、六、と云《い》ふ數《すう》の値《ね》を附《つけ》たら少《すこ》し時期《じき》を待《ま》つと上《あが》る。

人指　動《うご》けば早《はや》く賣《う》らぬと下《さが》るけれども指《ゆび》が横《よこ》に開《ひら》けば上《あが》つてから賣《う》る方《はう》がよい、日《ひ》數《かず》は靈脈《れいみやく》を見《み》た日《ひ》から十四五日後《にちのち》である。

中指　動《うご》けば七八日《にち》待《まつ》て賣《う》れとあるが或《あるひ》は虚勢《きよせい》を張《はつ》ていざ賣《う》ると云《い》ふ時《とき》掛引《かけひき》で下《さげ》られるから注意《ちうい》せよ。

藥指　動《うご》けば賣出《うりだ》し期《き》には虚勢《きよせい》の値《ね》が出《で》るが買方《かひて》に掛引《かけひき》があるから注意《ちうい》せよ。

小指　動《うご》けば早《はや》く賣《う》らぬと下《さが》るけれ共下《ともさが》り始《はじ》め油斷《ゆだん》をすると底値《そこね》で賣《う》ると不可《いけない》故注意《ゆゑちうい》。

注意……凡《すべ》て麥賣出《むぎうりだ》し期《き》の買手商人《かひてあきんど》は白米《はくまい》と違《ちが》ひ活氣《かつき》がなくて買手《かひて》が馬鹿《ばか》にするけれ共《ども》、麥《むぎ》にはビタミンと云《い》ふ心王精《しんのうせい》に屬《ぞく》した精分《せいぶん》があるから日本人《にほんじん》の常《ぜうし》食《よく》とする様《やう》にさせ米《こめ》と對立《たいりつ》して麥價《むぎね》を向上《こうじやう》せしめられよ。

豆板買入れ秘脈

拇指　動《うご》けば値段《ねだん》が持合《もちあひ》ながら强含《つよふく》みの處《ところ》があるけれ共《ども》概《がい》して平氣《へいき》であるから下値《したね》を出《だ》した時《とき》に買《か》へ。

人指　動《うご》けば五七十錢安《せんやす》い處《ところ》で買《か》へるからあわてない方《ほう》がよい、其時《そのとき》の値《ね》が三圓《ゑん》五十錢《せん》なればこれから四八、三十二錢引《せんびき》として三の數《すう》が殘《のこ》るから先《ま》づ上《あが》るから安《やす》い處《ところ》で買《か》へと云《い》ふ事《こと》になる。

中指　動《うご》けば賣手《うりて》に荷《に》が澤山《たくさん》ないのをある積《つも》りにして虛僞《いつはり》を云《い》ふて高《たか》く賣《う》らんとする傾向《かたむき》があるから、三圓《ゑん》二十錢位《せんぐらひ》であつたら四八三十二引《びけ》として少《すこ》し買《かひ》入《い》れ期日《きじつ》を延《のば》して買《か》ふと安《やす》く買《か》へる。

藥指　動《うご》けば三人賣手《にんうりて》が來《き》た時同値《ときおなじね》を附《つけ》たら此指《このゆび》がブル〳〵振《ふる》ひ眞直《まつす》ぐになれば三四日内《かない》に上《あが》るから直《す》ぐに買《かつ》て置《おか》ぬと高《たか》いものを買《か》ひ入《い》れるといけない。

小指　動《うご》けば目《め》先必要《さきひつえう》がなければ五日《か》か十日位延《かぐらひのば》して買《か》ふと底値《そこね》で買《か》へる。

注意……肥料《ひれう》は靈肥《れいひ》も大切《だいじ》だが三、四、五、六が買數即《かひすうすなは》ち上《あが》る、一、二、七、八が賣《う》り即《すなは》ち下《さが》る數《すう》であるから、假令《たと》へば三圓《ゑん》五十錢《せん》なれば此數《このすう》を八で引《ひい》て四八三十二引《ひい》て三錢殘《せんのこ》るから値《ね》が上《あが》る故買《からかつ》て置《お》く事《こと》、四圓《ゑん》と云《い》ふ時《とき》は五八四十引《ひけ》と云《い》ふて零《れい》となり安《やす》くなるから安《やす》い處《ところ》にて買《か》へと云《い》ふ事《こと》になる、この數《すう》を應用《をうよう》して買入《かひい》れると十中八迄《ちうまで》は的中《てきちう》するから靈脈《れいみやく》と相待《あひま》つて應用《なうよう》せよ。

小作人雇入れ脈

拇指　動《うご》けば使用《しよう》しても害《がい》はないが萬事任《ばんじまか》せても心《こゝろ》の作用《さよう》がない眞正直《まつしようじき》だから

その積《つも》りで雇入《やとひい》れよ。

人指　動《うご》けば主人《しゆじん》忠義《ちうぎ》であるから安心《あんしん》せよ、然《しか》し中指《なかゆび》が加《くは》わつたら注意《ちうい》せぬと主人《しゆじん》の云《い》ふ事《こと》をきかぬ剛情性《ごうじやうせい》を時々出《ときぐだ》すから。

中指　動《うご》けば身體《しんたい》は大丈夫《だいじようぶ》で使役《しえき》するのは安心《あんしん》だが仕事《しごと》を定《き》めて任《まか》せた方《はふ》がよい、餘《あま》り世話《せわ》をやくと剛情性《ごうじやうせい》あり注意《ちうい》。

藥指　動《うご》けば身體《しんたい》が弱《よわ》い方《はふ》だからよく檢査《けんさ》して賴《たの》まぬと後《あと》で費用《ひよう》がかゝるから注意《ちうい》せられよ。

小指　動《うご》けば從順《じうじゆん》ではあるが仕事《しごと》は餘《あま》り出來《でき》ぬ方《ひと》である。

注意……小作人雇入《こさくにんやとひい》れ脈《みやく》は雇人脈《やとひにんみやく》にあるけれども少《すこ》し内容《ないよう》が違《ちが》ふから茲《こゝ》に擧《あ》げたのである故靈脈判斷《ゆえれいみやくはんだん》にも注意《ちうい》せられよ。

玄米賣出し期注意脈

拇指　動《うご》けば正月賣出《しようがつうりだ》す方《はふ》がよい、舊正月《きうしようがつ》は値《ね》が安《やす》い事《こと》が度々《たびぐ》あるから。
人指　動《うご》けば殘存米澤山《のこりまいたくさん》で値《ね》が安《やす》いから新米《しんまい》に移《うつ》る時《とき》よく注意《ちうい》して賣《う》れ。
中指　動《うご》けば成《な》る可《べ》く米《こめ》に聞《き》いて賣《う》らぬと安賣《やすう》りする、人氣《にんき》に附和《ふわ》するといけない。
藥指　動《うご》けば人氣《にんき》弱《よわ》つて仕方《しかた》の無《な》い樣《やう》な時突然高値《ときとつぜんたかね》を出《だ》すから其時賣《そのときう》れ。
小指　動《うご》けば賣出期《うりだしき》無《な》し、注意《ちうい》せぬと安《やす》く賣《う》らされる。

養蠶時天候脈

拇指　動《うご》けば曇《くも》り續《つゞ》く多少霧氣《たせうきりけ》ある故注意《ゆゑちうい》。
人指　動《うご》けば前夜天氣《ぜんやてんき》でも翌日《よくじつ》は陰曇《いんどん》の日《ひ》に多少日《たせうひ》を見《み》るが雨《あめ》はない、されども中《なか》に曲《まが》つたら多少《たせう》の雨《あめ》があるから用心《ようじん》。
中指　動《うご》けば夏蠶時《なつがひこどき》は俄《にはか》に雨《あめ》あり注意《ちうい》、桑葉《くわつぱ》を取《と》り入《い》れ置《お》くべし、然《しか》し中指少《なかゆびすこ》しにても外《そこ》に出《で》れば俄雨《にはかあめ》の雲《くも》は何處《ごこ》にか行《ゆつ》て了《しま》ふ。

藥指　動《うご》けば天氣《てんき》、しかし眞直《まつす》ぐに振《ふる》ふたら風少《かぜすこ》し出《で》るから注意《ちうい》。

小指　動《うご》けば直《たゞ》ちに雨《あめ》あらん、桑葉《くはつぱ》の用意《ようい》。

注意……養蠶《かひこ》時《ごき》の天候《てんこう》は農家《のうか》には非常《ひじやう》に必要《ひつえう》であるから五指《し》をよく研究《けんきう》されよ人指《ひとゆび》は横《よこ》に開《ひら》きて天氣《てんき》になる事《こと》を多《をほ》く示《しめ》すから注意《ちうい》、人指《ひとゆび》は中《なか》に曲《まが》るのは少《すく》ない、多《をほ》く横《よこ》に開《ひら》いて天氣《てんき》を示《しめ》し、小指《こゆび》は雨《あめ》と云《い》ふ事《こと》に的中《てきちう》が多《をほ》いから右《みぎ》の兩指《れうし》に注意《ちうい》せよ。

早稻、中、晩、米價脈

拇指　動《うご》けば晩稻《おく》が上値《うはね》となる。

人指　動《うご》けば中稻《なかて》が一時《ち》上値《うはね》になる。

中指　動《うご》けば中米非常《ちうまいひじよう》に高《たか》し。

藥指　動《うご》けば早稻《わせ》、中《なか》、奧《おく》、共《とも》に上値《うはね》。

小指　動《うご》けば早稻《わせ》、中《なか》、晩《おく》、共《とも》に安《やす》し。

注意……凡《すべ》て米作脈《べいさくみやく》は春時《はる》即《すなは》ち正月《せうがつ》一日朝《あさ》二時《ぢ》に起床《きしやう》して誠心誠意《せいしんせいい》に鑑識《かんしき》せねばならぬ、而《しか》して上値《うわね》の方《はふ》を可成《かなり》多作《たさく》する方《はふ》がよい。心《こゝろ》の穩《おだや》かで氣持《きもち》の良《よ》き時《とき》正月《せつがつ》七日《か》迄《まで》の内《うち》に祖先《そせん》の位牌《ゐはい》の前《まへ》に靜座《せいざ》し二分間位《ふんかんぐらひ》して靈脈《れいみやく》を診《み》る事《こと》、尙《なほ》酒《さけ》に醉《よ》ふた時《とき》病氣《びやうき》の時《とき》喧嘩《けんか》した時《とき》心配《しんぱい》ある時《とき》は中止《ちうし》の事《こと》。

土取吉凶脈

拇指　動《うご》けば先祖《せんぞ》傳來《でんらい》の地所《ちしよ》から取《と》れ。

人指　動《うご》けば兩親《ふたおや》に尋《たづ》ねて取《と》れ。

中指　動《うご》けば自分《じぶん》の自由《じゆう》。

藥指　動《うご》けば交通《こうつう》多《をは》き處《ところ》の土吉《つちきち》。

小指　動《うご》けば濕氣《しつけ》ある處《ところ》の土吉《つちきち》。

蠶室撰定脈

拇指　動《うご》けば自家吉《じかきち》。

人指　動《うご》けば自家《じか》より離《はな》れて建《た》てよ。

中指　動《うご》けば主人《しゆじん》の自由《じゆう》。

藥指　動《うご》けば何處《どこ》でもよし。

小指　動《うご》けば從來《じうらい》の儘《まゝ》がよい。

農家嫁撰定脈

拇指　動《うご》けば祖父母系《そふゝけい》によき嫁《よめ》あり。

人指　動《うご》けば父母系《ふぼけい》によき嫁《よめ》あり。

中指　動《うご》けば嫁《よめ》の氣質剛情故中止《きしつごうじやうゆえちうし》せよ。

藥指　動《うご》けば役《やく》に立《た》つが再緣《さいえん》なる可《べ》し。

小指　動《うご》けば冷性《ひえしやう》なり注意《ちうい》或《あるひ》は婦人病《ふじんびやう》あり。

農家婿取吉凶脈

拇指　動《うご》けば婿取吉《むこどりきち》、祖父母系《そふぼけい》によき婿《むこ》あり。

人指　動《うご》けば從順《じうじゆん》の婿《むこ》、父系《ちゝけい》にあり。

中指　動《うご》けば剛情《ごうじやう》だが能《よ》く働《はたら》くから本人《ほんにん》をよく調《しら》べてからせよ。

藥指　動《うご》けば外《ほか》に約束《やくそく》の女《おんな》あらん注意《ちうい》。

小指　動《うご》けば善良《ぜんりやう》ではあるが一家《か》を支《つか》へる力《ちから》なきかもしれぬ。

農家出産兒名字撰定脈

拇指　動《うご》けば一字名《じな》にして力強《ちからつよ》き名《な》がよい。

人指　動《うご》けば平凡《へいぼん》にして農家適當《のうかてきとう》の名《な》が吉《きち》。

中指　動《うご》けば二字《じ》の勇《いさ》ましき名《な》が吉《きち》。

藥指　動《うご》けば農家《のうか》適當《てきとう》の名《な》で人《ひと》に愛《あい》される名《な》を附《つけ》るがよい。

小指　動《うご》けば三字《じ》名《な》がよい。

生糸相場豫知脈

拇指　動《うご》けば生糸《きいと》は强含《つよふく》み持合《もちあい》の氣《き》。

人指　動《うご》けば相場《さうば》高《たか》し、然《しか》し靈脈《れいみやく》を診《しん》した時迄《ときまで》に大崩落《だいほうらく》があつたら人指《ひとゆび》の動《うご》き方《かた》に依《よつ》ては陰《いん》の極上《きよくのぼ》る事《こと》あり。

中指　動《うご》けば無理《むり》相場《さうば》にて上《あが》るから注意《ちうい》、突然《とつぜん》上《あが》れば後《のち》下《さが》るなり。

藥指　動《うご》けば外國電報《がいこくでんほう》などに依《よつ》て一時《ぢ》的《てき》下《さが》れども日《ひ》ならずして上《あが》る。

小指　動《うご》けば相場《さうば》人氣《にんき》共安《ともやす》し、此指《このゆび》に人指《ひとゆび》加《くは》わつて崩落《ほうらく》あり。

野畜類病氣脈

拇指　動《うご》けば永引《ながび》いても治《ち》す。

人指　動《うと》けば看護次第《かんごしだい》、漸次《ぜんじ》治《ち》す。

中指　動《うご》けば注射《ちつしや》及《およ》び氣勢《きせい》を強《つよ》くする等《とう》が吉《きち》。

藥指　動《うご》けば獸醫《ぢうい》の上手《じやうず》に診《み》て貰《もら》ふがよい。

小指　動《うと》けば毒物《どくぶつ》に犯《おか》されて居《を》るか知《し》れぬ。

家畜類病氣脈

拇指　動《うご》けば筋肉《きんにく》の患《やまひ》と見《み》て治療《ちれう》せよ。

人指　動《うご》けば食物《くひもの》の中毒《ちうどく》。

中指　動《うご》けば猫《ねこ》は持病《ぢびやう》、犬《いぬ》は恐怖病《きようふびやう》。

藥指　動《うご》けば皮膚病《ひふびやう》らしいから獸醫《ぢうい》に診《み》て貰《もら》い、家庭療法《かていれうほう》としては注意《ちうい》。

小指　動《うご》けば懷胎《みごもり》の爲《ため》の病氣《びやうき》ならん。

注意……凡《すべ》て畜類《ちくるい》の脈《みやく》は飼主《かひぬし》の五指《し》で診《しん》するのである、而《しか》して動物《どうぶつ》は咽喉《のど》の處《ところ》に觸手《しよくしゆ》して診脈《しんみやく》して居《を》る内《うち》に直感《ちよくかん》する、家畜《かちく》は前足《まへあし》を飼主《かひぬし》の手掌《てのひら》に載《のせ》て凝視《ぎようし》して居《を》る内《うち》にブル〳〵振《ふる》ふて來《く》る、それは精神上《せいしんじやう》に病氣《びやうき》があるのである。

養鶏紛失脈

拇指　動《うご》けば遠《とほ》くは往《ゆ》かぬ。

人指　動《うご》けば作小屋《さくごや》などに寝《ね》て居《ゐ》る。

中指　動《うご》けば盗難《とうなん》と見《み》る。

藥指　動《うご》けば犬猫《いぬねこ》に驚《おどろ》かされ何處《どこ》にか隱伏《ゐんぷく》して居《を》る。

小指　動《うご》けば盗人《ぬすびと》に盗《ぬす》まれたのである。

毎年風水害豫知脈

拇指　動《うご》けば平穏無事《へいおんぶじ》。

人指　動《うご》けば土用《ごとう》の出水《しゆつすゐ》あらん注意《ちうい》。

中指　動《うご》けば旱魃《ひでり》か震災《しんさい》の恐《おそれ》あり。

藥指　動《うご》けば風害《ふうがい》又《また》は虫害注意《むしがいちうい》。

小指　動《うご》けば水害注意《すゐがいちうい》。

農家助作藥草吉凶脈

拇指　動《うご》けば外科藥栽培吉《げかやくさいばいきち》。

人指　動《うと》けば内服藥《のみぐすり》の栽培吉《さいばいきち》。

中指　動《うご》けば散藥類《さんやくるい》の植附吉《うゑつけきち》。

藥指　動《うご》けば膏藥類《こうやくるい》の藥草吉《やくさうきち》。

小指　動《うご》けば水藥用藥草《すゐやくようやくそう》か毒病用《どくびやうよう》のが良《よ》い。

古井戸埋立可否脈

拇指　動《うご》けば古井戸《ふるゐど》は埋立《うめたて》せず浚《さら》ふて使用吉《しようきち》。

人指　動《うご》けば埋立自由《うめたてじゆう》、井戸《ゐど》の中《なか》に左記《さき》の杭《くひ》を一本打込《ほんうちこ》む可《べ》し、精神的安心《せいしんてきあんしん》出來《き》るから、『八方各更變二百萬億那由陀國皆令清淨』と三尺位《じやくぐらひ》の角木《かくき》に書《しよ》して打込《うちこ》めばよい、之《こ》れは決《けつ》して迷信《めいしん》でもなんでもない。

中指　動《うご》けば深《ふか》く堀《ほつ》て石《いし》に打《ぶつ》かつてこれを抜《ぬ》けばよい然《しか》し埋《う》めても支《つか》へない。

藥指　動《うけ》けば埋《うめ》ても別《べつ》に支《つか》へなし。

小指　動《うご》けば他《た》に井戸《ゐど》を堀《ほ》つてから埋《うめ》る吉《きち》。

養魚吉凶脈

拇指　動《うご》けば養鯉《かひごゐ》がよい。

人指　動《うご》けば何《なん》でもよい特《とく》に鯰《なまづ》がよい。

中指　動《うご》けば鰻吉《うなぎきち》、養鯉特《かひごゐとく》によし。

藥指　動《うご》けば何《な》んでも吉《きち》、四季《き》流行《りうこう》の物《もの》を撰定《せんてい》して養《やしな》ふがよい、金魚《きんぎよ》などは必《かなら》らずよい。
小指　動《うご》けば水《みづ》に就《つい》て害《がい》があるから注意《ちうい》。

養豚吉凶脈

拇指　動《うご》けば養豚業吉《ようとんぎやうきち》。
人指　動《うご》けば場所《ばしよ》を廣《ひろ》くせねば損《そん》をする。又掃除《またそうぢ》が行屆《ゆきとゞ》かぬと病仔《びやうじ》が出來《でき》る、尙食物《なほしよくもつ》を注意《ちうい》せねばならぬ、身體《しんたい》を洗《あら》ふと太《ふと》る。
中指　動《うご》けば中止《ちうし》。
藥指　動《うご》けば有利《ゆうり》。
小指　動《うご》けば中止《ちうし》。

養鷄吉凶脈

拇指　動《うご》けば永久《えいきう》の事業《しごと》とするには吉《きち》。
人指　動《うご》けば飼主《かひぬし》の自由《じゆう》。
中指　動《うご》けば短氣《たんき》の人《ひと》がすれば損《そん》をする。
藥指　動《うご》けば婦人《おんな》の内職《ないしよく》にして有利《ゆうり》なり。
小指　動《うご》けば卵《たまご》から甦《かへ》す方《はふ》が有利《ゆうり》なり。

普請木材取入吉凶脈

拇指　動《うご》けば祖先傳來《そせんでんらい》の山林《さんりん》より出《だ》せ。
人指　動《うご》けば何處《どこ》からでもよい。
中指　動《うご》けば材木商《ざいもくや》のが格安《やすね》でよい。
藥指　動《うご》けば主人《しゆじん》の自由《じゆう》。
小指　動《うご》けば妻《つま》の靈脈《れいみやく》で定《き》めてよい。

注意……以上《いじやう》農家脈《のうかみやく》の二章《しよう》は農家《のうか》に對《たい》して全部《ぜんぶ》ではないが大體《だいたい》に於《おい》て表記《へうき》したのであるから徹底《てつてい》の上應用自在《うへおうようじざい》なられよ。

農家副業葛布製造法秘傳

葛布《くやふ》とはカタクリの取《と》れるその蔓《つる》から出《で》る麻《あさ》の樣《やう》なのを製《せい》して布《ぬの》に織《な》り日本《にほん》では唐紙《からかみ》に用《もち》ひ、輸出品《ゆしゆつひん》としては舞踏室《ぶたうしつ》其他《そのた》に用《もち》ひるのである、非常《ひじやう》に高價《かうか》であるから、余《よ》は過去《かこ》拾四五年前《ねんぜん》に埼玉縣《さいたまけん》に於《おい》て二三人《にん》の農家《のうか》の人《ひと》を使《つか》ふて製出《せいしゆつ》したので是非副業《ぜひふくぎやう》とさせたいのであるから誰《たれ》にでも敎《をし》へるのである。

精製法秘傳

先《ま》づ葛蔓《くづつる》の新芽《しんめ》（四月《がつ》から拾月迄《がつまで》出《で》る）を採取《さいしゆ》し、五六本《ほん》を八寸位《すんくらゐ》の輪形《わがた》にして、釜《かま》に入《い》れ水《みづ》から煮《に》る事《こと》二三時間《じかん》して取《と》り出《だ》し、草《くさ》の床《とこ》を出來《でか》して置《お》いた中《なか》に入《い》れて二晝夜《ちうや》蒸《むす》のである。

三日目《かめ》の朝《あさ》出《だ》して右《みぎ》五六本位《ほんぐらひ》の元《もと》をシッカリ握《にぎ》り、右手《みぎて》の四本指《ほんゆび》にて晒《さら》すのである、その晒《さら》し場《ば》の水《みづ》は砂利川《じやりかは》が良《よ》い、砂川《すなかは》はくず麻《あさ》の光澤《つや》が出《で》ないからである、晒《さら》して後米《のちこめ》の洗《あら》ひ流《なが》しの白水《しろみづ》に入《い》れて其中《そのなか》に晒粉《さらしこ》を少《すこ》し合《がつ》して、一夜《や》その儘放置《まゝほうち》し翌朝《よくあさ》出《だ》して日光《につこう》に三四時間《じかん》乾《かわ》かすのである。

若《も》し雨天《うてん》の時《とき》は良《よ》い天氣《てんき》になる迄白水《までしろみづ》の中《なか》に置《お》く事《こと》、天氣《てんき》になつたら直《たゞち》に乾《かわ》かし大《おほ》きな箱《はこ》に入《い》れ保存《ほぞん》して冬期閑時《ふゆのひまどき》に織物《おりもの》にするのである、箱《はこ》の中《なか》へは外《そと》から空氣《かぜ》の入《はい》らぬ様《やう》にして置《お》かねばいけない。〔織方《おりかた》は直授《ちよくじゆ》する〕

葛蔓《くずつる》は何處《どこ》にもあるが木《き》の枝《えだ》や垣抔《かきなど》にからんで居《を》るのはいけない、凡《すべ》て地《ち》に伸《のび》のびと生《は》へて居《を》るのが光澤《つや》がある、先《ま》づ右《みぎ》の如《ごと》く製《せい》して余《よ》の處《ところ》に見本《みほん》を送《おく》ればあとは完成《かんせい》させてあげますから採取製造丈《さいしゆせいぞうだけ》を右《みぎ》の如《ごと》く教《をし》へる。

日本《にほん》に葛蔓《くずつる》が澤山《たくさん》ある處《ところ》は東北地《とうほくち》であるが殊《こと》に新潟方面《にいがたはふめん》には無盡藏《むじんぞう》である、

遠洲濱松《えんしうはまゝつ》を中心《ちうしん》として採取製作《さいしゆせいさく》されて外國直輸出《がいこくちよくゆしゆつ》されて居《を》る、くず布《ふ》は出來上《できあが》りが唐紙《からかみ》四枚分《まいぶん》で一反《たん》とされてある、それが隨分高價《ずゐぶんたかね》に取引《とりひき》されて居《を》る事《こと》は確《たし》實《か》である、製出《せいしゆつ》が上等《じやうとう》で光澤《つや》が優等《ゆうとう》なれば養蠶《ようさん》より打算上有益《そろばんじやうゆうえき》の樣《やう》に思《おも》われるから國產《こくさん》として研究《けんきう》されよ。

唐紙四枚分一反として裏に丈夫の紙を張り、それが賣價八九圓である、原料は一反分僅に百匁位のくず麻しかいらないのである。

第拾貳章　病氣に關する雜脈

病氣《びやうき》に關《かん》しての靈脈《れいみやく》は心王靈醫學《しんのうれいいがく》の專門《せんもん》であるからあらゆる病脈《びやうみやく》に應用《おうよう》して居《を》るが、此章《このしやう》に公表《こうへう》する諸脈《しよみやく》は諸講本《しよこうほん》に記《しる》したのを綜合《そうごう》したのだから系統《けいとう》が通《とう》つて居《を》らないから雜脈《ざつみやく》として研究《けんきう》されよ、次《つぎ》章からは諸病脈《しよびやうみやく》の系統《けいとう》を確實《かくじつ》に公表《こうへう》する事《こと》に定《き》めてあるから。

人間の身體脈

拇指　は肩《かた》より上及《うへおよ》び全精神《ぜいせいしん》の統《とう》一境《きやう》。

人指　は内臟《ないぞう》と肉體全部《にくたいぜんぶ》に一切《さい》細胞吸集役《さいほうきふしふやく》。

中指　は身體中《しんたいちう》の動律《どうりつ》にして電子《でんし》の活動役《かつどうやく》。

藥指　は身體中《しんたいちう》の不淨排泄役《ふぜうはいせつやく》。

注意……凡《すべ》て人間《にんげん》の生命《せいめい》は心王《しんのう》であつて拇指《ぼし》に屬《ぞく》し人指《ひさゆび》は肉《にく》に屬《ぞく》し身體《しんたい》の電熱《でんねつ》を兼《か》ねるのである、中指《なかゆび》は氣力《きりよく》の役《やく》にして肉體細胞《にくたいさいほう》を活躍《かつやく》せしむる代役《だいやく》、藥《やく》指《し》は拇指《ぼし》に接近《せつきん》して呼吸《こきう》と脈《みやく》を調理《てつり》する役《やく》と見《み》てよい、小指《こゆび》は不言實行役《ふげんじつこうやく》である。

毒症脈眞僞

拇指　動《うご》けば遺傳毒《ゐでんどく》である事《こと》は教《おし》へてあるが小指《こゆび》が加《くは》わつて酒毒《さけのどく》、梅毒《ばいどく》、胎毒《たいどく》鉛毒等《えんどくなど》のある事《こと》を知《し》らねばならぬ。

人指　動《うご》けば概《がい》して胎毒《たいどく》であるが皮膚《ひふ》から傳染《でんせん》した毒《どく》もあるから注意《ちうい》す可《べ》し、食物上《しよくもつじやう》の毒《どく》に中《あて》られたのもあるし、腹中《はらのなか》に毒《どく》あつてこれが時《とき》に發《はつ》したとも見《み》る事《こと》がある注意《ちうい》。

中指　動《うご》けば萬事中毒《ばんじちうどく》と見《み》る事《こと》あり、これは自分《じぶん》で無理《むり》に食《しよく》したり勝手《かつて》に毒《どく》に感染《かんせん》した、萬事《ばんじ》自《みづか》ら求《もと》めた意味《いみ》である。

藥指　動《うご》けば概《がい》して感染毒《かんせんどく》である、この感染毒《かんせんどく》は花柳界《かりうかい》ばかりでなくて酒毒《しゆどく》、鉛毒等《えんどくとう》一切《さい》の毒《どく》に感染《かんせん》したと見《み》る。

小指　動《うご》けば概《がい》して毒《どく》があるから感染《かんせん》も早《はや》いし、時《とき》に或《あるひ》は體《からだ》に出《で》る事《こと》もあるから油斷《ゆだん》はならぬのである。

注意……凡《すべ》て毒《どく》は身體《からだ》から出《で》たのであるが、心《こころ》にある毒《どく》は眼《め》に見《み》へないから注《ちう》意《い》を要《えう》するのである、釋尊《しやくそん》も惡象《あくぞう》には驚《おどろ》かないが惡智《わるぢ》慧《ゑ》の者《もの》には畏《おそ》れねばならぬと云《い》ふた、心《こころ》にある三毒《どく》は中指《なかゆび》に出《で》る貪《どん》、瞋《しん》、痴《ち》、の毒《どく》であつてこれが三指《し》に現《あら》われる、貪指《どんし》は小指《こゆび》、瞋指《しんし》は中指《なかゆび》、痴指《ちし》は人指《ひとゆび》である、此《こ》の心《こころ》の三毒《どく》が肉體《にくたい》の種々《いろいろ》なる毒《どく》に出《で》るのであるから注意《ちうい》せられよ。

因果消滅を識る脈

拇指　動《うご》けば眞實《しんじつ》を盡《つく》して却《かへ》つて因果《いんが》を受《う》けたのである、人《ひと》を助《たす》けて罪《つみ》を得《え》るのであるがそれにはその者《もの》の因果《いんが》消滅《せうめつ》である。

人指　動《うご》けば期《き》せずして民衆《みんしう》の爲《ため》に苦境《くるしみ》に引《ひ》き入《い》れられて中心《ちうしん》になつて因果《いんが》を作《つく》る脈《みやく》とす、然《しか》し之《こ》れが爲《ため》に因果《いんが》消滅《せうめつ》して人《ひと》に稱揚《せうよう》されるから蟬脫《せんだつ》すると同《おな》じである。

中指　動《うご》けば自分《じぶん》が作《つく》つた因果《いんが》に依《よ》つて人《ひと》を助《たす》ける事《こと》があるがこれは却《かへ》つて人《ひと》を惡道《あくだう》に陷《おと》しいれるのであるから罪《つみ》が重《おも》いが、今度《こんど》は自分《じぶん》が先《さき》に自覺《じかく》してその人《ひと》を救《すく》へば却《かへ》つて其人《そのひと》が善果《ぜんか》を他《た》に植《う》へるのである、即《すなは》ち自分《じぶん》の作《つく》つた善惡《ぜんあく》の酬《むくひ》を自《みづか》ら刈《か》り取《と》る事《こと》。

藥指　動《うご》けば時代《じだい》の風潮《ふうてう》に依《よ》つて或《あるひ》は煽動《せんどう》せられて罪《つみ》を作《つく》りたのであるからサンゲ奉仕的行爲《ほうしてきおこなひ》に出《で》れば消滅《せうめつ》する。

小指　動《うご》けば子供《こども》の爲《ため》に作《つく》つた事《こと》と子供心《こどもごゝろ》で作《つく》つた事《こと》であるから自覺《じかく》して心王《しんのう》

を認《みと》めれば消滅《せうめつ》する。

注意……凡《すべ》て因果律《いんがりつ》は自分《じぶん》の心王靈性《しんのうれいせい》を認識《にんしき》すれば軈《やが》てサンゲと犧牲《ぎせい》と大慈悲《だいじひ》とになるからそれが一切《さい》の因果律消滅《いんがりつせうめつ》の前提《まへおき》たる事《こと》を識《し》る可《べ》し、然《しか》しサンゲも犧牲《ぎせい》も大慈悲《だいじひ》も虚名《きよめい》を博《はく》せん爲《ため》にするのはいけない。

憂鬱症に就ての脈

拇指　動《うご》けば遺傳性《ゐでんせい》の憂鬱《いううつ》が多《おほ》いが社會《しやかい》の怒濤《どとう》に失敗《しつぱい》して憂鬱性《ゆううつしやう》になつた者《もの》も多《おほ》いが、祖父母等《そふぼら》の壓迫《あつぱく》にて心氣《こゝろ》が晴々《はれ〴〵》しないで憂鬱症《ゆううつしやう》になつて居《お》る者《もの》もある、この指内《ゆびうち》に曲《まが》れば祖父母《そふぼ》の壓迫《あつぱく》と見《み》る可《べ》し、外《そこ》に動《うご》けば侵入的變性《しんにふてきへんせい》と見《み》る可《べ》し。

人指　動《うご》けば胃腸病《ゐちやうびやう》などから憂鬱性《ゆううつしやう》になつたのが多《おほ》い、肉體的勞働《にくたいてきらうどう》の過勞《かろう》より來《きた》りし變性憂鬱《へんせいゆううつ》もあるから注意《ちうい》、又肺病《またはいびやう》が感染《かんせん》せぬかと心配《しんぱい》してなつたものもあるから試脈《しみやく》に注意《ちうい》の事《こと》。

中指　動《うご》けば眞《しん》の腦病《のうびやう》から心配《しんぱい》してなつた憂鬱症《ゆううつしやう》である、腦《のう》が治《ぢ》すれば一切《さい》全《ぜん》治《ぢ》する、餘《あま》り剛情《ごうじやう》の爲《ため》になつた者《もの》もある。

藥指　動《うご》けば憂鬱症《ゆううつしやう》の傳染《でんせん》と見《み》る、或《あるひ》は氣性《きしやう》が弱《よわ》い爲《ため》に人《ひと》から驚《おどろ》かされてなつたものもある。又《また》同情《どうじやう》 的《てき》憂鬱症《ゆううつしやう》 とも見《み》る。

小指　動《うご》けば子供心《こどもごゝろ》の親《おや》に話《はな》せない爲《ため》に憂鬱症《ゆううつしやう》になつたと見《み》る、此指《このゆび》は萬事《ばんじ》内《うち》氣《き》の方《はう》であるから時《とき》に或《あるひ》は變化《へんか》して憂鬱《ゆううつ》から精神病《せいしんびやう》になる事《こと》もあるから注意《ちうい》す可《べ》し。

注意……凡《すべ》て憂鬱《ゆううつ》は心氣《しんき》の擧《あが》らぬ爲《ため》に來《きた》るのが十中《ちう》七八迄《まで》であるから靈脈《れいみやく》をよく調《しら》べて適當《てきとう》の處置《しよち》を執《とら》ぬと不具者《ふぐしや》にして仕舞《しま》ふのである、學校《がくかう》などで同窓《どうそう》生《せい》に迫害《はくがい》されて恐怖觀念《きやうふかんねん》から進《すゝ》んだ憂鬱症《ゆううつしやう》もある、又酒《またさけ》の爲《ため》に來《き》たのもある拇指《ぼし》に中指《なかゆび》が加《くは》わつたのは酒《さけ》の中毒《ちうどく》から來《き》たのである。

文明病者鑑識脈

拇指　動《うご》けば文明病《ぶんめいびやう》にあらずして遺傳的諸病《ゐでんてきしよびやう》と見《み》てよい。
人指　動《うご》けば文明病《ぶんめいびやう》あつても出《だ》せない氣性《きしやう》。
中指　動《うご》けば文明病的傾向《ぶんめいびやうてきかたむき》あり藥指《やくし》加《くは》わつて正《まさ》にその現《あら》はれである、即《すなは》ち向上《こうぜう》氣狂也《きちがひなり》。
藥指　動《うご》けば文明病《ぶんめいびやう》に感染《かんせん》して居《を》る故注意《ゆえちうい》。
小指　動《うご》けば劣等《れつとう》なる文明病患者《ぶんめいびやうかんじや》にして氣狂《きちがひ》にならずに梅毒《ばいどく》に冐《おか》された人《ひと》と見《み》る可《べ》し。
注意……文明病《ぶんめいびやう》とは詰込學問《つめこみがくもん》の爲《ため》に腦神經衰弱《のうしんけいすいじやく》になつたり肺病《はいびやう》になつたりする事《こと》なり。

各不具者脈

拇指　動《うご》けば五體滿足《たいまんぞく》で精神活動《せいしんかつどう》に欽《かけ》た者《もの》。
人指　動《うご》けば精神上滿足《せいしんじやうまんぞく》で肉體《にくたい》に欽陥《けつかん》あり。
中指　動《うご》けば身體活動《しんたいかつどう》には欽《かけ》ないが頭《あたま》が働《はたら》かない者《もの》又惡《また わる》い方《はう》にばかり働《はたら》く者《もの》。
藥指　動《うご》けば生甲斐《いきがひ》もなく身《み》を曝《さら》し往來《わうらい》の袖《そで》に縋《すが》る乞食《こじき》に似《に》た精神的不具者《せいしんてきふぐしや》。
小指　動《うご》けば神經衰弱《しんけいすいじやく》にかゝつた一見異狀《けんゐじやう》なくて役《やく》に立《た》たぬ者《もの》。
注意……凡《すべ》て不具者《ふぐしや》とは概《がい》して心靈上《しんれいじやう》に欽陥《けつかん》ある事《こと》を指示《しじ》するのであるから誤《ご》解《かい》せぬ樣《やう》にせられよ、社會《しやかい》に活躍《かつやく》して居《を》る者《もの》で多《おほ》く欽陥《けつかん》があるからである。

人體及び身内諸臭脈

拇指　動《うご》けば肉體《にくたい》の臭氣《しうき》なくして心靈上《しんれいじやう》に香《にほひ》がある、その香《にほひ》は鉄氣《てつき》を帶《を》びた甘《あま》い香《にほひ》。
人指　動《うご》けば肉體《にくたい》に香《にほひ》がある、その香《にほひ》は苦味《にがみ》を帶《を》びて居《を》る、手頸《てくび》を嗅覺《きうかく》すれば判《わか》る、苦味《にがみ》に甘氣《あまけ》あれば毒性《どくせい》が心臟《しんぞう》を冒《おか》して居《を》る。

中指　動《うご》けば甘《あま》くして酢氣《すき》があるけれども多《おほ》く心靈上《しんれいじやう》に關《かん》した香《にほひ》であつて甘酢《あますい》氣《き》が火《ひ》に逢《あ》ふて蒸《む》された樣《やう》な嗅覺《きうかく》は非常《ひじやう》に腦欽陷《のうけつかん》。

藥指　動《うご》けば人好《ひとずき》のする香《にほひ》があるが白粉《おしろい》を顏《かほ》に塗《ぬつ》て夏期汗《かきあせ》と交《ま》ざつた樣《やう》なのはダラシのない人《ひと》であると見《み》る。

小指　動《うご》くのは何《なん》となく水臭《みづくさ》くして冷《つめ》たい香《にほひ》がする、而《しか》して多《おほ》く甘味《あまみ》の香《にほひ》あつて蒸《むさ》れた樣《やう》な嗅覺《きうかく》は梅毒《ばいどく》の非常《ひじやう》な人《ひと》である。

注意……凡《すべ》て嗅覺《きうかく》は肉體《にくたい》より精神方面《せいしんはうめん》に對《たい》してするのが目的《もくてき》であるから肉體《にくたい》を嗅覺《きうかく》する内《うち》に精神上《せいしんじやう》の香《にほひ》が充分判《じうぶんわか》る樣《やう》にならなければいけないのである。

大病者生命に就て眞脈

拇指　動《うご》けば大概《たいがい》は治《ぢ》するが大病者《たいびやうしや》に常《つね》に閉目勝《へいもくがち》の者《もの》譫語《うわごと》を云《い》ふ者《もの》と、身體《からだ》が白《しろ》い者《もの》と、身體《からだ》を非常《ひじやう》に動《うご》かす者《もの》と人《ひと》を賴《たよ》りにする病人《びやうにん》とは拇指《ぼし》動《うご》いたら注意《ちうい》せよ。

人指　動《うご》けば病人《べうにん》は醫師《いし》次第《しだい》であるが、人《ひと》を賴《たよ》りにする病人《べうにん》であるから、病人《べうにん》の賴《たよ》りになる者《もの》が看護《かんご》すればよい、それでないと力《ちから》を落《おさ》すと惡《わる》くなる。

中指　動《うご》けば自分《じぶん》が無理《むり》して惡《わる》くなつた病人《べうにん》であるから自分《じぶん》が觀念《かんねん》すれば良《よ》くなる、我儘《わがまゝ》をすれば治《なほ》らない。

藥指　動《うご》けば病氣《べうき》は一定《てい》せない、病人《べうにん》の氣次第《きしだい》で惡《わる》くも快《よ》くもなるから、此指《このゆび》が動《うご》いたら用心《ようじん》せねばならぬ。

小指　動《うご》けば病氣《びやうき》は腰《こし》より上《うへ》なれば輕《かる》いが腰《こし》より下《した》なれば重《おも》いと知《し》る可《べ》し、此《この》指《ゆび》は多《おほ》く肉體《にくたい》に屬《ぞく》した病氣《びやうき》なれば醫師《いし》と合《がつ》して治療《ちれう》すれば生命《せいめい》は大丈夫《だいぢやうぶ》。

注意……凡《すべ》て大病人《たいびやうにん》になつたら看護《かんご》が大切《だいじ》である故靈脈《ゆえれいみやく》を診《しん》したら餘程注意《よほどちうい》せないと誤《あやま》るから術者《じゆつしや》の靈威《れいゐ》と熟練《じゆくれん》が大切《たいせつ》である。

體質に依る食物撰定脈

拇指　動《うご》けば野菜《やさい》でも肉《にく》でも堅《かた》い物《もの》。

人指　動《うご》けば口《くち》と腹《はら》と相談《さつだん》して食《く》へ。

中指　動《うご》けば何《なん》でも調和《てうわ》する。

藥指　動《うご》けば四季《き》流行《はやり》物《もの》及《およ》び軟《やわら》かい物《もの》。

小指　動《うご》けばうどの樣《やう》な香《にほひ》ある野菜《やさい》がよい。

轉地場所撰定脈

拇指　動《うご》けば乾《かわ》いた高《たか》い地方《ちはう》及《およ》び祖父母《そふぼ》に相談《さうだん》してよい地《ち》を撰定《せんてい》せよ。

人指　動《うご》けば何處《どこ》でも病者《びやうしや》の好《この》む處《ところ》。

中指　動《うご》けば地味《ちみ》の上品《じやうひん》の處《ところ》がよい。

藥指　動《うご》けば時代人心《じだいじんしん》の好《この》む處《ところ》がよい。

小指　動《うご》けば小閑《のどか》の處《ところ》がよい水《みづ》に接近《せつきん》した處《ところ》を撰定《せんてい》せよ、海岸《かいがん》の靜閑《しづか》の處《ところ》。

自殺他殺脈

拇指　動《うご》けば自殺《じさつ》にも他殺《たさつ》にもあらず自然《しぜん》の命數《いのち》である。

人指　動《うご》けば病氣《びやうき》か食物《くひもの》の爲《た》め、中毒《ちうどく》の恐《おそ》れありとす、或《あるひ》は胃《ゐ》の惡《わる》かつた爲《ため》であろふ。

中指　動《うご》けば自殺《じさつ》と見《み》てよい。

藥指　動《うご》けば流行的《りうこうてき》自殺《じさつ》感染《かんせん》と見《み》る。

小指　動《うご》けば他殺《たさつ》の憂《うれひ》がある。

病氣と顏色脈

拇指　動《うご》けば病勢《びやうせい》は沈《しづ》んで居《を》るが顏色《かほいろ》が何《なん》となく黑《くろ》く蒼白《あをじろ》である。

人指　動《うご》けば病氣《びやうき》は慢性《まんせい》の樣《やう》であるが顏色《かほいろ》は何《なん》となく晴《はれ》やかにあるが內部《うち》は大《だい》

分《ぶ》勞《つか》れて居《を》るのである。

中指　動《うご》けば精神的《せいしんてき》にはシッカリして居《を》る樣《やう》でも元氣《げんき》がないから顏色《かほいろ》が惡《わる》い。

藥指　動《うご》けば顏色《かほいろ》は誠《まこと》に賑《にぎや》かであるが精神的《せいしんてき》には勞《つか》れて居《お》ると見《み》る。

小指　動《うご》けば顏色《かほいろ》は蒼白《さうはく》でも身體《しんたい》はそんなに勞《つか》れて居《を》らぬから療法第《れうはうだい》一。

皮膚病原因脈

拇指　動《うご》けば原因《げんいん》は心王《しんのう》の制裁皮膚病《せいさいひふびやう》。

人指　動《うご》けば母《はゝ》の吝嗇《りんしよく》から人《ひと》を慘酷《ざんこく》にしたその因果存續《いんがそんぞく》の皮膚病《ひふびやう》。

中指　動《うご》けば自分勝手《じぶんかつて》にて對人關係《たいじんかんけい》で無理《むり》をしたのと妻君《さいくん》に無理《むり》をした原因《げんいん》。

藥指　動《うご》けば友人《ともだち》から感染《かんせん》したのであつて友人《ともだち》は家庭《かてい》の亂倫《らんりん》から來《き》た皮膚病《ひふびやう》。

小指　動《うご》けば子供《こども》を抱《だ》いたり、面倒《めんどう》を見《み》たりして、その惡膿《あくのう》が附着《ふちやく》したのが原《もと》である。

音聲中に毒氣ある脈

拇指　動《うご》けば遺傳《ゐでん》毒氣《どくき》の惡臭《あくしう》が音聲《おんせい》から出《で》て人《ひと》に嫌《きら》はれる。

人指　動《うご》けば梅毒《ばいどく》でない胎毒《たいどく》の惡臭《あくしう》が音聲《おんせい》にもあり座《ざ》する時《とき》にもプンと臭《にほ》ふ。

中指　動《うご》けば腦《のう》が惡《わる》い、その原因《げんいん》は煩悶《はんもん》からであつてそれは梅毒《ばいどく》に冒《おか》されて居《を》る惡臭《あくしう》。

藥指　動《うご》けば皮膚《ひふ》が腐敗《ふはい》して何《なん》とも云《い》はれない惡臭《あくしう》があるが音聲中《おんせいちう》に出《で》る。

小指　動《うご》けば肉交《にくこう》に依《よ》る毒臭《どくしう》であつて、顏《かほ》でも手《て》でも壓《あつ》すると皮膚《ひふ》が蒼白《さうはく》になるから注意《ちうい》。

藥毒の有無脈

拇指　動《うご》けば藥毒《やくどく》ではない。

人指　動《うご》けば藥毒《やくどく》が少《すこ》し胃《ゐ》に殘《のこ》つた樣姿《やうす》。

中指　動《うご》けば藥毒《やくどく》は自分《じぶん》で滞《とゞこ》をらせたのだ。

藥指　動《うご》けば身體《からだ》にはないが皮膚《ひふ》に現《あらは》れて黒色《くろいろ》を呈《てい》して居《を》るので判《わか》る。

小指　動《うご》けば藥毒《やくどく》は血管《けつかん》に染《し》みこんで居《を》る。

酒毒に中った脈

拇指　動《うご》けば酒毒《しゆどく》にて神經《しんけい》を冒《おか》されて記憶力減退《きをくりよくげんたい》したのである。

人指　動《うご》けば酒毒《しゆどく》に胃《ゐ》を冒《おか》され元氣《げんき》がない。

中指　動《うご》けば酒毒《しゆどく》に脳《のう》を冒《おか》されて居《を》る。

藥指　動《うご》けば酒毒《しゆどく》に冒《おか》されて筋《すぢ》が病氣《びやうき》となつて中氣《ちうき》の如《ごと》き病狀《びやうぜう》を示《しめ》す。

小指　動《うご》けば酒毒《しゆどく》に冒《おか》され腸《ちよう》を痛《いた》めて居《を》る。

婦人鉛毒脈

拇指　動《うご》けば鉛毒《えんどく》は神經《しんけい》を冒《おか》し眼病《がんびやう》に害有《がいあり》。

人指　動《うご》けば鉛毒《えんどく》は肉體《からだ》及《およ》び內臟《ないぞう》に侵入《しんにふ》して關節炎《かんせつえん》の如《ごと》きを示《しめ》す。
中指　動《うご》けば鉛毒《えんどく》は腦《のう》を冒《おか》して記臆力減退《きをくりよくげんたい》。
藥指　動《うご》けば鉛毒《えんどく》は皮膚《ひふ》を冒《をか》して居《お》る、神經過敏《しんけいかびん》になる者多《ものおほ》し。
小指　動《うご》けば鉛毒《えんどく》は胎兒《たいじ》を冒《をか》し出產後兒《しゆつさんごじ》女《じよ》が皮膚病《ひふびやう》する者多《ものおほ》し。

食中毒水中毒脈

拇指　動《うご》けば魚類《ぎよるい》の骨《ほね》にあてられたのである、水中害《みづあたり》はなし。
人指　動《うご》けば喰過《くひす》ぎ丈《だけ》で中毒《ちうどく》ではない、水中害《みづあたり》もなし。
中指　動《うご》けば野菜《やさい》の中毒《ちうどく》と見《み》てよい、水《みづ》は少《すこ》し腐敗《ふはい》して居《を》るかも知《し》れぬ。
藥指　動《うご》けば中毒《ちうどく》にあらず風邪《ふうじや》の熱內訌《ねつないこう》の爲《ため》に食物《くひもの》と熱《ねつ》との衝突《しようとつ》らしい。
小指　動《うご》けば食中毒《しよくあたり》なし然《しか》し魚類《うをるい》は多少腐敗《たせうふはい》して居《を》るらしい、水中害《みづあたり》あり。

灸あたりを知る脈

拇指　動《うご》けば神經筋《しんけいすぢ》に灸《きう》を燒《やい》たらしい。

人指　動《うご》けば灸中《きうあた》りにあらず、されども灸穴《きつけつ》が少《すこ》しハヅレて居《を》るかも知《し》れぬ。

中指　動《うご》けば灸中毒《きうあたり》にあらず熱《ねつ》の內訌《ないこう》。

藥指　動《うご》けば痙攣止《けいれんどめ》の灸《きう》の燒場《やきば》が違《ちが》ふたらしいから注意《ちうい》。

小指　動《うご》けば灸《きう》の燒場《やきば》は冷《ひ》へにあるが背《せ》に燒《や》いた爲《ため》に痛《いた》むらしい。

憑靈と奇病脈

拇指　動《うご》けば憑靈病《つきものびやう》でも奇病《きびやう》でもない祖父母《そふぼ》が社會的罪惡《しやかいてきつみ》を作《つく》つた隔世病《かくせいびやう》。

人指　動《うご》くは憑靈心象《つきものしんせう》が肉體《からだ》に現《あらは》れて居《を》るので所謂業病《いわゆるげうびやう》の樣《やう》な長病《ながわづらひ》。

中指　動《うご》けば自己《じこ》で作《つく》つて居《を》る憑靈病《つきものびやう》であつて奇病《きびやう》ではない。

藥指　動《うご》けば自分《じぶん》が迷信《めいしん》から二重心象《ぢうしんせう》になつた憑靈寄病《つきものきびやう》とする。

小指　動《うご》けば祈禱《きとう》などから變化《へんか》した愚人《ぐじん》の憑靈心象病《つきものしんせうびやう》であつて奇病《きびやう》ではない、

時《とき》に狐《きつね》や狸《たぬき》の眞似《まね》をする白痴《はくち》心象《しんせう》である。

癖病と習慣病脈

拇指　動《うご》けば癖《くせ》病である。
人指　動《うご》けば習慣病《しつかんびやう》である。
中指　動《うご》けば習慣病《しうかんびやう》を自分《じぶん》が作《つく》るのである。
藥指　動《うご》けば人眞似《ひとまね》から來《き》た癖病《へきびやう》。
小指　動《うご》けば生《うま》れてから隠《かく》れて居《を》つた癖《くせ》が出《で》たのである。

幻聽と幻視病脈

拇指　指《うご》けば幻聽《げんちよう》でも幻視《げんし》でもないが祖父母《そふぼ》の言《げん》が精神上《せいしんじやう》で二重活動《ぢうかつどう》するのである。
人指　動《うご》けば心配《しんぱい》が凝《こつ》て幻聽《げんちよう》の如《ごと》くなるのである幻視《げんし》でもない。

中指　動《うご》けば剛情《ごうじやう》の爲《ため》に人《ひと》を壓迫《あつぱく》してそれが心王《しんのう》の制裁《せいさい》にて幻聽《げんちやう》の如《ごと》く聞《きこ》へるのだから自分《じぶん》の非《ひ》を悔《く》ゆれば無《な》くなる。

藥指　動《うご》けば感情《かんじやう》衝突《しようとつ》の因《いん》から空間靈波《くうかんれいは》の如《ごと》き種々《しゆ〴〵》なる心象作用《しんしやうさよう》を五管《くわん》に示《しめ》すのであるから既往《きわう》の事《こと》を考《かんが》へてサンゲすれば治《ち》す。

小指　動《うご》けば子供《こども》に耳《みゝ》を打《う》たれて多少《たせう》鼓膜《こまく》に損傷《そんしやう》がある處《ところ》へ外部《そと》からの感傷的《かんしやうてき》言辭《げんじ》が印象《いんしやう》して居《を》るのである。

以上《いじやう》は病脈《びやうみやく》として諸所《しよく》に公表《こうへう》したのを蒐集《がいしう》したのであるから、靈脈《れいみやく》の五法秘《ほうひ》義《ぎ》を心得《こゝろゑ》てから公表《こうへう》の脈《みやく》を中心《ちうしん》としてあらゆる問題《もんだい》に應用《おうよう》されると實《じつ》に妙々《めう〳〵》の活斷《かつだん》を示《しめ》すのである。

心王靈脈は心靈裁判の骨髓であるから研究者は嚴格に修らめれよ。

第拾參章　病脈正系と合指脈

病脈《びやうみやく》は茲《こゝ》に示《しめ》す正系《せいけい》を土台《どだい》としてあらゆる病脈《びやうみやく》及《およ》び合指脈《ごうしみやく》、並《ならび》に奇病業《きびやうごふ》病難病《びやうなんびやう》の診断《しんだん》をするのである、故《ゆゑ》に此《こ》の病脈《びやうみやく》の正系《せいけい》を暗記《あんき》してからでなければならぬ、されど根本分類《こんぽんぶんるい》が九百七拾六種《しゆ》あるから熱心《ねつしん》に修得《しうとく》せねばならぬ。

拾三萬有餘《まんゆうよ》の應用《おうよう》は病脈《びやうみやく》以外《いがい》の人事《じんじ》萬般《ばんぱん》及《およ》び宇宙間《うちうかん》の事象《じしやう》の起居《ききよ》に對《たい》して活斷《かつだん》するのであるから研究者《けんきうしや》も容易《ようい》ではない、それで心王靈醫學《しんのうれいいがく》が最《もつと》も權威《けんゐ》を以《もつ》て療法界《れうほふかい》や宗教界《しうけうかい》に主張《しゆちやう》するのは病脈《びやうみやく》と心相脈《しんさうみやく》である。

佛國《ふらんす》の手掌學《しゆしやうがく》即《すなは》ちパアーミストリや指紋《しもん》を實用《じつよう》に供《きよう》する方法《はう〱》を提唱《ていしやう》した英《えい》人《じん》エドワード、ロバート、ヘンリー卿《きやう》は科學的《かがくてき》に研究《けんきう》されたのであるが、心王《しんのう》靈脈《れいみやく》は超科學《てうかがく》である、五指《し》の差別《さべつ》は科學《かがく》にて首肯《しゆこう》すれども、靈指《れいし》が活躍《かつやく》して人《じん》身《しん》を通《つう》じて宇宙《うちう》の神秘《しんぴ》を五指《し》に明示《めいじ》するのであるから指紋學《しもんがく》や手掌學《しゆしやうがく》に超勝《てうせう》して居《を》る事《こと》を研究者《けんきうしや》は知《し》らねばならぬ。

病脈正系

拇指　動《うご》けば祖父母《そふぼ》の遺傳《ゐでん》多《おほ》し、神經系統症《しんけいけいとうせう》、遺傳症全般《ゐでんせうぜんはん》、脊髓症《せきずいせう》即《すなは》ち醫名《いめい》はタアーベストにして祖父母《そふぼ》の德《とく》を無視《むし》すると此指《このゆび》に出《で》る、祖父母《そふぼ》の死《し》の刹那《せつな》波《は》動存續《どうそんぞく》にて吐血《とけつ》する事《こと》あり、養父母《やうふぼ》を無視《むし》すると脊髓病者《せきずいびやうしや》を出《だ》す事《こと》あり、脊髓《せきずい》カルエス或《あるひ》は結核等皆心王《けつかくとうみなしんのう》を無視《むし》し祖德《そとく》を忘《わす》れたる者《もの》が患《わづら》ふ病氣《びやうき》である之《こ》れは靈醫學獨創《れいいがくどくさう》の活斷《かつだん》である、大病《たいびやう》の時此指《ときこのゆび》がブル〳〵動《うご》くと死《し》を示《しめ》す事《こと》があるから注意《ちうい》、老人《らうじん》を慘酷《ざんこく》にした因果律《いんがりつ》と見《み》る、凡《すべ》て親《おや》の命《めい》を背《そむ》いた爲《ため》に出《で》た諸病《しよびやう》は此指《このゆび》に出《で》る。

心王《しんのう》の制裁《せいさい》と心王《しんのう》が因果律《いんがりつ》サンゲを强《し》ゆる時《とき》に此指《このゆび》に感《かん》じて明示《めいじ》する、此指《このゆび》が内外《ないがい》に動《うご》かずともピクと動《うご》いても的中《てきちう》する、此指《このゆび》は萬事《ばんじ》正《ただ》しき明示《めいじ》の指《ゆび》なれば愼《つゝ》しんで診斷《しんだん》せねば誤《あやま》るから注意《ちうい》せよ。

凡《すべ》て此指《このゆび》が進《すゝ》んで合指《ごうし》したのはいけない、即《すなは》ち心王《しんのう》の制裁《せいさい》を明示《めいじ》するものであるから、奇病《きびやう》、業病《ごふびやう》、難病《なんびやう》は皆此指《みなこのゆび》が進《すゝ》んで合《がつ》するのである、此指《このゆび》に他《た》の指《ゆび》が合《かつ》したのを正系《せいけい》とするのである、此指《このゆび》は佛敎《ぶつけふ》で云《い》ふ不變眞如《ふへんしんによ》であつて輕《かる》輕《がる》しく動《うご》かないのである、此指《このゆび》の内命《ないめい》を受《う》けて他指《たし》が合從《ごうじう》するを以《もつ》て吉《きち》さする事《こと》は、余《よ》が過去《かこ》二十年來《ねんらい》の研究《けんきう》の結果《けつか》確信《かくしん》して居《を》る。

人指　動《うご》けば胃《ゐ》を中心《ちうしん》とした内臓病《ないぞうびやう》は多《おほ》く此指《このゆび》に現《あらは》れる、此指《このゆび》は肉體的疾患《にくたいてきしつかん》を示《しめ》すのである、腎臓《じんぞう》、心臓《しんぞう》、黄疸《わうだん》、胃病《ゐびやう》、肺病《はいびやう》、甲狀腺腫《かうじようせんしゆ》、無名腫物《むめいしゆもつ》一切《さい》、レウマチス、脚氣《かつけ》は概《がい》して胃《ゐ》より來《きた》るのであるから此指《このゆび》に示《しめ》される、リウマチは此指《このゆび》が内《うち》に曲《まが》れば血緣者《けつえんじや》の刹那《せつな》波動《はどう》の存續《そんぞく》がある、下血等《げけつとう》一切血《さいち》を見《み》る事《こと》、眼病《がんびやう》も此指《このゆび》に出《で》る、足手《あして》の病氣《びやうき》一切《さい》も此指《このゆび》に知《し》らせる。

此指《このゆび》は肉《にく》に屬《ぞく》して居《を》るけれども心王《しんのう》の命《めい》を無視《むし》せない指《ゆび》である、人體《じんたい》で云《い》へば心臓《しんぞう》であつて時計《とけい》で云《い》へばゼンマイであるから心王《しんのう》の中心《ちうしん》を認《みと》めて萬事活《ばんじかつ》動《どう》して居《を》る。

此指《このゆび》は父母《ふぼ》の因果律《いんがりつ》を遺傳《ゐでん》する事《こと》を明示《めいじ》されるのであるから、靈脈《れいみやく》の診斷《しんだん》にて男《をとこ》は右《みぎ》、女《をんな》は左《ひだり》を父母《ふぼ》の遺傳病因《ゐでんびやういん》と見《み》て的中《てきちう》する、腎臓《じんぞう》から來《きた》る眼病《がんびやう》、胃《ゐ》から來《きた》る眼病《がんびやう》、其他《そのた》あらゆる眼病《がんびやう》は此指《このゆび》に示《しめ》される。

中指　動《うご》けば腦病《のうびやう》一切《さい》、慢心病《まんしんびやう》、ヒポコンデリー即《すなは》ち憂欝症《いううつせう》、人《ひと》を恐《おそ》れる病氣《びやうき》頭腫物《あたましゆもつ》、神經病《しんけいびやう》、禿頭病《とくとうびやう》、神經痛《しんけいつう》、自分《じぶん》が偉《えら》がつて人《ひと》を恐《おそ》れる病氣《びやうき》は概《がい》して此指《このゆび》に出《で》る。

此指《このゆび》は人指《ひとゆび》の肉《にく》に屬《ぞく》したその本能《ほんのう》を發揮《はつき》する指《ゆび》であるから胃《ゐ》から來《き》た腦《のう》と云《い》ふ時《とき》には先立《さきだ》ちになつて此指《このゆび》が自由活動《じゆうかつどう》する、併《しか》し此指《このゆび》は肉《にく》と氣《き》とを兼《かね》て居《を》るから我儘《わがまゝ》を働《はたら》くと心王《しんのう》の制裁《せいさい》があつて腦《のう》を患《わづら》ふから腦病指《のうびやうし》としてある。

概《がい》して此指《このゆび》が諸病《しよびやう》を起《おこ》すのであるから注意《ちうい》して診脈《しんみやく》すると大概《たいがい》は此指《このゆび》が多少《たせう》

感《かん》じて居《を》るのであるから注意《ちうい》して置《お》く、動脈硬化症《どうみやくこうかせう》と云《い》ふ病氣《びやうき》なども多《おほ》くこの指《ゆび》が原《もと》である。

此指《このゆび》の作用《はたらき》は迷走神經《めいそうしんけい》と云《い》ふて後頭部《こうとうぶ》の下《した》の腦神經《のうしんけい》の處《ところ》から活動《かつどう》して諸病《しよびやう》を起《おこ》すのである、迷走神經《めいそうしんけい》と胃腸《ゐちやう》とは御親類《ごしんるい》であるから胃癌《ゐがん》なども多《おほ》く此指《このゆび》に明示《めいじ》した事《こと》がある、余《よ》が永年《ながねん》の苦心研究《くしんけんきう》の爲《ため》に頭上《づじやう》に二錢銅貨大《せんどうかだい》の瘤《こぶ》が出來《でき》たが、拾年目《ねんめ》にその瘤《こぶ》が無《なく》なるに從《したが》つて胃部《ゐぶ》に凝結樣《こりやう》のものが出來《でき》た、二三の醫師《いし》に診《しん》して貰《もら》ふたら瘤《こぶ》と胃中《ゐちう》の凝結《こり》とは何等關係《なんらかんけい》がないと、斷言《だんげん》せられたから醫師《ゐし》が診斷《しんだん》の輕忽《けいこつ》なるを悟《さと》つて自己療法《じこれうほう》を行《おこな》つたが、腦《のう》と胃《ゐ》との關《かん》係《けい》は藥物《やくぶつ》の醫師《いし》には判《わか》らないらしいのである。

藥指　動《うご》けば人倫《じんりん》を無視《むし》した色情的罪惡《しきじやうてきざいあく》が含《ふく》まれて居《を》る、此指《このゆび》は氣《き》に屬《ぞく》し心王《しんのう》指即《ゆびすなは》ち拇指《ぼし》の代表《だいへう》をする事《こと》が多《おほ》くある、色情《しきじやう》などは小指《こゆび》が合《がつ》して動《うご》くから明《あき》らかに証明《せうめい》する、感情《かんじやう》の衝突《しようとつ》の空間靈波《くうかんれいは》は肋膜《ろくまく》に波動《はどう》し來《きた》る、呼吸器病《こきふきびやう》もそれである心配《しんぱい》に心配《しんぱい》を重《かさ》ねると此指《こゆび》に出《で》て氣病《きびやう》を患《わづら》ふのである、皮膚病《ひふびやう》は多《おほ》く感情衝突《かんじやうしようとつ》に屬《ぞく》する事《こと》は余《よ》が永年《ながねん》の實驗究明《じつけんきうめい》である、横痃《よこね》、淫亂病《いんらんびやう》、流行《りうこう》病《びやう》は概《がい》して此指《このゆび》に示《しめ》される、痙攣病等《けいれんびやうとう》も此指《このゆび》に出《で》る寒冒《かぜ》、咳嗽《せき》、顔面神經《がんめんしんけい》。

小指　動《うご》けば概《がい》して下《しも》の病氣《びやうき》である、此指《このゆび》は人指《ひとさゆび》の肉《にく》に屬《ぞく》した病氣《びやうき》を示《しめ》す、併《しか》し肺《はい》から來《き》た腸《ちやう》に異狀《ゐじやう》を示《しめ》した諸病《しよびやう》は時《とき》に或《あるひ》は此《こ》の指《ゆび》に出《で》るから注意《ちうい》、淋病《りんびやう》子宮病《しきうびやう》、冷《ひえ》一切病《さいびやう》、腸《ちやう》に關《かん》する一切《さい》、遺精《ゐせい》、消渇《せうかち》、長血《ながち》、白血《しらち》、大小便秘結《だいせうべんひけつ》子供寢小便《こどもねせうべん》、毒病《どくびやう》一切《さい》、早漏《さうろう》、男根不能《なんこんふのう》、手淫《しゆいん》の害《がい》、卵巣病《らんそうびやう》、疝氣《せんき》、寸白《すんはく》。

此指《このゆび》は冷《ひえ》と毒《どく》とを主《つかさ》どる指《ゆび》であるから此指《このゆび》が動《うご》いたら先《ま》づ注意《ちうい》せねばならぬ心臟《しんぞう》を毒《どく》が冐《おか》した病氣《びやうき》は多《おほ》く此指《このゆび》の手甲《しゆこう》に脈《みやく》があつて見損《みそこな》ふ事《こと》があるから注《ちう》意《い》せられよ。

以上《いじやう》が正系脈《せいけいみやく》であつて一切疾患《さいしつかん》の診斷《しんだん》の原《もと》となるのであるから先《ま》づ第《だい》一に正《せい》系脈《けいみやく》を熱心《ねつしん》に暗記《あんき》せられよ、それから活斷《かつだん》の秘諦《ひたい》として五ヶ條《でう》の意義《いぎ》があるが之《こ》れは人事《じんじ》萬般《ばんぱん》鑑識《かんしき》には必要《ひつえう》であるが病斷《びやうだん》には餘《あま》り必要《ひつえう》がないから玆《こゝ》の章《しやう》には出《だ》さぬとする、唯《た》だ注意《ちうい》して置《お》くのは簡易《かんい》なる病斷《びやうだん》五ヶ條《でう》であるからよく心得《こゝろえ》られよ。

病斷五ヶ條

(1) 拇指は心靈疾患《しんれいしつかん》に屬《ぞく》して居《を》るから神經《しんけい》及《およ》びセキズイ、奇病業病等《きびやうごうびやうさう》の脈《みやく》に示《しめ》されるのである事《こと》を承知《せうち》されよ。

(2) 人指は肉《にく》に屬《ぞく》して居《を》るから內臟《ないぞう》及《およ》び胃《ゐ》、眼病《がんびやう》、血液病等《けつえきびやうさう》の肉體現象《にくたいげんしやう》を示《しめ》すのである。

(3) 中指は氣《き》に屬《ぞく》して肉《にく》を引《ひき》つけて病氣《びやうき》をさせるのであるから、胃癌《ゐがん》などは中《なか》指《ゆび》に明示《めいじ》されるので發見《はつけん》が出來《でき》るのである、胃癌《ゐがん》は肉《にく》の病氣《びやうき》だが靈醫學《れいいがく》では氣《き》の凝結《こり》の病氣《びやうき》と見《み》るのである。

(4)　藥指は矢張《やは》り氣《き》に屬《ぞく》して居《を》るが中指《なかゆび》の氣《き》とは少《すこ》し趣《おもむ》きが異《ちが》ふのである、藥《やく》指《し》は誘發的氣病《いうはつてきびやう》であつて中指《なかゆび》は煽動的氣病《せんどうてききびやう》である故《ゆえ》、病氣《びやうき》とすれば藥指《やくし》は痙攣《けいれん》に屬《ぞく》し中指《なかゆび》は肉體外部《にくたいがいぶ》に現《あらは》れる病症《びやうせう》に屬《ぞく》して居《を》る、藥中《やくなか》二指《し》合《がつ》して眞《しん》の氣狂《きちがひ》とするが如《ごと》きで判《わか》ろふ。

(5)　小指は一切血液《さいけつえき》及《およ》び毒《どく》に屬《ぞく》して屋《を》るが、その奧《おく》は人指《ひとさゆび》に密《みつ》に合《がつ》して居《を》るのである、多《おほ》く母胎《ぼたい》から受《う》け來《きた》る毒《どく》を中心《ちうしん》として後天的自己所造《こうてんてきじこしよぞう》の毒《どく》を以《もつ》てするのである、

以上《いじよう》の五義《ぎ》を了解《れうかい》すれば五指《し》の作用《さよう》がよく判《かわ》るから兩々相待《れうくあいま》つて研究徹底《けんきうてってい》されよ、而《しか》して萬事《ばんじ》拇指《ぼし》と人指《ひとさゆび》に着眼《ちやくがん》してそれを中心《ちうしん》にせねばならぬ、其他《そのた》の諸指《しよし》は多《おほ》く後天的疾患《こうてんてきしつかん》として活斷《かつだん》し、拇人《おやひさ》二指《し》は多《おほ》く先天的遺傳《せんてんてきゐでん》として活斷《かつだん》する秘《ひ》諦《たい》を忘《わす》れてはならぬ。

合指脈解の一

宇宙《うちう》は相對的《さうたいてき》とすれば矛盾《むじゆん》と衝突《しようとつ》と誤謬《ごべう》と醜惡《しうあく》に充《み》つる處《ところ》であるが、心王靈《しんのうれい》脈《みやく》の合指《ごうし》は矛盾《むじゆん》も衝突《しようとつ》も何《なに》もない、心王《しんのう》の絶對究境《ぜつたいきうきよう》から下界《げかい》の差別《さべつ》を大觀《たいかん》するのであるから少《すこ》しも醜惡《しうあく》と云《い》ふ事《こと》を認《みと》めないで、心王基調《しんのうきてう》を敎《をし》へて善化《ぜんか》させるのである。

正系單指《せいけいたんし》で病種《びやうしゆ》と病因《びやういん》を適發《てきはつ》し敎化《けふげ》した上《うへ》に、その奥《おく》に合指《ごうし》として心王《しんのう》の金《きん》線《せん》に觸《ふ》れる一大秘脈《だいひみやく》を研修《けんしう》せねばならぬ、拇指《ぼし》人指《ひとゆび》が和合《わごう》して他《た》の三指《し》を利用《りよう》しあらゆる疾患《しつかん》を明示《めいじ》するのは合指《ごうし》の特長《とくちよう》である。

拇指　と人指《ひとゆび》の合指《ごうし》に中指《なかゆび》が追加《つゐか》しその中指《なかゆび》が眞直《まつす》ぐになるのは祖先《そせん》より父母《ふぼ》を通《つう》じた系統的腦病《けいとうてきのうびやう》。

拇指《ぼし》と中指《なかゆび》と藥指《やくし》と合《がつ》すれば非常《ひじやう》の精神病者《せいしんびやうしや》と見《み》るのである。

拇指《ぼし》と藥指《やくし》と合《がつ》して祖父母《そふぼ》の遺傳皮膚病《ゐでんひふびやう》。

拇指《ぼし》と人指《ひとさゆび》の合《がふ》は祖父母《そふぼ》と父母《ふぼ》の遺傳《ゐでん》。

拇指《ぼし》と藥指《やくし》の合《ごう》は腦神經《のうしんけい》と見《み》る。

拇指《ぼし》と中指《なかゆび》の合《ごう》は腦脊髓《のうせきずい》と見《み》る。

拇指《ぼし》と中指《なかゆび》と藥指《やくし》と合《がつ》すれば嗜眠性腦炎《しみんせいのうえん》。

拇指《ぼし》と藥指《やくし》と小指《こゆび》の合《ごう》は腸《ちやう》チブス脈《みやく》。

拇指《ぼし》と小指《こゆび》と中指《なかゆび》の合《ごう》は盲腸《もうちやう》の靈脈《れいみやく》。

凡《すべ》て此指《このゆび》が合《がつ》すれば流行病《りうこうびやう》と見《み》る事《こと》。

人指　と中指《なかゆび》と合《がつ》すれば胃《ゐ》から出《で》た腦《のう》、人指《ひとさゆび》と藥指《やくし》は肺病《はいびやう》の三期位《きぐらひ》、併《しか》し人指《ひとさゆび》丈《だけ》で肺病《はいびやう》と見《み》る事《こと》も多《おほ》い。

人指《ひとさゆび》と小指《こゆび》と合《がつ》すれば胃腸《ゐちやう》の正脈《せいみやく》と見《み》る。

人指《ひとさゆび》と中指《なかゆび》との合《ごう》はルイレキと見《み》る。

人指《ひとさゆび》と小指《こゆび》と合《がつ》し梅毒性《ばいどくせい》のリウマチス脈《みやく》。

人指《ひとゆび》と藥人《やくし》の合《ごう》は吝嗇氣狂《りんしよくきちがひ》と見《み》る。

人指《ひとゆび》と小指《こゆび》との合《ごう》は父母遺傳《ふぼゐでん》の毒性《どくせい》。

中指　と藥指《やくし》と合《がつ》して發作的精神病《はつさてきせいしんびやう》 脈《みやく》。

中指《なかゆび》と藥指《やくし》と小指《こゆび》の合《ごう》は急發性錯亂病者《きうはつせいさくらんびやうしや》。

中指《なかゆび》と小指《こゆび》の合《ごう》は梅毒性腦病《ばいどくせいのうびやう》。

中指《なかゆび》と藥指《やくし》と小指《こゆび》の合《ごう》は自由《じゆう》に女《おんな》を 樂《もてあそ》 んだ爲《ため》に女《おんな》に恨《うら》まれて下《しも》の病氣《びやうき》と心《しん》王制裁《のうせいさい》。

癌腫《がんしゆ》は大概《たいがひ》此指《このゆび》に合指《ごうし》で感《かん》ずる事《こと》がある、此指《このゆび》の動《ごう》にて醫師《いし》立會《たちあい》で胃癌《ゐがん》を發《はつ》見《けん》した。

藥指　と中指《なかゆび》と小指《こゆび》と合《がつ》すれば梅毒性氣狂《ばいどくせいきちがひ》。

此指《このゆび》と小指《こゆび》の合《ごう》は子宮《しきう》ケイレン。

此指《このゆび》と拇指《ぼし》中指《なかゆび》の合《ごう》は奇病《きびやう》。

此指《このゆび》と中指《なかゆび》と人指《ひとさゆび》と順《じゆん》に動《うご》きたるは商業上《せうげふじやう》にて目上《めうへ》の人《ひと》に恨《うら》まれて居《を》る故《ゆえ》仲《なか》を良《よ》くすれば治《ち》す。

小指　と拇指《ぼし》と中指《なかゆび》と合《がつ》すれば腸癌《ちようがん》。

此指《このゆび》と拇指《ぼし》と藥指《やくし》と合《がつ》すれば子供《こども》より感染《かんせん》したる腫物《しゆもの》と見《み》る、肉體的感染《にくたいてきかんせん》と靈的感染《れいてきかんせん》を注意《ちうい》して見分《みわ》けなければならぬ。

此指《このゆび》と人指《ひとさゆび》と藥指《やくし》と合《がつ》してひつ皮癬《ひぜん》多《おほ》し。

此指《このゆび》と拇指《ぼし》の合《ごう》は祖父《そふ》か祖母《そぼ》かの愛的刹那《あいてきせつな》の波動《はどう》で心王《しんのう》の制裁《せいさい》を受《う》けたと見《み》るのである。

注意……合指脈《ごうしみやく》は餘程《よほど》注意《ちうい》せぬと判斷《はんだん》を誤《あやま》るから順《じゆん》を以《もつ》て斷《だん》ずるがよい、假令《たとへ》ば小指《こゆび》から藥指《やくし》と人指《ひとさゆび》と振《ふる》ふたら子供《こども》の爲《ため》に人《ひと》と爭《あらそ》ひをして胸《むね》を痛《いた》め或《あるひ》は食《しよく》事《じ》が出來《でき》ないで胃病《ゐびやう》の如《ごと》くなつて居《を》ると診《しん》して的中《てきちう》するが如《ごと》くせねばならぬのである。

合指脈解の二

拇指　と人指《ひさゆび》兩指《れうし》が輪形《わがた》に合《がつ》すれば祖父母《そふぼ》と仲《なか》が惡《わる》かつた病人《びやうにん》の父母《ふぼ》の罪《つみ》と見《み》るのである。

拇指《ぼし》と人指《ひさゆび》と中指《なかゆび》と藥指《やくし》と小指《こゆび》、以上《いじやう》の如《ごと》く五指《し》全部《ぜんぶ》合《がつ》すれば病氣大暗鬪《びやうきだいあんとう》の症《せう》なり、即《すなは》ち心身《しん〳〵》全部《ぜんぶ》慢性《まんせい》と見《み》る、されども第《だい》一番《ばん》に動《うご》いた指《ゆび》から病氣《びやうき》を治《ぢ》して漸次《ぜんじ》他指《たし》の病氣《びやうき》に及《およ》ぼすのである、即《すなは》ち病根《びやうこん》を斷《た》ちて枝葉《えだは》を枯《から》すのである。

此指《このゆび》より動《うご》き始《はじ》めたれば祖父母系《そふぼけい》よりの病氣《びやうき》と見《み》る、此指《このゆび》と共《とも》に他《た》の四指《し》が合《がつ》して同《どう》一に動《うご》きたる時《とき》は先《ま》づ敎化《けふげ》を充分《じうぶん》してから施法《せほう》にかゝらないと不治《ふぢ》に至《いた》る。

人指　此指《このゆび》がグル〳〵眞直《まつす》ぐに伸《のび》て廻《まは》る樣《やう》に動《うご》くのは破倫無道《はりんむどう》の刹那存續《せつなそんぞく》の波《は》動《どう》と見《み》る。必《かなら》ず拇指《ぼし》が少《すこ》し加《くは》わつて動《うご》く事《こと》が多《おほ》くある注意《ちうい》。病氣《びやうき》として體現《たいけん》するのは甲狀腺腫《こうじやうせんしゆ》、及《およ》び咽喉《いんこう》の病氣《びやうき》又《また》はドモリ多《おほ》し。

此指《このゆび》が藥指《やくし》と合《がつ》して感染《かんせん》ドモリ。

此指《このゆび》が藥指《やくし》と合《がつ》して感情《かんじやう》衝突《しようとつ》から來《き》た死《し》の刹那《せつな》の波動《はどう》の肺《はい》と見《み》る。

此指《このゆび》が左右共《さゆうとも》動《うご》いて振《ふる》ふは非常《ひじやう》の罪惡《ざいあく》を作《つく》つた死《し》の刹那《せつな》の因果律《いんがりつ》の心王制裁《しんのうせいさい》である。


中指　拇指《ぼし》と兩方《りやうはう》から合《がつ》すれば祖父母《そふぼ》の遺傳腦《ゐでんのう》とす、祖父母《そふぼ》が剛情我慢《ごうじやうがまん》の性質《せいしつ》で對人關係《たいじんかんけい》に害毒《がいどく》を流《なが》した因《いん》。

此指《このゆび》か拇指《ぼし》と合《がつ》すれば多《おほ》く頭上《づじやう》の瘤《こぶ》及《およ》び腫物《しゆもの》。

此指《このゆび》が拇指《ぼし》と人指《ひとさゆび》と小指《こゆび》と合《がつ》すれば毒《どく》と酒《さけ》より來《きた》りし腦病《のうびやう》とする。

此指《このゆび》が小指《こゆび》と合《がつ》すれば子供《こども》の爲《ため》に心配苦勞《しんぱいくろう》して腦《のう》を痛《いた》めると見《み》る。

藥指　中指《なかゆび》と人指《ひとさゆび》と拇指《ぼし》と合《がつ》すれば狂者《きようしや》でヒポコンドル、即《すなは》ち憂鬱性《いううつしやう》にして發《はつ》作的《さてき》である、妄想狂《もうぞうきやう》とも見《み》てよい。

此指《このゆび》と小指《こゆび》と合《がつ》し（インキン田虫《たむし》）

此指《このゆび》と小指《こゆび》と人指《ひとゆび》と合《がつ》して子供《こども》の爲《ため》に人《ひと》と喧嘩《けんか》して胸《むね》を痛《いた》めて胃病《ゐびやう》となつたと見《み》る、又恨《またうら》みある記憶心象《きおくしんしよう》の持主《もちぬし》と見《み》る。

小指　藥指《やくし》及《およ》び人指《ひとゆび》と合《がつ》すれば酒《さけ》の爲《ため》に腸胃《ちようゐ》を痛《いた》めし病《やまい》、大腸《だいちよう》カタルと見《み》よ。

此指《このゆび》と拇指《ぼし》と人指《ひとゆび》と合《がつ》すれば祖先《そせん》と父母《ふぼ》とより遺傳《ゐでん》した淋病《りんびやう》と見《み》よ。

此指《このゆび》と人指《ひとゆび》と合《がつ》して親《おや》が迷信《めいしん》した爲《ため》に潜在意識《せんざいいしき》を分裂中懐胎《ぶんれつちうかいたい》した爲《ため》に病身《びやうしん》となる。

合指脈解の三

正脈《せいみやく》（男左、女右）を診《み》て參考脈《さんこうみやく》（病因《びやういん》を男右、女左で診《み》る事《こと》）に移《うつ》つた時《とき》。正脈《せいみやく》が人指《ひとゆび》で參考脈《さんこうみやく》が拇指《ぼし》の時《とき》は現在《げんざい》は非常《ひじよう》に内臓《ないぞう》を患《や》んで居《を》るが。その内臓《ないぞう》の患《なや》みの原《もと》は祖母《そぼ》と精神上合致《せいしんじやうがつち》せぬ處《ところ》から常《つね》に心配《しんぱい》が絶《た》へぬ爲《ため》に出來《でき》た病氣《びやうき》である。

三四人《にん》の子供《こども》が毒病《どくびやう》に罹《かゝ》つた時《とき》には父母《ふぼ》いづれかを靈脈試驗《れいみやくしけん》すると、その子供《こども》が出來《でき》ない前《まへ》に父母《ふぼ》が道樂《だうらく》をしたか又《また》は毒氣《どくき》が非常《ひじやう》にあつた事《こと》が解《わか》る、それが判《わか》らなければ除病《じよびやう》の方法《はうはう》がないのである。

子《こ》供《ども》の靈脈《れいみやく》を診《しん》すると必《かな》らず人指《ひとゆび》と小指《こゆび》が動《うご》く、多《おほ》く左手《ひだりて》である、若《も》し母《はゝ》の毒《どく》なれば右《みぎ》の手《て》が動《うご》くのである、之《こ》れは決《けつ》して他靈術《たれいじゆつ》や醫師《いし》の方《はう》では判《わか》らない秘事《ひじ》である。

人指《ひとゆび》が動《うご》いて小指《こゆび》が追加《ついか》しその小指《こゆび》が眞直《まつすぐ》になつて振《ふる》ふのは、老人《ろうじん》が孫《まご》の爲《ため》に心配《しんぱい》して心氣《しんき》を患《わづら》ふのであるが、その孫《まご》が一人前《にんまい》になれば老人《ろうじん》は治《なを》ると見《み》るのである。

中指《なかゆび》が動《うご》かないで手甲脈《しゆこうみやく》があつて小指《こゆび》が追加《ついか》すればその人《ひと》は病前《びやうぜん》は非常《ひじやう》に亂《らん》暴《ぼう》して、酒《さけ》に女《おんな》に氣儘《きまゝ》の事《こと》をした爲《ため》に毒《どく》から犯《おか》した腦《のう》であるから、動脈硬化症《どうみやくこつかせう》の如《ごと》き病状《びやうじやう》を示《しめ》し一丁位《ちやうぐらひ》歩行《ほかう》する内《うち》に七八度休《たびやす》む様《やう》な事《こと》がある。

小指《こゆび》が動《うご》いて腸《ちやう》と見《み》て參考指《さんこうゆび》を見《み》て拇指《ぼし》が動《うご》くのは、或《あるひ》は醫師《いし》が腸《ちやう》に肺病菌《はいびやうきん》が侵入《しんにふ》したと云《い》ふ者《もの》もあるが、之《こ》れはその病人《びやうにん》の母《はゝ》か父《ちゝ》が祖父母《そふぼ》と仲《なか》あしく、祖母《そぼ》がその病人《びやうにん》を可愛《かあい》がつて居《を》つた愛《あい》の觀念《かんねん》の體現《たいけん》である、故《ゆゑ》に醫師《ゐし》が肺病《はいびやう》だなど云《い》ふても斷《だん》じて肺病《はいびやう》ではない、小指《こゆび》が動《うご》いて肺病《はいびやう》が腸結核《ちやうけつかく》になつたから小《こ》指《ゆび》が動《うご》いたなど云《い》はれても、腸結核《ちやうけつかく》になるのは十日《か》や十五日《にち》ではならないから小指《こゆび》が動《うご》いても決《けつ》して患者《かんじや》を迷《まよ》はせてはならぬ。

グリ〲が首《くび》の兩側及《れつがはおよ》び胸《むね》と腋《わき》の下《した》に出來《でき》て肺弱《はいよわ》く心痛《しんつう》する者《もの》があつたら、靈脈《れいみやく》を診《しん》して人指《ひとさゆび》と小指《こゆび》との動《さう》にて兩親及《れうしんおよ》び兩親系《れうしんけい》の者《もの》が刹那《せつな》の波動《はどう》ある爲《ため》に出《で》る病状《びやうじやう》であるから、醫師《いし》にかゝりながらも心配無用《しんぱいむよう》である、唯《た》だ其《そ》の因《いん》を發見《はつけん》して施法《せはう》すればよい。

中指内《なかゆびうち》に曲《まが》り附《つ》けば佛敎《ぶつけふ》で云《い》ふた阿闍世太子《あじやせたいし》の如《ごと》き白癩病《びやくらいびやう》と示《しめ》してあるが

拇《ほし》指が加《くは》われば確實《かくじつ》なる制裁的《せいさいてき》遺傳《ゐでん》である、メンデルの遺傳法則《ゐでんほうそく》では癩病《らいびやう》は遺《ゐ》傳《でん》せぬと云《い》ふて居《を》るが、靈醫學《れいいがく》では心王《しんのう》の一系《けい》の靈道《れいどう》から遺傳的制裁《ゐでんてきせいさい》だからメンデルの法則《ほうそく》とは異《ちが》ふのである、又拇指《またほし》が追加《ついか》せねば遺傳《ゐでん》ではない、癩病者自《らいびやうしやじ》身《しん》の心靈狀態《しんれいじやうたい》より出《だ》したのである。

人指動《ひとさゆびうご》けば父母《ふぼ》の因果律《いんがりつ》より出《で》た癩病《らいびやう》である、斯病《しびやう》は概《がい》して中指《なかゆび》に感《かん》ずるからよく中指《なかゆび》の內面《ないめん》を觀察《かんさつ》せねばならぬ、癩病《らいびやう》は概《がい》して末那識即《まなしきすなは》ち自我錯覺心象《じがさつかくしんしよう》の自由活動《じゆうかつどう》なれば皮膚《ひふ》に現《あらは》れるのである、皮膚病《ひふびやう》は藥指《やくし》の役《やく》であるが癩病《らいびやう》の皮《ひ》膚《ふ》は內面《ないめん》の心王《しんのう》を無視《むし》した末那《まな》細胞我《さいほうが》の一面《めん》の現《あらは》れである事《こと》を知《し》られよ。

癩病《らいびやう》は常《つね》に鼻《はな》つまり又鼻孔內《またびこうない》の腫物《しゆもつ》を發生《はつせい》し永《なが》く治癒《ちゆ》せないのでも末那識《まなしき》の發露《はつろ》が判《わか》るのである、癩病脈《らいびやうみやく》は中指《なかゆび》と定《き》めてあるからその中指《なかゆび》に追加《ついか》した指《ゆび》にて決《けつ》を取《と》るがよい、先《ま》づ左《さ》に示《しめ》す。

一、中指《なかゆび》に小指加《こゆびくわ》われば毒性《どくせい》の癩病《らいびやう》、人指加《ひとさゆびくは》わりて父母交接上《ふぼこうせつじやう》の因果律關係《いんがりつかんけい》あり。

二、中指《なかゆび》に藥指《やくし》合《がつ》して傳染《でんせん》の疑《うたが》ひあり。

三、中指《なかゆび》に人指《ひさゆび》加《くは》われば母方《はゝかた》の系統婚《けいさうこん》より生《しよう》じたのである。

四、中指《なかゆび》に拇指《ぼし》加《くは》われば先祖《せんぞ》代々《だい〲》遺傳有《でんあり》。

先《ま》づ大畧《たいりやく》右《みぎ》の四通《とほ》りを推《お》して病因《びやういん》を計《はか》つて見《み》てから治不治《ちふぢ》を定《さだ》める可《べ》し、癩病《らいびやう》の靈脈《れいみやく》は諸所《しよ〱》に出《だ》してあるから對症《たいせう》して斷《だん》を取《と》られよ、多少合致《たせうがつち》せぬ處《ところ》もあるかも知《し》れぬが患者《かんじや》に接《せつ》した時《とき》に出《で》た脈《みやく》が千狀萬態《じやうばんたい》であつたのを記臆《きをく》から出《た》して記《き》したのであるから取捨《とるすてる》は研究者《けんきうしや》の自由《じゆう》にして貰《もら》いたい。

一の部《ぶ》は心靈療法《しんれいれうほう》及《およ》び服藥《ふくやく》にて治《なを》る、二の部《ぶ》は本人《ほんにん》が心的統《こゝろのとう》一を計《はか》り信心《しんく》でなく水行《すゐぎやう》を續行《ぞくこう》すれば治《ぢ》す、又食物上《またしよくもつじやう》に就《つい》て萬事《ばんじ》肉食《にくしよく》を禁《きん》じ野菜專《やさいせん》一とすればよい、三の部《ぶ》は不治《ふぢ》とす、四の部《ぶ》は因果律《いんがりつ》を探《さぐ》り社會的《しやかいてき》サンゲ奉仕《ほうし》を續行《ぞくこう》すれば治《なほ》る…靈醫學《れいいがく》自己《じこ》療法《れうほう》と靈醫學《れいいがく》奥傳《おくでん》及《およ》び大鑑集《たいかんしう》の癩病《らいびやう》の部《ぶ》と對照《たいせう》を要《えう》す、中風《ちうふう》及《およ》び卒中《そつちう》、腦溢血《のういつけつ》、等《とう》の靈脈《れいみやく》は概《がい》して中指《なかゆび》であるが、中風《ちうふう》は藥指《やくし》が追加《ついか》する、卒中《そつちう》と腦溢血《のういつけつ》、等《とう》の靈脈《れいみやく》は概《がい》して中指《なかゆび》であるが、中風《ちうふう》は藥指《やくし》が追加《ついか》する、卒中《そつちう》と腦溢血《のういつけつ》は病氣《びやうき》の裏面《うら》に因果律《いんがりつ》がある注意《ちうい》。

合指脈解の四

合指脈《ごうしみやく》の鑑識《かんしき》が巧《たく》みにならなければ病氣《びやうき》及《およ》び天地《てんち》間《かん》の一切《さい》の事《こと》が斷定《だんてい》出來《でき》ないのである、假令《たとへ》ば競馬《けいば》や角力《すまふ》勝負《せうぶ》などに往《いつ》て活斷《かつだん》をするには合指《ごうし》が大切《だいじ》である、病氣《びやうき》も合指《ごうし》が充分《じうぶん》に徹底《てつてい》すると面白《おもしろ》く斷《だん》が出來《でき》るのである。

胃擴張《ゐかくちやう》の時《とき》は人指《ひとさゆび》が非常《ひじやう》に振《ふる》ひ眞直《まつす》ぐになるか或《あるひ》は非常《ひじよう》に曲《まが》るかである、それを證明《せうめい》するには小指《こゆび》が動《うご》くのである、心臓出血《しんぞうしゆつけつ》の時《とき》は人指《ひとさゆび》の背景《はいけい》に拇指《ぼし》が動《うご》き小指《こゆび》が少《すこ》し動《うご》く事《こと》があるから注意《ちうい》。

人《ひと》を慘酷《ざんこく》にしたり人《ひと》の惡評《あくひやう》をした爲《ため》に心王《しんのう》の制裁《せいさい》を被《う》けた靈脈《れいみやく》は、人指《ひとさゆび》と中《なか》指《ゆび》と藥指《やくし》とが活躍《かつやく》するから注意《ちうい》せられよ、又人《またひと》を苦《くる》しめた時《とき》は藥指《やくし》に空間靈波《くうかんれいは》が來《く》るか、若《も》し先方《むかう》即《すなは》ち苦《くる》しめられた者《もの》が死去《しきよ》すると人指《ひとゆび》が少《すこ》し動《うご》き藥指《やくし》は二筋目《すぢめ》か三筋目《すぢめ》から曲《まが》る者《もの》がある。

自分《じぶん》より目上《めうへ》の人《ひと》に壓迫《あつぱく》されて病氣《びやうき》になつたのは藥指《やくし》から人指《ひとゆび》に動《うご》き合《がつ》し中《なか》指少《ゆびすこ》し動《うご》く事《こと》あり、中指《なかゆび》から先《さき》に動《うご》きて人指藥指《ひとゆびやくし》に波動《はどう》するのは壓迫《あつぱく》された本《ほん》人《にん》が非常《ひじやう》に腦《のう》を痛《いた》めて居《を》る現証《げんしよう》がある。

嫁女《よめ》が乳《ちゝ》の止《とま》りたる時《とき》必《かな》らず中指《なかゆび》か藥指《やくし》か人指《ひとゆび》の三本中《ほんちう》どれかゞ動《うご》くのである、三本《ほん》悉《こと〴〵》く動《うご》けばとても出《で》ないが人指《ひとゆび》が動《うご》いて心配《しんぱい》を解除《かいじよ》すれば出《で》る、藥《やく》指《し》が動《うご》いたら感情衝突《かんじやうしようとつ》を融和《ゆうわ》すれば安心《あんしん》して出《で》る、中指《なかゆび》は本人《ほんにん》の剛情《ごうじやう》を自覺《じかく》して心身無理《しんくむり》せざれば治《ち》す。

奇病業病《きびやうごうびやう》と云《い》ふ醫藥《ゐやく》などの効《きゝめ》なき病人《びやうにん》は必《かな》らず中指《なかゆび》なり藥指《やくし》なりに拇指《ほし》が合《がつ》するけれども、奇病《きびやう》は概《がい》して中指《なかゆび》の眞直《まつす》ぐに伸《の》びて振《ふる》ふ處《ところ》に藥指《やくし》が附着《ふちやく》して後《のち》に拇指《ぼし》が合《がっ》して來《きた》るのである、奇病《きびやう》は或《あるひ》は無脈《むみやく》にて三段脈《だんみやく》に變化《へんか》を來《き》たす事《こと》がある、三段脈《だんみやく》が一時間《じかん》以上《いじやう》止《とま》る樣《やう》な傾向《けいこう》を示《しめ》す事《こと》があるかと思《おも》ふと太《ふと》い脈《みやく》を示《しめ》すのである、或《あるひ》は細《こま》かい脈《みやく》を示《しめ》して無《な》きが如《ごと》くである此間《このかん》餘《よ》程《ほど》六ケ敷《し》い。

術者《じゆつしや》が心王《しんのう》紫光觸手療法《しくわうしよくしゆれうほう》を行《おこな》ひ患者《かんじや》の額部《ひたい》に觸手《しよくしゆ》をして居《を》る内《うち》に、患者《かんじや》の兩《れう》手指《てゆび》に脈動《みやくどう》したり、術者《じゆつしや》の指《ゆび》に感《かん》じたりするのは、患者《かんじや》の因果律《いんがりつ》が早《はや》く解除《かいぢよ》され可《べ》く心王《しんのう》の赦免《しやめん》があるのであつて、拇指《ぼし》人指中指《ひとさゆびなかゆび》と合指《ごうし》するから注意《ちうい》せよ。

患者《かんじや》の家《いへ》に這入《はい》る時《とき》術者《じゆつしや》の心王《しんのう》になんとなく氣持《きもちわる》惡く或《あるひ》は氣持《きもちよ》好く映《えいじ》る事《こと》あり、そんな時《とき》には術者自《じゆつしやみづ》から靈脈《れいみやく》を診《しん》すれば必《かなら》す出《で》る。

一、氣持《きもち》の好《よ》い時《とき》は病氣《びやうき》必《かなら》ず全快《ぜんくわい》する。

二、氣持惡《きもちわる》き時《とき》は病氣全快《びやうきぜんくわい》せずして術者《じゆつしや》が困《こま》る事《こと》が度々《たびたび》ある。

右《みぎ》の傾向《けいこう》が心靈上《しんれいじやう》に靈感《れいかん》した時《とき》は意《い》を用《もち》ひてせねばならぬのである、こんな患者《かんじや》を施法《せほう》すると必《かなら》ず兩手指《れつてゆび》に指動《しどう》があり慘酷《ざんこく》な因果律《いんがりつ》がある事《こと》を知《し》れ。

五指《し》が全部《ぜんぶ》外《そこ》の方《はう》に反《そ》る様《やう》になるのは術者《じゆつしや》の明示《めいじ》を用《もち》ひざるのみならず、反《かへ》つて術者《じゆつしや》に惡口《わるくち》を吐《は》くから注意《ちうい》す可《べ》し、施《せ》法中《はうちう》笑《わら》ひを含《ふく》む患者《かんじや》は多《おほ》く感情《かんじやう》の衝《しよう》突《とつ》ありて合指《ごうし》に現《あらは》れるのである、朋友《ともだち》とか親類《みより》とか目上《めうへ》とか云《い》ふのは他指《たし》の動《どう》にてよく了解《れうかい》せられよ、肉身《にくしん》は人指内《ひさゆびうち》に曲《まが》り知《ち》人《じん》朋友《ほうゆう》は藥指《やくし》に電波《でんは》する。

合指脈解の五

病氣靈脈合指《びやうきれいみやくごうし》は余《よ》の研究《けんきう》する處《ところ》が四百種《しゆ》もあるけれども、研究《けんきう》する者《もの》が毎日《まいにち》進《す》むに順《した》がつてその意味《いみ》が判《わか》つて來《く》るのである中指丈《なかゆびだけ》でも七八十種《しゆ》あるのであるから醫師《いし》か專門家《せんもんか》でなければ病名丈《びやうめいだけ》で無數《むすう》だから徹底《てつてい》した者《もの》に任《まか》せて置《お》く。

四百有餘《ゆうよ》の病氣《びやうき》が肉體《にくたい》で八萬《まん》四千《せん》の病氣《びやうき》が精神上《せいしんじやう》であつて、その八萬《まん》四千《せん》の病氣《びやうき》から枝葉《えだは》が出《で》て無數《むすう》になるのである、心王《しんのう》の拇指《ぼし》を無視《むし》する對者《あいて》は中指《なかゆび》であつて、それを融和《ゆうわ》させる運動役《うんどうやく》は白血球《はくけつきう》のアラヤ識《しき》の現《あらは》れ人指《ひさゆび》である、中指《なかゆび》が拇指《ぼし》に降服《こうふく》して自己《じこ》の我見《がけん》を出《だ》さず無意識《むいしき》で居《を》れば病氣《びやうき》は治《なほ》るのであるが、中指《なかゆび》が眞直《まつす》ぐになつて振《ふる》ふて居《を》るのは軈《やが》て心王《しんのう》が壓迫《あつぱく》して遮惡持善《しやあくぢぜん》に進《すゝ》ませるのである。

商業上《せうげふじやう》の掛引《かけひき》よりそれを隠《かく》して家庭《かてい》を壓迫《あつぱく》する樣《やう》な靈脈《れいみやく》は藥指《やくし》が内《うち》に曲《まが》り中指《なかゆび》が外《そと》に動《うご》く事《こと》がある、それは商業上《せうげふじやう》の掛引《かけひき》が充實《じうじつ》すれば忘《わす》れて仕舞《しま》ふ、こんなのは合指《ごうし》でも少《すこ》し面倒《めんだう》であつて、體現《たいげん》するのは顏面《かほ》に皮膚病《ひふびやう》となるもあるし全身《ぜんしん》の皮膚病《ひふびやう》となる事《こと》が多《おほ》い。

信心氣狂《しんじんきちがひ》の靈脈《れいみやく》は多《おほ》く小指《こゆび》を先《さき》に藥指《やくし》から中指《なかゆび》と傳《つた》はる、故《ゆゑ》に小指《こゆび》の憑靈心《ひようれいしん》象《しよう》を脱却《だつきやく》すれば治《ち》す、小指《こゆび》から人指《ひとゆび》、拇指《ぼし》と中指《なかゆび》に傳波《でんぱ》すれば代々《だい〳〵》の人《ひと》が迷信《めいしん》して居《を》る心象《しんしよう》故《ゆゑ》大《おほ》ひに折伏的大慈悲觀《しやくふくてきだいじひかん》を行《おこは》はなければならぬ。

既成《きせい》の色情的因果律《しきじやうてきいんがりつ》は右《みぎ》の藥指《やくし》と小指《こゆび》に出《で》るが、それはサンゲして解除《かいじよ》される時《とき》は拇指《ぼし》が眞直《まつす》ぐに振《ふる》ふのである、さすれば治療《ちれう》は藥物《やくぶつ》でも心靈療法《しんれいれうほう》でも効《かう》がある、サンゲせずに隱《かく》して置《お》くと治《なほ》らないのである。

小指《こゆび》と藥指《やくし》は傳染病《でんせんびやう》であるが蠅《はい》だの虱《しらみ》だのから傳染《でんせん》したのでないのは小指《こゆび》と藥指《やくし》は動《うご》かないのである、凡《すべ》て傳染病《でんせんびやう》は心王《しんのう》の大靈性《だいれいせい》の圏内《けんない》であつて、患者《かんじや》に傳染《でんせん》す可《べ》き因《いん》があれば傳染《でんせん》するが因《いん》がなければ傳染《でんせん》せない。

ラヂオを放送局《はうそうきよく》から放送《はうそう》されても當方《とうはう》に装置《そうち》がなければ耳《みゝ》に入《はい》らないと同《おな》じである、余《よ》の門人《もんじん》で醫師《いし》の悴《せがれ》が肺病《はいびやう》になつた者《もの》があつたが父《ちゝ》の罪惡《つみ》もあり祖父《そふ》の罪惡《つみ》もあつた、そんな因《いん》がある者《もの》は必《かな》らず傳染《でんせん》する事《こと》は請合《うけあひ》だ。

凡《すべ》て合指《ごうし》は心王《しんのう》から文字《もじ》で朋示《しめ》される如《ごと》くであるから動《うご》いた指《ゆび》を文字《もじ》にして見《み》れば直《すぐ》に判《わか》る、祖父母《そふぼ》（拇指《ほし》）から父母《ふぼ》（人指《ひとさゆび》）を通《つう》じて三代位前《だいぐらひまへ》からの病《びやう》因《いん》である、祖父《そふ》と實父《じつぷ》が淫蕩《みだら》であつた爲《ため》に來《き》た病根《びやうこん》一切《さい》であると云《い》ふ事《こと》が斷言《だんげん》されるのである。

各種病氣活斷の眞義

凡《すべ》て病氣脈活斷《びやうきみやくかつだん》をするには單指《たんし》にて先《ま》づ患者《かんじや》に問《と》ふがよい、合指《がうし》及《およ》び參考脈《さんこうみやく》は始《はじ》めから質問《たゞ》してはいけない、それから靈脈《れいみやく》を診《しん》して貰《もら》ふ氣《き》のない者《もの》を無茶《むちや》に診脈《しんみやく》すると少《すこ》しも出《で》ないのみならず反《かへ》つて術者《じゆつしや》を疑《うたが》ひ人《ひと》に向《むか》つて惡口《わるくち》を云《い》ふ者《もの》が多《おほ》いから注意《ちうい》せられよ。

活斷要義

拇指は神經系統《しんけいけいとう》…………祖父母《そふぼ》の因《いん》

人指は胃病《ゐびやう》…………父母《ふぼ》の刹那《せつな》

中指は腦病《のうびやう》…………我見《がけん》の因《いん》

藥指は肋膜《ろくまく》…………感情衝突《かんじやうしようとつ》

小指は下《しも》の病《やまひ》…………色情《しきじやう》の因《いん》

以上《いじやう》の單指《たんし》を以《もつ》て先《ま》づ活斷《かつだん》してから合指《がうし》に擴張《かくちやう》するのがよい、此義《このぎ》忘《わす》れない様《やう》に注意《ちうい》されよ。

正系の病脈秘訣

凡《すべ》て病氣《びやうき》は内面《ないめん》に靈波《れいは》ある事は諸々《しよく》に出《だ》してあるが、患者《かんじや》が知《し》らぬ靈波《れいは》はどうしたら解除《かいじよ》するかと云《い》ふ事《こと》は誰《たれ》でも質問《しつもん》する事《こと》であるから茲《こゝ》に述《の》べて置《おか》ふ。

父母《ふぼ》が死去《しきよ》して了《しま》ふて本人《ほんにん》が何《なに》も知《し》らぬのに人指《ひとゆび》が動《うご》いて父母《ふぼ》の因《いん》さした時《とき》に、それは本人《ほんにん》が人格《じんかく》を作《つく》りあげる可《べ》く心王主義《しんのうしゆぎ》を守《まも》り社會《しやかい》の怒濤《どとう》中に突進《とつしん》して心王《しんのう》の正禪《せいぜん》を活躍《かつやく》裡に求《もと》めれば解除《かいじよ》されるのである。

されど解除《かいじよ》しても病氣《びやうき》は治《なほ》らぬと云《い》ふ者《もの》もあるが、一時《ち》に治《なほ》らぬ共《とも》漸時《ぜんじ》治《なほ》るから始終《しじう》一貫《かん》して心王主義《しんのうしゆぎ》を確守《かくしゆ》してゆけば必《かなら》ず治病効《ちびやうこう》がある、一意《い》專念雜念《せんねんざつねん》を交《まじ》へずして往《ゆ》けば靈力充實《れいりよくじうじつ》して心身《しんく》の調節《てうせつ》が出來《でき》るのである。

靈脈發見後秘諦

靈脈《れいみやく》を發見《はつけん》したら施法《せはう》より敎化《けふげ》が第《だい》一番《ばん》である、心王《しんのう》の審判官《しんぱんかん》が判決《はんけつ》を下《くだ》した如《ごと》く心理上《しんりじやう》の罪惡《ざいあく》を發見《はつけん》してこれを究明《きうめい》し本人《ほんにん》は因果律《いんがりつ》を自白《じはく》したらそれ丈《だけ》けであとは心王《しんのう》の解除《かいじよ》を待《また》ねばならぬのである。

何程《なにほど》術者《じゆつしや》が熱心《ねつしん》になつて施術《せじゆつ》したとて心王《しんのう》の解除《かいじよ》がなければ決《けつ》して治《なほ》らぬのである、故《ゆゑ》に家族《かぞく》の者《もの》及《およ》び患者《かんじや》に質問《たゞ》されても決《けつ》して不徹底《ふてつてい》の事《こと》は云《い》ふてはならぬ、これ余《よ》が永年實驗究明《ながねんじつけんきうめい》したる體驗《たいけん》であるから眞實《しんじつ》である。

その敎化《けふげ》に就《つい》て諸所《しよく》に記《き》してあるが本人《ほんにん》の智愚《ちぐ》に依《よつ》て大差《たいさ》があるから注意《ちうい》せねばならぬ、理性《りせい》のある者《もの》に對《たい》して親《をや》の存念《ぞんねん》があるの先祖《せんぞ》が波動《はどう》して居《お》るのと云《い》ふ事《こと》は決《けつ》して口外《こうがい》してはならぬ、理性《りせい》のない者《もの》に對《たい》してたゝりさわりなどを云《い》ふてはならぬも同《おな》じである。

第拾四章　諸病脈秘諦（上）

靈脈《れいみやく》診斷上《しんだんじやう》に一番苦《ばんくる》しむのは手甲脈《しゆこうみやく》と云《い》ふて五指《し》に現《あらは》れないで手甲《しゆこう》にムズムズと出《で》るのである、之《こ》れは獨修診脈《どくしうしんみやく》ではとても判《わか》らない、術者《じゆつしや》が掌中《てのひら》に乘《の》せて患者《かんじや》の掌中《てのひら》を術者《じゆつしや》の右《みぎ》の手《て》で押《お》しながらコク時《とき》術者《じゆつしや》の掌中《てのひら》に感《かん》ずる不思議《ふしぎ》の靈脈《れいみやく》である。

手甲脈《しゆこうみやく》は病氣《びやうき》が深《ふか》くて現《あらは》れない狀態《じやうたい》であるから發見《はつけん》も困難《こんなん》である、又手甲脈《またしゆこうみや》にも合指《ごうし》があるから注意《ちうい》せられよ、原《もと》より手甲脈《しゆこうみやく》は迷信《めいしん》の深《ふか》い人《ひと》と病氣《びやうき》の永《なが》い人《ひと》と心《こゝろ》に邪氣《じやき》ある人《ひと》とであつて、正《たゞ》しい心王《しんのう》を覆《おほ》ひ隱《かく》して居《を》る者《もの》に多《おほ》いのである、依《よつ》て手甲脈《しゆこうみやく》が出《で》たら判斷《はんだん》に注意《ちうい》せぬと誤《あやま》りが多《おほ》いから注意《ちうい》して置《お》く、併《しか》し拾人中《にんちう》一二人位《にんぐらひ》しかないから心配《しんぱい》する必要《ひつえう》もないのである、病氣以外事業上《びやうきいがいじげふじやう》に手甲脈《しゆこうみやく》を感《かん》ずる事《こと》があるが必《かな》らず何等《なんら》か秘密《ひみつ》を含《ふく》んで居《を》るから適發《てきはつ》してからでないと災難《さいなん》がある。

手甲脈

拇指　動《うご》けば病氣深《びやうきふか》き兆《しるし》である、併《しか》し此指《このゆび》は手甲《しゆこう》に餘《あま》り出《で》ないで眞直《まつす》ぐに伸《のび》る方《はう》が多《おほ》いのである。

人指　動《うご》けば病氣《びやうき》三四種《しゆ》あり、概《がい》して內臓《ないぞう》に關《くわん》した病氣《びやうき》、此指《こゆゆび》は手甲《しゆこう》に正《たゞ》しく出《で》るのである。

中指　動《うご》けば逆上《ぎやくじやう》して居《を》るか又《また》は怒《いか》りを含《ふく》んで煩悶《はんもん》した病因《びやういん》らしい。

藥指　の手甲脈《しゆこうみやく》は病氣變化《びやうきへんか》がある、概《がい》して精神的《せいしんてき》に現《あらは》れて來《く》るから注意《ちうい》、發作《はつさ》的氣狂《てききちがひ》の如《ご》きである。

小指　の手甲脈《しゆこうみやく》は病氣沈滯《びやうきちんたい》する症《せう》、三日施法《かせはう》する內出《うちで》る正脈《せいみやく》が、多《おほ》く隱《かく》し病《びやう》にして人《ひさ》に云《い》われぬ病氣《びやうき》である。

手甲脈《しゆこうみやく》も正系脈《せいけいみやく》を中心《ちうしん》に診斷《しんだん》するのである、而《しか》して心靈解剖圖解《しんれいかいぼうずかい》を靈脈判定《れいみやくはんてい》のメートルとせねば正確《せいかく》なる斷《だん》が出來《でき》ないのである、靈脈《れいみやく》の起順《きじゆん》を徹底的《てつていてき》に心《しん》得《ごく》し五ケ條《でう》の意義《いぎ》を應用《おうよう》して活斷《かつだん》が成立《せいりつ》するのである。

百人中《にんちう》拾人位《にんぐらい》は靈脈《れいみやく》も手甲脈《しゆこうみやく》も出《で》ぬ者《もの》もあるから、そんな人《ひと》は獨修《どくしう》で夜半《よなか》に行《おこな》わせるのがよい必《かなら》ず出《で》るから、又手甲脈《またしゆこうみやく》が出《で》た人《ひと》は病氣《びやうき》が癒《なを》り惡《にく》いから餘程《よほど》熱心《ねつしん》に敎化《けふげ》と施法《せほう》をせねばならぬ、自己《じこ》の常識《じようしき》と我見《がけん》で心身《しんく》の病氣《びやうき》を押《おさ》へて居《を》るのである、又脈《またみやく》が出《で》たら何《なに》か云《い》はれるだろふと心配《しんぱい》して居《ゐ》る者《もの》もある、又態《またわざ》と指《ゆび》に力《ちから》を入《い》れて出《で》ない樣《やう》にして居《ゐ》る剛情《ごうじやう》の人《ひと》もあるから、そんな時《とき》は獨修《どくしう》を行《おこな》はしておいて術者《じゆつしや》が統《とう》一の隙《すき》を見《み》てヱイと一喝《かつ》すればブルリと靈脈《れいみやく》が出《で》るのである。

小兒病脈

拇指　動《うご》けば脊髄《せきずい》多《おほ》し、小兒摩痺《せうにまひ》と云《い》ふ病氣《びやうき》も此指《このゆび》に出《で》る小兒摩痺《せうにまひ》と云《い》ふ病氣《びやうき》は心王《しんのう》の制裁《せいさい》と祖父母《そふぼ》の因果律《いんがりつ》がある。
此指横《このゆびよこ》に開《ひら》いた時《とき》は多《おほ》く不治《ふぢ》と知《し》る事《こと》、併《しか》し人指加《ひとゆびくは》われば治《なほ》る事澤山《ことたくさん》あり。
此指動《このゆびうご》けば患者《かんじや》の親《おや》が患者《かんじや》の祖父母《そふぼ》を無視《むし》した爲《ため》に心王《しんのう》の制裁《せいさい》で子供《こども》が脊髄《せきずい》になつたのである。

人指　動《うご》けば胃《ゐ》から治《なほ》さなければならぬ、外《そと》に動《うご》けば胃《ゐ》なれども腸《ちやう》より先《さき》に治《ち》す方《はう》がよい、小兒《せうに》は多《おほ》く此指《このゆび》が動《うご》くから注意《ちうい》して實母《じつぼ》であるか否《いな》かを質問《しつもん》してから施法《せほう》せないと効果《こうか》が薄《うす》い事《こと》があるから記憶《きおく》されよ。
此指《このゆび》には遺傳《ゐでん》の靈脈《れいみやく》があるから診脈注意《しんみやくちうい》。

中指　動《うご》けば熱《ねつ》の爲《ため》に腦《のう》が惡《わる》いと見《み》てよい合指《ごうし》に依《よつ》て斷《だん》ず可《べ》し、蟲氣《むしけ》もあり、恐怖病《きようふびやう》の如《ごと》く時々痙攣《ときどきけいれん》を起《おこ》す症《せう》、外《そと》に動《うご》けば腦膜炎《のうまくえん》と見《み》ねばならぬ。
乳母車《うばぐるま》などで頭《あたま》をドシ／＼して腦病《のうびやう》となつたと見《み》てもよい落《おと》して腦《のう》を痛《いため》た。

藥指　動《うご》けば虫《むし》一切《さい》と見《み》る、外《そと》に動《うご》けば恐怖《きようふ》より出《で》た虫病《むしびやう》とす。此指《このゆび》ブル〱動《うご》くは壓迫《あつぱく》より出《で》た病氣《びやうき》と見《み》よ、かんの蟲《むし》とて手《て》の爪《つめ》の間《あひだ》から白《しろ》き糸状《いとじやう》のものが出《で》るのは氣《き》であるから別《べつ》に蟲《むし》が出《で》るのではない。

小指　動《うご》けば子供《こども》の持病《ぢびやう》、胎内《たいない》にて母《はゝ》が惡意《あくい》を出《だ》した爲《ため》に因果律病氣《いんがりつびやうき》と見《み》る。此指《このゆび》は子供《こども》一切《さい》の病氣《びやうき》として水《みづ》を飲《の》み過《す》ぎて下痢《げり》と見《み》よ、母《はゝ》が餘《あま》り水《みづ》を飲《の》みすぎたり水物《みづもの》を澤山食《たくさんしよく》したりした爲下痢《ためげり》と見《み》よ、下痢《げり》の時《とき》は温法《をんぱう》を行《おこな》ひ番茶《ばんちや》の冷《ひ》へたのを呑《の》むと非常《ひじやう》に効《かう》がある。

注意　……小兒脈《せうにみやく》は何時《いつ》でもよいから一と寢入《ねい》りして今將《いままさ》に眼醒《めざ》めんとする時《とき》に輕《かる》く手先《てさき》を持《も》て吹《ふ》くのがよい、それから母《はゝ》の血脚氣《ちがつけ》で母乳《ほにう》を中止《ちうし》させる醫師《いし》があるがそんな時《とき》は靈脈《れいみやく》を診《しん》して拇指《ぼし》と人指《ひとさゆび》が動《うご》いたら再度醫師《ふたゝびいし》と相談《さうだん》して呑《の》ませるがよい。

治不治脈と藥物効有無脈

拇指　動《うご》けば概《がい》して心靈療法吉《しんれいれうはうきち》、漢藥《かんやく》の方《はう》が効果《こうか》がある、此指曲《このゆびまが》つて掌中《てのひら》に附《つ》いたのは病氣治《びやうきなほ》るも永《なが》き事《こと》がある、外《そと》に動《うご》けば老人《らうじん》の醫師《ゐし》に就《つ》き治癒《ちゆ》早《はや》し。内《うち》にスゥと曲《まが》れば藥物大《やくぶつおほい》に効《こう》を奏《そう》す、外《そと》に開《ひら》く様《やう》にて眞直《まつす》ぐになれば患者《かんじや》が醫師《いし》を信《しん》せぬ故《から》効驗《きゝめ》遲《おそ》し。

人指　動《うご》けば兩親《れうしん》の看護《かんご》で全治《ぜんち》す。靈《れい》を祭《まつ》れば大義名分《たいぎめいぶん》を知《し》つて心王《しんのう》の因果《いんが》律解除《りつかいじよ》ありて治《ち》す、外《そと》に動《うご》けば醫師《いし》を選《えら》みて治《ち》す、父親《ちゝおや》に施術《せじゆつ》して貰《もら》ふと治《なほ》る、此指内《このゆびうち》に曲《まが》れば二人《り》の醫師《いし》立合《たちあい》なれば藥物効《やくぶつこう》あり、外《そと》に動《うご》けば二人《り》以上同診《いじやうどうしん》なれば効《こう》あり。

中指　動《うご》けば内《うち》觀に心王《しんのう》を認《みと》めて治《ち》す、自分《じぶん》の好《この》む醫師《いし》で治《なほ》る、内《うち》に曲《まが》れば名《めい》望《まう》ある醫師《いし》の藥物《やくぶつ》なれば大《おほい》に効《こう》あり、外《そと》に動《うご》けば外《ほか》の醫師《いし》に就《つ》き吉《きち》。

藥指　動《うご》けば精神的散亂《せいしんてきさんらん》あれば統《とう》一して吉《きち》、病氣變化《びやうきへんか》あり、心靈療法《しんれいれうほう》にて治《ち》す病氣變化《びやうきへんか》は内臟《ないぞう》の勞《つか》れならん、外《そと》に動《うご》けば一時的効《じてきこう》にて後無効《のちむこう》を知《し》る。

小指　動《うご》けば女醫《じよい》に頼《たの》む可《べ》し、藥《くすり》は水分《すゐぶん》多《おほ》き効《こう》あり、外《そこ》に動《うご》けば病氣輕《びやうきかる》しと見《み》るのである。

注意……治不治《ぢふぢ》を見《み》るには患者《かんじや》の手《て》を術者《じゆつしや》の平手《ひらて》に仰《あふ》むけて乘《の》せて術者《じゆつしや》の右手《みぎて》にて患者《かんじや》の手《て》をコクと何回《なんかい》しても四本指《ほんゆび》は自然《しぜん》と掌中《しやうちう》に曲《まが》つて握《にぎ》る樣《やう》にする、そんな患者《かんじや》は絶對《ぜつたい》に不治《ふぢ》である事《こと》は諸所《しよく》に出《だ》してある、人指《ひさゆび》の動《うご》くのは半《はん》凶半吉《けふはんきち》であるから看護次第《かんごしだい》治《なほ》るのである。

奇病業病と因果靈波脈

奇病《きびやう》と業病《ごふびやう》とは體現《たいけん》の狀態《じやうたい》が異《ちが》ふ、奇病《きびやう》は醫師《いし》の診脈上《しんみやくじやう》に現《あらは》れないが、業《ごふ》病《びやう》は醫師《いし》診脈上《しんみやくじやう》に判《わか》つて居《を》つて治《なほ》らない癩病《らいびやう》の如《ごと》きである、天下《てんか》に癩病《らいびやう》を治《ぢ》す醫學《いがく》と藥物《やくぶつ》があればそれこそ天下《てんか》一品《ぴん》である。

拇指　動《うご》けば祖先傳來《そせんでんらい》の奇病《きびやう》と業病《ごふびやう》ありと見《み》る。併《しか》し中《なか》に曲《まが》りきり掌中《てのひら》に附《つく》のである、外《そと》に動《うご》けば患者自《かんじやみづか》ら心王《しんのう》を無視《むし》した爲《ため》に奇病業病《きびやうごふびやう》ありと見《み》る、腰拔《こしぬ》けで眼《め》が見《み》へないで口《くち》が利《きけ》ない様《やう》なのは奇《き》業病《ごふびやう》を兼《か》ねて居《を》る。

此指《このゆび》の靈波因果脈《れいはいんがみやく》は神官《しんかん》とか坊《ばう》さんとかの敎導《けふだう》に當《あた》る者《もの》を慘酷《ざんこく》にした因果律《いんがりつ》と見《み》る、内《うち》に曲《まが》れば結緣者《けつえんじや》の因果《いんが》波動《はどう》と見《み》る、外《そと》に動《うご》けば外緣者《がいえんじや》の因果《いんが》波動《はどう》である。

人指　動《うご》けば惡逆無道《あくぎやくぶだう》の爲《ため》に來《きた》る因果律《いんがりつ》の奇病《きびやう》、業病《ごふびやう》と見《み》る、外《そと》に動《うご》けば患者《かんじや》が人《ひと》を害《がい》した因果律《いんがりつ》の奇《き》業病《ごふびやう》である。

此指《このゆび》の因果《いんが》靈波《れいは》は父母《ふぼ》の死《し》の刹那《せつな》波動《はどう》、外《そと》に動《うご》けば外緣《がいえん》の波動《はどう》、一切《さい》の死《し》の刹那《せつな》の波動《はどう》、祈禱上《きとうじやう》の死靈《しれい》一切《さい》に就《つい》て判斷《はんだん》して迷信《めいしん》を破《やぶ》れ、靈波《れいは》と云《い》ふ秘密《ひみつ》問題《もんだい》は直授《ちよくじゆ》し

中指　動《うご》けば餘《あま》り傲慢《ごうまん》なる爲《ため》に心王《しんのう》が内《うち》に隱《かく》れて奇病業病《きびやうごふびやう》になつた者多《ものおほ》し白癩《はくらい》病《びやう》、外《そと》に動《うご》けば魔性《ませい》と神性《しんせい》との暗鬪《あんとう》に依《よつ》て出《で》た煩惱無明病《ぼんのうむめいびやう》と見《み》る時《とき》あり。

迷信上《めいしんじやう》の邪神心象《じやしんしんしよう》、學問上《がくもんじやう》の中傷波動《ちうしやうはどう》、高名《こうめい》な人《ひと》の心靈波動《しんれいはどう》と見《み》る。

注意……之《こ》れは皆受傳體即《みなじゆでんたいすなは》ち侵入的《しんにふてき》でなく發傳體即《はつでんたいすなは》ち潜在的精神《せんざいてきせいしん》の波動《はつどう》である事《こと》を知《し》られよ。

藥指　動《うご》けば餘《あま》り美味美食及《びみびしよくおよ》び女子《じよし》を弄《もてあそ》んだ爲《ため》に出《で》た奇病業病《きびやうごふびやう》、外《そと》に動《うご》けば色情關係《しきじやうかんけい》より來《きた》りし空間電波即《くうかんでんぱすなは》ち傳心《でんしん》の奇病《きびやう》である、商業上《せうげふじやう》の掛引衝突《かけひきしようとつ》の因果律《いんがりつ》、色情《しきじやう》一切《さい》の惡戲《あくぎ》、左《ひだり》は男《をとこ》右《みぎ》は女《をんな》、心理學上《しんりがくじやう》の傳心或《でんしんあるひ》は副意識《ふくいしき》の活動《かつどう》と見《み》る、祈禱上《きたうじやう》の生靈《いきれい》と云《い》ふ。

小指　動《うご》けば子供《こども》を慘酷《ざんこく》にした爲《ため》に來《きた》りし奇病業病《きびやうごふびやう》、毒症《どくせう》より來《きた》りし奇病《きびやう》、婦人關係《ふじんかんけい》の波動因果律《はどういんがりつ》、迷信上《めいしんじやう》の二重人格活動《ぢうじんかくかつどう》、祈禱上《きたうじやう》の憑靈心象《ひようれいしんしよう》一切《さい》、子供《こども》の死《し》の刹那《せつな》の觀念存續《かんねんそんぞく》と見《み》る。

手術して害有無と生命の有無脈

拇指　動《うご》けば老練醫師《ろうれんいし》に手術《しゆじゆつ》して貰《もら》へば吉《きち》、不熟練《ふじゆくれん》の醫師《いし》では害《がい》があるから中《ちう》止《し》。

此指内《このゆびうち》に動《うご》けば十中七八生命《せいめい》あり、外《そと》に動《うご》けば生命危險《せいめいきけん》、老看護婦《ろうかんごふ》と老醫師《ろういし》を要《えう》す、若者《わかもの》でも實驗《じつけん》を中心《ちうしん》とした醫師《いし》なれば吉《きち》。

人指　動《うご》けば二人以上立合《りいじやうたちあい》の上《うへ》ならば可《よ》い、學問《がくもん》よりも實驗《じつけん》を經《へ》た醫師《いし》に遇《あへ》ば吉《きち》とす。

此指内《このゆびうち》に動《うご》けば生命等半《せいめいとうはん》なり、靈脈《れいみやく》を診《しん》し七日《か》間中《かんちう》何事《なにごと》もなければよい、觸《しよく》手紫光療法《しゆしくわうれうはう》を行《おこな》ひ神光《しんくわう》黑色《こくしよく》なれば注意《ちうい》を要《えう》す。

中指　動《うご》けば專門醫師《せんもんいし》なればよい、萬屋醫師《よろづやいし》なれば危《あやふ》し、外《そに》に動《うご》けば外人《がいじん》の醫《い》師《し》で專門醫《せんもんい》なれば危險《きけん》なし亂暴《らんばう》の醫師《いし》は危險《きけん》、内《うち》に動《うご》けば患者剛情《かんじやごうじやう》である爲《ため》或《あるひ》は危《あやふ》し、外《そと》に動《うご》けば醫師《いし》の腕次第《うでしだい》。

藥指　動《うご》けば時々變化《ときぐへんか》ある故活斷《ゆえかつだん》し難《がた》し、外《そこ》に動《うご》けば花柳病專門醫《かりうびやうせんもんい》なれば吉《きち》。

外《そと》に動《うご》けば先《ま》づ中止《ちうし》した方《はう》がよい生命變化《せいめいへんか》多《おほ》し。

小指　動《うご》けば小兒科專門《せうにかせんもん》なれば吉《きち》、女醫《じよい》にても老練《ろうれん》なれば吉《きち》、名《な》を衒《てら》ふ女醫《じよい》は害《がい》あり中止《ちうし》せよ、内《うち》に動《うご》けば看護次第《かんごしだい》にて生命《せいめい》あり、女子《じよし》は大《おほ》ひに注意《ちうい》、されども腰《こし》より下《した》の病氣《びやうき》は生命差支《せいめいさしつか》へなし、小兒科專門《せうにかせんもん》の醫師《いし》なれば生命取《せいめいさ》り止《さ》む、水藥《すゐやく》を餘《あま》り用《もち》ゆると生命危《せいめいあやふ》しと見《み》る。

注意……手術《しゆじゆつ》して治《なほ》る者《もの》もあるが手術《しゆじゆつ》の爲《ため》に生命《せいめい》が無《なく》なつた者《もの》もある、生命《せいめい》がなくなるに二種《しゆ》ある、一は氣《き》を落《おさ》してなくなるのと、二は制裁《せいさい》に依《よつ》てなくなるのである、手術《しゆじゆつ》の時《とき》は第《だい》八識《しき》のアラヤ識《しき》と云《い》ふ心象《しんしよう》が心王《しんのう》の命《めい》を受《う》けて全《ぜん》意識《いしき》を大統《たいこう》するのである、此統《このこう》一がなければ手術《しゆじゆつ》は出來《でき》ない。

靈波脈と病脈合發

靈醫學《れいいがく》では病脈《びやうみやく》を表《おもて》とし靈波脈《れいはみやく》を裏《うら》としてある、一切《さい》の疾病《しつぺい》には必《かなら》ず靈波《れいは》脈《みやく》がある、次《つぎ》に記《き》する二指《し》注意《ちうい》点《てん》秘《ひ》諦《たい》を見《み》ればよく判《わを》る、人指《ひとゆび》と薬指《やくし》の分解《ぶんかい》がそれである、肺病《はいびやう》を患《わづら》ふ原因《げんいん》は必《かなら》ず薬指《やくし》の精神的波動《せいしんてきはどう》がある、これがあつて合《がう》發的《はつてき》に現《あらは》れるのである、直傳《ぢきでん》あり。

拇指　動《うご》けば二重人格《ぢうじんかく》の分裂靈氣《ぶんれつれいき》七分《ぶ》で病氣《びやうき》三分《ぶ》、外《そと》に少《すこ》し動《うご》けば病氣《びやうき》のみである、内外《ないがい》に動《うご》く様《やう》に見《み》へるのは注意《ちうい》す可《べ》し、自然《しぜん》と眞直《まつす》ぐになつて伸《のび》るは剛情性質《ごうじやうせいしつ》に遺傳《ゐでん》と靈波《れいは》の合併《がつぺい》。

人指　動《うご》けば靈氣《れいき》九分《ぶ》にして時《とき》に或《あるひ》は身體《からだ》に靈動《れいどう》を起《おこ》す事《こと》あり病氣《びやうき》は一分位《ぶぐらい》なり。

外《そと》に動《うご》けば病氣《びやうき》が七分《ぶ》で靈氣《れいき》三分《ぶ》の割《わり》にて注意《ちうい》して敎化《けふげ》す可《べ》し、此指《このゆび》は非常《ひじやう》に見分《みわ》けが六《む》ヶ敷《し》いから注意《ちうい》せよ。

中指　動《うご》けば病氣《びやうき》は九分《ぶ》で我見即《がけんすなは》ち剛情《ごうじやう》の心理《しんり》が一分位《ぶぐらゐ》あるから敎化《けふげ》して施法《せほう》すれば大《おほい》に効《かう》あり、外《そと》に動《うご》けば靈波《れいは》が多《おほ》い差別《さべつ》に困《こま》る事《こと》がある。

藥指　動《うご》けば靈波脈《れいはみやく》と病脈《びやうみやく》と等半或《とうはんあるひ》は靈脈《れいみやく》一分《ぶ》強《つよ》き事《こと》あり、外《そと》に動《うご》けば靈氣《れいき》のみなり、此指《このゆび》は概《がい》して氣病《きびやう》が多《をほ》いから診脈《しんみやく》の時熟練《ときじゆくれん》せぬと誤《あやま》るから注意《ちうい》す可《べ》し、信者《しんじや》の憑靈的僞瞞脈《ひようれいてきぎまんみやく》は概《がい》して此指《このゆび》である。

小指　動《うご》けば靈氣《れいき》二分病氣《ぶびやうき》八分《ぶ》である多《おほ》く女子《じよし》に多《おほ》し、此指《このゆび》は病氣《びやうき》が鮮《あざや》かに出《で》る時《とき》と少《すこ》しも出《で》ぬ時《とき》とあるから若《も》し出《で》ぬ時《とき》には二三回吹《かいふ》き直《なほ》して見《み》るがよい、又患者《またかんじや》一人《り》で吹《ふ》せると此指《このゆび》はよく動《うご》くから右《みぎ》の内容《ないよう》を能《よ》く意識《いしき》せよ。又此指《またこのゆび》は時《とき》に靈波《れいは》でない潜在意識《せんざいいしき》の分裂活動《ぶんれつかつどう》の憑靈的體現《ひよつれいてきたいげん》をする事《こと》があるから注意《ちうい》せねばならぬ、靈波《れいは》とは古《ふる》い祈《き》禱者《さうしや》の云《い》ふたゝり、さわりの樣《やう》なのではないから誤《あやま》つてはいけない。

精神病者脈種類

拇指　動《うご》けば心王《しんのう》の制裁《せいさい》を中心《ちうしん》にして祖先《そせん》の德《とく》を無視《むし》した氣狂《きちがひ》、此指《このゆび》が曲《まが》つて掌中《てのひら》に附《つく》のは遺傳《ゐでん》の氣狂《きちがひ》と見《み》る。

人指　動《うご》けば吝嗇《りんしよく》より來《き》た氣狂《きちがひ》であるが、父母《ふほ》を壓迫《あつぱく》した爲《ため》に出《で》たと見《み》る。又《また》實父《じつぷ》が罪惡《ざいあく》を作《つく》つた事《こと》を心配《しんぱい》して出來《でき》た氣狂《きちがひ》。

中指　動《うご》けば氣狂《きちがひ》の正脈《せいみやく》であるから拇指《はし》でも人指《ひさゆび》でも此指《このゆび》が追加《ついか》すれば正眞正銘《せいしんせうめい》の氣狂《きちがひ》である、併《しか》し此指《このゆび》は槪《がい》して傲慢《ごうまん》から出《で》たと見《み》る方《はう》がよい、氣狂《きちがひ》にならなければ蓄膿《ちくのう》とか鼻《はな》たけとか云《い》ふのに變化《へんか》する。

藥指　動《うご》けば僞氣狂《にせきちがひ》が多《おほ》いが商業《せうげふ》で失敗《しつぱい》した者《もの》が多《おほ》く此指《このゆび》に出《で》る、中指追加《なかゆびついか》すれば眞物《ほんもの》の氣狂《きちがひ》である。

小指　動《うご》けば多《おほ》く色情《しきじやう》が原《もと》か、毒《ごく》に犯《おか》されたか、子供《こども》の爲《ため》か吝嗇《りんしよく》の爲《ため》かであるが、多《おほ》く酒毒《しゆごく》に犯《おか》されたり梅毒感染《ばいごくかんせん》から來《き》た氣狂《きちがひ》が多《おほ》くあるのである。

注意……余《よ》の會員《かいいん》の親類《しんるい》が因緣氣狂《いんねんきちがひ》で王子邊《わうじへん》の精神病院《せいしんびやうゐん》に入院《にふゐん》させられて、五六日《にち》の内《うち》に病氣變化《びやうきへんか》し肺炎《はいえん》になつたのである。余《よ》は直《たゞ》ちに出院《しゆつゐん》させて往《い》つて見《み》たらモー言語不明《げんごふめい》、脈《みやく》は四指《し》が曲《まが》るばかり少《すこ》しも開《ひら》かないのである病院《びやうゐん》で打《う》たれ叩《たゝ》かれ食事《しよくじ》は與《あた》へられずそれが爲《ため》に肺炎《はいえん》に變化《へんか》したのであつた、本人《ほんにん》が病院《べやうゐん》の壁《かべ》に『打《う》だれ叩《たゝ》かれ』と指輪《ゆびわ》で書《か》いたのを血族《けつぞく》が見《み》て涙《なみだ》をこぼしたがモー生命《いのち》を取止《とりと》める事《こと》は出來《でき》なかつた、こんな氣狂《きちがひ》は刹那《せつな》の靈波《れいは》存續《ぞんぞく》である。

難産安産と出生男女鑑識脈

産《さん》は人生問題《じんせいもんだい》の大事《だいじ》であつて女子《じよし》の大責任《だいせきにん》である、母婦《はふ》としては大《おほ》ひに産兒《さんじ》をして健康《けんこう》なる者《もの》を出生《しゆつしよう》せねばならぬのである、併《しか》し出生者《しゆつしようしや》に不具者《かたわ》があるのは心王《しんのう》の制裁《せいさい》に依《よ》る一大奇《だいき》蹟的《せきてき》現《あらは》れであるから、母婦《ぼふ》としては産脈《さんみやく》を研究《けんきう》せねばならぬ、笑婦連《せうふれん》には必要《ひつえう》のない産脈《さんみやく》であるけれども求《もと》めて出生《しゆつしよう》を嫌《きら》ふのは國民《こくみん》としては罪惡《ざいあく》である亡國民族《ばうこくみんぞく》である。

産兒制限論《さんじせいげんろん》などを主張《しゆちやう》する者《もの》は人類向上《じんるいこうじやう》の大敵《たいてき》である、サンガー婦人《ふじん》などは生命《せいめい》を奪《うば》ふ逆賊《ぎやくぞく》である、日本《にほん》は毎年《まいねん》八拾萬人《まんにん》の兒女《じじよ》を産《うん》で居《を》るから増々《ます〳〵》外國《がいこく》に出征《しゆつせい》する先天《せんてん》の使命《しめい》がある事《こと》を忘《わす》れてはならぬ。

拇指　動《うご》けば安産《あんざん》にして長子《ちやうし》を産《う》む、外《そと》に動《うご》けば人《ひと》の上《うへ》に立《た》つ賢實《けんじつ》なる子《こ》を産《う》む、國家《こつか》の爲《ため》に大《おほい》に名《な》を揚《あ》げる。

此指掌《このゆびうち》に曲《まが》れば祖父母《そふぼ》の性質《せいしつ》に似《に》た男子《だんじ》を生《う》む、然《しか》れど右指《みぎゆび》動《うご》けば女子《おんな》を生《う》む、外《そと》に動《うご》けば他家《たけ》を相續《さうぞく》する者《もの》を生《う》む。

人指　動《うご》けば産難《さんなや》みなく親孝行《おやこうく》の子《こ》を産《う》む而《しか》して産輕《さんかる》し、外《そと》に動《うご》けば安産《あんざん》なれども親《おや》の爲《ため》にならぬ子《こ》多《おほ》し産後靈脈《さんごれいみやく》で診《しん》して治《なほ》せ、此指掌中《このゆびうち》に曲《まが》れば男子《おとこ》なり、外《そと》に動《うご》けば女子《おんな》なり、父母《ふぼ》を無視《むし》する者《もの》は産重《さんおも》く難《なや》む。

中指　動《うご》けば産患《さんなや》む、されども養生《やうじやう》する者《もの》は安産《あんざん》なり、外《そと》に動《うご》けば産輕《さんかる》し、餘《あま》り剛情《ごうじやう》の性質《せいしつ》ある者《もの》は心王《しんのう》の制裁《せいさい》あり、出産時《しゆつさんじ》に苦《くろし》む事《こと》あれども懷姙《かいにん》したら性質《せいしつ》を心王《しんのう》に基調《きてう》して居《を》ればよい。

此指《このゆび》掌中《うち》に曲《まが》れば生《うま》るゝ事早《ここはや》く無事《ぶじ》にして身體健全《しんたいけんぜん》の赤子《せきし》なり、外《そと》に動《うご》けば逆上《ぎやくじやう》注意《ちうい》、性質剛健《せいしつごうけん》の赤子《せきし》を生《う》む、顔面《かほ》の毛《け》の生《は》へ際《ぎわ》四角《かく》なる者多《ものおほ》し。

藥指　動《うご》けば産重《さんおも》し、外《そと》に動《うご》けば産輕《さんかる》し而《しか》も日立《ひだち》よし、色情狂《しきじやうけふ》の女《おんな》は産重《さんおも》し、眞直《まつすぐ》に振《ふる》つた動《うご》き方《かた》は難産《なんざん》の傾向《かたむき》あり。

此指掌中《このゆびうち》に曲《まが》れば美男《びだん》を生《う》む、外《そと》に動《うご》けば美女《びじよ》を産《う》む、運勢《うんせい》は非常《ひじやう》に片寄《かたよ》る子供《こども》也。

小指　動《うご》くのは死産多《しさんおほ》し常《つね》に冷《ひ》へぬ様《やう》にする者《もの》は安産《あんざん》なり、夏期《かき》に餘《あま》り氷水《こほりみづ》を飲《のん》で冷《ひ》へ多《おほ》しと見《み》る、内《うち》に動《うご》けば安産《あんざん》なれども冷性《ひえしやう》の者《もの》は流産多《りうさんおほ》し。

女子《おんな》は概《おほむ》ね此指《このゆび》を動《うご》かす而《しか》して掌中《うち》に曲《まが》る、此指《このゆび》は多《おほ》く女子《じよし》を出産《しゆつさん》の靈示《れいじ》と見《み》る。

注意……産《さん》に關《かん》した靈脈《れいみやく》は單獨《たんどく》にて診《しん》する方《はう》が眞脈《しんみやく》が出《で》るから、産時《さんじ》に人指《ひさゆび》と小指《こゆび》が動《うご》く事《こと》が澤山《たくさん》あるから注意《ちうい》せぬと驚《おどろ》く事《こと》がある、人指《ひとゆび》内《うち》に動《うご》くは男子《だんし》を生《う》む事《こと》は確實《たしか》であるが小指《こゆび》が動《うご》くのは腹《はら》が少《すこ》し痛《いた》む事《こと》あり、又後産《またのちさん》が安全《あんぜん》に出《で》る靈脈《れいみやく》の時《とき》もあり、何《いず》れとも小指《こゆび》が追加《ついか》して動《うご》く事《こと》は心配《しんぱい》する必要《ひつえう》はないが、小指《こゆび》と藥指《やくし》と人指《ひとゆび》と合指脈《ごうしみやく》の時《とき》は或《あるひ》は双子《ふたご》を産《う》むと見《み》る事《こと》がある、中《なか》指《ゆび》が内《うち》に曲《まが》る時《とき》は相續者《さうぞくしや》を生《う》むと見《み》てよいが、拇指《おし》が追加《ついか》せねば確實《かくじつ》の事《こと》は斷《だん》ぜられないのである。

靈脈實驗《れいみやくじつけん》で懷胎《かいたい》したかせぬかを試驗《しけん》するには、凡《すべ》て人指《ひとゆび》が先《さき》に動《うご》いて次《つぎ》に中《なか》指《ゆび》が動《うご》けば健全《たつしや》な男子《だんし》を懷胎《かいたい》したと見《み》る、藥指《やくし》なれば女《おんな》の性質及《せいしつおよ》び女子《おんな》と見《み》る、小指《こゆび》は或《あるひ》は流産《りうさん》と見《み》る事《こと》あり注意《ちうい》、三度《ど》見《み》て同《おな》じければ的中《てきちう》する。懷胎《かいたい》の月日《つきひ》は本人《ほんにん》の心身《しんく》を通《つう》じて判《はん》ずるけれども、人指《ひとゆび》は多《おほ》く月末《つきずえ》とす、拇《お》指《し》は月始《つきはじ》めとす、出産年月日《しゆつさんねんがつぴ》は懷胎日《かいたいび》から二百七十五日餘《にちよ》の通規《とほりさだめ》であるからソレに算《さん》すれば明細《めいさい》に判《わか》るのである。

委細《ゐさい》の事《こと》は産婦《さんぷ》自身《じしん》の靈脈《れいみやく》を驗《けん》して見《み》るがよい、衛生《えいせい》行《ゆ》き届《とゞ》けば胎規《たいき》の如《ごと》く確實《かくじつ》に生《うま》れるなり、女子《おんな》が一生涯《しやうがひ》何人《なんにん》子《こ》を生《う》むと云《い》ふ事《こと》は大概《たいがい》定《き》まつて居《ゐ》るけれども、不攝生《ふせつせい》のものは一人《にん》も持《も》たない、心身《しん〱》調和《てうわ》した者《もの》か夫《おつと》の爲《ため》に苦勞《くらう》して居《ゐ》る者《もの》は子《こ》福者《ふくしや》多《おほ》し、夫《おつと》が死去《しきよ》して後《のち》大《おほ》いに樂隱居《らくゐんきよ》をする心王《ししのう》の靈護《れいご》であるからである。

女子ハ十二人子供ヲ産ムノガ一人前デアル、ト昔カラ傳說ガアルケレドモ母體ニ欽陷ガアツタリ男子ニ病氣ガアルト一人モ持タヌノデアル、萬事靈脈ニ驗セヨ。

第拾五章　諸病脈秘諦（下）

靈脈二指の秘諦

心王脈《しんのうみやく》の根本《こんぽん》は人指《ひさゆび》と藥指《やくし》にして他指《たし》は二指《し》の分裂作用《ぶんれつさよう》と知《し》る可《べ》しとは諸講《しよこう》本《ほん》に出《だ》してあるが、此著《このほん》に最《もつと》も明細《めいさい》に簡易《かんい》に公開《こうかい》する事《こと》にしたのである。

人指《ひさゆび》は全肉體《ぜんにくたい》の代表指《だいへうゆび》で藥指《やくし》は全精神《ぜんせいしん》の代表指《だいへうゆび》である、肺病《はいびやう》は全肉體《ぜんにくたい》と全精神《ぜんせいしん》の不調和《ふてうわ》から來《き》た樣《やう》なもので兩指《れつし》がそれを示《しめ》して居《を》る故《から》、醫師《いし》が玆《こゝ》に着眼《ちやくがん》して萬病《まんびやう》を診斷《しんだん》すれば決《けつ》して誤《あやま》らないのである、奇病《きびやう》でも業病《ごふびやう》でも難病《なんびやう》でも藥指《やくし》に關係《かんけい》して居《を》る、人指《ひさゆび》は肉體《にくたい》を中心《ちうしん》に内臟《ないぞう》に合致《がつち》して居《を》るから、肉《にく》に關係《かんけい》した一切《さい》を人指《ひさゆび》に依《よつ》て調《しら》べれば確定《かくてい》する、此《こ》の二指《し》が別個《べつこ》に活動《かつどう》したり、合《がつ》して合動《ごう》したり、他指《たし》を引《ひ》き附《つ》けたりして一切《さい》の病氣《びやうき》を出《だ》すのであるから二指《し》が活斷《かつだん》の着眼点《ちやくがんてん》である。

人指《ひとさゆび》は冷的方面《れいてきはうめん》を主《つかさど》り、藥指《やくし》は熱《ねつ》の方面《はうめん》を主《つかさど》る、二指《し》冷熱合《れいねつがつ》して玆《こゝ》に一切《さい》の發病原因《はつびやうげんいん》を惹起《ぢやくき》するのである、拇指《ぼし》と中指《なかゆび》は藥指《やくし》に屬《ぞく》して居《を》る、小指《こゆび》は人指《ひさゆび》に屬《ぞく》して肉體《にくたい》の毒病《どくびやう》一切《さい》を中心《ちうしん》として活躍《かつやく》して居《を》る、藥指《やくし》には二百有餘《ゆうよ》の種類《しゆるい》がある、人指《ひとさゆび》にも二百有餘《ゆうよ》の種類《しゆるい》がある、種類《しゆるい》とは指動《しどう》の現《あらは》れである。

藥指《やくし》は內觀《ないかん》に屬《ぞく》し人指《ひとさゆび》は內觀《ないかん》と合《がつ》して治病《ぢびやう》の効《こう》があるが、內觀《ないかん》は無形《むけい》の病氣《びやうき》を癒《ゆ》し水行斷食《すゐぎやうだんじき》は肉體《にくたい》の疾患《やまひ》を治癒《ちゆ》する、天台大師《てんだいたいし》撰《せん》の小止觀《せうしかん》に敎《おし》へる四百四病《びやう》は心王靈脈《しんのうれいみやく》にて悉《ことごと》く判明《はんめい》するのである。

人指《ひとさゆび》は地《つち》に屬《ぞく》して百一の疾患《やまひ》を生《しやう》ず、腫結《はれもの》、沈重《しづみおもし》、身體枯瘠《しんたいやせ》せるを主《つかさど》る。

小指《こゆび》は水《みづ》に屬《ぞく》して百一の疾患《やまひ》を生《しやう》ず、痰陰《たんいん》、脹滿《ちやうまん》、食飲不消化《しよくもつこなれず》、腹痛下痢等《はらいたげりとう》を主《つかさど》る。

藥指《やくし》は風《かぜ》に屬《ぞく》して百一の病患《やまひ》を生《しやう》ず、身體虛懸《しんたいふらく》、戰慄《ふるへる》、疼痛《いたみ》、肺悶《はいいたむ》、脹急《きうにはる》、嘔逆《はきけ》、氣急等《をちつかずこう》を主《つかさご》る。

中指《なかゆび》は火《ひ》に屬《ぞく》し百一の疾患《やまひ》を生《しやう》ず、前寒《かぜのよう》、壯熱《ねつさかん》、支節皆痛《ふしぶしいたみ》、口氣熱《こつきねつ》し、大小《だいせう》便不通等《べんふつうとう》を主《つかさご》る。

藥指《やくし》と中指《なかゆび》とは氣《き》に屬《ぞく》し人指《ひさゆび》と小指《こゆび》は肉《にく》に屬《ぞく》して居《を》る、病脈《びやうみやく》も之《こ》れを以《もつ》て伸《のべ》て九百有餘《ゆうよ》種《しゆ》あるのである、故《ゆえ》に二指《し》の大要秘諦《たいえつひたい》は實驗上《じつけんじやう》の證明《せうめい》であるからいかなる名醫《めいい》があつても此《こ》の發表《はつぺう》を無視《むし》し破壞《はかい》する事《ここ》は斷《だん》じて出來《でき》ないのである。

病脈に就て雜觀

病脈《びやうみやく》は四百四病《びやう》と定《き》まつて居《を》る樣《やう》であるが之《こ》れが種々《いろ〳〵》に交錯變化《こうさくへんか》して新病《しんびやう》名《めい》が出《で》るのであるから診脈《しんみやく》に注意《ちうい》せねばならぬ、之《こ》れは正式《せいしき》でも畧式《りやくしき》でもどれか靈脈《れいみやく》が明示《めいじ》のあつた時豫《ときあらかじ》め術者《じゆつしや》が了解《れうかい》して、患者《かんじや》に氣附《きづ》かれぬ樣《やう》に患者《かんじや》の病氣《やうき》を質《たゞ》すのである。

畧《りやく》して述《の》べれば患者《かんじや》の拇指《はじ》がピクと少《すこ》し動《うご》いた時《とき》『君《きみ》は醫師《いし》に診察《しんさつ》して貰《もら》ふたか』と質問《しつもん》すると患者《かんじや》は『診察《しんさつ》して貰《もら》い藥《くすり》も呑《の》みましたが少《すこ》しも効《こう》がないのです』と云《い》ふ可《べ》し、其《そ》の時術者《ときじゆつしや》は『大體醫師《だいたいいし》は何病《なにびやう》と云《い》ふて居《を》るのです』と質《しつ》問《もん》すると患者《かんじや》は『始《はじ》めは胃病《ゐびやう》だと云《い》ひましたが今《いま》は肺病《はいびやう》だと云《い》ひます』そこで術者《じゆつしや》は『あなたのは胃病《ゐびやう》でも肺病《はいびやう》でも無《な》いのです心王《しんのう》の制裁《せいさい》から來《き》た病氣《びやうき》です』と斷言《だんげん》するのである。

茲《こゝ》で患者《かんじや》が今迄《いまゝで》の醫師《ゐし》の診斷《しんだん》の誤《あやま》りが醒《さま》されて、『それでは何病《なにやまひ》でせうか』と問《と》ふのである、術者《じゆつしや》はすかさず『あなたのは拇指《し》が動《うご》きましたから兩親《れうしん》から胃病《ゐびやう》の輕《かる》いのが遺傳《ゐでん》したのを醫師《ゐし》が肺《はい》と云《い》ふたので神經的病氣《しんけいてきびやうき》になつて居《な》るのです』と斷言《だんげん》するのである。

患者《かんじや》は的中《てきちう》したから『私《わたし》の母《はゝ》が胃病《ゐびやう》がありました私《わたし》はその遺傳《ゐでん》だと常《つね》に思《おも》ふ

て居《を》りました』と術者《じゆつしや》の言《げん》に心《こゝろ》が動《うご》くのである、そこで術者《じゆつしや》は『そんなに心配《しんぱい》されなくとも四五回《かい》の觸手療法《しよくしゆれうほう》で全治《ぜんち》します』と強《つよ》き明示《めいじ》を與《あた》へれば安心《あんしん》して歸《かへ》る時《とき》には半分病氣《はんぶんびやうき》が治《なほ》つて了《しま》ふのである、余《よ》は七千人程研究《にんほどけんきう》した病者《びやうしや》は靈脈《れいみやく》が第《だい》一番《ばん》で、敎化《けふげ》が第《だい》二、施法《せほう》は第《だい》三である、施法《せほう》する迄《まで》に敎化《けうげ》で六分通《ぶどほ》り治《なほ》すのである。

醫脈と靈脈との合致点

靈脈《れいみやく》は醫脈《いみやく》より何《なん》百段《だん》も以上權威《いじやうけんゐ》がある、東京《とうけふ》の官立大病院《かんりつだいびやうゐん》に畧《ほゞ》一ケ年《ねん》も入《にう》院《ゐん》して居《ゐ》た樺太《からふと》の資産家《しさんか》の主人《しゆじん》が、毎月《まいげつ》七百圓《ゑん》の入院料《にふゐんれう》を支拂《しはら》ふて病名《びやうめい》と病因《びやういん》が少《すこ》しも判《わか》らないのであつた、余《よ》は會員《かいいん》からの依賴《いらい》に依《よつ》てその大病院《だいびやうゐん》に出張《しゆつてう》して靈脈診斷《れいみやくしんだん》を行《おこな》ふたが、藥指《やくし》と人指《ひさゆび》が動《うご》いた、依《よつ》て色情關係《しきじやうかんけい》とそれが爲《ため》に家庭《かてい》で犧牲的《ぎせいてき》になつた者《もの》がある事《こと》を發見《はつけん》した。

それは七八年《ねん》も蓄妾《めかけ》である婦人《をんな》が家庭《かてい》にはいりたいので本妻《ほんさい》を壓迫《あつはく》す可《べ》く主《しゆ》人《じん》を煽動《せんどう》したのである、それが爲《ため》に二十年餘《ねんよ》も共《とも》に稼《かせ》ぎ産資《しさん》を作《つく》つた本妻《ほんさい》を追《お》ひ出《だ》さんとしたのである、悴《せがれ》がそれを苦《く》にして拾二三歳《さい》でフイと患《わづら》ふて死去《しきよ》したのである、その悴《せがれ》の法事《ほうじ》の布施《ふせ》を書《か》く可《べ》く萬年筆《まんねんひつ》を持《も》つたのがバタリと落《おさ》してそれが動機《どうき》で手足《てあし》が利《き》かなくなつた、それを醫師《いし》は腦溢血《のういつけつ》だと云《い》ふて入院《にふゐん》したのである。

余《よ》の診斷《しんだん》か大的中《だいてきちう》したのでその大病院《だいびやうゐん》の醫師《いし》が二人《り》で余《よ》の本院《ほんいん》に來《き》た。而《しか》して施治《せほう》を尋《たづ》ねたから德法《とくほう》に依《よつ》て治《ぢ》するのであるから醫科學《いかがく》とは對照出來《たいしようでき》ませんと斷言《だんげん》したら靈脈《れいみやく》は醫師《いし》が應用《おうよう》して非常《ひじよう》に有益《ゆうゑき》です、と云《い》ふて歸《かへ》られた。

こんな心王制裁病《しんのうせいさいびやう》を大病院《だいびやうゐん》では腦溢血《のういつけつ》だと云《い》ふて恬《てん》として不關焉《かんせずえん》で毎月《まいげつ》七百圓《ゑん》も入院料《にふゐんれう》をせしめて居《を》るのには驚《おどろ》いたのである、であるから醫師《いし》と合意点《ごういてん》は靈脈《れいみやく》で對抗《たいこう》して醫師《いし》の欠点《けつてん》を補《おぎな》ふてやる方《はう》がよい、北海道《ほくかいどう》の軍醫《ぐんい》喜多村氏《きたむらし》と京《けふ》都《と》の山田醫院主《やまだいゐんしゆ》と舊警視廳醫師《もとけいしちやういし》高井氏《たかゐし》も其他《そのた》四拾七名程《めいほど》靈脈《れいみやく》を研究應用《けんきうおうよう》されたのである。

病種《びやうしゆ》と病因《びやういん》とが判《わか》らないで施術《せじゆつ》も救藥《きうやく》も出來《でき》ないのである、醫師協會《いしけふくわい》でも靈脈療法《れいみやくれうほう》には如何《いか》にしても手《て》を入《い》れる事《こと》が出來《でき》なかつたのである。

醫師《いし》が靈脈《れいみやく》を應用《おほよう》するには椅子座《いすざ》にて呼吸式《こきふしき》がよい、而《しか》して藥指《やくし》と人指《ひとさゆび》に着眼《ちやくがん》して醫脈《いみやく》を診《しん》して合致《がつち》させると大《おほ》いに力強《ちからづよ》い處《ところ》がある、七日間《かかん》も三週間《しうかん》も投藥《とうやく》のサグリを入《い》れても病氣《びやうき》が解《わか》らないのに、靈脈《れいみやく》ではいかなる重病《ぢうびやう》でも一二回《かい》の靈脈診斷《れいみやくしんだん》にて發見《はつけん》する事《こと》が出來《でき》るのであるから天下《てんか》一品《ぴん》であると云《い》へよう。

昭和《せうわ》三年《ねん》五月《がつ》拾六日帝國《にちていこく》ホテルに靈術家《れいじゆつか》の大懇親會《だいこんしんかい》を開《ひら》いて公認運動《こうにんうんどう》をするとか云《い》ふ連中《れんちう》があつたが、雜多紛然《ざつたふんぜん》たる靈術《れいじゆつ》には靈脈《れいみやく》の如《ご》き明確《めいかく》なる診斷法《しんだんほう》がなくて何《なん》で藥物療法《やくぶつれうほう》に對抗《たいこう》して公認《こうにん》が出來《でき》よう。

先《ま》づ心王靈脈《しんのうれいみやく》を修《おさ》めてから靈術家《れいじゆつか》としての權威《けんゐ》を確定《かくてい》し、それから雜多《ざつた》の旣《き》成靈術《せいれいじゆつ》を大統《だいとう》する運動《うんどう》をした方《はう》がよいのである。此項《このこう》を少《すこ》し意味《いみ》が異《ちが》ふが一言《げん》注意《ちうい》して置《お》く。

靈脈上に附隨した秘傳

老人《ろうじん》の病氣《びやうき》に人指《ひとゆび》と拇指《ぼし》が合《がつ》すれば多《おほ》く老衰《ろうすい》して不治《ふぢ》と見《み》ねばならぬ、老人《ろうじん》の多《おほ》くは胃《ゐ》の衰弱《すゐじやく》があるからソレモ注意《ちうい》、又剛情《またごうじやう》の老人《ろうじん》は心王《しんのう》の制裁《せいさい》で氣狂《きちがひ》の樣《やう》にさせられる事《こと》があるから餘程注意《よほどちうい》せぬと迷信者《めいしんじや》に狐《きつね》か狸《たぬき》か憑《つ》いたと云《い》はれるから、ソンナ時《とき》は靈脈《れいみやく》を診《しん》して小指《こゆび》が動《うご》かなければ別《べつ》に心配《しんぱい》はない。

老人《ろうじん》で動脈硬化症《どうみやくこうかせう》を患《わづら》ふものは多《おほ》く剛情者《ごうじやうもの》が多《おほ》いから中指《なかゆび》が動《うご》くのである、耳《みゝ》をツンボにさせるのは心王《しんのう》が制裁《せいさい》であるから治《なほ》さんとすると他《た》の病氣《びやうき》が出《で》るから、心配無用《しんぱいむよう》、煙草《たばこ》ばかり呑《のん》で居《ゐ》る者《もの》は動脈硬化症《どうみやくこうかせう》になるから、煙草《たばこ》を半減《はんげん》して酢《す》の氣《き》を食《しよく》さねばならぬ。

郊外運動《こうがいうんどう》もよくせねばならぬ、寒冒《かんぼう》の爲《ため》に老人《ろうじん》が腰《こし》が拔《ぬけ》て起事《たつこと》が出來《でき》ないのは寒冒《かんぼう》の爲《ため》ではない寒冒《かんぼう》の爲《ため》に餘病《よびやう》を惹《ひ》き出《だ》したのである、必《かなら》ず餘病《よびやう》の時《とき》は拇《ぼ》指《し》が內外《ないがい》に振《ふる》ふから注意《ちうい》す可《べ》し。

二十歲前後《さいぜんご》から四十歲前後《さいぜんご》の者《もの》の病氣《びやうき》は多《おほ》く心身《しんしん》の無理《むり》から出《で》たのがあるから、靈脈《れいみやく》も大概《たいがい》中指《なかゆび》と藥指《やくし》が動《うご》くから注意《ちうい》、心靈上《しんれいじやう》の無理《むり》は藥指《やくし》に感《かん》ずる、肉《にく》體《たい》の無理《むり》は人指《ひとさゆび》が動《うご》くのである事《こと》は既《すで》に示《しめ》してある、併《しか》し勞動者《ろうどうしや》の過勞《かろう》の爲《ため》は人指《ひとさゆび》と中指《なかゆび》が動《うご》くが知識《ちしき》ある人々《ひと〴〵》で肉體《にくたい》を勞《ろう》したのは多《おほ》く拇指《ぼし》が追加《ついか》する。

額部紫光療法《がくぶしくわうれうはう》を行《おこな》ふて効《こう》がなければ再度《さいど》診脈《しんみやく》してソレをよく發見《はつけん》した上《うへ》で、獨修法《どくしうはう》を行《おこな》はせるがよい、勞動者《ろうどうしや》が過勞《かろう》の爲《ため》に心臟《しんぞう》を犯《おか》されて、ソノ疲《つか》れが咽《の》喉《ど》に出《で》る事《こと》がある、或《あるひ》は眼病《がんびやう》に出《で》る事《こと》もある、こんな時《とき》は靜養《せいよう》がよい、小指《こゆび》が非常《ひじやう》にブル〳〵して外《そと》に開《ひら》いたり內《うち》に曲《まが》つたりするのは、小兒《せうに》の爲《ため》に苦勞《くろう》したり、罪《つみ》を作《つく》つたりした因果律《いんがりつ》がある、又奇病業病《またきびやうごふびやう》である者《もの》は靈脈《れいみやく》を診《しん》するに四段《だん》に診《しん》せなくてはならぬ。

一、病脈《びやうみやく》を診《しん》して病別《びやうべつ》を知《し》り。

二、病因《びやういん》を診《しん》して因果律《いんがりつ》を知《し》り。

三、因果律《いんがりつ》の内容《ないよう》が系統的《けいとうてき》であるか、患者自身《かんじやじしん》であるかを調査《ちやうさ》す可《べ》き事《こと》。

四、治不治脈《ちふちみやく》をよく診《しん》する事《こと》。

以上《いじやう》を能《よ》く暗記《あんき》しておかねばならぬ、それから診脈中《しんみやくちう》でも施法中《せはうちう》でも病人《びやうにん》が非常《ひじやう》に臭《くさ》い香《にほひ》がするのは多《おほ》く不治《ふぢ》と見《み》る事《こと》がある、それから正式脈法《せいしきみやくほう》にある終《おは》りに手頸《てくび》の香《にほり》をかぐ事《こと》を忘《わす》れてはならぬ。

それから電氣療法器《でんきれうほうき》を男《おとこ》は右《みぎ》女《おんな》は左《ひだり》に握《にぎ》ると對症療法《たいせうれうほう》の脈《みやく》が握《にぎ》らぬ方《ほう》の手指《てゆび》に出《で》る事《こと》は余《よ》が實驗《じつけん》があるから研究《けんきう》されよ、電子體《でんしたい》の作用《さよう》は内外共《ないがいとも》に同《おな》じである事《こと》を示《しめ》すのである。

鑑識脈に必要な五ケ條

病脈診斷《びやうみやくしんだん》に必要《ひつえう》の五義《ぎ》は第《だい》拾貳章《しやう》の正系脈《せいけいみやく》の處《ところ》に記《き》してあるが、今茲《いまこゝ》に記《き》するのは人事《じんじ》萬般《ばんぱん》活斷《かつだん》の必要《ひつえう》である五ヶ條《でう》の明細《めいさい》を記《しる》して研究者《けんきうしや》の資料《しれう》とするのである。

一、拇指は萬事《ばんじ》賢實《けんじつ》なる活斷《かつだん》に使用《しよう》の事《こと》。

二、人指は萬事《ばんじ》和合《わがう》する活斷《かつだん》に使用《しよう》の事《こと》。

三、中指は萬事《ばんじ》獨斷《ごくだん》の事《こと》に使用《しよう》する事《こと》。

四、藥指は萬事《はんじ》愛敬事及《あいけふごとおよ》び弱者《じやくしや》の意味《いみ》に使用《しよう》。

五、小指は萬事《ばんじ》少年《せうねん》及《およ》び孤立《こりつ》に使用《しよう》の事《こと》。

拇指の賢實《けんじつ》は心王靈性《しんのうれいせい》指《ゆび》であるから常住不滅天行健《じやうぢうふめつてんかうけん》の意味《いみ》であつて拇指《ぼし》の動《どう》は餘《あま》り變化《へんか》なき事《こと》に使用《しよう》するのである、相場《さうば》などは持合即《もちあひすなは》ち高下《かうげ》なくして平《へい》穩無事《おんぶじ》を示《しめ》すのである、事業《じげふ》などは目先《めさき》の事《こと》は餘《あま》り面白《おもしろ》からず永《なが》くかゝつて仕上《しあげ》る事《こと》を吉《きち》とする如《ごと》くである。

然《しか》し此指《このゆび》は純眞《じゆんしん》であつて混交《まぜ》ものが少《すこ》しもないのであるから人《ひと》さすれば應用《おうよう》が利《きか》ぬと見《み》ねばならぬのである、その代《かは》り金《かね》の中《なか》に寢《ね》かして置《ない》ても決《けつ》して誤《あやま》りのない潔白性《けつぱくせい》である。

人指　の和合《わごう》は心王靈性《しんのうれいせい》を背景《はいけい》にして居《を》るのであるから靈格尊重《れいかくそんちよう》の和合《わごう》である合衆國《がつしうこく》の如《ごと》き單《たん》なる衆合體《しうごうたい》の現《あらは》れではないのである、人指《ひとゆび》は地《ち》に假令《たとへ》れば萬《ばん》物《ぶつ》を載《のせ》て生育《せいいく》するが如《ごと》く、決《けつ》して差別《さべつ》をせないのである。

實母《じつぼ》が數人《すうにん》の子供《こども》を平等《べうどう》に育《そだ》てるが如《ごと》くその間《かん》に何等《なんら》冷《つめ》たい心理狀態《しんりじやうたい》がないと同《おな》じなのが人指《ひとゆび》の本來性質《ほんらいせいしつ》である、故《ゆゑ》に對人關係《たいじんかんけい》も此指《このゆび》が動《うご》いたら必《かな》らず差別的精神《さべつてきせいしん》を持《ぢ》してはならぬのである。

中指　の獨斷性《どくだんせい》は心靈解剖《しんれいかいぼう》では活動意識《かつどういしき》であるから心王賢實人指和合《しんのうけんじつひとゆびわごう》を背景《はいけい》に長子《ちようし》としての活動振《かつどうぶり》をするから、拇指《ぼし》と人指《ひとゆび》を無視《むし》する事《こと》が時々《ときどき》ある故單《ゆゑたん》なる獨斷《どくだん》は心王《しんのう》の制裁《せいさい》を受《う》けるからいけないのである。

身體中《しんたいちう》の無形《むけい》の力《ちから》は此指《このゆび》が役《やく》をするのであつて、此指《このゆび》が拇指《ぼし》人指《ひとさゆび》の調和《てうわ》された全精神《ぜんせいしん》の統《とう》一的《てき》現《あらは》われとならねばならぬ先天《せんてん》の契約《けいやく》があるが、往々《わう〱》脱線《だつせん》して勝手氣儘《かつてきまゝ》の事《こと》をするから時々心王《ときどきしんのう》の靈的整理《れいてきせいり》を被《うけ》るのである。

藥指　の愛敬《あいきやう》と弱者《じやくしや》の性情《せいじやう》は此指《このゆび》は人《ひと》と和合《わごう》して利益上《りえきじやう》の發展《はつてん》をしたいと望《のぞ》むのであるから、それが爲《ため》に愛敬《あいきやう》を振《ふ》り廻《まは》して人《ひと》に容《い》れられんとするから誠《まこと》に弱《よわ》い處《こゝろ》があるのである、商賣《しやうばい》の爲《ため》には少《すこ》しは無理《むり》を云《い》はれても仕方《しかた》がないと云《い》ふ樣《やう》に氣勢《きせい》が發《はつ》しないが。

若《も》しそれが反對《はんたい》に往《い》つて駄目《だめ》だと決《けつ》したら奮然《ふんぜん》起《た》つて大《おほ》ひに爭《あらそ》ふと云《い》ふ特性《とくしやう》がある、然《しか》し先方《せんぽう》が一歩《ほ》退《しり》ぞくとか一層上手《そううはて》だとか云《い》ふとその威勢《ゐせい》に恐《おそ》れてギャフンとする性《しやう》なり。

小指　の少年《せうねん》と孤立性《こりつせい》と云《い》ふのは、此指《このゆび》は水《みづ》の性《せい》に配置《はいち》すれば宇宙間《うちうかん》で孤立《こりつ》であり、方圓《はうゑん》の器《うつは》に從《した》がわねばならぬからである、而《しか》して子供《こども》や妻君及《さいくんおよ》び婦人《ふじん》指《ゆび》に配置《はいち》してあるから獨立獨歩《どくりつどつぽ》と云《い》ふ事《こと》は出來《でき》ないのである。

鑑識上《かんしきじやう》の活斷《かつだん》に此指《このゆび》が動《うご》けば小事《せうじ》はよいが大事《だいじ》は凶《けふ》であるとしてあるのは、此指《このゆび》の本性《ほんせい》は人指《ひとさゆび》の母親《はゝおや》に從《したが》はねば萬事何事《ばんじなにごと》も出來《でき》ない故《から》、小指《こゆび》が動《うご》けば先《ま》づ人指《ひとさゆび》の合指《ごうし》に依《よつ》て人事《じんじ》の活斷《かつだん》に明確《めいかく》なる事《こと》が出來《でき》るのである。

以上《いじやう》の五ケ條《でう》は人事等《じんじとう》一切鑑識上《さいかんしきじやう》に使用《しよう》す可《べ》く了解《れうかい》の必要《ひつえう》がある、假令《たとへ》ば會《かい》社事業《しやじげふ》などを起《おこ》さんとするに拇指《ぼし》動《うご》き中指《なかゆび》動《うご》き藥指《やくし》動《うご》きて合《がつ》したる時《とき》に、會社《かいしや》を拇指《ぼし》で確實《かくじつ》の事業《じげふ》と認《みと》め、中指《なかゆび》は株主《かぶぬし》とし發起人《ほつきにん》とし藥指《やくし》は入會株主《にふかいかぶぬし》として見《み》る時《とき》に、正《たゞ》しい會社《かいしや》であると云《い》ふ事《こと》が証《せう》されるのも五指《し》の內容《ないよう》が了解《れうかい》せねば活斷《かつだん》が出來《でき》ないのである。

又中指《またなかゆび》が動《うご》き拇指《ぼし》追加《ついか》し小指合《こゆびがつ》した組合事業《くみあひじげふ》を斷《だん》ずるに、中指《なかゆび》は組合事業《くみあひじげふ》とし拇指《ぼし》はそれを人《ひと》に勸誘《かんいう》する役《やく》とし小指《こゆび》は勸誘《かんいう》されて組合《くみあひ》にはいる者《もの》とす、中《なか》指《ゆび》の組合事業《くみあひじげふ》は少《すこ》し僞《いつは》りがあるからと思《おも》へども拇指《ぼし》の勸誘人《かんいうにん》が相當《さうとう》の資產家《しさんか》であるからその人《ひと》を信《しん》じて組合《くみあひ》にはいるとする、即《すなは》ち組合事業《くみあいじげふ》より勸誘人《かんゆうにん》を信《しん》ずると云《い》ふ事《こと》になるのである。

又嫁《またよめ》を貰《もら》ふに人指《ひさゆび》が動《うご》いて嫁《よめ》その者《もの》は見合《みあひ》をもせぬ内《うち》に親類縁者《しんるいねんじや》が良《よ》いと假《か》定《てい》し、いざ貰《もら》ふてからどうも見込《みこみ》が違《ちが》ふたと云《い》ふて嫁《よめ》を苛《いぢめ》るのは親類連中《しんるいれんちう》の屆《こゝ》かないのである。

元來人指《がんらいひさゆび》は單《たん》なる和合丈《わごうだけ》の意思《いし》はあれども縁談《えんだん》としては良縁《りやうえん》ではないのであるが、貰《もら》ふ方《はう》の男子《だんし》に異狀《いじやう》があれば差引勘定仕方《さしひきかんでうしかた》がないと斷念《だんねん》するのが人道《じんだう》である、拇指《ぼし》に人指《ひさゆび》が合《がつ》したのでなければ縁談《えんだん》は決《けつ》して上々《じやうじやう》とは云《い》はれないのである事《こと》を斷言《だんげん》して置《お》く。

拇指《ぼし》に藥指《やくし》が合《がつ》して商業上《しやうげふじやう》將來《しやうらい》の發展《はつてん》を見《み》んとするには、拇指《ぼし》を本人《ほんにん》とし藥指《やくし》を商業《しやうげふ》とし兩指合《れうしあは》せて將來《しやうらい》の發展脈《はつてんみやく》とするのである、拇指《ぼし》の本人《ほんにん》が時勢遲《じせいおく》れの心《こゝろ》がある樣《やう》だから之《こ》の商業《しやうげふ》が發展出來《はつてんでき》ないと見《み》ねばならぬ。

海外《かいがい》に移住《ゐじう》して無盡藏《むじんぞう》の原野《げんや》を開拓《かいたく》せんとする時《とき》に中指《なかゆび》と人指《ひとゆび》と小指《こゆび》と動《うご》いたら、人指《ひとゆび》を無人《むじん》の原野《げんや》とし中指《なかゆび》を本人《ほんにん》とし小指《こゆび》を水原《すゐげん》の便《べん》あるとす、故《ゆえ》に必《かな》らず五七年中《ねんぢう》には目的《もくてき》の一部《ぶ》が成功《せいこう》すると見《み》るのである。

人間《にんげん》を使役《しえき》せんとするに四指《し》が掌中《しやうちう》に曲《まが》つたら斷然中指《だんぜんちうし》せよ、精神愚者《せいしんぐしや》であるから必《かな》らず主人《しゆじん》に迷惑《めいわく》をかけるからである、五本指《ほんゆび》が開《ひら》いて各自《かくじ》眞直《まつす》ぐに伸《のび》て曲《まが》らず居《を》るのは正直《せつじき》であるが人《ひと》の云《い》ふ事《こと》を耳《み》に入《い》れぬ剛情性《ごうじやうせい》があるから注意《ちうい》せられよ。

小指《こゆび》が曲《まが》つて掌中《うち》に附《つ》く者《もの》は盜癖《ねすみくせ》があるから油斷《ゆだん》す可《べ》からず、藥指《やくし》と中指《なかゆび》と合《がつ》した雇人《やといにん》は主人《しゆじん》を瞞《だま》して惡《わる》い事《こと》をする性《せい》があるから注意《ちうい》せよ。

賣買上《ばいばいじやう》に四指《し》が少《すこ》しも動《うご》かない時《とき》に何回行《なんかいおこな》ふても動《うご》かないのはその人《ひと》の運命《うんめい》が變化《へんか》する兆《きざし》を含《ふく》むのである、そんな時《とき》は家族《かぞく》の内熱心《うちねつしん》の者《もの》を撰定《せんてい》して診脈《しんみやく》するがよい、必《かな》らず小指《こゆび》が動《うご》くから、小指《こゆび》は誰《た》れでもそんな時《とき》は運命《うんめい》が沈《しづ》んで居《を》るのである。

家族中《かぞくちう》でも上中下和合《じやうちうげわごう》せるかせぬかと云《い》ふのは萬事人指《ばんじひとゆび》に定《さだ》めてある、少《すこ》しでも人指《ひとゆび》が動《うご》かぬ者《もの》は拇指《ぼし》の主人《しゆじん》に背《そむ》く様《やう》な精神《せいしん》があると見《み》てもよい、何人《なにびと》でもよいから靈指《れいし》を出《だ》させて凝視《ぎようし》させて置《お》くと必《かな》らず動《うご》く指《ゆび》がある、その指《ゆび》にて綜合《そうごう》すれば判《わか》る、然《しか》し小指《こゆび》が非常《ひじやう》に動《うご》いて子供《こども》を大切《だいじ》にする者《もの》があるから注意《ちうい》して精神驗査《せいしんけんさ》をせねばならぬ。

五ケ條ヲ能ク了解スルト靈脈ハ自由ニナル、五ケ條應用ノ眞ハ心王無意識ノ自由活動デナケレバナラヌ、フロイド博士ノ無意識トハ異ウ。

第拾六章　病脈奥傳秘諦

病脈《びやうみやく》に關《かん》して正系脈《せいけいみやく》を中心《ちうしん》に諸病脈《しよびやうみやく》及《およ》び應用《おほよう》の五義《ぎ》並《ならび》に二指注意点秘諦《しちういてんひたい》と鑑識用《かんしきよう》五ケ條等《でうこう》を明細《めいさい》に公表《こうへう》した、而《しか》して今茲《いまここ》に奥傳《おくでん》として公表《こうへう》するのは曾《かつ》て心王靈醫學奥傳中《しんのうれいいがくおくでんちう》に新公開病脈《しんこうかいびやうみやく》の五拾種《しゆ》を掲載《けいさい》したが、その五拾種脈全部《しゆみやくぜんぶ》を此章《このしやう》に記《き》し併《あは》せてそれの明細解釋《めいさいかいけつ》を附《ふ》して奥傳《おくでん》の公表以上細密《こうへういじやうめんみつ》に表記《へうき》する事《こと》にしたのである。

諸病淺深脈

拇指　動《うご》けば遺傳病《ゐでんびやう》にして病勢深《びやうせいふか》し人指合《ひとさゆびがつ》すれば先《ま》づ三代位《だいぐらひ》の遺傳病《ゐでんびやう》なり。

人指　動《うご》けば父母《ふぼ》より遺傳《ゐでん》した病氣《びやうき》であるが拇指合《ぼしがす》すれば心王制裁《しんのうせいさい》ある故注意《ゆえちうい》して懺悔《ざんげ》すれば治《ぢ》す。

中指　動《うこ》けば慢性《まんせい》して居《お》る然《しか》し外《そと》の方《はう》に動《うご》けば最早止《もはやとま》りと見《み》る。

藥指　動《うご》けば病氣淺《びやうきふか》くして時々變化《ときぐへんか》す。

小指　動《うご》けば病氣深《びやうきふか》しされ共外《ごもそと》に動《うご》けば内訌熱《ないこうねつ》は近日發汗《きんじつはつかん》す。

醫師撰定秘脈

拇指　動《うび》けば老練《ろうれん》にて技能熟達《ぎのうじゆくたつ》して居《を》るが手術等《しゆじゆつとう》はこの指動《ゆびうご》くのはいけない。

人指　動《うと》けば内科專門《ないかせんもん》であるから外科手術等《げかしゆじゆつとう》はいけない。

中指　動《うご》けば内科《ないか》でも外科《げか》でも專門醫《せんもんい》がよい、且又若手《かつまたわかて》がよい。

藥指　動《うご》けば花柳界專門醫《かりうかいせんもんゐ》がよい、女醫《じよい》がよいかも知《し》れぬが老女《ろうじよ》はいけない。

小指　動《うご》くは梅毒《ばいごく》、肛門《こつもん》、痔《ぢ》一切《さい》の專門科《せんもんか》なればよい手術《しゆじゆつ》はいけない。

精神療法者撰定脈

拇指　動《うご》けば心王靈醫學《しんのうれいいがく》及《およ》び中心靈性《ちうしんれいせい》を認《みさ》めた者《もの》、無藥療法《むやくれうほう》の本物《ほんもの》がよい。

人指　動《うご》けば一般《ぱん》に通《つう》じた心靈祈禱者《しんれいきとうしや》もよい。

中指　動《うご》けば精神療法専門家《せいしんれうはうせんもんか》がよい。

藥指　動《うご》けば流行心靈療法家《りうこうしんれいれうはうか》がよい。

小指　動《うご》けば劣等祈禱《れつとうきとう》、催眠術《さいみんじゆつ》、まじない、マッサージ、壓迫療法等《あつぱくれうはうとう》に類似療《るいじれう》法《ほう》。

小兒皮膚病因脈

拇指　動《うご》けば父母《ふぼ》の遺傳皮膚病《ゐでんひふびやう》、或《あるひ》は母《はゝ》の毒《どく》の感染《かんせん》である。

人指　動《うご》けば胎毒《たいどく》のある處《ところ》に時候《じこう》で出《で》た。

中指　動《うご》けば身體《しんたい》が健全《けんぜん》で排泄作用《はいせつさよう》で出《で》た。

藥指　動《うご》けば流行皮膚病《りうこうひふびやう》と見《み》る。

小指　動《うご》けば遺傳《ゐでん》と感染毒《かんせんどく》と白鉛《おしろい》の毒《どく》と酒毒《しゆどく》との種々《しゆぐ》よりの皮膚病《ひふびやう》。

小兒恐怖病因脈

拇指　動《うご》けば遺《ゐ》傳毒《でんどく》の爲《ため》に胃《ゐ》、心臟《しんぞう》を冒《おか》されて出《で》る恐怖《けふふ》。

人指　動《うご》けば純粹《じゆんすい》の胃《ゐ》痙攣《けいれん》と見《み》る。

中指　動《うご》けば性質《せいしつ》剛《つよ》き爲《ため》の恐怖病《けふふびやう》。

藥指　動《うご》けば虫氣《むしけ》のための恐怖病《けふふびやう》と見《み》る。

小指　動《うご》けば腸《ちやう》が胃《ゐ》を冒《おか》した爲《ため》に出《で》た。

十二指腸蟲脈

拇指　動《うご》けば遺《ゐ》傳的性質《でんてきせいしつ》を帶《お》びた十二指腸《しちよう》。

人指　動《うご》けば十二指腸《ちよう》の初期《しよき》故《ゆえ》、身體《からだ》だるく次第《しだい》に一種持別《しゆさくべつ》の青白《せいはく》な顏色《がんしよく》となる。

中指　動《うご》けば斯病《しびやう》の少《すこ》し進《すゝ》んだのである故《ゆゑ》に唇《くちびる》、爪迄《つめまで》も血色《けつしよく》を失《うしな》ひ息苦《いきぐる》しき動《さう》悸《きう》打ち水腫《みづば》れ、人指合《ひとゆびがつ》して胃腸部《ゐちようぶ》、苦痛《くるしみ》を訴《うつた》へ萬事《ばんじ》物憂《ものう》くなつて勞働事《らうどうごと》は勿《もち》論坂登《ろんさかのぼ》り水汲《みづく》みも出來《でき》ぬ樣《やう》になる故《から》段々《だん〳〵》衰弱《すいじやく》する。

藥指　動《うご》けば施法手遲《せほうておく》れの傾《かたむ》きあり、然《しか》し拇指合《おしがつ》すれば醫師《いし》次第《しだい》である。

小指　動《うご》けば慢性《まんせい》十二指腸《しちよう》であるから上手《じやうず》の醫師《いし》に見《み》て貰《もら》ふがよい。

月經不順發見脈

拇指　動《うご》けば月經不順《げつけいふじゆん》にあらず心配《しんぱい》なし。

人指　動《うご》けば內臟《ないぞう》に異狀《ゐじやう》ありて遲速《ちそく》ある事《こと》あり注意《ちうい》せよ。

中指　動《うご》けば身體過勞《しんたいかろう》のためか、逆上《ぎやくじやう》の氣《き》ある爲《ため》なり。

藥指　動《うご》けば風邪《かぜ》の熱《ねつ》などありて不順《ふじゆん》の氣《き》もある或《あるひ》はコシケの爲《ため》などもある。

小指　動《うご》けば仕事《しごと》の爲《ため》に冷《ひ》へたか、毒性感染《ごくせいかんせん》の爲《ため》に冷《ひ》へたかである。

墮胎可否脈

拇指　動《うご》けば墮胎《だたい》にあらず。

人指　動《うご》けば實母《じつぼ》か他《た》の母《はゝ》が腹《はら》を揉《も》んだ爲《ため》で流産《りうさん》或《あるひ》は墮胎《だたい》とも見《み》る。

中指　動《うご》けば誰《たれ》にも關係《かんけい》せないで自分《じぶん》が墮胎《だたい》をしたのである、人指合《ひさゆびがつ》して母《はゝ》か人《ひさ》の母《はゝ》に依頼《いらい》して墮胎《だたい》したのである。

藥指　動《うご》けば背景《はいけい》あり注意《ちうい》、人《ひさ》にいわれて墮胎《だたい》したのである、月經流下《げつけいりうか》の藥《くすり》を與《あた》へられたのである。

小指　動《うご》けば流産《りうさん》、中指合《なかゆびがつ》して墮胎《だたい》せり。

女子顔色黑き因脈

拇指　動《うご》けば遺傳的肉體《ゐでんてきにくたい》。

人指　動《うご》けば胎毒性感受《たいどくせいかんじゆ》。

中指　動《うご》けば心身不調和《しん〳〵ふてうわ》と過勞《かろう》の爲《ため》の變質《へんしつ》。

藥指　動《うご》けば養生《ようじやう》及《およ》び藥劑《やくざい》で變化《へんか》する。

小指　動《うこ》けば毒性《ごくせい》より來《きた》りたる醜面《しうめん》。

胃腸種類判別脈

拇指　動《うご》けば慢性胃加答兒《まんせいゐかたる》、胃擴張《ゐかくちやう》。

人指　動《うご》けば胃酸過多性《ゐさんくわたしやう》、胃弛緩《ゐちかん》、この指中《ゆびうち》に曲《まが》りきりは胃下垂《ゐかすゐ》、少《すこ》し動《うご》くは胃病《ゐびやう》、及《およ》び消化不良《こなれわるし》。

中指　動《うご》けば急性胃加答兒《きふせいゐかたる》、小指《こゆび》と人指《ひさゆび》合《かつ》して急性腸胃加答兒《きふせいちやうゐかたる》、人指拇指《ひさゆびおし》合《かつ》して胃潰瘍《ゐかいよう》。

藥指　動《うご》けば胃《ゐ》から肝臓《かんぞう》に進《すゝ》んだのである。

小指　動《うご》いて眞直《まつす》ぐになるは慢腸加答兒《まんちやうかたる》。

腦病種類判別脈

拇指　動《うご》けば遺傳的腦病《ゐでんてきのうびやう》と見《み》る。

人指　動《うご》けば心配《しんぱい》から來《き》たのである或《あるひ》は變《へん》じて胃癌《ゐがん》注意《ちうい》す可《べ》し。

中指　動《うご》けば自分《じぶん》で出《で》かした腦病《のうびやう》。

藥指　動《うご》けば風邪《かぜ》熱《ねつ》の內訌《ないこう》より來《き》た腦病《のうびやう》。

小指　動《うご》けば梅毒《ばいどく》に冒《をか》された腦病《のうびやう》。

淋病種類判別脈

拇指　動《うご》けば遺傳性淋病《ゐでんせいりんびやう》。

人指　動《うご》けば體質弱《たいしつよわ》くして出《で》た淋病《りんびやう》、小兒《せうに》の時《とき》より出《で》る事《こと》ある淋病《りんびやう》もこの人指《ひとゆび》が動《うご》くのであるから注意《ちうい》。

中指　動《うご》けば自分《じぶん》が惡《わる》くて感染《かんせん》した惡性淋《あくせいりん》。

藥指　動《うご》けば色情的波動《しきじやうてきはどう》から來《き》たのが多《おほ》い。

小指　動《うご》けば惡性《あくせい》の者《もの》と關係《かんけい》した爲《ため》に感染《かんせん》。

赤子成育可否脈

拇指　動《うご》けば成育可《せいいくか》、なり外《そと》に動《うご》けば成育危險《せいいくきけん》、母體《はたい》の養生第《ようじやうだい》一。

人指　動《うご》けば内臟《ないぞう》を健全《けんぜん》にする方《はう》がよい。

中指　動《うご》けば無病成育《なびやうせいいく》す。

藥指　動《うご》けば病弱《びやうじやく》の體質故注意《たいしつゆえちうい》せられよ。

小指　動《うご》けば成育少《せいいくすこ》し危險《きけん》である。

電氣療法脈

拇指　動《うご》けば電氣療法効果《でんきれうほうこうか》あり神經痛《しんけいつう》に可《よい》。

人指　動《うご》けば電氣療法効《でんきれうほうこう》なし。

中指　動《うご》けば電氣療法効《でんきれうほうこう》あり。

藥指　動《うご》けば病氣《びやうき》に依《よつ》て異《ちが》ふ、電氣療法《でんきれうほう》の効《こう》の有無《うむ》がある。

小指　動《うご》けば電氣療法効《でんきれうほうこう》なし、されど陰性《いんせい》に効《こう》がある。

奇病業病脈の秘諦

拇指　動《うご》けば祖先《そせん》か祖父母《そふぼ》が人知《ひとし》れず罪惡《つみ》を作《つく》つた事《こと》が歴史的《れきしてき》に傳《つた》はつて心王《しんのう》の制裁《せいさい》があると見《み》てよい。

人指　動《うご》けば父母《ふぼ》に對《たい》して罪《つみ》を犯《なか》したか、又《また》は父母《ふぼ》が罪惡《ざいあく》を犯《おか》した事《こと》が子供《こども》に心王《しんのう》の制裁《せいさい》で現《あら》はれたのである、指《ゆび》が必《かなら》ず曲《まが》る。

中指　動《うご》けば人《ひと》に知《し》らせず自分《じぶん》が罪惡《つみ》を作《つく》つた事《こと》が心王《しんのう》の制裁《せいさい》で現《あら》はれたのである。

藥指　動《うご》けば對人關係《たいじんかんけい》で罪惡《つみ》を作《つく》つた爲《ため》に心王《しんのう》の制裁《せいさい》で現《あら》はれたのである。

小指　動《うご》けば慾《よく》の爲《ため》に隱忍《いんにん》の罪惡《ざいあく》を作《つく》つたのである、之《こ》れは十人中《にんちう》八人迄此指《にんまでこのゆび》に出《で》る。

病者特効酒類脈

拇指　動《うご》けば古《ふる》いブドウ酒《しゆ》、上等《じやうとう》の酒少《さけすこ》し、忍冬酒少《にんとうしゆすこ》し用《もち》いてよい。
人指　動《うご》けば酒類《さけるい》は用《もち》ひぬ方《はう》がよい肉汁可《にくしるよい》。
中指　動《うご》けば本人《ほんにん》が好《この》むものを與《あた》へてよい。然《しか》し男子《をとこ》なれば日本酒少量《にほんしゆせうりよう》。
藥指　動《うご》けば日本酒少《にほんしゆすこ》し加味《かみ》した湯《ゆ》にて半身拭《はんしんぬぐ》ふと爽快《さうかい》になる。
小指　動《うご》けば酒類《しゆるい》は中止《ちゆうし》。

病者寢癖脈

拇指　動《うご》けば寢癖《ねぐせ》が着《つ》いて起《おき》られぬ、心機轉換《しんきてんかん》すれば治《なほ》る。
人指　動《うご》けば喰《くひ》すぎて胃酸過多症《ゐさんかたせう》で氣持《きもち》が引立《ひきた》たぬ故運動《ゆえうんどう》せよ。
中指　動《うご》けば頭《あたま》が重《おも》くて起《おき》られぬを幸《さいは》ひ床癖《とこくせ》をつけたらしい。

藥指　動《うご》けば我儘《わがまゝ》にて起《む》きられない傾向《かたむき》。

小指　動《うご》けば俗《ぞく》に云《い》ふアマタレ、子供《こども》などに多《おほ》くある、大人《おとな》は隠忍《いんにん》の性《せい》あり。

瘂聾吃音脈

拇指　動《うご》けば心王《しんのう》の制裁《せいさい》から來《き》た瘂《おし》、聾《つんぼ》、ドモリ、である。

人指　動《うご》けば母胎中因果律《ぼたいちういんがりつ》を作《つく》つた現症《げんせう》。

中指　動《うご》けば腦《のう》から來《き》たドモリ、或《あるひ》は腦《のう》を過度《かど》に使《つか》ひ内臓《ないぞう》を痛《いた》めたから出《で》たドモリ、聾《つんぼ》もある。

藥指　動《うご》けばドモリの眞似《まね》をしてなつたドモリ、餘《あま》り流行好《りうこうず》きで耳《みゝ》を痛《いた》め聾《つんぼ》になつたと見《み》よ、感情衝突《かんじやうしようとつ》の空間靈波《くうかんれいは》より來《き》た心王《しんのう》の制裁《せいさい》からのツンボ。

小指　動《うご》けば内臓《ないぞう》から來《き》たツンボ、子供《こども》の爲《ため》に罪惡《つみ》を作《つく》つた因果律《いんがりつ》の瘂聾《おしつんぼ》。

不具者脈

拇指　動《うご》けば母《ぼ》胎中神經《たいちうしんけい》を痛《いた》めて血管不調《けつかんふてう》の爲《ため》に出來《でき》た不具者《ふぐしや》と見《み》よ。

人指　動《うご》けば母胎中食物《ぼたいちうしよくもつ》の不養生《ふようじよう》の爲《ため》に腹内臓機關《はらないぞうきかん》不調和《ふてうわ》の爲《ため》に變體《へんたい》が出來《でき》たと見《み》る。

中指　動《うご》けば心身《しんく》の無理《むり》より胎兒《たいじ》の調節《てうせつ》を缺《か》きて出來《でき》たと見《み》る。

藥指　動《うご》けば色情關係上《しきじやうかんけいじやう》の靈波《れいは》にて心身不統《しんくふとう》一より出來《でき》た不具者《かたわもの》。

小指　動《うご》けば夫婦間《ふうふかん》に色情上《しきじやうく》の罪惡《ざいあく》ありて出來《でき》た不具者《ふぐしや》。

病人生死變則脈

拇指　動《うご》きこれに小指合《こゆびがつ》したのは病氣深《びやうきふか》くして醫藥《いやく》の効《こう》なく短期日《たんきじつ》に生命《せいめい》に變《へん》化《か》がある、然《しか》しながら小指少《こゆびすこ》し動《うご》いたのは心配《しんぱい》も薄《うす》いのである。

人指　動《うご》き小指合《こゆびがつ》したるは慢性病《まんせいびやう》と見《み》て注意《ちうい》せよ、生死問題《せいしもんだい》は病氣《びやうき》に依《よう》て斷《だん》ず可《べ》し。

中指　動《うご》き藥指《やくし》合《がつ》したるは亢奮《こうふん》して常識《じようしき》を失《しつ》した樣《やう》な患者《かんじや》には不治《ふぢ》と見《み》る事《こと》十中《ちう》八位《ぐらひ》あり、拇指《ぼし》合《がつ》した時《とき》は危險狀態《きけんじようたい》まで行《い》つて治《ち》する事《こと》あり。

藥指　動《うご》き拇指《ぼし》合《がつ》し人指《ひさゆび》も拇指《ぼし》と合《がつ》したる時《とき》はとても治《ぢ》せざる事《こと》十中《ちう》七あり。

小指　動《うご》いて藥指《やくし》合《がつ》し拇指《ぼし》、又合《またがつ》したる時《とき》は不治《ふぢ》とする、然《しか》し拇指《ぼし》が合《がつ》せざる者《もの》で死《し》したるは、生命《せいめい》はあれども身體《しんたい》勞《つか》れて死去《しきよ》すると見《み》よ。

注意……生命脈《せいめいみやく》は第《だい》一回《かい》に出《だ》してあるが變態脈《へんたいみやく》が出《で》るからその要心《えうじん》に玆《こゝ》に擧《あ》げたのである、然《しか》し概《がい》して拇指《ぼし》が不治脈《ふぢみやく》である事《こと》を知《し》ると同時《どうじ》に死去《しきよ》は決《けつ》して斷《だん》じてはならぬ新刑法《しんけいほう》に制定《せいてい》されてあるから。

齒痛因脈

拇指　動《うご》き小指合《こゆびがつ》すると齒《は》グキから毒血《どくけつ》が出《で》ることあり、これは祖先《そせん》の制裁《せいさい》を敎《をし》へる心王明示《しんのうめいじ》の脈《みやく》である。

人指　動《うご》けば胃《ゐ》から出《で》た歯《は》であつて多《おほ》くは心配《しんぱい》が中心《ちうしん》で胃《ゐ》を悪《わる》くしたと見《み》る。

中指　動《うご》けば自分《じぶん》で無理《むり》して堅《かた》い物《もの》を食《く》ひ或《あるひ》は歯《は》の衛生《えいせい》が悪《わる》い爲《ため》に出《で》た歯痛《はいたみ》。

藥指　動《うご》けば餘《あま》り熱《あつ》い物《もの》や冷《つめ》たい物《もの》を食《しよく》して出《で》た歯痛《はいたみ》であつて歯《は》グキに沁《しみ》る事《こと》がある。

小指　動《うご》けば子《こ》供《ども》の時《とき》から歯性《はしやう》が悪《わる》かつた。

流行病脈種類

拇指　動《うご》けば疱瘡《ほうそう》の類《るい》、飛《と》び火《ひ》と云《い》ふ、流行瘡《りうこうそう》、モガサ、水疱瘡《みづほうそう》、等《とう》心身《しんしん》の不《ふ》調和《てうわ》及《およ》び寒暑《かんしよ》の壓迫《あつぱく》に依《よつ》て體出《たいしゆつ》する一切《さい》の吹出瘡《ふきでがさ》。

人指　動《うご》けば胎内《たいない》に伏在《ふくざい》した諸種《しよしゆ》の悪血《あくけつ》及《およ》び其他《そのた》暑中《しよちう》耐《た》へきれないで内部《うち》より顔《かほ》及《およ》び身體《しんたい》に出《で》る汗疹《あせも》の如《ごと》きもの。

藥指　動《うご》けば皮膚病《ひふびやう》は無論《むろん》であるが男女交接上《だんぢよこうせつじやう》から出《で》るシツ、ヒゼン、ガンガサ等《とう》の皮膚病《ひふびやう》一切《さい》の吹出物《ふきでもの》。

小指　動《うご》けば小《ちい》さな腫物《はれもの》及《およ》び吹出物《ふきでもの》で非常《ひじやう》に痛《いた》むのであつて、膿血《うみ》が出《で》ないで水《みづ》が出《で》る様《やう》な吹出物《ふきでもの》。

急病脈

拇指　動《うご》けば急病《きうびやう》でないから安心《あんしん》。

人指　動《うご》けば胃《ゐ》が痛《いた》んだのであるから應急手當《おほきうてあて》をすれば直《す》ぐ治《なほ》る。

中指　動《うご》けば急性肺炎《きうせいはいえん》であるから熱心《ねつしん》に觸手《しよくしゆ》すれば應急手當《おうきうてあて》となる。

藥指　動《うご》けば急性神經痛《きうせいしんけいつう》であるから温砂《おんさ》が可《よい》。

小指　動《うご》けば急性腸加答兒《きうせいちようかたる》である溫《あた》めよ。

注意……凡《すべ》て急病《きうびやう》の時《とき》は三脈《みやく》がピクピク激《はげ》しくあるから靈脈《れいみやく》と三脈《みやく》と合《がつ》して診《しん》せねばならぬ、脈《みやく》が沈《しづ》んで少《すこ》しも拇指《ぼし》に判明《はんめい》せぬ事《こと》があるからそんな時《とき》は心《しん》臟部《ざうぶ》に觸手《しよくしゆ》して皷動《こどう》を見《み》るがよい。

變化脈の秘諦

拇指　動《うご》き眞直《まつすぐ》になる病人《びやうにん》は病氣沈《びやうきしづ》んで現《あら》はれないから祖父母《そふぼ》か父母《ふぼ》の靈脈《れいみやく》を診《しん》すると病因《びやういん》が判《わか》る、必《かなら》ず遺《ゐ》傳性《でんせい》であるから。

人指　動《うご》かずして動《うご》く樣《やう》に見《み》へるのは父母《ふぼ》の因果《いんが》律《りつ》が秘《ひ》されて居《ゐ》るのである、病氣《びやうき》も不思議《ふしぎ》の病氣《びやうき》である。

中指　動《うご》けば自分《じしん》でした罪惡《ざいあく》を隱《かく》して居《な》るから指《ゆび》が少《すこ》しも動《うご》かずしてピクと動《うご》き後《あと》は動《うご》かないのである。

藥指　動《うご》きて内外《ないがい》になるのは婦人《おんな》なれば卵巣病《らんそうびやう》になりかゝりで熱《ねつ》が非常《ひじやう》に出《で》る樣《やう》な病性《びやうせい》であるから注意《ちうい》。

小指　動《うご》き右左《みぎひだ》り内外《ないがい》に振《ふる》ふのは肓腸《もうちやう》になりかゝりであるからビール杯《なさ》は飲《のま》ぬ

がよい。

ルイレキ因果脈

拇指　動《うご》けば兩親《りやうしん》の刹那《せつな》波動《はどう》より來《きた》りし靈波《れいは》あり尋《たづ》ね見《み》よ。

人指　動《うご》けば父母《ふぼ》の內母親《うちはゝおや》が夫《おつと》を無視《むし》した爲《ため》に夫《おつと》が死去《しきよ》した刹那《せつな》靈波《れいは》から來《きた》るのが澤山《たくさん》あるから注意《ちうい》せよ。

中指　動《うご》けば瘰癧《るいれき》ではなくして心身《しんしん》の不調和《ふてうわ》から來《き》た凝結《こり》であると見《み》る。

藥指　動《うご》けばルイレキの初期《しよき》であるから上手《じやうづ》の醫師《いし》に施術《せじゆつ》して貰《もら》ふがよい、靈《れい》醫學《いがく》の中指觸手《なかゆびしよくしゆ》も大《おほ》ひに効《かう》がある。

小指　動《うご》けば毒性《どくせい》の變化《へんか》にして瘰癧《るいれき》でない。

常に病弱の因脈

拇指　動《うご》けば遺《ゐ》傳《でん》三代位《だいぐらゐ》

人指　動《うご》けば父母《ふぼ》から遺傳《ゐでん》。

中指　動《うご》けば自《みづか》ら病弱《びやうじやく》の因《いん》を造《つく》る。

藥指　動《うご》けば生《うま》れつきの病弱《びやうじやく》。

小指　動《うご》けば小兒時代《せうにじだい》の不養生《ふようじやう》が土台《どだい》。

位負病氣脈

拇指　動《うご》けば位負《くらゐま》けから出《で》た病氣《びやうき》。

人指　動《うご》けば民衆《みんしう》の爲《ため》に心配《しんぱい》し位負《くらゐま》けとなる。

中指　動《うご》けばナンノツノと云《い》ふ氣勢《きせい》があつた爲《ため》に人《ひと》に嫌《きら》はれて病氣《びやうき》。

藥指　動《うご》けば八方美《はうび》人主義《じんしゆぎ》にて心氣《しんき》勞《つか》れる。

小指　動《うご》けば謙遜《けんそん》の爲《ため》に出《で》た病氣《びやうき》にして晴々《はれ〴〵》すれば治《なほ》る。

レウマチス病種類脈

拇指　動《うご》けば心王《しんのう》の制裁《せいさい》から來《き》たのである或《あるひ》は心靈上《しんれいじやう》の不《ふ》調和《てうわ》より來《き》た病氣《びやうき》。

人指　動《うご》けば父母《ふぼ》の刹那波動《せつなはどう》もあり、内臓不調和《ないぞうふてうわ》の氣分《きぶん》より出《で》たレウマチス。

中指　動《うご》けば身體《しんたい》を無理《むり》に使用《しよう》した爲《ため》出《で》たレウマチス。

藥指　動《うご》けば關節炎《かんせつえん》のレウマチ病《びやう》、感情衝突《かんじやうしようとつ》の空間靈波《くうかんれいは》より來《き》たのが多《おほ》い。

小指　動《うご》けば梅毒性《ばいどくせい》から來《き》たのが多《おほ》い。

眼病種類脈

拇指　動《うご》けば神經的病《しんけいてきやまひ》、或《あるひ》は遺《ゐ》傳眼病《でんがんびやう》、又祖父母《またそふぼ》の刹那《せつな》より心王《しんのう》の制裁《せいさい》でなった眼病《がんびやう》、遠視眼《えんしがん》も此指《このゆび》に出《で》る。

人指　動《うご》けば父母《ふぼ》の刹那波動《せつなはどう》もあれば胃《ゐ》から出《で》た眼《め》もある、心氣《しんき》を勞《ろう》して出《で》た眼《め》もある、萬事内臓《ばんじないぞう》と肉體《にくたい》の勞《つか》れより出《で》る多《おほ》し。

中指　動《うご》けば腦《のう》から出《で》た眼《め》である、身體《しんたい》の無理《むり》から出《で》たとも見《み》る、人指合《ひとゆびがつ》して胃癌《ゐがん》が變《へん》じて眼病《がんびやう》となつたと見《み》る事《こと》あり。

藥指　動《うご》けば風眼《ふうがん》の類及《るいおよ》び流行眼《はやりめ》或《あるひ》は感染眼《うつりめ》、人指合《ひさゆびがつ》して血眼《ちめ》、眼星《めほし》。

小指　動《うご》けば毒眼《どくがん》、トラホーム眼《め》、中指合《なかゆびがつ》してソコ皮眼《ひめ》、拇指合《ほしがつ》して色盲眼《しきもう》、中指合《なかゆびがつ》して兩指《れうし》眞直《まつすぐ》になり振《ふる》ふて亂視眼《らんしがん》、小指《こゆび》に藥指合《やくしがつ》して近視眼《きんしがん》。

癩病種類脈

拇指.　動《うご》けば黒癩《こくらい》の類《るい》、或《あるひ》は白癩《はくらい》の傾向有《けいこうあり》。

人指　動《うご》けば母方《はゝかた》の血統結婚《けつとうけつこん》からの因《いん》あり、拇指合《ほしがつ》して祖父母《そふほ》の罪惡《ざいあく》から來《き》た癩病《らいびやう》。

中指　動《うご》けば自分《じぶん》の剛情《ごうじやう》から作《つく》つた癩病《らいびやう》。

藥指　動《うご》けば癩病《らいびやう》に似《に》た皮膚病《ひふびやう》。

小指　動《うご》けば癩病《らいびやう》にあらずして一種《しゆ》の毒腫《どくば》れ。

子宮病種類脈

拇指　動《うご》けば子宮癌《しきうがん》の下地《したぢ》であるから餘《あま》り心配《しんぱい》せぬがよい。
人指　動《うご》けば子宮病《しきうびやう》にあらず。
中指　動《うご》けば子宮癌《しきうがん》と見《み》てよいが養生《ようじやう》をよくし精神統《せいしんとう》一すれば治《なほ》る。
藥指　動《うご》けば色情過度《しきじやうかど》なれば子宮癌《しきうがん》となる。
小指　動《うご》けば純精《じゆんせい》なる子宮癌《しきうがん》である或《あるひ》は色情關係《しきじやうかんけい》より來《きた》りし空間靈波《くうかんれいは》が多《おほ》い。

肺病の淺深脈

拇指　動《うご》けば心靈的系統《しんれいてきけいとう》ある故《から》見《み》かけは輕《かる》く病氣《びやうき》は重《おも》いから心靈上《しんれいじやう》の統《とう》一を計《はか》り治方《ちはう》。
人指　動《うご》けば肺《はい》の正統《せいとう》なれば參考脈《さんこうみやく》をよく調《しら》べて病因《びやういん》を發見《はつけん》せねばならぬ、人《ひと》指外《ゆびそと》に動《うご》けば知人等《ちじんとう》の刹那波動《せつなはどう》、中《なか》に曲《まが》れば血緣《けつえん》の波動《はどう》、概《がい》して肺病《はいびやう》は心氣《しんき》過勞《かろう》と波《は》動《ごう》多《おほ》し。

中指　動《うご》けば肺病《はいびやう》にあらずして憂欝症《ゆううつせう》。

藥指　動《うご》けば肋膜《ろくまく》、人指合《ひさゆびがつ》して肺病《はいびやう》の三期位《きぐらゐ》であるから萬事《ばんじ》を放棄《はうき》して心王《しんのう》に任《まか》せよ。

小指　動《うご》けば肺病《はいびやう》ではないが、此指眞直《このゆびまつす》ぐになつて振《ふる》へば腸結核《ちやうけつかく》と見《み》る。

痔病種類脈

拇指　動《うご》けば遺傳性《ゐでんせい》と見《み》てよい、痔《ぢ》の種類《しゆるゐ》はいぼぢ、痔漏《ぢろう》、肺結核注意《はいけつかくちうい》。

人指　動《うご》けば父母《ふぼ》の罪惡《ざいあく》か、或《あるひ》は結婚上《けつこんじやう》の因果律《いんがりつ》から出《で》たハス痔《ぢ》の類《るゐ》。

中指　動《うご》けば自分《じぶん》で無理《むり》の活動《かつどう》をし出《で》た痔《ぢ》。

藥指　動《うご》けば毒性《どくせい》と色情關係《しきじやうかんけい》から胚胎《はいたい》した難症《なんせう》の痔疾《ぢしつ》、注射《ちうしや》で治《なほ》る。

小指　動《うご》けば冷《ひ》へた爲《ため》に出《で》た痔《ぢ》、ハシリ痔《ぢ》、痔核《ぢかく》、人指合《ひさゆびがつ》して痔《ぢ》が變化《へんか》して肺《はい》病《びやう》となるかも知《し》れない。

水氣腫の脈

拇指・動《うご》けば水氣腫《すいきばれ》の因《いん》はないが氣《き》血不順《けつふじゆん》から出《で》たらしい。

人指　動《うご》けば心腎《しんじん》よりの水氣腫《すいきはれ》であるから用心《ようじん》せねばならぬ。

中指　動《うご》けば勞働過度《ろうどうかど》にて、內臟《ないぞう》を傷《いた》めた爲《ため》に出《で》た水氣腫《すいきばれ》である。

藥指　動《うご》けば大風《たいふう》の時外出《ときがいしゆつ》した爲《ため》に顏面《かほ》が先《さき》に腫《は》れそれから外《ほか》に及《およ》ぼしたのである。

小指　動《うご》けば小便滯《せうべんとゞこ》ほりてから出《で》たのと腎臟《じんぞう》より出《で》たのである、脚氣《かつけ》の水氣《すゐき》は人指合《ひとさゆびがつ》したのであつて、酒《さけ》の爲《ため》に來《きた》る水氣《すゐき》もこの指《ゆび》。

下血の脈

拇指　動《うご》けば祖父母《そふぼ》の刹那波動《せつなはどう》あり、吐血《とけつ》も同《おな》じである、然《しか》し心配《しんぱい》なし。

人指　動《うご》けば萬事《ばんじ》の刹那《せつな》波動《はどう》あり、血《ち》の道《みち》も母《はゝ》の系統的《けいとうから》である。

中指　動《うご》けば下血《げけつ》はない、若《も》し中指動《なかゆびうご》いて下血《げけつ》ある時《とき》は二度靈脈《ごれいみやく》を診《しん》せよ。

藥指　動《うご》けば長血白血《なゞちしらち》の類《るい》にして下血《げけつ》とは大《おほ》ひに違《ちが》ふのである。

小指　動《うご》けば下血《げけつ》、ポーロ、月經過度《げつけいかご》、こしけの本質《ほんしつ》。

癌腫の脈別

拇指　動《うご》けば心王《しんのう》の制裁癌腫《せいさいがんしゆ》。

人指　動《うご》けば胃癌《ゐがん》として心配《しんぱい》の爲《ため》であつて民衆《みんしう》の長者《ちようじや》として尊敬《そんけい》される者《もの》に多《おほ》いのである。

中指　動《うご》けば凡《すべ》て癌種《がんしゆ》の發動脈《はつどうみやく》であるから此指《このゆび》が動《うご》いたら注意《ちうい》して剛情《がうじやう》を中止《ちうし》せよ。

藥指　動《うご》けば癌種《がんしゆ》にあらず單《たん》なる心身下《しんしんふ》調和《てうわ》の凝結《こり》である。

小指　動《うご》いて眞直《まつすぐ》になつて振《ふる》ふのは直腸癌《ちよくちやうがん》であるから熟練《じゆくれん》した醫師《いし》に就《つ》け。

小兒脊髓因脈

拇指　動《うご》けば祖父母《そふぼ》及《およ》び兩親《れうしん》の德《とく》を無視《むし》した爲《ため》に來《きた》りし脊髓《せきずい》及《およ》び小兒《せうに》麻痺症《まひしやう》と見《み》る。

人指　動《うご》けば胎内《たいない》にて出來《でき》た身體《しんたい》麻痺症《まひしやう》とも見《み》られる。

中指　動《うご》けばかんが強《つよ》くて爲《ため》に筋骨《きんこつ》の變化《へんか》した麻痺症《まひしやう》と見《み》る。

藥指　動《うご》けば氣虫《むしけ》の爲《ため》に痙攣《けいれん》から變化《へんか》した麻庳《まひ》及《およ》び其他《そのた》動脈硬化《どうみやくこうか》と見《み》る。

小指　動《うご》けば壓迫《あつぱく》及《およ》び強迫觀念等《きやうはくかんねんさう》から小兒《せうに》の心理狀態《しんりじやうたい》の變化《へんか》から來《き》た麻庳症《まひしやう》と見《み》る。

骨膜症脈

拇指　動《うご》けば骨膜《こつまく》の脈《みやく》であるが、この病氣《びやうき》には靈波《れいは》が伏在《ふくざい》してあるから注意《ちうい》。

人指　動《うご》けば父母《ふぼ》の因《いん》から來《き》た小兒等《せうにとう》の骨膜《こつまく》である事《こと》は斷《だん》じて疑《うたが》はない。

中指　動《うご》けば骨膜《こつまく》でなく座骨神經《ざこつしんけい》の類《るい》。

藥指　動《うご》けば骨膜《こつまく》になりかゝりであるから名醫《めいい》に治《ぢ》して貰《もら》ふがよい、靈醫學《れいいがく》の施法吉《せほうきち》。

小指　動《うご》けば骨膜《こつまく》の期《き》遲《おく》れて膿《うみ》が出《で》るから身體《しんたい》疲《つか》れて居《を》る。

母乳脚氣の時脈

拇指　動《うご》けば母乳脚氣《ぼにふかつけ》の時《とき》呑《の》ませて差支《さしつか》へない。

人指　動《うご》けば注意《ちうい》して牛乳等半《ぎうにふとうはん》がよい。

中指　動《うご》けば熱《ねつ》があるから乳《ちゝ》を呑《の》ませると下痢《げり》する事《こと》がある。

藥指　動《うご》けば別《べつ》に差支《さしつか》へないが醫師《いし》に相談吉《さうだんきち》。

小指　動《うご》けば澤山出《たくさんで》る乳《ちゝ》なれば差支《さしつか》へなし。

乳母撰定脈

拇指　動《うご》けば乳《ちゝ》は良好《りやうこう》の質《しつ》あり。

人指　動《うご》けば多少體《たせうからだ》が勞《つか》れて居《を》るから養生《やうじやゆ》すれば良乳《よいちゝ》が出《で》る。

中指　動《うご》けば乳母《うば》は中止《ちうし》がよい。

藥指　動《うご》けば田舍者《いなかもの》より都會《とかい》の者《もの》に良乳《よいちゝ》がある、一度子供《ごこども》を失《うしな》ふたる者《もの》なる可《べ》し。

小指　動《うご》けば普通《ふつう》の乳《ちゝ》は出《で》るが澤山出《たくさんで》ない。

乳母撰定秘脈

拇指　動《うご》けば神經質《しんけいしつ》なければ良好《りやうこう》。

人指　動《うご》けば卑吝性《ひりんせい》あるは注意《ちうい》せられよ。

中指　動《うご》けば勝氣《かちき》で無理《むり》する性故中止《しやうゆゑちうし》。

藥指　動《うご》けば多《おほ》く墮弱《だじやく》だから注意《ちうい》。

小指　動《うご》けば毒性加味《どくせいかみ》して居《を》るから注意《ちうい》。

痔疾治療脈

拇指　動《うご》くのは氷嚢等《ひやうなうとう》を使用《しよう》せぬがよい。

人指　動《うご》くのは上手《じやうず》の醫師《いし》の注射《ちうしや》がよい。

中指　動《うご》くのは蒸治《むす》がよいかも知《し》れぬ。

藥指　動《うご》くのは或《あるひ》は手術《しゆじゆつ》せねばどうか知《し》れぬから上手《じやうず》の醫師《いし》と相談《さうだん》せよ。

小指　動《うご》けば氷嚢《ひやうなう》を使用《しよう》せねば耐《こら》へられぬ。

肋膜炎治療脈

拇指　動《うご》くのは乾性《かんしやう》であるから觸手療法《しよくしゆれうほう》か又《また》は塗布劑《とふざい》がよい。

人指　動《うご》くは濕性《しつしやう》だから温濕布《おんしつぷ》がよいかも知《し》れぬ、病《やまひ》に依《よつ》て本人《ほんにん》と相談《さうだん》せよ。

中指　動《うご》くのは炎症性《えんしやうく》であるから冷濕布《れいしつぷ》せねばならぬであろふ。

藥指　動《うご》くのは心靈上《しんれいじやう》の融和《ゆうわ》を先《ま》づ計《はか》るのがよい又本人《またほんにん》の氣《き》に從《したが》ふてなせ。

小指　動《うご》くは子供《こども》か妻《つま》か目下《めした》の爲《ため》に心配《しんぱい》して出《で》たのであるから原因《げんいん》を解除《かいじよ》すれば何《なに》もせないで治《なほ》るのである。

注意……肋膜病《ろくまくびやう》に蓄水《ちくする》するのがあるからそんなのは上手《じやうづ》の醫師《いし》にかゝらねばならぬ、肋膜《ろくまく》の蓄水《ちくする》は靈醫學《れいいがく》では別《べつ》に心配《しんぱい》はせないのである、觸手《しよくしゆ》さへして居《を》れば自《みづ》から治《ぢ》する力《ちから》を内部《ないぶ》に備《そな》へて居《を》るからである、故《ゆゑ》に下手《へた》の醫師《いし》にかゝつて排水《はいすゐ》でもして貰《もら》ふと身體《しんたい》が絲《いと》の如《ごと》くなるから注意《ちうい》せよ。

脊髓炎の療法脈

拇指　動《うご》けば病種《びやうしゆ》より病因《びやういん》を解除《かいじよ》してから治方《ぢはう》に向《むか》ふ故注意《ゆゑちうい》。

人指　動《うご》けば父母《ふぼ》の因果律《いんがりつ》を調《しら》べて解《と》けば治《なほ》る、コルセットなどは必要《ひつえう》なし。

中指　動《うご》けばカルエス位《ぐらひ》だから早《はや》く背中《せなか》の凝結《こり》を週圍《しうい》觸手《しよくしゆ》で取れ。

藥指　動《うご》けば上手《じやうづ》の醫師《いし》の施法《せほう》で治《なほ》る。

小指　動《うご》けば拾歳前《さいまへ》に出《で》たのであるのは不治《ふぢ》だから醫師《いし》とも相談《さうだん》せよ。

心臟病治療脈

拇指　動《うご》けば遺傳《ゐでん》を含《ふく》んで居《を》るから餘程注意《よほどちうい》せぬと治《なほ》らない。

人指　動《うご》けば父母《ふぼ》の遺傳《ゐでん》らしいから因果律《いんがりつ》を調《しら》べてから醫師《いし》の治療《ちれう》を受《う》けよ。

中指　動《うご》けば心臟肥大《しんぞうひだい》と動脈硬化《どうみやくこうか》を來《きた》して居《を》るから本人《ほんにん》の攝生次第《せつせいしだい》で治《なほ》る。

藥指　動《うご》けは上手《じやうづ》の醫師《いし》なれば治《なほ》る。

小指　動《うご》けば大酒《たいしゆ》を止《や》めねば治《なほ》らない。

注意……以上《いじやう》は余《よ》が時々《じゞ》刻々《こく〳〵》靈診《れいしん》の節活斷《せつかつだん》を手帳《てちやう》に扣《ひか》へたのを書拔《かきぬい》たのであるから數年前《すうねんまへ》の實驗《じつけん》もある故使用《ゆえしよう》する術者《じゆつしや》は臨機《りんき》の處置《しよち》を以《もつ》て使用《しよう》せられよ。

第拾七章　諸病脈分類秘諦（上）

諸病脈《しよびやうみやく》に關《かん》する靈脈差別種類《れいみやくさべつしゆるい》は拾中《ちう》六分《ぶ》通《どう》り位《ぐらゐ》は公開《こうかい》した、而《しか》して此章《このしやう》に記載《きさい》する分類秘脈《ぶんるいひみやく》は靈醫學《れいいがく》の結集《けつしう》である『大鑑集』に公表《こうへう》したのを一章《しやう》として掲示《けいじ》するのである。

既應《これまで》に發表《はつぺう》した靈脈《れいみやく》は各部分《かくぶぶん》に應用《おうよう》されるのであるが、玆《こゝ》に記載《きさい》するのは人體中《じんたいちう》の各部分《かくぶぶん》を明了《めいれう》にして一見誰《けんたれ》にでも判《わか》り易《やす》く、參考資料《さんこうしれう》にする積《つも》りであるから參酌《さんしやく》せられよ。

然《しか》し既《き》公開《こうかい》の靈脈《れいみやく》と多《た》少重復又《せうぢうふくまた》は矛盾《むじゆん》するかの樣《やう》なのもあるから、注意《ちうい》して活斷應用《かつだんおうよう》せられたい、而《しか》して醫師《いし》などが病名《びやうめい》が判《わか》らないと云《い》ふ樣《やう》な時《とき》は靈脈《れいみやく》にて一應診察《おうしんさつ》した後《のち》、醫師《いし》にその靈脈《れいみやく》の順序《じゆんじよ》を報告《ほうこく》して對照《たいせう》されると大《おほ》ひに研究《けんきう》になるのである。

◎上部に關する靈脈

腦病《のうびやう》、眼病《がんびやう》、耳病《みゝやまひ》、鼻病《はなやまひ》、舌病《したやまひ》、齒病《はのやまひ》、口中病《こうちうびやう》、等《とう》に關《かん》したる靈脈《れいみやく》を順序正《じゆんじよたゞ》しく發表《はつぺう》する、然《しか》し此《こ》の發表《はつぺう》は概《がい》して獨修《どくしう》で靈診《れいしん》する事《こと》になつて居《を》るから、靈《れい》醫學修得者《いがくしうとくしや》もその積《つも》りで研修《けんしう》されよ。

腦病に關する靈脈

拇指　動《うご》いた腦病《のうびやう》の者《もの》は遺傳《ゐでん》と見《み》る又性質《またせいしつ》が剛情《がうじやう》の爲《ため》に自《みづか》ら腦《のう》を患《や》んで居《を》ると見《み》てよい、或《あるひ》は先天性《せんてんせい》の剛情《がうじやう》の爲《ため》に人知《ひとし》れず腦《のう》を患《や》むと見《み》てよい。

人指　動《うご》いた腦病者《のうびやうしや》は心配《しんぱい》から來《き》たのである、又胃《またゐ》から來《き》たとも見《み》る、又過勞《またかろう》の爲《ため》に來《き》た腦《のう》と見《み》る、或《あるひ》は親讓《おやゆづ》りの腦《のう》と見《み》てよい、或《あるひ》は心臟《しんぞう》の皷動《こどう》があつて腦《のう》に關係《かんけい》したと見《み》て注意《ちうい》して敎化《けうけ》せよ。

中指　動《うご》いた腦病《のうびやう》は純粹《じゆんすい》の腦病《のうびやう》であるが、詰込學問《つめこみがくもん》の爲《ため》に來《き》た腦病《のうびやう》、晝夜《ちうや》腦《のう》を使《つか》ふた爲《ため》に出《で》た腦神經衰弱症《のうしんけいすいじやくしやう》、輕《かる》ハズミの爲《ため》に來《き》た腦病《のうびやう》とも見《み》る。

藥指　動《うご》いた腦病《のうびやう》は風邪《かぜ》の爲《ため》に來《き》た腦《のう》と見《み》る、神經的腦《しんけいてきのう》と見《み》る感情衝突《かんじやうしようとつ》の原《げん》因《いん》から來《き》た腦《のう》と見《み》る、大風《たいふう》の時外出《ときがいしゆつ》して風《かぜ》の爲《ため》に出《で》た腦《のう》と見《み》る、人《ひと》を惡口《あくこう》してそれが爲《ため》に心王《しんのう》の制裁《せいさい》を被《こう》むつて腦《のう》を痛《いた》め幻聽《げんちやう》などになる。

小指　動《うご》いた腦病《のうびやう》は冷《ひえ》から來《き》た逆上《ぎやくじやう》と見《み》る、毒性《どくせい》に冒《おか》された腦《のう》と見《み》る、妻子《さいし》の爲《ため》に心配《しんぱい》した腦《のう》と見《み》る、氣《き》が小《ちい》さくて心配事《しんぱいごと》が人《ひと》に云《い》はれないで出《で》た腦病《のうびやう》心配《しんぱい》を含《ふく》んで腦溢血《のういつけつ》になるから餘程注意《よほどちうい》されよ。

眼病に關する靈脈

拇指　動《うご》いた眼病《がんびやう》は遺傳《ゐでん》と見《み》る、神經的眼病《しんけいてきがんびやう》と見《み》る、視力素《しりよくそ》が衰《おとろ》へたと見《み》る、滋養物不足《じやうぶつふそく》の眼病《かんびやう》と見《み》る、背髓性《せきずいしやう》眼病《がんびやう》と見《み》る老衰《ろうすい》の爲《ため》に出《で》た眼病《がんびやう》と見《み》る。

人指　動《うご》いた眼病《がんびやう》は父母《ふぼ》から遺傳《ゐでん》と見《み》る、肉體過勞《にくたいかろう》から來《き》た眼病《がんびやう》、肉食《にくしよく》を餘《あま》りした爲《ため》にのぼせ眼《め》、惡血《あくけつ》の爲《ため》の眼病《がんびやう》、目上《めうへ》の人《ひと》の死《し》の刹那《せつな》の觀念眼病《かんねんがんびやう》。

中指　動《うご》いた眼病《がんびやう》は腦《のう》から來《き》た眼《め》、無理《むり》に勉强《べんきやう》した爲《ため》に出《で》た眼病《がんびやう》、運動過勞《うんどうかろう》から來《き》た眼病《がんびやう》、頭《あたま》を打《うつ》た爲《ため》に來《き》た眼病《がんびやう》、のぼせ眼《め》。

藥指　動《うご》いた眼病《かんびやう》は流行眼《はやりめ》、風《かぜ》に打《う》たれて出《で》た眼病《がんびやう》、神經的眼病《しんけいてきがんびやう》、精神過勞《せいしんかろう》の爲《ため》に出《で》た眼病《がんびやう》、人《ひと》と口論《こうろん》して逆上眼《ぎやくじやうがん》。

小指　動《うご》いた眼病《がんびやう》は毒眼《どくがん》、冷《ひえ》から來《き》た眼《め》、子供《こども》の眼病《がんびやう》が傳染《でんせん》、餘《あま》り眼《め》を冷《つめ》たくしたり寒《さむ》さにあてたりして出《で》た眼《め》、入湯中淋毒感染眼《にうとうちうりんどくかんせんがん》、手拭《てぬぐひ》などの毒《どく》から來《き》た眼《め》。

耳病に關する靈脈

拇指　動《うご》いた耳病《みゝびやう》は中耳炎《ちうじえん》の類《るい》、神經《しんけい》から來《き》た耳病《みゝびやう》、剛情《ごうじやう》の爲《ため》に心王《しんのう》の制裁《せいさい》に依《よ》る耳病《みゝびやう》、ツンボ、遺傳《ゐでん》の耳病《みゝびやう》もあり。

人指　動《うご》いた耳病《みゝびやう》は父母《ふぼ》の遺傳《ゐでん》とも見《み》る、又父母《またふぼ》に耳《みゝ》を打《う》たれて鼓膜《こまく》に故障《こしやう》を生《しやう》じて居《を》るとも見《み》る、耳《みゝ》だれ痛《いた》むと見《み》る身體《からだ》が健全《けんぜん》で耳《みゝ》がツンボと見《み》る、胃《ゐ》腸《ちやう》の關係《かんけい》から來《き》た耳病《みゝびやう》、心配《しんぱい》して急《きふ》に耳《みゝ》が聞《きこ》へなくなる。

中指　動《うご》いた耳病《みゝびやう》は腦《のう》の過勞《かろう》から來《き》た、中耳炎《ちうじえん》、剛情《ごうじやう》の爲《ため》に心王制裁《しんのうせいさい》、學問《がくもん》の爲《ため》に腦《のう》を使《つか》ひ過《す》ぎ俄《にわか》にツンボになつた耳病《みゝびやう》、落附《おちつ》けば治《なほ》るから心配無用《しんぱいむよう》

藥指　動《うご》いた耳病《みゝびやう》は神經過勞《しんけいかろう》から來《き》た耳病《みゝびやう》、心配《しんぱい》の遣《や》り處《どころ》がなくて腦《のう》から耳《みゝ》に來《き》た、餘《あま》り大音響《だいおんきやう》を耳《みゝ》にして俄《にはか》にツンボになつた、風《かぜ》に中《あた》つて俄《にはか》に耳病《みゝびやう》。

小指　動《うご》いたのは耳《みゝ》だれ、毒《どく》の爲《ため》に來《き》た耳病《みゝびやう》、中耳炎《ちうじえん》が膿《のう》を持《も》つた時《とき》、子供《こども》の時《とき》に耳《みゝ》に水《みづ》を入《い》れたのが原因《げんいん》。

鼻病に關する靈脈

拇指　動《うご》いた鼻病《はなびやう》は遺傳《ゐでん》から來《き》た鼻病《はなびやう》、神經過勞《しんけいかろう》から來《き》た鼻病《はなびやう》、鼻《はな》の穴《あな》が痛《いた》む

鼻《はな》の髓《ずい》が痛《いた》む、嗅覺力缺乏《きうかくりよくけつぼう》。

人指　動《うご》いた鼻病《はなびやう》は内臟《ないぞう》の關係《かんけい》らしい、からい物《もの》を澤山食《たくさんしよく》した爲《ため》に鼻痛《はないた》む、鼻《はな》の先《さき》を摘《つま》む癖《くせ》がある、兩親《れうしん》の一人《り》が鼻《はな》を打《う》つた因《いん》。

中指　動《うご》いた鼻病《はなびやう》は腦《のう》から來《き》た蓄膿《ちくのう》の種類《しゆるい》、鼻《はな》たけ、鼻赤《はなあか》、鼻曲《はなまが》り、鼻渇《はなかは》く、鼻血《はなぢ》が出《で》る、鼻《はな》に腫物《できもの》、嗅覺亂《きうかくみだ》れる。

藥指　動《うご》いた鼻病《はなびやう》は鼻神經疾患《びしんけいしつかん》、鼻筋《はなすぢ》が氣《き》腫《ば》れ痛《いた》む、鼻《はな》の皮《かは》が剝《む》ける、鼻《はな》が寒《さむ》い病氣《びやうき》、鼻《はな》を氣《き》にする病氣《びやうき》。

小指　動《うご》いた鼻病《はなびやう》は酒毒《しゆどく》の爲《ため》に冐《おか》されたと見《み》る、寒《さむ》い思《おも》いをして鼻《はな》を痛《いた》める、寒中鼻《かんちうはな》に水《みづ》を入《い》れた爲《ため》に嗅覺《きうかく》が鈍《どん》になる。

舌病に關する靈脈

拇指　動《うご》いた舌病《したびやう》は食物《しよくもつ》で心配《しんぱい》した熱《ねつ》の爲《ため》に舌《した》がこわばると見《み》る、遺傳《ゐでん》の中氣《ちうき》から舌《した》がこわばる事《こと》がある、酒《さけ》を飲過《のみす》ぎて神經《しんけい》を害《がい》した爲《ため》に出《で》た舌病《したびやう》。

人指　動《うご》いたのは胃《ゐ》から來《き》た舌病《したびやう》、胃熱《ゐねつ》の爲《ため》に舌《した》が爛《たゞ》れる、辛《から》い物《もの》を食《しよく》して舌《した》を痛《いた》める、身體過勞《しんたいかろう》の爲《ため》に熱《ねつ》が舌《した》に出《で》る。

中指　動《うご》いた舌病《したびやう》は餘《あま》り激論《げきろん》した爲《ため》に舌《した》を害《がい》した、腦《のう》が惡《わる》く且又風熱《かつまたふうねつ》の內訌《ないこう》から來《き》た舌病《したびやう》、たゞれ舌病《したびやう》。

藥指　動《うご》いた舌病《したびやう》は神經的《しんけいてき》に來《き》た舌《した》がつれる病《やまひ》、風熱內訌《ふうねつないこう》の爲《ため》に舌病《したびやう》、人《ひと》と喧嘩《けんか》して波動《はどう》から來《き》た舌病《したびやう》。

小指　動《うご》いた舌病《したびやう》は冷《ひ》へて逆上《のぼせ》たのである、毒《どく》の爲《ため》に來《き》た舌病《したびやう》、子供《こども》の眼病《がんびやう》の毒《どく》をなめて舌《した》を難《なや》める。

齒痛に關する靈脈

拇指　動《うご》いた齒病《はびやう》は齒《は》の神經《しんけい》が痛《いた》い、神經《しんけい》から來《き》た齒痛《はいたみ》、はぐきが痛《いた》む、齒《は》の神經《しんけい》が殘《のこ》つて居《ゐ》て痛《いた》む。

人指　動《うご》くのは遺傳《ゐでん》の惡血《あくけつ》の爲《ため》の齒病《はびやう》、はぐきから血《ち》が出《で》る、肉《にく》が腫《は》れて痛《いた》む肩《かた》が張《はつ》て痛《いた》む齒《は》と見《み》る。

中指　動《うご》くは腦《のう》から來《き》た齒《は》、餘《あま》り頭《あたま》を使《つか》ひ過《す》ぎてムシヤクシヤして齒《は》に來《き》た、腦神經《のうしんけい》から來《き》た齒《は》、齒《は》ぐきが熱《ねつ》で腐《くさ》る。

藥指　動《うご》くは齒《は》の神經《しんけい》に異狀《ゐじやう》がある、風熱《ふうねつ》でのぼせた齒痛《はいた》み、拔《ぬ》け齒《ば》で痛《いた》む、虫齒痛《むしばいた》み。

小指　動《うご》くは冷《ひえ》から來《き》た齒《は》、毒《どく》の爲《ため》に來《き》た齒《は》、齒《は》から毒血《どくけつ》が出《で》る、口熱《こうねつ》で齒《は》がむれて腐敗《ふはい》するから痛《いた》む。

口中病に關した靈脈

拇指　動《うご》いたのは遺傳的口中病《ゐでんてきこうちうびやう》、口中《こうちう》が臭《くさ》くて人《ひと》に嫌《きら》はれる、口熱内訌《こうねつないこう》して口《こう》中《ちう》から異臭《ゐしう》を放《はな》つ、此指《このゆび》に藥指《やくし》合《がつ》して扁桃腺《へんとうせん》の氣味《きみ》。

人指　動《うご》いたのは胃《ゐ》の爲《ため》に口中臭《こうちうくさ》い、肉食《にくしよく》を好《この》む爲《ため》に口中病《こうちうびやう》あり、口中《こうちう》が爛《たゞ》れて血《ち》が出《で》る膿《うみ》も出《で》る。

中指　動《うご》けば口中病《こうちうびやう》は餘《あま》り辨舌《べんぜつ》をした爲《ため》にのぼせたのである、勞働過《ろうどうす》ぎて身體《しんたい》に熱《ねつ》が出《で》て口熱《こうねつ》と變化《へんか》した、辛《から》い物熱《ものあつ》い物《もの》を無理《むり》に食《しよく》して口中《こうちう》を損《そこな》ふた。

藥指　動《うご》けば風邪《かぜ》熱内訌《ねつないこう》の爲《ため》から、神經的《しんけいてき》になつて居《を》るらしい、馳走《ちそう》になつた物《もの》の中毒《ちうどく》、梅毒《ばいどく》の感染《かんせん》らしい。

小指　動《うご》けば毒《どく》の内熱《ないねつ》、冷《ひえ》からのぼせて來《き》たらしい、赤兒《あかご》は乳《ちゝ》のカスで爛《たゞ》れた食物《しよくもつ》の爲《たゞ》に害《がい》せられた、餘《あま》り冷《つめ》たい物《もの》を食《しよく》した害《がい》。

頭に瘡や腫物の靈脈

拇指　動《うご》けば子供《こども》なれば父母《ふぼ》の遺傳毒《ゐでんどく》、大人《おとな》は三代位《だいぐらゐ》の系統《けいとう》を持《も》つた毒《どく》。

人指　動《うご》けば利欲《りよく》の爲《ため》に人《ひと》に義理《ぎり》を欲《か》き又《また》は人《ひと》を無視《むし》した爲《ため》の心王制裁《しんのうせいさい》からの腫物《できもの》や瘡《かさ》である、父母《ふぼ》の胎毒《たいどく》を受《う》く、食物《しよくもつ》の不調《ふてう》から逆上《のぼせ》た爲《ため》の腫物《できもの》。

中指　動《うご》けば無理《むり》をして頭《あたま》に腫物《できもの》、頭《あたま》にふけ澤山《たくさん》から瘡《くさ》になつた、櫛《くし》をかり使《し》用《よう》して傳染《でんせん》した、人《ひと》を馬鹿《ばか》にして心王制裁腫物《しんのうせいさいできもの》。

藥指　動《うご》けば傳染性《でんせんせい》の腫物及《できものおよ》び瘡《くさ》、一切《さい》の皮膚病《ひふびやう》、梅毒性傳染瘡《ばいどくせいでんせんくさ》と腫物《できもの》、かみの髮《け》が腐敗《ふはい》して瘡《くさ》が出來《でき》る。

小指　動《うご》けば胎毒《たいどく》は小兒《せうに》、梅毒《ばいどく》は大人《をとな》、冷《ひ》へ毒頭《どくあたま》に出《で》る、傳染《でんせん》して頭《あたま》と眼《め》と毒《どく》に難《なや》む、中指合《なかゆびがつ》して夏《なつ》のあせものかたまり。

以上《いじやう》は肩《かた》より上《うへ》に屬《ぞく》した靈脈《れいみやく》であるから既發表《きはつぺう》の靈脈《れいみやく》と對照《たいせう》して活斷《かつだん》されよ而《しか》して各指《かくし》が動《うご》いたのでその病因《びやういん》を摘發《てきはつ》せねばならぬ、耳病《みゝびやう》で拇指《ぼし》が動《うご》いたらと云《い》ふのでなくて、拇指《ぼし》が動《うご》いたら耳病《みゝびやう》の何《なん》の因《いん》であるかと考《かんか》へるのである、考《かんが》へてその因《いん》を發見《はつけん》したら靈醫學《れいいがく》の施法《せほう》でも藥物《やくぶつ》の醫師《いし》の投藥《とうやく》でも隨意《ずうい》に行《おこな》へばよい、つまり原因《げんゐん》を發見《はつけん》するのが目的《もくてき》である、醫師《いし》は原因《げんいん》を發見《はつけん》するのが出《で》來《き》ないから醫師《いし》の代《かは》りに靈脈《れいみやく》にて原因《げんいん》を發見《はつけん》してから對症療法《たいせうれうほう》を行《おこな》ふのが効果《こうか》甚大《じんだい》である。

◎中部に關する靈脈

中部《ちうぶ》とは肩《かた》より下腰《したこし》より上《うへ》の部分《ぶぶん》を云《い》ふのである、五臟《ざう》を中心《ちうしん》としての諸病《しよびやう》脈《みやく》である、咽喉《ゐんこう》、五臟《ざう》、肋膜《ろくまく》、腸病《ちようびやう》、背髓《せきずい》、ルイレキ、乳病《にうびやう》、等《とう》の諸病《しよびやう》を靈《れい》診《しん》するに必要《ひつよう》の新脈《しんみやく》を公開《こうかい》するのである。

咽喉に關する靈脈

拇指　動《うご》けば咽喉病《ゐんこうびやう》は俗稱《ぞくしやう》ノド氣《け》と云《い》ふのである、咽喉《のど》がしやがれると云《い》ふのである、咽喉佛《のどぼとけ》に異狀《ゐじやう》あると見《み》る、咽喉加答兒《ゐんこうかたる》の類《るい》、扁桃腺《へんたうせん》の傾向《けいこう》あれば上《じやう》手《ず》の醫師《いし》に見《み》せよ。

人指　動《うご》けば食物關係《しよくもつかんけい》から來《き》たのである所謂食熱《いはゆるしよくねつ》とす、絶食《ぜつしよく》した爲《ため》に熱《ねつ》が出《で》て咽喉《のど》に異變《ゐへん》を起《おこ》した、肉體的過勞《にくたいてきかろう》の爲《ため》に熱《ねつ》を起《おこ》して咽喉《ゐんこう》に異變《ゐへん》したと見《み》る。

中指　動《うご》けば餘《あま》り演說《えんぜつ》して咽喉《のど》を害《がい》した、無理《むり》に酒《さけ》を飮《の》んで咽喉《のど》を害《がい》したのである、暴食《ぼうしよく》して胃《ゐ》を惡《わる》くし吐瀉《としや》した爲《ため》に咽喉《のど》と胃《ゐ》と頭《あたま》を惡《わる》くしたと見《み》る。

藥指　動《うご》けば咽喉病《ゐんこうびやう》は風邪《かぜ》で咳嗽《せき》をしたので器管《きくわん》を傷《いた》めた、空《から》せきして咽喉《のど》を傷《いた》めた、寢《しん》に就《つ》くとせきが出《で》る、身體《しんたい》の弱《よわ》い者《もの》が無理《むり》に勞働《ろうどう》して疲《つか》れてせき出《で》る。

小指　動《うご》けばルイレキの爲《ため》にせきが出《で》る、寒《さむさ》の引込《ひきこ》みせき、冷酒《ひやざけ》を飮《の》んで咽喉《のど》を傷《いた》める、子供《こども》百日《にち》せき、ぜんそくは人指《ひとさゆび》と合《がつ》する。

五臟に關する靈脈

拇指　動《うご》けば遺傳性《ゐでんせい》を帶《をび》た諸病《しよびやう》、心靈的疾患《しんれいてきしつかん》の遺傳《ゐでん》、氣病《きびやう》の遺傳《ゐでん》、骨膜等《こつまくとう》に類《るい》似症《じしやう》。

人指　動《うご》けば概《がい》して五臟《ぞう》の內胃《うちゐ》を中心《ちうしん》として見《み》てよい、人指眞直《ひさゆびまつす》ぐに振《ふる》ふは心《しん》臟《ぞう》と見《み》る、人指左右《ひさゆびさゆう》に動《うご》くは腎臟《じんぞう》と見《み》る、人指曲《ひさゆびまが》りきり掌中《しやうちう》に附《つく》のは肝臟《かんぞう》と見《み》る、人指外《ひさゆびそさ》に開《ひら》く樣《やう》なのは脾臟《ひぞう》と見《み》る、人指《ひさゆび》が動《うご》き心臟《しんぞう》から出《で》る甲狀腺腫《こうじやうせんしゆ》もあるから注意《ちうい》、人指《ひさゆび》に小指《こゆび》が附着《ふちやく》して橫行結腸部《わうこうけつちようぶ》と見《み》る時《とき》がある、肺《はい》は人《ひさ》指《ゆび》と敎《をし》へてある。

中指　動《うご》けば凡《すべ》て癌腫《がんしゆ》であると云《い》ふのは癌《がん》の出來《でき》る人《ひと》は性質《せいしつ》が剛情《ごうじやう》であるから無理《むり》の仕事《しごと》をする故多《ゆゑおほ》く此指《このゆび》に出《で》るのである、內臟《ないぞう》に此指《このゆび》が動《うご》いたら餘程注《よほどちう》意《い》せねばならぬ。

藥指　動《うご》けば胸骨《けふこつ》に關《かん》した病《やまひ》、肋骨病《ろくこつびやう》、膵臟《すいぞう》は消化液《せうかえき》の分泌役《ぶんぴやく》で氣《き》に屬《ぞく》して此《この》指《ゆび》に出《で》る、此指《このゆび》に小指加《こゆびくは》わつて肝臟膵臟及《かんぞうすいぞうおよ》び小腸《せうちやう》の消化液《せうかえき》の分泌《ぶんぴ》を始《はじ》めると見《み》る、小指加《こゆびくは》わつて直《たゞ》ちに別《べつ》になるのは肝膵腸《かんすいちやう》の三者《しや》が異狀《いじやう》あると見《み》る。

小指　動《うご》けば凡《すべ》て腸病《ちやうびやう》とする、中指《なかゆび》と合《がつ》して盲腸《もうちやう》と見《み》る、ブル〴〵振《ふる》ひ人指《ひとさゆび》合《がつ》して十二支腸《しちやう》と見《み》る時《とき》がある、中指合《なかゆびがつ》して眞直《まつす》ぐに振《ふる》へば直腸《ちよくちやう》及《およ》び癌《がん》と見《み》る事《こと》あり。

肋膜に關した靈脈

拇指　動《うご》けば氣《き》を病《や》んで肋膜部《ろくまくぶ》痛《いた》む、神經的《しんけいてき》遺傳《ゐでん》と見《み》る肋膜《ろくまく》、肋間神經《ろくかんしんけい》の異狀《ゐじやう》と見《み》る、夢見《ゆめみ》て患《わづら》ふ肋膜《ろくまく》、目下《めした》と爭《あらそ》ひ神經的肋膜《しんけいてきろくまく》を病《や》む、困難《こんなん》の讀物《よみもの》を考《かんが》へて病《や》む。

人指　動《うご》けば過勞《かろう》の爲《ため》の肋膜《ろくまく》、胃《ゐ》が痛《いた》んで肋骨《ろくこつ》も氣《き》で痛《いた》む、兩手《れうて》を餘《あま》り使用《しよう》して痛《いた》みを感《かん》ずる、實父母《じつふぼ》の死《し》の刹那《せつな》を思《おも》ひ出《だ》して肋骨《ろくこつ》に痛《いた》みを感《かん》ずる。

中指　動《うご》けば憂鬱《ゆううつ》から來《き》た肋骨《ろくこつ》の痛《いた》み、腦《のう》の關係《かんけい》から來《き》た氣病《きびやう》の爲《ため》にチク〳〵肋骨《ろくこつ》が痛《いた》む、體操《たいそう》或《あるひ》は野球《やきう》の爲《ため》に肋膜《ろくまく》に異狀《ゐじやう》を來《きた》し熱《ねつ》を持《も》つたと見《み》る。

藥指　動《うご》けば肋膜病《ろくまくびやう》の正脈《せいみやく》である、肋膜《ろくまく》を打《う》ちし事《こと》がある、精神過勞《せいしんかろう》から來《き》た痛《いた》み、掌中《しやうちう》に指《ゆび》が曲《まが》り附《つ》くのは病前《びやうぜん》に心配《しんぱい》した凝結《こり》と見《み》る、緣《えん》の切《き》れた者《もの》が先方《むかふ》で思《おも》ひ詰《つ》めて手紙《てがみ》などを寄《よ》せたら注意《ちうい》す可《べ》し。

小指　動《うご》けば氣《き》が小《ちい》さくて心配《しんぱい》した爲《ため》に患《や》む肋膜《ろくまく》、冷《ひえ》から來《き》た、子供《こども》や妻《つま》の爲《ため》に痛《いた》む。

腸に關した靈脈

拇指　動《うご》けば遺傳性《ゐでんせい》の腸《ちよう》と見《み》る、小指《こゆび》に合《がつ》して腸結核《ちようけつかく》と見《み》る事《こと》あり、人指《ひとゆび》に合《がつ》して心配《しんぱい》から來《き》た腸《ちよう》、即《すなは》ち食物停滯《しよくもつていたい》と見《み》る。

人指　動《うご》けば胃《ゐ》から來《き》た腸《ちよう》と見《み》る、胃《ゐ》が冷《ひ》へた爲《ため》に食物不消化《しよくもつふせうか》より腸《ちよう》に及《およ》ぼしたと見《み》る。

中指　動《うご》けば無理《むり》の働《はたら》き方《かた》や力業《ちからわざ》をして腸《ちよう》に異狀《ゐじやう》を呈《てい》したのである、脫腸《だつちよう》なども此指《このゆび》。

藥指　動《うご》けば子供《こども》などは餘《あま》り泣《な》かせた爲《ため》に脱腸《だつちよう》する事《こと》がある、腸《ちよう》に蟲《むし》が出來《でき》たと見《み》る、盲腸炎《もうちようえん》の時《とき》此指《このゆび》が動《うご》く事《こと》がある、風邪《ふうじや》から腸《ちよう》が痛《いた》む事《こと》がある。

小指　動《うご》けば腸《ちよう》の正脈《せいみやく》である、腸結核《ちやうけつかく》の時《とき》は不治《ふぢ》の明示《めいじ》として拇指《ぼし》が追加《ついか》する事《こと》がある、此指《このゆび》ブル〴〵振《ふる》ふて中《なか》に曲《まが》るのは酒《さけ》の冷《ひえ》。

背髓病に關した靈脈

拇指　動《うご》けば背髓《せきずい》の正脈《せいみやく》である、背髓症《せきずいしやう》は多《おほ》く心靈上《しんれいじやう》の病氣《びやうき》に屬《ぞく》して居《な》るから因果律《ゐんがりつ》を調《しら》べる必要《ひつえう》がある、此指内外《このゆびないがい》に動《うご》いてブル〴〵振《ふる》ふのは祖父母《そふぼ》に對《たい》して非常《ひじやう》なる不敬《ふけい》をなした因《いん》がある。

人指　動《うご》けば背髓《せきずい》は父母《ふぼ》が祖父母《そふぼ》に對《たい》して不敬《ふけい》の事《こと》があつたと見《み》る、骨膜病《こつまくびやう》も此《こ》の指《ゆび》が振《ふる》ふから注意《ちうい》せよ。

中指　動《うご》けば餘《あま》り人《ひと》を馬鹿《はか》にした爲《ため》に心王《しんのう》の誡《いまし》めから來《き》た髓骨《ずいこつ》の痛《いた》みもある、セムシ病《びやう》は多《おほ》く此指《このゆび》から拇指《ぼし》に合《がつ》して示《しめ》すのである。

藥指　動《うご》けば氣《き》を勞《つか》ふた爲《ため》に背筋《せすぢ》に異狀《ゐじやう》を來《き》たした、喧嘩《けんか》して人《ひと》に背中《せなか》を打《う》たれてなつたと見《み》る、セキズイ症《しやう》に拇指《ぼし》の代《かわ》りに此指《このゆび》が動《うご》く事《こと》がある注意《ちうい》。

小指　動《うご》けば毒《どく》の爲《ため》に骨《ほね》がらみと見《み》る、骨膜《こつまく》の正脈《せいみやく》であるから注意《ちうい》せられよ、子供《こども》の死《し》の刹那《せつな》觀念《かんねん》の存續《そんぞく》から出《で》る事《こと》があるから靈脈《れいみやく》を充分《じうぶん》試驗《しけん》する必要《ひつえう》がある。

ルイレキ病に關する靈脈

拇指　動《うご》けば祖父母《そふぼ》を無視《むし》した爲《ため》の現症《げんしやう》之《こ》れは醫師《いし》の脈《みやく》に出《で》ない、無理《むり》に神經《しんけい》を使《つか》ふて頸《くび》の廻《まわ》りに凝結《こり》が出《で》たと見《み》る、此指《このゆび》の淋巴腺《りんぱせん》は毒《どく》を餘《あま》り含《ふく》まぬと見《み》るのである。

人指　動《うご》けばルイレキの正脈《せいみやく》である、夫《おつと》が妻《つま》を無視《むし》し、妻《つま》が夫《をつと》を無視《むし》して一方《はう》が死去《しきよ》した子供《こども》にルイレキ病《びやう》があるから注意《ちうい》勞働《ろうどう》すぎて凝《こり》と見《み》る時《とき》がある。

中指　動《うご》けば過勞《かろう》の凝《こり》でルイレキではない、腦《のう》の毒《どく》が頸《くび》に出《で》る腫物《できもの》と見《み》て考《かんが》へる時《とき》あり、勉強《べんきやう》し過《す》ぎて頸《くび》に凝《こり》が出《で》たと見《み》てよい。

藥指　動《うご》けば風毒《ふうどく》の爲《ため》に頸筋《くびすぢ》腫《は》れる事《こと》がある、皮膚病《ひふびやう》が感染《かんせん》して淋巴腺《りんはせん》の樣《やう》に見《み》へる事《こと》がある、單《たん》に頸《くび》にグリ〳〵ある時《とき》此指《このゆび》動《うご》く。

小指　動《うご》けばルイレキは腐敗《ふはい》して膿汁《うみ》が出《で》る、子供《こども》のルイレキ病《びやう》が多《おほ》い、體質《たいしつ》が弱《よわ》くて出《で》る時《とき》も此指《このゆび》に明示《めいじ》がある。

乳病に關した靈脈

拇指　動《うご》けば神經《しんけい》を使《つか》い過《す》ぎて乳《ちゝ》を患《や》む、祖父母《そふぼ》と爭論《そうろん》して乳《ちゝ》が止《とま》る事《こと》がある神經的《しんけいてき》乳《ちゝ》の腫《はれ》もの、剛情《ごうじやう》の爲《ため》に無理《むり》腫《でき》の傾向《けいこう》あり。

人指　動《うご》けば肉體過勞《にくたいかろう》から乳《ち》の病氣《びやうき》、心配《しんぱい》して乳《ち》が止《とま》る、食物《しよくもつ》の關係上《かんけいじやう》乳《ち》が止《とま》る、乳《ち》が出過《です》ぎて腐敗《ふはい》する事《こと》がある。

中指　動《うご》けば身體《からだ》を無理《むり》に使用《しよう》した爲《ため》に乳病《ちびやう》、性質剛情《せいしつごうじやう》の爲《ため》に夫《をつと》に對《たい》して反抗《はんこう》して乳《ち》を患《や》む、男子《をとこ》の乳《ち》の痛《いた》むは心氣過勞《しんきかろう》の爲《ため》、女子《をんな》の乳癌《にうかん》も此《こ》の指《ゆび》に示《しめ》される。

藥指　動《うご》けば感情衝突《かんじやうしようとつ》から來《き》た乳《ち》の患《わづら》ひ、氣病《きびやう》の爲《ため》に乳腫《ちは》れ難《なや》む、乳《ち》の瘡《くさ》、乳頸口《ちくび》が開《あい》て痛《いた》む、小兒《せうに》が乳頸《ちくび》に齒《は》をあて痛《いた》む。

小指　動《うご》けば毒《どく》の凝《こり》の爲《ため》、夜中《よる》乳《ち》を出《だ》して寢《ね》ゐた爲《ため》に冷《ひ》へたのである、子供《こども》の爲《ため》に乳《ち》をかまれて止《とま》る及《およ》び膿《う》む。

子宮に關した靈脈

拇指　動《うご》けば子宮病《しきうびやう》は心王《しんのう》の制裁《せいさい》から來《き》たのが多《おほ》い、慢性子宮病《まんせいしきうびやう》の時《とき》は此指《このゆび》が追加《ついか》する、剛情《ごうじやう》の性質《せいしつ》を持《ぢ》して居《を》る爲《ため》に神經的《しんけいてき》に患《や》む子宮病《しきうびやう》である。

人指　動《うご》けば過勞《かろう》の爲《ため》に來《き》た子宮病《しきうびやう》が多《おほ》い、肉體《にくたい》を粗末《そまつ》にした爲《ため》に出《で》たと見《み》る母《はゝ》の因果律《ゐんがりつ》を引受《ひきう》けたと見《み》る。

中指　動《うご》けば自己《じこ》の我儘《わがまゝ》の爲《ため》に子宮《しきう》が曲《まが》る者多《ものおほ》し、子宮癌《しきうがん》も多《おほ》く此指《このゆび》に出《で》る、子供《こども》を墮胎《だたい》してなつた子宮《しきう》も多《おほ》く此指《このゆび》に出《で》る、強《つよ》き月經《げつけい》は此指《このゆび》と小指《こゆび》合《がつ》す。

藥指　動《うご》けば過淫《かゐん》の爲《ため》に出《で》た子宮病《しきうびやう》と見《み》る子宮痙攣《しきうけいれん》も此指《このゆび》である。子宮《しきう》の爲《ため》に腰痛《こしいた》みも此指《このゆび》に出《で》る。

小指　動《うご》けば子宮病《しきうびやう》の正脈《せいみやく》である、冷《ひえ》の爲《ため》に出《で》た子宮病《しきうびやう》、流產《りうさん》の爲《ため》に出《で》た子宮《しきう》病《びやう》、毒性感受《どくせいかんじゆ》の子宮病《しきうびやう》。

花柳病に關する靈脈

拇指　動《うご》けば遺傳性花柳病《ゐでんせいかりうびやう》、心王制裁花柳病《しんのうせいさいかりうびやう》、祖父母《そふぼ》の隔世遺傳《かくせいゐでん》の因果律《ゐんがりつ》と見《み》よ。

人指　動《うご》けば父母《ふぼ》から因果律《いんがりつ》を遺傳《ゐでん》された病因《びやういん》、肉體過勞《にくたいかろう》から出來《でき》る時《とき》もある、此指《このゆび》が掌中《しょうちう》に附着《ふちやく》するのは不治《ふぢ》を意味《いみ》する、子供《こども》の病因《びやういん》は父親《ちゝおや》の胚因《はいいん》。

中指　動《うご》けば自分《じぶん》が無理《むり》で出《だ》した病因《びやういん》、自轉車《じてんしや》や馬《うま》に乘《の》つて出《だ》した病因《びやういん》。

藥指　動《うご》けば傳染《でんせん》からの花柳病《かりうびやう》、過淫暴淫《かゐんぼうゐん》からの花柳病《かりうびやう》、多《おほ》く遊蕩《ゆうとう》より來《きた》りし花柳病《かりうびやう》。

小指　動《うご》けば花柳病《かりうびやう》の正脈《せいみやく》である、冷《ひえ》から來《き》た花柳病《かりうびやう》、感受的花柳病《かんじゆてきかりうびやう》、腎虚《じんきよ》も此指《このゆび》に出《で》る、毒《どく》を感受《かんじゆ》も凡《すべ》て此指《このゆび》に出《で》る。

以上《いじやう》は中部《ちうぶ》の概畧脈《がいりやくみやく》であるから既發表《きはつぺう》の靈脈《れいみやく》と對照《たいせう》して研究《けんきう》されよ、總《すべ》て靈脈《れいみやく》の活斷《かつだん》は醫藥《いやく》の方《はう》と異《ちが》ふから萬事《ばんじ》靈的《れいてき》に着眼《ちやくがん》して活斷《かつだん》せねばならぬ、而《しか》して五臟《ぞう》の靈診《れいしん》は餘程《よほど》注意《ちうい》して診脈《しんみやく》せぬと誤《あやま》りがあると靈醫學《れいいがく》の權威《けんゐ》に關《かん》するから充分氣《じうぶんき》を附《つ》けて貰《もら》いたい。

人指《ひとゆび》一本《ほん》で五臓《ぞう》を靈診《れいしん》するのであるから身體中《しんたいちう》で最《もつと》も六ケ敷《し》いのは五臓《ごう》の靈《れい》脈《みやく》である、無《む》茶《ちや》に活斷《かつだん》をしてはならぬ、先《ま》づ一と通《とほ》り本人《ほんにん》に質問《しつもん》してから考《かんが》へた上《うへ》にも考《かんが》へてから開口《かいこう》せねばならぬ、又靈醫學《またれいいがく》は病氣《びやうき》を的中《てきちう》させるのが目的《もくてき》ではなく、病因《びやういん》を摘發《てきはつ》して本人《ほんにん》の精神上《せいしんじやう》に心王《しんのう》の靈護《れいご》と制裁《せいさい》とを是認《ぜにん》させるのが大目的《だいもくてき》である、治《ぢ》不治《ふぢ》は第二義《だいぎ》である本人《ほんにん》がなる程《ほど》惡《わる》かつたとサンゲした上《うへ》は靈醫學《れいいがく》の權威《けんゐ》が了解《れうかい》されて施術上《せじゆつじやう》非常《ひじやう》に効果《こうか》があるからである、萬事病因發見《ばんじびやういんはつけん》に重《おも》きを置《を》いて靈診《れいしん》せねばならぬ事《こと》を心《こゝろ》の奥《おく》に秘《ひ》して置《お》かれよ。

分類脈の秘義は第一番に動いた指を中心に聯絡を取つて診斷せよ、假令へば人指の動が先なれば肉體過勞から諸病を併發したと見よ。

第拾八章　諸病脈分類秘諦（下）

分類脈《ぶんるいみやく》の上篇《じやうへん》は肩上《かたうへ》と肩下《かたした》から腰部以上《えうぶいじやう》を出《だ》したのである、下部《かぶ》の脈《みやく》は誠《まこと》に面倒《めんだう》であるから熱心《ねつしん》に研究修得《けんきうしうとく》されよ、それから下部脈《かぶみやく》の末尾《まつび》に精神的《せいしんてき》に關《かん》する病脈《びやうみやく》が公表《こうへう》してあるから既發表《きはつぺう》の精神的脈《せいしんてきみやく》と對照《たいせう》して徹底《てつてい》されよ、又下部《またかぶ》脈《みやく》の秘《ひ》とする處《ところ》は小指《こゆび》であるからその小指《こゆび》の實例《じつれい》をよく味《あぢは》ひて下部脈《かぶみやく》の結論《けつろん》をして貰《もら》いたいのである、病原《びやうげん》を發見《はつけん》してから醫師《いし》を招《まね》いで投藥《とうやく》して貰《もら》ふ方《はう》が安《あん》心《しん》である。

◎下部に關した靈脈

下部《かぶ》とは腰《こし》より下《した》の方《はう》で座骨神經《ざこつしんけい》、リウマチス、脚氣《かつけ》、足《あし》の筋《すぢ》つまる、腰痛《こしいた》み、疝氣《せんき》、寸白《すんぱく》、冷性《ひえしやう》、毒性《どくせい》、其他下部《そのたかぶ》に現《あらは》れる處《ところ》の病症全部《びやうじやうぜんぶ》に關《かん》しての靈脈《れいみやく》を公開《こうかい》し參考資料《さんこうしれう》とする、然《しか》し下部《かぶ》の靈脈《れいみやく》は足《あし》の五指《し》も試脈《しみやく》せねばならぬ、かかとを術者《じゆつしや》の掌中《てのひら》に乘《の》せて指先《ゆびさき》を吹《ふい》て居《を》るとピクと動《うご》くのである。

此《こ》の動《うご》いた指《ゆび》は手《て》の靈脈《れみやく》を確實《かくじつ》に証明《しようめい》するのであるから熟練《じゆくれん》せられよ、或《あるひ》は膝《ひざ》の處《ところ》からピクピクブル〳〵と振《ふる》へる者《もの》もある、概《がい》して足《あし》の指先《ゆびさき》に振動《しんどう》が來《く》るから注意《ちうい》せられよ。

座骨神經痛の靈脈

拇指　動《うご》けば心配《しんぱい》から來《き》た神經《しんけい》、座骨神經《ざこつしんけい》は心王《しんのう》の制裁《せいさい》である多《おほ》く對人關係《たいじんかんけい》から來《き》た無理《むり》が多《おほ》い、隱忍《あんにん》で剛情性《こうじやうせい》の人《ひと》が患《わづら》ふ。

人指　動《うご》けば活動過勞《かつどうかろう》の爲《ため》に來《きた》りし因《いん》と見《み》る、目上《めうへ》の者《もの》の死《し》の刹那《せつな》觀念《かんねん》の存續《そんぞく》の因《いん》あり。

中指　動《うご》けば無理《むり》の骨折《ほねをり》から出《で》たと見《み》る事《こと》がある、人《ひと》に負《ま》けぬ氣性《きしやう》故《ゆえ》人《ひと》より二倍活動《ばいかつどう》するから悪《わる》い。

薬指　動《うご》けば劍道《けんどう》などで身體《しんたい》を無理《むり》した因《いん》がある、座骨神經以外《ざこつしんけいいがい》に神經《しんけい》の痛《いた》む處《ところ》がある。

小指　動《うご》けば六七年前《ねんぜん》に冷《ひ》へたのが内訌《ないこう》したのが出《で》たと見《み》てよい、毒《どく》から來《き》たのと生殖器《せいしょくき》など手術《しゅじゅつ》してから來《き》たのがあるから注意《ちうい》。

リウマチスに關した靈脈

拇指　動《うご》けば遺傳性《ゐでんせい》リウマチス、餘《あま》り剛性《ごうじやう》で心王《しんのう》の制裁《せいさい》をうけた關節炎《かんせつえん》リウマチス、祖父母《そふぼ》と意思《いし》が合《あ》はぬ爲《ため》に即《すなは》ち祖徳《そとく》を無視《むし》した制裁《せいさい》と見《み》る。

人指　動《うご》けばリウマチスの正脈《せいみやく》、父母《ふぼ》の死《し》の刹那《せつな》の觀念存續《かんねんそんぞく》から來《き》た神經的《しんけいてき》リウマチス。

中指　動《うご》けば無理《むり》して酒色《しゆしよく》に溺《おぼ》れた爲《ため》に心王《しんのう》の制裁《せいさい》を被《う》けたリウマチス、運動《うんどう》して腰足《こしあし》を打《う》つたのを隱《かく》して置《を》いた爲《ため》に出《で》たリウマチス、或《あるひ》は骨膜《こつまく》となるを注意《ちうい》。

藥指　動《うご》けば外部《がいぶ》から冐《おか》されたリウマチスと見《み》る事《こと》あり、中風《ちうふう》の類《るい》とも見《み》る、筋《すぢ》の病氣《びやうき》、骨膜病《こつまくびやう》もあるとす。

小指　動《うご》けば毒《どく》から來《き》た關節《かんせつ》リウマチス、冷《ひえ》から來《き》たとも見《み》る、毒《どく》の血統《けつとう》をよく調《しら》べる必要《ひつえう》あり。

脚氣に關する靈脈

拇指　動《うご》けば衝心脚氣《しようしんかつけ》の類《るい》、祖父母《そふぼ》の遺傳《ゐでん》あり、食事萬端《しよくじばんたん》から神經《しんけい》を冐《おか》した脚氣《かつけ》と見《み》る。

人指　動《うご》けば脚氣《かつけ》の正脈《せいみやく》、胃《ゐ》から出《で》た脚氣《かつけ》、心臟脚氣《しんぞうかつけ》とも見《み》る、胃瀉《ゐしや》と胃冷《ゐびえ》から來《き》た脚氣《かつけ》とも見《み》る、父母《ふぼ》の死《し》の刹那《せつな》なり。

中指　動《うご》けば活動《かつどう》が過《す》ぎた爲《ため》に出《だ》した脚氣《かつけ》、マラソン競爭《けふそう》などにて起《おこ》した脚氣《かつけ》
氣候不順《きこうふじゆん》の處《ところ》へ無理《むり》に往《い》つて脚氣《かつけ》。

藥指　動《うご》けば弱《よわ》い身體《からだ》を無理《むり》にして脚氣《かつけ》、風邪《かぜ》が胃《ゐ》を冐《おか》したので脚氣《かつけ》となる、
夜喰《やしよく》の爲《ため》に脚氣《かつけ》を出《だ》す。

小指　動《うご》けば冷《ひえ》から出《で》た脚氣《かつけ》、毒《どく》から出《で》た脚氣《かつけ》、冷《つめ》たい者《もの》を食《しよく》して胃《ゐ》を傷《いた》めた
脚氣《かつけ》。

足の筋つまるに關した靈脈

拇指　動《うご》けば神經性遺傳《しんけいせいゐでん》の足筋《あしすぢ》つまる、迷走神經《めいそうしんけい》の不調和《ふてうわ》から來《き》た足筋《あしすぢ》つまり
心王《しんのう》を無視《むし》して過度《かど》の活動《かつどう》の爲《ため》。

人指　動《うご》けば肉體過勞《にくたいかろう》の爲《ため》に足筋《あしすぢ》つまる、親《おや》から遺傳《ゐでん》された病氣《びやうき》、五六年前《ねんぜん》に
無理《むり》をした爲《ため》に出《で》た打身《うちみ》の古傷《ふるきず》。

中指　動《うご》けば自分勝手《じぶんかつて》から出《で》た足筋《あしすぢ》つまり、健脚《けんきやく》を自慢《じまん》して無理《むり》した爲《ため》の病氣《びやうき》七八年前《ねんぜん》の病因《びやういん》と見《み》る。

藥指　動《うご》けば先天《せんてん》に具有《ぐゆう》して居《を》るのが出《で》たと見《み》る、風邪《かぜ》から熱《ねつ》の内訌《ないこう》して變化《へんか》した筋《すぢ》の異變《ゐへん》と見《み》る。

小指　動《うご》けば冷《ひ》へて足《あし》の筋《すぢ》つまる、疝氣《せんき》寸白《すんぱく》の類《るい》であるが人指合《ひとゆびがつ》して正眞正銘《せうしんせうめい》の疝氣《せんき》寸白《すんぱく》、毒性《どくせい》を帯《お》びて居《を》る足筋《あしすぢ》つまると見《み》る。

腰痛みに關する靈脈

拇指　動《うご》けば腰推神經《えうつゐしんけい》の痛《いた》み、筋《すぢ》を逆《ぎやく》にした傾向《かたむき》がある、心靈上《しんれいじやう》に無理《むり》があつて痛《いた》む腰《こし》。

人指　動《うご》けば勞働過《ろうどうす》ぎて痛《いた》む腰《こし》。父母《ふぼ》の遺傳《ゐでん》もある、夜《よる》中寒《さむ》い思《おも》いをして痛《いた》む五六年前《ねんぜん》に打身《うちみ》が出《で》た。

中指　動《うご》けば腰《こし》を逆《ぎやく》にして痛《いた》む、無理《むり》の活動《かつどう》にて腰推神經《えうついしんけい》に熱《ねつ》を持《も》つた、臥床《がしやう》中腰《ちうこし》の筋《すぢ》をつめたのである。

藥指　動《うご》けば風邪《かぜ》の爲《ため》に腰《こし》が痛《いた》む、腰《こし》の筋《すぢ》を違《ちが》ひたる爲《ため》に痛《いた》むのである、筋《すぢ》を撲《うつ》た爲《ため》に痛《いた》むのである。

小指　動《うご》けば冷《ひえ》から來《き》た腰痛《こしいた》み、毒《どく》が血液《けつえき》に廻《まわ》つて痛《いた》む事《こと》もある、倒《たを》れて打《う》つた腰《こし》。

疝氣に關する靈脈

拇指　動《うご》けば氣《き》疝《せん》と云《い》ふ病《やまひ》、或《あるひ》は疝癪《せんしやく》と云《い》ふてもよい、青筋《あをすぢ》が澤山出《たくさんで》る病氣《びやうき》、腰《こし》の廻《まわ》りがムク／＼する病氣《びやうき》。

人指　動《うご》けば骨折《ほねをり》仕事《しごと》をして疝《せん》の筋《すぢ》を痛《いた》める、父《ちゝ》の遺傳《ゐでん》と見《み》よ、食物《しよくもつ》の爲《ため》に疝《せん》を難《なや》む。

中指　動《うご》けば人《ひと》に負《まけ》る事《こと》が嫌《きら》いで活働《かつどう》して疝筋《せんすぢ》を痛《いた》む、持病《ぢびやう》の疝氣《せんき》を無理《むり》して出《だ》す、無理《むり》に酒《さけ》を飲《のん》で疝《せん》を害《がい》す。

藥指　動《うご》けば疝《せん》ではないが筋《すぢ》を痛《いた》めた、風邪《かぜ》から疝《せん》を引出《ひきだ》し苦《くる》しむ、暴風《ぼうふう》の日《ひ》に仕事《しごと》をして疝《せん》を患《わづら》ふと見《み》る。

小指　動《うご》けば冷《ひ》へた爲《ため》に疝《せん》を出《だ》す、きん玉《たま》に冷《ひ》へ込《こ》み、毒《どく》と冷《ひえ》と半々《はん〳〵》にて疝氣《せんき》を害《がい》す。

寸白に關した靈脈

拇指　動《うご》けば遺傳性《ゐでんせい》を帶《おび》た寸白《すんぱく》、慢性《まんせい》リウマチスに似《に》た寸白《すんぱく》は此指《このゆび》に出《で》る、氣《き》癪《しやく》の樣《やう》に下腹部《したはらぶ》と腰痛《こしいた》む。

人指　動《うご》けば慢性的寸白《まんせいてきすんぱく》、寸白《すんぱく》でなくて下腹《したはら》が脹《は》つたりつれたりする病氣《びやうき》、母《はゝ》の遺傳《ゐでん》が多《おほ》いから母《はゝ》を尋《たづ》ねて病系《びやうけい》を知《し》れ。

中指　動《うご》けば無理《むり》に仕事《しごと》して寸白《すんはく》に障《さは》つたと見《み》る、上腹部《したはら》に横筋様《よこすぢやう》のものがあると見《み》る。

藥指　動《うご》けば概《がい》して寸白《すんぱく》として見《み》るが心氣轉換《しんきてんかん》すれば治《なほ》るも早《はや》い、氣《き》が弱《よわ》いから無理《むり》をせない爲《ため》に筋丈《すぢだけ》つまる。

小指　動《うご》けば冷《ひ》へ澤山《たくさん》、毒《どく》の爲《ため》に腰《こし》も下腹部《したはら》も冷《ひ》へて痛《いた》むのである、關節炎《かんせつえん》に毒《どく》が加《くは》わつて冷《ひ》へると見《み》る時《とき》あり。

冷性に關する靈脈

拇指　動《うご》けば遺傳性《ゐでんせい》の冷《ひえ》、祖父母《そふぼ》と不和合《ふわごう》で無理《むり》した爲《ため》に冷《ひ》へたのである、婦《ふ》人《じん》の子《こ》供《ども》を育《そだ》てる時冷《ときひ》へた。

人指　動《うご》けば無理《むり》の勞働《ろうどう》をして冷《ひえ》た、父母《ふぼ》から遺傳《ゐでん》した冷《ひ》へ性《しやう》、食物《しよくもつ》の爲《ため》に冷《ひ》へたのである。

中指　動《うご》けば時間《じかん》知《し》らずに働《はたら》いたり勉強《べんきやう》したりして冷《ひ》へた、人《ひと》に負《ま》けない氣性《きしやう》で無理冷《むりびえ》。

藥指　動《うご》けば風邪《かぜ》の爲《ため》に冷《ひ》へた、毒性《どくせい》を感《かん》じて冷《ひ》へた、血管及《けつかんおよ》び筋體《きんたい》に異狀《いじやう》があつて冷《ひえ》たのである。

小指　動《うご》けば冷《ひえ》の正脈《せいみやく》であるから萬事《ばんじ》の活斷《かつだん》に利用《りよう》、毒《どく》の爲《ため》に冷《ひえ》た正脈《せいみやく》、毒血《どくけつ》の爲冷《ためひ》へ、水仕事《みづしごと》で冷《ひ》へた。

毒性に關する靈脈

拇指　動《うご》けば遺傳毒《ゐでんどく》と見《み》る、父母《ふぼ》よりの遺傳《ゐでん》は人指《ひとゆび》が多少追加《たせうついか》する、然《しか》し小指《こゆび》が追加《ついか》して眞《しん》の遺傳梅毒《ゐでんばいどく》を證《しよう》する。

人指　動《うご》けば父母《ふぼ》の遺傳《ゐでん》も胎毒《たいどく》も皆此《みなこ》の指《ゆび》にて判《わか》るのである、然《しか》し過勞《かろう》の爲《ため》に胎毒《たいどく》を引出《ひきだ》す事《こと》がある此指《このゆび》は。

中指　動《うご》けば自分《じぶん》の勝手《かつて》から感染《かんせん》した毒病《どくびやう》、小指《こゆび》が追加《ついか》すれば確實《かくじつ》に證明《しやうめい》する然《しか》し多《おほ》くは小指《こゆび》は追加《ついか》せぬ注意《ちうい》。

藥指　動《うご》けば感染毒《かんせんどく》の正脈《せいみやく》である、皮膚病等《ひふびやうとう》一切此《さいこ》の指《ゆび》に示《しめ》される、人《ひと》の手《て》と手《て》と接《せつ》して感染《かんせん》した毒《どく》。

小指　動《うご》けば萬事毒症《ばんじどくしやう》は此指《このゆび》に出《で》るが冷《ひえ》から毒《どく》を出《だ》したのは人指《ひとゆび》が追加《ついか》する事《こと》がある、毒《どく》から冷《ひ》へも此指《このゆび》である。

以上《いじやう》は下部《かぶ》に屬《ぞく》した靈脈《れいみやく》であるが、表示《へうじ》した以外《いがい》の奇病及《きびやうおよ》び永病《ながやまひ》は業感病《ごふかんびやう》などの時《とき》に此《こ》の毒性《どくせい》を證明《しやうめい》する小指《こゆび》に示《しめ》す事《こと》がある、小指《こゆび》の手甲脈《しゆこうみやく》に感《かん》ずるのは秘密病《ひみつびやう》の靈脈《れいみやく》であるから熟練《じゆくれん》して發見《はつけん》せられよ。

深《ふか》い病氣《びやうき》で沈《しづ》んで居《お》るのは小指《こゆび》の手甲脈《しゆこうみやく》に多《おほ》く出《で》るから發見《はつけん》に非常《ひじやう》に六ケ敷《し》いのである、そんな時《とき》は術者《じゆつしや》が代脈《だいみやく》をして豫《あらかじ》め發見《はつけん》した方《はう》がよい、小指《こゆび》に關《かん》した秘密病《ひみつびやう》は多《おほ》く不治《ふぢ》として斷《だん》じて居《を》る、腎虚《じんきよ》も小指《こゆび》である色情關係《しきじやうかんけい》から秘密《ひみつ》に出《で》て居《を》る病氣《びやうき》は餘程《よほど》敎化《けふけ》を上手《じやうづ》にせねば不的中《ふてきちう》に終《をは》つて術者《じゆつしや》が恥《はぢ》をかく事《こと》がある、下部《かぶ》の病氣《びやうき》と深《ふか》い病氣《びやうき》は小指《こゆび》に着眼《ちやくがん》して萬事考《ばんじかんが》へねばいけない、小指《こゆび》の動《どう》に依《よつ》て秘《ひ》を發見《はつけん》するのは秘中《ひちう》の秘《ひ》である。

小指にて秘密病を發見した實例

小指《こゆび》は腎虚《じんきよ》を示《しめ》す事《こと》が澤山《たくさん》ある、余《よ》が實驗《じつけん》して最《もつと》も適確《てきかく》であつたのは本所區《ほんじよく》松井町《まつゐちやう》に硝子工場主《がらすこうじやうぬし》で人妻《ひとづま》を奪《うば》ひ取《と》つて自分《じぶん》の妻《つま》とし、その妻《つま》に二人《り》の娘《むすめ》があるのを自分《じぶん》の妾《めかけ》として都合《つごう》三人《にん》を家庭《かてい》に入《い》れてあつた故《ゆゑ》、常《つね》に風波《ふうは》が立《た》つて色情的怒號《しきじやうてきどごう》が絶《た》へなかつたのである。

之《こ》れは心王《しんのう》の制裁《せいさい》のあるのは自明《じめい》であるが、その病氣《びやうき》として體現《たいげん》したのは腎虚《じんきよ》であつた、四五人《にん》の醫師《いし》が投藥《とうやく》したが病氣《びやうき》の根本《こんほん》に觸《ふ》れて居《を》らないから少《すこ》しも効果《こうか》がなかつた、然《しか》し醫師《いし》には家庭《かてい》の内情《ないじやう》と色情的關係《しきじやうてきかんけい》などは解《わか》らふ筈《はづ》がないのである。

余《よ》は始《はじ》めて招《まね》かれ靈脈《れいみやく》を診《しん》したら双手《さうし》共《とも》に小指《こゆび》が掌中《てのひら》に曲《まが》つたのである、それで病者《びやうしや》が蒼白《さうはく》の顔色《かほいろ》をして居《を》るから、余《よ》の靈脈《れいみやく》で診《しん》したら拇指《おし》が動《うご》いた依《よつ》て直覺的《ちよつかくてき》でなく妻君《さいくん》に秘密《ひみつ》に質《たゞ》したのである。

妻君《さいくん》は涙《なみだ》をこぼしながら二人《り》の娘《むすめ》を自由《じゆう》にして居《を》る事《こと》を怒《いか》つて自白《じはく》した、余《よ》はそれで靈脈《れいみやく》と病因《びやういん》が判《わか》つたから、とても全快《ぜんくわい》は出來《でき》ないかも知《し》れぬと斷言《だんげん》して別《わか》れた、その後《のち》四十日位《にちぐらひ》病床《びやうせう》に居《を》つて死去《しきよ》したのである、こんな罪因《ざいいん》は醫脈《いみやく》には斷《だん》じて出《で》ないのであるのが靈脈《れいみやく》の秘指《ひし》小指《こゆび》に出《で》るので何《なん》とも云《い》へぬ權威《けんゐ》があるのである。

小指《こゆび》は凡《すべ》て不明《ふめい》の病氣《びやうき》や下部《かぶ》の秘密病《ひみつびやう》を示《しめ》すから動《うご》き方《かた》を充分注意《じうぶんちうい》せねばならぬ、小指《こゆび》が眞《まつ》すぐになるのは多《おほ》く慢性病《まんせいびやう》を示《しめ》すので、ブル〳〵振《ふる》ふのは慢《まん》性《せい》より進《すゝ》んで居《を》る事《こと》を示《しめ》すのである、掌中《しやうちう》に曲《まが》り附《つ》くのは不治《ふぢ》を示《しめ》すのである、動《うご》いてどの指《ゆび》にか附《つき》たがるのは秘密《ひみつ》が含《ふく》んで居《を》るのである、外《そと》に反《そ》る様《やう》になるのは秘密《ひみつ》が現《あら》われないのである、手甲脈《しゆこうみやく》で示《しめ》す時《とき》は全然《ぜんぜん》秘密《ひみつ》は現《あら》われないから二三日後《にちご》に再度《さいど》實驗《じつけん》すれば出《で》るからその時《とき》は本人《ほんにん》に直覺的《ちよくかくてき》に質問《しつもん》してよい。

◎遺傳に關する靈脈

遺傳《ゐでん》には精神上《せいしんじやう》と肉體上《にくたいじやう》とを合《がつ》した極《きわ》めて嚴格《げんかく》なる心王制裁《しんのうせいさい》から來《き》て居《を》るのとがある、然《しか》して精神上《せいしんじやう》の遺傳《ゐでん》は患者本人《かんじやほんにん》が自己《じこ》の主格心靈《しゆかくしんれい》たる心王《しんのう》を認識《にんしき》し莊嚴理絕《さうごんりぜつ》の犧牲《ぎせい》を潜《くゞ》り拔《ぬ》ける活觀念《かつかんねん》の實行《じつこう》に於《おい》て解《さ》けるが、肉體上《にくたいじやう》に不具者《ふぐしや》として體現《たいげん》したのは治《なほ》らないのである、精神上《せいしんじやう》と合《がつ》した制裁《せいさい》も犧牲的精神《ぎせいてきせいしん》の實行《じつこう》に依《よつ》て漸次快方《ぜんじくわいはう》に向《むか》ふが多《おほ》く不治《ふぢ》の患者《かんじや》が澤山《たくさん》ある様《やう》に思《おも》われる。

精神的遺傳に關する靈脈

拇指　動《うご》けば精神的遺傳症《せいしんてきゐでんしやう》の正脈《せいみやく》である、心王易《しんのうゑき》の水天需《すゐてんじゆ》の卦體《かたい》なども靈脈《れいみやく》から見《み》れば下卦《げか》の乾父《けんぷ》の精神丈《せいしんだけ》が遺傳《ゐでん》した（即《すなは》ち精神上《せいしんじやう》にある心王制裁《しんのうせいさい》の因果《いんが》律《りつ》）卦體《かたい》と見《み》るのであるが、之《こ》れは少《すこ》し心王易《しんのうえき》に熱心《ねつしん》の者《もの》は誰《たれ》にでも判《わか》るのである。

人指　動《うご》けば父母《ふほ》の精神上《せいしんじやう》から遺傳《ゐでん》したと見《み》る、此指《このゆび》が外《そと》に反《そる》のは父方《ちゝかた》の系統《けいとう》的遺傳《てきゐでん》、父母《ふぼ》が秘《かく》して口外《こうがい》せぬ罪惡《ざいあく》が子供《こども》に遺傳《ゐでん》して心身《しんしん》の病氣《びやうき》となつたのである

中指　動《うご》けば自分《じぶん》が活動《かつどう》を過《あやま》つた時祖先《ときそせん》或《あるひ》は目上《めうへ》及《およ》び父母《ふぼ》を思《おも》ひ出《だ》して精神上《せいしんじやう》の遺傳《ゐでん》を作《つく》つたと見《み》る。

藥指　動《うご》けば拇指《ぼし》の動《どう》と同《おな》じだから拇指《はし》に出《で》ないで此指《このゆび》に出《で》る氣狂《きちがひ》が多《おほ》くある感染《かんせん》ドモリなども此指《このゆび》と見《み》る。

小指　動《うご》けば精神上《せいしんじやう》の遺傳《ゐでん》はないが氣性《きしやう》が弱《よわ》いから自分《じぶん》で精神上《せいしんじやう》に異變《ゐへん》を起《おこ》し

て遺傳的發作《ゐでんてきほつさ》とすると見《み》る。

肉體上の遺傳症靈脈

拇指　動《うご》けば祖父母《そふぼ》から肉體上《にくたいじやう》の遺傳《ゐでん》と見《み》る、祖父母《そふぼ》の德行《とくこう》は子孫《しそん》の眼廓《がんかく》を見《み》ると何《なん》とも云《い》へぬ慈眼《じげん》が現《あらは》れて居《を》る。

人指　動《うご》けば父母《ふぼ》の遺傳《ゐでん》の正脈《せいみやく》である、同族結婚《どうぞくけつこん》の爲《ため》に來《き》た肉體《にくたい》の遺傳《ゐでん》と變化《へんか》惡血《あくけつ》の傳統遺傳《でんとうゐでん》あり。

中指、動《うご》けば胃癌《ゐがん》などの遺傳《ゐでん》は此指《このゆび》を注意《ちうい》せよ、此指《このゆび》は多《おほ》く氣性《きしやう》の遺傳《ゐでん》がある腦病《のうびやう》の遺傳《ゐでん》もある。

藥指　動《うご》けば筋體《きんたい》や皮膚《ひふ》に對《たい》しての遺傳《ゐでん》あり、拇指追加《ぼしついか》すれば祖父母系《そふぼけい》である此指《このゆび》は多《おほ》く拇指《ぼし》の役《やく》をするから。

小指　動《うご》けば毒性《どくせい》の遺傳《ゐでん》は此指《このゆび》が正脈《せいみやく》である、然《しか》し多《おほ》くは兒童《じどう》に現《あらは》れる脈《みやく》である、大人《おとな》は拇指《ぼし》の追加《ついか》で証《しやう》せられる。

肉體上と精神上と合した制裁靈脈

拇指　動《うご》けば萬事《ばんじ》肉《にく》と靈《れい》との制裁《せいさい》を示《しめ》す、皮膚《ひふ》が腐敗《ふはい》してそれが爲《ため》に精神《せいしん》迄《まで》が腐敗《ふはい》した。

人指　動《うご》けば拇指《ぼし》追加《ついか》して靈肉制裁《れいにくせいさい》の病氣《びやうき》、體力《たいりよく》が消耗《せうもう》して心氣《しんき》が引起《ひきた》ざる病人《びやうにん》、精神《せいしん》から肉體《にくたい》を制《せい》した病人《びやうにん》。

中指　動《うご》けば精神《せいしん》から肉體《にくたい》を制《せい》して反《かへ》つて精神的不具者《せいしんてきふぐしや》となつた病人《びやうにん》、人《ひと》を恐《おそ》れて肉體《にくたい》も共《とも》にスクム患者《かんじや》。

藥指　動《うご》けば肉體《にくたい》から責《せ》められ精神《せいしん》が摩痺《まひ》し反《かへ》つて肉體《にくたい》も共《とも》に廢物《はいぶつ》となりし患者《かんじや》、指《ゆび》が掌中《しやうちう》に曲《まが》り附《つい》たのは不具的《ふぐてき》と偏質的心理狀態《へんしつてきしんりじやうたい》と見《み》るのである。

小指　動《うご》けば血液上《けつえきじやう》からの制裁《せいさい》で肉體《にくたい》も精神《せいしん》も共《とも》に活氣《かつき》を失《うしな》ひ蒼白《そうはく》の顏《かほ》になる

病人《びやうにん》、顔腫《かほはれ》る病《やまひ》、無踏病《ぶさうびやう》。

精神病者に關する靈脈

拇指　動《うご》けば心靈的遺傳《しんれいてきゐでん》と制裁《せいさい》から來《き》た精神病《せいしんびやう》、中指追加《なかゆびついか》して無理《むり》に精神病《せいしんびやう》になつたので心王律無視者《しんのうりつむししや》。

人指　動《うご》けば兩人《れうにん》に壓迫《あつぱく》されて精神病者《せいしんびやうしや》になつた、肉體過勞《にくたいかろう》から衰弱《すいじやく》の爲《ため》になつた患者《かんじや》、父母《ふぼ》の惡因果律《あくいんがりつ》の胚胎《はいたい》。

中指　動《うご》けば過度《かど》の腦《のう》を使用《しよう》してなつた氣狂《きちがひ》、高貴《こうき》の者《もの》を恐《おそ》れたのが精神《せいしん》に感《かん》染《せん》した氣狂《きちがひ》、餘《あま》り凝視《みつめ》て精神病者《せいしんびやうしや》になつた、慢心《まんしん》して精神病者《せいしんびやうしや》になつた。

藥指　動《うご》けば一事物《じぶつ》に熱注《ねつちう》して精神摩痺《せいしんまひ》、小兒摩痺《せうにまひ》も多《おほ》く此指《このゆび》と拇指《きし》に出《で》る、中指追加《なかゆびついか》して精神變化《せいしんへんか》もある。

小指　動《うご》けば毒《どく》に冐《おか》されて精神病《せいしんびやう》となる、冷《ひえ》が逆上《ぎやくじやう》して精神病《せいしんびやう》になる發作的《ほつさてき》患者《かんじや》、子供《こども》の爲《ため》に心配《しんぱい》して發作的《はつさてき》。

以上《いじやう》は凡《すべ》て精神上《せいしんじやう》に屬《ぞく》して居《を》るから拇指《ぼし》が始《はじ》め動《うご》く事《こと》があるから注意《ちうい》、精神上《せいしんじやう》の脈《みやく》は諸所《しよ〳〵》に出《だ》してあるが拇指《ぼし》と中指《なかゆび》と藥指《やくし》とに示《しめ》されるから注意《ちうい》して研究《けんきう》されよ、掌中《しやうちう》の厚薄《こうはく》と熱《ねつ》と冷《ひえ》との關係《かんけい》も暗記《あんき》せねばならぬ、子供《こども》の病氣《びやうき》で小兒麼痺《せうにまひ》と云《い》ふのがあるが、必《かな》らず藥指《やくし》と中指《なかゆび》と合指《ごうし》で現《あらは》れ終《をは》りに人指《ひとさゆび》が追加《ついか》するから注意《ちうい》せられよ、之《こ》れは精神的疾患《せいしんてきしつかん》の一部《ぶ》であつて心王《しんのう》の制裁《せいさい》だから背髓關係《せきずいかんけい》が多《おほ》くある、故《ゆえ》に足《あし》が立《た》ゝぬ者《もの》が往々《わう〳〵》ある骨《ほね》が軟《やわら》かくて立《た》てぬのである、即《すなは》ち骨《ほね》の中《なか》の靈線《れいせん》が心王《しんのう》と一致《ち》して居《を》らぬのである。

凡《すべ》て拇指《ぼし》は髓《ずい》に關《かん》したのであつて洗髓經《せんずいけふ》などに出《だ》されてある、髓《ずい》を洗《あら》ふと云《い》ふのは背髓《せきずい》をして心王《しんのう》の流通《りうつう》を清淨《せうじやう》ならしめるを云《い》ふのである、肉體上《にくたいじやう》の疾患《しつかん》もその出發点《しゆつはつてん》は精神上《せいしんじやう》が百中《ちう》百であるから靈診《れいしん》の注意《ちうい》も大《おほ》ひに研究《けんきう》せねばならぬのである、余《よ》が永年研究《ながねんけんきう》して來《き》た靈脈《れいみやく》は凡《すべ》て拇指《ぼし》一本《ほん》に注意《ちうい》してから活斷《かつだん》をしたが概《がい》して的中《てきちう》したのである、拇指《ほし》の動《どう》は一番少《ばんすく》なくして諸指《しよし》に通《つう》じて居《を》るのである。

拇指《ほし》は動《いご》かなくとも診斷《しんだん》の始《はじ》めに拇指《ぼし》の明示《めいじ》を思《おも》わなければいけない、拇指《ぼし》以外《いがい》の四指《し》は拇指《ぼし》を大系《たいけい》として動《うご》くのであると云《い》ふ事《こと》を心得《こゝろ》へねばならぬ、拇《ほ》指《し》以外《いがい》の四指《し》は拇指《し》を無視《むし》して動《うご》く事《こと》は出來《でき》ないのである。

指《ゆび》が動《うご》くと云《い》ふのは既《すで》に靈《れい》の明示《めいじ》であつて靈《れい》は拇指丈《ぼしだけ》であるから、四指《し》の動《どう》は拇指《ほし》の明示《めいじ》の範圍内《はんゐない》である事《こと》を忘《わす》れては活斷《かつだん》が出來《でき》ないのである、知《し》らぬと活斷《かつだん》が的中《てきちう》せない。

分類脈と正系脈と合致した處から出る諸病脈は決して誤りがない。藥物の醫師には此間はとても判らない。

第拾九章　傳染病と遺傳病脈

傳染病脈《でんせんびやうみやく》は諸所《しよ〳〵》に記《き》してあるが今茲《いまこゝ》に公表《こうへう》するのは、傳染病《でんせんびやう》の種類《しゆるい》を系統的《けいとうてき》に記《き》し研究《けんきう》の資料《しれう》とする事《こと》にしよう、傳染病《でんせんびやう》には痲疹《はしか》、赤痢《せきり》、コレラ、腸《ちやう》チブス、囘歸《ぽら》チブス、發疹《はつしん》チブス、ヂフテリア、猩紅熱《しやうこうねつ》、流行性感冒《りうこうせいかんばう》、マラリヤ熱《ねつ》、以上《いじやう》は既《すで》に記《き》した靈脈《れいみやく》で充分活斷《じうぶんかつだん》が出來《でき》る事《こと》になつて居《を》るけれども、靈脈《れいみやく》の奥義《おくぎ》に到達《とうたつ》せぬ者《もの》は活斷《かつだん》に苦《くる》しむから別脈《べつみやく》として判《わか》り易《やす》く公開《こうかい》するからその積《つも》りで究研《けんきう》して徹底《てつてい》されよ。

痲疹脈

此病原體《このやまひのもと》は尚《な》を未《いま》だ不明《ふめい》である事《こと》は醫師界《いしかい》で云《い》ふて居《を》る、其感受《そのかんじゆ》は專《もつぱ》ら鼻腔《びこう》若《も》しくば咽頭腔《いんとうこう》よりするもの丶如《ごと》く、人類《じんるゐ》の凡《すべ》ては皆感受性《みなかんじゆせい》を有《ゆう》するも二年乃至《ねんないし》八年《ねん》の小兒《せうに》に多《おほ》く四季《き》共《とも》にあるも殊《こと》に春季《はる》に流行《りうこう》すると云《い》ふのが一般醫界《はんいかい》の發《はつ》表《ぺう》である。

拇指　動《うご》くのは發疹《はつしん》始《はじ》めであるから大切《だいじ》にせねばいけない。

人指　動《うご》くのは症狀《しやうじやう》の發現《はつげん》五六日頃《にちごろ》である故風《からかぜ》にあてない樣《やう》にする。

中指　動《うご》くのは麻疹《ましん》でも少《すこ》し強《つよ》い方《はう》であるから小兒《せうに》とすれば腦《のう》に注意《ちうい》要《えう》す。

藥指　動《うご》くのは咽喉《のご》に出來《でき》て咳嗽《せき》が出《で》るから注意風《ちういかぜ》に當《あた》つた傾向《けいこう》あり。

小指　動《うご》くのは發疹《はつしん》する時《とき》に冷《ひや》した爲《ため》に日時《にちじ》が遲《おそ》くなるあたゝめれば早《はや》い。

赤痢脈

此病原《このびやうげん》は一般消化障害《はんせうかしやうがい》の後頻次《のちひんじ》の下痢《げり》發熱時《はつねつじ》に嘔吐《おうど》を發《はつ》し次《つい》で食思缺損《しよくしけつそん》し、下《げ》行結腸部或《こうけつちやうぶあるひ》は下腹全部《したはらぜんぶ》の疝痛樣疼痛混血膠《せんつうやうとうつうちまじりにかわ》の如《ごと》き少量糞便《せうりやうふんべん》の頻發裡《ひんはつり》に急《きう》に重《ちう》症《しやう》となるのである。

拇指　動《うご》くは斯病《このやまひ》を神經的《しんけいてき》に傳染《でんせん》した傾向《かたむき》がある。

人指　動《うご》くは食物上《しよくもつじやう》から來《き》たのと夏時《なつ》身體《しんたい》を粗末《そまつ》にしたのが原《もと》である。

中指　動《うご》くは我慢《がまん》して過勞《かろう》の仕事《しごと》を無理《むり》にしたのが傳染《でんせん》の原《もと》である。

藥指　動《うご》くは純然《じゆんぜん》たる感染《かんせん》であるが寢冷《ねび》へしたのが原《もと》らしい。

小指　動《うご》くは夏時《なつ》餘《あま》り水行《すゐぎやう》して冷《ひ》へたのが原《もと》らしい又釣《またつり》などに行《い》つての冷《ひえ》。

コレラ脈

凡《すべ》て腸《ちやう》カタルを誘起《いうき》するもの之《こ》れが媒介《ばいかい》である、飲食《のみくひ》の不攝生《ふせつせい》不良《ふりやう》の飲水《いんすゐ》寒《かん》胃等《ほうとう》は皆原《みなもと》である、全身衰弱體温下降常脈《ぜんしんすいじやくたいおんかこうじやうみやく》は頻數《ひんすう》にして、無痛性《むつうせい》の米《こめ》の甘汁《あまじる》ようの吐瀉《としや》一日《にち》に二三十回《かい》下痢《げり》などある。

拇指　動《うご》くは神經的傳染《しんけいてきでんせん》多《おほ》し、コレラ患者《かんじや》を看護《かんご》して無理《なり》から傳染《でんせん》と見《み》る。

人指　動《うご》くは胃《ゐ》を傷損《しようそん》したのが原《もと》らしい、食過《くひすぎ》したのが原《もと》らしいから注意《ちうい》。

中指　動《うご》くは過勞《かろう》の爲《ため》に起《おこ》した病氣《びやうき》らしいが或《あるひ》はコレラではないかも知《し》れぬ。

藥指　動《うご》くは傳染《でんせん》したのであるが元來身體《がんらいからだ》が弱《よは》いから神經的《しんけいてき》に來《き》たとも見《み》る。

小指　動《うご》くは腸《ちやう》に故障《こしやう》を起《おこ》したのを無理《むり》して食事《しよくじ》をして居《を》つたのが原《もさ》らしい。

注意……夏時《なつ》に水泳《みづおよぎ》にて身體《からだ》を冷《ひや》したり氷水《こほりみづ》を澤山《たくさんの》飲んだり果物《くだもの》を過度《かご》に食《しよく》したりするとコレラの原《もと》を作《つく》るから大《おほ》ひに要心《えうじん》せられよ、斯病《このやまひ》は直《たゞ》ちに眼窩《めのふち》が陷沒《おちいり》て氣持惡《きもちわる》くなるから直《す》ぐに判《わか》るのである。

腸チブス脈

凡《すべ》て此《こ》の病氣《びやうき》は飲用水《いんようすゐ》から來《く》ると云《い》ふのが一般醫界《ぱんいかい》の主張《しゆちやう》である、心王學《しんのうがく》から云《い》わせると心王《しんのう》の制裁《せいさい》で心身《しんゝ》の改造《かいぞう》をする爲《ため》に來《きた》るものであると云《い》ふのである、回歸《ほら》チブスは醫師《いし》でなければ素人《しろふと》には判《わか》らない、チブスは昔《むかし》は傷寒《しようかん》と云《い》ふたのである。

拇指　動《うご》くはチブスでぱないが小指《こゆび》加《くは》わつて正眞正銘《せうしんせうめい》のチブスである。

人指　動《うご》くは勞働過《らうどうす》ぎて熱《ねつ》を出《だ》したのである、チブスとはならぬであらふ。

中指　動《うご》くは風熱《かぜねつ》と腦《のう》を使《つか》ふた爲《ため》に來《きた》りし熱《ねつ》と見《み》ねばならぬチブス疑問《ぎもん》。

藥指　動《うご》くは正眞正銘《せうしんせうめい》の風邪《かぜ》であるが時《とき》にチブスと變化《へんか》する事《こと》が往々《わう〳〵》ある。

小指　動《うご》くは腸《ちやう》チブスの初期時代《しよきじだい》であるから注意《ちうい》すれば早《はや》く治《なほ》る。

注意……發疹《はつしん》チブス、チフテリー猩紅熱《しやうこうねつ》等《とう》は素人《しろふと》にはよく判《わか》らないから醫師《いし》の診斷《しんだん》を土台《どだい》として靈脈《れいみやく》を診《しん》して見《み》るがよい。

流行性感冒脈

凡《すべ》て流行性《りうこうせい》はその時《とき》の氣候《きこう》に依《よ》るのであるから、一人《り》感冒《かぜ》をひくと家庭《うち》中感《ちうかん》傳《でん》するから風《かぜ》の神《かみ》だなどゝ云《い》ふ俗稱《ぞくしやう》があるが、決《けつ》して神《かみ》が風《かぜ》を移《うつ》すなどゝは受《うけ》取《とれ》ないのである。

昔《むかし》は疫神拂《やくじんばらひ》などを出《だ》した坊《ばう》さんや神官《かんぬし》があるが之《こ》れは迷信《めいしん》の部類《ぶるい》として放棄《はうき》しておいてもよい、伊太利《イタリヤ》感冒《かぜ》が流行《はやつ》たと云《い》ふ傳説《でんせつ》があるが多《おほ》く氣候《きこう》の變化《へんか》から來《く》るのであるから靈的作用《れいてきさよう》を氣《き》にして神經《しんけい》を病《やま》ぬのがよい、余《よ》の甥《おひ》は流行性《りうこうせい》感冒《かんばう》で就寢《しうしん》して六日目《かめ》で死《し》んだ、脈《みやく》は拇指《ぼし》と藥指《やくし》であつた。

拇指　動《うご》けば目上《めうへ》の者《もの》からの傳染《でんせん》と見《み》る、然《しか》し餘《あま》り激《はげ》しくないから用心《ようじん》。

人指　動《うご》けば體力《たいりよく》が勞《つか》れた爲《ため》か食事《しよくじ》が出來《でき》ないで寒《さむ》かつた爲《ため》に傳染《でんせん》した感冒《かんばう》。

中指　動《うご》けば頭痛《づつう》や眩暈《めまい》がして困《こま》るが餘《あま》り重《おも》くはないらしい、鼻風邪《はなかぜ》らしいから注意《ちうい》。

藥指　動《うご》けば流行性感冒《りうこうせいかんばう》にして拇指《ぼし》が追加《ついか》すれば倘々《なほ〳〵》その證明《しようめい》をする。

小指　動《うご》けば子供《こども》から傳染《でんせん》したのである、水仕事《みづしごと》をして冷《ひ》へたと見《み》る。

注意……流行性感冒《りうこうせいかんばう》から種々《しゆ〴〵》の病氣《びやうき》を惹起《じやくき》するから靈脈《れいみやく》を診《しん》して注意《ちうい》するのが肝要《かんじん》である、藥指《やくし》の流行性感冒《りうこうせいかんばう》に人指《ひとゆび》加《くは》われば肺炎《はいえん》を注意《ちうい》せねばならぬ、中《なか》指《ゆび》の合指《ごうし》は肺尖加答兒《はいせんかたる》を注意《ちうい》、小指《こゆび》の合指《ごうし》は肺《はい》から腸結核《ちやうけつかく》になるといけないから注意《ちうい》、それからマラリヤ熱《ねつ》所謂《いわゆる》昔《むかし》のオコリは流行性感冒等《りうこうせいかんぼうなど》と大《おほ》ひに異《ことな》つて居《を》るから誰《た》れにも判《わか》るのである、靈脈《れいみやく》は多《おほ》く人指《ひとゆび》か拇指《ぼし》である百人中《にんちう》九十九人迄《にんまで》は人指《ひとゆび》の感《かん》が多《おほ》い事《こと》を余《よ》は慥《たし》かめてある、これはその病氣《びやうき》のあつた時《とき》に診脈《しんみやく》せねば徹底的《てつていてき》に記《き》する事《こと》が出來《でき》ないのである、依《よつ》て瘧《をこり》があつたら質問《しつもん》する事《こと》にせられたい、多《おほ》く死《し》の刹那《せつな》の存續性《そんぞくせい》を含《ふく》んで居《を》るからである。

ヂフテリアと云《い》ふ最《もつと》も小兒《せうに》に多《おほ》い病氣《びやうき》は、扁桃腺《へんこうせん》鼻腔《びこつ》喉頭《こうとう》の粘膜《ねんまく》に黴菌《はいきん》が侵入《しんにふ》するより起《おこ》るのであるから、早《はや》く上手《じやうず》の醫師《いし》にかゝつてから靈的方法《れいてきはうほう》がよい、靈脈《れいみやく》は多《おほ》く藥指《やくし》と人指《ひとゆび》が急激《きうげき》に振《ふる》ふて明示《めいじ》するのである、以上《いじやう》で傳染病《でんせんびやう》に就《つい》ての靈脈《れいみやく》は公表《こつへう》したから次《つぎ》は遺傳病《ゐでんびやう》に就《つい》て二三記《き》して置《お》かふ。

遺傳病脈の順理

遺傳《ゐでん》には種々《しゆ〳〵》ある事《こと》は既《すで》に記《しる》してあるが今茲《いまこゝ》に記《しる》すのは脚氣《かつけ》と梅毒《ばいどく》である、又胃病《またゐびやう》などの遺傳《ゐでん》がどうしてあるかと云《い》ふ事《こと》を記《しる》して見《み》たいのである、拇指《し》が動《うご》けば必《かな》らず遺傳《ゐでん》としてあるが多《おほ》く精神的《せいしんてき》に用《もち》ゆるのが本義《ほんぎ》である、肉體《にくたい》の遺《ゐ》傳《でん》は人指《ひとさゆび》を多《おほ》く用《もち》ひなければならぬのであるが、拇指《ぼし》と中指《なかゆび》とは二指《し》に分《わか》れて居《を》つても一ッ指《ゆび》として用《もち》ゆる秘傳《ひでん》がある。

今迄《いまゝで》は拇指《ぼし》を概《がい》して遺傳指《ゐでんゆび》として動《うご》かす可《べ》からざる眞理《しんり》と敎《をし》へて居《を》つた、それを茲《こゝ》に精神的《せいしんてき》に屬《ぞく》する方《はう》が多《おほ》いと云《い》ふに就《つい》て、心王《しんのう》の制裁《せいさい》から來《く》ると云《い》ふ深《しん》奥《おう》の眞理《しんり》を認《みと》めないと解決《かいけつ》が着《つか》ぬのである、右人指《みぎひとさゆび》を見《み》て左《ひだり》に移《うつ》つて左人指《ひだりひとさゆび》が掌中《しやうちう》に曲《まが》り附《つ》く樣《やう》になれば父《ちゝ》の遺傳《ゐでん》と云《い》ふ事《こと》は拇指《ぼし》が動《うご》かなくとも明確《めいかく》に示《しめ》すのである。

拇指《ぼし》が中《なか》に曲《まが》れば三代位前《だいぐらひまへ》からの遺傳《ゐでん》で、外《そと》に反《そる》ようになるのは三代《だい》より先《さき》の祖先《そせん》の遺傳《ゐでん》であると見《み》る事《こと》は敎《をし》へてある、それなれば三代《だい》より先《さき》とすれば何《なん》代位《だいぐらひ》であるかと質問《しつもん》する者《もの》もあるから茲《こゝ》に示《しめ》しておこう。

それは天候《てんこう》の時間《じかん》を數《かぞ》へると同《おな》じ様《やう》に小指《こゆび》から順《じゆん》にして往《ゆ》けば何《なん》百代《だい》でも判《わか》る、指動《しどう》で河圖《かと》の數《すう》を利用《りよう》して數《かぞ》へるのが本筋《ほんすぢ》であるが、初心《しよしん》の者《もの》には判《わか》らないから矢張《やは》り天候《てんこう》を見《み》る様《やう》なのが早判《はやわか》りでよい。

然《しか》して天候《てんこう》は小指《こゆび》と人指《ひとさゆび》迄《まで》の四指《し》を利用《りよう》したが、遺傳《ゐでん》の事《こと》を調《しら》べるのは拇指《ぼし》を入《い》れて行《おこな》ふ方《はう》がよい、拇指《ぼし》が掌中《てのひら》に曲《まが》れば小指《こゆび》から五代目《だいめ》と見《み》る、拇指《ぼし》が外《そと》に反《それ》ば五代目《だいめ》でも他《た》から入家《にふか》した者《もの》であると見《み》るのである。

凡《すべ》て父母丈《ふぼだけ》は遺傳《ゐでん》として人指《ひとさゆび》を使用《しよう》するのであるから肉體的《にくたいてき》に見《み》るのであるヂフテリーなどは父母《ふぼ》の肉體遺傳《にくたいゐでん》の意義《わけ》がある爲《ため》であると見《み》ねばならぬ。

落伍者《らくごしや》になつて生活上《せいかつじやう》に困苦《こんく》するのは父母《ふぼ》を中心《ちうしん》として祖父母系《そふぼけい》の制裁《せいさい》と見《み》るのである、成人《せいじん》した者《もの》でも皮膚病《ひふびやう》や皮膚《ひふ》を少《すこ》しでも打《うつ》と直《たゞ》ちに紫色《むらさきいろ》或《あるひ》は黒《くろ》色《いろ》を皮膚下《ひふした》に現《あらは》す者《もの》があるが、靈脈《れいみやく》で診《しん》すると多《おほ》く人指《ひとさゆび》が動《うご》き父《ちゝ》の酒精《アルコール》の毒《どく》などから來《き》て居《を》るのが判《わか》る。

父《ちゝ》が酒飲《さけのみ》でなくとも少《すこ》しの事《こと》で膏藥《こうやく》などを貼《はる》とその處《ところ》が非常《ひじやう》に漆《うるし》にかぶれた如《ごと》く、皮膚《ひふ》一面《めん》に擴《ひろ》がつて往《ゆ》き痒《かゆ》くて堪《た》へられぬ事《こと》があるが、之《こ》れも父母《ふぼ》から被《うけ》た遺傳毒《ゐでんどく》と見《み》ねばならぬが、靈脈《れいみやく》には餘《あま》り現《あらは》れないから不思議《ふしぎ》であるが、皮《ひ》膚上《ふじやう》を嗅覺《きうかく》すれば甘《あま》い香《にほひ》がするからよく判《わか》るのである。

脚氣の遺傳に就て

脚氣《かつけ》なども遺傳《ゐでん》は肉體《にくたい》に屬《ぞく》して居《を》ると見《み》るのが醫學上《いがくじやう》であるが、心王靈醫學《しんのうれいいがく》では心靈上《しんれいじやう》の遺傳《ゐでん》と刹那《せつな》波動《はどう》の存續《そんぞく》であると見《み》るのである、脚氣《かつけ》を單《たん》なる病氣《びやうき》或《あるひ》は米食人種《べいしよくじんしゆ》の病氣《びやうき》として取扱《とりあつか》ふのは少《すこ》し慘酷《ざんこく》である、否《いな》、盲目的無理解《もうもくてきむりかい》であると云《い》ふてよい。

醫師《いし》は脚氣《かつけ》の原因《もと》は未詳《みしやう》であると云《い》ふて居《を》る、或《あるひ》は一種《しゆ》の傳染病《でんせんびやう》にして固有《こゆう》の細菌《さいきん》に因《よ》るものなり、或《あるひ》は青魚料《せいぎよりよう》の魚肉中毒《ぎよにくちうどく》とし、又《また》は營養《えいよう》の障害《しやうがい》即《すなは》ち食《しよく》物中《もつちう》の含窒素物《がんちつそぶつ》と、含炭素物《がんたんそぶつ》の配合不適當《はいごうふてきとう》なるとによるものとする說《せつ》もある、而《しか》して乾性脚氣《かんせいかつけ》、濕性脚氣《しつせいかつけ》及《およ》び急性脚氣《きうせいかつけ》の三種《しゆ》があると云《い》ふて居《を》る。

靈醫學《れいいがく》では人指《ひとゆび》の動《どう》に依《よ》り右《みぎ》三種《しゆ》の脚氣《かつけ》を總括《そうかつ》して見《み》るのである、リウマチスと同《おな》じで多《おほ》く死《し》の刹那《せつな》の波動存續《はどうそんぞく》と見《み》るからである、けれども衝心脚氣《しようしんかつけ》を余《よ》の祖父《そふ》が患《わづら》ふたが、突然口《とつぜんくち》の中《なか》が唐《さう》がらしの如《ごと》くからくなつたと云《い》ふと同時《どうじ》に死《し》んだのである。

之《こ》れは歷史的《れきしてき》に死《し》の刹那觀念《せつなかんねん》がある事《こと》は確實《かくじつ》であるが、それが爲《ため》に代々胃《だい〳〵ゐ》と脚氣《かつけ》が遺傳《ゐでん》されるのである、安政《あんせい》の震災《しんさい》で潰《つぶ》されて死《し》んだ者《もの》が二人《り》と淺草傳法《あさくさでんほう》院前《ゐんまへ》の銀杏《いちよう》の木《き》の頂上《てうじやう》から落《おち》て死《し》んだ者《もの》が一人《り》、皆祖父《みなそふ》の血緣《けつえん》であるが爲《ため》に、余《よ》の母《はゝ》の背中《せなか》の左方《さはう》が腫《はれ》て居《を》つたのである、それ等《ら》が元《もと》で胃癌《ゐがん》になつたのも一原因《げんいん》である。

余《よ》は拾六歳《さい》で難症《なんしやう》の脚氣《かつけ》を患《わづら》ひ四十六歳《さい》で心臓脚氣《しんぞうかつけ》を患《わづら》ふた、一族《ぞく》が皆胃《みなゐ》と脚氣《かつけ》を持つて居《を》るのであるが此頃《このごろ》は一族《ぞく》も大變《たいへん》その根《ね》を切《き》る様《やう》になつた、變死《へんし》者《しや》の刹那存續《せつなそんぞく》は多《おほ》く乾性脚氣《かんせいかつけ》を患《わづら》ふ様《やう》である、父母兄弟朋友等《ふぼけやうだいほうゆうとう》の死《し》の刹那存續《せつなそんぞく》は濕性《しつせい》の脚氣《かつけ》が多《おほ》い様《やう》に思《おも》われるのである、然《しか》し急性脚氣《きうせいかつけ》は以上《いじやう》の二者《しや》を含《ふく》んで居《を》る事《こと》もある確實《かくじつ》の證《しやう》を擧《あ》げてある。

靈脈《れいみやく》としては何《なん》でも人指《ひとさゆび》の動《どう》に注意《ちうい》せねばならぬ、掌中《しやうちう》に曲《まが》るのは血族《けつぞく》、外《そと》に反《そる》のは朋友等《ともだちなど》の刹那存續《せつなそんぞく》である、ブル〳〵非常《ひじやう》に振《ふる》ふのは變死《へんし》等《とう》の刹那存續《せつなそんぞく》と見《み》たのである、新《あたら》しい思想《しそう》とか信仰《しんかう》とか持《も》つ者《もの》はそんな事《こと》があるものかと云《い》ふと雖《いへど》も、古《ふる》い祈禱《きとう》などの意味《いみ》ではない事《こと》は諸所《しよ〳〵》に述《の》べてある。

淋疾の遺傳に就て

不潔《ふけつ》の交接《こうせつ》に因《よつ》て黴菌《ばいきん》の侵入《しんにふ》を受《う》くるに由《よ》る事《こと》は千八百七十九年《ねん》ナイセル氏《し》

の發見《はつけん》する所《ところ》だと云《い》ふて居《を》る、急慢《きうまん》二性《せい》に從《したが》ひ別《べつ》がある事《こと》をも述《の》べて居《を》る。
遺傳梅毒《ゐでんばいどく》、後天梅毒《こうてんばいどく》と云《い》ふ二種《しゆ》に分別《ぶんべつ》してある事《こと》も淋疾《りんしつ》の遺傳《ゐでん》と共《とも》に認《みと》めねばならぬ、一期《き》、二期《き》、三期《き》、の症狀《しやうじやう》は斯病《このやまひ》にかゝつた人《ひと》は誰《た》れでも承知《せうち》である。

靈脈《れいみやく》としては多《おほ》く小指《こゆび》に出《で》て拇指《ぼし》が追加《ついか》して遺傳《ゐでん》を示《しめ》すか、人指《ひとゆび》が動《うご》いて父《ふ》母《ぼ》の遺毒《ゐどく》と云《い》ふ事《こと》を承知《せうち》するのであろふ、實母《じつぼ》が祖父母《そふぼ》を慘酷《ざんこく》にした爲《ため》にその悴《せがれ》に心王《しんのう》の制裁《せいさい》があつて淋病《りんびやう》の難症《なんしやう》と梅毒等《ばいどくとう》が併發《へいはつ》した者《もの》があるが、心靈上《しんれいじやう》と肉體《にくたい》と兩方合《りやうはうがつ》して居《を》ると見《み》る。

風呂《ふろ》にはいつて手拭《てぬぐい》から淋菌《りんきん》が傳染《でんせん》して一夜《や》に眼《め》がつぶれると云《い》ふ程《ほど》危險性《けんせい》がある淋菌《りんきん》は、萬事小指《ばんじこゆび》の動《どう》に依《よ》て定《さだ》められてあるから、小指《こゆび》の動《どう》がどう動《うご》くかと云《い》ふ事《こと》を判別《はんべつ》せねばならぬ、ブル〳〵振《ふる》ふのは慢性《まんせい》、掌中《てのひら》に曲《まが》り附着《ふちやく》するのはコウガン炎《えん》と見《み》る事《こと》がある、藥指合指《やくしごうし》は初期時代《しよきじだい》だから早《はや》く治療《ちれう》するがよい、梅毒《ばいどく》も淋病《りんびやう》も凡《すべ》て小指《こゆび》だから見分《みわ》けがつかない故充分研究《ゆゑぢうぶんけんきう》を要《よう》する。

急性淋疾《きうせいりんしつ》の脈《みやく》は小指《こゆび》に中指《なかゆび》が追加《ついか》する事《こと》があるから診脈上注意《しんみやくじやうちうい》、拇指《ぼし》が追《つい》加《か》すれば制裁《せいさい》でも慢性《まんせい》の方《はう》に屬《ぞく》して居《な》る慢性《まんせい》は概《がい》して父母《ふぼ》の遺傳毒《ゐでんどく》から來《き》たのが多《おほ》い。

余《よ》が知《し》れる者《もの》で奉公先《ほうこうさき》の娘《むすめ》と關係《かんけい》して新家《しんけ》を出《だ》して貰《もら》ひ、自分《じぶん》が淋疾《りんしつ》があつたので悴《せがれ》にその遺傳毒《ゐでんどく》を移動《ゐどう》し、悴《せがれ》は知《し》らずに病弱《びやうじやく》で居《な》つたのが父死後飲食《ちゝしごゐんしよく》店《てん》に金《かね》を貸《か》し、その金《かね》を返濟《へんさい》せぬからと云《い》ふので差引勘定《さしひきかんてう》に淫賣婦《ゐんばいふ》を買《か》ふた爲《ため》に、父《ちゝ》の遺傳毒《ゐでんどく》が勃發《ぼつぱつ》して眞《しん》の慢性的淋疾《まんせいてきりんしつ》になつた馬鹿者《はかもの》もあるが。

それは父《ちゝ》が主人《しゆじん》の娘《むすめ》を僞瞞《ぎまん》した因果律《いんがりつ》を中心《ちうしん》にした心王靈性《しんのうれいせい》の制裁《せいさい》と見《み》ねばならぬのである、金《かね》を貸《か》した飲食店《いしよくてん》は父《ちゝ》が常《つね》に存命中遊《ぞんめいちうあそ》びに往《い》つた處《ところ》であるさ云《い》ふから實《じつ》にその因果網《いんがもう》が面白《おもしろ》いのである、その者《もの》は今《いま》に淋疾《りんしつ》で難《なや》んで居《を》るのである、こんな淋疾《りんしつ》は餘《よ》程《ほど》犧《ぎ》牲的《せいてき》でなければ解除《かいじよ》されないのである、四五ケ所《しよ》の病院《びやうゐん》に入院《にふゐん》したが少《すこ》しも効《こう》がないのである、入院《にふゐん》して居《を》る不在中《ふざいちう》に村長《そんちやう》とその者《もの》の妻君《さいくん》と姦通《かんつう》して財産《ざいさん》を横領《をうりやう》されたのである、父《ちゝ》の因果《いんが》の制裁《せいさい》は心王《しんのう》の律《りつ》にかゝつて嚴《げん》たるものである、こんな事《こと》を醫脈《いみやく》の方《はう》では知《し》らないから無理《むり》な治《ち》療《れう》をするから危險《きけん》である。

心臟病の遺傳に就て

心臟《しんぞう》を患《わづら》ふて居《を》る人《ひと》の靈脈《れいみやく》を診《しん》したら人指《ひとゆび》に拇指《ぼし》が動《うご》くのが拾中《ちう》五位《ぐらひ》あるから、患者《かんじや》に誰《た》れか心臟《しんぞう》を患《わづら》ふた人《ひと》はないかと質問《しつもん》すると必《かな》らずあると云《い》ふのであつた。

然《しか》して人指丈《ひとゆびだけ》なら父母《ふは》から遺傳《ゐでん》するのが多《おほ》い、拇指《ぼし》が動《うご》くのは祖父母《そふぼ》が多《おほ》く系統《けいとう》を持て居《を》るのである、故《ゆゑ》にその祖父母《そふぼ》がどうして心臟《しんぞう》を患《わづら》ふたかと云《い》ふ事《こと》を質問《しつもん》して往くと必《かな》らず對人關係《たいじんかんけい》で無理《むり》があつたらしい、その無理《むり》が孫《まご》の代迄《だいまで》傳《つた》はつて來《き》て居《を》る爲《ため》に心靈上《しんれいじやう》の制裁《せいさい》が帳消《ちやうけ》しにならぬのである事《こと》が確實《かくじつ》に認《みと》められて來《き》るのである。

或《あ》る藥劑師《やくざいし》であつたが醫師《いし》が病因《びやういん》は酒毒《しゆどく》であると斷《だん》じたのを、余《よ》が見《み》たら第《だい》一に拇指《ぼし》が動《うご》き次《つぎ》に人指《ひとゆび》が動《うご》き第《だい》三に小指《こゆび》が動《うご》いたのである、依《よつ》て質問《しつもん》したら祖母《そぼ》が非常《ひじやう》な頑固《がんこ》の人《ひと》であつたが心臟病《しんぞうびやう》で死去《しきよ》した、その藥劑師《やくざいし》は祖母《そぼ》の氣性《きしやう》によく似《に》て居《を》る爲《ため》に心臟病《しんぞうびやう》がある處《ところ》へ大酒家《たいしゆか》であるから、酒毒《しゆどく》が心臟《しんぞう》を冐《おか》したと余《よ》は診斷《しんだん》したので醫師《いし》を驚《おどろ》かした事《こと》があつたが、こんな事《こと》は門人連中《もんじんれんちう》の朝飯《あさめし》前《まへ》の仕事《しごと》であるから醫脈《いみやく》と靈脈《れいみやく》は天淵《てんえん》の相違《さうい》である。

心王《しんのう》の自由活動《じゆうかつどう》が心臟《しんぞう》の作用《さよう》になつて居《を》る事《こと》は諸所《しよしよ》に記《しる》してあるが、遺傳《ゐでん》と云《い》ふ事《こと》から觀察《かんさつ》して往《ゆ》くには是非靈的《ぜひれいてき》に考《かんが》へを致《いた》さなければ決《けつ》して判《わか》らないのである、判《わか》らないから治療《ちれう》の方法《はうほう》がないと醫師《いし》は困《こま》つて居《ゐ》るのではないか、遺《ゐ》傳脈《でんみやく》は澤山公開《たくさんこうかい》したが系統《けいとう》をよく尋《たづ》ねてからでないと治術《ちじゆつ》を施《ほどこ》す事《こと》が出來《でき》ないのである。

遺傳學上《ゐでんがくじやう》から種々《しゆ〲》の判定《はんてい》を下《くだ》すけれども心靈上《しんれいじやう》に觸《ふ》れて居《な》らぬのであるから危險《きけん》であると云《い》はねばならぬ、醫脈《いみやく》の上《うへ》では遺傳《いでん》の脈《みやく》と云《い》ふ事《こと》は世界中《せかいちう》の醫師《いし》に判《わか》らないのである、誰《た》だ易者《えきしや》の如《ごと》く推理《すいり》丈《だけ》である、輕症《けいしやう》でも脈《みやく》を診《しん》して無言《むごん》の内《うち》に診斷《しんだん》する事《こと》は到底《とうてい》出來《でき》ないのである、靈脈《れいみやく》の自由《じゆう》を醫師《いし》が認《みと》める樣《やう》になると患者《かんじや》が仕合《しあは》せだがと思《おも》ふて居《を》る。

肉の上の遺傳は先づ靈嗅覺、心靈上の遺傳は拇指の動き方、相方合して現れて居るのは百人も患者を診せねば文字では傳へられない。

第貳拾章　病脈と鑑識脈秘要

病脈活斷《びやうみやくくわつだん》と諸事《しよじ》鑑識《かんしき》について諸講本《しよこうほん》に出《だ》さなかつた秘要《ひえう》を蒐《あつ》めて茲《こゝ》に一章《しやう》として公表《こうへう》するのである、種類《しゆるい》が多《おほ》いから章《しやう》を重《かさ》ねて居《を》る内《うち》に前後《ぜんご》して居《を》る處《ところ》もあるから研究《けんきう》される諸君《しよくん》はよく了解《れうかい》されて應用《おうよう》されん事《こと》を乞《こ》ふ。

病脈と鑑識脈秘要

掌中の中心《ちうしん》に脈《みやく》非常《ひじやう》に浮《うく》は重病患者《ぢうびやうかんじや》なり。

掌中の眞中《まんなか》に脈《みやく》あるも靜《しづ》かなる者《もの》は精神上《せいしんじやう》に落附《おちつき》ありて虛言《いつわり》せず、病氣《びやうき》も治《なほ》る。

拇指と人指《ひとゆび》との間《あひだ》の軟《やわら》かき處《ところ》に肉《にく》なき病人《びやうにん》は多《おほ》く不治《ふぢ》、肉《にく》ある病人《びやうにん》は全快見《ぜんくわいみ》込《こみ》あり、此處《こゝ》に肉《にく》ありて堅《かた》き人《ひと》は剛情《こうじやう》なり。

罪人《ざいにん》の心《こゝろ》を試驗《しけん》したり對者《たいしや》の氣心《きごゝろ》及《およ》び財産上《ざいさんじやう》の有無《うむ》及《およ》び失敗《しつぱい》或《あるひ》は利益《りえき》を得《え》た時《とき》に此處《ここ》を一分間位《ぶんゝんぐらひ》つまんで居《を》れば解《わか》る。

刑事《けいじ》などが罪人《ざいにん》を試驗《しけん》する時《とき》拇指《よし》と人指《ひさゆび》の間《あひだ》をつまむ時《とき》に拇指《はし》に感《かん》ずるを正《せい》とし、人指中指《ひさゆびなかゆび》に感《かん》ずるを不正《ふせい》とする。

拇指　動《うご》いて組合事縁談事其他社會一般《くみあひごとえんだんごとそのたしやくわいはん》の事《こと》は無抵抗主義《むていこうしゆぎ》に大犠牲主義《だいぎせいしゆぎ》を調節《てうせつ》して行《おこな》へ、無意識《むいしき》の直感《ちよくかん》には多《おほ》くこの指《ゆび》にヅーンと感《かん》じて來《く》る、此指《このゆび》に感《かん》じない直感《ちよくかん》は多《おほ》く誤《あやま》りあり萬事《ばんじ》注意《ちうい》す可《べ》し。

人《ひと》と握手《あくしゆ》する時先《ときま》づ第一《だい》に此指《このゆび》に感《かん》ずるを正《せい》とす、他指《たし》に感《かん》ずるは對者《たいしや》に誠意《い》なしと見《み》て交際《こうさい》せねばならぬ。

此指非常《このゆびひじやう》に感《かん》ずる時《とき》は先方《むかふ》が馬鹿正直《ばかせうじき》で頑固《がんこ》であるから注意《ちうい》せよ。

人指　は萬事進退脈《ばんじしんたいみやく》に使用《しよう》する事左《ことさ》の通《とほ》り。

(1)　此指中《このゆびうち》に曲《まが》つたら進《すゝ》む事吉《ことき》なり。

(2)此指外《このゆびそと》に動《うご》いたら斷然中止《だんぜんちうし》の事《こと》。

(3)此指橫《このゆびよこ》に開《ひら》いたら一時的中止《じてきちうし》の事《こと》。

右《みぎ》の三義《ぎ》に依《よつ》て何事《なにごと》に依《よ》らず使用《しよう》してその結果《けつか》を試驗《しけん》せられよ。

此指動《このゆびうご》く人《ひと》は利益本位《りえきほんゐ》の人《ひと》であるから萬事其心得《はんじそのこゝろえ》で行《おこな》ふ可《べ》し。

此指動《このゆびうご》く人《ひと》は賣買上《ばいばいじやう》は人《ひと》より先《さき》に着眼早《ちやくがんはや》くして利《り》を獲《う》るに氣早《きばや》いから注意《ちうい》。

此指動《このゆびうご》く人《ひと》は口《くち》より實行主義《じつこうしゆぎ》である、又金《またかね》の番人即《ばんにんすなは》ち貯蓄上手《ちよちくじやうず》の人《ひと》である。

此指動《このゆびうご》く人《ひと》は多《おほ》く陰氣《ゐんき》の病氣《びやうき》を患《わづら》ひ家族《かぞく》を困《こま》らせるからその積《つも》りで看護《かんご》せられよ。

中指 は空中《くうちう》の電子作用《でんしさよう》を合取《ごうしゆ》する靈指《れいし》であるから、中指《なかゆび》が患者《かんじや》の肩《かた》なり患部《かんぶ》なりに衣類《きもの》の上《うへ》から觸手《しよくしゆ》すると、其部分《そのぶぶん》の皮膚《ひふ》の血管《けつかん》に緊張力《きんてうりよく》を減《げん》じそれが爲《ため》に血管並《けつかんならび》に毛細管擴張《もうさいかんかくちやう》し、其部分《そのぶぶん》に血液充實《けつえきじうじつ》して赤色《せきしよく》を呈《てい》するのである、斯樣《かやう》に身體《しんたい》の一部《ぶ》に血液《けつえき》が集《あつ》まればそれだけ他《た》の特殊《とくしゆ》の部所《ぶしよ》に血液《けつえき》の減少《げんせう》を來《きた》すからその部位《ぶゐ》の新陳代謝機能作用《しんちんだいしやきのうさよう》が敏活《びんかつ》になりて病毒《びやうどく》を除外《じよがい》するのである、以上《いじやう》の如《ごと》く萬事《ばんじ》この指《ゆび》は活動《かつどう》の中心也《ちうしんなり》。

藥指　は空間靈波《くうかんれいは》、觀念《かんねん》の延張波動《えんちやうはどう》の的確《たーか》なる事《こと》は不可爭《ふかそう》の事實《じじつ》を認得《にんとく》したのが余《よ》の發表《はつぺう》の指頭靈脈《しとうれいみやく》である、ラヂオは空間電子作用《くうかんでんしさよう》を應用《おうよう》して吾々《われ〳〵》に話《はなし》を聞《き》かせる事《こと》になつたが、吾々《われ〳〵》の五指《し》にて天地間《てんちかん》のあらゆる現象《げんしやう》の起滅《きめつ》を的確《てきかく》に表示《へうじ》する事《こと》になつたのは廿世紀《せいき》の一大發見《だいはつけん》である。

感情衝突《かんじやうしようとつ》から來《きた》る空間靈波《くうかんれいは》は人間《にんげん》の身體《しんたい》には呼吸器病《こきうきびやう》、肋膜《ろくまく》、皮膚病《ひふびやう》、精《せい》神病《しんびやう》、色情狂《しきじやうけふ》、無名病《むめいびやう》、奇病《きびやう》、其他《そのた》廿七八種《しゆ》の病現《びやうげん》ある事《こと》は余《よ》の發表《はつぺう》であるが、此《こ》の藥指《やくし》が萬事感動《ばんじかんどう》の表指《あらはれ》である。

小指　が四指《し》より離《はな》れて非常《ひじやう》に振《ふる》ふ者《もの》は利己主義者《りこしゆぎしき》であるから交際《こうさい》す可《べ》からず極度《きよくど》の吝嗇《けちんぼう》だから用心《ようじん》して交際《こゝさい》すればよい。

此指《このゆび》非常《ひじやう》に動《うご》き裂《さ》ける樣《やう》になる時《とき》は事業失敗《じげふしつぱい》の兆故中止《てうゆゑちうし》するのがよい。

此指《このゆび》は小事業《せうじげふ》は必《かなら》ず利益《りえき》あれ共大事業《だいじげふ》の時《とき》は必《かな》らず失敗《しつぱい》するから中止《ちうし》せよ。

此指動《このゆびうご》くのは萬事婦人後援《ばんじふじんこうえん》を得《え》て小《せう》を積《つ》み大《だい》に到《いた》らしむるがよい。

此指《このゆび》の動《うご》く者《もの》は凡《すべ》て下《しも》の病氣《びやうき》に依《よつ》て惱《なや》む故共同事業等《からけふどうじけふとう》を行《おこな》へば中途挫折《ちうとざせつ》す。

此指動《このゆびうご》いた時《とき》に事業萬端《じげふばんたん》に進《すゝ》む事《こと》は危險《きけん》であるから自分《じぶん》の信《しん》ず可《べ》き人《ひと》に談《だん》じて見《み》る可《べ》し、談《だん》じた時《とき》に靈脈《れいみやく》を試驗《しけん》して藥指《やくし》が合《がつ》すれば利益《りえき》あり、中指《なかゆび》合《がつ》すれば利益《りえき》なし、此指《このゆび》ばかり動《うご》けば斷然中止《だんぜんちうし》がよい、拇指《ぼし》か人指《ひとゆび》か合《がつ》すれば進《すゝ》んでよい。

鑑識上注意

靈脈《れいみやく》にて人心《じんしん》を觀破《かんぱ》せんとするには初對面《しよたいめん》の時本人着座《ときほんにんちやくざ》の樣姿《やうす》及《およ》び眼先《めつき》に就《つい》て注意《ちうい》すると直覺的《ちよくかくてき》に判《わか》る、靈脈《れいみやく》を診《しん》し本人《ほんにん》の行爲《おこなひ》と比較《ひかく》して見《み》ると必《かなら》ず的中《てきちう》する。

薬《やくし》指が動《うご》くものは必《かなら》ず二重人格《ぢつじんかく》の様《やう》な、主人《しゆじん》に對《たい》して上手《じやうづ》な口《くち》を利《き》き、外《ほか》では主人《しゆじん》を悪《わる》く云《い》ふ性質《せいしつ》である、こんな雇人《やといにん》を使用《しよう》すると必《かなら》ず悪結果《あくけつか》を來《きた》すのである。

又薬《またやくし》指がグルぐ廻《まは》つて眞直《まつすぐ》になるのは色情的關係《しきじやうてきかんけい》がある、されど拇指《ぼし》が合《がつ》すれば短期雇人《たんきやとひにん》はよいが永期《ながき》は終《をは》りが悪《わる》い。是非《ぜひ》共《とも》こんな雇人《やとひにん》を頼《たの》まなければならぬと云《い》ふ時《とき》は因果律《いんがりつ》を観破《かんぱ》してからである。

兩眼《れうがん》の光《ひかり》と五指靈脈《しれいみやく》と合致《がつち》して居《を》るのを表示《しめ》して置《お》かふ。……拇指《ぼじ》動《うご》けば紅《あか》黄色《きいろ》、人指《ひとゆび》動《うご》けば紫光色《むらさきいろ》、中指《なかゆび》動《うご》けば赤色《あかいろ》、薬指《やくし》動《うご》けば青色《あをいろ》、小指《こゆび》動《うご》けば白《しろ》色或《いろあるひ》は黒色《くろいろ》の時《とき》がある、病人《びやうにん》も事業《じげふ》も紅黄《あかき》の時《とき》は必《かな》らず良《よ》い、人指《ひとゆび》も病人《びやうにん》は必《かな》らず治《ち》す、事業《じげふ》は平等《びやうどう》である損徳《そんとく》なし、赤色《あかいろ》は病人《びやうにん》には悪《わる》し事業《じげふ》には大《おほ》ひに爭《あらそい》を含《ふく》む、青《あを》は病人《びやうにん》には變化《へんか》を含《ふく》む、事業《じげふ》には目的《もくてき》と相反《あいはん》する事《こと》がある白及《しろおよ》び黒《くろ》は萬事凶《ばんじけふ》である病人《びやうにん》は氣《き》性《せい》沈《しづ》んで或《あるひ》は死《し》を示《しめ》すのかも知《し》れない。

病脈上注意

人指《ひとゆび》は肉體上《にくたいじやう》に關係《かんけい》して居《を》るから足《あし》など非常《ひじやう》に痛《いた》む時《とき》は何年《なんねん》か前《まへ》に身體《しんたい》を打《う》つた事《こと》がないかと問《と》ふと必《かなら》ずあるから注意《ちうい》されよ。

藥指《やくし》は拇指《ぼし》に屬《ぞく》して居《を》るから精神疾患《せいしんしつかん》の原因《げんいん》を問《と》ふて見《み》よ的中《てきちう》するから、中《なか》指《ゆび》も同《おな》じである、藥指《やくし》は心王系《しんのうけい》の奇病《きびやう》に屬《ぞく》して居《を》る、中指《なかゆび》は心王系《しんのうけい》の業病《ごうびやう》に屬《ぞく》して居《を》る。

人指《ひとゆび》は單《たん》に永《なが》い病氣《びやうき》の意味《いみ》である、併《しか》し肺病《はいびやう》の如《ごと》きは人指《ひとゆび》に藥指《やくし》合《がつ》すれば重《おも》い方《はう》であると見《み》ねばならぬ、肺病《はいびやう》は拇指《ぼし》に屬《ぞく》して居《を》るが、拇指《ぼし》を代表《だいへう》して藥指《やくし》が氣病《きびやう》として出《で》るのである、死《し》の刹那《せつな》の觀念存續《かんねんそんぞく》の肺病《はいびやう》があるが多《おほ》く人指《ひとゆび》に出《で》る、之《こ》れば感染《かんせん》ではない遺傳《ゐでん》でもない、自分《じぶん》の親《おや》と子供《こども》、夫《おつと》と妻《つま》、妻《つま》と夫《おつと》、兄《あに》と弟《おとふと》、仲睦《なかむつ》ましい朋友《ともだち》と死別《しにわかれ》などの時《とき》に悲觀《ひかん》の極《きよく》精神上《せいしんじやう》に異狀《いじやう》を呈《てい》し炎症《えんしやう》を起《おこ》して來《く》るのである。死者《ししや》が祟《たゝ》つたの障《さわ》つたのと云《い》ふのではない事《こと》を承知《せうち》されよ。

幽靈寫眞《ゆうれいしやしん》などに偶然撮影《ぐうぜんさつえい》される事《こと》があるが、死《し》の刹那《せつな》の觀念《かんねん》を被寫眞本人《ひしやしんほんにん》の心理狀態《しんりじやうたい》に堅《かた》く刻《きざ》み込《こ》んだのが撮影《さつえい》レンズに向《むか》ふ時《とき》、分裂《ぶんれつ》して出《で》た樣《やう》に寫《うつ》るのである。

靈脈《れいみやく》としては人指《ひとゆび》が動《うご》く時《とき》があるが又動《またうご》かない時《とき》もある、患者自身《かんじやじしん》で精神上《せいしんじやう》で製造《せいぞう》して居《を》るのである、併《しか》し藥指《やくし》が動《うご》いた時《とき》は幻覺《げんかく》であるから注意《ちうい》せよ。

諸病脈《しよびやうみやく》で病因《びやういん》の內容《ないよう》に分《わ》け入《い》つて見《み》ると槪《がい》して精神的疾患《せいしんてきしつかん》の方《はう》が多《おほ》いのであるから診脈《しんみやく》に注意《ちうい》せぬといけない、眼《め》の見《み》へない患者《かんしや》が小指《こゆび》の動《どう》を示《しめ》したから病因《びやういん》を質《たゞ》した時《とき》に懷妊中夏期《かいにんちうかき》に扇風機《ぜんぷうき》を晝夜使用《ちうやしよう》して居《を》つた、と答《こた》へたから余《よ》はそれが冷《ひ》へたのであると活斷《かつだん》すると本人《ほんにん》は、產兒《さんじ》は流產《りうさん》してその後腎臟病《ごじんぞうびやう》になつてからそれが少《すこ》し良《よ》くなると眼《め》が惡《わる》くなつたのである、と自白《じはく》したのである。

人間《にんげん》の身體中《しんたいちう》で手《て》の指《ゆび》は一番感覺《ばんかんかく》が鋭《するど》い、余《よ》が多數《たすう》の患者《かんじや》を施術《せじゆつ》して居《を》る内《うち》に直感《ちよくかん》したのが中指《なかゆび》であつた、五指中《しちう》で中指《なかゆび》が一番感《ばんかん》じが早《はや》い事《こと》を確實《かくじつ》に認《みと》めたから諸所《しよく》に傳《つた》へてある、何故《なぜ》なれば中指《なかゆび》は腦《のう》に關係《かんけい》して居《を》るからである、心《しん》靈現象《れいげんしやう》を研究《けんきう》する一番手近《ばんてぢか》い方法《はうはう》は指頭《しとう》の動《どう》に依《よつ》てその心靈《しんれい》の存在《そんざい》が認《みと》められるのである。

心王靈脈《しんのうれいみやく》の根本種類《こんぽんしゆるい》は九百七十六であつてこれを應用《おうよう》すれば十三萬《まん》六千八百九十六種《しゆ》となる天下《てんか》の一大學問《だいがくもん》なり、此應用數《このおうようすう》は修得者《しうとくしや》が軈《やが》て徹底《てつてい》すれば判《わか》るのであるから數字《すうじ》を擧《あ》げる事《こと》は此著《このほん》の始《はじ》めにも出《だ》してある。

であるから前記公表《ぜんきこうへう》の諸靈脈《しよれいみやく》も少《すこ》しの差《さ》で活斷《かつだん》が異《ちが》ふからその邊《へん》の處《ところ》は自己《じこ》の心王鏡《しんのうきよう》に浮《うか》べて活斷《かつだん》せられよ、千狀萬態《じやうはんたい》の現《あらは》れを以《もつ》て示《しめ》す心靈上《しんれいじやう》の作用《はたらき》が五指《し》に出《で》たので活斷《かつだん》するのであるから簡易《かんい》の樣《やう》で奧深《おくぶか》いのである。

精神と身體合併病脈

拇指　動《うご》いて中指《なかゆび》が合《がつ》したら單《たん》にブルリと動《うご》いたか注意《ちうい》せられよ、外《そと》の方《はう》に少《すこ》し動《うご》いてから中指《なかゆび》が掌中《てのひら》に出《まが》る様《やう》になつたのは、無理《むり》に肩《かた》を使《つか》ふたので心王《しんのう》制裁《せいさい》に依《よつ》て來《き》た精神的《せいしんてき》に屬《ぞく》する疾患《やまひ》とする、或《あるひ》は日時《さき》を永《なが》く經過《けいか》すると骨膜《こつまく》の様《やう》になるから注意《ちうい》。

人指　動《うご》いて中指《なかゆび》が横《よこ》の兩方《れうはう》にブル〳〵動《うご》くのは勞働《ろうどう》が過《す》ぎたので出《で》た腦病《のうびやう》と見《み》る。

中指　動《うご》いて藥指《やくし》が合《がつ》し小指《こゆび》が次《つぎ》に合《がつ》したのは、小指《こゆび》の動《うご》き樣《やう》が左右《さゆう》にブルブルして最後《さいご》に眞直《まつすぐ》になるのは、色情的《しきじやうてき》の精神病《せいしんびやう》に屬《ぞく》して居《を》る。

藥指　動《うご》き中指合《なかゆびがつ》して兩指《れうし》が左右《さゆう》に振《ふる》ふて一定《てい》せぬのは精神上《せいしんじやう》に何《なに》か混亂《こんらん》した事《こと》があるのだから、術者《じゆつしや》の指《ゆび》にて診《しん》して見《み》られよ。

小指　動《うご》けば肉體《にくたい》に屬《ぞく》する病氣《びやうき》であるが、神經痛《しんけいつう》の患者《かんじや》が拾人中《にんちう》四人位《にんぐらゐ》あるから診脈《しんみやく》に誤《あやま》らぬ様《やう》にせねばならぬ。

又《また》小《こ》指《ゆび》が動《うご》いて耳《みゝ》の病氣《びやうき》を知《し》らせる事《こと》と腎臓病《じんぞうびやう》を知《し》らせる事《こと》があるから心得《こゝろへ》ておかぬと誤診《ごしん》する事《こと》があるから。

肉體病の如くで精神的のがある

拇指　動《うご》き眞直《まつす》ぐになつて人指《ひとゆび》が引《ひき》つけられる様《やう》なのは多《おほ》く肉體《にくたい》の病氣《びやうき》であるが、一寸《ちよつと》見《み》るとブラ〳〵病《やま》ひの様《やう》に見《み》へるから注意《ちうい》せねばならぬ。

人指　動《うご》かないで藥指《やくし》と共《とも》に掌中《しやうちう》に曲《まが》るのは肉體上《にくたいじやう》の疾患《しつかん》は六七分《ぶ》通《どほ》り治《なほ》つて精神的氣病《せいしんてききびやう》にて患《わづら》ふのである。

中指　がブル〳〵眞直《まつすぐ》に振《ふる》へたり曲《まが》りきりになつたりして居《を》る時《とき》は概《がい》して諸癌《しよがん》腫《しゆ》と見《み》て、患者《かんじや》に質問《しつもん》して見《み》るがよい、而《しか》して顔色《かほいろ》を見《み》ると何《なん》となく光《ひか》りがなくて、人《ひと》の顔《かほ》を見《み》る事《こと》を嫌《きら》ふのであるからそんな人《ひと》は多《おほ》く癌腫《がんしゆ》あると見《み》る事《こと》がある、殊《こと》に胃癌《ゐがん》と子宮癌《しきうがん》がそうである、乳癌《にうがん》は眼中《がんちう》の白《しろ》い處《ところ》が青《あを》いからよく判《わか》る。

藥指が掌中《てのひら》に曲《まが》つて又眞直《またまつす》ぐになり小指《こゆび》を引附《ひきつ》けるのは肉體《にくたい》から出《で》た氣病《きびやう》であるが、多《おほ》くは人《ひと》に話《はな》せない病氣《びやうき》が多《おほ》い、診脈中《しんみやくちう》に術者《じゆつしや》の小指《こゆび》にズンと感《かん》ずるのである。

小指が動《うご》いて中指《なかゆび》に合《がつ》する樣《やう》になつたり人指《ひとさゆび》がピクと動《うご》いたりするのは、諸《しよ》患部《かんぶ》が毒《どく》に冐《おか》されて居《を》るのであるが、最終《さいしう》に拇指《ぼし》が動《うご》けば心王《しんわう》の制裁《せいさい》ある故《ゆゑ》精神的《せいしんてき》に屬《ぞく》して居《を》るのである。

診脈上三秘法

(1) 先《ま》づ術者《じゆつしや》が自指《じし》で見《み》て豫《あらかじ》め心得《こゝろえ》てから人《ひと》に向《むか》ふ事《こと》。

(2) 患者獨修《かんじやどくしう》にて見《み》させて豫期作用《よきさよう》を起《おこ》させる事《こと》。

(3) 患者《かんじや》に質問《しつもん》する時直覺的《ときちよくかくてき》に話《はな》すは不可《ふか》なり他《た》の例《れい》を引《ひ》いて遠廻《とほまは》しに自白《じはく》

させねばならぬ事《こと》。

以上《いじやう》は病脈診斷及《びやうみやくしんだんおよ》び一切鑑識上注意要点《さいかんしきじやうちういえうてん》であるから暗記《あんき》せられよ、然《しか》して要求者《えうきうしや》の病狀及《びやうじやうおよ》び經過並《けいかならび》に家庭《かてい》の內情《ないじやう》、子供《こども》なれば實父母《じつふぼ》か否《いな》か、婦人《ふじん》なればば初緣《しよえん》か再緣《さいえん》か、男子《だんし》なれば職業上《しよくげふじやう》の差別及《さべつおよ》び進退其他《しんたいそのた》活斷《かつだん》に必要《ひつえう》の部分《ぶぶん》の氣附《きづ》いた處《ところ》を遠廻《とほまは》しに質問《しつもん》せねばならぬ事《こと》も暗記《あんき》せられよ。

因果解除の秘要脈

宗敎上《しうけふじやう》でサンゲ滅罪《めつざい》と云《い》ふ事《こと》を說《さい》て居《を》るが、サンゲも悔亡《くひほろ》ぶも同《おな》じでキリスト敎《けふ》なども悔改《くひあらた》むと云《い》ひ、大本敎《おほもとけふ》などは立替立直《たてかへたてなほ》しと云《い》ふて居《な》るが皆根本《みなこんほん》に觸《ふ》れて居《ゐ》ない枝葉《えだは》に趨《はし》つて居《を》るのである。

靈脈《れいみやく》では拇指《ほし》と人指《ひとさゆび》の合《ごう》をもつて大道《だいどう》に歸《かへ》つて公明正大《こうめいせいだい》となつた事《こと》を主張《しゆちやう》とするのであるから、中指《なかゆび》の動《どう》で自己《じこ》の非《ひ》を悟《さと》り、藥指《やくし》の動《どう》で對人關係《たいじんかんけい》の問題《もんだい》について、自己《じこ》が無理《むり》をしたと悔《く》ひ、小指《こゆび》の動《どう》は妻子眷屬《さいしけんぞく》を慘酷《ざんこく》にした事《こと》を自覺《じかく》し、人指《ひさゆび》の和合《わごう》に歸《かへ》り心王《しんのう》の支配《しはい》に基統《きとう》して茲《こゝ》に立替立直《たてかへたてなを》しが出來《でき》るのである此《こ》の以外《いがい》の方法《はうほう》は悉《こゝごと》く虚僞詐術《きよぎさじゆつ》である。

虚構《きよこう》の神《かみ》の前《まへ》や方便《はうべん》の佛像《ぶつぞう》の前《まへ》に於《おい》てサンゲや悔亡《くひほろ》ぶや立替立直《たてかへたてなを》しを契《ちか》ふたとても何等《なんら》の權威《けんゐ》があろふぞ、そんな事《こと》は萬事《げんじ》が個性《こせい》の内面《ないめん》からの觀察《かんさつ》から出《で》たのでなければ何事《なにごと》も眞實不虚《しんじつふきよ》のサンゲではないのである。

茲《こゝ》に一人《り》の國法《こくはう》に觸《ふ》れた惡人《あくにん》がある、其惡人《そのあくにん》が國家《こくか》の大典《たいてん》に依《よつ》て恩赦《おんしや》を被《う》けて青天白日《せいてんはくじつ》の身《み》となつたと假定《かてい》する、併《しか》し此《こ》の罪人《ざいにん》は國法《こくはう》から許《ゆる》されても、心《しん》王《のう》の制裁《せいさい》からは許《ゆる》されないのである。

靈脈《れいみやく》から見《み》れば拇指《よし》の動《どう》に依《よつ》て罪《つみ》の許《ゆる》された事《こと》を示《しめ》されるが、靈脈《れいみやく》を國法《こくはう》に合致《がつち》すれば人指《ひさゆび》の動《どう》に依《よつ》て許《ゆる》された事《こと》を知《し》るのである、即《すなは》ち人指《ひさゆび》は肉體《にくたい》の解放《かいはう》を示《しめ》すものにして拇指《はし》は精神《せいしん》の解除《かいじよ》を明示《めいじ》するのである。

　拇指《ぼし》に依《よつ》て魂《たましひ》が淸《きよ》められ人指《ひとさしゆび》に依《よつ》て肉體丈《にくたいだけ》が淸《きよ》められたとさせねばならぬ、然《しか》るに義人《ぎじん》の如《ごと》く天下《てんか》民衆《みんしう》の爲《ため》に起《たつ》て絶叫《ぜつきやう》する者《もの》が斷獄《だんごく》されても、心王《しんのう》の大靈《だいれい》性《せい》は何等《なんら》の暗雲《あんうん》がかゝつたのではない事《こと》を知《し》らねばならぬ。

　義人《ぎじん》の靈脈《れいみやく》は多《おほ》く拇指《ぼし》人指《ひとさしゆび》の動《どう》に依《よつ》て示《しめ》される、人指《ひとさしゆび》は民衆《みんしう》を代表《だいへう》し拇指《ぼし》は民衆《みんしう》の生命《せいめい》を主《つかさ》どり、心王指《しんのうし》を隱《かく》して大西郷《だいさいごう》の如《ごと》く民衆《みんしう》と共《とも》に活動《かつどう》をされたのである、義人《ぎじん》は拇指《ぼし》の動《どう》であるから心王自《しんのうみづ》からの現《あらは》れであると云《い》へよふ、心王《しんのう》には大慈悲《だいじひ》と大犧牲《だいぎせい》が先天《せんてん》に具有《ぐゆう》して居《を》つて時《とき》に從《したが》ひ現《あらは》れるのである。

　我《わ》が日本國《にほんこく》の往古《むかし》後鳥羽上皇《ごとばじやうくわう》の御代《みよ》即《すなは》ち承久《しようきう》の亂《らん》に、藤原光親《ふじはらみつちか》、藤原宗行《ふじはらむねゆき》、藤原範茂《ふじはらのりしげ》、源有雅《みなもとありまさ》、藤原信能《ふじはらのぶのう》、等《ら》の五郷《きやう》が殉難《じゆんなん》の義人《ぎじん》となつて全責任《ぜんせきにん》を身《み》に引受《ひきう》け幕府《ばくふ》北條義時《ほうでうよしとき》の幕下《ばか》に斬《き》られたのは。

　心王眼《しんのうがん》から觀《み》れば虚僞《きよぎ》買名《ばいめい》の義人《ぎじん》とは比較《ひかく》にならぬ我國《わがくに》の歷史《れきし》に光《ひか》りを放《はな》つ大義名分《だいぎめいぶん》を識《し》れる者《もの》であると斷言《だんげん》するのである、上皇《じやうくわう》の宣旨《みことのり》を下《くだ》し給《たま》へるを聞《き》いた義時《よしとき》が、京都《けふと》に向《むか》つて兵《へい》を進《すゝ》め無禮《ぶれい》を行《おこな》つた時《とき》に、五卿《きやう》が全任《ぜんにん》を帶《を》び自《じ》殉《じゆん》或《あるひ》は水死《すゐし》又《また》は斬殺《ざんさつ》等實《こうじつ》に御氣《おき》の毒《どく》の犧牲《ぎせい》になられたのであつた。靈脈《れいみやく》は皇室中心《くわうしつちうしん》の大義名分《たいぎめいぶん》實行者《じつこうしや》であるから死《し》しても皇室《くわうしつ》を思《おも》ふて居《を》る忠臣《ちうしん》である、無禮《ぶれい》なる者《もの》の始《はじ》めは賴朝《よりとも》である、後鳥羽上皇《ごとばじやうくわう》は御心中《ごしんちう》に怒《いか》りが充滿《じうまん》して居《を》られたから宣旨《みことのり》を下《くだ》されたのである、此間《このかんじつ》實に淚《なみだ》ぐましいローマンスは史《し》に殘《のこ》されてある事《こと》を知《し》れよ。

畏れ多い事であつたが大正天皇の御葬儀參列の時各國選出の代議士が一番禮儀を欽いて居つた事を見たが心王同人は注意して記憶され教化の種にされよ。

第貳拾壹章　諸病嗅覺種別秘傳

靈脈《れいみやく》の外《ほか》に身體《しんたい》の諸嗅覺《しよきうかく》に依《よつ》て病氣《びやうき》を嗅《かい》で分《わか》ると云《い》ふ事《こと》は醫學《いがく》療法《れうほう》や諸靈術《しよれいじゆつ》には斷《だん》じてないのである心王靈醫學《しんのうれいいがく》の靈脈法《れいみやくほう》に附隨《ふずい》して獨創的《どくそうてき》の發表《はつぺう》である。

嗅覺四五十種公開

誰《た》れでも自分《じぶん》で研究《けんきう》が出來《でき》るのは靈脈《れいみやく》の次《つぎ》は身體《しんたい》の嗅覺《きうかく》である、頭《あたま》をなでゝ甘酢《あますい》にほひは腦《のう》の惡《わる》い證據《しやうこ》である、この香《にほひ》を中心《ちうしん》として夏《なつ》時に於《お》ける糞《ふん》の燒《や》けた香《にほひ》がするのは詰込學問《つめこみがくもん》に中傷《ちうしやう》されて居《を》る事《こと》が判《わか》る。

肺病者《はいびやうしや》の掌中嗅覺《しやうちうきうかく》すると抹香《まつこう》の臭味《にほひ》がある、それは血管《けつかん》の流通《りうつう》がよくない爲《ため》である、强慾非道《ごうよくひどう》の者《もの》の掌中《しやうちう》は泥土《でいど》の惡臭《あくしう》がする、人格者《じんかくしや》で腦《のう》を患《わづら》ふて居《ゐ》る者《もの》は甘酢《あます》い香《にほひ》の中《なか》に何《なん》となく金鶴香水《きんつるこうすゐ》よりも良香《よいにほひ》が掌中《しやうちう》にある、色情狂《しきじやうけふ》の掌中《しやうちう》は甘《あま》い物《もの》が腐敗《ふはい》した樣《やう》な香《にほひ》がする、酒毒《しゆどく》に中傷《ちうしやう》されて居《を》る者《もの》は熟柿《じゆくしがき》が腐敗《ふはい》した香《にほひ》に納豆《なつとう》の加味《かみ》した香《にほひ》がする。

相場《さうば》などに失敗《しつぱい》して氣狂《きちがひ》になつた者《もの》の嗅覺《きふかく》は洗《あら》い流《なが》した飯《めし》を日《ひ》に乾《かわ》かした香《にほひ》がする。

小兒《せうに》の乳《ちゝ》が不足《ふそく》の爲《ため》に病氣《びやうき》になつたのは乳臭《ちゝくさ》い處《ところ》に何《なん》となく熱と小便《せうべん》の加味《かみ》して腐敗《ふはい》した香《にほひ》がする、老人《ろうじん》が老衰《ろうすい》して不治病《ふぢびやう》の時《とき》は、カステーラを燒《や》いた香《にほひ》がする、婦人《をんな》月經不順《げつけいふじゆん》の病氣《びやうき》は脊筋《せすぢ》を三四度《たび》平手《ひらて》にて摩擦《まさつ》して其香《そのにほひ》を嗅覺《きふかく》すれば甘《あま》い苦《にが》い香《にほひ》がする、こんな時《とき》は冷《ひ》へて居《を》るのである。

腦病《のうびやう》もなく内臟病《ないぞうびやう》もなく一切心身《さいしんく》の疾患《しつかん》がなくて精神狀態《せいしんじやうたい》が惡《わる》い者《もの》は、唾《つば》を兩掌中《りやうてのひら》にて摩擦《まさつ》した樣《やう》な香《にほひ》がする、それに油氣《あぶらけ》の香《にほひ》が加味《かみ》して厭《いや》な香《にほひ》がする、氣狂《きちがひ》で人《ひと》に負《ま》けぬ氣《き》の人《ひと》は辛《から》い苦《にが》い香《にほひ》がする。

人體《じしたい》に種々《しゆ〴〵》の香《にほひ》が放出《はうしゆつ》するのは別《べつ》に不思議《ふしぎ》ではない、心王《しんのう》を無視《むし》した心理狀《しんりじやう》態《たい》はどうしても肉體《にくたい》に出《で》ねばならぬ確《たし》かな靈理《れいり》がある、コスメチックや白粉《おしろい》及《およ》び一切《さい》の香料《こうれう》は外部《がいぶ》から肉體《にくたい》に附加《ふか》して人心《じんしん》の腐敗《ふはい》を隱《かく》す、僞瞞的《ぎまんてき》な物質《ぶつつ》であるが心王制裁《しんのうせいさい》より來《きた》る一切《さい》の良醜《りやうしう》の香《にほひ》は人爲的《じんゐてき》の香《にほひ》とは天地《てんち》の相違《さうい》がある。

心王《しんのう》の自由活動《じゆうかつどう》に依《よつ》て内分泌腺《ないぶんぴせん》の分泌《ぶんぴ》が放香《ほうこう》するのである、殊《こと》に現代流行《げんだいりうこう》の婦人《ふじん》が厚化粧《あつげしやう》は内《な》分泌《ぶんぴ》の放香《ほうこう》を無視《むし》して放香《ほうこう》させないからそれが内面《ないめん》に活躍《かつやく》し上《うへ》より鉛毒《えんどく》を塗附《とふ》するが永《なが》い間《あひだ》に身體《しんたい》を害《がい》し、腸《ちやう》カタル、リウマチス、貧血《ひんけつ》、腎臓炎《じんぞうえん》、四肢《し》の麻痺等《まひとう》の種々《しゆ〻》の病氣《びやうき》を誘引《いういん》するやうになり、又《また》鉛毒《えんどく》の結果《けつか》流産《りうさん》する例《れい》もある、或《あるひ》は乳兒《にうじ》の腦膜炎《のうまくえん》、の様《やう》な原因不明《げんいんふめい》の病氣《びやうき》もある、鉛摩痺《えんまひ》を患《わづら》ふと興奮性《こうふんせい》を失《うしな》ふて了《しま》ふと専門醫《せもんい》の研究《けんきう》が發表《はつぺう》されたのである。

外部《がいぶ》からの虚僞的香料《きよぎてきこうれう》は右《みぎ》の如《ごと》く有害《ゆうがい》であるが、心王活動《しんのうくわつどう》の放光《はうくわう》は決《けつ》して害《がい》にならない、患者《かんじや》から寄《よ》せた手紙《てがみ》の香《にほひ》を一二秒間無意識《べうかんむいしき》に嗅覺《きふかく》すると直《たゞ》ちに病《びやう》因《いん》が判明《はんめい》する、靈醫學修得《れいいがくしうとく》の秘諦《ひたい》は靈脈《れいみやく》と靈香《れいこう》の分別《ぶんべつ》が熟練《じゆくれん》せねばならぬ。

油《あぶら》を煮立《にた》てゝそれをボロに塗《ぬつ》て太陽《たいやう》に乾《かはか》した時《とき》の悪臭《あくしう》がする手紙《てがみ》の病人《びやうにん》は十中九迄《ちうまで》は全治《ぜんぢ》せないのである、患者《かんじや》の衣類《きもの》が塩《しほ》せんべいの香《にほひ》がする者《もの》は必《かなら》ず全《ぜん》治《ぢ》する、血腥《ちなまぐ》さい香《にほひ》のする人《ひと》は必《かなら》ず色情上《しきにやう〴〵》の罪悪《ざいあく》がある、土臭《つちくさ》い香《にほひ》がする者《もの》は十二支腸蟲《しちやうちう》の病氣《びやうき》のある事《こと》は確實《かくじつ》に嗅覺《きうかく》した、非常《ひじやう》に唐《たう》がらしの香《にほひ》がする者《もの》は脚氣衝心《かつけしようしん》の恐《おそ》れがある、又舌《またした》に唐《たう》がらしを載《の》せた様《やう》に口中辛《こうちうから》くなるのは用心《ようじん》せぬと衝心《しようしん》する。

アンモニヤの香《にほひ》がある患者《かんじや》は淋病《りんびやう》、消渇《せうかち》ある事《こと》を確《たし》めた、不治《ふぢ》の眼病《がんびやう》の人《ひと》は苦《にが》い香《にほひ》に飴《あめ》の香《にほひ》がする、座骨神經痛《ざこつしんけいつう》の人《ひと》は澁《しぶ》の香《にほひ》がする、リウマチスの人《ひと》は水《すゐ》氣《き》の香《にほひ》と甘《あま》い香《にほひ》がする、患部《かんぶ》を嗅覺《きふかく》すると直《たゞち》に判《わか》る、打身《うちみ》の如《ごと》きは甘《あまい》と塩氣《しほけ》の香《にほひ》がする、毒《どく》に冒《おか》された腦《のう》は非常《ひじやう》に蒸《む》し臭《くさ》い香《にほひ》がする。

胃擴張《ゐかくちやう》の病人《びやうにん》は苦味《にがみ》がサット散亂《さんらん》した様《やう》な香《にほひ》と氣持《きもち》がする、老人《ろうじん》の手紙《てがみ》と若《わか》い者《もの》の手紙《てがみ》と相違《さうい》して居《を》る、患者《かんじや》の前《まへ》に坐《ざ》してプンと香《にほひ》がする、その患者《かんじや》の精《せい》神狀態《しんじやうたい》が惡《わる》い現證《げんしやう》。

話《はな》しする內《うち》に口中《こうちう》からプンと惡臭《あくしう》が出《で》るのは熱氣內訌《ねつきないこう》して居《を》るのであつて別《べつ》に心配《しんぱい》はないが成《なる》べく温《あたゝか》い物《もの》を飲《の》ませたり食《く》はせたりするがよい、病人《びやうにん》が快《かい》方《はう》に向《むか》ふ時《とき》は輕《かる》い香《にほひ》がするが不治《ふぢ》の病人《びやうにん》は重《おも》い香《にほひ》がする。

苦味《にがみ》を吐《は》く樣《やう》にして咳嗽《せき》する時《とき》プンと香《にほ》ふのは懷孕《はらみこ》して居《ゐ》る證據《しやうこ》である、身體《からだ》に粟粒《あわつぶ》が出《で》て血色《けつしよく》が惡《わる》いのは懷胎中《みもちちう》家庭《かてい》に心配事《しんぱいごと》があるのである、酒《さけ》に中傷《ちうしやう》されて居《を》る病人《びやうにん》は胃腸《ゐちやう》の間《あひだ》に腫物《しゆもつ》が出來《でき》て苦味《にがみ》の酢《す》の香《にほひ》のゲップを吐《は》く事《こと》があるのである。

心配事《しんぱいごと》から來《き》た胃癌《ゐがん》の吐瀉物《としやぶつ》の香《にほひ》は水氣《すゐき》の香多《にほひおほ》くあり、遺傳性《ゐでんせい》か刹那波動《せつなはどう》から來《き》た胃癌《ゐがん》の吐瀉物《としやぶつ》は惡臭《あくしう》あるから注意《ちうい》せよ、肺炎《はいえん》の人《ひと》の頬《ほゝ》は林檎《りんご》の腐敗《ふはい》した香《にほひ》がする、胃癌《ゐがん》も食道《しよくだう》の方《はう》のは吐瀉《としや》するが腸《ちやう》の方《はう》に出《で》る口《くち》の胃癌《ゐがん》は吐瀉《としや》しないから嗅覺《きふかく》して香《にほひ》がないのである。

奮起心《ふんきしん》なき人《ひと》の香《にほひ》は土臭《つちくさ》いこと多《おほ》くあり、輕忽《けいこつ》の人《ひと》の香《にほひ》は夏期炎天《かきえんてん》に水《みづ》を撒《ま》き直《たゞ》ちに乾《かわ》いた時《とき》の香《にほひ》がする、大人君子《たいじんくんし》の人《ひと》の香《にほひ》は文字《もんじ》に現《あら》はせない良香《りやうこう》がある、肺病不治《はいびやうふぢ》の香《にほひ》は石炭《せきたん》の煙《けむり》の香《にほひ》がする、それにコークスの香《にほひ》が混和《こんわ》した時《とき》は斷然不治《だんぜんふぢ》である。

此《こ》の外澤山《ほかたくさん》あるが記《しる》しても熟練《じゆくれん》せねば判《わか》らないからこの發表《はつぺう》を中心《ちうしん》に漸次研《ぜんじけん》究《きう》してもらいたいのである。

嗅覺の秘傳

嗅覺《きうかく》は腦天《のうてん》と手頸《てくび》と足頸《あしくび》が一番善《ばんよ》く判《わか》る、閉目《へいもく》して術者《じゆつしや》は二三秒間精神統一《べうかんせいしんとういつ》を行《おこな》ひ直《たゞ》ちに嗅覺《きふかく》するのである、その時間《じかん》は一分間以內《ぶんかんいない》、髓骨《ずいこつ》の上部《じやうぶ》を嗅覺《きふかく》すると靈脈《れいみやく》と合《がつ》してその人《ひと》の精神狀態《せいしんじやうたい》が判《わか》る、夫婦間《ようふかん》にて夫《をつと》に外妾《がいせう》などある時《とき》五指靈脈《しれいみやく》で診《み》た後《のち》に嗅覺《きうかく》すると甘《あま》くしてあつさりした女臭《おんなくさ》い香《にほひ》がする、之《こ》れは精《せい》神的試驗《しんてきしけん》の秘《ひ》である。

嗅覺種類《きふかくしゆるい》に四百五十種位《しゆくらゐ》ある事《こと》を記述《きじゆつ》する積《つも》りであるが以上《いじやう》に記《しる》した二三十種《しゆ》を土台《どだい》として、研究《けんきう》されると自然《しぜん》と判《わか》るから種類《しゆるい》は擧《あ》げずに置《お》く、あとは各《かく》修得者自《しうとくしやみづ》からの奥傳《おくでん》となつて居《を》るからである。

注意して置く

眼病《がんびやう》だと云《い》ふに眼科醫《がんかい》に施術《せじゆつ》して貰《もら》ふ内《うち》に眼《め》は少《すこ》しも良《よ》い方《はう》に向《むか》はないから他《た》の病院長《びやうゐんちやう》に見《み》てもらうたら、眼病《がんびやう》でなく腎臟《じんぞう》と斷《だん》じられ腎臟《じんぞう》の手術《しゆじゆつ》が遲《おく》れたので入院《にふゐん》七日目《かめ》に死《し》んだ者《もの》が北海道《ほくかいだう》にあつたが、……靈脈《れいみやく》で眼病《がんびやう》も腎臟《じんぞう》も同《おな》じ人指《ひとさゆび》に出《で》るから注意《ちうい》せぬと右《みぎ》の醫師《いし》の如《ごと》き失敗《しつぱい》がある。

然《しか》るにこの嗅覺《きふかく》に到《いた》つては誤《あやま》りがないから不思議《ふしぎ》である、眼病《がんびやう》が胃《ゐ》から出《で》たのは苦味《にがみ》があるし、毒《どく》から出《で》たのは甘味《あまみ》があるし、毒《どく》が心臟《しんぞう》を冐《おか》して出《で》たのは苦味《にがみ》に甘味《あまみ》の氣《き》が蒸《む》した樣《やう》な香《にほひ》がする、腎臟病《じんぞうびやう》は苦味《にがみ》はないが唾《つば》を腕《うで》につけて擦《さす》つた後《のち》を嗅《かい》だ香《にほひ》がする。

以上《いじやう》の嗅覺《きふかく》が段々《だん〳〵》熟練《じゆくれん》すると自由《じゆう》に嗅覺活斷《きふかくかつだん》が出來《でき》るから余《よ》の發表《はつぺう》の虛言《いつはり》でない事《こと》を證明《しやうめい》する事《こと》になる。

人間交際と依賴に就て嗅覺注意

一、身體《しんたい》が油《あぶら》の腐《くさ》つた樣《やう》な惡臭《あくしう》がする人間《にんげん》は何等《なんら》か過去《かこ》に惡《わる》い因果律《いんがりつ》があるから注意《ちうい》。

二、身體《しんたい》が塵芥《ごみ》臭《くさ》く顏色蒼白《がんしよくそうはく》の人《ひと》は愚痴《ぐち》の人《ひと》で煩悶澤山《はんもんたくさん》ある者《もの》である、多《おほ》く家《か》庭《てい》のこと及《およ》び女《をんな》の事《こと》で心配煩悶《しんぱいはんもん》ありとす。

三、身體《からだ》何《なん》となくグニヤ〳〵した人《ひと》は必《かなら》ず心理狀態《しんりじやうたい》に罪惡《ざいあく》があつて嗅覺《きふかく》は甘《あま》くて色情關係《しきじやうかんけい》が含《ふく》んで居《を》る。

四、常《つね》に人《ひと》を疑《うたが》ひの眼《め》を以《もつ》て見《み》る人《ひと》は心中《しんちう》に人《ひと》に合《あは》せぬ心理狀態《しんりじやうたい》がある、この人《ひと》は人《ひと》の惡口《あくこう》ばかり言《い》ひたがる人《ひと》であるから注意《ちうい》。

こんな人《ひと》は苦味《にがみ》の嗅覺《きふかく》がある、その人《ひと》の食《しよく》した箸《はし》を嗅覺《きふかく》して見《み》れば判《わか》る。

五、雜多《ざつた》の食物《しよくもつ》を好《この》む者《もの》は慾心《よくしん》あり慾《よく》の爲《ため》に人《ひと》に災害《さいがい》を受《う》ける心理狀態《しんりじやうたい》あり、口《くち》の惡《わる》い人《ひと》もそうである、こんな人《ひと》は常《つね》に腦《のう》が臭《くさ》いか頭《あたま》が痛《いた》いか皮膚《ひふ》に關《かん》する病氣《びやうき》か血管《けつかん》の流通《りつつう》のよくない事《こと》がある。

六、一色者《いろもの》を好《この》む者《もの》は心理上嚴然《しんりじやうげんぜん》たる樣《やう》であるが短命《たんめい》が多《おほ》い、こんな人《ひと》は常《つね》に苦味《にがみ》がパツと散亂《さんらん》じたやうな嗅覺《きふかく》を感《かん》じる。

七、常《つね》に笑《わらひ》を以《もつ》て人《ひと》に對《たい》する者《もの》は精神肥《せいしんゆた》かならずして色情《しきじやう》を好《この》み統《とう》一したる精《せい》神狀態《しんじやうたい》なく吝嗇《りんしよく》である。

八、身體行爲《しんたいこうい》に節《せつ》があり談話《だんわ》に節《せつ》あり食膳《しよくぜん》に据《すわ》つて箸《はし》を持《も》ち又《また》は膳《ぜん》に置《お》きたる時節度《ときせつど》正《たゞ》しき人《ひと》は禮節《れいせつ》の心得《こゝろえ》ある人《ひと》であるが心臟腎臟《しんぞうじんぞう》を患《わづら》ひ易《やす》き人《ひと》である。

九、身體《しんたい》甘《あま》くして虱《しらみ》が常《つね》に生活《せいかつ》して居《を》る者《もの》はその人《ひと》の父母《ふぼ》に何等《なんら》か因果律《いんがりつ》あり色情《しきじやう》の爲《ため》に出《で》來た私生兒《しせいじ》に多《おほ》くある現象《げんしやう》なり。

十、身體熱《しんたいねつ》ありて常《つね》に蚤《のみ》を氣《き》にしたりする者《もの》は心臟《しんぞう》と腦《のう》の調和《てうわ》が取《と》れずして身體《からだ》に水氣《すゐき》ある砂《すな》の香《にほひ》ある故《ゆゑ》である、血管《けつかん》が流通《りうつう》の充分《じうぶん》ならざる時《とき》にこの現象《げんしやう》が多《おほ》くある。

十一、交際《こうさい》してよき人《ひと》依賴《いらい》してよき人《ひと》は談話中口外《だんわちうこうがい》に吐《は》く息《いき》が何《なん》となく輕々《かるがる》して言語《げんご》に熱《ねつ》ありて力《ちから》あり、事《こと》に感《かん》じて涙《なみだ》あり、駄辯《だべん》なくして人《ひと》を尊敬《そんけい》する行爲《かうゐ》ありて語尾《ごび》に濁音《だくおん》なくピンとした語尾《ごび》にしてその語尾《ごび》に何《なん》とも云《い》へぬ良香《りやうかう》がある人《ひと》は一生交際《しやうこうさい》してよい人《ひと》であるから安心《あんしん》して交際《こうさい》せよ。

注意点秘諦

交際上《こうさいじやう》と人《ひと》に依賴《いらい》するに就《つい》ては靈脈《れいみやく》で活斷《かつだん》が出來《でき》ないけれども初對面《しよたいめん》の時《とき》に

直感《ちよくかん》して仕舞《しま》はないといけない、何《なん》でも初對面《しよたいめん》の時《とき》直感《ちよくかん》してから交際《こうさい》せねば常《つね》に心配《しんぱい》するからである、酒好《さけず》きの者《もの》には決《けつ》して依頼《いらい》してはならぬ女好《おんなず》きの人《ひと》に依頼《いらい》してもよいとは昔《むかし》からの傳說《でんせつ》であるが誠《まこと》に妙《めう》である、酒臭《さけくさ》い奴《やつ》は時《とき》に或《あるひ》は命《いのち》をも投《な》げ出《だ》す者《もの》はあるが女好《おんなず》きの人間《にんげん》は命《いのち》まで放《ほう》り出《だ》しても人《ひと》の爲《ため》に犧牲《ぎせい》はせぬことは確實《かくじつ》である、故《ゆえ》に萬事《ばんじ》中正《ちうせい》を取《と》りて利用《りよう》す可《べ》きである。

心王靈醫學《しんのうれいいがく》の靈脈《れいみやく》と靈嗅覺《れいきふかく》は千古《こ》のアイロニー（謎《なぞ》）を見事《みごと》に解決《かいけつ》するのである、殊《こと》に心王靈醫學《しんのうれいいがく》の額部觸手紫光療法《がくぶしよくしゆしくわうれうほう》は、觸手《しよくしゆ》して居《を》る内《うち》に銀《ぎん》の細粉分《さいふんぶん》子《し》が各種《かくしゆ》の病氣《びやうき》に對《たい》して驚《おどろ》く可《べ》き効果《こうか》あるを科學的《かがくてき》に實証《じつしやう》したと、云《い》ふより以上《いじやう》の電子放射能力《でんしほうしやのうりよく》が身體中《しんたいぢう》に活躍《かつやく》してヱイと一喝《かつ》した刹那《せつな》心王《しんのう》より總動員《そうどういん》が發《はつ》せられて内面《ないめん》の調節《てうせつ》が出來《でき》るのであるから、他靈術《たれいじゆつ》などの追從《ついじゆう》は許《ゆる》さぬ權威《けんゐ》を有《ゆう》して居《を》るのである。

此間《このかん》にも種々《しゆぐ》の放香《ほうこう》はあるが元來觸手《がんらいしよくしゆ》せぬ前《まへ》に患者《かんじや》の左《ひだり》の手頸《てくび》を嗅覺《きふかく》せねば

ならぬのである、いかなる鼻《はな》の惡《わる》い人《ひと》でも鼻《はな》で嗅《か》ぐのではないから即《すなは》ち心王《しんのう》で嗅《か》ぐのであるから判《わか》るのである。

身體《しんたい》に鉄分《てつぶん》の多《おほ》い人《ひと》は嗅覺《きふかく》によく感《かん》ずる、そんな人《ひと》は忍耐力《にんたいりよく》があつて萬事《ばんじ》に向《むか》つて仕事《しごと》が進《すゝ》む、が餘《あま》りあり過《す》ぎて充血《じうけつ》する様《やう》な事《こと》があつて病氣《びやうき》の者《もの》もある故《から》、そんな人《ひと》には音聲《おんせい》を強《つよ》く施法《せほう》するとよい事《こと》を實驗究明《じつけんきうめい》して居《を》る。

冷《ひ》へ性《しやう》の人《ひと》は鉄臭《てつしう》がない鉄臭《てつしう》が澤山《たくさん》ある者《もの》は冷《ひ》へない、小兒《せうに》の夜尿症《ねせうべん》は鉄分《てつぶん》が欲乏《けつぼう》したからである故《ゆえ》、母《はゝ》が成《な》る可《べ》く鉄分多《てつぶんおほ》い物《もの》を食《しよく》すれば乳《ちゝ》に出《で》る。

又小兒《またせうに》に鉄臭《てつしう》を多《おほ》く體《からだ》に作《つく》るには鉄劑《てつざい》を與《あた》へてもよい、十歳以上《さいいじやう》で夜尿症《ねせうべん》する者《もの》にも鉄臭《てつしう》を澤山體外《たくさんたいがい》に放香《ほうこう》する様《やう》に與《あた》へてもよい、然《しか》し觸手療法《しよくしゆれうほう》を行《おこな》へば空中間《くうちうかん》に流《なが》れ居《な》るのを吸《す》ひ込《こ》むから心配《しんぱい》はないが、小兒《せうに》は出來《でき》ないから物《ぶつ》質上《しつじやう》から吸《す》ひ込《こ》むのがよい。

然《しか》し鉄劑《てつざい》でも規那鉄《きなてつ》、沃度鉄《ようごてつ》、等《など》もあるが、多《おほ》く鉄《てつ》の化合物《かごうぶつ》であつて之《これ》を吸《きふ》用《よう》すれば些少《させう》なる効果《こうか》はあるにもせよ蛋白質《たんぱくしつ》を凝固《ぎやうこ》する爲《ため》に胃腸《ゐちやう》を傷《いた》める事《こと》を醫師《いし》が述《の》べて居《を》るから注意《ちうい》して用《もち》ゐねばならぬ。

余《よ》が主張《しゆちやう》するのは鋼鉄《こうてつ》の煎用《せんよう》を少《すこ》しづヽ呑《の》んだらよいと云《い》ふのである、然《しか》し大人《おとな》は毎朝《まいあさ》自己《じこ》靈的體現《れいてきたいげん》を行《おこな》ふと心身《しんしん》の調和《てうわ》が出來《でき》るから物質《ぶつしつ》の効力《こうりよく》を借用《しやくよう》せないでもよい事《こと》になるのである。

參考

婦人《ふじん》の病人《びやうにん》を診《しん》して兩小指《れうこゆび》が動《うご》けば子宮《しきう》と冷《ひえ》と毒《どく》と見《み》るが、嗅覺《きふかく》を行《おこな》ふて甘《あま》いから兩手《れうて》を獨修《どくしう》で吹《ふ》かせると人指《ひとさゆび》が兩方共動《れうほうともうご》く事《こと》がある、之《こ》れは懷胎《かいたい》した自分《じぶん》から兩親《れうしん》の毒《どく》を受《う》けて來《き》たものと見《み》る事《こと》がある、こんな婦人《ふじん》は永年子供《ながねんこども》が出來《でき》ない事《こと》が多《おほ》くあるが、之《こ》れが爲《ため》に子宮並《しきうならび》に冷《ひえ》、毒《どく》に冒《おか》されて多少《たせう》腦《のう》を痛《いた》めて癲癇病《てんかんびやう》などになつて居《を》る者《もの》もあるが、靈的體驗《れいてきたいけん》を熱心《ねつしん》に行《おこな》ふて居《を》ると自然《しぜん》と治《なを》るのである。

體現《たいげん》は助勢的《じよせいてき》ではいけない萬事内面《ばんじないめん》から自發的《じはつてき》に出《で》たのでなければならぬのである、心王《しんのう》に雜念《ざつねん》が基調《きてう》した刹那《せつな》に出《で》るのでなければならぬ、體現《たいげん》すると心身《しんしん》が改造《かいぞう》して汗《あせ》の分泌《ぶんぴ》が出《で》て心身《しんく》が何共云《なんこもい》へぬ氣持《きもち》よくなるのである。その汗《あせ》の分泌《ぶんぴ》の香《にほひ》が良《よ》いのは病氣《びやうき》か早《はや》く治《なほ》るが、惡臭《あくしう》あつて濕《しめ》りぽいのは斷然《だんぜん》治《なほ》らない事《こと》を確實《かくじつ》に認《みと》めたのである、然《しか》し心臟病《しんぞうびやう》と三期位《きぐらゐ》の肺病《はいびやう》は體現《たいげん》すると反《かへ》つて疲《つか》れるから中止《ちうし》した方《はう》がよい。

靈的體現《れいてきたいげん》して病患部《びやうかんぶ》に自働的《じどうてき》に觸手《しよくしゆ》した其手《そのて》を嗅覺《きふかく》すると一種異樣《しゆゐやう》な臭氣《しうき》があるから、これを段々實驗《だん／＼じつけん》して往《ゆ》くと百四五十種《しゆ》の嗅覺種類《きふかくしゆるい》が判《わか》つて來《く》る。又患者《またかんじや》に術者《じゆつしや》の平手《ひらて》に三度息《たびいき》をかけさせてその掌中《しやうちう》を嗅覺《きふかく》すると、甘《あまい》、苦《にがい》、甘酢《あますつぱ》い香《にほひ》の三臭《しう》を先《ま》づ分別《ぶんべつ》して靈脈《れいみやく》に合《あは》せて見《み》るのがよい、又此《またこ》の掌中《しやうちう》の嗅覺《きうかく》をしたら術者《じゆつしや》に感染《かんせん》しわせまいかと心配《しんぱい》する者《もの》もあるが決《けつ》してそんな事《こと》は斷《だん》じてないのである、唯《た》だ嗅覺《きふかく》する時《とき》は掌中《てのひら》と鼻《はな》と二寸位《すんぐらゐ》離《はな》れた處《ところ》で行《おこな》ふのである、手頸嗅覺《てくびきふかく》は患者《かんじや》でも自己《じこ》でも肉《にく》から一二分《ぶ》離《はな》れた處《ところ》にて行《おこな》ふのである、決《けつ》して肉體《にくたい》に鼻《はな》を附《つ》けてはならぬ。

靈脈《れいみやく》と觸手《しよくしゆ》と嗅覺《きうかく》とは離《はな》れられぬ秘法《ひほう》であるから、靈醫學《れいいがく》としては充分熟練《じうぶんじゆくれん》せぬと心王靈醫學大博士《しんのうれいいがくだいはかせ》になれぬのである、然《しか》し此著《このほん》の目的《もくてき》は大博士《だいはかせ》にならなくとも各家庭《かくかてい》の必要書《ひつえうしよ》として提供《ていきやう》するのであるから人種《じんしゆ》の差別《さべつ》なく備《そな》へられよ。

最後の注意

此《こ》の嗅覺《きふかく》は靈的作用《れいてきさよう》であるから心靈上《しんれいじやう》の内面觀察《ないめんかんさつ》を充分究明《じうぶんきうめい》せねばならぬ、台灣《たいわん》の土族《ごぞく》が首祭《くびまつり》をせんとする時《とき》、異分子《ゐぶんし》が來《き》た事《こと》を嗅覺《きうかく》すると幾日《いくにち》もその嗅覺《きふかく》の解《と》けて人《ひと》の頸《くび》を斬《きら》ぬ迄《まで》は注意《ちうい》するとの事《こと》である、探偵犬《たんていいぬ》が嗅覺《きふかく》の結果《けつか》何《なん》百里《り》でも罪人《ざいにん》を追《お》ひ行《ゆ》き嗅覺《きうかく》の結論《けつろん》をするとの事《こと》は有名《ゆうめい》である。

神戸《こうべ》で外人《がいじん》が拾圓金貨《えんきんくわ》を入《い》れ牛肉《ぎうにく》を買《か》ふ可《べ》く犬《いぬ》に喰《くわ》いさせてやつた、然《しか》るにそれを日本人《にほんじん》の角力《すまふ》が盗《ぬす》んだので牛肉《ぎうにく》を買《か》ふ事《こと》が出來《でき》ないで家《いへ》に歸《かへ》つた、外人《がいじん》は犬《いぬ》を打《う》つて非常《ひじやう》に怒《いか》つた、犬《いぬ》はそれぎり飛《と》び出《だ》して三日《か》三晩《ばん》歸《かへ》らぬのであつた、三日《か》過《す》ぎて四日目《かめ》の朝歸《あさかへ》つて來《き》て口《くち》の廻《まは》りが血《ち》だらけであつた、其《その》日新聞《ひしんぶん》に角力《すまふ》が犬《いぬ》に喰殺《くひころ》されたと云《い》ふ事《こと》が發表《はつぺう》されてあつた事《こと》を見《み》たが、その犬《いぬ》の嗅覺《きうかく》の作用《さよう》靈的《れいてき》である事《こと》を知《し》らねばならぬ。

余《よ》は患者《かんじや》の家《いへ》に出入《でいり》して居《を》る内《うち》に第《だい》一番《ばん》に家《いへ》の嗅覺《きうかく》、主人《しゆじん》の心理狀態《しんりじやうたい》の嗅覺《きうかく》から始《はじ》めて次《つぎ》に患者《かんじや》の嗅覺《きうかく》に及《およ》ぶのである、直覺的《ちよくかくてき》に患者《かんじや》の嗅覺《きうかく》にかゝると病因《びやういん》が判《わか》らないのである。

家《いへ》の嗅覺《きうかく》とは門《もん》からはいつて上《あが》らんとする時《とき》プンと惡臭《あくしう》がする家《いへ》は必《かなら》ず家庭《かてい》に混亂《こんらん》した事《こと》がある、それから主人《しゆじん》と對話《たいわ》する内《うち》に甘《あま》い香《にほひ》がすれば色情上《しきじやうじやう》の事《こと》にて紛擾《ふんぜう》がある事《こと》が判《わか》るのである。

それから患者《かんじや》の側《そば》に座《ざ》して先《ま》づ閉目《へいもく》し一二秒間《べうかん》嗅覺《きうかく》するとプンと術者《じゆつしや》の靈鼻《れいび》に香《にほ》ふのである、それが妻君《さいくん》で甘《あま》い香《にほひ》なれば將《まさ》に色情上《しきじやうじやう》の苦悶《もだえ》が判《わか》るから活斷《かつだん》の因《いん》とする。

嗅覺は鼻でかぐのであるが鼻の元は心王であるから、無意識になつてかぐ時諸意識が心王に基統された刹那に諸嗅覺が出來るのである事を忘れてはならぬ。

第貳拾貳章　奇脈解秘諦

奇脈《きみやく》とは左右《さゆう》五指《し》全部《ぜんぶ》の活動《かつどう》に現《あらは》れてその狀態《じやうたい》を示《しめ》すのである、昨昭和《さくせうわ》二年《ねん》の心王《しんのう》自治《じち》に我《わ》が皇室《くわうしつ》に對《たい》して禮《れい》を缺《か》いた者《もの》の末孫《ばつそん》が奇病《きびやう》を患《わづら》ふて居《を》る事《こと》を示《しめ》したのが奇脈《きみやく》の最《もつと》も的確《てきかく》なのである。

それは鎌倉幕府《かまくらばくふ》を開設《かいせつ》した頼朝《よりとも》の姪《めい》を妻《つま》にして起《た》つた西園寺《さいおんじ》公經《きんつね》の末孫《まつそん》である、頼朝《よりとも》が鎌倉《かまくら》に覇府《はふ》を開設《かいせつ》したのを不問《ふもん》の内《うち》に後《あと》を繼《つ》いで皇室《くわうしつ》に無禮《ぶれい》を致《いた》した北條義時《ほうでうよしとき》等の惡行爲《あくかうゐ》が公經《きんつね》の末孫《ばつそん》に制裁《せいさい》を被《う》けて奇病《きびやう》を患《わづら》ふて居《を》るのを余《よ》が直接《ちよくせつ》靈脈《れいみやく》にて發見《はつけん》したのである、今《いま》その靈脈《れいみやく》の發現《はつけん》の順序《じゆんじよ》を記《しる》してから和解《わかい》を明細《めいさい》に示《しめ》すとする。

皇室に禮を缺た血族の奇脈と因果律

患者《かんじや》本人《ほんにん》六十有餘《ゆうよ》歳男子《さいだんし》靈脈解《れいみやくかい》。

(左) 拇指《ぼし》人指《ひとさしゆび》掌中《しようちう》に重《かさな》り合《あ》ふて附《つ》き、藥指《やゝし》小指《こゆび》合《がつ》して掌中《しようちう》に附《つ》き、中指《なかゆび》直立《ちよくりつ》してブルブル振《ふる》ふ事非常《ことひじやう》なり、全指《ぜんし》は一度《たび》外《そと》に反《そ》る。

(右) 全指《ぜんし》一と度《た》び握《にぎ》つて開《ひら》き二度《たび》握《にぎ》つて開《ひら》き拇指《ぼし》と人指《ひとさしゆび》掌中《しようちう》に重《かさな》り合《あ》ふて附《ふ》着《ちやく》す、藥指《やくし》小指《こゆび》合《がつ》して掌中《しようちう》に附着《ふちやく》す、中指《なかゆび》直立《ちよくりつ》して非常《ひじやう》に振《ふる》ふたり。

以上《いじやう》がその本人獨修《ほんにんどくしう》にての靈脈《れいみやく》であつて本人《ほんにん》も實《じつ》に驚《おどろ》き不思議《ふしぎ》の感《かん》に打《う》たれて居《を》つたのである、本人《ほんにん》は右《みぎ》の腰《こし》が痙攣《ひきつれ》て起《たつ》に不自由《ふじゆう》で腸《ちやう》がグルグル廻《まわ》るのである、腦《のう》も惡《わる》いし身體何《しんたいなん》となく自由《じゆう》ならず、而《しか》して外出《がいしゆつ》には何《なん》だか恐《おそ》ろしくて一人《り》では出《で》られず、常《つね》に二人《り》の醫師《いし》が附添《つきそ》ふと云《い》ふのである。

發病《はつびやう》の始《はじ》めは本人《ほんにん》が英國《えいこく》に留學《りうがく》して廿五歳《さい》の時日本《ときにほん》に歸《かへ》り、横濱《よこはま》の波止場《はとば》から上陸《じやうりく》する時大勢《ときおほぜい》の中《なか》で本人丈《ほんにんだけ》が冷《つめ》たい風《かぜ》に中《あた》り卒倒《そつとう》して、その儘醫師《まゝいし》二名今《めいいま》に附添《つきそ》ふて居《を》るのである實《じつ》に千萬人《まんにん》にもない奇病《きびやう》である。

余《よ》は本人《ほんにん》の知人《ちじん》からの案内《あんない》にて面會《めんくわい》して數回出入《すうかいしゆつにふ》し本人《ほんにん》の家庭《かてい》の内面《ないめん》を大觀《たいかん》したるに、本人《ほんにん》の悴《せがれ》も意識《いしき》に何等《なんら》か壓迫《あつぱく》を加《くわ》へられてある様《やう》である、人《ひと》に面會《めんかい》するのが恐《おそ》ろしいと云《い》ふのである。

頼朝《よりとも》以後《いご》承久《しようきう》の亂《らん》を歴史《れきし》に見《み》れば頼朝《よりとも》から義時《よしとき》がいかに我《わ》が　皇室《くわうしつ》に對《たい》し無禮《ぶれい》を行《おこな》ふたかは誰《た》れでも知《し》つて居《を》るが、余《よ》が心王學《しんのうがく》を研究《けんきう》し天下《てんか》に發表《はつぺう》したのはその非禮《ひれい》を行《おこな》ふた奴《やつ》の末孫《ばつそん》が必《かな》らず心王《しんのう》の制裁《せいさい》を被《う》けて居《を》ると云《い》ふ事《こと》を確《かく》的《てき》に証《しやう》を擧《あ》げたいからである。

頼朝《よりとも》の小心《せうしん》は範頼《のりより》を殺《ころ》し義經《よしつね》を殺《ころ》さんとしたのは皆第《みなだい》七末那《まな》の惡智慧《わるぢゑ》の作用《さよう》である、既《すで》に鎌倉《かまくら》に覇府《はふ》を設《もう》けたのは皇室《くわうしつ》を無視《むし》した心理狀態《しんりじやうたい》の現《あらは》れである、それの作用《さよう》を義時《よしとき》が行《おこな》ふたのではないか、故《ゆえ》に頼朝《よりとも》の潜在意識《せんざいいしき》に隱《かく》されてあつた自我《じが》錯覺《さくかく》の末那識發露《まなしきはつろ》が顯現《けんげん》し、武權冲天《ぶけんちうてん》の非禮《ひれい》、天日影暗《てんじつかげくら》く皇權極墮《くわうけんきよくだ》の時《とき》を作《つく》つた巨魁《きよかい》は頼朝《よりとも》で、その錯覺《さつかく》を實現《じつけん》したのは義時《よしとき》であつた事《こと》は不肖大觀《たいかん》が心王眼《しんのうがん》を以《もつ》て斷言《だんげん》しておくのである。

奇靈脈左指病症解

拇指《ぼし》人指《ひとさしゆび》掌中《しやうちう》に曲《まが》り附《つ》くは神經《しんけい》と內臟《ないざうこゝ》殊に胃《ゐ》の疾患《しつかん》を示《しめ》す、重《かさな》り合《あ》ふのは父《ふ》母祖父母《ぼそふぼ》の遺傳《ゐでん》を示《しめ》すのである、藥指《やくし》小指《こゆび》合《がつ》して掌中《しやうちう》に附《つく》のは腸《ちやう》の疾患《しつかん》と筋《すぢ》に異狀《ゐじやう》あるを示《しめ》すのである、中指《なかゆび》直立《ちよくりつ》振《ふる》ふのは腦《のう》が非常《ひじやう》に惡《わる》い事《こと》を示《しめ》す。

右《みぎ》を綜合《そうごう》して活斷《かつだん》すれば肉體《にくたい》の病氣《びやうき》でなくて靈的制裁《れいてきせいさい》を被《うけ》て居る奇病《きびやう》であると云《い》はねばならぬのである、あらゆる名醫《めいい》と云《い》ふ名醫《めいい》に診斷《しんだん》に投藥《とうやく》に醫術《いじゆつ》の屆《こゝ》く限《かぎ》りを行《おこな》ふたが何等《なんら》の效果《こうか》がなくて病床《びやうしやう》に起居《ききよ》されて居《ゐ》るのは實《じつ》に氣《き》の毒《どく》である。

本人《ほんにん》は英國留學《えいこくりうがく》後《ご》に歸朝《きてう》の後《のち》は明治大帝《めいぢたいてい》の侍從《ぢじう》になる積《つも》りであつたと直接余《ちよくせつよ》に談《かた》られたのである、然《しか》るに奇病《きびやう》を患《わづら》ひ永年苦《ながねんくる》しまれて居《を》るその因果《いんが》計數《けいすう》の嚴《げん》たる實《じつ》に恐《おそ》る可《べ》き次第《しだい》である。

奇病脈右指原因解

全指《ぜんし》を二度《ご》開《ひら》いて握《にぎ》つたのは頼朝《よりとも》が覇府《はふ》を開《ひら》いてその因《いん》を殘《のこ》したので、政子《まさこ》尼《あま》の存命中《ぞんめいちう》義時《よしとき》が不問《ふもん》の内《うち》に鎌倉《かまくら》を後繼《あとつぎ》して皇室《くわうしつ》に對《たい》し無禮《ぶれい》の極《きよく》を現《あらは》し御《ご》三方《かた》をお遷《うつ》したのは言語《げんご》道斷《ごうだん》である。

その現《あらは》れが本人《ほんにん》の中指《なかゆび》の直立《ちよくりつ》振動《しんどう》にて心王《しんのう》が明示《めいじ》したのである、實朝《さねとも》が公曉《くぎよう》に殺《ころ》されたら直《たゞ》ちに政權《せいけん》を皇室《くわうしつ》に返上《へんじやう》すると思《おも》ひの外《ほか》義時《よしとき》が繼續《けいぞく》したので、御《ご》鳥羽天皇《とばてんのう》の御怒《おんいか》りにて義時《よしとき》を打《う》て……との宣旨《みことのり》であつた、天皇《てんのう》の御心《みこゝろ》を負《おほ》ふて殉難《じゆんなん》の五忠臣《ちうしん》となられた藤原光親《ふじはらみつちか》以下《いか》四名《めい》は非業《ひごふ》の最後《さいご》を遂《とげ》られたのである。

日本開闢以來《にほんかいびやくいらい》の承久《しようきう》の大亂《たいらん》は頼時《よりとも》が皇室《くわうしつ》を無視《むし》して覇府《はふ》を鎌倉《かまくら》に開設《かいせつ》したのが一大因緣《だいいんねん》である、蒙古襲來《もうこしふらい》も朝鮮問題《てうせんもんだい》もその源《みなもと》を探究《たんきう》し來《きた》れば頼朝《よりとも》が義經《よしつね》を殺《ころ》さんとした爲《ため》の因《いん》がある、此間《このかん》の消息《せうそく》を知《し》れる者《もの》は心王主義《しんのうしゆぎ》宣傳《せんでん》の余《よ》より外《ほか》にあるまい。

そんな因縁《いんねん》を通《つう》じて現代人間界《げんだいにんげんかい》に生《う》まれて奇病《きびやう》を患《わづら》ふて居《を》る此《こ》の靈脈《れいみやく》の本人《ほんにん》は實《じつ》に氣《き》の毒《どく》ではあるが、メンデルの遺傳法則《ゐでんほうそく》に照《てら》さないでも靈脈《れいみやく》で充分判明《じうぶんはんめい》して居《を》るのである、靈脈《れいみやく》の權威《けんゐ》のある處《ところ》を察《さつ》せられよ。

奇脈《きみやく》の現《あらは》れは諸所《しよ〱》に出《だ》してあるが右《みぎ》に出《だ》したのは拾三萬有餘《まんゆうよ》ある靈脈中第一《れいみやくちうだい》番《ばん》であるから研究者《けんきうしや》は徹底的《てつていてき》に研究《けんきう》されよ、而《しか》して余《よ》の發表《はつぺう》した心王靈脈寶鑑《しんのうれいみやくほうかん》の劈頭《へきとう》に出《だ》してある實物《じつぶつ》の奇脈《きみやく》を明細《こまか》に和解《わかい》して研究《けんきう》の資料《しれう》としよう。

中指と藥指附着の奇指

中指《なかゆび》と藥指《やくし》と附着《ふちやく》して生《うま》れた男子《だんし》が圖示《づじ》してあるが、本人《ほんにん》の母《はゝ》はだまされて或《あ》る若者《わかもの》と肉體關係《にくたいかんけい》をなし懷胎《かいたい》したのである、父《ちゝ》が嚴格《げんかく》で養子《ようし》にはいる事《こと》が出《で》來《き》ないので、自分《じぶん》は赤子《あかご》があつては後夫《あと》を貰《もら》ふ事《こと》が出來《でき》ない爲《ため》に出産《しゆつさん》と同時《どうじ》にツマミ殺《ころ》したのである、その後《のち》に夫《おつと》を持《も》つた間《あい》だに出來《でき》たのが二指《し》の附《つい》た男子《だんし》であつた。

兩手《れうて》が中指《なかゆび》藥指《やくし》が附着《ふちやく》して中指《なかゆび》の危險思想《きけんしそう》を示《しめ》し、藥指《やくし》の色情關係《しきじやうかんけい》を示《しめ》して合指《ごうし》で生《うま》れると云《い》ふ事《こと》を誰《たれ》が天下《てんか》に發表《はつぺう》する者《もの》があるか、世界廣《せかいひろ》しと雖《いへど》も心王《しんのう》靈脈《れいみやく》より外《ほか》にないのである。

その男子《だんし》は今現《いまげん》に九洲《しう》に於《おい》て心王主義《しんのうしゆぎ》を大《おほ》ひに宣傳《せんでん》して居《を》る余《よ》の門人《もんじん》であるいかに人爲《じんゐ》の法律《ほうりつ》が嚴格《げんかく》であつても懷胎中《かいたいちう》に出來《でき》て來《く》る奇指《きし》や不具者《ふぐしや》は取締《とりしま》る事《こと》は出來《でき》ないのである、いかに宗教家《しうけふか》が因果應報《いんがおうほう》を說《と》くと雖《いへど》も右《みぎ》の二指《し》附着《ふちやく》の根本原因《こんほんげんいん》を摘發《てきはつ》する者《もの》は日本中乃至世界中《にほんぢうないしせかいぢう》の宗教家《しうけふか》にないのであろふ、明細《めいさい》は本書實驗報告《ほんしよじつけんほうこく》の一にあり。

兵隊を殺した娘の奇指

兵隊勤務《へいたいきんむ》中朋友《ちうほうゆう》を殺《ころ》し越後《えちご》から東京《とうけふ》に遁《のが》れて名義《めいぎ》を變更《へんこう》し、妻帶《さいたい》した者《もの》で左《ひだり》の藥指《やくし》が掌中《しやうちう》に附着《ふちやく》し、音瘂《をし》で尻《しり》に八九寸《すん》の尾《を》が生《はへ》て居《を》る女子《じよし》を產《う》んだ者《もの》があるのを實驗《じつけん》したそれは。

余《よ》の父《ちゝ》の處《ところ》に稼《かせ》ぎに來《き》たが何處《いづこ》にか往《い》つて身《み》を隱《かく》して仕舞《しま》ふたのである、余《よ》はその女子《じよし》が拾四五歲《さい》の時後方《ときうしろ》に廻《まわ》つて尻尾《しつほ》を握《にぎ》つて見《み》たら本人《ほんにん》は突然驚ろいて立《た》つて往《い》つたのである。

藥指《やくし》の掌中《しようちう》に食込《くひこ》んで附着《ふちやく》して居《を》るのは先方《せんぽう》が死去《しきよ》した實際《じつさい》である、感情衝《かしじようせう》突の空間靈波《くうかんれいは》は掌中《しようちう》に曲《まが》り附着《ふちやく》せないのである、それに音瘂《おし》で尾《を》が生《は》へて居《を》るとは實《じつ》に心王律《しんのうりつ》の嚴《げん》なる恐《おそ》る可《べ》きではないか。

娘が姑を慘酷にした因果律

嫁《よめ》が慾《よく》の爲《ため》で姑老人《しうとろうじん》を慘酷《ざんこく》にした爲《ため》に、その嫁女《よめ》が拇指の處《ところ》に細《ほそ》き腕樣《うでやう》のものが生《はへ》て出産《しゆつさん》したのであるが、現《げん》にその子供《こども》は生存《せいぞん》して居《を》る、老人《ろうじん》を酷《こく》にしたのだから拇指《ぼし》が拇指《ぼし》を出《だ》した様《やう》に重複《ちようふく》のものが出《で》て居《を》るとは不思議《ふしぎ》を超越《てうえつ》して嚴格《げんかく》ではないか。

四肢百體《したい》が完全《かんぜん》で生《うま》れ可《べ》きのは當然《さうぜん》であるのが、種々《いろ〳〵》不具《かたわ》に生《うま》れると云《い》ふ靈《れい》妙《めう》の支配《しはい》と制裁《せいさい》の嚴《げん》なる事《こと》は疑《うたが》ふ餘地《よち》がないのである、筋體《きんたい》や骨髓《こつずい》を自由《じゆう》に曲《きよく》折《せつ》して吾々《われ〳〵》にその現證《げんしやう》を見《み》せ附《つ》ける處《ところ》が何《なん》とも云《い》へぬ權威《けんゐ》ではないか。

多數婦人を墮落させた者の病奇指

三十二人《にん》も婦人《ふじん》を自由《じゆう》にしたその終結《しつけつ》は兩手《れうて》が動《うご》かなくなり且又《かつまた》五本指《ほんゆび》が握《にぎ》つた儘《まゝ》で開《ひら》かない足《あし》は投出《なげだ》した儘《まゝ》で糞小便《くそせうべん》はたれ流《なが》しである業病者《ごうびやうしや》があつた。本人《ほんにん》が内心《ないしん》から罪惡《ざいあく》をサンゲせないから不治《ふぢ》で終《をは》つたが誠《まこと》に心王《しんのう》の制裁《せいさい》は驚《をどろ》くの外《ほか》はないのである、四指《し》を握《にぎ》つたきり伸《のび》ないのは大病者《たいびやうしや》でも奇病業病者《きびやうごふびやうしや》でも不治《ふち》は同《おな》じである事《こと》を承知《せうち》されよ。

足に火の玉が打かつた人の奇脈

二十五歳《さい》の男子《だんし》で鈴木正造《すゞきせうぞう》と云《い》ふて吉原《よしはら》で有名《ゆうめい》の小間物店《こまものみせ》の主人《しゆじん》であつたが商業上《せうはいじやう》の品物《しなもの》を持《も》つて吉原田甫《よしはらたんぼ》を通過《つうか》する時《とき》に火《ひ》の玉《たま》が膝《ひざ》に打《ぶつ》かつたので、それが原因《もと》で拾一年間《ねんかん》あぐらをかいた儘《まゝ》で、胸《むね》に三段《だん》の土手《どて》が出來《でき》て松本順先生《まつもとじゆんせんせい》などが黄金《をうごん》の針《はり》を何本《なんぼん》もその土手腫《どてはれ》に打《う》つても何等《なんら》感《かん》じがないと云《い》ふ奇病《きびやう》。

あらゆる醫術《いじゆつ》と祈禱等《きとうなど》にかゝつたが少《すこ》しの効果《こうか》がないので余《よ》の研究時《けんきうじ》に賴《たの》みに來《き》た、余《よ》は毎夜《まいよ》一里半《りはん》もある處《ところ》を通《かよ》ふて施法《せほう》する事《こと》百日餘《にちよ》遂《つい》に左足丈《ひだりあしだけ》が立《たつ》ことが出來《でき》たのである、……その奇脈《きみやく》は藥指《やくし》が非常《ひじやう》に振《ふる》ふて内外《ないがい》に動《うご》きて小指《こゆび》を引《ひ》きつけるのである、此《こ》の病因《びやういん》を調査《てうさ》したら空間靈波《くうかんれいは》の現《あらは》れであつた、女郎《じよろう》さの色情關係《しきじやうかんけい》であつてその女郎《じよろう》が鈴木正造《すゞきせうぞう》と云《い》ふ者《もの》に毎夜《まいよ》二時《じ》に邪念《じやねん》を放送《ほうそう》したのであつた事《こと》が判《わか》つた。

今《いま》では本人《ほんにん》は死去《しきよ》したがその當時《とうじ》はありがたいと云《い》ふて余《よ》の名《な》を記《しる》して朝夕《あさゆう》三拜《はい》九拜《はい》して居《を》つた位《くらゐ》である、その本人《ほんにん》はあらゆる祈禱上《きとうじやう》に就《つい》て治《なほ》りたいから研究《けんきう》したのである、故《ゆえ》に心靈《しんれい》と神靈《しんれい》とを誤信《ごしん》するなどの事《こと》は絶對《ぜつたい》にない。

依《よつ》て余《よ》が中指《なかゆび》と拇指《ぼし》で胸《むね》の土手腫《どてばれ》にヱイと一喝《かつ》するとピンと響《ひゞ》いたのが治《なほ》り始《はじま》りであつたが、十一年間《ねんかん》腰拔《こしぬけ》であつた者《もの》が瞬間《しゆんかん》に心身《しんく》の調和《てうわ》が出來《でき》て壹ケ年《ねん》後《ご》には七分《ぶ》通《ごう》り全《まつた》く治《なほ》つたのである。

三十五才男子淫行の奇脈

三十五歳男子《さいだんし》で永年《ながねん》の痔疾《ぢしつ》で困《こま》る者《もの》がある、靈脈《れいみやく》は藥指《やくし》と小指《こゆび》が兩手《れつて》とも感《かん》動《ごう》した、次《つぎ》に人指《ひとさゆび》と拇指《ぼし》の動《ごう》があつた、依《よつ》て本人《ほんにん》の病因《びやういん》を質《たゞ》したら下《しも》の病氣《びやうき》と痔病《ぢびやう》である。

病種《びやうしゆ》の審判《しんぱん》は靈脈《れいみやく》に出《で》て居《を》るが病原脈《びやうげんみやく》を調《しら》べたら、秘密《ひみつ》に下女《げじよ》を淫行《いんこう》に陷《おとし》入《い》れ遂《つい》に妻《つま》に發見《はつけん》されて追《お》ひ出《だ》したのである、それに本人《ほんにん》の實母《じつぼ》は養父母《ようふぼ》二人《り》を慘酷《ざんこく》の死《し》に致《いた》さしめたのである、鉄瓶《てつびん》で腦天《のうてん》を打《う》つてそれが爲《ため》に打《うた》れた患部《かんぶ》が腐敗《ふはい》して死去《しきよ》した養母《ようぼ》と、養父《ようふ》はランプで燒死《せうし》したのである、之《こ》れが人指《ひとゆび》と拇指《ぼし》の動《どう》に現《あらは》れ本人《ほんにん》の難症《なんしやう》の痔《ぢ》の因《いん》となつて居《を》るのである事《こと》を發見《はつけん》して敎化《けふげ》したが實《じつ》に恐《おそ》ろしい因果律《いんがりつ》である。

皇室に禮を欽た血族の奇脈再び說明

皇室《くわうしつ》に禮《れい》を欽《か》いた前記《ぜんき》の中指動《なかゆびどう》に就《つい》て研究者《けんきうしや》に特別注意《とくべつちうい》して置《を》く、靈脈《れいみやく》は一身《しん》の主宰《しゆさい》五臟《ざう》の精君《せいくん》である心王《しんのう》を中心《ちうしん》にして、心靈上《しんれいじやう》の大義名分《だいぎめいぶん》を說《と》くのが目《もく》的《てき》であるのだから的不的《てきふてき》を以《もつ》て談《だん》じてはいけない。

大義名分《だいぎめいぶん》を無視《むし》する者《もの》は中指《なかゆび》である、その中指《なかゆび》が直立《ちよくりつ》して兩手共非常《りやうしゆともひじやう》に振《ふる》ふと云《い》ふ現象《げいしやう》は文字《もんじ》より圖《づ》より確實《かくじつ》にして僞《いつ》はりがないのである、而《しか》してその直《ちよく》立《りつ》の爲《ため》に父母《ふぼ》の系統《けいとう》を經《へ》て來《き》て奇病《きびやう》になつて居《を》る事《こと》を示《しめ》すので、藥指《やくし》と中指《なかゆび》と人指《ひとさゆび》は奇病業病《きびやうごうびやう》難病《なんびやう》を患《わづら》わせて居《を》る心王拇指《しんのうぼし》の明示《めいじ》であつて、小指《こゆび》が兩方共《れうはうとも》追加《ついか》するのは病氣《びやうき》が深《ふか》くして判《わか》らない事《こと》を證明《しやうめい》するのである。

心靈上《しんれいじやう》の大義名分《だいぎめいぶん》を無視《むし》した者《もの》は必《かな》らず國家皇室《こくかくわうしつ》に對《たい》して名分《めいぶん》を忘《わす》れるのである、既《すで》に人間《にんげん》としての本性《ほんせい》を忘《わす》れた義時《よしとき》や高時《たかとき》や足利尊氏《あしかゞたかうぢ》などは大《おほ》ひなる忘《わす》れ者《もの》であつた、伊豆《いづ》に行《い》つて北條《ほうでう》の墓所《はか》を見《み》ると判《わか》る、忠臣楠公《ちうしんなんこう》の湊川《みなとがは》と比較《ひかく》して天地《てんち》以上《いじやう》の相違《さうい》がある、時賴《ときより》に位《くらゐ》を賜《たま》わつた事《こと》は誰《た》れでも承知《せうち》であるが、蒙古退治《もうこたいぢ》の靈風《れいふう》は日本皇室《にほんくわうしつ》を擁護《えうご》させられる確實《かくじつ》なる現《あらは》れである、元《げん》の使《つかひ》を斬《き》つたのが反《かへ》つて國家《こくか》に仇《あだ》を致《いた》させた時宗《ときむね》に罪《つみ》があるのではないか。

日本《にほん》に二十六人《にん》の謀反人《むほんにん》があつて賴朝《よりとも》や義時《よしとき》はその數《すう》の終《おは》りにあたるのである事《こと》は國史《こくし》を讀《よ》む者《もの》は承知《せうち》して居《を》るであろふ、いかなる事《こと》があつても自己《じこ》の內《ない》面心王《めんしんのう》を無視《むし》する事《こと》が出來《でき》ないと同《おな》じく、いかなる事《こと》があつても我《わ》が皇室《くわうしつ》を忘《わす》れる事《こと》は出來《でき》ないのが日本人《にほんじん》の最《もつと》も優《すぐ》れた活觀念《かつかんねん》の現《あらは》れである。中指兩方《なかゆびれうほう》が振《ふる》ふと云《い》ふ明示《めいじ》を吾々《われわれ》の眼前《がんぜん》に見《み》せ附《つ》けて、それを解釋《かいしやく》せよとの心王靈示《しんのうれいじ》は何《なん》とも云《い》はれぬ作用《さよう》ではないか。

總理大臣《そうりだいじん》が自分《じぶん》の位置《ゐち》を脱線《だつせん》して、即《すなは》ち心王《しんのう》を無視《むし》して覇府《はふ》を開設《かいせつ》した頼朝《よりとも》は一ツのものを二ツあると見《み》る錯覺者《さくかくしや》であると見《み》ねばならぬ、蛭《ひる》が小島《こじま》に於《おい》て貳拾餘《よ》年《ねん》も法華經《ほけきやう》を讀《よ》んで居《を》つたと云《い》ふが、その法華經《ほけきやう》の中壽量品《うちじゆりようほん》の文《もん》の底《そこ》に心王即《しんのうすなは》ち壽量《じゆりよう》の本佛《ほんぶつ》があるのが判《わか》らなかつたのである。

同《おな》じ法華經《ほけきやう》を讀《よ》んで石清水《いはしみづ》八幡宮《まんぐう》に建武《けんぶ》の中興《ちうこう》を祈禱《きたう》した楠公《なんこう》は皇室《くわうしつ》の心王《しんのう》を尊拜《そんはい》したのである、法華經《ほけきやう》を讀《よ》んで提婆《だいば》に墮落《だらく》したのが頼朝《よりとも》で、法華經《ほけきやう》を讀《よ》んで大義《たいぎ》を信《しん》じたのは大楠公《だいなんこう》である、大西郷《だいさいごう》も常《つね》に拇指《きし》を尊重《そんちやう》したのは心王《しんのう》に徹《てつ》して居《を》つたのである、大西郷《だいさいごう》の心《こゝろ》の底《そこ》を見拔《みぬ》いた人《ひと》は齊彬公《さいひんこう》であつて、大西郷《だいさいごう》が行動《かうどう》を現實《げんじつ》に致《いた》さん事《こと》を以《い》心傳心《しんでんしん》に直感《ちよくかん》した者《もの》は坂本龍馬《さかもとりうま》より外《ほか》にない。

龍馬《りうま》と親友《しんゆう》であつた中岡《なかをか》にも大西郷《だいさいがう》の心《こゝろ》の底《そこ》は判《わか》らなかつた、桂小五郎《かつらこごろう》なども西郷《あいがう》にチャームされて居《を》ると同藩《どうはん》の者《もの》に愚痴《ぐち》を漏《もら》した事《こと》がある樣《やう》だ、龍馬《りうま》は無慘《むざん》な最後《さいご》を遂《と》げたが大政返上《たいせいへんじやう》を進《すゝ》めて後藤《ごとう》に說《と》かしたのなどは實《じつ》に德川《とくがは》に對《たい》して救主《きうしゆ》であつた、當時《たうじ》の一人者《にんしや》であると云《い》へよう、維新《ゐしん》の改革《かいかく》に對《たい》して壓迫《あつぱく》を加《くは》へた近藤勇《こんどういさむ》などは自我《じが》錯覺《さくかく》であると云《い》はねばならぬ。

皇室《くわうしつ》は國家《こくか》の大心王《だいしんのう》である諸藩《しよはん》や國民《こくみん》は細胞《さいばう》である、その細胞《さいばう》が大心王《だいしんのう》の天《てん》下《か》に發揮《はつき》せんとして死《し》を以《もつ》て起《たつ》た志士《しし》を、細胞《さいばう》の取締《とりしまり》の第七識《だいしき》の臣下《しんか》の分《ぶん》でありながら志士《しし》に敵對《てきたい》ふのは大心王《だいしんのう》の皇室《くわうしつ》に敵對《てきた》ふのと同《おな》じだ、之《こ》れ自己《じこ》の滅《めつ》却《きやく》であると云《い》はねばならぬ、恐《おそ》る可《べ》きは第七識《だいしき》の逆用《ぎやくよう》である。

大杉榮《おほすぎさかえ》だの難波大助《なんばだいすけ》だの其他《そのた》自已《じこ》を滅却《めつきやく》して、超宗教的尊嚴《てうしうけふてきそんげん》を有《ゆう》せられる我《わ》が皇室《くわうしつ》に禮《れい》を欽《か》いたり大逆《たいぎやく》を致《いた》したりする者《もの》は悉《ことごと》く中指《なかゆび》の動《ごう》に現《あらは》れる自《じ》我錯覺《がさくかく》である。

そんな人間《にんげん》は必《かな》らず心王《しんのう》の制裁《せいさい》で難症《なんしやう》の肺病《はいびやう》となる事《こと》は澤山《たくさん》の証據《しやうこ》を擧《あ》げてあるからである、中指《なかゆび》の動《どう》は心王《しんのう》を認《みと》めて絶對《ぜつたい》の力《ちから》となつて萬民《はんみん》を自由《じゆう》に使役《しえき》するのであるが、心王《しんのう》の中心靈性《ちうしんれいせい》を忘《わす》れたり無視《むし》したり知《し》らなかつたりする者《もの》は、一世奈翁《せいなおう》の如《ごと》く終焉《おはり》が悲慘《ひさん》であらねばならぬのである。

肺病《はいびやう》にならなければ氣狂《きちがひ》になる者《もの》が多《おほ》い事《こと》は史《し》の殘《のこ》せる確證《かくしやう》である、それは「悉《ことごと》く中指《なかゆび》の動《どう》を中心《ちうしん》として活動《かつどう》した連中《れんちう》であると云《い》へよう、然《しか》し北條高時《ほうでうたかとき》の臣下《しんか》で濟藤利行《さいとうとしゆき》が高時《たかとき》に代《かは》つて天皇陛下《てんのうへいか》の詔勅《せうちよく》を拜讀《はいどく》する時《とき》『天《てん》の照覽《ぜうらん》に任《まか》す』と云《い》ふ聖旨《せいし》の處《ところ》にて、眼《め》がくらんで倒《たふ》れ七日間後《かかんご》に死去《しきよ》した、と云《い》ふ様《やう》な事《こと》は中指《なかゆび》の動《どう》を行《おこな》つた爲《ため》に心王《しんのう》の激怒《げきど》から來《き》た大制裁《だいせいさい》であるを知《し》らねばならぬ。

中指《なかゆび》の動《どう》を行《おこな》ふた者《もの》の歴史《れきし》を見《み》ると恐《おそ》ろしくてならぬが、心王《しんのう》を認《みと》めて始終《しうし》一貫行《かんおこな》つて居《を》つた者《もの》の歴史《れきし》を見《み》ると力強《ちからづよ》く思《おも》われるのである、萬事《はんじ》史《し》を大觀《たいかん》する内《うち》に中指《なかゆび》の現《あらは》れと中指《なかゆび》が心王《しんのう》に基調《きてう》した現《あらは》れと、中指《なかゆび》と常識《じやうしき》との合致《がつち》した現《あらは》れとが自然《しぜん》に史上《しじやう》に活躍《かつやく》して居《を》るのである、故《ゆゑ》に心王靈脈《しんのうれいみやく》を研究《けんきう》するには先《ま》づ心靈上《しんれいじやう》の大義《だいぎ》名分《めいぶん》を徹底的《てつていてき》に了解《れうかい》してから靈脈《れいみやく》を通《つう》じて奇脈《きみやく》や思想脈《しさうみやく》や宗教脈《しうけふみやく》を研究《けんきう》せねばならぬのである。

心靈上に嚴格なる大義名分がある、それが現れて正しい國家の生命となつて皇臣一家の美事が見られるのは吾々の五指が一本欠けても困ると同じく、五指の動は正しき國家の現証である。

第貳拾參章　靈脈發見後の秘要

秘説の總説

靈脈診斷後《れいみやくしんだんご》にその病因《びやういん》を解除《かいじよ》する。敎化《けふげ》方法《はうほう》は既《すで》に公表《こうへう》してあるが、直接《ちよくせつ》それを解除《かいじよ》す可《べ》き實際《じつさい》は未《いま》だ傳《つた》へてないから此章《このしやう》に公開《こうかい》する事《こと》にしたのである。

此《こ》の解除《かいじよ》と云《い》ふ事《こと》は國法《こくほう》などから比較《ひかく》すれば赦免《しやめん》と云《い》ふ事《こと》である、故《ゆゑ》に中々《なか〳〵》六ケ敷《し》い問題《もんだい》である、心《こゝろ》で作《つく》つた罪惡《ざいあく》は必《かな》らず體現《たいげん》して心身共《しんくとも》に苦《くる》しむのであつて、昔《むかし》は罪《つみ》を作《つく》つたから罪滅《つみほろ》ぼしの爲《ため》に出家《しゆつけ》するとか佛門《ぶつもん》にはいつて修行《しうぎやう》するとか云《い》ふたが、心王《しんのう》の實際觀《じつさいかん》から見《み》れば出家《しゆつけ》しても佛門《ぶつもん》にはいつても心王《しんのう》の赦免《ゆるし》がなければ解除《かいじよ》ではないのである。

群馬縣《ぐんまけん》の或《あ》る禪寺《ぜんでら》の坊《ぼう》さんが婦人《ふじん》を强姦《ごうかん》して死《し》に至《いた》らしめそれを利根川《とねがわ》に投《とう》棄《き》した、その後坊《ごぼう》さんは背中《せなか》に腫物《できもの》が出來《でき》て膿《のう》を持《も》つて非常《ひじやう》に苦痛《くつう》であつたが膿《のう》が出《で》たら陰部《ゐんぶ》の形《かたち》が背中《せなか》に現《あらは》れたとの事《こと》で、小僧《こぞう》に發見《はつけん》されて檀家《だんか》一同《ごう》に吹《ふい》聽《ちやう》された爲《ため》に寺《てら》に居《を》られなくなつて諸國漫遊《しよこくまんゆう》に出掛《でか》けたのである、而《しか》して行衛《ゆくへ》不明《ふめい》となつた事《こと》が或《あ》る醫學《いがく》の雜誌《ざつし》に掲載《けいさい》してあつたが。

こんな罪《つみ》は本人《ほんにん》がサンゲせぬ内《うち》は決《けつ》して心王《しんのう》が赦免《しやめん》せぬのである、現行犯《げんこうはん》だから國法《こくほう》に照《てら》せば殺人罪《さつじんざい》である心王《しんのう》から律《りつ》すれば本人《ほんにん》の因果律《いんがりつ》の發露《はつろ》である、婦人《ふじん》を强姦《がうかん》せしその前《まへ》に秘密《ひみつ》の罪惡《ざいあく》があつたのが、婦人《ふじん》を犯《おか》したので現《あらは》れて心《しん》王律《のうりつ》と國法《こくほう》とに制裁《せいさい》される事《こと》になつたのであるから軈《やが》ては國法《こくほう》の制裁《せいさい》に律《りつ》せられる事《こと》は當然《たうぜん》である。

東京《とうけふ》の麻布《あざぶ》と云《い》ふ處《ところ》に外國人《がいこくじん》を殺害《さつがい》し金品《きんぴん》を奪《うば》ふた罪人《ざいにん》が或《あ》る酒場《バー》で酒《さけ》を飲《の》んで居《を》る時《とき》、友達《ともだち》にその事《こと》を話《はな》して快《くわい》として居《を》る瞬間《しゆんかん》、刑事《けいじ》が通《とほ》りかゝつて御《ご》用《よう》……と云《い》ふ國法《こくほう》に律《りつ》せられた事《こと》が新聞《しんぶん》の三面記事《めんきじ》に出《で》て居《を》つたが、それが拾一年目《ねんめ》であつたとの事《こと》である。

國法《こくはう》と心王律《しんのうりつ》との合致《がつち》した瞬間《しゆんかん》にその快《くわい》として友達《ともだち》に話《はな》して居《を》るのが刑事《けいじ》の心王《しんのう》の靈鏡《れいきやう》にピンと響《ひゞ》いたのである、國法《こくはう》に制裁《せいさい》されなければ本人《ほんにん》は軈《やが》て心身《しんしん》不随《ふずい》の病氣《びやうき》にかゝりその時《とき》に前非《ぜんぴ》を後悔《こうかい》するのである。

余《よ》が心靈研究《しんれいけんきう》を盛《さか》んにして居《を》つた時松村繁見《ときまつむらしげみ》と云《い》ふ警視廳《けいしちやう》の書記《しよき》であつた人《ひと》が來《き》て、東京《とうけふ》の大森海岸《おほもりかいがん》に支那《しな》カバン詰《づめ》にて婦人《おんな》の首《くび》なしが漂着《へうちやく》して居《を》つたのを、心靈上《しんれいじやう》の靈媒者《ミデアム》で研究《けんきう》したら岐阜縣《ぎふけん》の者《もの》で姓名迄判《せいめいまでわか》つたので松村《まつむら》と云《い》ふ人《ひと》も驚《おどろ》いて、警視廳《けいしちやう》の手《て》で尋《たづ》ねさせたらその女《おんな》は四谷《や》區《く》の遊女屋《ゆうじよや》に居《を》つたのを自《じ》由廢業《ゆうはいげふ》させられて、その夫《おつと》として居《を》つた者《もの》に殺《ころ》された事《こと》が判《わか》つたが殺《ころ》した本人《ほんにん》は北海道方面《ほくかいどうはうめん》に遁《のが》れて往《い》つて居《を》る事《こと》を靈媒者《ミデアム》が口外《こうがい》したが居所《ゐどころ》は云《い》はない。

茲《こゝ》が心靈問題《しんれいもんだい》と國法《こくはう》とが相違《さうゐ》して居《を》る處《ところ》である、國法《こくはう》では罪人《ざいにん》を發見《はつけん》するのが目的《もくてき》であるが、心王律《しんのうりつ》では殺《ころ》されるも心王《しんのう》の制裁《せいさい》、殺《ころ》すのも心王《しんのう》の制裁《せいさい》であつて軈《やが》て前非《ぜんぴ》を悔《くい》て國法《こくはう》の律《りつ》に制裁《せいさい》される時《とき》が來《く》る迄《まで》は靈媒者《ミデアム》の心王《しんのう》が敎《をし》へないのである、故《ゆえ》に麻布《あざぶ》の外人殺《がいじんごろ》しの罪人《ざいにん》の如《ごと》く酒《さけ》を飲《の》んで無意識《むいしき》になつて居《を》る時《とき》、心王《しんのう》の衝動《しようどう》で友達《ともだち》にサンゲして居《を》る時《とき》、國法《こくほう》の刑事《けいじ》が通《とほ》りかゝつて御用《ごよう》……と云《い》ふ聲《こえ》がかゝるのである、此間《このかん》が判《わか》れば國法《こくほう》と心王律《しんのうりつ》との一致《ち》であると云《い》へよう。

人肉質入裁判評

夫《か》の有名《ゆうめい》のセキスピヤの原作《げんさく》であるヴエニスの商人《せうにん》の劇《げき》に人肉質入裁判《にんにくしちいれさいばん》と云《い》ふ事《こと》があるが、慾《よく》の深《ふか》い金錢《きんせん》の奴隷《どれい》とも云《い》われた猶太人《ゆだやじん》でシヤイロツクと云《い》ふ商人《せうにん》が、アントニオと云《い》ふ者《もの》に心臓《しんぞう》の側《わき》の肉《にく》を一听《ポンド》質入《しちい》れで金《かね》を三千圓貸《ゑんか》したのである、それが年月日《きげん》が經過《けいか》したから法廷《ほうてい》に訴《うつた》へたのである。

法官《ほうかん》の前《まへ》にシヤイロツクは肉《にく》を斬《き》る可《べ》くナイフを砥《さい》で居《を》る、アントニオは金《かね》に利息《りそく》を附《ふ》して持參《ちさん》したがシヤイロツクは承知《せうち》せない、法官《ほうかん》は仕方《しかた》がないそれでは肉《にく》を斬《き》れ……と云《い》ふ命令《めいれい》より外《ほか》に仕方《しかた》がない證文《しやうもん》の文面《ぶんめん》に由《よ》るのであるからである。

此《こ》の瞬間《しゆんかん》にアントニオので愛人《ラブ》ある即《すなは》ち金《かね》をその者《もの》の爲《ため》にシャイロック商人《せうにん》から借《か》りてやつた女《おんな》である、それが法官《ほうかん》の側《そば》に起《たつ》て『肉《にく》を斬《き》つても血《ち》を出《だ》す事《こと》はならぬ、一匁《もんめ》でも多《おほ》く取《と》る事《こと》は許《ゆる》さぬ、生命《せいめい》を取《と》る事《こと》も許《ゆる》さぬ、それが承《せう》知《ち》なれば取《と》れ……』との絶叫《ぜつきやう》であつた、證文《しやうもん》の全文《ぜんぶん》には右《みぎ》の事《こと》は書《か》いてないからシャイロックも驚《おどろ》いて殘念《ざんねん》……と云《い》ふ瞬間《しゆんかん》、法官《ほうかん》の權威《けんゐ》は現《あらは》れてシャイロックの全財産《ぜんざいさん》を折半《せつぱん》し、一はアントニオに與《あた》へ一はその國《くに》の法律《ほうりつ》に依《よつ》て國庫《こくこ》に沒《ぼつ》收《しう》したのである。

之《こ》れは釋迦尊《しやかそん》の布施行《ふせぎやう》をセキスピヤが變化《へんか》したのであるが、心靈裁判《しんれいさいばん》と國法《こくほう》との差別《さべつ》は此《こ》のヴエニス商人《せうにん》の裁判《さいばん》の内容《ないよう》でよく了解《れうかい》されるであろふ、此《こ》の原《げん》作《さく》は有名《ゆうめい》であるから批判者《ひはんしや》も種々《いろく》に判斷《はんだん》を下《くだ》して居《を》るけれども心王觀《しんのうかん》から見《み》れば純然《じゆんぜん》として差別《さべつ》があり且又心靈裁判《かつまたしんれいさいばん》の方《はう》が絶對權威《ぜつたいけんゐ》のある事《こと》が證明《しやうめい》される。

日本《にほん》の大岡裁判《おほをかさいばん》にも一人《り》の子供《こども》を兩人《れうにん》の母親《はゝおや》が診《うつた》へて出《で》たので、越前守《えちぜんのかみ》は審判《しんばん》に困《こま》つたから兩母《れうぼ》に子供《こども》の手《て》が拔《ぬ》けてもよいから引張《ひつぱ》つて取《と》つた方《はう》に與《あた》へると云《い》ふて、障子《しようじ》を締《しめ》て默念《もくねん》として精神統《せいしんとう》一……兩母親《れうはゝおや》は一心《しん》に子供《こども》を引張《ひつぱ》つて取《と》らんとしたが、實母《じつぼ》は餘《あま》り可愛《かあ》いそうだと云《い》ふ念《ねん》が出《で》て手《て》を放《はな》したのであるその間《かん》に越前守《えちぜんのかみ》は障子《しようじ》をサット開《ひらい》て出《で》て直《たゞ》ちに放《はな》した母親《はゝおや》に與《あた》へたと云《い》ふ心靈《しんれい》裁判《さいばん》があるが、セキスピヤの原作《げんさく》より以上《いじやう》ではなかろふかと余《よ》は思推《しゆゐ》するのである。

靈脈《れいみやく》は右《みぎ》の樣《やう》な苦心《くしん》の裁判《さいばん》を必要《ひつねう》とせない直《たゞ》ちに靈脈《れいみやく》に發見《はつけん》して、その發見《はつけん》した靈脈《れいみやく》によつて審判《しんはん》して行《ゆ》くのであるから發見後《はつけんご》の敎化《けふげ》と解除方法《かいじよはうほう》が非常《ひじやう》に研究《けんきう》を要《えう》するのである、あらゆる病氣《びやうき》は心王《しんのう》を無視《むし》した爲《ため》の制裁《せいさい》であるから、その制裁《せいさい》を解除《かいじよ》即《すなは》ち心王《しんのう》の赦免《しやめん》を得《え》なければ決《けつ》して全治《ぜんち》せないのである。

診斷後の秘要

靈脈《れいみやく》を診斷《しんだん》して病源《びやうげん》を發見《はつけん》しそれを解除《かいじよ》するには種々《いろいろ》の順序《じゆんじよ》がある、順序《じゆんじよ》とは病源《びやうげん》をサンゲして天下《てんか》に訴《うつた》へるのである、心《こゝろ》で犯《おか》した罪《つみ》は法律《ほうりつ》で制裁《せいさい》される迄《まで》には餘程年月日《よほどねんがつぴ》があるから、自分《じぶん》も苦《くる》しみ人《ひと》をも苦《くる》しめて共存《きやうぞん》共榮《きやうえい》の公道《こうどう》を無視《むし》する事《こと》になるからである。

拇指　外《そと》に動《うご》き人指《ひとゆび》加《くは》わつたのは三代《だい》より以前《まへ》と云《い》ふ事《こと》を敎《なし》へてあるがそんな因果律《いんがりつ》を解除《かいじよ》せんとするには、毎月公開《まいげつこうかい》サンゲ日《び》を作《つく》り友人親戚等《ともだちしんせきとう》一切《さい》を集《あつ》め公開《こうかい》すると解除《かいじよ》が出來《でき》る、要《えう》するに之《こ》れはサンゲに依《よ》て後代《こうだい》を誡《いまし》めるからである。

人指　に感《かん》じた兩親《れうしん》の因果律《いんがりつ》は親《おや》なき後《あと》は自分《じぶん》が負《をふ》て起《たち》て解除《かいじよ》せねばならぬ、それは因果律《いんがりつ》の筋道《すぢみち》に依《よつ》て方法《はう〳〵》が異《ちが》つて居《を》るが、金錢上《きんせんじやう》の問題《もんだい》は先方《せんぱう》に對《たい》して多少負担《たせうふたん》せねばならぬが、感情上《かんじやうじやう》の衝突《しようとつ》は忰《せがれ》が出《で》て行《いつ》て融和《ゆうわ》せねばならぬ一時間《じかん》でも解《とか》ずに置《お》けば相方《さうほう》の心靈上《しんれいじやう》に不足缺陷《ふそくけつかん》を生《しやう》ずるから、又色情關係《またしきじやうかんけい》上《じやう》の事《こと》は一應《おう》先方《せんほう》に當《あた》て見《み》て先方《せんほう》が慾德《よくとく》になつて居《を》れば放棄《ほうき》して置《お》いてもよい、されども父《ちゝ》が先方《せんはう》を慘酷《ざんこく》にしたのなれば敎化《けふげ》して多少《たせう》は話《はなし》を附《つ》けなければならぬ心靈上《しんれいじやう》の責任《せきにん》がある又人道《またじんどう》の大義《たいぎ》から、此外《このほか》の事件《じけん》はその時《とき》の報告《ほうこく》に依《よつ》て解除《かいじよ》の順序《じゆんじよ》を敎《をし》へよう。

併《しか》し茲《こゝ》に難問題《なんもんだい》がある、それは祖父母《そふぼ》などが色情上《しきじやう》の罪惡《ざいあく》を作《つく》り、それが爲《ため》に隔世遺傳的《かくせいゐでんてき》に孫《まご》に對《たい》して種々《いろ〳〵》の災難《さいなん》が現《あらは》れて來《く》るのである。

之《こ》れは全部《ぜんぶ》でなくとも二三重要《じうえう》の因果律《いんがりつ》を探《さぐ》り出《だ》して公衆《こうしう》にサンゲするのである、サンゲの力《ちから》は死《し》を償《つぐな》ふと云《い》ふから、眞實《しんじつ》にサンゲすれば解除《かいじよ》される。凡《すべ》ての罪《つみ》と云《い》ふのは心王《しんのう》に對《たい》しての制裁《せいさい》を被《う》けるのが眞《しん》の罪《つみ》であつて、人爲《じんゐ》の法律《ほうりつ》の罪《つみ》は時《とき》を經《へ》れば消《きゆ》るけれども心王《しんのう》の制裁《せいさい》はサンゲする迄《まで》は何時《いつ》までも消《き》へない。

中指　動《うご》いたのは自分《じぶん》から作《つく》つたのであるから自《みづ》から消滅《せうめつ》せねばならぬ、春蒔《はるま》いた種《たね》は秋《あき》に自分《じぶん》が取入《とりい》れなければならぬのである、之《こ》れは自業自得《じごふじとく》であるが故《ゆえ》、自分《じぶん》の信《しん》ず可《べ》き人《ひと》に話《はな》してその人《ひと》の智慧《ちゑ》をかりて解除《かいじょ》の順序《じゅんじょ》にかゝるがよい。

若《も》し信《しん》ず可《べ》き人《ひと》がない時《とき》は夜半《よる》精神《こゝろ》を落附《おちつけ》て雑念《ざつねん》なき時《とき》常識《じょうしき》から心王《しんのう》にサンゲするのがよい、之《こ》れは獨自《どくじ》サンゲの眞道《しんだう》であつてサンゲの本義《ほんぎ》である、キリスト教《けふ》の信者《しんじゃ》が大衆《たいしう》の前《まへ》にて悔《くい》ほろぶのサンゲを行《おこな》へども、直《たゞ》ちに裏面《りめん》で罪悪《ざいあく》を作《つく》つて居《を》るのは虚僞《いつはり》である、内面《ないめん》に心王《しんのう》の大靈性《だいれいせい》を認《みと》めない客觀的《きやくかんてき》であるから仕方《しかた》がないのである。

心王靈脈《しんのうれいみやく》で自己《じこ》の前非《ぜんぴ》を悔《くい》て心王《しんのう》にサンゲするのは決《けつ》して既成宗教《きせいしうけふ》の如《ごと》き無《む》内容《ないよう》ではないのである瞬間《しゅんかん》も離《はな》れず靈護《れいご》する心王靈性《しんのうれいせい》であるから、夜半《よる》靜座《せいざ》して獨自《どくじ》サンゲをすればその瞬間《しゅんかん》から赦免《しやめん》になるのである、唯《た》た本人《ほんにん》の行爲《こうゐ》がサンゲして心王《しんのう》に蘇生《よみがへ》つた行動言論等《こうどうげんろんとう》を實現《じつげん》せねばならぬのである、之《こ》れに依《よつ》て心王《しんのう》の認識《にんしき》があつて尚々《なほなほ》赦免解除《しやめんかいじよ》の秘要《ひえう》が現《あらは》れるのである。

藥指　動《うご》いたのは對人關係《たいじんかんけい》であるから先方《せんはう》に直接往《ちよくせつゆつ》て解除《かいじよ》せねばならぬ、先方《せんはう》が死去《しきよ》したら血族《けつぞく》の者《もの》で先方《せんはう》の死去《しきよ》した者《もの》を眞實保護《しんじつほご》して居《をつ》た者《もの》に對《たい》して解除融和《かいじよゆうわ》の話《はなし》をするのがよい、問題《もんだい》が種々《しゆじゆ》あるからその時《とき》に秘諦《ひたい》を敎《をし》へようが一二件丈公開《けんだけこうかい》しておく。

(1)　或《あ》る家庭《かてい》で養子《ようし》を入《い》れたその養子《ようし》と養父《ようふ》と仲《なか》が睦《なつ》ましく行《ゆ》かないのであつた、その内《うち》に養父《ようふ》は病院《びやういん》で死去《しきよ》した、養子《ようし》は後繼者《こうけいしや》となつて事業《じげふ》を繼續《けいぞく》して居《を》る内《うち》に、一子《し》を持《も》つたが二三歳《さい》の時突然發熱《ときとつぜんはつねつ》した、その發熱《はつねつ》が背髓病《せきずいびやう》と變化《へんか》したのである。

年《とし》が長《ちやう》ずるに從《したが》つて不具者《かたわ》になつたのであるが、父《ちゝ》を代人《かはり》として靈脈《れいみやく》を試驗《しけん》したら拇指《ぼし》が振《ふる》ひ人指《ひとゆび》が振《ふる》ふた、依《よつ》て父《ちゝ》の心理狀態《しんりじやうたい》を審判《しんぱん》したら養父《ようふ》に對《たい》して禮《れい》を缺《かい》て居《を》る事《こと》が確實《かくじつ》に判《わか》つたのである。

右《みぎ》の樣《やう》な不具者《かたわ》になつて仕舞《しま》ふたのは忰《せがれ》には氣《き》の毒《どく》であるが父《ちゝ》の前非《ぜんぴ》を悔《くい》てサンゲせぬと、遺傳的《ゐでんてき》に血統上《けつこうじやう》不具者《かたわ》が出來《でき》るのである事《こと》を承知《せうち》して教化《けふげ》せねばならぬのである、之《こ》れは藥指《やくし》としての實驗《じつけん》である。

(2) 或《あ》る家庭《かてい》で正妻《せいさい》とその二女《じよ》が震災《しんさい》で壓死《あつし》した後妻《ごさい》に遊女上《ゆうじよあが》りの妾《めかけ》が入家《にふか》した、その妾《めかけ》の母《はゝ》は矢張《やは》り後妻《ごさい》であつた、その後妻《ごさい》の母《はゝ》の子供《こども》を震災《しんさい》で壓死《あつし》した正妻《せいさい》の夫《おつと》の妾《めかけ》にさせた、即《すなは》ち妾《めかけ》が本妻《ほんさい》になつて又《また》その本妻《ほんさい》が自分《じぶん》の夫《おつと》に妾《めかけ》を持《も》たせたのである。
その妾《めかけ》の間《あひだ》に出來《でき》た子供《こども》が成長《せいちやう》して一家《か》を持《も》つ樣《やう》になつたら出來《でき》た子供《こども》は不《か》具者《たわ》ばかりである、その因果律《いんがりつ》は壓死《あつし》した正妻《せいさい》の遺子《ゐし》を無理《むり》に他家《たけ》に遣《つかは》し、妾《めかけ》の子供《こども》を家繼《あとつぎ》にしたいからであつた。

正妻《せいさい》の遺子《ゐし》はそれが爲《ため》に苦勞《くろう》に苦勞《くろう》をしたのである、正妻《せいさい》の遺子《ゐし》は苦勞《くろう》をしたがその苦勞《くろう》の花《はな》が開《ひら》けて孫子《まご》が澤山《たくさん》あるが、妾《めかけ》の方《はう》の子供《こども》は今將《いまさ》に立消《たちき》へとならんとして居《ゐ》る現在《げんざい》の物語《ものがた》りがある事《こと》を余《よ》は認《みと》めたが、こんな因果律《いんがりつ》の消滅《せうめつ》は妾《めかけ》の子供《こども》が早《はや》く判《わか》つてサンゲ會《くわい》でも行《おこな》へばよかつたが、罪《つみ》が重《おも》いから自分《じぶん》は死去《しきよ》してその血統《けつとう》に良性《りようせい》の子供《こども》がないと云《い》ふのが即《すなは》ち制裁《せいさい》である。

以上《いじやう》の二義《ぎ》をよく了解《れうかい》すれば心王《しんのう》の制裁《せいさい》と國法《こくはう》との差別《さべつ》と心王《しんのう》の嚴格《げんかく》さが判《わか》るのである、然《しか》しその妾腹《せうふく》の子供《こども》の遺子《みし》が心王《しんのう》を認《みと》めてサンゲ會《くわい》を開《ひら》いて天《てん》下《か》に發表《はつぺう》すれば心王《しんのう》の解除《かいじよ》は疑《うたが》ひないのである。

小指　動《うご》くのは女《おんな》の事《こと》か子供《こども》の事《こと》で因果律《いんがりつ》を作《つく》つたのであるから、判《わか》つたら早《さつ》速解除《そくかいじよ》せねばならぬ、女子《おんな》に關係《かんけい》した事《こと》は一番《ばん》解《と》き難《がた》いのであるから餘《あま》り嚴《げん》格《かく》の談判《だんぱん》はせぬがよいのである。

夫《おつと》や妻《つま》がある者《もの》が他《た》に秘密《ひみつ》な者《もの》を作《つく》り、妻君《さいくん》なり夫《おつと》なりに發見《はつけん》された爲《ため》に先《せん》方《はう》を放棄《はうき》して了《しま》ふなどは世法《せはう》より心王《しんのう》が赦《ゆる》さない、こんな時《とき》は小指《こゆび》に多《おほ》く出《で》るから注意《ちうい》、併《しか》し薬指《やくし》も追加《ついか》する事《こと》もあるから充分要心《じうぶんえうじん》が肝要《かんえう》である。四本共《ほんとも》がダラシなく動《うご》くのは因果律《いんがりつ》が混亂《こんらん》して居《を》るから本人《ほんにん》が餘程決心《よほどけつしん》せねば解除《かいじよ》は至難《しなん》である、以上《いじやう》の如《ごと》くして解除《かいじよ》が出來《でき》ないと思《おも》ふ者《もの》は心王靈醫學《しんのうれいいがく》を修《おさ》めて他人救濟《たにんきうさい》に努力《どりよく》して居《を》る内《うち》に自然《しぜん》と解除《かいじよ》されるのである事《こと》は斷言《だんげん》しておく。

親の因果が子に報ふ確証

七八人《にん》も子供《こども》を持《もつ》た親《おや》が子供《こども》が一人《り》も役《やく》に立《た》ゝぬと云《い》ふのは、親《おや》そのものが正《たゞ》しき道《みち》を踏《ふ》んで居《を》らないからである、一ケ月《げつ》に三十五度《たび》も妻君《さいくん》を追《お》ひ出《だ》して勝手氣儘《かつてきまゝ》を盡《つく》した者《もの》があるが、その悴《せがれ》が成年時代《せいねんじだい》になつて父《ちゝ》に對《たい》して毎日顏《まいにちかほ》を見《み》ながら一言《こと》も話《はな》さないと云《い》ふ奇蹟的心理狀態《きせきてきしんりじやうたい》の者《もの》がある事《こと》を實際見《じつさいみ》たが。それは母《はゝ》が追《お》ひ出《だ》された度毎《たびごと》に母《はゝ》に附《つい》て出《で》て行《ゆ》く内《うち》に母《はゝ》の心《こゝろ》と合致《がつち》して父《ちゝ》に憂《うれい》をもつた遺傳的《ゐでんてき》二重心象《ぢうしんせう》の活動《はたらき》である。

斯《こん》な心理狀態《しんりじやうたい》を消滅《せうめつ》するには父《ちゝ》が先《ま》づ時間無視《じかんむうし》のサンゲを公開《こうかい》するがよい、そうすると悴《せがれ》が感奮《かんぷん》する、その隙《すき》に父《ちゝ》が家庭《かてい》の融和《ゆうわ》を致《いた》さねばならぬ、父《ちゝ》が萬《ばん》事《じ》心機轉換《しんきてんかん》せねば悴《せがれ》の心理狀態《しんりじやうたい》は改善《かいぜん》されないのである、父《ちゝ》が居《をつ》ても父《ちゝ》でなく母《はゝ》が居《を》ても母《はゝ》でなく悴《せがれ》が居《をつ》ても悴《せがれ》でなき面白《おもしろ》くない家庭《かてい》があるが、之《こ》れは慾《よく》の為《ため》だと云《い》へばそれきりだが、必《かな》らず潜《ひそ》める因果律《いんがりつ》の關係《かんけい》があるから靈脈《れいみやく》にて發《はつ》見《けん》して解除《かいじょ》せねばならぬ。

母《はゝ》が死去《しきよ》したとか父《ちゝ》が死《し》んだとかで伯父《おぢ》などに世話《せわ》になつたその恩《おん》を忘《わす》れると必《かなら》ず眼病《がんびやう》か胸《むね》の病氣《びやうき》を患《わづら》ふ、又子《またこ》供《ども》を生《う》むと不具者《かたわ》を生《う》む事《こと》が拾中四位《ちうぐらひ》は必《かなら》ずあるから、心機轉換《しんきてんかん》して伯父《おぢ》に盡《つく》せば不具者《かたわ》は治《なほ》るのである、之《こ》れが即《すなは》ち自《じ》己《こ》の心王《しんのう》にサンゲ奉仕《ほうし》するのである。

凡《すべ》て人間《にんげん》の病氣煩悶其他《びやうきはんもんそのた》失敗《しつぱい》は無理《むり》があるか増長《ぞうちやう》するか、對人關係《たいしんかんけい》に無理《むり》があるかせねば因果律《いんがりつ》はない筈《はず》である、相對《さうたい》の内《うち》に因果《いんが》關係《かんけい》が起《おこ》つて心《こゝろ》の底《そこ》にて爭闘《さうとう》して居《を》るのであつて、表面《うはべ》は口先《くちさき》で交際《かうさい》して居《を》るが、何事《なにごと》かあると突發《とつぱつ》して大口論《だいこうろん》となる。

それが突發《さつぱつ》せないと相方《さうはう》の記憶《きおく》心象中《しんせうちう》にあるから時々《ときどき》夢《ゆめ》に見《み》たり、心頭《しんとう》に浮《うか》んだりする毎《ごと》に生命《せいめい》の進行《しんこう》に多《た》少缺陷《せうけつかん》を生《しやう》ずるのであるから解除《かいじよ》するがよい。

そんな時《とき》は小指《こゆび》が動《うご》いて藥指《やくし》が追加《ついか》するから空間靈波《くうかんれいは》の意味《いみ》がよく判《わか》る、この心理狀態《しんりじやうたい》は誰《た》れでもある理智《りち》の明確《めいかく》な人程《ひとほど》ある、八公《こう》だの熊公《くまこう》だのには餘《あま》りない。

因果律《いんがりつ》の系統《けいとう》は消滅《せうめつ》せなければ代々《だいだい》血統《けつとう》の上《うへ》に繼續《けいぞく》して行《ゆ》くのである、先祖《せんぞ》が盗賊《たうぞく》を突《つ》き殺《ころ》したのが左《ひだり》の乳《ち》の上《うへ》であつたが、三代後《だいご》の赤子《あかご》に左乳《ひだりち》の上《うへ》に穴《あな》があいた赤子《あかご》が生《うま》れた事《こと》を確聞《かくぶん》したが、先祖《せんぞ》が盗賊《たうぞく》に因果《いんが》を含《ふく》めて金《かね》の少《すこ》しも與《あた》へて遁《にが》せばよかつたのを殺《ころ》したからその間《かん》の靈波《れいは》が心王《しんのう》の赦《ゆる》しを得《え》て赤子《あかご》に體現《たいげん》したのである。

斯《こん》な事《こと》は祖先《そせん》と盜賊《とうぞく》の因果律《いんがりつ》をよく探《さぐ》つて公開日《こつかいび》を作《つく》り毎月公開《まいげつこつかい》した方《はう》がよい、後代《こうだい》の者《もの》を誡《いまし》める爲《ため》になるからである、又實母《またじつぼ》が淫奔《いんぽん》と慾《よく》の爲《ため》に一男子《だんし》を瞞着《まんちやく》して入家《にふか》させた處《ところ》が、先方《せんぽう》には正妻《せいさい》も子供《こども》の三人《にん》もある、それが判《わか》つたから母《はゝ》は自分《じぶん》の無垢《むく》の娘《むすめ》にその男《をとこ》を與《あた》へた、娘《むすめ》はそんな事《こと》を知《し》らないから夫婦《ふうふ》になつたのである、そうするとその男《をとこ》は母《はゝ》と娘《むすめ》と姉《あね》の正夫《せいふ》の全財産《ぜんざいさん》を自由《じゆう》にして了《しま》ふたのである。

それが爲《ため》に家庭混亂《かていこんらん》してとう〱破産《はさん》となり、チリヂリ分離《ぶんり》したのである、その内《うち》に親子姉妹《おやこけふだい》がその男《をとこ》を放《ほう》り出《だ》して血族同志《けつぞくどうし》で一緒《しよ》になつた、それからが表面《うはべ》は合意《ごうい》で居《を》つても内面《こゝろ》は惡鬼羅刹《あくきらせつ》の如《ごと》くで何事《なにごと》かあると爭論《あらそひ》する、こんな因果律《いんがりつ》は姉妹《けふだい》が根本因《こんぽんいん》を認識《にんしき》してサンゲせねばその波動《はどう》は諸々《しよ〱》に擴大《かくだい》されて往《ゆ》くのである、余《よ》の實驗《じつけん》した家庭《かてい》で五ヶ所《しよ》あつた。

水戸の人心と義公

水戸《みと》の上町下町《かみまちしもまち》が祭禮《さいれい》でもあると必《かな》らず大喧嘩《おほげんか》になる、一方《はう》は東照宮《とうせうぐう》を祭鎮《さいちん》し、一方《はう》は水戸烈公《みとれつこう》を祭鎮《さいちん》してある、維新《ゐしん》の改革《かいかく》の時《とき》に相方大爭闘《さうはうだいそうとう》したその死《し》の刹那《せつな》が、無意識《むいしき》の祭禮《まつり》の時《とき》フイと誰《た》れにか浮《うか》ぶのである、浮《うか》ぶと直《たゞ》ちに擴張《かくてう》して心靈《しんれい》の波《なみ》が越《おこ》つて喧嘩《けんか》せよ……と云《い》ふ氣《き》になるのである、之《こ》れは双方《さうはう》が皇《くわう》室中心《しつちうしん》の大義《たいぎ》を認《みと》めれば決《けつ》して何事《なにごと》もなくなるのである、萬事《ばんじ》が中心力《ちうしんりよく》を認《みと》めて解除《かいじよ》せねばならぬ。

心王《しんのう》の大皇室《だいくわうしつ》を自解《じげ》する處《ところ》には敵《てき》も味方《みかた》も無《な》いのである、水戸義公《みとぎこう》の如《ごと》きは徳川家康《とくがはいへやす》の孫《まご》であり徳川全盛《とくがはぜんせい》の時代《じだい》に生《うま》れ副將軍《ふくしやうぐん》と云《い》ふ地位《ちゐ》を有《ゆう》して居《を》り、日《に》本國《ほんこく》の本領《ほんりやう》は尊王《そんのう》の大義《たいぎ》にありと考《かんが》へて之《こ》れを高唱《かうしやう》したと云《い》ふ事《こと》は義公《ぎこう》の眞骨《しんこつ》頂《ちやう》である。

その町内《ちやうない》に住《す》む上下町《かみしもまち》の者《もの》が祭禮《まつり》に喧嘩《けんか》をすると云《い》ふのは今《いま》に皇室中心《くわうしつちうしん》を互《たがひ》

に思《おも》はないと云《い》へよう、岡部氏《おかべし》が水戸《みと》の議會《ぎかい》で講演《こうゑん》した時《とき》に唄《うた》ふたのが上下町《かみしもまち》の民心《みんしん》を覺醒《かくせい》さす可《べ》きであつた。

水戸《みと》も（無《ない》）ぞよ夫婦《ふうふ》の仲《なか》で
　水《みづ》をさしたりさゝれたり

と諧謔《かくぎやく》な俗謠《ぞくよう》の如《ごと》くであるが面白《おもしろ》いではないか、明治大帝《めいぢたいてい》は義公《ぎこう》に正一位《せうゐ》を贈《おく》られその時《とき》のお言葉《ことば》に『義公《ぎこう》は勤王《きんのう》の倡主《せうしゆ》にして復古《ふくこ》の指南《しなん》たり』と仰《あふ》せられたのである、又明治《まためいぢ》八年《ねん》四月《がつ》、大帝《たいてい》には親《した》しく東京本所區《とうけふほんじよく》小梅《こうめ》にあつた水戸《みと》邸《やしき》にお成《な》りになり。

花《はな》くはし櫻《さくら》もあれど此宿《このやど》の
　代々《よゝ》の心《こゝろ》を我《われ》は訪《と》ひにけり

と御製《ぎよせい》を賜《たま》はつた事《こと》もあるのは日本人《にほんじん》は誰《た》れでも知《し》つて居《を》る筈《はづ》だ、義公《ぎこう》の精神《しん》が代々《だい〳〵》の藩主《はんしゆ》に傳《つた》はり明治維新《めいぢゐしん》の王政復古《わうせいふくこ》の際《さい》、徳川慶喜公《とくがはけいきこう》が只管恭順《ひたすらきやうじゆん》の意《い》を表《へう》したと云《い》ふ源泉《げんせん》も實《じつ》に遠《とほ》くこの義公《ぎこう》の精神《せいしん》にあつたのである。

靈元天皇《れいげんてんのう》は『武《ぶ》を備《そな》へ文《ぶん》を兼《か》ね絶大《ぜつだい》の名士《めいし》』と御賞讃遊《おほめあそ》ばした程《ほど》で實《じつ》に文武《ぶんぶ》兼備《けんび》の士《し》であつた、一元《げん》の靈主《れいしゆ》を思《おも》ふ時《とき》は心王以下《しんのういか》の雜多《ざつた》の心象《しんせう》は大統歸《たいとうき》せねば立派《りつぱ》な人格者《じんかくしや》とはなれないのである。

徳川時代《とくがはじだい》に義公《ぎこう》が早《はや》くも尊王《そんのう》の風《かぜ》を吹《ふ》き出《だ》したのは義公《ぎこう》の靈格《れいかく》がその時代《じだい》の人間《にんげん》より一頭地《とうち》出《で》て居《ゐ》た心王體現者《しんのうたいげんしや》であつた、伯夷《はくゐ》兄弟《けふだい》の歷史《れきし》に依《よつ》て發奮《はつぷん》され小蒙古國《せうもうここく》が大日本國《だいにほんこく》に使《つか》ひす、と云《い》ふ日蓮《にちれん》の遺文《ゐぶん》に依《よつ》て大日本史《だいにほんし》と著《あらは》されたがそれは後天《こうてん》の學文《がくもん》であつて、根本《こんぽん》は心王靈格《しんのうれいかく》の正式體現者《せいしきたいげんしや》であつた事《こと》は疑《うたが》はれないのである。

心王《しんのう》の體現靈格《たいげんれいかく》があるからこそ大智識《だいちしき》に依《よつ》て諸種《しよしゆ》の學風《がくふう》を取《と》り入《い》れたのであるから『智識《ちしき》は征服《せいふく》す』と云《い》ふたトムソンの言葉《ことば》も信《しん》ず可《べ》き事《こと》になるのである

不肖大觀《たいかん》は日本人《にほんじん》として天照太神《てんせうだいじん》の八咫《た》神鏡《しんきやう》の靈光《れいくわう》に依《よつ》て一切《さい》を觀《かん》ずれば正邪《せいじや》

は徹底的《てつていてき》に判《わか》るのである、故《ゆえ》に靈脈《れいみやく》に依《よつ》て水戸《みと》上町下町《かみまちしもまち》の人々《ひとびと》の心裡《しんり》に潜《ひそ》んで居《を》る正邪《せいじや》の心象《しんしよう》を試驗《しけん》すれば是《こ》れが直《たゞ》ちに解決《かいけつ》されるのである。

⊙靈脈發見後《れいみやくはつけんご》の敎化《けふげ》秘要《ひえう》の一端《たん》に記《しる》して後代《こうだい》の人《ひと》の批判《ひはん》を仰《あふ》ぐとする。

一家に大義名分を識る者があればその家は繁昌する、名分無視の者が一人あればその家は必らず沒落する拇指と小指の對照である。

第貳拾四章　病脈質問應答

病脈《びやうみやく》と諸事鑑識脈《しよじかんしきみやく》は余《よ》が實驗《じつけん》を經《へ》た丈《だけ》は數章《すうしやう》に公表《こうへう》して來《き》たが、未《ま》だ拾三萬有餘《まんゆうよ》の總《すべ》てを出《だ》したのではないから質問應答《しつもんおうこう》の章《しやう》を設《まう》けて、病脈《びやうみやく》と鑑識脈《かんしきみやく》の綜合大統《そうごうたいとう》をして解決《かいけつ》を着《つけ》て置《お》くから研究者《けんきうしや》はその積《つも》りで修得《しうとく》せられよ、全部《ぜんぶ》を掲示《けいじ》するには紙數《しすう》が許《ゆる》さないから此章《このしやう》に於《おい》て拾三萬有餘《まんゆうよ》に擴張《かくちやう》して應用《おうよう》する秘訣《ひけつ》を了解《れうかい》せられよ。

殘忍と扁鼻其他

問、人相《にんさう》では殘忍性《ざんにんせい》を帶《おび》た者《もの》は扁鼻《ひらはな》と云《い》はれてありますが之《こ》れは病氣《びやうき》でせうか又《また》は生《うま》れつきで治《なほ》らないのでせうか。

答、靈脈《れいみやく》とすれば中指《なかゆび》が直立《ちよくりつ》します、父母《ふぼ》の因果律《いんがりつ》を受《う》けて來《き》たのですから本《ほん》人《にん》が心王靈性《しんのうれいせい》を自解《じげ》すれば扁鼻《ひらはな》などは何《なん》でもないのです、扁鼻《ひらはな》の人《ひと》は慥《たし》かに殘忍性《ざんにんせい》は持《もつ》て居《を》りますがその半面《はんめん》には非常《ひじやう》の慈悲心《じひしん》を含《ふく》んで實行《じつこう》されて居《を》る者《もの》が多《おほ》いです。

問、私《わたし》の悴《せがれ》が不良青年《ふりようせいねん》に誘惑《いうわく》されて少《すこ》し惡道《あくだう》に進《すゝ》みましたが之《こ》れを救《すく》ふには心《しん》王學上《のうがくじやう》の何《なに》を説《と》いたらよいでしよか。

答、先《ま》づ本人《ほんにん》の將來《せうらい》の目的《もくてき》を追求《ついきう》して本心《ほんしん》に歸《かへ》らしむる衝動《しようどう》を與《あた》へるのです、それから靈脈《れいみやく》を試驗《しけん》して、拇指《ぼし》が動《うご》けば安心《あんしん》です、何《なに》か考《かんが》へて居《を》るのでしよから餘《あま》り責《せ》めてはいけません、中指《なかゆび》と藥指《やくし》が動《うご》いたら斷然嚴格《だんぜんげんかく》に父母《ふぼ》の愛《あい》と國《こく》家《か》の責任《せきにん》を説《とい》て心機轉換《しんきてんかん》を致《いた》させた方《はう》がよいです。

問、私《わたし》の血緣中《けつえんちう》に毎月《まいつき》一回《かい》づゝ昏醉狀態《こんすいじやうたい》になる者《もの》がありますが、之《こ》れはどう云《い》ふ因果律《いんがりつ》の制裁《せいさい》でありましようか。

答、昏醉狀態《こんすいじやうたい》になる瞬間《しゆんかん》に何《なに》か恐《おそ》ろしいとか驚《をど》ろくとか、考《かんが》への極《きよく》になるとか云《い》ふ原因《げんいん》があるに相違《さうい》ないでしよう、靈脈《れいみやく》は中指《なかゆび》と藥指《やくし》の動《どう》に示《しめ》されましよう、原因《げんいん》に依《よつ》て治術《ちじゆつ》が定《きま》りますから先《ま》づその原因《げんいん》の摘發《てきはつ》が肝要《かんえう》です。

問、私《わたし》の妻《つま》が常《つね》に肩《かた》が張《は》つて歯《は》が痛《いた》んで困《こま》りますが、そうなると二三日位《にちぐらゐ》は無言《ごん》で何《なに》も食《しよく》せず肝癪《かんしやく》を起《おこ》して子供《こども》などに當《あた》りちらして、増々《ます〱》精神狀態《せいしんじやうたい》が荒《すさ》んで手《て》が附《つ》けられませんが因果律《いんがりつ》でもあるのでしようか。

答、それは親《おや》から讓《ゆづ》られた肝癪《かんしやく》の遺傳《ゐでん》の爲《ため》でしよう、少《すこ》し身體《からだ》に無理《むり》があるとすぐ變化《へんか》して肩《かた》や腦《のう》や歯《は》や胃《ゐ》に現《あらは》れて來《く》るのです、靈脈《れいみやく》は常《つね》に人指《ひとさゆび》と中指《なかゆび》に出《で》るでしよう、依《よつ》て本人《ほんにん》が漸時《ぜんじ》氣性《きしやう》を轉化《てんか》せねば自分《じぶん》で自分《じぶん》を殺《ころ》して了《しま》ふ様《やう》になりますから。

問、私《わたし》の血族《けつぞく》に月經《げつけい》の時《とき》は必《かな》らず苦《くる》しむのです、又《また》ドカリと一度《ど》に月經《げつけい》がある様《やう》で困《こま》りますが因果律《いんがりつ》は何《なん》でありましようか。

答、一度《ど》流産《りうざん》したり又《また》は墮胎《だたい》したりするとそんな傾向《けいこう》になります、又《また》は娼妓《しやうぎ》なごをして居《を》つた婦人《ふじん》は矢張《やは》りそう云《い》ふ事《こと》があります靈脈《れいみやく》としては小指《こゆび》と拇指《はし》が動《うご》くでしよう。

問、私《わたし》の家《いへ》に祖父母《そふぼ》の盲目《もうもく》から私《わたし》を通《つう》じて子供《こども》四人《にん》共盲目《ともうもく》で、多少《たせう》は見《み》へますが充分《じうぶん》の用《よう》をせぬので困《こま》りますが、因果律《いんがりつ》の原因《げんいん》は何《なん》でありましようか、眼《がん》科醫《かい》へ三四軒《けん》行《い》つて診《しん》して貰《もら》いましたが病源《びやうげん》が少《すこ》しも判《わか》らないので實《じつ》に困《こま》つて居《を》りますが。

答、それは祖父母《そふぼ》が曾祖父母《そうそふは》に對《たい》して何《なに》か殘忍《ざんにん》の行《おこな》ひをした事《こと》があるかも知《し》れません、靈脈《れいみやく》は拇指《ぼし》が外《そと》に動《うご》くでしよう、故《ゆえ》に歴史《れきし》をよく尋《たづ》ねてサンゲ公開《こうかい》せねばなりません。

手先や腰が振へる其他

問、私《わたし》は靈醫學《れいいがく》を研究《けんきう》して人《ひと》を救《すく》ふて居《を》るのですが、時々《とき／＼》手先《てさき》や腰《こし》から下《した》が振《ふる》へて困《こま》りますが病因《びやういん》は何《なん》でしようか、靈脈《れいみやく》は少《すこ》しも動《うご》きませんが。

答、それは何《なに》か事業上《じげふじやう》に就《つい》て心配《しんぱい》した事《こと》が内在《ないざい》して居《を》るのでしよう、親《おや》にも話《はな》せず妻《つま》にも云《い》へず人《ひと》にも云《い》へない樣《やう》な心配《しんぱい》が、心王《しんのう》に基調《きてう》せぬ心象《しんしやう》と共《とも》にあるからです、多分《たぶん》靈脈《れいみやく》は拇指《ぼし》が振《ふる》ふでしよう。

問、私《わたし》は醫師《いし》でありますが目下《もつか》肺炎《はいえん》の重《おも》い方《はう》ですからいかに手《て》を盡《つく》しても快方《くわいはう》に向《むか》いませんが心靈的《しんれいてき》にはどうしたらよいですか。

答、それは先《ま》づ五指靈脈《しれいみやく》を試驗《しけん》して見《み》ると人指《ひとさゆび》と藥指《やくし》に示《しめ》されるのです、詰込《つめこみ》學問《がくもん》の反響《はんきやう》でしよう、心靈的遺《しんれいてきゐ》傳《でん》があるかも知《し》れないから父母《ふぼ》を尋《たづ》ねて御《ご》らんなさい。

問、私《わたし》は痔《ぢ》と嗽咳《せき》の病氣《びやうき》があるのですが靈脈《れいみやく》が少《すこ》しも出《で》ないので困《こま》りますが、何《なに》か深《ふか》い因果律《いんがりつ》で壓《おさ》へられて居《を》るのですか。

答、それはあなたの性質《せいしつ》が剛情《かうじやう》ですから脈《みやく》が出《で》ないのです、嗽咳《せき》は無理《むり》をして活動《かつどう》する人《ひと》に多《おほ》くあります、痔《ぢ》は酒毒《しゆどく》でしよう、靈脈《れいみやく》を五六回《かい》誠心誠意《せいしんせいい》に吹《ふ》けば出《で》ます、多分《たぶん》小指《こゆび》の冷《ひえ》と藥指《やくし》が動《うご》くでしようから熱心《ねつしん》にやつて御《ご》らんなさいまし。

問、私《わたし》の娘《むすめ》が俗《ぞく》に云《い》ふヤブニラ眼《め》と云《い》ふのですが靈脈《れいみやく》はどれに出《で》ましようか、又治《またなほ》るでしようか敎《をし》へて下《くだ》さい。

答、それは上手《じやうづ》の醫師《いし》に手術《しゆじゆつ》して貰《もら》へば治《なほ》ります、靈醫學《れいいがく》としては靈脈《れいみやく》の中指《なかゆび》に出《で》ます人指《ひとさゆび》にも出《で》ましよう、腦《のう》に關係《かんけい》があるのでしようから、然《しか》し手術《しゆじゆつ》せないでも不自由《ふじゆう》はない方《かた》はその儘《まゝ》がよいでしよう。

問、私《わたし》の悴《せがれ》が本年《ほんねん》五歳《さい》になりますが手足《てあし》が自由《じゆう》にならないで困《こま》ります、醫師《いし》に手《て》を儘《つく》しましたが少《すこ》しも効《こう》がないのです。

答、それは生《うま》れつきなれば母胎中《ぼたいちう》にある時母親《ときはゝおや》が心配《しんぱい》した事《こと》があるでしよう、それが子供《こども》に感《かん》じたのです、靈脈《れいみやく》は拇指人指《ぼしひとさゆび》と藥指《やくし》が動《うご》くでしよう、生《うま》れて四五歳位《さいぐらゐ》からなつたのは子守《こもり》が無理《むり》をしたか恐怖《きやうふ》の爲《ため》に痙攣《けいれん》を起《おこ》して變化《へんか》したのと父親《ちゝおや》の因果律《いんがりつ》とがあります、父親《ちゝおや》が祖父母《そふぼ》に禮《れい》を缺《か》いた爲《ため》です、背髓《せきずい》でしようから相當《さうとう》の手《て》を盡《つく》さねばなりません、いかなるラヂオカルクを與《あた》へても缺禮《けつれい》の制裁《せいさい》は決《けつ》して治《なほ》らないのです、他《た》の人《ひと》の缺禮《けつれい》ある時《とき》の見本《みほん》です。

問、私《わたし》の血族《けつぞく》に拾貳才迄《さいまで》右《みぎ》の拇指《ぼし》を掌中《しやうちう》に附《つ》けてそれが決《けつ》して取《と》れない男子《だんし》がありますが、それは嫁女《よめ》を夫《おつと》が追《お》ひ出《だ》してから間《ま》もなくそんな傾向《けいこう》になつたのです、それを心配《しんぱい》して祖母《そぼ》が死去《しきよ》したのですが。

答、それは嫁女《よめ》の懷胎中《かいたいちう》その子供《こども》の夫《おつと》が無理《むり》を云《い》ふたのが根本原因《こんぽんげんいん》で、それを祖母《そぼ》が心配《しんぱい》して嫁女《よめ》と中睦《なかむつま》しいのでしたろう、それを夫《おつと》が妾《めかけ》を他《た》に置《を》いて正妻《せいさい》を追《お》ひだしたから、嫁女《よめ》と祖母《そぼ》の恨《うら》みが空間靈波《くうかんれいは》を起《おこ》す土台《どだい》となり、心王《しんのう》の制裁《せいさい》がそれを許《ゆる》してある故祖母《ゆえそぼ》の死《し》の刹那《せつな》の觀念存續《かんねんそんぞく》が拇指《ぼし》に來《き》て居《を》るのです、拇指《ぼし》が掌中《しやうちう》に曲《まが》り附《つ》いて肉《にく》の中《なか》に喰込《くひこ》んだ樣《やう》になつて臭氣《しうき》を出《だ》して居《を》ると云《い》ふ様《やう》になつて常習的曲《じやうしうてきまが》りきりとなるから不具者《かたわ》である、依《よつ》て夫《おつと》たる者《もの》が、妾《めかけ》を放棄《はうき》して正妻《せいさい》を家《いへ》に入《い》れ和合《わごう》すれば必《かな》らず治《なほ》る。

娘の腹膜瘻其他

問、私《わたし》の娘《むすめ》が或《あ》る熟生《じゆくせい》になつて學問研究中敎授《がくもんけんきうちゆうけふじゆ》の高崎某《たかさきぼう》と云《い》ふ者《もの》が娘《むすめ》を妻《つま》にしたいと言《い》ひ寄《よ》つたそうですが、娘《むすめ》は嚴格《げんかく》にそれを斷《ことは》り反《かへ》つてその不心得《ふこゝろえ》を誡《かい》責《せき》したそうですが、娘《むすめ》はそれぎり熟《じゆく》を中止《ちうし》したのです、それから間《ま》もなく腹《ふく》膜瘻《まくろう》になつて困《こま》ります、二三醫師《いし》の診斷投藥《しんだんとうやく》を求《もと》めましたが少《すこ》しも効《かう》がありません、之《こ》れは何《なん》の因緣《いんねん》でしようか御敎《おをし》へ下《くだ》さいまし。

答、それは熟《じゆく》に行《ゆ》かなくなつた爲《ため》でもなければ敎授《けふじゆ》の惡感《あくかん》の爲《ため》でもないでしよう。根本《こんほん》の病因《びやういん》は家庭《かてい》に何《なに》か非常《ひじやう》な苦痛《くつう》が伏在《ふくざい》して居《を》る爲《ため》でしよう、本病人《ほんびやうにん》の父《ちゝ》が本人及《ほんにんおよ》び本人《ほんにん》の母親《はゝおや》に言《い》ふに言《い》はれぬ苦痛《くつう》を與《あた》へたのが原因《げんいん》らしいです、靈脈《れいみゃく》は人指《ひとさしゆび》と中指《なかゆび》が動《うご》くから試驗《しけん》して御《ご》らんなさいまし。

問、私《わたし》の實母《じつぼ》が冬期《ふゆ》になると掌中《てのひら》が非常《ひじゃう》にあれて仕事《しごと》や綿入《わたいれ》などがとても出來《でき》なくて困《こま》ります、種々《しゅじゅ》の方法《はうはう》を行《おこな》ひましたが更《さら》に効《こう》がありません、靈脈《れいみゃく》は人《ひと》指《ゆび》ばかりです。

答、それは心臟《しんざう》が惡《わる》い方《かた》が多《おほ》くありますが、心臟《しんざう》ばかりではありますまい腺病《せんびやう》質《しつ》の人《ひと》は手《て》の皮膚《ひふ》の惡《わる》いのを多《おほ》く見受《みう》けますが、それには死《し》の刹那《せつな》の波動《はどう》があります、實母《じつぼ》さんが嫁《よめ》に來《き》たなら姑《しうと》さんとの仲《なか》がどうなつて居《を》つたかを調《しら》べて感情《かんじゃう》の衝突《せうとつ》をして居《を》つたとすればそれが一の病因《びやういん》と見《み》ねばなりません、人指《ひとさしゆび》が定《さだ》めし掌中《しょうちう》に曲《まが》り附《つ》くでしようから正《たゞ》しく實驗《じっけん》して御《ご》らん下《くだ》さい。

問、私《わたし》の母《はゝ》がリウマチスで足《あし》が起《たて》ない爲《ため》に日蓮宗中山《にちれんしうなかやま》の祈禱所《きとうしょ》に參籠《おこもり》して、祈《き》禱《とう》を被《うけ》ましたが祈禱《きとう》をするに從《したが》つて身體《しんたい》に動搖《どうえう》が來《き》て起《た》てない足《あし》を引《ひき》ずりながら四方《はう》八方《はう》に動《うご》いて居《お》るのです、そしてお婆《ばゞ》さん誠《まこと》にすみません私《わたし》は家《いへ》の地所《ちしよ》の下《した》に埋《う》められてある六部修行者《ぶしゆうげふしや》の死霊《しれい》ですどうぞ地所《ちしよ》に祭《まつ》つて下《くだ》さいさすれば此者《このもの》の病氣《びやうき》は治《なを》しますから、と云《い》ふて卒倒《そつたう》して三時間《じかん》ばかり睡《ねむ》りまして覺醒《かくせい》して何《なに》も知《し》らないと申《まう》したのです、それから身體《しんたい》は治《なほ》りませんが歸《き》宅《たく》して地所《ちしよ》に守護神《しゆごじん》として祭《まつ》つてありますが、母《はゝ》は少《すこ》しも治《なほ》らないのです、靈脈判定術《れいみやくはんていじゆつ》を求《もと》めたから試脈《しみやく》しましたら人指《ひとさゆび》と拇指《ほし》と中指《なかゆび》と藥指《やくし》が動《うご》いたのです。

答、それは六部修行者《ぶしつげふしや》の靈《れい》でもなんでもないのです、母上《はゝうへ》とお婆《ばあ》さん誠《まこと》にすみませんと云《い》ふたから姑親《しうとおや》と仲《なか》が惡《わる》い事《こと》を示《しめ》して居《を》るのです、而《しか》してリウマチスは剛情《ごうじやう》の者《もの》に多《おほ》くあるのですから、必《かな》らず感情《かんじやう》の衝突《しようとつ》が充分《じうぶん》あります、人《ひと》指《ゆび》と拇指《ほし》が目上《めうへ》、中指《なかゆび》は自己《じこ》の剛情《ごうじやう》、藥指《やくし》は感情《かんじやう》の衝突《せうとつ》です、六部《ぶ》などを祭《まつ》つてあるのを壊《こわ》して了《しま》へば治《なほ》りますから斷然決心《だんぜんけつしん》して守護神《しゆごじん》を一掃《そう》なさい。

問、私《わたし》の夫《おつと》が靈醫學《れいいがく》を修《おさ》めて人《ひと》を救濟《きうさい》せようと決心《けつしん》したら、その決心《けつしん》した日《ひ》から身體《からた》が惡《わる》くなつて下部《かぶ》の難病《なんびやう》が發《はつ》し四十度《ど》以上《いじやう》の熱《ねつ》になつて苦《くる》しみましたが、今《いま》では藥効《やくこう》もなく死《し》を待《ま》つばかりです靈脈《れいみやく》は小指丈《こゆびだけ》でありますが何《なん》の因《いん》でせうか。

答、心王《しんのう》を認識《にんしき》して内面《ないめん》の統一《とう》を計《はか》らんとすると禪病《ぜんびやう》と云《い》ふてその前《まへ》に犯《おか》せる罪《つみ》が體現《たいげん》して苦《くる》しむのであります、生死《せいし》は心王《しんのう》の自由《じゆう》ですから不自然《ふしぜん》の療法《れうほう》は行《おこな》はぬ方《はう》がよいでせう、下部《しも》の病氣《びやうき》で難病《なんびやう》と云《い》へば痔瘻《ぢろう》でなく花柳病《かりうびやう》でなく折合腺《せつごうせん》とか云《い》ふのは非常《ひじやう》の危險《きけん》の場所《ばしよ》ですから、或《あるひ》は一命《めい》を失《うしな》ふかも知《し》れないのです、色情的因果律《しきじやうてきいんがりつ》を作《つく》つて居《を》つたのが心王認識《しんのうにんしき》から出《で》たのです、小《こ》指丈《ゆびだけ》の動《どう》はそれを示《しめ》されるのであります。

問、私《わたし》は耳《み》の中《なか》で常《つね》に話《はなし》が聞《きこ》へたり惡口《あくこう》を言《い》はれたりして困《こま》りますが、靈脈《れいみやく》は左《ひだり》が拇指《ぼし》で右《みぎ》は中指《なかゆび》と藥指《やくし》であります、色々《いろいろ》治法《ちほう》を研究《けんきう》しましたが少《すこ》しも効《こう》がないのです。

答、それは幻聴《げんちやう》と云《い》ふ名稱《めいしよう》を心理學《しんりがく》は附《つけ》てありますが、靈醫學《れいいがく》では心王《しんのう》を無視《むし》した我見識《がけんしき》の一部分《ぶぶん》が分裂的作用《ぶんれつてきさよう》と見《み》るのです、拇指《ぼし》の動《ごう》は心王《しんのう》の制裁《せいさい》を示《しめ》します、中指《なかゆび》は我見《がけん》の表示《へうじ》です、藥指《やくし》はそれが爲《ため》に對人關係《たいじんかんけい》に就《つい》て先方《せんはう》を怒《いか》らして居《を》る事《こと》がありませう、心王《しんのう》は之《こ》れを記臆《きをく》から呼出《よびだ》させて君《きみ》の我見《がけん》を折《をら》んとする作用《さよう》です、對人關係《たいじんかんけい》で先方《せんぱう》を怒《いか》らした當時《とうじ》の事《こと》を追懷《ついかい》して手紙《てがみ》の一本《ほん》づゝも出《だ》して融和《ゆうわ》をすれば內面《ないめん》の統《とう》一は自然《しぜん》と出來《でき》るのです。

肋骨內に二錢銅貨大の腫物其他

問、私《わたし》の肋骨內《ろくこつない》に二錢銅貨位《せんどうかぐらゐ》の凝《こり》がありまして札幌病院《さつぽろびやうゐん》に入院《にふゐん》して六十日程《にちほど》施藥《やく》を受《う》けましたが、最後《さいご》には手術《しゆじゆつ》せねばいけないと云《い》はれましたが病因《びやういん》は何《なん》でせうか。

答、定《さだ》めし靈脈《れいみやく》は藥指《やくし》でせう、然《しか》しその藥指《やくし》は或《あるひ》は御婦人《ごふじん》ですから左手《ひだりて》でせう左手《ひだりて》が動《うご》けば七八年前《ねんぜん》に何《なに》か非常《ひじやう》の心配事《しんぱいごと》があつたに異《ちが》ひません、それが安《あん》心《しん》すると同時《どうじ》に凝《こり》となつて出《で》たのですから手術《しゆじゆつ》せないでも治《なほ》ります、その當《とう》時《じ》は心配《しんぱい》に心配《しんぱい》であるから肉體《にくたい》に關係《かんけい》はない樣《やう》でしたが、だん〳〵氣《き》が凝《こり》になつたと見《み》ねばなりません。

問、私《わたし》は慢性胃病《まんせいゐびやう》で毎月《まいつき》二三回位《かいぐらゐ》癪《しやく》が起《おこ》つて苦《くる》しみまして黄《き》ろい水《みづ》を澤山《たくさん》吐《は》くのですが、賣藥《ばいやく》などは數種《すうしゆ》を呑《のみ》ましたが少《すこ》しも効《こう》がないのです、靈脈《れいみやく》は人《ひと》指《ゆび》が非常《ひじやう》に動《うご》きましたが、病因《びやういん》が判《わか》らないのです。

答、それは胃病脈《ゐびやうみやく》は人指《ひとゆび》に出《で》て居《を》りますが、御婦人《ごふじん》ですから左手《ひだりて》の靈脈《れいみやく》をよく診《しん》して見《み》ねばなりません、左手《ひだり》が人指《ひとゆび》であれば父親《ちゝおや》からの遺傳《ゐでん》か或《あるひ》は父親《ちゝおや》との感情衝突《かんじやうしやうとつ》であるかも知《し》れません、若《も》しそんな内容《ないよう》があればそれを解除《かいじよ》せねば治《なほ》りますまい、又人《またひと》をねたむと云《い》ふ精神狀態《せいしんじやうたい》があると難性《なんしやう》の胃病《ゐびやう》になる事《こと》がありますから、そんな時《とき》は人指《ひとゆび》と拇指《ぼし》が動《うご》きます。

問、私《わたし》の妻《つま》が精神上《せいしんじやう》に異狀《いじやう》がある爲《ため》か發作的《はつさてき》に變化《へんか》して私《わたし》を困《こま》らせますが、靈《れい》脈《みやく》で見《み》てその本根《もと》を摘發《てきはつ》する事《こと》が出來《でき》ませうか。

答、それはあなたの行爲《おこなひ》が妻君《さいくん》に對《たい》して本道《ほんだう》を盡《つく》して居《を》らないのではありませんか、先《ま》づ君《きみ》の靈脈《れいみやく》から先《さき》に診《しん》して見《み》る必要《ひつえう》があります、君《きみ》の靈脈《れいみやく》が中指《なかゆび》と藥指《やくし》が動《うご》けば虛僞《いつはり》があるのです、妻君《さいくん》の靈脈《れいみやく》が人指《ひとさゆび》と藥指《やくし》が動《うご》けば君《きみ》の虛僞《いつわり》を心配《しんぱい》しての僞氣狂《にせきちがひ》である樣《やう》です、狂者《きちがひ》の眞僞《しんぎ》を試《ため》すには下腹部《したはら》にピタと觸《しよく》手《しゆ》して少《すこ》し壓《お》して見《み》るとすぐ判《わか》ります、臍下丹田《さいかたんでん》が軟《やわら》かければ何事《なにごと》もない常《じやう》識《しき》を失《うしな》はない人《ひと》です、硬《かた》く凝《こり》の樣《やう》なものがあれば精神上《せいしんじやう》に異狀《いじやう》があるのですそんな病者《びやうしや》は必《かなら》ず藥指《やくし》と中指《なかゆび》が合《がつ》して曲《まが》るのであるから論《ろん》より證據《しやうこ》である。

問、私《わたし》の夫《おつと》が昨年卒倒《さくねんそつとう》しましてから身體《からだ》がどうも自由《じゆう》にならないで困《こま》ります。最《もつと》も年來大酒《ねんらいたいしゆ》をして時《とき》に或《あるひ》は土地《ぢべた》に寢《ね》て夜《よ》を明《あか》した事《こと》などは度々《たびたび》あるのでした、酒《さけ》を飲《のひ》と人《ひと》と爭論《いさかひ》をして困《こま》るのです。

答、それは純然《じゆんぜん》たる心王《しんのう》の制裁《せいさい》であります、故《ゆえ》に本人《ほんにん》が大《だい》サンゲして心機《しんき》を轉《てん》換《かん》すれば心身《しんしん》が健全《けんぜん》になりますが轉換《てんかん》せない内《うち》は決《けつ》して治《なほ》りません、靈脈《れいみやく》は定《さだ》めし人指《ひとさゆび》と小指《こゆび》に拇指《ぼし》が追加《ついか》するでせう、人指小指《ひとさゆびこゆび》は胃腸《ゐちやう》を傷《いた》めて居《を》る爲《ため》に何《なん》となく身骨《からだ》が重《おも》いのです、それは心王《しんのう》が本人《ほんにん》の心機《しんき》を轉換《てんかん》させる迄《まで》その狀態《じやうたい》をさせて居《を》るのですから、服藥《ふくやく》や祈禱《きとう》などをしても少《すこ》しも効《こう》はありません、先《ま》づ心機轉換《しんきてんかん》が療法《れうほう》の先決問題《せんけつもんだい》です。

問、私《わたし》の娘《むすめ》が子供《こども》三人《にん》もありながら仕事《しごと》もせずに毎日佛立講《まいにちぶつりつこう》に日參《につさん》して妙法《めうほう》を唱《とな》へて居《を》る内《うち》に眞《しん》の氣狂《きちがひ》になつて了《しま》いました、或時《あるとき》には水死《すいし》して了《しま》ふの鉄道《てつだう》往生《わうじやう》するのと口外《こうがい》して困《こま》りますが何《なん》の因果《いんが》でせうか。

答、それは本人《ほんにん》の心理狀態《しんりじやうたい》に何《なに》か無理《むり》があるのでせう、家《いへ》に居《ゐ》て父母《ふぼ》を見《み》るのが何《なん》だか氣持《きもち》が惡《わる》いとか、夫《おつと》の顏《かほ》が見《み》たくないとか云《い》ふ消極的問題《せうきよくてきもんだい》の爲《ため》に佛《ぶつ》立講《りつこう》に遊《あそ》びに行《ゆ》くのでせう、そんな人《ひと》は精神的《せいしんてき》に妄信《もうしん》が向上《こうじやう》すると必《かな》らず氣《き》狂《ちがひ》になつて水死《すゐし》でもするかも知《し》れません、靈脈《れいみやく》などは中指丈《なかゆびだけ》の動《どう》でせう畢竟《ひつきやう》するに我儘《わがまゝ》が原《もと》でありますからそんな娘《むすめ》さんは父母《ふぼ》が嚴格《げんかく》に敎化《けふげ》するのが第《だい》一です、又日參《またにつさん》などは禁止《きんし》がよい。

問、私《わたし》の娘《むすめ》が中山祈禱者《なかやまきとうしや》に祈禱《きとう》して貰《もら》いましたら、狐《きつね》が肋膜《ろくまく》に喰込《くひこ》んで骨《ほね》をみんな喰盡《くひつく》して了《しま》ふたと云《い》ふて少《すこ》しも外出《がいしゆつ》せないのです、三ケ年《ねん》も勝手流《かつてなが》しで手足《てあし》を洗《あら》ふ丈《だけ》で湯《ゆ》にも行《ゆ》かないのです、何《なに》か心理狀態《しんりじやうたい》の變化《へんか》でもあるのでせうか。

答、それは祈禱者《きとうしや》の暗示《あんじ》に依《よつ》て精神的《せいしんてき》に變換《へんかん》したのですから、本人《ほんにん》の身體《からだ》を親《しん》切《せつ》に思《おも》ふ友達《ともだち》をして本人《ほんにん》の身體《からだ》を驗査《けんさ》させたらよいでせう、靈脈《れいみやく》を試驗《しけん》すれば必《かな》らず小指《こゆび》が掌中《しやうちう》に曲《まが》ります、憑依心象《ひやういしんせう》になつて居《を》るのですから。

注意……以上質問應答《いじやうしつもんおうとう》に依《よつ》て病脈《びやうみやく》の萬事《ばんじ》に應用《おうよう》する事《こと》を自覺《じかく》されよ、而《しか》して數萬《すうまん》に擴張《かくちやう》してその妙技《めうぎ》に入《い》り給《たま》へ。

第貳拾五章　人事鑑識質問應答

前章《ぜんしやう》には病脈《びやうみやく》の質問應答《しつもんおうとう》を記《しる》したが、此章《このしやう》に於《おい》て人事鑑識質問應答《じんじかんしきしつもんおうとう》を公表《こうへう》する事《こと》にした、病脈《びやうみやく》は複雜《ふくざつ》な脈《みやく》が澤山《たくさん》あるが人事鑑識《じんじかんしき》は單純《たんじゆん》であるから活斷《かつだん》も樂《らく》であるが、時《とき》に合指《ごうし》に出《で》て困《こま》らせる事《こと》があるからその用意《ようい》の爲《ため》に合指《ごうし》の活斷《かつだん》を中心《ちうしん》に單指《たんし》の鑑識《かんしき》をも記《しる》して置《お》かふ、然《しか》し成《な》る可《べ》くは單指活斷《たんしかつだん》を中心《ちうしん》に數萬《すうまん》の靈脈《れいみやく》に擴張《かくちやう》せられよ。

商事會社其他

問、私《わたし》の知人《ちじん》が商事會社《しやうじがいしや》を出《だ》すから私《わたし》にも加入《かにふ》して吳《く》れと申《もう》して來《き》ましたが、そんな時《とき》は靈脈《れいみやく》はどの指《ゆび》の動《ごう》を以《もつ》て眞《しん》とするのでありませうか。

答、中指《なかゆび》に示《しめ》された時《とき》はその會社《かいしや》は虛僞《いつわり》の會社《かいしや》です、人指《ひさゆび》なれば多少《たせう》實《じつ》がありませうが拇指《ほし》が合《がつ》せねば危險《きけん》と見《み》るのです、藥指《やくし》が合《がつ》すれば商事會社《しやうじがいしや》なれば見込《みこみ》はあります、小指合《こゆびがつ》するのは何《なに》か秘密《ひみつ》の事《こと》がありますから摘發《てきはつ》してからでなければ加入《かにふ》してはいけません、四指《し》が掌中《しやうちう》に曲《まが》つたら斷然中止《だんぜんちうし》をなさいまし、成立《せいりつ》しませんからです。

問、私《わたし》は競馬《けいば》で勝利《しやうり》を得《え》たいのですが靈脈《れいみやく》は勝負《しやうぶ》を明示《めいじ》されるでせうか。

答、靈脈《れいみやく》は天地《てんち》間《かん》の一切《さい》の事《こと》は必《かな》らず五指《し》に示《しめ》されますが、不正《ふせい》の事《こと》は損《そん》をしますからその積《つも》りで鑑識《かんしき》した方《はう》がよいです、然《しか》し參考《さんこう》の爲《ため》に左《さ》に出《だ》して置《お》きませう。

拇指《ほし》の動《どう》は必《かなら》ず自分《じぶん》の目的《もくてき》が勝《か》つ、人指《ひさゆび》の動《どう》は民衆《みんしう》の氣《き》が乘《の》つたのが勝《かち》馬である、中指《なかゆび》の動《どう》は自分《じぶん》の目的《もくてき》した馬《うま》で優秀《ゆうしう》の名《な》あるものが勝《かつ》こと十中《ちう》八九あり、藥指《やくし》の動《どう》は人氣馬《にんきうま》であるが大體《だいたい》が弱《よわ》いから第《だい》二番目《ばんめ》に勝《かち》を取《と》られるかも知《し》れない、小指《こゆび》の動《どう》は餘《あま》り勝利《しやうり》を見《み》られないが十頭立《とうだて》の時《とき》は六番目《ばんめ》に穴《あな》があるかも知《し》れない。

問、私《わたし》が或者《あるもの》に金《かね》を貸《か》したのですが、本人《ほんにん》が恩金《おんきん》が下賜《かし》されたら返《かへ》すと云《い》はれたのですが、既《すで》に下賜《かし》されたのが判《わか》つて居《を》るのに未《いま》だ下賜《かし》されないと云《い》ふて秘《かく》して居《を》るのですが、靈脈《れいみやく》はどれに現《あらは》れませうか。

答、それは下賜《かし》されたのを秘《かく》すのは悪《わる》いですが、本人《ほんにん》にその債務《さいむ》を果《はた》す意思《いし》さへあれば何《なに》もそんなに騒《さわ》ぐ事《こと》はないです、本人《ほんにん》が眞《しん》に返《かへ》す心《こゝろ》のある者《もの》は拇指《ぼし》と中指《なかゆび》に感《かん》じます、返《かへ》す氣《き》のない者《もの》は中指《なかゆび》が外《そと》に反《かへ》りますから正邪《せいじや》が判《わか》ります、人指《ひとゆび》の動《どう》では金《かね》の都《つ》合《ごう》で少《すこ》し延期《えんき》を申出《まうしで》るかも知《し》れません。

問、博覧會《はくらんくわい》の懸賞《けんしやう》がありますが當選《とうせん》の靈脈《れいみやく》はどの指《ゆび》に出《で》ますか、又他《またた》の一切《さい》の懸賞《けんしやう》の脈《みやく》はどの指《ゆび》が的中《てつちう》するのです。

答、凡《すべ》て懸賞《けんしやう》だのくぢ引《びき》だのと云《い》ふ靈脈《れいみやく》を引《ひき》に往《ゆ》く人《ひと》の靈脈《れいみやく》を診《しん》せねばならぬのです、拇指《ぼし》が掌中《しやうちう》に曲《まが》り附《つ》けば當《あた》ります、引《ひい》ては老人《ろうじん》です、人指《ひとゆび》が動《うご》けば一等《とう》でなくとも多少《たせう》は當《あた》ります、中指《なかゆび》は空《から》くぢです、藥指《やくし》は會《くわい》の時《とき》の中頃過《なかごろす》ぎに行《ゆ》くのがよいでせう、小指《こゆび》は多少當《たせうあた》りますが子供《こども》がよいです。

問、五人共同《にんきやうどう》で或《あ》る事業《じげふ》を起《おこ》したのですが三人《にん》の者《もの》は萬事合意的《はんじごういてき》に進《すゝ》みますけれども、二人丈《にんだけ》が何事《なにごと》に依《よ》らず苦情《くじやう》を云《い》ふのです、その苦情《くじやう》の内面《ないめん》は三人《にん》の同志《どうし》を斷念《だんねん》させようとする事《こと》が透《すか》して見《み》る樣《やう》に判《わか》るのです、此《こ》の調和《てうわ》と靈脈《れいみやく》の發露《はつろ》はどれに出《で》るのでせうか伺《うかゞ》ひます。

答、二人《り》が三人《にん》を放棄《ほうき》する靈脈《れいみやく》は人指《ひとゆび》が外《そと》に反《そ》ります、外《そと》に反《そ》らずに内《うち》に曲《まが》れば二人《り》が三人《にん》を從《した》がわせたいと云《い》ふ心算《しんさん》です、畢竟《ひつきやう》するに三人《にん》は正《たゞ》しく二人《り》は邪《よこし》まで正邪《せいじや》の戰爭《せんさう》と見《み》てよいです、依《よつ》て三人《にん》の方《はう》が二人《り》の者《もの》の懷《ふところ》に這入《はいつ》て精神上《せいしんじやう》に二人《り》を捕虜《ほりよ》にして仕舞《しま》ふと云《い》ふのでよいでせう。

人に妬まれ其他

問、私《わたし》は二十年來《ねんらい》或《あ》る會合《くわいごう》の世話《せわ》をして居《を》つて帳簿《ちやうは》なども一點《てん》の間違《まちが》ひもないのですが、新《あたら》しい會員《くわいいん》が増《ふ》へたので私《わたし》の忠實《ちうじつ》を妬《ねた》んで私《わたし》をして惡人《あくにん》の如《ごと》く吹聴《ふいちやう》するので私《わたし》も殘念《ざんねん》ですが飽迄戰《あくまでたゝ》かをうと思《おも》ひますが、そんな時《とき》には靈脈《れいみやく》のどれに示《しめ》されますか。

答、それは君《きみ》がその會合《かいごう》には忠實《ちうじつ》であつても君《きみ》の性質《せいしつ》が口頭《こうとう》に現《あらは》れ他人《たにん》と爭論《さうろん》をする事《こと》が君《きみ》の癖《くせ》とでも云《い》はふか、それが爲《ため》に心良《こゝろよ》くせぬ者《もの》があるのでせうから靈脈《れいみやく》を見《み》て、中指《なかゆび》が動《うご》いて小指《こゆび》合《がつ》したら萬事《ばんじ》中止《ちうし》なさい、中指《なかゆび》に拇指《ぼし》が合《がつ》したら進《すゝ》んでなさい必《かなら》ず民衆《みんしう》が降服《こうふく》して來《き》ます、人指《ひとゆび》が中指《なかゆび》に合《がつ》したら進《すゝ》んで民衆《みんしう》に說《とい》て聴《きか》せる必要《ひつえう》がある、藥指《やくし》が動《うご》けば八方美人主義《はうびじんしゆぎ》がよいです。

問、私《わたし》の知人《ちじん》の出入《でいり》する株式《かぶしき》と米商《こめ》仲買人《なかがいにん》がありますが、私《わたし》もそこに出入《でいり》して金《かね》を預《あづ》け勝負《しやうぶ》をしたいと思《おも》ひますが、その仲買《なかがひ》は正當《せいとう》でありませうか不正《ふせい》でありますか靈脈《れいみやく》のどれに感《かん》じますか。

答、拇指《ぼし》人指《ひとゆび》合《がつ》すれば大概安心《たいがいあんしん》です、中指先《なかゆびさき》に人指《ひとゆび》でも拇指《ぼし》でも合《がつ》したら中止《ちうし》なさい、小指《こゆび》は絶對《ぜつたい》にいけません、中指《なかゆび》と藥指《やくし》合《がつ》したのは利喰《りぐひ》しても支拂《しはらひ》は安全《あんぜん》です。

問、私《わたし》は商機《しやうき》に出陣《しゆつぢん》したく思《おも》ひまして種々準備致《しゆぐじゆんびいた》しましたが突然實母《とつぜんじつぼ》の死去《しきよ》に遇《あ》ひましたので氣先《きさき》を折《を》られて落膽《らくたん》しましたが、こんな時《とき》は中止《ちうし》がよいでせうか、靈脈《れいみやく》はどれに示《しめ》されませうか。

答、萬事商機《ばんじしやうき》などを實行《じつこう》するには氣先《きさき》が大事《だいじ》です、況《いは》んや二度《ど》のかけがいのない實母《じつぼ》さんを死去《なく》したのですから當分中止《とうぶんちうし》がよいでせう、靈脈《れいみやく》は中指《なかゆび》が外《そと》に反《そ》るかも知《し》れません、凡《すべ》て進退《しんたい》の靈脈《れいみやく》は人指《ひとゆび》の掌中《しやうちう》に曲《まが》るのは進《す》んで吉《きち》、外《そと》に反《そ》るのは中止《ちうし》、横《よこ》に開《ひら》くのは一時的中止《じてきちうし》、横《よこ》に開《ひら》いて掌中《しやうちう》に曲《まが》るのは一時《じ》中止《ちうし》して四五ケ月經過《げつけいか》してから進《す》んでよいのである。

問、私《わたし》は外交員《がいこういん》として勤務《きんむ》して居《を》るのですが私《わたし》より後《あと》に入社《にふしや》した者《もの》の方《はう》がドンドン役柄《やくがら》が進《すゝ》むので殘念《ざんねん》ですが何《なに》か私《わたし》に缺点《けつてん》があるのでせうか、靈脈《れいみやく》はどれに出《で》ますか。

答、靈脈《れいみやく》で拇《ぼ》指《し》動《うご》くのは餘《あま》り正直《せうじき》で能率《のうりつ》が上《あが》らないのを示《しめ》し、人指《ひさゆび》は和合《わごう》しても利己的性質《りこてきせいしつ》があるし、中指《なかゆび》は活動《かつどう》し過《すぎ》て失敗《しつぱい》する事《こと》がある爲《ため》である、藥指《やくし》は外交手腕《がいこうしゆわん》としては上々《じやうじやう》と云《い》ふ脈《みやく》、小指《こゆび》は全然駄目《ぜんぜんだめ》である脈《みやく》です、君《きみ》の外交《がいこう》上多《じやうおほ》く後《あと》から入社《にふしや》した者《もの》より能率《のうりつ》が下《さ》がつて居《を》るのでせう、能率《のうりつ》が下《さが》つて居《を》るのは小指《こゆび》に感《かん》じますから。

問、或《あ》る工業家《こうげふか》から數萬圓《すうまんえん》の事業《じげふ》を請合《うけあ》ふ事《こと》になりましたが、先方《せんはう》は目下《もくか》金《かね》がなくてその工業《こうげふ》に對《たい》する株券《かぶけん》を提供《ていきやう》したのですが、完成《かんせい》する迄《まで》に先方《せんはう》が信《しん》じられませうか、靈的鑑識《れいてきかんしき》はどの脈《みやく》に示《しめ》されますか。

答、先方《せんはう》との個人對々《こじんたいたい》の請合《うけあひ》ならば左右《さゆう》の中指《なかゆび》が示《しめ》して確實性《かくじつせい》を帶《なび》て居《ゐ》ますが仲介者《ちつかいしや》があれば靈脈《れいみやく》の動《ごう》に依《よつ》て考《かんが》へねばなりません、小指《こゆび》の動《ごう》は仲介者《なつがいしや》の力《ちから》にならぬ事《こと》、薬指《やくし》の動《どう》は仲介者《なかがいしや》は利益本位《りえきほんゐ》だから責任《せきにん》はない、人指《ひとゆび》の動《どう》は多《た》少眞實《せうしんじつ》があるが何等《なんら》か意中《いちう》に策畧《さくりやく》があるらしい、拇指《ぼし》の動《どう》は安心《あんしん》して完成迄《かんせいまで》居《を》てよいがピクと動《うご》いて外《そと》に反《そ》る様《やう》になるのは危險性《きけんせい》を帯《おび》て居《を》るから注意《ちうい》。

購賣部の物品紛失其他

問、私《わたし》の村《むら》で購賣部《こうばいぶ》を設《もう》けましたがそれを幸《さいは》ひに加入《かにふ》して非常《ひじやう》な需求能率《じゆきうのうりつ》が上《あが》りましたが、品物《しなもの》が常《つね》に紛失《ふんしつ》したり不足《ふそく》に納《おさ》められたりして監督者《かんとくしや》が常《つね》に損《そん》害《がい》するのですが靈脈《れいみやく》としてその紛失品及《ふんしつひんおよ》び盗《ぬす》む者《もの》を發見脈《はつけんみやく》はどれでせうか。

答、それは靈脈《れいみやく》で診《しん》したら或《あ》る方法《はうほう》を以《もつ》て發見《はつけん》せねばいけません、靈脈《れいみやく》は罪人《ざいにん》を出《だ》す事《こと》を禁《きん》じますから、小指《こゆび》は多《おほ》く盗《ぬす》まれる脈《みやく》です人指《ひとゆび》は多《おほ》く隱匿《ゐんとく》であるから強《つよ》く責《せ》めれば出《で》る、而《しか》して四十から六十位迄《くらゐまで》の人《ひと》の仕事《しごと》であるから注意《ちうい》して居《を》る内《うち》に判《わか》る、あと三指《し》は盗人《ぬすびと》には關係《かんけい》がない、然《しか》し年齢《とし》を知《し》らせる時《とき》に他指《たし》が合《がつ》する時《とき》がある。

問、私《わたし》の團隊《だんたい》では日常物品《にちじやうぶつぴん》を團結《だんけつ》して半ケ年《はんとし》位前《ぐらゐまへ》から各地《かくち》に注文《ちうもん》して置《お》きますが、注文《ちうもん》した時《とき》の値《ね》より諸物價《しよぶつか》が高《たか》くなると、取締《とりしまり》や其他《そのた》の責任者《せきにんしや》が大變困難《たいへんこんなん》するのですが、何《なん》とかその高下《かうげ》を先知《せんち》しての契約方法《けいやくはうほう》はありませんか。

答、それは靈脈《れいみやく》で豫知《よち》してから契約《けいやく》するのが一番《ばん》よいのです、然《しか》し契約日《けいやくび》より六ケ月後《げつご》には百圓《ゑん》の品物《しなもの》が百三十圓《ゑん》になれば團隊《だんたい》の喜《よろこ》びでせうが、下落《げらく》すればその値《ね》で團隊《だんたい》の需要者《じゆえうしや》へ分《わ》けるのであるから、當事《たうじ》の苦痛《くつう》は察《さつ》せられる、だから注文《ちうもん》の時《とき》に之《こ》れは將《まさ》に三拾圓方下落《ゑんかたげらく》するからその下落《げらく》の値《ね》で取組《とりくみ》をしようと靈脈《れいみやく》を信《しん》ずるより仕方《しかた》がない、拇指《ぼし》は注文《ちうもん》の當時《たうじ》と同《おな》じである、人指《ひとゆび》は下《さが》る、中指《なかゆび》は上《あ》げる、藥指《やくし》は確實《かくじつ》に斷《だん》じられない、小指《こゆび》は下《さ》げる。然《しか》し品物《しなもの》の性質《せいしつ》に依《よつ》て上下《じやうげ》があるからその物品《ぶつぴん》をよく理解《りかい》して鑑識《かんしき》せねばならぬ、拇指《ぼし》動《うご》けば鉄物類《てつものるい》、人指《ひとゆび》動《うご》けば農具《のうぐ》及《およ》び雜貨《ざつか》、中指《なかゆび》動《うご》けば各國《かくこく》の特賣《とくばい》品《ひん》、藥指《やくし》動《うご》けば流行品《りうこうひん》に類《るい》した物《もの》、小指《こゆび》は飲料品《いんれうひん》に類《るい》した物《もの》、中指《なかゆび》と人指《ひとゆび》が合《がつ》したのは軍需品《ぐんじゆひん》、等《とう》をよく考《かんが》へて靈脈《れいみやく》を鑑識《かんしき》するがよい。

問、私《わたし》の悴《せがれ》が或《あ》る會社《かいしや》に永年勤務《ながねんきんむ》して居《を》るのですが、今回重役《こんかいぢうやく》から罪《つみ》を被《うけ》て休職《しよく》をさせられたがその罪人《ざいにん》は將《まさ》に私《わたし》の悴《せがれ》であるか否《いな》かを靈脈《れいみやく》で試驗《しけん》したいのですがどの指《ゆび》が示《しめ》されるでせうか。

答、それは御氣《おき》の毒《どく》ですが靈脈《れいみやく》が拇指《ぼし》であれば決《けつ》して罪人《ざいにん》ではありません、人《ひと》指《ゆび》が合《がつ》して尚〻確實《なほ〻かくじつ》に無罪《むざい》の証據《しやうこ》である、中指《なかゆび》と小指《こゆび》が合《がつ》すれば罪《つみ》があるから注意《ちうい》、藥指《やくし》と拇指《ぼし》が合《がつ》したら同輩《どうはい》から何《なに》か恨《うら》まれての罪《つみ》ではないかと疑《うたが》われる、四指《しし》が自然《しぜん》と掌中《てのひら》に曲《まが》るのは君《きみ》の悴《せがれ》が隱《かく》して居《を》るのである。

問、私《わたし》の夫《おつと》が選擧運動《せんきよううんどう》の爲《ため》に煩悶《はんもん》して身《み》を隱《かく》しましたが、何處《どこ》に居《を》るやら今《いま》だに判《わか》らないのです、畧《ほゞ》二ヶ月《げつ》になるのですが、靈脈《れいみやく》は何の指《ゆび》に出《で》ます。

答、拇指《ぼし》が動《うご》けば本人《ほんにん》の住所《すまゐ》の附近《ちかく》で本人《ほんにん》を非常《ひじやう》に思《おも》ふて居《を》る老人《ろうじん》の處《ところ》に隱《かく》れて居《を》る、人指動《ひとゆびうご》けば本人《ほんにん》の父母《ふぼ》の縁者《ねんじや》で北《きた》の方《ほう》一里以内《りいない》の處《ところ》に隠《かく》れて居《を》る、中指動《なかゆびうご》けば東方《とうはう》を中心《ちうしん》に南方《みなみ》の湯場《ゆば》に隠《かく》れて居《を》る、薬指《やくし》が動《うご》けば西方《にしのはう》で本人《ほんにん》が常《つね》に遊《あそ》びに行《い》つた處《ところ》に居《を》るかも知《し》れない、小指動《こゆびうご》けば本人《ほんにん》の子供《こども》が嫁《よめ》に往《い》つた東方《とうはう》七八里《り》前後《ぜんご》の處《ところ》に往《い》つて居《を》るかも知《し》れない、然《しか》し人指《ひとゆび》が掌中《てのひら》に曲《まが》つたら注意《ちうい》せぬと生命《いのち》に關係《かんけい》して居《を》るかも知《し》れない、拇指《ぼし》が掌中《てのひら》に附《つ》けば近《ちか》い内《うち》に歸《かへ》る。

問、私《わたし》の娘《むすめ》が醫師《いし》にかゝつて居《を》つて拾貳歳《さい》で薬違《くすりちが》ひで眼《め》を失《うし》なふたのですが、因果律《いんがりつ》はどんな事《こと》があるのでせうか。

答、それは靈脈《れいみやく》で診《しん》すれば人指《ひとゆび》と拇指《ぼし》でありませう、その娘《むすめ》の父《ちゝ》は兩眼《れうがん》がないとすれば父《ちゝ》から毒《どく》を受《う》けて來《き》たのでせう、醫師《いし》を恨《うら》んではいけない、醫師《いし》は自然癒能力《しぜんゆのうりよく》を出《だ》す看護《かんご》であるから、醫師《いし》が決《けつ》して眼《め》を失《うしな》ふたと云《い》ふ事《こと》は云《い》へないのである。

活動寫眞工場の共同經營其他

問、私《わたし》は二三人《にん》で活動寫眞《かつどうしやしん》の工場《こうじやう》を經營《けいえい》す可《べ》く團結《だんけつ》したのですが、將來成立《しやうらいせいりつ》しませうか靈脈《れいみやく》はどれに出《で》ませう。

答、二三人《にん》で合資《ごうし》すると云《い》ふのは藥指《やくし》が動《うご》くが、その他《た》の指《ゆび》は合資組織《ごうしそしき》は六ケ敷《し》いのである、萬事《ばんじ》合資的《ごうしてきし》仕事《ごと》は藥指《やくし》として拇指《ぼし》が追加《ついか》すれば確實《かくじつ》に完成《かんせい》するのである、唯《た》だ事業《じげふ》に依《よ》つては他指《たし》の追加《ついか》もよい時《とき》がある、三人《にん》の内《うち》に第一《だい》番若《ばんわか》い者《もの》が反對《はんたい》になるかも知《し》れないから注意《ちうい》せられよ。

問、私《わたし》の夫《おつと》が二三年間眼病《ねんかんがんびやう》で盲目《めくら》同樣《どうやう》になりましたが、フイとしたトタンに眼《め》が見《み》へて來《き》たのですが、之《こ》れは何《なん》の因果律《いんがりつ》でせうか、靈脈《れいみやく》はどれに出《で》るのでせうか。

答、昔《むかし》から藥師如來《やくしによらい》に祈《いの》つた結願日《けつがんび》に治《なほ》つたと云《い》ふ虚構《いつわり》の傳説《でんせつ》があるが、その御利益《ごりやく》とか云《い》ふのは藥師《やくし》の利益《りやく》ではない、心王靈性《しんのうれいせい》の赦免解除《しやめんかいじよ》かあるがらである、三ケ年間《ねんかん》一心《しん》に藥師《やくし》に祈《いの》ると云《い》ふ精神統《せいしんとう》一は雜念《ざつねん》が心王《しんのう》に基調《きてう》したのである、末那識《まなしき》の我見《がけん》が折《を》れたから黒雲《こくうん》が去《さ》つて心王《しんのう》の放光《はうくわう》が赫々《かく〳〵》と照《てら》すのである、靈脈《れいみやく》は必《かな》らず人指《ひとさゆび》の後《のち》に拇指《ぼし》が動《うご》くのである、藥師如來《やくしにょらい》とは釋迦如《しやかにょ》來《らい》の生《うま》れた日《ひ》を云《い》ふもので、釋尊《しやくそん》を放《はな》れて藥師如來《やくしにょらい》はないのである、釋尊《しやくそん》は心王《しんのう》の作用《さよう》を自覺《じかく》されて種々《いろ〳〵》なる名《な》を附《ふ》して民衆《みんしう》にその偉大《ゐだい》さを知《し》らせたのであるから、今日以後《こんにちいご》の日本人《にほんじん》は決《けつ》して名《な》に迷《まよ》はされて自分《じぶん》の個體内《こたいない》の大心《だいしん》王《のう》を無視《むし》してはいけない、無視《むし》した者《もの》が明盲目《あきめくら》になるのである。

問、私《わたし》の母《はゝ》が若《わか》い時人《ときひと》の妾《めかけ》になりましたが、先方《むかふ》の本妻《ほんさい》が天理敎《てんりけふ》の行者《ぎやうじや》に賴《たの》んで私《わたし》の母《はゝ》を祈《いの》つたとかで、私《わたし》の母《はゝ》が兩足《りやうあし》を投出《なげだ》したぎりで大小便《だいせうべん》をして腰《こし》から下《した》が自由《じゆう》でなかつたのでした、それが母《はゝ》の一念發起《ねんはつき》で妾《めかけ》などは斷然止《だんぜんや》めると決心《けつしん》してその主人《しゆじん》に因果《いんが》を含《ふく》めて分《わか》れたらそれからだん〳〵よくなりましたが、今《いま》は六十七八歲《さい》になりますけれどもそれから無病健全《むびやうけんぜん》であります、私《わたし》が實驗《じつけん》して居《を》る靈脈《れいみやく》にて過去《かこ》の事《こと》ですから左《ひだり》の手《て》を試驗《しけん》しましたら、藥指《やくし》が曲《まが》り小指《こゆび》が合《がつ》して掌中《てのひら》に一分間程附《ぶんかんほどつい》て居《を》つて、離《はな》れて元《もと》の通《とほ》りになり見《み》て居《を》る内《うち》に中指《なかゆび》がブルブル振《ふる》いました、今《いま》は少《すこ》し腦《のう》が惡《わる》い樣《やう》でその外《ほか》は少《すこ》しも惡《わる》くないのです。

答、それは母上《はゝうへ》のサンゲ發起《はつき》が善因《ぜんいん》であります、決《けつ》して天理敎《てんりけふ》の行者《ぎやうじや》などが祈《いの》つたさてそんな事《こと》になると云《い》ふのではありません、母上《はゝうへ》が人道《じんだう》を沒却《ぼつきやく》して家《か》庭《てい》を混亂《こんらん》させて居《を》るから心王《しんのう》の制裁《せいさい》でなつたのです、然《しか》し靈脈《れいみやく》が拇指《ぼし》の動《どう》がなかつたのは幸《さいは》ひでありました、つまり母上《はゝうへ》が夫《おつと》に死《し》に分《わか》れ子供《こども》を育《そだ》てるに自分《じぶん》が犧牲《ぎせい》になつたのですから、心王《しんのう》も多少免除《たせうめんじよ》する處《ところ》があつたのでせう、目下少《もつかすこ》し腦《のう》が惡《わる》いと云《い》ふのはその因果律《いんがりつ》を秘《かく》して置《お》くからです、何《なに》かの緣日《ねんにち》にサンゲ會《くわい》を開《ひら》いて後代《こうだい》の婦人《ふじん》の爲《ため》に誡《いまし》めたらよいでせう、さすれば腦《のう》は必《かな》らず治《なほ》ります。

問、私《わたし》の家《うち》で四人赤痢《にんせきり》で死去《しきよ》しましたがその當時《たうじ》私《わたし》が十一歳位《さいぐらゐ》で弱《よわ》い身體《からだ》で困《こま》りましたが、當時《たうじ》の事《こと》を靈脈《れいみやく》で見《み》ましたら拇指《ぼし》と小指《こゆび》が動《うご》きました、因果律《いんがりつ》の根元《こんほん》はなんでありませうか、最《もつと》も私《わたし》の父《ちゝ》は奉公先《ほつこうさき》の娘《むすめ》を貰《もら》ふて別家《べつけ》した家《か》系《けい》ですが。

答、拇指《ぼし》と小指《こゆび》は赤痢《せきり》の正脈《せいけい》ですが、そんな病氣《びやうき》で四人《にん》も死去《しきよ》するのはその家《か》系《けい》に潛《ひそ》める罪惡《ざいあく》があるのでせう、奉公先《ほうこうさき》の娘《むすめ》を妻《つま》にして別家《べつけ》を出《だ》したと云《い》ふその間《かん》に何《なに》か問題《もんだい》がある樣《やう》です、拇指《ぼし》がそれを証《しやう》し、小指《こゆび》が色情上《しきじやうじやう》の物語《ものがた》りをして居《を》ります、赤痢《せきり》の正脈《せいみやく》には必《かな》らずそんな人道《じんどう》を沒却《ぼつきやく》した事《こと》か含《ふく》んで居《を》るからです、それは君《きみ》の身體《しんたい》が弱《よわ》いと云《い》ふのは父親《ちゝおや》が作《つく》つた因果計數《いんがけいすう》の打算《ださん》から來《き》て居《を》るらしいですが、靈脈《れいみやく》に徹底《てつてい》してその因果律《いんがりつ》を發見《はつけん》してサンゲせぬと君《きみ》の子孫《しそん》にその傳波《でんぱ》が往《ゆ》きますから。

問、私《わたし》の血族《けつぞく》の妻《つま》が田《た》の畔《あぜ》にて手《て》にて水《みづ》を少《すこ》しすくふて呑《の》んだのが二三年後《ねんご》に腹《はら》が脹《ふく》れたから手術《しゆじゆつ》して貰《もら》ふたら、胃《ゐ》からゲジゲジの二寸位《すんぐらゐ》のが出《で》たと云《い》ふ事《こと》を聞《き》きましたが、それはどう云《い》ふ關係《かんけい》で棲息《せいそく》して居《を》つたのですか、そんな時《とき》は靈脈《れいみやく》はどれに出《で》ますか敎《おをし》へ下《くだ》さい、參考《さんこう》の爲《ため》になりますから。

答、それは胃《ゐ》ですから矢張《やは》り人指《ひとゆび》です、卵《たまご》があるのを知《し》らずに呑《の》んだ因果律《いんがりつ》で二三年後《ねんご》とは少《すこ》し掛引《かけひき》があるでせう、實驗《じつけん》せぬ事《こと》は餘《あま》り吹聽《ふいちやう》せぬ樣《やう》になさらぬと人格《じんかく》を疑《うたが》はれますから。

注意……以上《いじやう》が人事問題《じんじもんだい》に就《つい》ての擴張脈《かくてうみやく》であるから五ケ條《でう》を心得《こゝろ》て自由自在《じゆうじざい》になさい。

人事鑑識脈は五指が餘り振ふのは中止がよい、萬事正確の動が安心である。

第貳拾六章　實驗報告（一）

上述《じやうじゆつ》して來《き》た靈脈《れいみやく》の應用《おうよう》は修得徹底《しうとくてつてい》すれば無数《むすう》の擴張《かくちやう》が出來《でき》るのであるから充分研究《じうぶんけんきう》されよ、此章《このしやう》からは實地應用《じつちおうよう》した各地會員《かくちかいいん》の報告《ほうこく》を綜合大統《そうごうたいとう》して研究《けんきう》の資料《しれう》とするのである、而《しか》して靈脈《れいみやく》に對《たい》しての所感《しよかん》と實情《じつじやう》の告白《こくはく》から實驗《じつけん》の妙技《めうぎ》に到達《とうたつ》せられた會員《かいいん》の報告《ほうこく》を中心《ちうしん》に、それに對《たい》する應答《おうさう》も多少加《たせうくわ》へて判《わか》り易《やす》い樣《やう》に公開《こうかい》する事《こと》にした。

藥指と中指附着の因と母の告白

宗敎家及《しうけうかおよ》び靈術家並《れいじゆつかならび》に法律家政治家諸君《ほうりつかせいぢかしよくん》の參考《さんこう》に供《きよう》する爲《ため》に、天下《てんか》一品《ぴん》の靈《れい》脈告白《みやくこくはく》の實情《じつじやう》を公開《こうかい》して研究資料《けんきうしれう》としよう。

宮崎縣臼杵郡西鄕村字小原

心王自治團支部長

心王靈醫學士　小崎大隨

合掌　朝夕《あさゆう》は餘程《よほど》涼《すゞ》しく相覺《あひおぼ》へる樣《やう》に相成《あひな》りました、私《わたし》の家庭《かてい》も皆安全《みなあんぜん》であります。先生《せんせい》には相變《あひかは》らず御勇健御《ごゆうけんご》勵精《れいせい》の段《だん》祝福致《しゆくふくいた》します。

私儀《わたくし》の中指《なかゆび》と藥指《やくし》の附《つ》きたる母《はゝ》の因果律《いんがりつ》は病床《びやうしやう》より實母《じつぼ》の物語《ものがた》りは左《さ》の如《ごと》くでありましたから何分《なにぶん》よろしく公開《こうかい》の程願《ほどねが》ひ升《ます》。

實母の告白

妾《わたし》が未《ま》だ十八九歲時代《さいごろ》（男《おとこ》は二十歲前後《さいぜんご》の同村《どうそん》の者《もの》）と色情關係《しきじやうかんけい》を結《むす》び妊娠《にんしん》して七ケ月《げつ》の時《とき》、我家《わがや》に養子《ようし》に來《く》るさした、其時《そのとき》父《ちゝ》の梅《うめ》吉《きち》は嚴格《げんかく》であつた、其頑固《そのがんこ》な父《ちゝ》が養子《ようし》にもらひごころぢやない、一人娘《りむすめ》に手《て》をかけて迷《まよ》わしたと云《い》ふので其男《そのおとこ》を、サンザンしかりつけた、其後《そのご》其男《そのおとこ》は養《よう》子《し》に往《い》つた（一里程離《りほどはな》れた村《むら》）けれども辛抱出來《しんぼうでき》ず歸《かへ》つて來《き》た、その時養子《ときようし》に往《い》つたところの女《おんな》が私《わたし》にお前《まへ》の樣《やう》な關係女《かんけいおんな》が居《を》るから、私《わたし》の家《いへ》に來《き》て居《を》られぬのだと怒《いか》つて口論《こうろん》しかけた事《こと》もあつたが、其女《そのおんな》は二年前《ねんまへ》（大正拾一年頃《ねんごろ》）死《し》んだが一生獨身《しやうどくしん》で暮《くら》した、右《みぎ》の男《をとこ》は失戀《しつれん》、失望《しつぼう》、自暴自棄《じぼうじき》に陷《おちい》り罪《つみ》を犯《おか》し宮崎監獄《みやざきかんごく》で死《しん》だとの事《こと》ぢや、私《わたし》も其人《そのひと》の種《たね》を宿《やど》し目出《めで》度出產《たくしゆつさん》したが、子供《こども》が居《をつ》ては後《あと》の養子《ようし》が居《を》らぬからして其子《そのこ》をば……ツマミコロシタ……其後《そのご》今《いま》のお前《まへ》の父《ちゝ》が養子《ようし》に來《き》たのだ』と物語《ものがた》りました、以上《いじやう》を聞《きい》てこれが因果《いんが》の種子《たね》だと感《かん》じ、因果律《いんがりつ》の嚴格《げんかく》なるに驚《おどろ》き且《かつ》また先生《せんせい》の直感審判《ちよくかんしんぱん》には感《かん》じ入《い》りました、先《ま》づ之《こ》れが私《わたし》の指《ゆび》に就《つい》ての報《ほう》告《こく》であります。

大正拾三年拾月一日

小崎大隨拜

⊙小崎君《くん》は大正《たいせう》拾三年《ねん》九月余《がつよ》が廣島縣加《ひろしまけんか》茂郡《もごほりの》野路村《みちむら》の支院《しゐん》に出張講習會《しゆつてうこうしうかい》に參列《さんれつ》された靈醫學《れいいがく》の修得者《しうとくしや》である、君《きみ》は指《ゆび》が附着《ふちやく》して居《を》る爲《ため》にそれを何《なん》とかして解《わか》りたいと思《おも》ふて、あらゆる方術《はうじゆつ》及《およ》び因果因果《いんねんいんが》の解決《かいけつ》に就《つい》て研究《けんきう》したが何物《なにもの》も得《え》ないで居《を》つたが、最終《さいしう》に余《よ》が發表《はつぺう》した心王靈脈《しんのうれいみやく》判定術《はんていじゆつ》を購讀《こうどく》してヤット解決《かいけつ》の光明《くわうめう》を認《みと》めたので直接講座《ちよくせつこうざ》に入會《にふかい》したのであつた、それが君《きみ》の三十七歳《さい》の秋《あき》である。

藥指《やくし》と中指《なかゆび》と附着《ふちやく》して居《を》る兩手《れうて》が論《ろん》より証據《しやうこ》である、藥指《やくし》は色情關係《しきじやうかんけい》の指《ゆび》で中指《なかゆび》は危險思想《きけんしそう》であるから、その二本指《ほんゆび》が附着《ふちやく》して居《を》るので君《きみ》の母《はゝ》が危險《きけん》を犯《おか》した事《こと》が証明《しやうめい》されて居《を》るのである。

人爲的法律《じんゐてきはうりつ》がいかに進《すゝ》んでも出生兒《しゆつせいじ》の不具者《ふぐしや》や因果律《いんがりつ》の種子《たね》は制裁《せいさい》が出來《でき》ない、天下《てんか》に無數《むすう》の靈術家《れいじゆつか》や宗敎家《しうけうか》があつてもこんな因果關係《いんがかんけい》を摘發《てきはつ》した者《もの》は曾《かつ》て一人《にん》もないのである、法律家《はうりつか》が腐《くさ》る程《ほど》あつても政治家《せいぢか》がいかに偉《えら》くともこんな事《こと》は判《わか》るまい。

心王認識と所感と寫眞

神佛《しんぶつ》の祟《たゝ》りだの三世《せ》の因果《いんが》だのと云《い》ふのは心王《しんのう》の靈律《れいりつ》の前《まへ》には假空《かくう》の説《せつ》である、現在吾々《げんざいわれ〳〵》の眼《め》の前《まへ》に活《いき》た因果《いんが》の現証《げんしやう》を見《み》せ附《つ》けられては心王《しんのう》の絶對《ぜつたい》は信《しん》ぜづに居《を》られない、表面《へうめん》から罪惡《つみ》を責《せめ》ても心靈的《しんれいてき》に潜《ひそ》んで居《を》る……心王律《しんのうりつ》に由《よ》る制裁《せいさい》に着眼《ちやくがん》せずに証據裁判《しやうこさいばん》ばかりではいけない、小崎君《くん》の眞實《しんじつ》の告白《こくはく》を記《しる》して尚強《なほつよ》く君《きみ》の心王認識《しんのうにんしき》を証明《しやうめい》しよう。

『私《わたし》は因果《いんが》の手指《しゆし》を以《もつ》て生《うま》れ恰《あたか》も身《み》に毒箭《どくせん》を被《こう》むつて、此箭《このや》を射《いつ》た者《もの》を三十五年間尋《ねんかんたづ》ねたけれども方角《はうがく》も知《し》れず、人《ひと》も知《し》れず、毒《どく》が身《み》に回《まわ》りて命旦夕《めいたんせき》に迫《せま》り息《いき》が絶《た》ゆるのであつた、然《しか》るに心王《しんのう》は未《いま》だに私《わたし》を捨《す》てざりしか、時間《じかん》と空《くう》間《かん》とを脱《だつ》した一大覺者《だいかくしや》となつた、西村大觀師に依《よつ》て其箭《そのや》は除《のぞ》かれ先生《せんせい》が三拾有餘年間苦心研究體驗《ゆうよねんかんくしんけんきうたいけん》の心王《しんのう》、六尺肉身《しやくにくしん》を通《つう》ずる梵音靈化《ぼんのんれいか》に依《よつ》て一切《さい》を征服《せいふく》し宇宙《うちう》の實體《じつたい》となつたのである。……………

罪惡《ざいあく》、靈脈審判《れいみやくしんぱん》、懺悔《ざんげ》、心王認識《しんのうにんしき》の四道程《だうてい》を經《へ》て今當《いままさ》に因果律解除《いんがりつかいぢよ》を得《え》つゝある事《こと》を確信《かくしん》するものである』

因果律の指

小崎大随君

小崎君《くん》の實母《じつぼ》のサンゲ文《ぶん》と君《きみ》の自覺《じかく》と實情告白《じつじやうこくはく》を記《き》し寫眞《しやしん》を掲出《けいしゆつ》する事《こと》を承諾《せうだく》されたから、天下《てんか》の具眼者《ぐがんしや》に提供《ていきよう》して心《しん》靈研究《れいけんきう》の資料《しれう》としたのであるから、小崎君《くん》の活《いき》た証據《しやうこ》に依《よつ》て人格《じんかく》の完成《かんせい》を期《き》せられよ。

注意……小崎君《くん》の實母《じつぼ》は七十二歳《さい》で死去《しきよ》されたが、小崎君《くん》が自分《じぶん》の因果指《いんがゆび》を余《よ》に發見《はつけん》されて母《はゝ》に話《はな》してサンゲさせた時《とき》が三十七歳《さい》であつた、それ迄《まで》は實母《じつぼ》がショカチ病《びやう》にて醫師《いし》の服藥《ふくやく》もして居《を》つたのであるが、サンゲと同時《どうじ》にその病氣《びやうき》が全治《ぜんぢ》して無病者《むびやうしや》になつてから死去《しきよ》されたのである。

世間《せけん》には老年《ろうねん》になつてから病氣《びやうき》が出《で》て困《こま》る者《もの》が澤山《たくさん》あるが、皆《み》んな若《わか》い内《うち》の因果律《いんがりつ》の發露《はつろ》であるから靈脈《れいみやく》にて發見《はつけん》せねば何程《なにほど》醫藥《いやく》を服《ふく》すも治《なほ》らないのである、醫師《いし》は小崎君《くん》の實母《じつぼ》のショカチを親《おや》の遺傳《ゐでん》だと云《い》ふて居《を》つたそうだが醫師《いし》の診脈《しんみやく》も見當違《けんさうちが》ひも甚《はな》はだしいではないか。

新聞記者の靈脈稱賛

鹿兒島朝日新聞記者　蒲生天隱

千古《せんこ》に絕《ぜつ》したる御發見《ごはつけん》唯々《たゞ〳〵》感嘆《かんたん》畏服《ゐふく》の外無之候《ほかこれなくそふろう》御尊下《ごそんか》御發見《ごはつけん》に與《あづか》り初《はじ》めて個《こ》性《せい》の本體《ほんたい》を認《みと》め意義《いぎ》ある人生《じんせい》を味《あぢ》ふ事《こと》の出來候《できそうろう》は人類《じんるい》無上《むじやう》の一大幸福《だいこうふく》にて何《いづ》れ萬世《ばんせい》を益《えき》するものあるか正《まさ》に測《はか》る可《べ》からざるもの可有之《これあるべく》と奉恐察候《けふさつたてまつりそふろう》

五指靈脈《しれいみやく》の權威《けんい》……大觀師《たいかんし》は五指靈脈《しれいみやく》を發見《はつけん》して之《こ》れを天下《てんか》に公開《こうかい》し心王律《しんのうりつ》の神嚴犯《しんげんおか》す可《べ》からざるものあるを敎《をし》へ、之《こ》れに依《よ》りて宇宙《うちう》の一切《さい》を解決《かいけつ》せしめ、之《こ》れによりて混沌《こんとん》たる現代思想界《げんだいしそうかい》の歸趨《きしゆう》を自覺《じかく》せしめて、心王《しんのう》の一大光《だいくわう》明《めう》に浴《よく》せしめようと畢生《ひつせい》の努力《どりよく》を捧《さゝ》げて居《を》られるが。此《こ》の靈脈《れいみやく》の發見《はつけん》は實《じつ》に人生行路《じんせいこうろ》の羅針盤《らしんばん》で、又其暗黑面《またそのあんこくめん》を照《てら》す燈明台《とうめうだい》である彼《か》の千里眼《りがん》だの透視《とうし》だのと稱《しやう》するものなどゝは、自《おのづか》ら撰《せん》を異《こと》にし僞《いつは》りなき心王靈律《しんのうれいりつ》を其儘《そのまゝ》自由《じゆう》に直感《ちよくかん》せしむる神秘《しんぴ》の扉《とびら》を開《ひら》いたもので、而《しか》も需要《じゆえう》は無《む》盡《じん》全《まつた》く他《た》の追從《ついじう》を許《ゆる》さゞる權威《けんゐ》のあるのも之《こ》れが爲《ため》である、そして何人《なにびと》でも自由《じゆう》に研究《けんきう》が出來《でき》、應用《おうよう》が出來《でき》るのであるから。興味《きやうみ》が深《ふか》く知《し》らず識《し》らずの間《あひだ》に其堂《そのだう》に上《のぼ》り心王《しんのう》の權威《けんゐ》と靈律《れいりつ》の如何《いか》なるものなるかを體驗《たいけん》し、大慈悲《たいじひ》の光明《くわうめう》に浴《よく》する事《こと》が出來《でき》るのである。

靈脈で神の愛の虚僞を悟る

キリスト敎神學士　故淺原滋郎

吾輩《わがはい》はキリスト敎宣傳《けふせんでん》の爲山梨縣甲府市《ためやまなしけんこうふし》に往《い》つた時《とき》、余《よ》の信徒《しんと》中《ちう》に心王脈《しんのうみやく》の研究者《けんきうしや》があつて余《よ》にその研究《けんきう》を進《すゝ》めたから、密々《ないしよ》に研究《けんきう》したら中々《なか〱》的中《てきちう》して吾輩《わがはい》が神《かみ》の愛《あい》を説《さい》て居《な》るのが虚僞《いつはり》である事《こと》を自覺《じかく》した、依《よつ》て直接《ちよくせつ》西村師《し》に講習《こうしう》を受《う》けてその秘《ひ》を傳《つた》へられてから增々《ます〱》感《かん》じて來《き》たのである。

それから神學士《しんがくし》を斷然中止《だんぜんちうし》して自家《じか》に心王敎宣傳所《しんのうけふせんでんしよ》を開設《かいせつ》してあらゆる方面《はうめん》に宣傳《せんでん》を開始《かいし》したのである、毎日出張《まいにちしゆつてう》するのに晴雨《せいう》の靈脈《れいみやゝ》を試驗《しけん》して出《で》かけたが一日《にち》として不的中《ふてきちう》の日《ひ》はなかつた、又自分《またじぶん》の姉《あね》を長野縣《ながのけん》から東京《とうけふ》に同伴《どうはん》して來《く》る時《とき》も醫師《いし》や家族《かぞく》が途中《とちう》を危險《きけん》がり中止《ちうし》をせよと云《い》ふ時《とき》も、自分《じぶん》の靈脈《れいみやく》にて試驗《しけん》したが大丈夫安全《だいじやうぶあんぜん》と云《い》ふ明示《めいじ》だから直《たゞ》ちに同伴《どうはん》して靈脈《れいみやく》の如《ごと》くであつた。

靈脈《れいみやく》は世界的大發見《せかいてきだいはつけん》である、人間《にんげん》の體内《たいない》に『プラスマ』と云《い》ふ活力素《かつりよくそ》がある如《ごと》く、心王《しんのう》の生命《せいめい》があつて靈脈《れいみやく》に示《しめ》されるのは誰《たれ》も知《し》らなかつたのである、ヱスも釋迦《しやか》も日蓮《にちれん》も弘法《こうぼう》も靈脈《れいみやく》に關《かん》した事《こと》は少《すこ》しも敎《をし》へてなかつたのである、心王《しんのう》靈脈《れいみやく》は眞《しん》に人類救濟《じんるいきうさい》の早道《はやみち》で宇宙《うちう》の大靈源《だいれいげん》を個體《こたい》を通《つう》じて認識《にんしき》する確實《かくじつ》なる靈法《れいほう》である、日本《にほん》で此《こ》の發見《はつけん》があつたのは日本人《にほんじん》としての誇《ほこ》る可《べ》き一大問題《だいもんだい》である。

多年の宿望が靈脈で解ける

心王敎支院長　岡本文雄

多年《たねん》の宿望《しゆくぼう》なる心王發動《しんのうはつどう》の靈脈御指導《れいみやくごしどう》を授講《じゆこう》せられ小生《せうせい》は喜悅滿足《きえつまんぞく》これに過《すぎ》ず朝《あした》に道《みち》を聞《きい》て夕《ゆうべ》に死《し》すとも可《か》なりと孔子《こうし》の言《げん》、實《じつ》に今回體驗致《こんかいたいけんいた》したる待人《まちびと》來《きた》る藥指《やくし》振動《しんどう》……直《たゞ》ちに大的中《だいてきちう》之れ尊師《そんし》の御熱誠《ごねつせい》なる御指導《ごしどう》は肺肝《はいかん》に徹《てつ》し厚《あつ》く御禮申上候《おんれいもうしあげそふろう》、自今《じこん》倍々《ますます》心王《しんのう》を發揮《はつき》し運用《うんよう》し皇恩《くわうおん》に報《むく》ひ奉《たてまつ》り濟世利民《さいせいりみん》を志《こゝろざ》し、併《あわ》せて尊師《そんし》の慈恩《じおん》に酬《むく》ひ申《ちう》す可《べ》く謝辭如是《しやじかくのごとし》。

靈脈で大暴風雨を豫知す

東亞同文會理事　故　山　内　嵓

五指靈脈《しれいみやく》を研究《けんきう》してから大正《たいせう》拾五年《ねん》九月《がつ》四日《か》の大暴風雨《だいぼうふうう》を愚妻《ぐさい》の靈脈《れいみやく》にて實驗《じつけん》した、拇指《ぼし》と小指《こゆび》と藥指《やゝし》が動《うご》いたので朝《あさ》の内《うち》は曇《くも》り晝頃《ひろごろ》より大暴風雨《だいほうふうう》と變化《へんか》する事《こと》を前日《まへび》に豫知《よち》したのである、五指靈脈《しれいみやく》が中心《ちうしん》にて古聖《こせい》の易《えき》をも自由《じゆう》に活斷《かつだん》すると云《い》ふ事《こと》になつたのであるから、學士《がくし》會院《かいゐん》などに發表《はつぺう》して研究《けんきう》させてもよい權威《けんゐ》と價値《かち》がある。

神職の靈脈稱賛

伊曾乃神社々司　加　茂　通　太　郎

私《わたし》は靈脈判定術《れいみやくはんていじつ》を求めて西村師《し》の靈醫術《れいいじゆつ》に冠《かん》たる人《ひと》たるを知《し》りました故《ゆえ》茲《こゝ》に一言公表《ごんこうへう》します……方今《はうこん》及《およ》び將來《せうらい》に對《たい》しては吾々《われく》の責任上人心《せきにんじやうじんく》を救濟《きうさい》せねばならぬ、夫《そ》れには哲學《てつがく》と宗敎學《しうけふがく》の必要《ひつえう》を生《しやう》じたのでありますが。肉體《にくたい》に病《やまひ》ある者《もの》は何《なに》も手《て》に付《つ》かず、神《かみ》に祈《いの》り佛《ほとけ》に願《ねが》ふのですが扨《さ》てその神佛《かみはとけ》が靈顯《れいけん》を與《あた》へると云《い》ふのは疑問《ぎもん》です、西村師《し》の主張《しゆちやう》される心王《しんのう》、之《こ》れは神佛《かみほとけ》の原《もこ》でありまして之《こ》れが五指靈脈《しれいみやく》に明示《めいじ》されて病因《びやういん》を知《し》る時《とき》に自己《じこ》が作《つく》つたのだか遺傳《ゐでん》だか判《わか》り、茲《こゝ》に始《はじ》めて治療《ちれう》になるのであるから五指靈脈《しれいみやく》は實《じつ》に必要《ひつえう》の靈法《れいほう》である事《こと》を感《かん》じたのであります。

西村師《し》の至誠《しせい》と熱心《ねつしん》と多年間《たねんかん》、宗敎學《しうけふがく》と哲理《てつり》に研究《けんきう》を積《つ》まれたる結果《けつか》の賜《たまもの》と存《ぞん》じ感謝《かんしや》する次第《しだい》であります、心王自治《しんのうじち》と云《い》ふ事《こと》が日本人全般《にほんじんぜんぱん》に了解《れうかい》されると健全《けんぜん》の民族《みんぞく》となるのであります。

靈脈寶鑑の稱賛

モスリン工場勤務　原澤末吉

西村先生《せんせい》の大慈悲《だいじひ》に依《よつ》て公開《こうかい》された心王靈脈《しんのうれいみやく》は、實《じつ》に心王律《しんのうりつ》の嚴格《げんかく》なるは人《じん》爲《ゐ》の法律《ほうりつ》を以《もつ》てしても到底出來《とうていでき》ざる靈秘《れいひ》であります、靈脈寶鑑《れいみやくほうかん》と云《い》ふ一書《しよ》は心王主義《しんのうしゆぎ》の六法全書《ぽうぜんしよ》であつて日本民族《にほんみんぞく》の一大寶典《だいほうてん》であります、決《けつ》して他門《たもん》の追從《ついじう》を許《ゆる》さぬ一大發見公開《だいはつけんこうかい》である事《こと》を私《わたし》は確信《かくしん》しました、藥物療法《やくぶつれうほう》の醫師《いし》は心王靈脈《しんのうれいみやく》を修《おさ》めて患者《かんじや》を取扱《とりあつか》ふと誤診《ごしん》などは決《けつ》してないのである。吾々《われ〳〵》研究《けんきう》の同志《ごうし》は西村師《し》の恩《おん》に感謝《かんしや》すると同時《ごうじ》に天下《てんか》に宣傳《せんでん》する大責任《だいせきにん》があるのです。

日蓮宗僧侶の批判

日蓮宗了仙寺主　國柱院日統

藥物萬能《やくぶつばんのう》の醫術《いじゆつ》に對抗《たいこう》して靈醫學《れいいがく》を絕叫《ぜつきやう》し心靈療法《しんれいれうほう》が確《たし》かに必要《ひつよう》を一般《はん》から確認《かくにん》されて來《き》ました事《こと》は事實《じじつ》である、然《しか》し他門《たもん》にない心王靈脈法《しんのうれいみやくほう》と云《い》ふのが最《もつと》も痛切《つうせつ》に必要《ひつよう》を感《かん》ずるのである。

靈醫學《れいいがく》の必要《ひつえう》は靈脈法《れいみやくほう》があるからである、迷信《めいしん》は非文明《ひぶんめい》なり文明《ぶんめい》の時代《じだい》は最《もつと》も合理的《ごうりてき》ならざる可《べ》からず、事實《じじつ》は理論《りろん》と相待《あひまつ》て始《はじ》めて眞理《しんり》なり、西村淨聖《にしむらぜうせい》は人類愛《じんるゐあい》の熱火《ねつか》を以《もつ》て全世界《ぜんせかい》の惡覺妄想《あくかくもうそう》を燒《や》き盡《つく》さん大抱負《だいほうふ》と大信念《だいしんねん》は近頃《ちかごろ》の痛《つう》快《くわい》なる義擧《ぎきよ》と双手《そうしゆ》を擧《あ》げて拍手《あくしゆ》せずんばあらざるなり。

不肖は祈禱改良《きとうかいりやう》に數年《すうねん》を費《つひや》し自《みづ》から祈禱上《きとうじやう》の靈的問題《れいてきもんだい》を研究《けんきう》したるが故《ゆゑ》に西村氏《し》の心王靈醫學《しんのうれいいがく》及《およ》び祈禱術《きとうじゆつ》に對《たい》してその苦心《くしん》を推察《すゐさつ》し同情《どうじやう》の念禁《ねんきん》ずる能《あた》はず依《よつ》て茲《こゝ》に一言《げん》す。

長德寺住職の靈脈稱贊

皇子日本武尊御開基寺院　長德寺住職　後醍院良夫

合掌欽白す、御《ご》恵《けい》送《ぞう》に相成《あひなり》候《さふらふ》靈脈寶鑑《れいみやくほうかん》は實《じつ》に貴重《きちやう》の逸品《いつぴん》に有之候《これありさふらふ》、就《つい》て拙《せつ》家《け》の家系《かけい》に就《つい》て靈脈試驗致《れいみやくしけんいた》し候《さふらふ》處拇指《ところぼし》と藥指《やくし》が靈動致《れいどういた》し候《さふらふ》故系圖《ゆえけいづ》を調《しら》べたるに。

拙家《せつけ》は懷良親王《しんのう》の王子《わうじ》良宗王《わう》の御裔從《こうゑいじう》五位下《ゐげ》良秀の孫《まご》として有《あり》ますが、祖先《そせん》の史《し》を回顧《かいこ》すれば實《じつ》に無量《むりやう》の感《かん》に打《う》たれます、拇指《ぼし》は祖先《そせん》で藥指《やくし》は修羅《しうら》の妄執《まうしう》を實現《じつげん》した跡《あと》が眼《め》の前《まへ》に展回《てんかい》して來《く》るのであります、靈脈《れいみやく》の偉大《いだい》なる明示《めいじ》は恐《おそ》れ入《い》りたる事《こと》に候《さふらふ》。

曹洞宗僧侶の靈脈稱贊

性相學士　西光寺住職　芳川天龍

合掌　今回《こんかい》の心王靈脈寶鑑《しんのうれいみやくほうかん》彌々《いよ〳〵》精微神妙《せいびしんめう》の秘境《ひきやう》に入《い》り給《たま》ふ感想相起《かんそうあいおこ》り再《さい》三拜《はい》

讀致《どくいた》し一点《てん》の申分無之《もうしぶんこれなく》完全《かんぜん》と乍憚《はゞかりながら》奉存候《ぞんじたてまつりさふらふ》、貴說《きせつ》より推測候得《すゐそくさふらへ》ば佛說《ぶつせつ》善惡占察經《ぜんあくせんさつきやう》の意《い》より死後《しご》の事《こと》（轉生《てんしやう》）も斷定出來《だんていでき》るやに被存候《ぞんぜられさふらふ》、朝夕日用《てうせきにちよう》缺《か》くべからざる寶鑑《ほうかん》と存《ぞん》じ候《さふらふ》又養蠶家《またやうさんか》の便利《べんり》は多大《ただい》なる事《こと》を切《せつ》に感《かん》じ入《い》り候《さふらふ》。

敬具《けいぐ》

心王靈脈は無價の寶珠

心王自治團支部長　小崎大隨

合掌　心王靈脈寶鑑《しんのうれいみやくほうかん》正《まさ》に拜受致《はいじゆいた》しました、更《さら》に研究《けんきう》に精進《せうじん》いたします、微細《びさい》なる靈細《れいさい》の持主《もちぬし》たる先生《せんせい》の頭腦《づのう》には驚《おどろ》きました、無價《むげ》の寶珠《ほうじゆ》とは正《まさ》に斯《か》くの如《ごと》き先生《せんせい》の靈能《れいのう》を稱《しやう》したるものならんと存《ぞん》じます、實《じつ》に心王《しんのう》の妙感《めうかん》ずる外《ほか》ありません、勉《つと》む可《べ》きは心王學《しんのうがく》である、徹底《てつてい》す可《べ》きは心王脈《しんのうみやく》である。

東京郊外瀧の川　西園寺公毅

先日御《せんじつご》枉駕《わうが》下《くだ》され且御《かつご》書御《しよご》惠與《けいよ》ありがたく存《ぞん》じ候《さふらふ》早速《さつそく》子供等《こどもら》と共《とも》に先《ま》づ天《てん》候《こう》の豫報練習《よほうれんしう》を試《こゝろ》み候《さふら》へども御出《おい》で中《ちう》になき樣《やう》の靈脈《れいみやく》の動《うご》き方《かた》を致《いた》し面白《おもしろ》く存《ぞん》じ候《さふらふ》近來《きんらい》になき家庭中《かていぢう》笑顔《ゑがほ》を致《いた》し候《さふらふ》次第《しだい》。

眞宗信者の靈脈稱賛

吉本芳運

私《わたし》は僧侶《そうりよ》ではありませんが親鸞宗《しんらんしう》を奉持《ほうぢ》して居《を》る者《もの》です、或《あ》る信者《しんじや》の處《ところ》にて靈脈寶鑑《れいみやくほうかん》を拜見《はいけん》して誠《まこと》に面白《おもしろ》く天候《てんこう》などの自然現象《しぜんげんしやう》が百發《はつ》百中《ちう》で、親鸞門下《しんらんもんか》などのとても及《およ》ばざる處《ところ》に有之《これあり》候《さふらふ》

以上列擧《いじやうれつきよ》した諸子《しよし》の實情《じつじやう》と所感《しよかん》の外《ほか》に無數《むすう》の告白及《こくはくおよ》び所感《しよかん》があるけれども此《この》章《しやう》は之《こ》れで擱筆《かくひつ》して次《つぎ》は靈脈《れいみやく》の實驗《じつけん》に移《うつ》るとする。

第貳拾七章　實驗報告（二）

前章《ぜんしやう》に於《お》て靈脈《れいみやく》に對《たい》する所感《しよかん》と實情《じつじやう》を列擧《れつきよ》した、此章《このしやう》は病脈《びやうみやく》の實驗《じつけん》を中心《ちうしん》に各地《かくち》の會員《くわいいん》が妙技《めうぎ》を現《あらは》された事《こゝ》を綜合大統《そうごうたいとう》して研究者《けんきうしや》の資料《しれう》とする事《こゝ》にした然《しか》し此章《このしやう》は概《がい》して病脈《びやうみやく》ばかりであるから諸事鑑識脈《しよじかんしきみやく》の方《はう》は次章《じしやう》に記《しる》して研究《けんきう》者《しや》の判《わか》り易《やす》い様《やう》にしたから混交《こんかう》せぬ様《やう》に修得《しうとく》されよ、實驗報告《じつけんほうこく》を一應了解《おうりやうかい》すればば余《よ》が發表《はつぺう》した各靈脈《かくれいみやく》の眞義《しんぎ》が判《わか》るから。

栃木縣　心王靈醫學救療院長　龜　山　大　祉

私《わたし》の處《こゝろ》から約《やく》三里《り》程《ほど》離《はな》れた葛生《くずう》町《まち》の武藤某《よう》の妻君《さいくん》が四年越《ねんごし》の病氣《びやうき》で日増《ひまし》に腹《はら》が大《おほ》きくなるのです、安蘇病院《あそびやうゐん》で診療《しんれう》を受《う》けたけれども更《さら》に効《こう》なく益々《ます〱》膨張《ほうちやう》する斗《はか》りでした。

賴《たの》みに來《き》ましたから靈脈《れいみやく》を診《しん》しましたら人指《ひとゆび》が横《よこ》に開《ひら》きました故《ゆゑ》、難病《なんびやう》でも生命《いのち》には別條《べつでう》がないと申《もう》して斷言《だんげん》を與《あた》へました、患者《かんじや》が是非《ぜひ》來《き》て呉《く》れと强《し》ひて申《もう》されますから往《いつ》て靈脈《れいみやく》を診《しん》したら小指《こゆび》と藥指《やくし》が動《うご》いた、小指《こゆび》は非常《ひじやう》に横《よこ》になりましたから腹膜《ふくまく》で非常《ひじやう》に水《みづ》が溜《たま》つて居《を》るから取《と》らねばいけない事《こと》を示《しめ》しました、因果律《いんがりつ》は實母《じつぼ》の因《いん》が妻君《さいくん》が懷胎《かいたい》して居《を》る内《うち》に引受《ひきう》けた事《こと》を申《もう》してやりまして皆的中《みなてきちう》。

それから田沼町《たぬまゝち》の山口醫師《いし》が水《みづ》を取《と》るのが上手《じやうづ》であるから私《わたし》の靈指《れいし》で診《しん》しその醫師《いし》を呼《よ》んで水《みづ》を取《と》つて貰《もら》ひましたらバケツに二杯《はいこ》取れましたから病人《びやうにん》は淸《せい》淸《せい》したと申《もう》しました、依《よつ》て私《わたし》は觸手施法《しよくしゆせほう》で全快《ぜんくわい》させました、以後《いご》は醫師《いし》と共同《きやうどう》して難病者《なんびやうしや》を救《すく》ふて居《を》り舛《ます》。

福井市　心王靈醫學士　前葉大修

貳拾五歲《さい》女子《おんな》長病《ながやまひ》で非常《ひじやう》に悲觀《ひかん》して居《を》つた、私《わたし》は靈脈《れいみやく》を診《しん》してやりましたら拇《ぼ》指《し》と藥指《やくし》が動《うご》き、三段脈《だんみやく》異狀《ゐじやう》なし、依《よつ》て貴女《あなた》は祖父母《そふぼ》の因果律《いんがりつ》と我儘《わがまゝ》即《すなは》ち兩親《れうしん》の慈愛《じあい》を無《む》にした爲《ため》に貴女《あなた》の心王《しんのう》の制裁《せいさい》である故《から》、貴女《あなた》の心王靈性《しんのうれいせい》を認《みと》めれば治《ち》すと云《い》ひ渡《わた》し、敎化《けふげ》を熱心《ねつしん》に靈拳法《れいけんぽう》三日《か》間《かん》行《おこな》ふて足腰《あしこし》が自由《じゆう》になり全治《ぜんち》致《いた》しました。

心王靈醫學施法部

東京府　心王靈醫學士　原澤大臨

モスリン會社女工《くわいしやじよこう》にて貳拾歲《さい》大江某《ぼう》、工塲《こうじやう》にて作《さ》業中突然卒倒《げふちうとつぜんそつたう》する事度々《ことたび〳〵》にて他人《たにん》を驚《おどろ》かすのであります、其度毎《そのたびごと》に會社附屬《くわいしやふぞく》の病院《びやうゐん》にて應急手《おうきよて》當《あて》をなすも遂《つひ》に全快《ぜんくわい》せず、國元《くにもと》に歸《かへ》り溫泉治療《をんせんちれう》をして會社《くわいしや》に歸《かへ》ると再發《さいはつ》するのです、私《わたし》の友人《ともだち》から賴《たの》まれて先《ま》づ靈脈《れいみやく》を診《しん》したら中指內《なかゆびうち》に曲《まが》り次《つぎ》に小《こ》指振《ゆびふる》ひ藥指《やくし》內《うち》に曲《まが》る、私《わたし》は斷《だん》じました、下《しも》の病氣《びやうき》と色情關係《しきじやうかんけい》と親兄弟《おやけふだい》と圓滿《ゑんまん》でない事《こと》を。本人《ほんにん》はそれを悉《こと〴〵》く自白《じはく》しました敎化《けふげ》して七日間施法《かんせほう》を行《おこな》ひましたら全治《ぜんち》して本人《ほんにん》の姉《あね》が云《い》ふには病氣中《びやうきちう》の心持《こゝろもち》と丸《まる》で人間《にんげん》が變《かわ》つた樣《やう》になりましたと。

金澤市　心王救療院長　湯原景政

石川縣内川村《いしかはけんうちかはむら》の鈴木某《ぼう》三十九歲女子《さいおんな》が四年前《ねんまへ》に肋膜炎《ろくまくえん》となり金澤醫科大學病《かなざはいかだいがくびやう》院《ゐん》に入院《にようゐん》せし處《ところ》、脊髓《せきずい》の上部《うへ》より腰部《こし》に至《いた》る間《あひだ》が疼痛《こうつう》し起居不自由《ききよふじゆう》となり、それ故外科《からげか》に就《つ》き診療《しんれう》の結果《けつか》脊髓《せきずい》と斷《だん》ぜられ内科《ないか》より外科《げか》に轉《てん》じ治療《ちれう》せしも病勢《びやうせい》依然《いぜん》として治癒《らゆ》せず增進《ぞうしん》の模樣《もやう》あり、本人《ほんにん》も數《すう》ケ月間《げつかん》唯《た》だ仰臥《あうが》するのみにて功《こう》なき故《ゆえ》一時退院《じたいゐん》し、知人《ちじん》のすゝめに依《よ》り針灸《しんきう》せしも効《こう》なく轉《てん》じてマッサージをなすも効《こう》なく、本人《ほんにん》の姪《めい》から聞《き》き傳《つた》へて余《よ》の處《こゝろ》に來《きた》りたる故《ゆえ》、靈脈《れいみやく》を診《しん》したるに小指《こゆび》の動故脊髓病《どうゆえせきずいびやう》にあらず、子宮病《しきうびやう》なる旨《むね》を告《つ》げしも、本人《ほんにん》は子宮病《しきうびやう》にあらず醫師《いし》の診斷通《しんだんどほ》り脊髓病《せきずいびやう》と頑固强辨《がんこきやうべん》せり、其日《そのひ》午後《ごご》本人《ほんにん》の夫《おつと》が來《きた》り故子宮病《ゆゑしきうびやう》なる旨《むね》を斷言《だんげん》し再《ふたゝ》び醫科大學病院《いかだいがくびやうゐん》に就《つ》き診斷《しんだん》し貰《もら》ふ可《べ》きを諭《さと》せり。

而《しか》して二日後《かご》本人來《ほんにんきた》り先生《せんせい》の申《まう》さるゝ通《とほ》り婦人科《ふじんか》に診《しん》して貰《もら》ひました所子宮《ところしきう》病《びやう》なりと申《まう》されました、且自分《かつじぶん》は昨年《さくねん》二月《がつ》より月經《げつけい》なきはそれが爲《ため》でありしかと申故《まうすゆゑ》、子宮病《しきうびやう》の治療《ちれう》せしにさしも四年越《ねんごし》の病氣《びやうき》は四週間《しうかん》にて全治《ぜんち》し本人《ほんにん》の喜《よろこ》び非常《ひじやう》であつた。

之《こ》れは靈脈《れいみやく》の權威《けんゐ》を示《しめ》すものであつてあらゆる靈術《れいじゆつ》でも醫術《いじゆつ》でも靈脈診斷《れいみやくしんだん》の必要《ひつえう》を明《あき》らかにするものたる玆《こゝ》に確信《かくしん》して、靈醫學研究《れいいがくけんきう》の諸君《しよくん》に參考《さんこう》の爲《ため》一書《しよ》投稿《さうこう》する次第《しだい》。

千葉縣　靈醫學修得者　茂手木猪松

四拾二歲婦人《さいおんな》來《きた》り靈脈診斷《れいみやくしんだん》を行《おこな》ふ藥指《やくし》と小指《こゆび》が少《すこ》し動《うご》く、次《つぎ》に三段脈《だんみやく》は內臟《ないぞう》關係《かんけい》である、依《よつ》て本人《ほんにん》に質問《しつもん》した、『子供《こども》の爲《ため》に何《なに》か心配事《しんぱいごと》はありませんか』と、婦人《おんな》は答《こた》へた、子供《こども》の爲《ため》に人《ひさ》と喧嘩《けんか》して裁判《さいばん》をして居《を》ります今《いま》では東京《とうけい》の控訴院《こうそゐん》まで持出《もちだ》しましたさ、自白《じはく》したから教化《けふげ》して當病《このやまひ》は七日《か》間《かん》にて觸手《しよくしゆ》全快《ぜんくわい》させました。

山梨縣　心王靈醫學施法部長　小倉大光

四十三歳《さい》婦人《おんな》來《きた》り靈脈診斷《れいみやくしんだん》中指掌《なかゆびてのひら》中に附《つ》き人指橫《ひとさゆびよこ》に開《ひら》きたる故《ゆえ》、貴女《あなた》は肉身《みうち》の人《ひと》の死《し》の刹那《せつな》の觀念《かんねん》を存續《そんぞく》して居《を》るが、剛情《ごうじやう》の爲《ため》に心《こゝろ》の中《なか》に秘《かく》して悶々《もんもん》して居《を》る、と云《い》ふたら三年前《ねんぜん》に子供《こども》の爲《ため》に目上《めうへ》と爭《あらそ》ひ口《くち》を開《ひら》かずに居《を》る內《うち》、目上《うへ》が死去《しきよ》したのです、と申《もう》され的中《てきちう》して施法《せほう》七日《か》で全治《ぜんぢ》させた。

岩手縣　心王靈醫學救療院長　小松大靜

廿一歳男子《さいおとこ》の診脈《しんみやく》を依頼《いらい》された故《から》靈診《れいしん》したら人指《ひさゆび》少動《せうどう》し次《つぎ》に中指《なかゆび》少動《せうどう》、醫師《いし》は心臓病《しんぞうびやう》であるだろふと申《まう》したらその通《とほ》りだと答《こた》へた、小生《せうせい》は本人《ほんにん》に尋《たづ》ねた『君《きみ》の兩親中《れうしんちう》どちらか心臓《しんぞう》が弱《よわ》くなかつたか』と尋《たづ》ねると患者《かんじや》は兩眼《れうがん》に涙《なみだ》を浮《うか》べて父《ちゝ》は心臓《しんぞう》で昨年突然死去《さくねんとつぜんしきよ》致《いた》しました、と答《こた》へたから。父《ちゝ》の刹那《せつな》の波動遺傳《はどうゐでん》と中指《なかゆび》は君《きみ》の自我心《じがしん》が多少加《たせうくは》わつて居《を》るからそれを心王《しんのう》に基統《きさう》すれば治《なほ》ると云《い》ふたら大《おほ》ひに喜《よろこ》び心氣轉換《しんきてんかん》をしたのである。

青森縣　心王靈醫學救療院長　工藤大兌

私《わたし》の隣村《となりむら》に十九歳《さい》の娘《むすめ》が他《た》に縁附《えんづい》てお産《さん》の爲實家《ためじつか》に歸《かへ》り首尾《しゆび》よく安産《あんざん》でしたが、一週間後腹痛起《しうかんごふくつうおこ》り醫師《いし》にかゝるも効《かう》なく、自治團員《じちだんいん》の親類關係《しんるいかんけい》から頼《たの》みに來《き》た、往《い》つて靈診《れいしん》したが非常《ひじやう》に苦《くる》しんで居《を》つた、先《ま》づ二十分程觸手《ぶんほどしよくしゆ》して悩《なや》みを靜《しづ》めてから靈脈《れいみやく》を診《しん》したら人指《ひさゆび》と小指《こゆび》の動《どう》であつた、依《よつ》て兩親《れうしん》を病人《びやうにん》の傍《かたは》らに座《ざ》せしめ判斷《はんだん》を聞《き》かせた、『此《こ》の病人《びやうにん》は家内不和《かないふわ》を氣《き》にして胃腸病《ゐちやうびやう》を患《わづら》ふて居るのです、親《おや》が子供《こども》の心《こゝろ》を痛《いた》めて病氣《びやうき》を起《おこ》させ苦《くる》しませると見《み》るが……と質問《しつもん》したら、それは父《ちゝ》が酒《さけ》を飲《の》む度《たび》に父《ちゝ》と母《はゝ》とが口論《こうろん》を始《はじ》め少《すこ》しの事《こと》でも腹《はら》を立《だ》て子《こ》供《ども》に迄惡口《まであくこう》を言《い》ひて心配《しんぱい》をかけるのです、と云《い》ふから家内和《かないわ》合《ごう》の心靈解剖《しんれいかいばう》を敎《おし》へ一回施《かいせ》法《ほう》で服藥《ふくやく》せず其後病氣《そのごびやうき》は起《おこ》らない。

香川縣　心王靈醫學士　吉本禎介

十四歳女子《さいおんな》濱中某、中耳炎《ちうじえん》でしたが小指《こゆび》と人指《ひとゆび》の動《ごう》でした、參考指《さんこうゆび》は人指《ひとゆび》と藥指《やくし》です、右小指《みぎこゆび》は特《とく》に曲《まが》りました、小指《こゆび》は耳《みゝ》の病氣《びやうき》とし人指《ひとゆび》は母《はゝ》と藥指《やくし》は母《はゝ》の愛着《あいちやく》の死《し》の刹那《せつな》の觀念《かんねん》の存續《そんぞく》と、母《はゝ》の遺傳性《ゐでんせい》の毒《どく》があると云《い》ひきかせましたら大的中《だいてきちう》でした。

右《みぎ》の女子《おんな》は生《うま》れて後《のち》百五十日《にち》にして母《はゝ》は死去《しきよ》したので養子《やうし》に往《いつ》たら又養子《またやうし》の

兩父母《れうふぼ》が死去《しきよ》したのです、今《いま》は第《だい》三番目《ばんめ》の父《ちゝ》の養育《やういく》です、實父《じつぷ》が他《た》にある故《から》質《たゞ》しましたら實母《じつぼ》は非常《ひじやう》にシヨカチでしたと申《まう》しました、醫師《いし》が全治《ぜんち》迄《まで》は永《なが》くかゝると申《まう》しましたが中耳炎觸手《ちうじえんしよくしゆ》八回《かい》で治《なほ》りました。

神奈川縣　心王靈醫學士　遠藤勝造

私《わたし》の附近《ふきん》の或《あ》る婦人《をんな》が乳癌《にふがん》で乳《ちゝ》が痛《いた》み揉療治《もみれうぢ》やら醫師《いし》やら祈禱《きとう》やら種々《いろ〳〵》手《て》を盡《つく》しても効《こう》なき故私方《ゆゑわたしかた》へ頼《たの》みに來《き》ました、靈脈《れいみやく》は藥指《やくし》と小指《こゆび》動《うご》き横《よこ》に開《ひら》き人《ひと》指動《ゆびうご》き内《うち》に曲《まが》る、（斷《だん》）貴女《あなた》は色情關係《しきじやうかんけい》で劣等心《れつとうしん》より肉身者《にくしんじや》と關係《かんけい》をし親《おや》に心配《しんぱい》をかけた事《こと》はありませんか、と聞《き》くと患者《かんじや》は『實《じつ》に恥《はづ》かしき事《こと》にて話《はな》せば畜生同樣《ちくしやうどうやう》ですが戀《こひ》の道《みち》とて實兄《じつけい》と情《じやう》を結《むす》び親《おや》に見附《みつ》けられて非常《ひじやう》に心配《しんぱい》をかけました』と自白《じはく》したのです。

藥指《やくし》と小指《こゆび》は色情關係《しきじやうかんけい》を明《あき》らかにし、人指掌中《ひとゆびてのひら》に曲《まが》るは目上《めうへ》の者《もの》とし又親《またおや》とするので活斷《かつだん》したのです、誠《まこと》に心王《しんのう》の制裁《せいさい》は嚴格《げんかく》なるものです、二日目《かめ》の施《せ》法中患者閉目《ほうちうかんじやへいもく》の眼先《めさき》に非常《ひじやう》の光《ひか》りが出《で》たのです、先生《せんせい》の御發表《どはつぺう》の虚僞《いつわり》ならざる事《こと》を實証致《じつしやういた》し升《ます》。

千葉縣　心王祈禱修得者　小泉雲溪

居所《きよしよ》の一友人《ゆうじん》十年來《ねんらい》禪《ぜん》を修《しう》し大石正巳氏《し》の道場《だうじやう》に於《おい》ても一位達者《ゐたつしや》とせらるゝ人格《じんかく》なるが、一日《あるひ》近郷《きんごう》の請《こひ》に應《おう》じて講演出張《こうえんしゆつてう》の矢先《やさき》岩井停留場下車《いわゐていりうぢやうげしや》同時《どうじ》に卒《そつ》倒《たう》せり、百端蒼忙《たんそうはう》の間《あひだ》不眠《ふみん》に依《よ》る腦貧血《のうひんけつ》なる可《べ》く直《たゞ》ちに歸宅《きたく》して靜養《せいやう》せるを訪《と》ひ驗脈《けんみやく》の結果《けつか》本脈藥指小指《ほんみやくやくしこゆび》、參考中指振《さんこうなかゆびふる》ふ……斷《だん》じて曰《いわ》く『酒害《しゆがい》に胃腸《ゐちやう》を傷害《しやうがい》せられ血行《けつこう》の不統《ふとう》一を來《きた》し呼吸器《こきうき》に及《およ》べるものならん』的中《てきちう》、直《たゞ》ちに腦《のう》觸手《しよくしゆ》を行《おこな》ふ事《こと》三回《かい》にして全治《ぜんぢ》したり。

此外數《このほかすう》十人實驗《にんじつけん》したるに奏効神《そうこうかみ》より顯著《けんちよ》。

佐賀市　心王自治團支部長　下村大方

佐賀《さが》驛《えき》から四里《り》程離《ほどはな》れて居《を》る處《ところ》から態々《わざ/\》來《こ》られた二十四歳《さい》の男子《をとこ》、自治團《じちだん》の事《こゝ》を質問《しつもん》したから内容《ないよう》を話《はな》した上《うへ》、正式靈脈《せいしきれいみやく》を行《おこな》ふたら小指《こゆび》が裂《さけ》る程横《ほどよこ》に開《ひら》き次《つぎ》に藥指《やくし》追加《ついか》して横開《よこひら》き（斷《だん》）之《こ》れは心王明示《しんのうめいじ》の直感《ちよくかん》でした。

君《きみ》は妻君《さいくん》を御持《おも》ちですか、君《きみ》には御婦人《ごふじん》の非常《ひじやう》な波動《はどう》があり、無理《むり》をなされた事《こゝ》がある筈《はず》ですが。

君《きみ》の思慮《しりよ》以外《いがい》に感《かん》ずる此《こ》の指頭《しとう》の脈動《みやくどう》が證明《しやうめい》して居《を》ります、と斷言《だんげん》したら非《ひ》常《じやう》に靈感《れいかん》したと見《み》へ矢次早《やつぎばや》に左《さ》の通《とほ》りサンゲしてくれました。

本人《ほんにん》、私《わたし》は今《いま》は妻《つま》を持《もつ》て居《を》りませんが今迄《いままで》に自分《じぶん》の氣《き》に合《あ》はぬとて二人《り》の妻《つま》を追《お》ひ出《だ》しました、御明示《ごめいじ》の通《とほ》り婦人《おんな》の波動《はどう》がある所《ところ》ではありません、實際《じつさい》に無《む》理《り》を致《いた》しました、本人《ほんにん》に對《たい》して誠《まこと》にすみませんと思《おも》ふて居《を》り舛《ます》。

千葉縣　靈醫學研究生　大野榮三郎

小生《せうせい》の繼母《けいぼ》六十一歳《さいい》醫師《し》は心臟辨膜病《しんぞうべんまくびやう》と申《ちう》されました、背《せ》曲《まが》り身體《しんたい》非常《ひじやう》に不《ふ》自由《じゆう》、四肢《し》ブル〳〵醫師《いし》は不治《ふぢ》と斷《だん》じました、同研究者《ごうけんきうしや》茂手木氏《しし》參《まい》られ母《はゝ》に對《たい》して診脈實驗《しんみやくじつけん》されました、正脈《せいみやく》は拇指《ぼし》人指《ひとゆび》合《がつ》す、參考《さんこう》は拇指《ぼし》人指中指《ひとゆびなかゆび》少《すこ》し内《うち》に屈曲《くつきよく》す。

慥《たし》かに神經脊髓《しんけいせきずい》と心臟《しんぞう》であります、發病《はつびやう》の因《いん》は祖父母《そふぼ》の功德《くどく》を無視《むし》した心王《しんのう》の制裁《せいさい》と、父母《ふぼ》存命中《ぞんめいちう》精神上《せいしんじやう》和合《わごう》せず非常《ひじやう》に腦《のう》を痛《いた》めたるが原《もと》であると母《はゝ》も告白《こくはく》しましたから、小生《ぜうせい》も施法《せほう》八日《か》間致《かんいた》しましたので大《おほ》ひに快方《くわいはう》に赴《おもむ》きました家内《かない》一同喜《ごうよろこ》んで居《を》り升《ます》。

靜岡縣　心王靈醫學施法部　石塚大師

豐橋市《とよはしし》の或《あ》る呉服店《ごふくてん》の老人《ろうじん》が神經痛《しんけいつう》で施法《せほう》を依賴《いらい》されたから靈脈《れいみやく》を診《しん》したら

藥指《やくし》の動《ごう》を見《み》た（斷《だん》）二三年前《ねんぜん》に心配事《しんぱいごと》あるを質《たゞ》したら養女《やうじよ》と養子《やうし》との事《こと》で衝突《しようとつ》し目下《もつか》養子《やうし》を追《お》ひ出《だ》して横濱《よこはま》に預《あづ》けてあると云《い》ふた、依《よつ》て敎化《けふげ》の上萬事《うへばんじ》を解除《かいじよ》して治《なほ》つた。

岡山縣　心王靈醫學士　野上藤藏

同村《どうそん》の齋藤某《ぼう》の妻君《さいくん》が心臓病《しんぞうびやう》だと云《い》ふて永《なが》らく醫師《いし》の投藥《とうやく》をして居《を》つたが治《なを》らない、依《よつ》て小生《せうせい》の處《ところ》に賴《たの》みに來《き》たから往《い》つて靈脈《れいみやく》を診《しん》したら、拇指《ぼし》と小指《こゆび》である（斷《だん》）貴女《あなた》の御病氣《ごびやうき》は心臓病《しんぞうびやう》ではなく心王《しんのう》の制裁《せいさい》であります、貴女《あなた》は祖先《そせん》の御恩《ごおん》を忘《わす》れて利己心《りこしん》が充滿《じうまん》しておりはしませんか、と尋《たづ》ねると、本人《ほんにん》は私《わたし》は祖先《そせん》の事《こと》なんか何《なに》も構《かま》ひません、自分《じぶん》さへよければ人《ひと》はどうでもよいと思《おも》ふてゐますから、祖父母《そふぼ》にも別《べつ》に構《かま》はなかつたのでありました、と自白《じはく》したから敎化《けふげ》して心氣轉換《しんきてんかん》させて全快《ぜんくわい》させました。

和歌山縣　心王自治團支部　高地大寛

田邊《たなべ》町《まち》大字《おほあざ》元町《もとまち》から三十八才男《おとこ》來《きた》る、病脈《びやうみやく》は人指《ひとゆび》曲《まが》り藥指《やくし》加《くは》わり小指《こゆび》と合《がつ》す、續《つゞ》いて中指外《なかゆびそと》に反《そる》ようになる、參考《さんこう》は小指人指《こゆびひとゆび》仝時《どうじ》に曲《まが》り、指頭合《しとうがつ》し藥指《やくし》横《よこ》に開《ひら》きて小指《こゆび》と合《がつ》し離《はな》れて又合《またがつ》し續《つゞ》いて中指内《なかゆびうち》に曲《まが》る。

（斷《だん》）君《きみ》の病氣《びやうき》は胃腸《ゐちやう》より來《きた》り腦《のう》を侵《おか》して其爲《そのため》に神經病《しんけいびやう》に罹《かゝ》つて居《を》るのである參考指《さんこうゆび》の方《はう》は母親《はゝおや》と妙《めう》な關係《かんけい》をして尙外《なほほか》に或《あ》る女《おんな》と色情關係《しきじやうかんけい》で無理《むり》をしたのが發病《はつびやう》の原因《げんいん》になつて居《を》るが如何《いかん》、と問《と》へば……本人《ほんにん》は母《はゝ》は繼母《まゝはゝ》の爲《ため》折合《なりあひ》惡《あ》しかりしとの返事故《へんじゆゑ》、母《はゝ》と仲《なか》が惡《わる》いのではない、妙《めう》に良《よ》かつたのではないかと云《い》へば、本人《ほんにん》は母《はゝ》は昨年死去《さくねんしきよ》しましたと云《い》ふから、隙《すか》さず君《きみ》の發病《はつびやう》した時《とき》は亡父《ばうふ》の命日《めいにち》から起《おこ》つて居《を》る故《から》一考《こう》して見《み》るがよいと突込《つゝこ》めば默《もく》して語《かた》らず、夫故《それゆゑ》一先《ま》づ歸《かへ》つて私《わたし》の述《の》べた事《こと》を良《よ》く味《あぢ》わつて間違《まちが》ひがなければ明朝再《めうてうふた》び來《きた》り給《たま》へと云《い》ふて歸《かへ》したり。

翌朝《あくるあさ》來て昨日《きのふ》先生《せんせい》の申《まう》された通《とほ》り私《わたし》の病氣《びやうき》は亡父《ぼうふ》の命日《めいにち》より起《おこ》つて居《な》ると述《の》べたるも夫《そ》れ以外《いがい》の問《と》ひには答《こた》へぬ故追求《からついきう》せずして施法《せほう》にかゝる可《べ》く正座《せいざ》せしめ、水平線《すゐへいせん》に兩手《れうて》を前《まへ》に伸《のば》させ、後部觸手行《こうぶしよくしゆおこな》ひ聖句連唱中突然靈動起《せいくれんしようちうとつぜんれいどうおこ》ると同時《どうじ》に、前日《ぜんじつ》と同樣《どうやう》に靈脈《れいみやく》が一層明瞭《そうめいれう》に現《あらは》れ、其瞬間《そのしゆんかん》に母親《はゝおや》と色情關係《しきじやうかんけい》をなせし事《こと》を直感《ちよくかん》したれば、兩肩《れうかた》を輕打《けいだ》して施法中止《せほうちうし》、本人《ほんにん》に君《きみ》は剛情《ごうじやう》だからサンゲせぬけれども君《きみ》の心王《しんのう》が靈脈《れいみやく》を通《つう》じて指頭《しとう》に確實《かくじつ》に現《あら》はして居《を》る、と申《まう》したら本人《ほんにん》は只今私《たゞいまわたし》にも母《はゝ》と關係《かんけい》した事《こと》が判《わか》りました、と云《い》ふから君《きみ》の病氣《びやうき》はサンゲすると云《い》ふ氣分《きぶん》になれば治《なほ》るのである、本人《ほんにん》は身體《しんたい》を振《ふる》はして因果律《いんがりつ》の恐《おそ》ろしきを左《さ》に述《の》べたのである。

『實《じつ》に繼母《けいぼ》とは父親《ちゝおや》の死去後《しきよご》道《みち》ならぬ關係《かんけい》を續《つゞ》けて居《を》りました、遂《つひ》に親族《しんぞく》の耳《みゝ》に入《い》り親族會議《しんぞくくわいぎ》を開《ひら》かれ母《はゝ》は別居《べつきよ》さす事《こと》に致《いた》し、尚他《なほた》に或《あ》る女《をんな》の關係《かんけい》をして妊娠《にんしん》をしましたので、結婚《けつこん》をする積《つも》りなりしも血統上《けつとうじやう》の事《こと》で親族《しんぞく》より拒絶《きよぜつ》されました、それから間《ま》もなく母《はゝ》は死去《しきよ》し續《つゞ》いて自分《じぶん》も病氣《びやうき》となつたのです、發病《はつびやう》は亡父《ぼうふ》の命日《めいにち》からでした』

右《みぎ》の如《ごと》くサンゲしたから教化《けふげ》して七日《か》間《かん》にて全治《ぜんち》させたのであります。

以上《いじやう》は病脈《びやうみやく》としての報告《ほうこく》であるが無數《むすう》に掲示《けいじ》せねばならぬ故研究者《ゆえけんきうしや》は對照《たいせう》して徹底《てつてい》せられよ、現《あらは》れる靈脈《れいみやく》の種類《しゆるい》は概《がい》して一貫《かん》して居《を》るから活斷《かつだん》が上手《じやうず》にさへなればよいのである、然《しか》し餘《あま》り本人《ほんにん》の罪惡《ざいあく》を表面《へうめん》から摘發《てきはつ》する事《こと》は靈《れい》醫學《いがく》の審判上《しんぱんしやう》からして嚴禁《げんきん》されてあるからその心得《こゝろえ》で診脈《しんみやく》せられよ、人《ひと》の人《じん》格《かく》に傷《きず》つける樣《やう》な事《こと》があつてはならぬから、何《なん》でも遠廻《とうまわ》しに本人《ほんにん》から自白《じはく》サンゲせる樣《やう》に仕掛《しか》けるのが名審判者《めいしんぱんしや》と云《い》ふのである、直覺的《ちよつかくてき》に審判《しんぱん》すると一度《ど》で恐《おそ》れて術者《じゆつしや》の前《まへ》に來《こ》ないで惡口《あくこう》を云《い》ふからである。

第貳拾八章　實驗報告（三）

病氣脈《びやうきみやく》の實驗《じつけん》は術者《じゆつしや》の活斷力《かつだんりよく》の旺盛《わうせい》の時《とき》は思慮《しりよ》以外《いがい》の事《こと》を審判《しんぱん》されて驚異《きやうゐ》する事《こと》があるが、此章《このしやう》に記《しる》す人事《じんじ》問題《もんだい》の鑑識《かんしき》は病者《びやうしや》の生命《せいめい》を云々《うんぬん》するとは違《ちが》ひそんなに心配《しんぱい》はいらないが。虚構《いつはり》を以《もつ》て活斷《かつだん》の振《ふり》をすると詐僞的行爲《さぎてきかうゐ》になるから注意《ちうい》せねばならぬ、然《しか》し萬事《ばんじ》が五ヶ條目《でうもく》の根本《こんぽん》を了解《れうかい》すれば百發《はつ》百中《ちう》は疑《うたが》ひないから恐《おそ》れず實驗《じつけん》せられよ。

諸事鑑識脈報告

名古屋市　靈脈研究者　川瀨寅吉

指頭靈脈《しとうれいみやく》は大先生《だいせんせい》が天下《てんか》獨特《どくとく》の御《ご》公開《こうかい》故《ゆゑ》小生《せうせい》も日々《にち〳〵》實驗《じつけん》百發《はつ》百中《ちう》に有之候《これありさふらふ》最近左《さいきんさ》の如《ごと》き紛失物《ふんしつぶつ》の的中《てきちう》を報告致《ほうこくいた》し升《ます》。

金側時計《きんかわどけい》を紛失《ふんしつ》した者《もの》が來《き》ました即座《そくざ》に靈脈《れいみやく》を診《しん》しましたら、本人《ほんにん》の小指《こゆび》が横《よこ》に開《ひら》き中指《なかゆび》が動《うご》き少《すこ》し中《なか》に曲《まが》りし故《ゆゑ》、中指《なかゆび》は高貴《こうき》とあるから神佛《しんぶつ》と考《かんが》へ小指《こゆび》は東方《とうはう》中指《なかゆび》は高《たか》き處《ところ》、尙《なほ》子供《こども》に尋《たづ》ねる必要《ひつえう》ありと申《もう》し渡《わた》し候處《さふらふところ》、一週間後《しうかんご》稲《いな》荷《り》様《さま》の棚《たな》から發見《はつけん》し禮《れい》に來《き》ました、子供《こども》が乘《の》せておいたのださうです、實《じつ》に靈《れい》脈《みやく》は人間《にんげん》の必要《ひつえう》です。

大分縣　靈醫學修得者　岸野嘉夫

四十三歳女《さいをんな》行衛不明《ゆくゑふめい》になつたのを靈脈《れいみやく》にて小指動《こゆびうご》く故花柳界《ゆゑかりうかい》に縁《えん》ある事《こと》を觀《かん》破《は》し、家庭不和《かていふわ》から出《で》たのだから歸《かへ》りませんと斷言《だんげん》した、右《みぎ》の妻君《さいくん》は山口縣《やまぐちけん》の料理店《れうりてん》の娘《むすめ》にて氣移《きうつ》りの多《おほ》い女《をんな》であつた、夫《おつと》の留守中《るすちう》資本金全部《しほんきんぜんぶ》盗《ぬす》んで遁《に》げたのである。

青森縣　自治團員　工藤久助

私《わたし》の處《ところ》に鑑定《かんてい》を乞《こ》ふ者《もの》が來《き》ましたから靈診《れいしん》しましたら小指と人指が動《うご》きましたから、子供《こども》の事《こと》で和合《わごう》を欲《かい》て居《を》る事《こと》はないか、と問《と》ふたらば、子供《こども》が喧嘩《けんか》して打《うち》どこが惡《わる》い爲《ため》に心臟《しんぞう》に異狀《ゐじやう》を起《おこ》したので死去《しきよ》した、それで裁判《さいばん》になつて居《を》る事《こと》を自白《じはく》しました、私《わたし》は靈脈《れいみやく》の權威《けんゐ》を眞《しん》に認《みと》めました、小指を子供《こども》とし人指を心配事《しんぱいごと》としたのです、又心王易《またしんのうえき》に利用《りよう》すると小指を坎《かん》とし人指を坤《こん》として地水師《ちすゐし》の卦《か》が起《お》きます、師《し》は戰《たゝか》ひですから爭《あらそ》ひ事《ごと》と直感《ちよくかん》したのです。

和歌山縣　　心王靈醫學士　濱本大鑑

或《あ》る朝大濱海岸《あさおほはまかいがん》を運動《うんどう》ながら聖句《せいく》を連唱《れんしよう》して徐々《じよ〳〵》と東《ひがし》に進《すゝ》み旅館《りよかん》五明樓《めいろう》の下《した》まで行《ゆ》き、交靈誦文《こうれいじゆもん》を唱《とな》へんとする時波打際《ときなみうちぎわ》より三間程上《げんほどうへ》の礫砂《すな》の上《うへ》に女下駄《おんなげた》一足正《そくたゞ》しく揃《そろ》へ其傍《そのかたわ》らに白《しろ》ハンカチ布《ふ》にて包《つゝ》んだ財布《さいふ》の如《ごと》きもののあるを認《みと》め萬《まん》一水死者《すゐししや》に非《あ》らざるやと周圍《まはり》を見渡《みわた》せど何者《なにもの》も判明《はんめい》せず、依《よつ》て財布《さいふ》と下駄《げた》を水《すゐ》上署《じやうしよ》に届《とゞ》け樣《やう》と思《おも》ひしが一應《おほ》高地先生《せんせい》に相談《さうだん》せんと歸宅《きたく》して兩人打連《れうにんうちつ》れ水上署《すゐじやうしよ》に到《いた》り休《やす》んで居《を》るのを叩《たゝ》き起《おこ》し右《みぎ》の二品《しな》を示《しめ》し届《とゞ》け出《で》たら、早速警官《さつそくけいかん》は財布《さいふ》の中《なか》を調《しら》べたら三味線糸《みせんいと》五六筋金《ほんかね》子若子《そこばく》、藝妓鑑札《げいしやかんさつ》一葉《えう》、依《よつ》て當町新地藝妓《とうちやうしんちげいしや》千代《ちよ》二十七歳《さい》と云《い》ふ事《こゝ》は判明《はんめい》した。

直《たゞ》ちに警官《けいかん》を現場《げんぢやう》に案内《あんない》して委細《いさい》を告《つ》ぐ、四圍《ゐ》の足跡《あしあと》より推《お》して投身《みなげ》せしものと認《みと》め警官《けいかん》は一先《ま》づ遺留品拾得届《ゐりうひんしゆとくとゞ》けとして處理《しより》す可《べ》しと其場《そのば》を西《にし》へ立去《たちさ》る、私《わたし》と警官《けいかん》と對話《たいわ》の際《さい》高地支院長《しゐんちやう》が……靈脈《れいみやく》を診《しん》したので警官《けいかん》が去《さ》ると私《わたし》に向《むか》ふてズット東方《とうはう》まで行《ゆ》きませう、と云《い》はれる故同伴《ゆえどうはん》して東《ひがし》に向《むか》ふ。

高地先生曰《せんせいいわ》く小指開《ひら》き人指追加《ついか》、藥指非常《ひじやう》に振動《しんどう》す、依《よつ》て小指は東《ひがし》を指《さ》し水《みづ》を意味《いみ》し、人指は地《ち》に屬《ぞく》し藥指は危險《きけん》を含《ふく》んで居《を》るからと話《はな》して居《を》る時《とき》、遺物《ゐぶつ》品《ひん》のありし場所《ばしよ》より三十四五間東方波打際《けんとうほうなみうちぎわ》の境界《きやうかい》で白足袋《しろたび》をはいた兩足《れうあし》がフト眼《め》に附《つ》きし故《ゆえ》、早速警官《さつそくけいかん》を呼《よ》び戻《もど》し馳《はせ》つけて見《み》れば伏臥《うつふ》して頭部《とうぶ》の方《はう》は砂《すな》に沒《ぼつ》してアタラ美人《びじん》は死體《したい》となつて居《を》つた。

高地先生《せんせい》の靈脈《れいみやく》小指人指藥指にて水《みづ》と地《ち》の堺《さかひ》と云《い》ふのは實《じつ》に大的中《だいてきちう》驚《おどろ》きました、女《おんな》は未知《みち》の者《もの》ですが前夜《ぜんや》非常《ひじやう》に眠《ねむ》りを催《もよほ》した時靈脈《ときれいみやく》を診《しん》すれば早《はや》くに知《し》つた者《もの》をと悔《くや》みました、靈脈《れいみやく》の權威《けんゐ》は實《じつ》に驚《おどろ》きます。

栃木縣

心王靈醫學施法部　亀山大祉

舊年内親類《きうねんないしんるい》から鰯《いわし》二樽担《たるにな》い賣《うり》に來《き》た、私《わたし》は五指靈脈《しれいみやく》で此《この》二樽《たる》の鰯《いわし》の利益《りえき》が何《なに》程《ほど》あるかと試《ため》したら、小指が裏《うら》にピクと轉《てん》じて内《うち》に曲《まが》り直立《ちよくりつ》するや次《つぎ》に藥指《やくし》内《うち》に曲《まが》る、依《よつ》て此利益金《このりえききん》一圓《ゑん》七十錢《せん》であると斷言《だんげん》した、その後來《のちこ》られて小生《せうせい》が云《い》ふ通《とほ》りであつたと云《い》ふた、小指には一の數《すう》がある、小指裏《うら》には七の數《すう》がある、依《よつ》て一圓《ゑん》七十錢《せん》と斷《だん》じた。

長野縣

心王自治團支部　高波大彊

四十二歳《さい》婦人《おんな》靈脈《れいみやく》中指藥指合《がつ》す、左《ひだり》中指藥指小指合《がつ》す（斷《だん》）色情關係《しきじやうかんけい》にて秘《ひ》密《みつ》い事《こと》があるのを發見《はつけん》、本人《ほんにん》は子供《こども》六人持《にんもつ》たが四人《にん》は生《うま》れると間《ま》もなく死《し》し殘《のこ》りの一人《り》も不具者《かたわ》で長女《ちやうじよ》一人《り》だけ壯健《たつしや》である、……若《わか》い時《とき》懷胎《かいたい》してそれを墮胎《だたい》した事《こと》を自白《じはく》した。

岡崎市　通信研究者　杉山松五郎

私《わたし》の姪《めい》が指輪《ゆびわ》紛失《ふんしつ》致《いた》し見《み》て呉《く》れと要求《えうきう》したるに依《よつ》て、私《わたし》の靈指《れいし》にて見《み》ましたら人指次《つぎ》は中指次《つぎ》は藥指振《ふる》ひ小指開《ひら》き藥指曲《まが》る、依《よつ》て小指にて東方《とうほう》中指にて高《たか》き所《ところ》藥指にて箱《はこ》の中《なか》ひき出《だ》しの內《うち》、小指で底《そこ》にあると申《もう》しやりたるに、後日《ごじつ》台《だい》の上《うへ》の針箱《はりばこ》の中《なか》にあつたと喜《よろこ》んで來《き》ました。

三重縣　心王靈醫學士　山口大輝

私《わたし》は他行《よそゆき》の時《とき》隣家《となり》の者《もの》に賴《たの》まれて或《あ》る人《ひと》に渡《わた》す可《べ》く大切《たいせつ》の証書《しやうしよ》でしたが、先《せん》方《はう》の人《ひと》が不在《ふざい》の爲《ため》に其儘《そのまゝ》歸《かへ》り賴《たの》まれし人《ひと》に返《かへ》さんとして風呂敷包《ふろしきづゝみ》を開《ひら》きしに豈《あに》はからんや大切《たいせつ》の証書《しやうしよ》は途中《とちう》に紛失《ふんしつ》してありません、心配《しんぱい》故《ゆえ》靈脈《れいみやく》を診《しん》しましたら、人指少動《せうどう》中指内《うち》に曲《まが》る、即《すなは》ち斷《だん》じました人指は北《きた》とし中指は高貴《こうき》の人《ひと》の手《て》に入《はい》りあるとし、途中郵便局《とちうゆうびんきよく》に立寄《たちよ》つたから北《きた》の方《はう》の局《きよく》にかけつけました、局《きよく》で尋《たづ》ねますと大切《たいせつ》に保管《ほかん》してあると云《い》はれた時《とき》實《じつ》に難有《ありがた》くて靈脈《れいみやく》の權威《けんゐ》を心《こゝろ》から信《しん》じたのであります。

宮崎縣　心王自治團支部長　小崎大隨

本縣北鄕村《ほんけんきたさとむら》に後藤某《ぼう》四十一歲《さい》の長女《ちやうぢよ》四歲《さい》が山遊《やまあそ》びにて行衛不明《ゆくえふめい》、靈脈《れいみやく》中指内《ない》外《がい》に震動《しんどう》、參考靈《さんこうみやく》拇指（斷《だん》）東《ひがし》に往《ゆ》き高《たか》き山《やま》に登《のぼ》り住宅《ぢうたく》より一里《り》以内《いない》而《しか》して生《せい》命《めい》なし、然《しか》るに靑年消防組《せいねんせうぼうぐみ》が四五日《にち》尋《たづ》ねたれど見當《みあた》らず九ケ月目《げつめ》に山中《さんちう》に死體《したい》のみで漸《やうや》く衣類《いるい》に依《よ》りて判明《はんめい》……右《みぎ》後藤の家《いへ》は明治《めいぢ》十年《ねん》に官軍《かんぐん》の農兵《のうへい》を西鄕勢《さいごうぜい》に知《し》らせ、十名程山《めいほどやま》に同伴《どうはん》して殺《ころ》し生《い》き膽《ぎも》を取《と》つた事《こと》があるので代々行衛不明《だいだいゆくえふめい》者《しや》が一人《り》づゝある、心王律恐《しんのうりつおそ》る可《べ》し。

岡山市　靈醫學修得者　兒玉春子

靈脈《れいみやく》にてトランプの數《すう》を實驗《じつけん》しましたら十一枚《まい》して九枚當《まいあた》りました、當《あて》て嬉《うれ》しいとか今度《こんご》は？とか思《お》ふとサッパリ駄目《だめ》でございます、その心理狀態《しんりじやうたい》が面白《おもしろ》いです。

栃木縣　靈醫學士　龜山源作

私《わたし》は野上川《のがみがは》の浴岸《えんがん》に四反以上《たんいじやう》の水田《すゐでん》が涸《か》れて豫定《よてい》より田植《たうへ》が後《おく》れました、何《い》時《つ》水《みづ》が出《で》るか判《わか》らぬゆえ靈脈《れいみやく》にて試驗《しけん》し七月《がつ》七八日《か》が田植日《たうえび》である、と家族《かぞく》の者《もの》に申《もう》して置《お》きましたら六日《か》午後《ごご》四時《じ》から降雨《こうう》で水《みづ》がはいりました、心王《しんのう》を知《し》らぬ人《ひと》は天祐《てんゆう》とか天運《てんうん》とか自然《しぜん》だとか申《もう》すでせうが、私《わたし》はそんな舊式《きうしき》の觀《かん》はないのです心王任《しんのうまか》せと努力《どりよく》して居《を》りますから。

それから田植《たうえ》の人夫《にんぷ》が二十四人《にん》と前夜家内《ぜんやかない》に斷言《だんげん》したのでした、二十人賴《にんたの》んだ者《もの》が翌日《あくるひ》になると二十四人來《にんき》ました、靈脈《れいみやく》の實驗驚《じつけんおどろ》く可《べ》き次第《しだい》であります。

日限《にちげん》の脈《みやく》は小指裏《うら》と藥指中指内《うち》に曲《まが》る、人夫《にんぷ》の脈《みやく》は藥指人指が何《いづ》れも内《うち》に曲《まが》る、に依《よつ》て斷《だん》じたのであります

和歌山縣　靈醫學士　濱本三次郎

二十三歳女子來《さいおんなきた》り主人《しゆじん》の衣類《いるい》三着紛失《ちやくふんしつ》して屋内全部《をくないぜんぶ》探《さが》したがないのです。當《こう》人《にん》の靈脈《れいみやく》で診《し》したら人指内《うち》に曲《まが》り小指振《ふる》い藥指微動《びどう》す（斷《だん》）此品《このしな》は決《けつ》して外《そと》には出《で》ない人指と小指内《うち》に仕舞《しま》ふてある、藥指を箱《はこ》とし箱《はこ》の中《なか》に入《い》れてある。

本家《ほんけ》を探《さが》して御《ご》らんなさい見當《みあた》らなかつたら藥指西《にし》、人指倉庫《さうこ》に必《かな》らずあるから入念《にふねん》に探《さが》しなさいと云《い》ふてやつたら倉《くら》の長持《ながもち》の中《なか》の紙箱《かみばこ》に入《い》れてあつたと

翌日《よくじつ》喜《よろこ》んで知《し》らせに來《き》ました、心王《しんのう》の絶對《ぜつたい》益々《ますく》深遠《しんえん》です。

鹿兒島市　靈醫學士　桑原已吉

私《わたし》は神秘《しんぴ》治療院《ちれうゐん》と看板《かんばん》をかけて患者《かんじや》に接《せつ》する事《こと》四年間《ねんかん》の自分《じぶん》を思《おも》ひ出《だ》すと我《わ》れながら恥《はず》かしく思《おも》ふ、十九才《さい》の八月《がつ》より靈術《れいじゆつ》と云《い》へば白髪《はくはつ》の老人《ろうじん》の仙人《せんにん》の術《じゆつ》使《つか》ひの如《ごと》く思《おも》ふなかれと、氣焔《きえん》を吐《は》いたのだ、後《のち》益々《ますく》研究《けんきう》も致《いた》し昨年末《さくねんまつ》やふやく最高《さいこう》なる心王靈醫學《しんのうれいいがく》にて學《まな》び、今《いま》では過去《かこ》の靈學《れいがく》の不明《ふめい》なる点《てん》は完全《かんぜん》なる心《しん》王學《のうがく》にて明《めい》を得《う》る事《こと》になりました、日々《にちく》の天候脈《てんこうみやく》の如《ごと》きは面白《おもしろ》き程的中《ほどてきちう》して外《がい》出時《しゆつじ》に雨具《あまぐ》などは必要《ひつえう》なく途中《とちう》にて困《こま》る樣《やう》な日《ひ》は一日《にち》もないのです、西村先生《せんせい》の御發表《ごはつぺう》には感謝《かんしや》いたします。

福岡縣　靈醫學士　鶴田松次

昨冬《さくとう》大之浦《おほのうら》炭抗《たんこう》鑛友會《くわういうかい》運動會《うんどうかい》に私《わたし》の友人《ゆうじん》十九才男子《さいだんし》來《きた》り、今度《こんど》の競爭《けふそう》に參加《さんか》し優勝《ゆうしやう》したいが勝負《しやうぶ》を見《み》て呉《く》れ、と云《い》ふから本人《ほんにん》の靈脈《れいみやく》を診《しん》したら拇指内《うち》に曲《まが》る（斷《だん》）君《きみ》は今度《こんご》確實《かくじつ》に一等入賞《とうにうしやう》するから熱心《ねつしん》にやり給《たま》へ、と云《い》ふてやつたが何《なん》となく疑《うたが》ふ樣《やう》であつたが當日終了《とうじつしうれう》の後喜《のちよろこ》んで來《き》た『君《きみ》の活斷《かつだん》の如《ごと》く第《だい》一着《ちやく》であつた』と告白《こくはく》した、昭和《せうわ》二年《ねん》十一月《がつ》三日《か》の運動會《うんどうかい》でした。

靑森縣　自治團員　工藤久助

先生御苦心發明《せんせいごくしんはつめい》の靈脈《れいみやく》を御慈悲《ごじひ》を以《もつ》て吾等《われら》一般國民《ぱんこくみん》に御公開下《ごこうかいくだ》さいまして有《あり》難《がた》く毎日是《まいにちこれ》を凡《すべ》ての事《こと》に應用致《おうよういた》して居《を》り升《ます》と實《じつ》に的中致《てきちういた》し升《ます》、數日前朝目醒《すうじつぜんあさめざ》めて靈脈《れいみやく》を診《しん》せしに（林檎園《りんごえん》の方《ほう》）中指動《うご》き何《なん》となく身體《からだ》にもサワリあり急《いそ》いで林檎園《りんごえん》の小屋《こや》に赴《をもむ》きしに盜人《ぬすびと》が小屋《こや》から林檎《りんご》を袋《ふくろ》に入《い》れて持去《もちさ》らんとする處《ところ》でした、直《たゞ》ちに取押《とりおさ》へました、其時《そのとき》の愉快《ゆくわい》さと同時《どうじ》に靈脈《れいみやく》の權威《けんゐ》の嚴《げん》なる事《こと》に驚《おどろ》かざるを得《え》ないのでありました、實《じつ》に人生必須《じんせいひつす》の靈法《れいほう》であります。

青森縣　靈醫學士　對島敏行

普《ふ》通《つう》選《せん》擧《きよ》の候《こう》補《ほ》者《しや》中《ちう》當《さう》落《らく》を靈《れい》脈《みやく》で診《しん》しましたら拇指の動《どう》は落《らく》選《せん》、人指拇指二人《り》、拇指人指小指一人《り》、外《ほか》三人《にん》當《さう》選《せん》適《てき》中《ちう》致《いた》しましたが拇指一人《り》は大《だい》丈《じやう》夫《ぶ》と思《おも》ひしに落《らく》選《せん》となりましたが、此《この》義《ぎ》はどうしても判《わか》らなかつたから、西村先《せん》生《せい》に御《ご》質《しつ》問《もん》申《もうし》あげたら『拇指は當《さう》落《らく》に就《つい》ては底《そこ》力《ぢから》はあるが宣《せん》傳《でん》方《ほう》法《はう》が堅《かた》いから當《さう》選《せん》せなかつたのだろふ』との御《おん》教《をし》へでしたからやつと判《わか》りました。

心王教主監　西村大觀

靈《れい》脈《みやく》應《おう》用《よう》心《しん》王《のう》易《えき》で尊《そん》貴《き》の方《かた》の御《ご》出《しゆつ》產《さん》を靈《れい》占《せん》したら、始《はじ》め藥指次《つぎ》は小指裏《うら》、第《だい》三指《し》は藥《やく》指《し》に附《ふ》隨《ずい》して小指が掌《しやう》中《ちう》に附《つ》き、藥指は元《もと》の如《ごと》くなつた、依《よつ》て本《ほん》卦《か》を火《か》風《ふう》鼎《てい》とし之《し》卦《か》を火《か》水《すゐ》未《び》濟《さい》として活《かつ》斷《だん》するに。

鼎《てい》の卦《か》は尊《そん》貴《き》の卦《か》體《たい》であつて動《うご》かす可《べ》からざる事《こと》を明《めい》示《じ》す、之《し》卦《か》未《び》濟《さい》は下《げ》卦《か》の巽《そん》が坎《かん》になつたのであるから三爻變《かうへん》を出産《しゆつさん》の部《ぶ》とし二爻《かう》三爻《かう》四爻《かう》に離《り》の卦《か》が出來《でき》る、而《しか》して坎《かん》は十、の數《すう》があるから十日《か》に出産《しゆつさん》して離《り》の中女《ちうじよ》を離《り》の目《め》で見ると活斷《かつだん》して的中《てきちう》した事《こと》は心王易奥傳《しんのうえきおくでん》に出《だ》してあるが。

此章《このしやう》に藥指を箱《はこ》の中《なか》と云《い》ふ活斷《かつだん》を應用《おうよう》した會員《くわいいん》があるが、藥指は心王易《しんのうえき》にて應用《おうよう》すれば巽《そん》と云《い》ふ卦《か》になるから、巽《そん》は木《き》にして小《ちい》さな木《き》である故《ゆゑ》小箱《こばこ》としたのであるからよくその内意《ないい》を了解《れつかい》せられよ、易象《ゑきしよう》を表《おもて》に出《だ》しては術者《じゆつしや》の未熟《みじゆく》である、出《だ》さずに種々《しゆじゆ》の活斷《かつだん》をするのが上手《じやうず》と云《い》ふのである。

それから小指と小指裏《うら》を利用《りよう》して一圓《ゑん》七十錢《せん》の利益《りえき》を斷《だん》じたのがあるが、靈《れい》脈判斷《みやくはんだん》の時《とき》に裏指《りし》は成《な》る可《べ》く用《もち》ひないで單《たん》に五指《し》の表面《へうめん》から斷《だん》じて貰《もら》いたい。

心王易《しんのうえき》は純全《じゆんぜん》として心王易《しんのうえき》で活斷《かつだん》し靈脈《れいみやく》は純全《じゆんぜん》として五指丈《しだけ》で活斷《かつだん》して貰《もら》いたいのである、それでないと若《も》し誤斷《ごだん》があると心王易《しんのうえき》を交《まじ》へたから間違《まちが》つたのであると云《い》ふ口實《こうじつ》を設《もう》ける事《こと》になると靈脈《れいみやく》の權威《けんゐ》がないからである。

人事《じんじ》問題《もんだい》は別《べつ》して心王《しんのう》を中心《ちうしん》に大義《たいぎ》名分《めいぶん》を確實《かくじつ》にして活斷《かつだん》せねばならぬからである、心王易《しんのうえき》を應用《おうよう》するなら生卦《せいか》を意得《いとく》してからでなければ普通《ふつう》の古《ふる》い易《えき》として同視《どうし》されるからである、その煩《わづらひ》を避《さけ》たい爲《ため》に心王易《しんのうえき》と名命《めいく》したのであるから生卦法《せいかはう》を暗記《あんき》せぬ内《うち》は應用《おうよう》せない事《こと》にして貰《もら》いたい。

嫁と姑の活斷例

例《れい》を擧《あ》げれば拇指と藥指が動《うご》いて姑《しつと》と嫁《よめ》の一致《ち》せぬのを觀破《かんぱ》するのに、拇指は姑《しうと》とし剛情者《ごうじやうもの》とし、藥指は家面《うちづら》惡《あし》くて外面《そとづら》がよいと見《み》る、依《よつ》て嫁《よめ》と姑《しうと》とは必《かなら》らず不和合《ふわごう》と見《み》るのである、然《しか》し藥指は合資的指《ごうしてきゆび》であるから愛敬《あいけい》を以《もつ》て姑《しうと》と利《り》益上《えきじやう》で合意《ごうい》すれば必《かな》らず合致《がつち》するとして活斷《かつだん》すればよい。

心王易《しんのうえき》とすれば拇指は乾《けん》で藥指は巽《そん》だから風天小畜《ふうてんせうちく》となる、小畜《せうちく》は太陽《たいやう》の氣《き》上昇《じやうしやう》せんとするも風《かぜ》の爲《ため》に畜止《ちくし》せらるると云《い》ふのである、然《しか》しながら巽從《そんじう》の本意《ほんい》を出《だ》せば乾《けん》は上爻變《じやうこうへん》じて兌《だ》となり風澤中孚《ふうたくちうふ》となつて和合《わごう》するの生卦《せいか》を含《ふく》むのである。

心王易《しんのうえき》の應用《おうよう》はいづれ末章《まつしやう》に判《わか》り易《やす》く出《だ》して研究《けんきう》の資料《しれう》とするから徹底的《てつていてき》に修《をさ》められよ、此章《このしやう》の意義《いぎ》は心王易《しんのうえき》を混交《こんこう》して活斷《かつだん》に誤《あやま》らない樣《やう》にしてもらいたいと云《い》ふのが余《よ》の諸君《しよくん》に對《たい》しての注意《ちうい》である。

それから諸事鑑識《しよじかんしき》に就《つい》て拇指が動《うご》いたのにどうして當選《とうせん》せぬのかと云《い》ふ質問《しつもん》に答《こた》へたが、凡《すべ》て拇指は人選或《じんせんあるひ》は出馬《しゆつば》の時《とき》は世才《せさい》に欲《か》けた正直者《しやうじきもの》であるからと見《み》ねばならぬのである、小指と拇指は常《つね》に意《い》を同《おな》じふして居《を》るから注意《ちうい》されよ拇指は正直《しやうじき》で、小指は小《ちい》さな心行《こゝろゆき》で惡《わる》い事《こと》を含《ふく》むのである、拇指は人物《じんぶつ》が大《おほ》きくて使《つか》ひ道《みち》がないとも見《み》る、小指は目先《めさき》の小事《せうじ》によいが拇指は大局《たいきよく》に着眼《ちやくがん》する人《ひと》だとせねばならぬのである。

第貳拾九章　變則脈質問應答

病脈《びやうみやく》に對《たい》して應用《おうよう》の出來《でき》る範圍《はんゐ》丈《だけ》は公開《こうかい》して來《き》たが、此章《このしやう》を綴《つゞ》らんとする處《ところ》へ大牟田市《おほむだし》の會員《くわいいん》から變則脈《へんそくみやく》の質問《しつもん》が來《き》たからそれを中心《ちうしん》に解決《かいけつ》を與《あた》へる可《べ》く一章《しやう》をなす事《こと》にした。

單純《たんじゆん》の脈《みやく》や一二本《ほん》の合指位《ごうしぐらゐ》は活斷《かつだん》が出來《でき》るが、前述《ぜんじゆつ》した奇脈《きみやく》や變則脈《へんそくみやく》の時《とき》はどうしてよいやら判《わか》らないのであるのも無理《むり》はない、余《よ》に於《おい》ても前述《ぜんじゆつ》の皇室《くわうしつ》に禮《れい》を缺《かい》た奇脈《きみやく》に就《つい》ては即斷《そくだん》が與《あた》へられなかつたのである。

全指曲る奇脈質問應答

大牟田市外　心王靈醫學士　堀　熊彦

御伺《おうかゞ》ひ……指頭脈實驗中《しとうみやくじつけんちう》或《あ》る婦人《ふじん》が右手《みぎて》小指より順次《じゆんじ》に五指《し》共《とも》全部《ぜんぶ》屈指《くつし》致《いた》し

且腕《かつうで》も肱《ひぢ》より曲《まが》り遂《つひ》に五指《し》は握《にぎ》りし儘《まゝ》右《みぎ》の頰《ほゝ》に附着《ふちやく》したり、左手《ひだりて》は全部屈曲《ぜんぶくつきよく》せり。

右《みぎ》の如《ごと》き指脈《しみやく》は如何《いか》に判斷致《はんだんいた》し申《まう》す可《べ》きや前後幾《ぜんごいく》百回《かい》の指頭《しこう》を試驗《しけん》せしも斯《か》ゝる指頭脈《しとうみやく》は實驗上始《じつけんじやうはじ》めてなれば甚《はなは》だ其正確《そのせいかく》なる判斷《はんだん》に苦《くる》しみ申候間何卒《もうしさふらふあひだなにとぞ》御示敎《ごじけふ》成《な》し下《くだ》され度伏《たくふし》て奉願上候《ねがいあげたてまつりさふらふ》。

其他《そのた》は大概的確《たいがいてきかく》に判定致《はんていいた》し候《さふらふ》先生《せんせい》の御發明《ごはつめい》只々《たゞ〱》驚《おどろ》き入《い》り申候《もうしさふらふ》、尚《なほ》一層研究《そうけんきう》可仕候《つかまつるべくさふらふ》委細《さい》は後便《こうびん》にて御報告可申上候《ごほうこくもうしあぐべくさふらふ》。　拜具

昭和三年五月廿九日

答、誠《まこと》に靈脈診斷法《れんみやくしんだんほう》を困《こま》らせる樣《やう》な妙指《めうし》である、然《しか》し先《ま》づ第《だい》一番《ばん》に小指に着眼《ちやくがん》せねばならぬ、他《た》の四指《し》は追加指《つゐかゆび》として活斷《かつだん》を與《あた》へる時《とき》に此婦人《このふじん》は病氣《びやうき》としては下部《しも》に屬《ぞく》し、原因《げんいん》としては色情關係《しきじやうかんけい》と見《み》る、而《しか》して婦人《ふじん》の對者《たいしや》は女子《おんな》である即《すなは》ち色情上《しきじやう〱》で人《ひと》に云《い》はれぬ問題《もんだい》ありと見《み》ねばならぬ、四指《し》を握《にぎ》り腕《うで》が曲《まが》

り頬《ほゝ》に附着《ふちやく》するのは爭鬪《そうとう》して先方《むかふ》の女《おんな》の頬《ほゝ》を打《う》つたと見《み》るのである。

然《しか》しこんな脈《みやく》の出《で》る人《ひと》は剛情《ごうじやう》であるから中々《なかく》サンゲする事《こと》が出來《でき》ないだろふから遠廻《とほまわ》しに敎化《けふげ》せねばならぬ、五六回《かい》の敎化《けふげ》にて自白《じはく》するであろふ、此間《このかん》が誠《まこと》に六ケ敷《し》い。

然《しか》し原因療法《げんいんれうほう》としてでなく表面《へうめん》から病氣《びやうき》を治《ぢ》す一方《ほう》として見《み》れば、小指を中《ちう》心《しん》に四指《し》曲《まが》り握《にぎ》るのは慢性《まんせい》であり不治《ふぢ》であると見《み》ねばならぬ。

左手參考指《ひだりてさんこうゆび》が全部屈曲《ぜんぶくつきよく》したと云《い》ふに於《おい》ては施法《せほう》しても無益《むえき》を意味《いみ》するのであるが、こんな靈脈《れいみやく》の人《ひと》は術者《じゆつしや》の情《じやう》のある敎化《けふげ》が感《かん》ずると心機轉換《しんきてんかん》が實《じつ》に早《はや》いのである。

活斷《かつだん》は小指を中心《ちうしん》に他指《たし》は先《ま》づ用《もち》ひぬ方《はう》がよい、子宮病《しきうびやう》か冷《ひえ》か毒《どく》の慢性《まんせい》かと質問《しつもん》を開始《かいし》して眞實《しんじつ》を握《にぎ》らねばならぬ、以上《いじやう》の病氣《びやうき》が少《すこ》しもなくて色情原因《しきじやうげんいん》で患《わづら》ふ者《もの》もあるから注意《ちうい》、又色情原因《またしきじやうげんいん》も病氣《びやうき》もなくて小指が動《うご》いて奇脈《きみやく》が追《つい》加《か》するのは、本人《ほんにん》の夫《おつと》に對《たい》して何《なに》か潜《ひそ》んで居《を》る因果律《いんがりつ》があると見《み》ねばならぬ夫《おつと》が外妾《かこいおんな》でも置《お》いてある爲《ため》に病氣《びやうき》を起《おこ》して居《を》ると見《み》る時《とき》もある、萬事《ばんじ》そんな事《こと》から小指に着眼《ちやくがん》して活斷《かつだん》の材料《ざいれう》を蒐《あつ》めて意得《いとく》せられよ。原因療法《げんいんれうはう》から出《で》て行《ゆ》くと罪人《ざいにん》を出《だ》す時《とき》があるから注意《ちうい》せねばならぬ、又患者《またかんじや》本人《ほんにん》の人格《じんかく》も尊重《そんちやう》せねば術者《じゆつしや》として慈愛心《じあいしん》なき事《こと》になるから萬事注意《ばんじちうい》せよ。

變則脈の質問應答五ケ條

問、變則脈《へんそくみやく》が出《で》た時《とき》は術者自身《じゆつしやじしん》の靈指《れいし》にて一應見《おうみ》た方《はう》がよいでせうか何如《いかゞ》。

答、變則脈《へんそくみやく》が出《で》た時《とき》は先《ま》づ本人《ほんにん》の病症《びやうしやう》を一應尋《おうたづ》ねてからフト起《た》つて便所《べんじよ》でも往《い》つてよく考《かんが》へるがよい、その時《とき》に術者《じゆつしや》の自指《じし》で調《しら》べても決《けつ》して惡《わる》い事《こと》はないから。

問、變則脈《へんそくみやく》が出《で》るのはどう云《い》ふ爲《ため》でありますか、本人《ほんにん》の精神状態《せいしんじやうたい》が統《とう》一して居《を》らぬのですか又《また》は術者《じゆつしや》の未熟《みじゆく》の爲《ため》でせうか。

答、始《はじ》め術者《じゆつしや》が患者《かんじや》に心靈上《しんれいじやう》の敎化《けふげ》が足《た》りないと時《とき》に不自然《ふしぜん》の變則脈《へんそくみやく》が出《で》る事《こと》があるから、術者《じゆつしや》の未熟《みじゆく》と云《い》ふより患者《かんじや》の精神上《せいしんじやう》が靈脈《れいみやく》を見《み》て貰《もら》ふて是非治《ぜひなほ》りたいと云《い》ふ心《こゝろ》がない爲《ため》にダラシなき脈《みやく》が出《で》るのであつて、之《こ》れは變則《へんそく》と云《い》ふのではない、變則《へんそく》と云《い》ふのは術者《じゆつしや》が敎化《けふげ》も屆《とゞ》き患者《かんじや》も是非《ぜひ》助《たす》けて貰《もら》いたいと思《おも》ふ一心《しん》が凝《こつ》て居《を》つても出《で》るのが眞《しん》の變則脈《へんそくみやく》である。

問、それでは堀熊彦氏《し》の見《み》た脈《みやく》は變則《へんそく》ではなくて患者《かんじや》の不統《ふさう》一から出《で》たのでせうか。

答、その場《ば》に余《よ》が居《を》らなかつたから本人《ほんにん》の體度《たいど》を見《み》ぬから正確《せいかく》の斷《だん》を下《くだ》す事《こと》は六ケ敷《し》いが、與《あた》へて云《い》へば變則脈《へんそくみやく》、奪《うば》ふて云《い》へばダラシなき婦人《ふじん》の精神狀態《せいしんじやうたい》が現《あらは》れたと見《み》るのである、本人《ほんにん》に接《せつ》してから正邪《せいじや》が判《わか》る。

問、それでは凡《すべ》ての變則脈《へんそくみやく》は現《あらは》れた脈《みやく》より精神上《せいしんじやう》の統《とう》一したかせぬかと云《い》ふ方《はう》を調《しら》べるのが肝要《かんえう》なのですか、或《あるひ》は單《たん》に敎化《けふげ》した上《うへ》診脈《しんみやく》して出《で》たものを表準《ひやうじん》としてよいのですか、此間《このかん》をよく伺《うかゞ》ひたいのですが。

答、一應《おう》敎化《けふげ》してから診脈《しんみやく》した時《とき》にダラシなく諸指《しよし》が動《うご》いたら術者《じゆつしや》の手先《てさき》で本人《ほんにん》の五指《し》を少《すこ》し強《つよ》く握《にぎ》り締《し》めてから第《だい》二回目《かいめ》に正《たゞ》しく診脈《しんみやく》するがよいのである、然《しか》し術者《じゆつしや》と靈脈《れいみやく》の事《こゝ》を馬鹿《ばか》にして居《を》る者《もの》であつたら診脈《しんみやく》せないで敎化《けふげ》の上《うへ》獨修《どくしう》で行《をこな》わせるのがよい、而《しか》して豫《あらかじ》めサグリを入《い》れてから活斷《かつだん》を與《あた》へて術者《じゆつしや》が正式《せいしき》に行《おこな》ふがよい。

問、よく解《わか》りました、それでは變則脈《へんそくみやく》の大畧《たいりやく》に就《つい》て伺《うかゞ》ひます故《ゆえご》御敎授《けふじゆ》下《くだ》さい。

答、何《ど》んな變則脈《へんそくみやく》でも五指丈《しだけ》の現《あらは》れなれば御答《おこたへ》して疑問《ぎもん》を解《さい》てあげませう。

問、術者《じゆつしや》が診脈《しんみやく》しても獨修《どくしう》でやつても合指《こうし》として小指と藥指がピタと附《つい》た處《ところ》へ人指が動《うご》いて合《がつ》しに來《きた》るのはどんな活斷《かつだん》でせうか伺《うかゞ》ひたいのです。

答、藥指に小指のピタと合《がつ》して居《を》る處《ところ》に人指が合《がつ》しに來《く》るのは、色情關係《しきじやうかんけい》のある事《こと》を父母《ふぼ》が認《みと》めて居《を》るから注意《ちうい》せよと云《い》ふ脈《みやく》であるから、それを心得《こゝろえ》て活《かつ》斷《だん》せよ。

問、凡《すべ》て動《うご》いて合《がつ》しに來《く》るのは秘密《ひみつ》を知《し》つて居《を》ると云《い》ふ事《こと》になるのですか、或《あるひ》は秘密《ひみつ》でなくも合《がつ》しに來《く》ると云《い》ふのですか。

答、それは秘密《ひみつ》を知《し》つて居《を》ると見《み》てもよいが秘密《ひみつ》が現《あらは》れたと見《み》る方《はう》がよい。

皇室に欽禮者の奇脈質問と其他

問、皇室《くわうしつ》に禮《れい》を欽《かい》た人《ひと》の奇脈《きみやく》に右《みぎ》の手《て》が二度《にど》握《にぎ》つて開《ひら》いたと云《い》ふ事《こと》が記《しる》されてありますが、その二度《にど》握《にぎ》ると云《い》ふ事《こと》は原因脈《げんいんみやく》の方《はう》に出《だ》してある樣《やう》ですが何《なん》の原因《げんいん》ですか。

答、あの奇脈《きみやく》は頼朝《よりとも》と義時《よしとき》が二度《に》天下《てんか》を握《にぎ》つて勝手《かつて》な事《こと》をしたと出《だ》してある、それは中指の振《ふる》ふのに依《よつ》て増々《ますく》證明《しやうめい》されるのであるからその間《かん》の連絡《れんらく》をよく見《み》られよ。

問、解《わか》りましたが死去《しきよ》する時《さき》に四指《し》がどうしても掌中《しやうちう》に曲《まが》つて開《ひら》かないと云《い》ふのは何《なん》の釋《わけ》でありますか。

答、人指は肉體《にくたい》と内臟《ないぞう》、中指は腦《のう》に關係《かんけい》した事《こと》、藥指は呼吸器《こきつき》、小指は五官能《かんのう》等《とう》がモー駄目《だめ》であると云《い》ふ事《こと》を心王《しんのう》が明示《めいじ》するのである事《こと》を承知《せうち》されたいのである。

問、解《わか》りました、それで四指《し》が掌中《しやうちう》に曲《まが》りて緣談《えんだん》の不調《ふてう》を敎《をし》へる道理《ごうり》はいかゞなのですか伺《うかゞ》ひたいのです。

答、それは四指《し》は前《まへ》にも記《しる》した通《とほ》り身體《からだ》が四指《し》に出《で》て居《を》るから、緣談《えんたん》は四指《し》の合致《がつち》であつて即《すなは》ち肉體《にくたい》の假合《かごう》で精神上《せいしんじやう》の合致《がつち》でないから、四指《し》の肉體不調和《にくたいふてうわ》と死去《しきよ》を知《し》られるのと同《おな》じく明示《めいじ》するのである。次圖《つぎづ》の如《ごと》き中指以外《いがい》四指《し》が掌中《しやうちう》に附《つ》くのは非常時《ひじようじ》を知《し》らせる脈《みやく》である。

皇室に欽禮者の奇脈

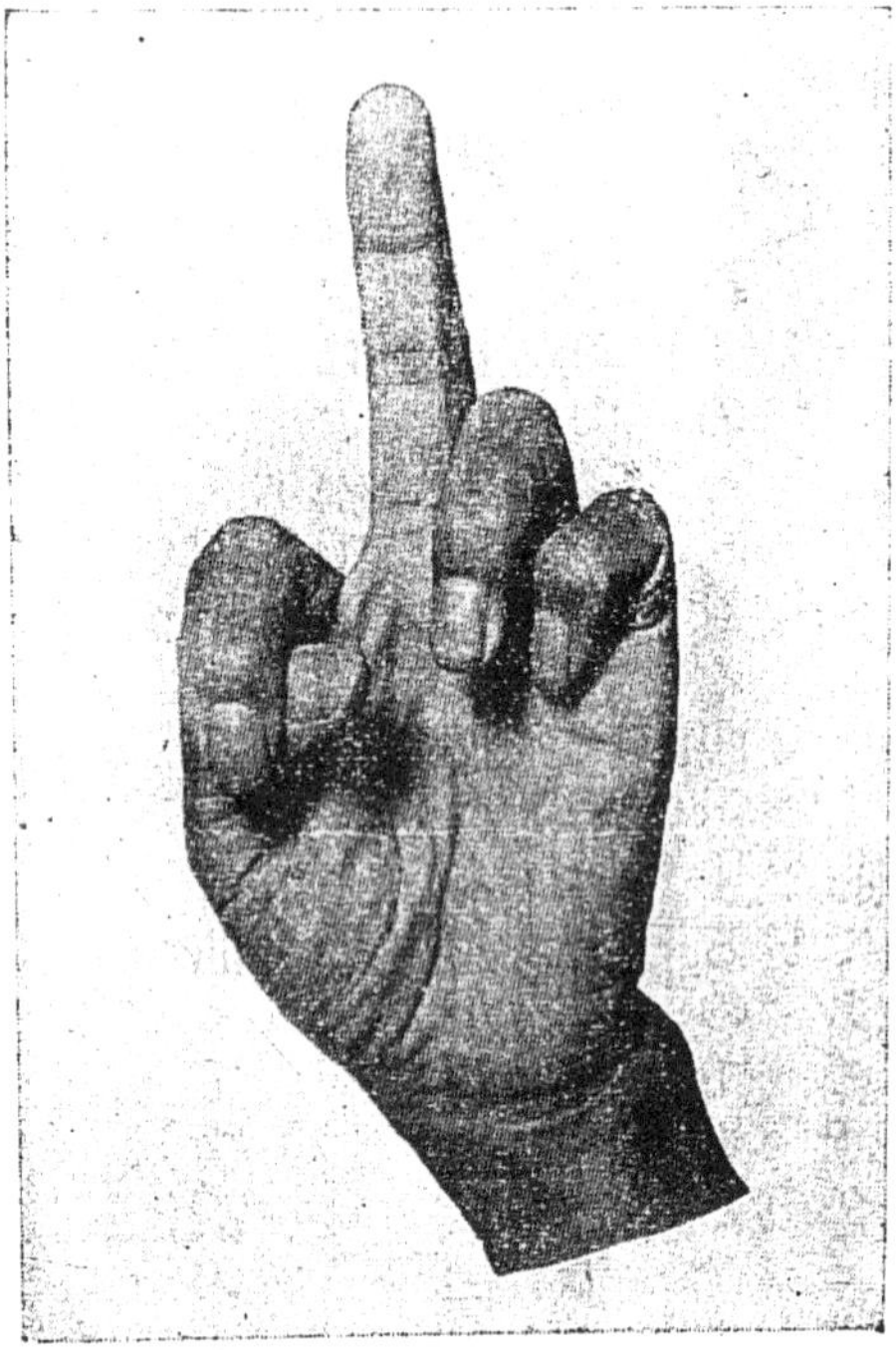

此《こ》の圖《づ》に對《たい》する明細《めいさい》なる解釋《かいしやく》は第《だい》貳拾貳章《しやう》に記《き》してあるから對照《たいせう》せられよ、此《こ》の章《しやう》に再《ふた》び實物《じつぶつ》を出《だ》すのは研究者《けんきうしや》の了解《れうかい》が早《はや》く得《え》られる樣《やう》に靈脈《れいみやく》の動《うご》いた當時《さうじ》心王《しんのう》のレンズに映《えい》じたその儘《まゝ》を出《だ》すのである。

中指《ゆび》の直立《ちよくりつ》は實《じつ》に恐《をそ》る可《べ》き心王明示《しんのうめいじ》であるから研究者《けんきうしや》は愼《つゝ》しんで究明《きうめい》して貰《もら》いたい、決《けつ》して談笑中《だんしやうちう》に研究《けんきう》せないようにせられよ。

人指と三段脈の太い時と其他

問、人指が動《うご》いて三段脈《だんみやく》が太《ふと》い時《とき》、中指が動《うご》いて三段脈《だんみやく》が細《こま》かい時變則脈《ときへんそくみやく》として心臓《しんぞう》を試驗《しけん》せよと云《い》ふ事《こと》が敎《をし》へられてありますがこれは何《なん》の釋《わけ》でせうか。

答、三段脈《だんみやく》は現在現《げんざいあらは》れて居《を》る病氣《びやうき》を示《しめ》し、人指と中指は三段脈《だんみやく》に出《で》る過去《かこ》にあつた病氣《びやうき》を云《い》ふものであつて、之《こ》れは別《べつ》に變則《へんそく》と云《い》へば變則《へんそく》だが正脈《せいみやく》に對《たい》しての變則《へんそく》であるだけである。

問、掌中《てのひら》の中心《ちうしん》に脈《みやく》がある事《こと》と肉《にく》のない病人《びやうにん》は不治《ふぢ》と云《い》ふ事《こと》を敎《をし》へられましたがその釋《わけ》を伺《うかゞ》ひたいのですが。

答、掌中《てのひら》には脈《みやく》はない處《ところ》であるが時《とき》に或《あるひ》はある事《こと》がある、患者《かんじや》を澤山實驗《たくさんじつけん》してから證《しやう》を得《え》られよ、肉《にく》のないのも患者實驗《かんじやじつけん》の上《うへ》にて結論《けつろん》が出來《でき》るのである。

問、合指《ごうし》が二三本《ぼん》したり又《また》ピクと互《たがひ》に動《うご》く丈《だけ》であるのと、相方《さうほう》から輪《わ》の樣《やう》になるのは意味《いみ》が異《ちが》いますか。

答、輪《わ》の樣《やう》になるのは拇指に人指と合《がつ》して輪《わ》の樣《やう》になつたのを以《もつ》て第《だい》一番《ばん》とする、其他《そのた》のは何等《なんら》の意味《いみ》はない、拇指人指が輪《わ》の樣《やう》になつたのは何事《なにごと》に依《よ》らず完成《かんせい》す可《べ》き明示《めいじ》であるから安心《あんしん》して出來《でき》るのである、中指が拇指に合《がつ》して輪《わ》の樣《やう》になつたのは、長男《ちやうなん》が祖父母《そふぼ》に降伏《こうふく》して家《いへ》に歸《かへ》ると見《み》る時《とき》もあるが、病氣《びやうき》としては熱盛《ねつさか》んにして振《ふる》いありと見《み》るのであるから正反對《せいはんたい》である。

問、五指《し》が開《ひち》いて扇《なうぎ》の樣《やう》になつてから拇指を中《なか》にして四指《し》で握《にぎ》つた患者《かんじや》がありますが何《なん》の因《いん》でせうか。

答、それは病氣《びやうき》さすれば肉體病《にくたいびやう》の爲《ため》に精神《せいしん》が混沌《こんとん》として明確《めいかく》なる意識《いしき》がないと見《み》る、掛合事《かけあひごと》とすれば先方《せんはう》の老人《ろうじん》を物質上《ぶつしつじやう》で包《つゝ》んで仕舞《しま》へとの明示《めいじ》である、家庭上《かていじやう》からすれば家族《かぞく》一同《どう》で祖父母《そふぼ》を壓迫《あつはく》すると見《み》る、賣買上《ばい〳〵じやう》から見《み》れば四方《はう》の我利《がり》々々亡者《もうじや》が人爲的《じんゐてき》の相場《さうば》を出《だ》して本道《ほんだう》の相場《さうば》を壓迫《あつはく》して居《を》ると見《み》るのである、國家《こくか》さして見《み》れば陪臣國命《ばいしんこくめい》を執《と》り祿公室《ろくこうしつ》を去《さ》る、と云《い》ふ頼朝《よりと》から德川迄《とくがはまで》の事《こと》であると見《み》る、勝負事《しやうぶごと》などは金《かね》の爲《ため》に强《つよ》い者《もの》が買收《ばいしう》されたと見《み》る天候《てんこう》などにすれば太陽《たいよう》が黑雲《こくうん》に包《つゝ》まれて今《いま》にも雨《あめ》が降《ふ》らんとする即《すなは》ち墨《すみ》を流《なが》した樣《やう》な天候《てんこう》と見《み》る、思想問題《しさうもんだい》で云《い》へば共産主義《きやうさんしゆぎ》が盛《さか》んで國家主義《こくかしゆぎ》が隱《かく》れた暗黑時《あんこくじ》とする、人間《にんげん》とすれば慾《よく》の爲《ため》に人格《じんかく》が隱《かく》れて仕舞《しま》ふた沒道漢《ぼつだうかん》と見《み》る、民衆《みんしう》とすれば非理《ひり》が通《とほ》つて大義《たいぎ》が隱沒《いんぼつ》して義人《ぎじん》や聖人《せいじん》が去《さ》つて仕舞《しま》ふて、市《し》井《せい》には愚者《ぐしや》ばかりと見《み》るのである。

人指を拇指が壓した時其他

問、人指が掌中《しやうちう》にピタと附《つ》き拇指が之《こ》れを壓《あつ》し次《つい》で中指が拇指の上《うへ》に重《かさな》り壓《あつ》する者《もの》は病者《びやうしや》としてはいかに判《はん》じますか。

答、人指は内臟《ないぞう》とし拇指は神經《しんけい》とし中指は腦《のう》とするから、内臟《ないぞう》が非常《ひじやう》に惡《わる》くて精神上《せいしんじやう》に波動《はどう》しそれが爲《ため》に腦《のう》を痛《いた》めて居《を》ると見《み》るのである、腦溢血《のういつけつ》、動脈硬《ごうみやくこう》化症《かこうしやう》などもこんな脈《みやく》だと心配《しんぱい》である。

問、人指が掌中《しやうちう》に曲《まが》り附《つ》き中指藥指小指と追加《ついか》して全部《ぜんぶ》元《もと》の如《ごと》くなり、次《つぎ》に拇指が曲《まが》り掌中《しやうちう》に附《つ》くのは何《なん》の病氣《びやうき》ですか。

答、老衰《ろうすゐ》や早老《さうろう》から來《きた》のである處《ところ》の病氣《びやうき》であるが、大酒《たいしゆ》の毒《どく》、肉食《にくしよく》や美食《びしよく》の過《か》多《た》、多淫《たいん》多毒《たどく》、脂肪《しぼう》過多症《かたしやう》、慢性腎臟炎《まんせいじんぞうえん》、糖尿病等《とうねうびやうとう》を出《だ》す脈《みやく》であつて畢竟《ひつきやう》するに動脈硬化症《どうみやくこうかしやう》のある脈《みやく》である、拇指最終《さいしう》が證《しやう》して居《を》る。

問、小指が裂《さけ》る樣《やう》に横《よこ》に開《ひら》いて他《た》の四指《し》が合《がつ》して元《もと》の如《ごと》く四指《し》がなつた時《とき》は病《びやう》脈《みやく》としては何《なん》と診斷《しんだん》したらよいでせうか。

答、小指が開《ひら》くのは婦人《おんな》とすれば慢性子宮病《まんせいしきうびやう》であるが、之《こ》れは素人《しろふと》ではない必《かな》らず遊女上《ゆうじよあが》りかなにかであると見《み》ねばならぬ、四指《し》が掌中《しやうちう》に附《つ》たのは世間《せけん》の人間《にんげん》を無視《むし》したか併呑《へいどん》したかである、藝妓《げいしや》だか女郎《じよろう》だかであるが小指が横《よこ》に開《ひら》いたのは不正《ふせい》の明示《めいじ》であるから藝妓《げいしや》の上《あが》りであると見《み》るのが至當《しとう》であると思《おも》ふ。

問、中指が掌中《しやうちう》に附着《ふちやく》し拇指が上《うへ》から壓迫《あつぱく》し人指も共《とも》に壓迫《あつぱく》したのは病氣《びやうき》とすれば何《な》んと判斷《はんだん》してよいでせうか。

答、中指が掌中《しやうちう》に附着《ふちやく》したのは非常《ひじやう》の腦病患者《のうびやうかんじや》とする、精神的煩悶者《せいしんてきはんもんしや》として家《か》庭《てい》で取扱《とりあつか》ふて居《を》るのである、之《こ》れは老祖父《ろうそふ》と仲《なか》が惡《わる》いのである、何《なん》でも老祖《ろつそ》父《ふ》が壓迫《あつぱく》するから意《い》の如《ごと》くならないので病氣《びやうき》となつたのである、老祖父《ろうそふ》が中指を壓迫《あつぱく》するのは實父《じつぷ》と老祖父《ろうそふ》との仲《なか》が惡《わる》い爲《ため》の餘波《よは》が中指の悴《せがれ》に來《き》たと見《み》ねばならぬのである。

人指が動き右腕不自由と其他

問、人指が非常《ひじやう》に動《うご》いた人《ひと》が右《みぎ》の腕《うで》が自由《じゆう》にならないのですが、醫師《いし》はリウマチスではないと診斷《しんだん》されたそうですが、何《なん》と判《はん》じてよいですか。

答、人指はリウマチスである、腕《うで》が曲《まが》らぬのもリウマチスである、それは遺傳《ゐでん》があるからその本人《ほんにん》の母《はゝ》なり父《ちゝ》なりの行爲《おこなひ》を一應調《おうしら》べて本人《ほんにん》を通《つう》じてサングさせる必要《ひつえう》がある、サングすれば必《かな》らず治《なほ》る。

問、靈脈《れいみやく》は人指と拇指中指でありますが、始《はじ》めは腎臓《じんぞう》でしたが眼《め》に來《き》て既《すで》に眼《め》がつぶれる處《ところ》を眼《め》は治《なほ》り腎臓《じんぞう》も治《なほ》りましたが、腦《のう》が惡《わる》いので何事《なにごと》も忘《わす》れて了《しま》ふので家族《かぞく》の者《もの》が困《こま》つて居《を》りますが、本當《ほんとう》の脈《みやく》でせうか。

答、人指は腎臓《じんぞう》である拇指は遺《ゐ》傳《でん》か又《また》は餘《あま》り美味《びみ》美食《びしよく》をした爲《ため》に心王《しんのう》の制裁《せいさい》をうけたのであると見《み》ねばならぬ、中指は最後《さいご》の腦病《のうびやう》であるが、未《ま》だ心王《しんのう》の制《せい》裁解除《さいかいじよ》が出來《でき》ないから全治《ぜんち》とは云《い》へないのである。

問、甲脈《こうみやく》もなく靈脈《れいみやく》もなくて三段脈《だんみやく》が正確《せいかく》に示《しめ》されるのと、靈脈《れいみやく》があつて三段《だん》脈《みやく》が少《すこ》しも判《わか》らないのはどう云《い》ふ釋《わけ》ですか。

答、元來靈脈《がんらいれいみやく》に現《あらは》れたのは三段脈《だんみやく》に現《あらは》れ可《べ》きであるが、本人《ほんにん》の身體《しんたい》の關係上靈《かんけいじやうれい》脈《みやく》が出《で》ない時《とき》は三段脈丈《だんみやくだけ》でもよく判《わか》るのである、又《また》三段脈《だんみやく》が判《わか》らなくとも靈《れい》脈丈《みやくだけ》で充分《じうぶん》判《わか》るのである、甲脈《かうみやく》は別《べつ》に注意《ちうい》せないでも病氣《びやうき》の深《ふか》いのは小指が多《おほ》く示《しめ》すから、小指の動《どう》さへ充分研修《じうぶんけんしう》すれば甲脈《かうみやく》はどうでもよい。

勝負事に拇指が動き一等勝利の譯と其他

問、勝負事《しやうぶごと》に拇指が動《うご》いたのを第《だい》一等《とう》の勝利者《しやうりしや》と云《い》ふその活斷《かつだん》の意義《いぎ》は何《なに》を以《もつ》てするのでありますか。

答、そんな事《こと》は質問《しつもん》せないでも人事脈《じんじみやく》を見《み》れば判《わか》るが、多少《たせう》解《わか》り易《やす》く敎《おし》へて置《お》かう、拇指は凡《すべ》て堅固《けんご》であるのだからいかなる對者《たいしや》があつても本人《ほんにん》の決定《けつてい》に依《よつ》ては必《かなら》ずその堅固《けんご》なる精神狀態《せいしんじやうたい》が現《あらは》れて第《だい》一等《とう》に勝利《しやうり》を得《う》るのである、心《しん》王《のう》にはいかなるものも刄向《はむか》ふ者《もの》がないと云《い》ふ活理《かつり》があるから。

問、誰《た》れでも初心《しよしん》の人《ひこ》の靈脈《れいみやく》を診《しん》した時《とき》それを證《しやう》にしてよいのですか、秘密《ひみつ》に術者《じゆつしや》が見直《みなお》した方《はう》がよいでせうか。

答、教化《けふげ》を第一《だい》として緊張《きんちやう》させておいてから行《おこな》へば患者獨修《かんじやどくしう》でも術者《じゆつしや》がやつても第一回《だいかい》に正確《せいかく》の脈《みやく》が出《で》るから疑《うたが》はずして斷《だん》せよ、先方《せんはう》が高貴《こうき》でも卑賤《ひせん》でもそんな事《こと》に差別《さべつ》をしてはならぬ、悉《こと〴〵》く心王《しんのう》の愛兒《あいじ》であるから平等《べうどう》に取扱《とりあつか》ふと平等《べうどう》の脈《みやく》が出《で》るのである、唯《た》だ日本人《にほんじん》と支那人《しなじん》と西洋人《せいようじん》と野蠻人《やばんじん》との心理《しんり》狀態《じやうたい》と日常生活《にちじやうせいかつ》の狀態《じやうたい》を了解《れうかい》せぬと誤《あやま》る事《こと》があるから注意《ちうい》せられよ。

問、重病患者《ぢうびやうかんじや》にして靈脈《れいみやく》を見《み》られない時《とき》と小兒《せうに》と高貴《こうき》の人《ひと》の側《そば》に往《ゆ》かれない時《とき》には誰《た》れでも代脈《だいみやく》はよいのですか。

答、そんな事《こと》は澤山記《たくさんしる》してあるから問《と》ふ必要《ひつよう》はない筈《はづ》であるが、參考《さんこう》の爲《ため》に再《さい》記《き》して置《お》かふ、凡《すべ》て手《て》を觸《ふ》れないでも術者《じゆつしや》かその家《いへ》に行《い》つて座《ざ》した時兩手《ときれうて》を膝《ひざ》の上《うへ》に下向《したむ》けにしてピタと附《つ》けて患者《かんじや》を凝視《ぎようし》して居《を》る内《うち》に必《かな》らず術者《じゆつしや》のどれか指《ゆび》に現示《しめ》されるのである、之《こ》れは秘中《ひちう》の秘《ひ》であるが誰《た》れでも出來《でき》るのである、膝《ひざ》の上《うへ》でなくとも、術者自《じゆつしやみづ》からが胸《むね》にピタとあて丶一分間以内默觀《ぶんかんいないもくかん》して居《を》ると直《たゞ》ちに動《うご》くのである、その動《うご》き方《かた》は何《なん》とも云《い》へぬ様《やう》にヂリヂリ感電《かんでん》した様《やう》であるから直《すぐ》に判《わか》るのである。

注意……以上《いじやう》の質問應答《しつもんおうこう》は余《よ》が發表《はつぺう》した講本《こうほん》の何《どれ》にも出《だ》してない秘密《ひみつ》の返答《へんこう》だから、研究者《けんきうしや》もその積《つも》りで修得《しうとく》されよ。

變則脈中の最も注意す可きは中指の眞すぐに動く時である、そんな時は何事か潜んで居るからである、余が研究した敷萬の靈脈の中で中指が一番澤山あつた、次は藥指である。

第參拾章　靈脈應用心王易

靈脈《れいみやく》を擴强《かくちやう》する爲《ため》に古聖《こせい》の易《えき》を利用《りよう》して講本《こうほん》を出《だ》してあるが、初心《しよしん》の者《もの》には中々《なかく》六ケ敷《し》いから此章《このしやう》に簡易《かんい》にして應用《おうよう》が誰《た》れにでも出來《でき》る樣《やう》に公開《こうかい》する。

亞細亞《あじあ》の學問中《がくもんちう》で易學《えきがく》が一番難解《ばんなんかい》であつて易學《えきがく》さへ了解《れうかい》すれば佛敎《ぶつけふ》や神道《しんたう》は容易《ようい》である、佛敎《ぶつけふ》の歸着点《きちやくてん》は本因佛性《ほんいんぶつしやう》の本體心王《ほんたいしんのう》に到達《とうたつ》すればそれでよいのである、あとは人々《ひと〴〵》の口《くち》と身體《しんたい》で人間《にんげん》を敎化慈導《けふげじどう》して往《ゆ》けばよいのである、其他《そのた》のあらゆる宗敎《しうけふ》も本尊《ほんぞん》の意義《いぎ》を擴張《かくちやう》して民衆《みんしう》にそれを信《しん》じさせればよいのである、内容《ないよう》が實《じつ》にあれ虚《きよ》にあれ信《しん》じさせると云《い》ふ丈《だけ》でよいのである。

然《しか》るに易學《えきがく》を進《すゝ》んで往《ゆく》と天地間《てんちかん》のあらゆる事象《じしやう》の起居《ききよ》及《およ》び人心《じんしん》に起《おこ》る雜多《ざつた》の活斷《かつだん》、無數《むすう》の問題《もんだい》を解決《かいけつ》せねばならぬ責任《せきにん》と權威《けんゐ》があるから重大《ぢつだい》である、且又《かつまた》何《なん》とも云《い》へぬ味《あぢ》がある事《こと》が自解《じかい》せられる、故《ゆえ》に易學《えきがく》と易斷《えきだん》は人生必要《じんせいひつえう》の敎化書《けふげしよ》として尊重《そんちやう》せねばならぬのである、けれども過去《かこ》に於《お》ける易書取扱《えきしよとりあつかひしや》者である先輩《せんはい》が舊式《きうしき》を脱《だつ》する事が出來《でき》ないで居《を》る故《ゆゑ》余は苦心練修《くしんれんしう》を積《つ》んで五指靈脈《しれいみやく》にて應用《おうよう》する事《こと》を發見《はつけん》したのである。

靈脈と易八卦和解

拇指　は心王《しんのう》にして乾卦《けんか》と結《むす》ぶ。

人指　は含臟識《がんぞうしき》にして坤卦《こんか》と結《むす》ぶ。

中指　は自我識《じがしき》にして震卦《しんか》と結《むす》ぶ。

藥指　は常識《じやうしや》にして巽卦《そんか》に結《むす》ぶ。

小指　は五官《かん》にして坎卦《かんか》に結《むす》ぶ。

心王靈脈《しんのうれいみやく》は右《みぎ》の五義丈《だけ》で充分應用《じうぶんおうよう》して拾三萬有餘《まんゆうよ》も擴張《かくちやう》する事《こと》が出來《でき》るのであるが、易象《ゑきしやう》を借用《しやくよう》して尙且《なほか》つ確實《かくじつ》に應用《おうよう》を擴《ひろ》げると從横無盡《じうわうむじゆん》になるから利《り》用《よう》したのであるけれども、五義《ぎ》ではあとの三義《ぎ》が應用出來《おうようでき》ないから左《さ》の如《ごと》く應用範圍《おうようはんい》を擴張《かくちやう》したのである事《こと》を承知《せうち》されよ。

小指　裏《うら》を離卦《りか》とし藥指裏《うら》を兌《だ》とし中指裏《うら》を艮《ごん》として玆《こゝ》に心王易《しんのうえき》として八卦《か》の起順《きじゆん》を定《さだ》めたのである。

拇指　は心王《しんのう》にして常住不滅《じやうじうふめつ》の靈體《れいたい》を主張《しゆてう》するものなれば、乾卦《けんか》の天行《てんこう》は健《けん》なり君子《くんし》自疆《じきやう》して息《やま》ず、と云《い》ふ活理《かつり》と合致《がつち》させたのである、而《しか》して天《てん》の無形《むけい》と合理的《ごうりてき》である。

人指　は含臟識《がんぞうしき》にし萬物《ばんぶつ》を含臟《がんぞう》する故坤《ゆゑこん》は地《ち》として萬物《ばんぶつ》を載《の》せ育《いく》する活理《かつり》と合《がつ》致《ち》し、拇指を父《ちゝ》とし祖先《そせん》とし坤《こん》を母《はゝ》とし慈愛《じあい》とす。

中指　は獨斷的自我意識《どくだんてきじがいしき》とし震長男《しんちやうなん》とする、拇指と人指と中指と合《がつ》して萬事完《ばんじかん》全《ぜん》と云《い》ふ活斷《かつだん》を靈脈《れいみやく》にて與《あた》へるのである。

中指震男《しんだん》の裏指《りし》を艮《こん》に配置《はいち》したのは、震《しん》の輕擧暴動《けいきよぼうどう》を抑《をさ》へ艮《とゞむ》る爲《ため》である。

藥指　は常識《じようしき》として心王《しんのう》の受命《じゆめい》心象《しんしやう》となし巽卦《そんか》の風教《ふうけう》にて合致《がつち》し、心王《しんのう》の命《めい》に依《よつ》て天下《てんか》を風靡《ふうび》するとしたのである。

藥指の裏《うら》を兌《だ》としたのは巽女《そんじよ》は愛敬《あいけふ》を主《しゆ》とし市《いち》に往《い》つて利《り》三倍《ばい》の意味《いみ》は兌《だ》の愛敬《あいけふ》を背景《はいけい》とするからである。

小指　は眼耳鼻舌身《げんにびぜつしん》の五官能《かんのう》とし坎《かん》の水《みづ》と合致《がつち》し無意識的活動《むいしきてきかつどう》を意味《いみ》したのである。

小指裏《うら》に離《り》を配置《はいち》したのは坎《かん》は月《つき》にして離《り》は日《ひ》であり、日月合《じつげつがつ》して明《めい》とするが故《ゆゑ》に應用《おうよう》したのである。

靈脈と八卦起順

上卦人指下卦《げか》拇指を地天泰《ちてんたい》として起卦《きか》す。

上卦拇指下卦《げか》人指を天地否《てんちひ》として起卦《きか》す。

上卦中指下卦《げか》拇指を雷天大壯《らいてんたいそう》として起《おこ》す。

上卦藥指下卦《げか》拇指を風天小畜《ふうてんせうちく》として起《おこ》す。

上卦小指下卦《げか》拇指を水天需《すゐてんじゆ》として起卦《きか》す。

以上《いじやう》を表準《へうじゆん》として他指《たし》と合《がつ》し起卦《きか》すれば誰《たれ》にも簡易《かんい》に出來《でき》る、起卦《きか》は簡易《かんい》に出來《でき》ても活斷《かつだん》が自在《じざい》でなければその妙《めう》が出《で》ないから萬事《ばんじ》活斷《かつだん》が大切《たいせつ》である。

その活斷《かつだん》も既成《きせい》の易《えき》の樣《やう》に六ケ敷《し》い謎《なぞ》の樣《やう》な解釋《かいしやく》は用《もち》ひなくてもよいのである、起卦《きか》を了解《れうかい》したら用卦《ようか》と云《い》ふ事《こと》を心得《こゝろえ》て、用卦《ようか》のなき時《とき》は簡易《かんい》の生卦法《せいかほう》を行《おこな》ふのである、用卦《ようか》も生卦法《せいかはう》も必要《ひつえう》のないのは男《をとこ》なら左手《ひだりて》で本卦《ほんか》を起《おこ》し右手《みぎて》で之卦《しか》を起《おこ》すのである、以上《いじやう》の三義《ぎ》さへ判《わか》れば誰《たれ》にでも自由自在《じいうじざい》である。

起卦と活斷順序和解

假令《たとへ》ば病氣《びやうき》を起卦《きか》せんとするに拇指と藥指が動《うご》いたら上卦《じやうか》拇指下卦《げか》藥指とし

天風姤《てんぷうこ》の卦《か》を起《おこ》すのである、之《こ》れが現在《げんざい》の病體《びやうたい》であつて下卦《げか》藥指を流行寒冒《りうこうかんばう》とし、上卦《じやうか》拇指を熱《ねつ》あるとす。

而《しか》して用卦《ようか》即《すなは》ち二本《ほん》の指以外《ゆびいがい》にどれか一本動《ほんうご》いたのを用卦《ようか》とするのである、天風姤《てんぷうこう》の本卦《ほんか》に用卦《ようか》が藥指裏《うら》の時《とき》は上卦《じやうか》の拇指が變《へん》じて兌《だ》となるから澤風大《たくふうたい》過《か》となるのである、大過《たいか》となれば流行寒冒《りうこうかんばう》は六日目《かめ》に危險命《きけんめい》なしと斷《だん》ずるが如《ごと》くである。

又男左手《またおとこひだりて》で天風姤《てんぷうこう》で用卦《ようか》なくして右手《みぎて》で之卦《しか》を見《み》るのに上卦《じやうか》小指下卦《げか》中指が動《うご》いたら水雷屯《すゐちゆん》と云《い》ふ卦《か》を起《おこ》すのである、之《こ》れは流行寒冒《りうこうかんばう》の天風姤《てんぷうこう》が屯《ちゆん》になつたのであるから、寒熱内訌《かんねつないこう》して震《ふる》ひあり逆上《のぼせ》の傾向《かたむき》を示《しめ》すものと斷《だん》ぜねばならぬ然《しか》し生命《せいめい》には別條《べつでう》がない事を承知《せうち》する卦體《かたい》である。

又天風姤《またてんぷうこう》の流行寒冒《りうこうかんばう》が用卦《ようか》も之卦《しか》もない時《とき》には依《よつ》て生《せいか》を卦用《もち》ゆる事《こと》がある、初爻《しよこう》の陰爻《いんこう》を陽爻《やうこう》にするか二爻《こう》の陽爻《やうこう》を陰爻《いんこう》にするかであるが、之《こ》れはその病體《びやうたい》と相談《さうだん》してからでなければ活斷《かつだん》は出來《でき》ないのである、乾爲天《けんゐてん》の健康體《けんこうたい》にするか天山遯《てんざんさん》の本卦《ほんか》にして風氣《かぜき》を遁《のが》れしめるかである。

凡《すべ》て病氣《びやうき》は地天泰《ちてんたい》に戻《もど》ればよいと云《い》ふのが生卦易發表《せいかえきはつぺう》の眞勢先生《ませせんせい》の敎《をし》へであるが、その地天泰《ちてんたい》に戻《もど》すと云《い》ふ事《こと》は中々出來《なかなかでき》ないのであるから簡易《かんい》で活斷《かつだん》するのがよい。

心王靈脈《しんのうれいみやく》の方《はう》では藥指と拇指が動《うご》けば風《かぜ》の爲《ため》に神經《しんけい》を痛《いた》めたと見《み》るのである、拇指を心靈《しんれい》とし人指を肉體《にくたい》とするから地天泰《ちてんたい》は靈肉調和《れいにくてうわ》とし、天地否《てんちひ》は靈肉不《れいにくふ》調和《てうわ》とするのである。

金錢上の問題と上卦及其他

又金錢上《またきんせんじやう》の問題《もんだい》で上卦《じやうか》人指下卦《げか》小指が動《うご》けば地水師《ちすゐし》と云《い》ふ卦《か》が出來《でき》る、上卦《じやうか》は金主《きんしゆ》で有財餓鬼《ゆうざいがき》であるから下卦《げか》の坎卦《かんか》の勞働者《らうどうしや》が資金調達《しきんてうたつ》を乞《こ》ふても聞《き》き入《い》れないのである、即《すなは》ち勞働爭議《ろうどうそうぎ》の樣《やう》なものである。

地水師《ちすゐし》は戰《たゝか》ひの卦《か》であつてプロレタリヤとブルジョアとの對抗《たいこう》である、然《しか》し下卦《げか》のプロレタリヤは地水師《ちすゐし》の主爻《しゆこう》を二番《はん》に有《いう》して居《を》るから戰《たゝか》へば必《かな》らず勝《しやう》利《り》は目《め》に見《み》へて居《を》るが、一步《ほ》進《すゝ》む時《とき》に團結《だんけつ》して進《すゝ》まないと最後《さいご》の勝利《しやうり》は得《え》られないのである。

依《よつ》て用卦《ようか》を見《み》て用卦《ようか》が動《うご》かなければ之卦《しか》を見《み》るのである之卦《しか》が上卦《じやうか》中指下卦《げか》小指となつたら雷水解《らいすゐかい》として爭議解決《そうぎかいけつ》と見《み》る、その解決《かいけつ》は先方《せんぽう》の中心人物《ちうしんじんぶつ》が當方《とうほう》に同情《どうじやう》しての解決《かいけつ》である、即《すなは》ち四爻《こう》の震主《しんしゆ》と初爻《しよこう》の民衆《みんしう》と夫婦《ふうふ》であるから、初爻《しよこう》の妻《つま》を二爻《こう》に取《と》られると困《こま》るから急《きう》に解決《かいけつ》となつたのであると斷《だん》ぜねばならぬのである。

靈脈《れいみやく》では人指を心配事《しんぱいごと》とし小指を子供《こども》の爲《ため》とし、人指から讓《ゆづ》つてやつて解決《かいけつ》すると云《い》ふ簡單《かんたん》なる活斷《かつだん》を與《あた》へるのである、然《しか》し多《た》少心王易理《せうしんのうえきり》を借用《しやくよう》して人指坤《こん》小指坎《かん》で地《ち》水師《すゐし》の卦《か》を以《もつ》て爭《あらそ》ひを考《かんが》へて見《み》ると確實《かくじつ》になるのであるが易《えき》を知《し》らぬ者《もの》では判《わか》らないから困《こま》る。

賣買上《ばいばいじやう》の年度《ねんど》の大勢《たいせい》を心王易《しんのうえき》で起卦《きか》せんとするには本卦《ほんか》を相場《さうは》とし用卦《ようか》でも之卦《しか》でもを高下變動《こうげへんどう》の氣配《けはい》として活斷《かつだん》するのがよいのである。

本卦《ほんか》小指坎《かん》と人指坤《こん》で水地比《すゐちひ》を相場《さうば》とす、之卦《しか》拇指乾《けん》と中指震《しん》で天雷无妄《てんらいむまう》とし高下變動《こうげへんどう》の氣配《けはい》を斷《だん》ずるのである。

本卦《ほんか》水地比《すゐちひ》は相場自體《さうはじたい》が安《やす》いのであつて地上《ちじやう》に穴《あな》が明《あい》て居《を》るのであるから、その穴《あな》が埋《うま》らぬ内《うち》は相場自體《さうばじたい》から動《うご》かないと見《み》る。

之卦《しか》天雷无妄《てんらいむまう》は相場非常《さうばひじやう》に高《たか》くなるのは人氣《にんき》が一致《ち》して、どうして相場《さうば》に景《けい》氣《き》を持《もた》せなくては四圍《ゐ》の狀境《じやうきやう》が非觀《ひかん》ばかりだと云《い》ふ事《こと》を自然《しぜん》に云《い》ひ出《だ》して一致《ち》したのである、故《ゆえ》に无妄《むまう》は僞《いつは》りなきを以《もつ》て律《りつ》する卦《か》であるから、五爻《こう》の文《もん》辭《じ》に『无妄《むまう》の疾《しつ》は藥《くすり》する勿《なか》れ喜《よろこ》びあり』とある。

心配《しんぱい》せないでも農家《のうか》の苦境《くるしみ》は自然《しぜん》と救《すく》われると云《い》ふのである、元來《がんらい》相場《さうば》を易《えき》で見《み》るのは本卦《ほんか》の下卦《げか》を相場《さうば》とし上卦《じやうか》を人氣《にんき》とし變爻《へんこう》を以《もつ》て將來《しやうらい》の事《こと》を見定《みさだ》める方《はう》が簡易《かんい》でよいのであるが、之《こ》れは畧筮式《りやくぜんしき》であつて靈的《れいてき》に發動《はつどう》して來《く》る靈脈《れいみやく》とは意味《いみ》が異《ちが》ふから心王易《しんのうえき》では畧筮式《りやくぜんしき》に似《に》た用卦應用《ようかおうよう》を主《しゆ》とするが、目《め》先《さき》や本場戰《ほんばせん》や短期賣買《たんきばいばい》には用《もち》ひても、年度《ねんど》の大勢《たいせい》には誠心誠意《せいしんせいい》に正月元旦《しやうがつがんたん》の朝《あさ》二時《じ》に愼《つゝし》んで心王《しんのう》に問《と》ふのである。

昔の本筮と心王易及其他

昔《むかし》の本筮《ほんぜい》を起卦《きか》するには三七日間水行《にちかんすゐぎやう》して心《こゝろ》を靜《しづ》めて行《おこな》ふのであつたが、それは大事《だいじ》の事《こと》はそうでなければならぬが、心王《しんのう》を認識《にんしき》した者《もの》はそんな面倒臭《めんどうくさ》い事《こと》はせぬともよいのである、萬事《ばんじ》が心王明示《しんのうめいじ》を基準《もと》とするのであるから誤《あやま》りと迷《まよ》ひがないのである。

それから競馬《けいば》とか角力《すまふ》とか云《い》ふ勝負事《しやうぶごと》を見《み》るのに靈脈《れいみやく》では、拇指は勝《かち》とし人指は分《わ》けとすると云《い》ふ事《こと》を記《しる》してあるけれども、心王易《しんのうえき》を以《もつ》て判《はん》ずるには上下卦《じやうげか》の對照《たいしやう》で行《おこな》ふのであるから。解釋《かいしやく》からすると大《おほ》ひに判《わか》り易《やす》いが、その道理《だうり》を知《し》らなければ矢張靈脈《やはりれいみやく》の方《はう》が安全《あんぜん》であると云《い》へよう。

角力勝負《すまふしやうぶ》に拇指と拇指の乾爲天《けんゐてん》が起卦《きか》されたら、五分《ぶ》五分《ぶ》と見《み》ねばならぬ、但《たゞ》し上卦《じやうか》の方《はう》が上位《ゐ》を占《し》めて居《を》るから多《た》少強《せうつよ》いと見《み》る時《とき》がある。

此時《このとき》に用卦《ようか》が藥指裏《うら》でも動《うご》けば兌《だ》となり澤天夬《たくてんかい》となつて上卦《じやうか》が負《ま》けると見《み》るのである、用卦《ようか》が下卦《げか》に離《り》を見《み》せれば引《ひ》き分《わ》けと見《み》ねばならぬ、用卦《ようか》が小指の坎《かん》となれば水天需《すゐてんじゆ》となるから苦情《くじやう》が附《つい》て老人連《ろうじんれん》が三人程《にんほど》來て場面《ばめん》を驗査《けんさ》すると見《み》る。

本卦《ほんか》が乾爲天《けんゐてん》で之卦《しか》が坤爲地《こんゐち》となつたら、本卦《ほんか》を始《はじ》め名乘《なの》りを擧《あ》げた角力《すまふ》とし、之卦《しか》は後《のち》に呼《よ》ばれた者《もの》として本之《ほんし》で對照《たいせう》するのもあるから注意《ちうい》。

凡《すべ》て勝負事《しやうぶごと》は靈脈《れいみやく》を中心《ちうしん》に心王易《しんのうえき》を副作用《ふくさよう》として行《おこな》ふのがよい、それが意味《いみ》深重《しんちやう》の活斷《かつだん》を示《しめ》す基《もと》となるからである。

年月日時を知る脈

易《えき》の河圖數《かとすう》を應用《おうよう》して一應靈脈《おうれいみやく》に敎《おし》へてあるが、靈脈《れいみやく》として混交《まぜもの》なしの年月《ねんがつ》日時《びとき》を知《しる》には、晴雨《せいう》の止《や》む時及《ときおよ》び降《ふ》り出《だ》す時《とき》を各人《かくじん》の小指から人指で數《かぞ》へ又戻《またもど》つて小指から人指に數《かぞ》へるのと同《おな》じでよい。

時《とき》とすれば午前《ごぜん》一時《じ》が小指で四時《じ》が人指である、又《また》小指が午前《ごぜん》五時《し》で人指は八時《じ》である、又《また》小指が午前《ごぜん》九時《じ》で人指が拾貳時《じ》である、又《また》小指が午後《ごご》一時《じ》で人指が午後《ごご》四時《じ》である、又《また》小指が午後《ごご》五時《じ》で人指が八時《じ》である、又《また》小指が午後《ごご》九時《じ》で人指が夜半《よなか》の拾貳時《じ》である。

以上《いじやう》が時《とき》の見樣《みやう》として確中《かくちう》するから晴雨《せいう》ばかりでなく何事《なにごと》にも應用《おうよう》すれば妙《めう》

がある、而《しか》して日《ひ》を知《し》るには五本指《ほんゆび》を應用《おうよう》せねばならぬ、小指が一日《にち》なら拇指が五日《か》である、小指が六日《か》なら拇指が十日《か》である、小指が拾一日《にち》なら拇指は拾五日《にち》である、小指が拾六日《にち》であれば廿日《か》は拇指である、小指が廿一日《にち》で拇指が廿五日《にち》である、小指が廿六日《にち》で拇指が三十日《にち》である、三十一日《にち》の時《とき》は拇指の次《つぎ》に小指がズンと感《かん》ずるから判《わか》る廿八九日晦日《にちみそか》の時《とき》は小指から順《じゆん》に應用《おうよう》されよ。

月《つき》を知《し》るには小指が正月《せうがつ》なら人指が四月《がつ》である、戻《もど》つて小指が五月《がつ》で人指が八月《がつ》である、小指が九月《がつ》で人指が十二月《がつ》と配置《はいち》して應用《おうよう》されよ、晴雨時間《せいうじかん》の如《ごと》く的中確實《てきちうかくじつ》である。

年《とし》の數《すう》は易《えき》の河圖數《かとすう》を用《もち》ひてもよいが靈脈《せいみやく》とすれば小指から三度《ど》重《かさ》ねて拾二年迄《ねんまで》は數《かぞ》へられるけれども、拾二年以上《ねんいじやう》となると面倒《めんだう》であるから合指《がつし》を應用《おうよう》して河圖數《かとすう》で活斷《かつだん》せられる方《はう》がよい、小指には一と六、藥指には三と八の數《すう》があるから合《がつ》したら、拾二年以上《ねんいじやう》の事《こと》を見《み》るには六と八を取《と》つて拾四年《ねん》としてよい、中指と人指と合《がつ》したら中指が三と八で、人指は五と十である故《ゆえ》、大数《たいすう》を取《と》つて拾八と云《い》ふて應用《おうよう》してよい、人指と拇指は拇指に四と九の数《すう》があるから大数《たいすう》を取《とつ》て九十としてよい、其他《そのた》は活断者《かつだんしゃ》の應用自在《おうようじざい》である。

年月日時《ねんがっぴじこく》は餘《あま》り明細《めいさい》に活断《かつだん》してはいけない、術者《じゆつしや》なり依頼者《いらいしや》なりが未《いま》だ靈脈《れいみやく》に徹底《てってい》しない者《もの》が活断《かつだん》して誤《あやま》りがあるといけないからである、一ケ月以内《げついない》か一ケ年以内《ねんいない》位《ぐらゐ》の事《こと》に應用《おうよう》して早《はや》くその的中率《てきちうりつ》を認《みと》めた方《はう》がよいのである、先《ま》づ晴《せい》雨《う》から時間《じかん》と日《ひ》を實験《じっけん》して的中《てきちう》を確認《かくにん》してから諸種《しょしゅ》の活断《かつだん》に進《すす》まれよ。

時間《じかん》を知《し》るには朝《あさ》五時頃《じごろ》であつたら小指の次指《つぎゆび》薬指から六時《じ》七時《じ》八時《じ》と思念《しねん》して人指の處《ところ》を吹《ふ》くのである、人指が動《うご》けば八時頃《じごろ》から降《ふ》り出《だ》すとか晴《は》れるとか活断《かつだん》するのである、單《たん》に午前《ごぜん》と午後《ごご》とを見《み》るのは午前《ごぜん》は拇指であつて人指は午後《ごご》である、其他《そのた》は時間《じかん》に依《よつ》て見《み》られよ、又《また》は待人《まちびと》などを見《み》るには午前午後《ごぜんごご》を先《さき》に靈指《れいし》で見《み》てから次《つぎ》に時間《じかん》を見《み》るのである。

確實《かくじつ》なる活斷《かつだん》は術者《じゆつしや》の熟練《じゆくれん》を要《よう》するのであるから無茶《むちや》に行《おこな》ふてはならぬのである、余《よ》は常《つね》に靈脈《れいみやく》を診《しん》してから來《く》るかこないか定《さだ》めておいて第《だい》貳には直感靈覺《ちよくかんれいかく》を以《もつ》て時間《じかん》を豫知《よち》した事《こと》があつたが、拾中《ちう》七迄《まで》は的中《てきちう》するが三だけは不的中《ふてきちう》であつた故《ゆえ》に靈脈《れいみやく》を最《もつと》も力《ちから》として居《を》るのである。

河圖《かと》の數《すう》は確實《かくじつ》に的中《てきちう》するが易《えき》に心得《こゝろえ》がなければ判《わか》らないから餘《あま》り用《もち》ひぬ方《ほう》がよい、凡《すべ》て五指《し》の動《うご》き方《かた》で年月日《ねんがつぴ》時《とき》を出《だ》した方《はう》が初心者《しよしんしや》には早《はや》わかりで安心《あんしん》に信《しん》ずる事《こと》が出來《でき》るからである。

十干《かん》や十二支《し》などを混用《こんよう》しては靈脈《れいみやく》の權威《けんい》を損《そん》するから決《けつ》して用《もち》ひてはならぬ、又舊曆《またきうれき》も用《もち》ひない樣《やう》に太陽曆《たいようれき》を凡《すべ》て用《もち》ひられよ、成《な》る可《べ》く古《ふる》い面倒《めんだう》の方法《はうはう》は混用《こんよう》せぬ樣《やう》に注意《ちうい》。

靈脈活斷義と心王易八卦象對照

心王易《しんのうえき》三冊《さつ》とその奥傳《おくでん》一冊《さつ》とを修《をさ》めれば應用自在《おうようじざい》になるのである、がその應《おう》用自在《ようじざい》の根本義《こんほんぎ》は八卦《か》の卦象《かしやう》をよく了解《れうかい》せねばならぬのである、靈脈《れいみやく》には拇指を祖先《そせん》とし背髓《せきずい》とし神經系統《しんけいけいとう》としそれを中心《ちうしん》として無數《むすう》に擴張《かくちやう》して居《を》る、心王《しんのう》易《ねき》では既成易《きせいえき》に合致《がつち》して乾《けん》の拇指を無形《むけい》の心靈《しんれい》とし圓滿《ゑんまん》とし嚴格《げんかく》とし高貴《こうき》として靈脈《れいみやく》と合用《ごうよう》するのである。

人指の坤《こん》はアラヤ含臟識《がんぞうしき》に倣《なら》ふて民衆《みんしう》の統卒《とうそつ》を示《しめ》し、主領《しゆれう》なき單《たん》なる合議政《ごうぎせい》を意味《いみ》し、母《はゝ》の慈意《じい》を表《へう》し地《ち》德《とく》を示《しめ》すのである、故《ゆゑ》に活斷《かつだん》の要《えう》は單《たん》なる和《わ》合指《ごうゆび》として靈脈《れいみやく》にて應用《おうよう》して居《を》るから心王易《しんのうえき》に合致《がつち》して居《を》る、然《しか》し母《はゝ》に屬《ぞく》し地《ち》に屬《ぞく》して居《を》るのであるから、肉《にく》と血《ち》とを表明《へうめい》するのである事《こと》を承知《せうち》せねばならぬ、病氣《びやうき》としては肉體《にくたい》と內臟《ないぞう》とを表《あらは》し胃臟《ゐぞう》を示《しめ》して靈脈《れいみやく》と坤卦《こんか》對照《たいせう》合致《がつち》が出來《でき》る。

中指の震《しん》は足《あし》の象《せう》があるから無茶《むちや》に進《す》んで危險《きけん》を冒《おか》すから危險思想《きけんしそう》としてある、餘《あま》り自我主義《じがしゆぎ》に活動《かつどう》した爲《ため》に胸《のう》を痛《いた》めると敎《をし》へ、心王易《しんのうえき》には百里《り》を振《ふる》ひ動《うご》かせどもその生命《せいめい》は失《しつ》せないが、餘《あま》り振《ふる》い過《す》ぎて復《かへ》る事《こと》を忘《わす》れる意味《いみ》を含《ふく》むのである、靈脈《れいみやく》でも心王易《しんのうえき》でも中指の動《どう》は大《おほ》ひに中心《ちうしん》を失《うしな》ふ事《こと》があるのを注意《ちうい》せねばならぬのである、然《しか》し心王易《しんのうえき》で中指が上卦《じやうか》で拇指が下卦《げか》で雷天大壯《らいてんたいそう》の時《とき》は拇指の老父《ろうふ》が家《いへ》に居《ゐ》て長男《ちやうなん》が熱心《ねつしん》に外《そと》に活動《かつどう》して居《を》ると見《み》る美卦《びか》もあるから應用《おうよう》が大切《たいせつ》である。

藥指の巽卦《そんか》は風《かぜ》であり軟《やわら》かいものとし、靈脈《れいみやく》では依賴心《いらいしん》多《おほ》き爲《ため》に合資的《ごうしてき》とし女《おんな》の爲《ため》に難多《なんおほ》しとする、心王易《しんのうえき》では靈脈《れいみやく》と同《おな》じく愛敬《あいけふ》ある事《こと》を敎《をし》へ利益上《りえきじやう》に對《たい》して人《ひと》より先《さき》に活動《かつどう》する性《せい》ありとして居《を》る、人《ひと》に服從《ふくじう》する特性《とくせい》があるが始終《しじう》一貫《かん》それを守《まも》る事《こと》が出來《でき》ないと見《み》ねばならぬ、常《つね》に動《うご》かせないと必《かな》らず惡《わる》い事《こと》をすると見《み》るけれども、天下《てんか》を敎《をし》へる風地觀《ふうちかん》の如《ごと》くなれば風《かぜ》も大《おほ》ひに効《こう》ある事《こと》になる、靈脈《れいみやく》でも愛敬《あいけふ》を表面《へうめん》として活斷《かつだん》に用《もち》ひる。

小指の坎卦《かんか》は靈脈《れいみやく》にては五官能《かんのう》としてあるから水《みづ》の孤立《こりつ》と同《おな》じである、五官《かん》能《のう》が活動《かつどう》せぬと必《かな》らず病氣《びやうき》になる、水《みづ》も動《うご》かなければ遂《つひ》に腐《くさ》る、人《ひと》は水《みづ》と同《おな》じく方圓《はうえん》の器《うつは》に從《したが》ひ善惡《ぜんあく》の友《とも》に倚《よる》と雖《いへど》も、その中心生命《ちうしんせいめい》さへ失《うしな》はなければ一日《にち》も缺《か》く可《べ》からざる貴重《きちやう》のものとされるのである、心王《しんのう》あり常識《じやうしき》あり眼耳鼻舌身《げんじびぜつしん》の五官《かん》あつて人間《にんげん》の滿足《まんぞく》し居《お》るので、潜在意識《せんざいいしき》だの記憶心象《きおくしんしやう》だのは心王《しんのう》の屬下《ぞくか》で五官能《かんのみ》の如《ごと》く現《あらは》れて居《を》らぬから惡《わる》い事《こと》をして困《こま》る。

小指裏《うら》を心王易《しんのうえき》の離《り》として應用《おうよう》する事《こと》は既《すで》に述《の》べた、靈脈《れいみやく》では之《こ》れは隱《かく》れた指《ゆび》で藥指裏《うら》と中指裏《うら》と共《とも》に必要《ひつえう》がないのである、靈脈活動中《れいみやくかつどうちう》に外《そと》に反《そる》とか内《うち》に曲《まが》るとかあるのは心王易《しんのうえき》を應用《おうよう》しての明示《めいじ》ではないのであるから誤用《ごよう》してはいけない、小指が掌中《しやうちう》に附《つ》くのは病《やまひ》が深《ふか》いことを示《しめ》し、横《よこ》に開《ひら》くのは慢性《まんせい》を意味《いみ》し、外《そと》に反《そる》のは内訌《ないこう》して中々《なか〳〵》現《あらは》れない事《こと》を意味《いみ》するのであるから心王易《しんのうえき》を應用《おうよう》したのではない、心王易《しんのうえき》では内外《ないがい》を利用《りよう》せばよい。

藥指裏《うら》に兌《だ》がある心王易《しんのうえき》の巽卦《そんか》を轉《てん》ずれば兌《だ》となり、人《ひと》から見《み》る當方《とうほう》から見《み》る相互《さうご》の對人關係上《たいじんかんけいじやう》に應用《おうよう》したのである顚倒生卦《てんたうせいか》と云《い》ふ事《こと》を含《ふく》んで居《を》るのであるから、藥指裏《うら》の兌《だ》で活斷《かつだん》するにも藥指の意味《いみ》を含《ふく》み、藥指にも裏《うら》の兌《だ》を含《ふく》んで活斷《かつだん》するのが秘《ひ》である、藥指は風教《ふうけう》を意味《いみ》し風教《ふうけう》を説《と》くのは兌《だ》の辨舌《べんぜつ》を必要《ひつえう》とする、兩者離《りやうしやはな》れられぬ關係《かんけい》がある、兌《だ》に毀折《きせつ》と云《い》ふ事《こと》があるから藥指の風《かぜ》が餘《あま》り暴風《ばうふう》になると即《すなは》ち饒舌《しやべり》すぎると失敗《しつぱい》を意味《いみ》する。

中指裏《うら》の艮卦《ごんか》は萬事《ばんじ》艮《とゞ》まる止《とゞ》められると云《い》ふのであつて、上卦艮下卦震《じやうかごんげかしん》即《すなは》ち中指裏《うら》と中指との重卦《ぢゆうか》が心王易《しんのうえき》の山雷頤《さんらいい》となるので判《わか》る、下卦《げか》の震《しん》が突進《とつしん》して往《ゆ》けば上卦《じやうか》の艮《ごん》がそれを艮止《とゞめ》るから兩方相合《りやうはうあいがつ》して吉卦《きつか》となるのである、山雷頤《さんらいい》は大心王《だいしんのう》の卦《か》である、即《すなは》ち離卦《りか》が擴張《かくちやう》したのである、離《り》は文明《ぶんめい》であつてその最《もつと》も完成《かんせい》したのが大心王《だいしんのう》の文明《ぶんめい》でなければならぬのである、故《ゆゑ》に震《しん》の長男《ちやうなん》の妄進《まうしん》を加減《かげん》よく艮《とゞ》めて山雷頤《さんらいい》にさせるから坤《こん》を用《もち》ゆる。

以上《いじやう》の靈脈《れいみやく》と八卦《か》の合義《がうぎ》を了解《れうかい》して既成易《きせいえき》を利用《りよう》し生卦《せいか》を用《もち》ゆれば誠《まこと》に妙味《めうみ》

がある、然《しか》し右《みぎ》の象《しやう》と卦《か》を了解《れうかい》したら觀象法《かんしやうほう》の畧義《りやくぎ》をも了解《れうかい》しておかねばならぬ、それは八卦《か》の意味《いみ》が判《わか》れば自然《しぜん》と眼先《めさき》や心頭《しんとう》に展《てん》じて來《く》るから靈脈《れいみやく》にて萬《ばん》象《しやう》に類推《るいすゐ》して研究《けんきう》されよ、易《えき》は決《けつ》して難解《なんかい》のものではないが學者易《がくしやえき》になると無《む》理《り》に難解《なんかい》にして仕舞《しま》ふのである、先《ま》づ活斷《かつだん》に重《おも》きをおいて靈脈《れいみやく》に利用《りよう》すればよいのである、決《けつ》して理屈《りくつ》に捕《とら》われてはいけない。

此章《このしやう》には靈脈《れいみやく》と心王易《しんのうえき》との合義《がうぎ》だけを畧《りやく》に公表《こうへう》したのであるから進《すゝ》んで求《もと》めたい人《ひと》には敎《をし》へてあげる、急所《きうしよ》さへ了解《れうかい》すれば應用自在《おうようじざい》であるから先《ま》づ充分研《じうぶんけん》修《しう》されよ、余《よ》は一番苦心《ばんくしん》したのは易書《えきしよ》だけであつた、百貳拾餘《よ》日《にち》水《みづ》ばかり呑《のん》で易書《えきしよ》を研究《けんきう》して居《を》る内《うち》に靈脈《れいみやく》の妙《めう》が心頭《しんとう》に浮《うか》んだのである、其他《そのた》の學問《がくもん》はそんなに苦心《くしん》はせなかつたが易書丈《えきしよだけ》は實《じつ》に苦心《くしん》したが、後代《こうだい》の人《ひと》が研究《けんきう》するには決《けつ》して苦心《くしん》はいらない余《よ》の發表《はつぺう》を忠實《ちうじつ》に了得《れうとく》せばよい。

第參拾壹章　南北相法の指解と靈脈

水野《みづの》南北先輩《なんほくせんぱい》は相法家《さうほうか》としては權威者《けんゐしや》であつた、その相法《さうほう》の第《だい》一卷《かん》に指《ゆび》に就《つい》ての敎《をし》へがあるから靈脈《れいみやく》と對照《たいせう》して研究者《けんきうしや》の參考《さんかう》にしようと思《おも》ふて一二節《せつ》を引《いん》證《しやう》した左《さ》の如《ごと》く。

南北法の指と靈脈

人相見《にんさうみ》で有名《ゆうめい》の水野《みづの》南北《なんほく》が五指《し》の司處圖《ししよづ》には拇指を親司《しんし》、人指を他人司《たにんし》、中指を我體司《がたいし》、無名《くすり》指《ゆび》を身內司《みうちし》、小指を子孫司《しそんし》としてある、靈脈《れいみやく》では拇指を祖先《そせん》とし人指を兩親《れうしん》とし中指を自己《じこ》とし藥指を他人《たにん》とし小指は子供《こども》としてある。

拇指の親司《しんし》は南北《なんぼく》の方《はう》が誤《あやま》つて居《を》る、人指の他人司《たにんし》も誤《あやま》つて居《を》る、無名指《むめいし》の身內《みうち》も誤《あやま》つて居《を》る、中指と小指は靈脈《れいみやく》と合致《がつち》して居《を》る、又方角《またはうがく》を配置《はいち》したのが靈脈《れいみやく》と反對《はんたい》である、靈脈《れいみやく》は小指から東西南北《こうざいなんはく》と數《かぞ》へ拇指を中央《ちうをう》とするのであるが、南北水野《なんほくみづの》の方《ほう》では小指が中央《ちうをう》で藥指が北《きた》、中指が南《みなみ》、人指が西《にし》、拇指が東《ひがし》と云《い》ふ配置《はいち》がある。

五行《ぎやう》に配置《はいち》すれば藥指は木《き》で中指は火《ひ》で人指が土《つち》で拇指が金《かね》で小指が水《みづ》である、水野《みづの》南北《なんほく》は拇指が木《き》で人指が金《かれ》で中指が火《ひ》で藥指が水《みづ》で小指が土《つち》である、兩者對照《れうしやたいせう》して見《み》ると南北《なんほ》の方《はう》が合理的《ごうりてき》でないと思《おも》ふ。

五常《じよう》とすれば南北《なんほく》は拇指が仁《じん》で人指が義《ぎ》で中指が禮《れい》で藥指が智《ち》で小指が信《しん》である、之《こ》れは兩方《れうは》合致《がつち》して居《を》るから苦情《くじやう》はない、靈脈《れいみやく》では心王《しんのう》拇指には大慈悲《だいじひ》と大犠牲《だいぎせい》とが先天《せんてん》に具有《ぐゆう》して居《を》る事《こと》を敎《をし》へる、拇指と人指は二にして一と云《い》ふ秘密《ひみつ》の理《り》があるから、拇指を大慈悲《だいじひ》にして人指を大犠牲《だいぎせい》に配置《はいち》してもよい、人指は和合指《わごうゆび》で民衆《みんしう》の中心《ちうしん》となるには是非《ぜひ》犠牲《ぎせい》を潜《くゞ》らねばならぬからである。

中指は獨斷的《ごだんてき》であるから時《とき》に或《あるひ》は誤《あやま》るから禮《れい》に依《よつ》てそれを誡《いまし》める可《べ》く配置《はいち》し

たのは心王脈《しんのうみやく》と一體《たい》である、藥指に智《ち》を配置《はいち》したのは藥指は心王指《しんのうし》の代表《だいへう》であるから先《ま》づ合致《がつち》と見《み》てよい、小指に信《しん》を配置《はいち》したのは誠《まこと》に的中《てきちう》して居《を》る、五官《かん》能《のう》は心王《しんのう》を信《しん》じて動《うご》くに就《つい》ては常識《じやうしき》の藥指の智《ち》を通《とほ》さねばならぬが、通《とほ》さなくとも心王《しんのう》の命《めい》が藥指に下《くだ》るそれを信《しん》ずるのが待命境即《たいめいけふすなは》ち信《しん》ずるのである。

それから南北相法《なんぼくさつぽう》に『先《ま》づ人《ひと》を相《さう》する時《とき》は安座《あんざ》して其體《そのたい》の天地人《てんちじん》を正《ただ》しくして七息《そく》又心《またこゝろ》を氣海《きかい》に居《こ》し六根《こん》を遠《とほ》さけ而《しか》して後心《のちこゝろ》六根《こん》をゆるして以《も》つて相《さう》を辨《べん》ず』とあるが、靈脈《れいみやく》では瞬間《しゆんかん》の閉目統一《へいもくとう》にてよいのである、又《また》拇指を天《てん》とし人指を地《ち》とし中指を人《ひと》とし之《こ》れを中心《ちうしん》に他指《たし》の活動《かつどう》を見《み》るのである。

南北相法《なんぼくさつぽう》では『手《て》は一身《しん》の枝《えだ》なり樹木《じゆもく》も枝《えだ》のふりよきは名木《めいぼく》とせられ、枝《えだ》ぶり惡《あし》きは雜木《ざふぼく》となる、人《ひと》も又掌中《またしようちう》惡《あし》ければ自《みづ》から賤《せん》なり又雜花《またざふか》も時《とき》を得《え》て自《みづ》から美花《びか》を開《ひら》く、人《ひと》も吉事《きちじ》の時至《ときいた》れば掌中《しようちうおのづ》自から潤《うるはひ》を發《はつ》す、又身分《またじぶん》よろしからざる時《とき》は掌中《しようちうおのづ》自から曇《くも》る是《こ》れ自然《しぜん》の理《り》なり考《かんが》ふ可《べ》し』と云《い》ふてある。

心王《しんのう》が中心幹《ちうしんみき》で四指《し》は枝《えだ》である事《こと》は誠《まこと》に妙《めう》と云《い》ふ可《べ》きである、然《しか》し自然《しぜん》の理《り》を考《かんが》ふ可《べ》しと云《い》ふのは無自覺《むじかく》であると思《おも》ふ、心王《しんのう》の制裁《せいさい》に依《よつ》て身體及《しんたいおよ》び五指《し》が出來《でき》るのであるから心王《しんのう》の靈理《れいり》尊《たふと》む可《べ》しと云《い》はねばならぬのである、水野氏《みづのし》は心王《しんのう》は識《し》らなかつたから仕方《しかた》がないのである。

南北相法《なんほくさうはふ》に示《しめ》せる五指《し》の運命觀《うんめいかん》と靈脈《れいみやく》と比較《ひかく》して研究《けんきう》の資料《しれう》としよう、相方《さうはう》には親指即《おやゆびすなは》ち拇指の間《あひだ》が別《べつ》に開《ひら》く者《もの》は親《おや》の縁薄《えんうす》し、又親《またおや》の恩《おん》をおくらず不孝《ふかう》も多《おほ》し、とある。

靈脈《れいみやく》では拇指は祖先《そせん》に對《たい》して德《とく》を無視《むし》する者《もの》となす、人指は兩親《りやうしん》に對《たい》して不《ふ》孝《かう》をした者《もの》として居《を》る、相法《さうはふ》では人指と中指の間《あひだ》が開《ひら》いて居《を》る者《もの》は他人《たにん》と交《まじは》り惡《わる》く我《われ》に敵《てき》する者《もの》ありと云《い》ふて居《を》る、靈脈《れいみやく》では人指は和合《わがふ》で中指が獨斷《どくだん》であるから人指の和合《わがふ》を無視《むし》した時《とき》が中指の離《はな》れた時《とき》、之《こ》れが不和合《ふわがふ》と見《み》る處《ところ》は相法《さうはふ》と合致《がつち》して居《を》ると見《み》る。

中指と無名指《くすりゆび》の間《あひだ》が離《はな》れて居《を》る者《もの》は身内《みうち》に緣薄《えんうす》し、又妻緣變《またさいえんかわ》る事《こと》あり、靈脈《れいみやく》にては藥指は合指《ごうし》であるから、中指と離《はな》れて居《を》れば合指等《ごうしなど》は成《な》らぬ事《こと》が判《わか》る、指司《しし》は相法《さうはう》とは合致《がつち》せぬが活斷《かつだん》の方《はう》は合致《がつち》して居《を》るから妙《めう》だ。

藥指と小指と離《はな》れて居《を》る者《もの》は子供《こども》に緣薄《えんうす》し又何事《またなにごと》も賴《たよ》りになる者《もの》なし、と相《さう》法《ほう》にあるが靈脈《れいみやく》には小指と藥指が合《がつ》して色情的關係《しきじやうてきかんけい》と見《み》るのであるから、その合指的藥指《ごうしてきやくし》から小指が離《はな》れたのは子供《こども》の緣《えん》うすしと云《い》ふのも合致《がつち》して居《を》ると見《み》てよい。

五指《し》が別《わか》れ別《わか》れになつて居《を》るのは當時心《とうじこゝろ》さだまらず迷《まよ》ひありとす、と相法《さうほう》に云《い》ふてある、靈脈《れいみやく》では矢張《やは》り精神上分裂《せいしんじやうぶんれつ》して少《すこ》しの統《とう》一がなく先入觀念《せんにふかんねん》にて迷《まよ》ひありとするから合致《がつち》と見《み》てよい、五指《し》共正《ともだゞ》しく鏡《かゞみ》の如《ごと》きは當時心《とうじこゝろ》しまりありと云《い》ふて居《を》る、靈脈《れいみやく》では指《ゆび》の動《うご》かぬ前《まへ》の事《こと》は說《と》かないから合致《がつち》す可《べ》き理《り》がないのである。

指《ゆび》をつぼめて人《ひと》の前《まへ》に出《だ》す者《もの》は物事《ものごと》を危《あや》ぶみ一生大《しやうだい》なる破《わぶ》れなしと見《み》る、と相法《さうはう》にあるが、靈脈《れいみやく》では心《こゝろ》の愚《ぐ》なる者《もの》とする、中指の元《もと》が少《すこ》し人指と離《はな》れた様《やう》なのは損失多《そんしつおほ》し又人世話《またひとせわ》多《おほ》し、と云《い》ふてある、靈脈《れいみやく》では中指ブルブル振《ふる》ふ者《もの》は人《ひと》を馬鹿《ばか》にするから損失多《そんしつおほ》しと見《み》るのである。

藥指の元《もと》が中指と少《すこ》し離《はな》れて居《を》るのは損失多《そんしつおほ》し又家《またいへ》を破《やぶ》るとあるが、靈脈《れいみやく》では藥指のブルブル動《うご》くのは合資事業《ごうしじげふ》の不調《ふてう》と見《み》る、拇指を除《のぞ》いて四指《し》の元《もと》が少《すこ》し離《はな》れて居《を》るのは貧相《ひんそう》あるも一生食《しやうしよく》につきる事《こと》なしとあるが、靈脈《れいみやく》では迷心《めいしん》多《おほ》い爲《ため》に苦勞《くろう》ある事《こと》を敎《をし》へてある。

以上《いじやう》の對照《たいせう》は徹底的《てつていてき》ではないが靈脈《れいみやく》の方《はう》が解釋力《かいしやくりよく》が澤山《たくさん》あるから批判《ひはん》は擴《ひろ》いのである故充分研究《ゆえじうぶんけんきう》されよ。

言葉と靈脈

南北相法《なくほくさっほう》では言語《ことば》は其人《そのひと》の貴《き》賤《せん》を見《み》る可《べ》し、言葉《ことば》賤《いや》しきものは其心《そのこゝろ》賤《せん》なり、貴人《きじん》はおのづから其言葉《そのことば》貴《たつと》し、意《こゝろ》貴《たつと》くもつときは其意《そのこゝろ》に應《おほ》じて其言《そのげん》おのづから貴《たつと》くなるなり。

言葉《ことば》せはしきものは意《こゝろ》せはしく定《さだ》めなし又心《またこゝろ》淺《あさ》し、言葉《ことば》ゆたかなるものは自《おのづ》から心氣《しんき》をたもつ故《ゆゑ》に根氣《こんき》つよくして心《こゝろ》ゆたかなり、言葉《ことば》さわやかなるものは意《こゝろ》さわやかにして愛敬《あいけふ》あり、言葉《ことば》清《きよ》きものは心清《こゝろきよ》し。

以上《いじやう》は現《あらは》れし音聲斷《おんせいだん》であるが靈脈《れいみやく》で見《み》て拇指が動《うご》きて誠《まこと》に野卑《やひ》の音聲《おんせい》を發《はつ》する者《もの》がある、拇指は質實《しつじつ》の人格者《じんかくしや》でありながら發音《はつおん》が下賤《げせん》の時《とき》は注意《ちうい》せよ。

中指が動《うご》きて言葉《ことば》せわしき者《もの》は萬事《ばんじ》取組事《とりくみごと》は致《いた》す可《べ》からず必《かなら》ず損失《そんしつ》をかけられる事《こと》があるから、言葉《ことば》肥《ゆた》かに出《いで》てもその語尾《ごび》に陰音《いんおん》あるものは靈脈《れいみやく》で見《み》ると必《かな》らず小指が動《うご》くから注意《ちうい》せよ、富豪《ふごう》で野卑《やひ》の心《こゝろ》の持主《もちぬし》である。

言葉《ことば》さわやかならざるものは辛勞多《しんろうおほ》し、靈脈《れいみやく》は人指と小指が動《うご》いて示《しめ》す、女《をんな》の言《げん》に似《に》た音聲言語《おんせいげんご》の人《ひと》は心《こゝろ》に器量《きりやう》なし發達薄《はつたつうす》し、靈脈《れいみやく》は小指多《おほ》く動《うご》くなり、言葉大《ことばだい》にして音尾確實《おんびかくじつ》に現《あらは》れるは大《おほ》ひに良《よ》し、靈脈《れいみやく》は多《おほ》く拇指と人指の動《どう》にて示《しめ》す。

言葉頭《ことばあたま》の上《うへ》より出《で》る樣《やう》なのは意定《こゝろさだま》る事《こと》おそし又家定《またいへさだま》る事《こと》もおそく子《こ》の緣薄《えんうす》し靈脈《れいみやく》では多《おほ》く中指とし腦病《のうびやう》ある者《もの》は音聲《おんせい》が頭《あたま》から出《で》る樣《やう》に聞《きこ》へるのである。

言語《げんご》が胴《どう》より出《い》づるものは體強《たいつよ》く病《やまひ》すくなし、拇指と中指の動《うご》く者《もの》は必《かな》らず音《おん》聲《せい》は胴《どう》より出《で》る樣《やう》な力《ちから》ある發音《はつおん》を示《しめ》すから注意《ちうい》せられよ。

以上相法上《いじやうさうほうじやう》の言葉《ことば》の意味《いみ》と靈脈《れいみやく》と對照《たいせう》して活斷應用《かつだんおうよう》にすれば大《おほ》ひに益《えき》する事《こと》がある、然《しか》し靈脈《れいみやく》の方《ほう》は直《たゞ》ちに指《ゆび》に示《しめ》すのであるが相法上《さうほうじやう》では考《かんが》へるのが初心《しよしん》には六ケ敷《し》いが、兩者《りやうしや》の本義《ほんぎ》に徹底《てつてい》すれば別《べつ》に二義《ぎ》あるのではない必《かな》らず一域《いき》に結論《けつろん》がつく筈《はづ》だ。

中指を自分とした南北相法

南北相法《なんほくさうぽく》が中指を自分《じぶん》としたのは大《おほ》ひに面白《おもしろ》いではないか、而《しか》して中指に異《い》狀《じやう》があるのは變化《へんか》ある事《こと》を說《と》き、中指と人指と藥指の三指《し》を並《なら》べて左《さ》の如《ごと》く敎《をし》へてある。

中指の頭《あたま》あをむくものは意《こゝろ》高《たか》し又《また》かた意地《いぢ》なり低《うつ》むく者《もの》は意《こゝろ》ひくし。

中指のかしら無名指《くすりゆび》を見《み》をろすものは身内《みうち》の上《うへ》に立《た》つ、又身《またみ》内《うち》と意《い》あわざる事《こと》あり、中指の頭《あたま》人指を見《み》をろす時《とき》は意高《いたか》くして自《みづ》から人《ひと》の上《うへ》に立《た》つなり。

人指より中指にもたれる時《とき》は身内《みうち》の世話《せわ》多《おほ》し。

中指より無名指《くすりゆび》にもたれる時《とき》は賴《たより》になる身内《みうち》ある可《べ》し。

中指の頭《あたま》人指無名指《くすりゆび》を見《み》ずしてあをむくが如《ごと》く正面《せうめん》を見《み》るものは人《ひと》を賴《たより》にせずして我《わ》が器量《きりやう》を以《もつ》て家《いへ》を起《おこ》す。

以上《いじやう》は指相《しさう》そのものに就《つい》ての考《かんが》へで中指を自分《じぶん》としての活斷《かつだん》である、大《おほ》ひに參《さん》考《こう》としてよいから引證《いんしやう》したのである南北相法《なんほくさうほう》の第《だい》一卷《かん》に委《くわ》しくは出《で》て居《を》る。

又《また》五指《し》の根元《ねもと》に胃脾肝心腎肺《ゐひかんしんじんはい》を配置《はいち》してある手相圖《てさうづ》があるが小指の元《もと》に肺《はい》、藥指の元《もと》に腎《じん》、中指の元《もと》に心《しん》、人指の元《もと》に肝《かん》、拇指の元《もと》に脾胃《ひゐ》があるけれども靈脈研究上心王《れいみやくけんきうじやうしんのう》の明示《めいじ》で確實《かくじつ》に敎《をし》へられるのは、左《さ》の通《とほ》りであるから對照參《たいせうさん》考《こう》にせられよ。

拇指は心柱《しんちう》、人指は脾胃《ひゐ》及《およ》び肺《はい》、中指は肝臟《かんぞう》の意《い》を取《と》る、藥指は人指に合《がつ》して三期《き》の肺《はい》と見《み》るから氣《き》を取《と》る、小指は腎《じん》とするのである。靈脈《れいみやく》で人指が動《うご》けば胃《ゐ》と見《み》るが顏色《かほいろ》で肺《はい》と見《み》る秘傳《ひでん》あり、動《うご》き方《かた》で心臟《しんぞう》と見《み》るが眼病《がんびやう》の奥《おく》に腎臟病《じんぞうびやう》ありと見《み》るのは嗅覺《きふかく》が最《もつと》も大切《だいじ》である、腎虚《じんきよ》の重態《ぢうたい》は甘味《あまみ》が乾《かわ》いた樣《やう》である。

掌中《しやうちう》は時《とき》に依《よつ》て變《かは》るから手相《てさう》は餘《あま》り重要視《ぢうえうし》されてない人相《にんさう》もそうである、然《しか》し五指靈脈《しれいみやく》の活動《かつどう》に於《おい》ては萬代不易《ばんだいふえき》であるから心配《しんぱい》する必要《ひつえう》はないのである。

前記《ぜんき》した手相圖《てそうづ》の根元《こんげん》に就《つい》て解釋《かいしやく》があつたから參考《さんこう》までに引證《いんしやう》して置《お》かふ、

小指の元《もと》肺《はい》の處《ところ》が色惡《いろあ》しき者《もの》は肺《はい》にかゝる病《やまひ》が出《で》るとす、以上《いじやう》四指《し》同《おな》じ文句《もんく》である、又《また》人指が片寄《かたよ》つて居《を》る者《もの》は眼病《がんびやう》又《また》は父《ちゝ》が病氣《びやうき》するとす、小指が片寄《かたよ》つて居《を》る者《もの》は精神病《せいしんびやう》を煩《わづら》ふとす、無名指《くすりゆび》が片寄《かたよ》つて居《を》る者《もの》は下《しも》の病脚氣等《やまひかつけとう》を煩《わづら》ふ、中指が片寄《かたよ》つて居《を》る者《もの》は腹《はら》の病《やまひ》を煩《わづら》ひ又母《またはゝ》が病氣《びやうき》なるとす。

以上《いじやう》五指《し》の片寄《かたよ》りとは靈脈《れいみやく》上《じやう》少《すこ》し合《あ》ふて居《を》る處《ところ》もあるが小指と藥指とは丸《まる》で相異《さうゐ》である、中指も小指と入《い》れ代《かわ》らなければいけない、手相圖《てさうづ》などは後天的《こうてんてき》學問上《がくもんじやう》からコヂ附《つ》けて行《ゆ》くのであるから現《げん》に眼先《めさき》に現《あらは》れて示《しめ》される靈脈《れいみやく》五指《し》の活動《かつどう》とは天淵《てんえん》の相異《さうゐ》である、五臟《ざう》の配置《はいち》などは靈脈《れいみやく》から見《み》れば少《すこ》しも名分《めいぶん》が成《な》つて居《を》らないのである、手相圖解《てさうづかい》は陽新堂《やうしんどう》と云《い》ふ人の出《だ》したのだから水野氏《みづのし》とは大《おほ》ひに出發点《しゆつぱつてん》か異《ちが》ふて居《を》る、水野氏《みづのし》は心王《しんのう》を認《みと》めて居《を》るから合致点《がつちてん》が多《おほ》いのである。

指の疵痕と靈脈對比

拇指に疵痕《きづあと》、破損《はそん》の所《ところ》あれば先祖《せんぞ》の家業《かげふ》を破《やぶ》る事《こと》あり、人指に疵痕破損《きづあとはそん》の所《ところ》あれば父《ちゝ》と口舌爭《くぜつあらそ》ひあり、中指に疵痕破損《きづあとはそん》あれば母《はゝ》と口舌爭《くぜつあらそ》ひあり又病氣《またびやうき》もあり、藥指に疵痕破損《きづあとはそん》あれば妻《つま》と口舌《くぜつ》あり甚《はなは》だしきは離縁《りえん》となる、小指に疵痕破損《きづあとはそん》あれば子《こ》と仲惡《なかわる》く甚《はなは》だしきは親子別離《おやこべつり》する事《こと》あり。

以上《いじやう》は手相者《しゆさうしや》の發表《はつぺう》であるが誠《まこと》に靈脈《れいみやく》の指動《しどう》を盗《ぬす》み取《と》つて利用《りよう》して居《を》る樣《やう》に見《み》られてならない、人相見《にんさうみ》や手相見《てさうみ》が靈醫學《れいいがく》の門人《もんじん》に澤山《たくさん》あるから自家《じか》の發見《はつけん》の樣《やう》になして出《だ》す者《もの》も澤山《たくさん》ある。或《あるひ》は靈脈《れいみやく》は易《えき》から出《で》たなどゝ無茶《むちや》を云《い》ふ族《やから》もあるが、活眼者《かつがんしや》に判斷《はんだん》は任《まか》せておくとしよう愚者《ぐしや》には何《なに》も判《わか》らないから辨解《べんかい》する丈無益《だけむえき》であるから、

唯《た》だその五指《し》に疵痕《きづあと》が先天《うまれつき》であるか後天的《こうてんてき》の傷俄《けが》であるかと云《い》ふのが問題《もんだい》である、先天的《せんてんてき》であるとすれば何物《なにもの》がそんな疵痕《きづあと》を作《つく》つて生《うま》れさせたと云《い》ふ事《こと》が疑問《ぎもん》になるのである。

五指《し》ばかりでなく掌中《しやうちう》でも指《ゆび》の長《なが》い短《みぢ》かい掌中《しやうちう》の厚《あつ》い薄《うす》い等《など》身體中《しんたいぢう》の一切《さい》の事《こと》は心王《しんのう》の支配制裁《しはいせいさい》から來《く》るのであると云《い》はねばならぬのである、然《しか》しその心《しん》王《のう》と云《い》ふ事《こと》が手相學者《しゆさうがくしや》などには千萬年經《まんねんたつ》ても判《わか》らない者《もの》が多《おほ》いから悲《かな》しまざるを得《え》ないのである。

指《ゆび》の渦卷《うづまき》でも爪《つめ》の變化《へんか》したのでも悉《こと〴〵》く心王靈性《しんのうれいせい》の支配《しはい》で出來《でき》るのであるから手相《てさう》や人相《にんさう》は後天的推理斷《こうてんてきすいりだん》である故《ゆゑ》、本人《ほんにん》の善行《ぜんこう》に依《よつ》ては變化《へんか》する事《こと》が度々《たび〳〵》あるから仕方《しかた》がない。

靈脈上音聲の秘脈

中庸《ちうよう》と云《い》ふ書物《しよもつ》に『上天《じやうてん》の事《こと》は聲《こゑ》もなく嗅《か》もなく至《いた》れるかな』と言《い》ふてある心王《しんのう》の聲《こゑ》と嗅《か》と云《い》ふものは吾々《われ〳〵》常識《じやうしき》には少《すこ》しも判《わか》らないのであるが、瞬間《しゆんかん》も離《はな》れず吾々《われ〳〵》を護《まも》られて居《を》るのである。

紫《むらさき》の聲《こゑ》と云《い》ふのが心王《しんのう》の前《まへ》に發《はつ》する美音《びおん》であつて、丹田《へそのひた》より出《い》づる聲《こゑ》は紫《むらさき》の聲《こゑ》の結晶《けつしやう》した心王聲《しんのうせい》の現《あらは》れである、聖人《せいじん》、賢人《けんじん》、君子《くんし》とか大慈悲《だいじひ》ある富豪《ふごう》とか云《い》ふものが發聲《はつせい》するのである、釋尊《しやくそん》などは獅子吼《しゝく》と云《い》われて居《な》るのである、拇指が眞直《まつす》ぐになるから判《わか》る。

鑼聲《ごつごゑ》の人《ひと》が余《よ》の家《いへ》に來《き》たが妻子《さいし》に稼《かせ》がせても酒《さけ》を飮《の》み、子供《こども》を賣《う》つても酒《さけ》を飮《の》みして居《を》つたが何時《いつ》でも余《よ》の家《いへ》に出入《でい》りする時《とき》には門前《もんぜん》からどなつてはいつた遂《つい》に酒《さけ》の爲《ため》に銀行《ぎんこう》の石段《いしだん》の上《うへ》で臨終《りんじう》したのである靈脈《れいみやく》は中指曲《まが》る。

人《ひと》に向《むか》つて親切心《しんせつしん》がなく自分勝手《じぶんかつて》を云《い》ふ人《ひと》は何時《いつ》でも粗忽《そこつ》の聲《こゑ》を出《だ》して居《を》るから人《ひと》に好《す》かれない、こんな人《ひと》は小指が掌中《しやうちう》に附着《ふちやく》して離《はな》れぬ事《こと》がある人《ひと》に多《おほ》い、「至誠《しせい》は小聲《こごゑ》である」と書物《しよもつ》に示《しめ》されてあるが、余《よ》の門人《もんじん》で老人《さしよう》であるが言語《げんご》の末尾《まつび》正《たゞ》しくして心《こゝろ》の奥《おく》に何《なん》とも云《い》へぬ音聲《おんせい》を含《ふく》んで居《を》る者《もの》があるが、常《つね》に心《こゝろ》は平和《へいわ》で人指が動《うご》いて居《を》るのである。

然《しか》し靈脈《れいみやく》で四指《し》が掌中《しやうちう》に曲《まが》つて附《つ》く樣《やう》なのは音聲《おんせい》の墮落《だらく》であつて、酒《さけ》か毒藥《どくやく》か煙草《たばこ》か辛物食《からきものしよく》したかして咽喉《のど》を惡《わる》くしたのであると見《み》ねばならぬのである。四指《し》が外《そと》に反《そ》る樣《やう》になるのはとても音聲《おんせい》は出《で》ないのである。

小指が動《うご》いて美音《びおん》の出《で》る娘《むすめ》は遊藝界《ゆうげいかい》にはいるが餘《あま》り出世《しゆつせ》はせないのである、然《しか》し小指に拇指が追加《ついか》する者《もの》は必《かな》らず名《な》を擧《あ》げるのである、然《しか》し運命上《うんめいじやう》は餘《あま》り上等《じやうこう》とは云《い》はれないのである、人《ひと》の妾《めかけ》となる者《もの》が多《おほ》い。

中指が藥指にピタと合《がつ》した者《もの》は太《ふと》い美音《びおん》が出《で》て謠曲《うたい》や浪花《なには》節《ぶし》及《およ》び義太夫《ぎだいふ》などには優等《ゆうとう》であるが金《かね》は出來《でき》ないから注意《ちうい》、説敎《せつけふ》や演説《えんぜつ》などに妙調《めうてう》の音聲《おんせい》が出《で》る人《ひと》は必《かな》らず系統的《けいとうてき》に何《なに》かよい因果律《いんがりつ》があるのである。

株式期米市場《かぶしききまいしじやう》などで電話《でんわ》の呼《よ》び聲《ごえ》がピンと響《ひゞ》けて通《とほ》る小僧《こぞう》などは必《かな》らず出世《しゆつせ》する、靈脈《れいみやく》は藥指に拇指が強《つよ》く追加《ついか》するのである、心王《しんのう》の聲《こえ》は無聲《むせい》であるが一言發《ごんはつ》すると人《ひと》がハイと服《ふく》して何《なん》とも云《い》へぬ力《ちから》ある音聲《おんせい》がよいが、之《こ》れは拇指であるが時《とき》に或《あるひ》は靈脈《れいみやく》に明示《めいじ》せぬ事《こと》がある、唯《た》だ拇指の骨《ほね》の中《なか》でズーンと感《かん》ずる事《こと》があるのみであとは何事《なにごと》もない事《こと》があるから、そんな時《とき》は本人《ほんにん》の顔《かほ》をよく凝《ぎやう》視《し》して居《を》ると何等《なんら》か印象《いんしやう》がある。

兄弟仲睦《けふだいなかむつま》しく或《あるひ》は親友《しんゆう》の會合《かいごう》に仲睦《なかむつま》しくあるのはその發《はつ》する聲《こゑ》に甘味《あまみ》がある日本酒《にほんしゆ》の上等《じやうとう》の香《か》がプーンとする樣《やう》な事《こと》が相互《さうご》間《かん》にある、之《こ》れが心王《しんのう》の無聲《むせい》の靈聲《れいせい》である。

悴《せがれ》が父母《ふぼ》の側《そば》に座《ざ》しておかあさん、おとうさんと云《い》ふ時《とき》の聲《こゑ》には混交《まじはり》なき靈《れい》泉《せん》の流《なが》れからプーンとよい香《にほ》いが來《きた》るのである、萬事《ばんじ》こんな時《とき》を心王《しんのう》の聲《こゑ》と云《い》ふ可《べ》きである、これは實驗《じつけん》を經《へ》なければその味《あぢ》が判《わか》らないから充分研究《じうぶんけんきう》して實《じつ》驗體得《けんたいとく》せられよ、此間《このかん》の妙聲《みやうせい》が對人關係上《たいじんかんけいじやう》に應用《おうよう》されると爭《あらそ》ひなど決《けつ》して起《おこ》らないのである。

第參拾貳章　洋漢醫診斷と靈脈

洋漢醫脈法大意

西洋醫《せいようい》は打診《だしん》や聽診《ちやうしん》及《およ》び內臟鏡《ないぞうきやう》や顯微鏡《けんびきやう》や血壓計等《けつあつけいとう》の機械診斷《きかいしんだん》を大《おほ》げさに行《おこな》ふ、また胃液《ゐえき》や血液《けつえき》や尿等《ねうとう》の諸種《しよしゆ》の反應檢査《はんおうけんさ》を行《おこな》ふが、之《こ》れは病名《びやうめい》を見附《みつ》けようとする方法《はうほう》である、昔《むかし》から漢方《かんほう》の醫師《いし》は舌《した》と常脈《じやうみやく》と腹《はら》を見《み》る丈《だけ》で洋式《ようしき》の樣《やう》に面倒《めんだう》な診斷《しんだん》はせないのである。

余《よ》の母《はゝ》の重症《ぢうしやう》の胃癌《ゐがん》でさへも舌《した》を見《み》たり常脈《じやうみやく》を診《しん》したり腹《はら》を押《お》して見《み》たぎりである、然《しか》し病氣《びやうき》の根本原因《こんぽんげんいん》に直覺《ちよくかく》して內的素因《ないてきそいん》から生《しやう》じたるかの、大局的《たいきよくてき》觀察《かんさつ》を與《あた》へて居《を》つたのである、西洋醫《せいようい》の診斷《しんだん》は內的素因《ないてきそいん》を輕視《けいし》して、主《しゆ》として外的原因《がいてきげんいん》を以《もつ》て律《りつ》して居《を》る。

心王靈脈《しんのうれいみやく》は病種脈發見《びやうしゆみやくはつけん》と病因脈發見《びやういんみやくはつけん》との二樣《やう》を左右《さゆう》の五指《し》にて行《おこな》ふので

あるから、洋漢診斷法《ようかんしんだんほう》の調節《てうせつ》であると云《い》へよう、日本人《にほんじん》は直覺力《ちよくかくりよく》が秀《ひい》でゝゐる處《ところ》、指《ゆび》の先《さき》にも靈能《れいのう》が現《あらは》れ日本人《にほんじん》程《ほど》指先《ゆびさき》の敏感《びんかん》な人種《じんしゆ》はないと本筋《ほんすぢ》の學者《がくしや》は論《ろん》じて居《を》る。

指先《ゆびさき》の敏感《びんかん》は機械的診斷《きかいてきしんだん》が及《およ》び得《え》ぬ微妙《びめう》な點《てん》をも知《し》り得《う》るのである、漢方《かんぱう》に脈診《みやくしん》だの腹診《ふくしん》だのあるのが西洋醫《せいやうい》より數等優越《すうとうゆうえつ》して居《を》ると云《い》ふ事《こと》が靈脈《れいみやく》が公開《こうかい》されてから尙々確實《なほ〳〵かくじつ》となつた次第《しだい》である。

學生の指から血液を採る

先頃新聞《さきごろしんぶん》に記《き》してあつた高等女學校敎諭《こうとうじよがくこうけうゆ》影山古助氏《し》が、小石川區窪町小學校《こいしかはくくぼまちせうがくこう》渡會四五作氏《さくし》を通《つう》じて、敎職員全部及《けふしよくいんぜんぶおよ》び五六年生《ねんせい》百六十名《めい》に對《たい》し、醫學上《いがくじやう》の根據《こんきよ》なきにも拘《かゝ》はらず、各《かく》自の氣質《きしつ》を判定《はんてい》すると稱《しよう》し、人指の根本《ねもと》に針《はり》を貫《さう》し血液《けつえき》を採《さつ》てその疵口《きつぐち》に藥種《やくしゆ》を附《つ》けて精神上《せいしんじやう》の剛軟及《ごうなんおよ》び運勢職業等《うんせいしよくげふとう》を試驗《しけん》しようとした無暴《むぼう》な而《しか》して人格《じんかく》を無視《むし》した事《こと》があつた。

血液《けつえき》の檢査《けんさ》で嫉妬《しつと》心《しん》だの感情心《かんじやうしん》だのを試驗《しけん》するなどは、醫學上《いがくじやう》の見地《けんち》から出《で》鱈《たら》目も甚《はなは》だしいと石川醫學博士《いがくはかせ》は斷言《だんげん》したのである、こんな愚《おろか》な事《こと》をするより五指靈脈《れいみやく》で試《し》驗《けん》した方《はう》が徹底發《てつていてき》に判《わか》るのである。

醫師《いし》仲間《なかま》では立派《りつは》の醫師法違反《いしはうゐはん》だと云《い》ふ者《もの》がある、大橋液《おほはしえき》も分拆《ぶんせき》の結果《けつか》差止《さしと》められたので、それが爲《ため》か直訴《ぢきそ》犯人《はんにん》を出《だ》す大騷《おほさわ》ぎを演《えん》じたが、余《よ》が發表《はつぺう》する五指靈脈《れいみやく》は醫師《いし》仲間《なかま》で壓迫《あつぱく》して醫師《いし》法違反《はうゐはん》を主張《しゆちやう》する事《こと》は斷《だん》じて出來《でき》ない。

陽性と陰性病と靈脈

醫師間《いしかん》に判《わか》らない陽性《ようせい》と陰性《いんせい》の病氣《びやうき》が拇指と人指で直《たゞ》ちに判別《はんべつ》されるから治《ぢ》方《はう》が確實《かくじつ》になるのである、『脈浮《みやくふ》にして發熱《はつねつ》を伴《ともな》ひ渇《かつ》ありて冷水《れいすゐ》を飲《の》まん事《こと》を欲《ほつ》し、惡寒《をかん》なくして却《かへ》つて熱《ねつ》に苦《くる》しむものは、與《あた》ふるに冷水《れいすゐ》を以《もつ》てすれば即《すなは》ち愁然《しうぜん》として汗出《あせい》で神氣《しんき》爽快《さわやか》なる可《べ》し』と漢方醫《かんぽうい》は云《い》ふて居《を》る、こんな病氣《びやうき》は多《おほ》く拇指と中指が受持《うけも》ちで動《うご》くのである。

『若《も》し脈微弱《みやくびじやく》にして汗出《あせい》で風《かぜ》を惡《にく》む者《もの》には、冷涼《れいれう》の劑《ざい》を服《ふく》すべからず、之《これ》を服《ふく》すれば則《すなは》ち四肢厥冷《しけつれい》、全身戰慄《ぜんしんせんりつ》す可《べ》し』と陰症《いんしやう》の病因《びやういん》を敎《をし》へて居《を》る、靈脈《れいみやく》としては人指と小指を受持《うけも》ち役《やく》の指《ゆび》として居《を》る。

靈脈と冷熱の意義

心王靈脈《しんわうれいみやく》では麻疹《はしか》などは拇指に藥指が合《がつ》するのであるから人間《にんげん》としての疫病《やくびやう》である故《ゆえ》、自然治癒《しぜんちゆ》でよい唯《た》だその看護《かんご》さへ上手《じやうづ》にして居《を》ればよいのである、漢《かん》方《ぱう》は自然療法《しぜんれうはう》を用《もち》ゆる方《はう》が多《おほ》い樣《やう》である、余《よ》の祖父系《そふけい》で鎌形玄仲《かまがたげんちう》と云《い》ふ漢方醫《かんぽうい》は澤山《たくさん》そんな事《こと》を書《か》き殘《のこ》されてあつたのを余《よ》は見《み》た。

然《しか》るに西洋醫《せいやうい》は高熱《かうねつ》を恐《おそ》れて冷却法《れいきやくはう》を施《ほどこ》し以《もつ》て內訌《ないこう》させて肺炎《はいえん》を起《おこ》さしめる

ではないか、濕疹面《しつしんめん》に對《たい》して塗擦藥《とさつやく》を處《しよ》し、內訌《ないこう》して腎臟炎《じんぞうえん》を起《おこ》さしめるではないか、腸《ちやう》チブスを冷却《れいきやく》して死地《しち》に陷入《おとしいれ》る如《ごと》き、果《はた》して自然《しぜん》の機能《きのう》を援助《えんじよ》しつゝあるものなりや妨害《ばうがい》しつゝあるものなりや疑《うたが》はざるを得《え》ないのである。

心王靈脈《しんのうれみやく》にて診《しん》して拇指が追加《ついか》する疾患《しつかん》は必《かな》らず看護《かんご》さへよければ治《なほ》る、醫師《いしや》は看護《かんご》の役《やく》ではないか、看護婦《かんごふ》は醫師《いし》の代人《だいにん》である、その看護《かんご》の病人《びやうにん》に對《たい》する慘酷《ざんこく》さは見《み》るに忍《しの》びないものが澤山《たくさん》ある、醫師《いし》は自然療能《しぜんれうのう》を認《みと》めないから人身《じんしん》を動物視《どうぶつし》して無茶《むちや》に手術《しゆじゆつ》する事《こと》を何《なん》とも思《おも》はない靈脈《れいみやく》の眞《しん》から見《み》れば實《じつ》に悲《かな》しむ可《べ》き次第《しだい》である。

脫疽惡者《だつそかんじや》の手足《てあし》を切斷《せつだん》して不具者《かたわ》を製造《せいぞう》し、盲腸炎《もうちやうえん》を切開《せつかい》して死地《しち》に陷《おと》し入《い》れるごとき、膀胱結石《ぼうくわうけつせき》を切開《せつかい》して再《さい》三再《さい》四手術《しゆじゆつ》するごとき、果《はた》して自然治療《しぜんちれう》を援助《えんじよ》するものか或《あるひ》は自然《しぜん》を破壞《はかい》するものか疑《うたが》はれる。

發熱と心王の作用

發熱《はつねつ》は心王《しんのう》がアラヤ電子《でんし》我《が》に命《めい》じて病菌《びやうきん》を殺滅《さつめつ》もしくは病毒《びやうどく》を體外《たいがい》に排出《はいしゆつ》するための自然作用《しぜんさよう》ではないか、故《ゆえ》に洋方《やうほう》の徒《いたづ》らに冷却《れいきやく》する事《こと》は全《まつた》く心王《しんのう》の自然《しぜん》法《ほう》を無視《むし》した事《こと》であるとしか思《おも》へない。

靈脈《れいみやく》にて診《しん》した上患者《うへかんじや》の病原《びやうげん》に適合《てきごう》した教化《けふげ》を以《もつ》て先《ま》づ心理上《しんりじやう》の錯覺《さくかく》を平定《へいてい》してから、投藥《とうやく》なり施法《せほう》なり行《おこな》へば大《おほ》ひに効果《こうか》があるのである、然《しか》るに洋方《ようほう》は心王《しんのう》の自然靈癒力《しぜんれいゆりよく》を放任《ほうにん》するならまだしも、之《これ》を妨害《ぼうがい》するのであるから言語道《げんごだう》斷《だん》である。

醫師《いし》は病氣《びやうき》を治《ぢ》すに先《ま》づ診脈《しんみやく》が大切《たいせつ》である、診脈《しんみやく》しても判《わか》らない醫師《いし》はよい加減《かげん》に藥《くすり》を與《あた》へて試驗《しけん》して病氣《びやうき》を重《おも》らせる、古人《こじん》が『醫自《いおのづか》ら轉《てん》ず』と云《い》ふのがそれである、自然《しぜん》に治《なほ》る可《べ》き病者《びやうしや》をして他病《たびやう》を併發《へいはつ》せしめて永引《ながび》かせ門前《もんぜん》を賑《にぎ》わせる方法《ほう〱》とするのである。

心王靈醫學《しんのうれいいがく》は靈脈《れいみやく》に依《よつ》て心王《しんのう》の自然癒能力《しぜんゆのうりよく》の大道《だいだう》を援助《えんじよ》するのが本義《ほんぎ》である

昔《むかし》の醫師《いし》は易道《えきだう》を心得《こゝろえ》て誠心誠意《せいしんせいい》に起卦《きか》して病原《びやうげん》を極《きわ》めてから診察《しんさつ》に往《ゆ》くのである、之《こ》れ決《けつ》して野蠻《やばん》時代《じだい》の方法《はうはう》ではないのである。

大阪大學院病《おほさかだいがくびやうゐん》の木下博士《はかせ》が一切《さい》の病氣《びやうき》は炎症《えんしやう》から來《く》るのであるから塗劑《さざい》で治《なほ》る、と斷言《だんげん》したが病因《びやういん》が判《わか》れば藥劑《やくざい》は何《なに》も用《もち》ひないでも敎化《けふげ》で治《なほ》るのである、靈脈《れいみやく》に依《よつ》て診斷《しんだん》して生理的《せいりてき》機能《のう》を保護《ほご》もしくば援助《えんじよ》するを眼目《がんもく》とするのが靈醫《れいい》學《がく》の正《せ》道醫術《ごういじゆつ》である。

洋方《やうはう》はその解熱藥《げねつやく》と稱《しよう》する者《もの》の多《おほ》くは身體《しんたい》の熱中樞《ねつちうすう》を麻痺《まひ》せしめて解熱《げねつ》を計《はか》るものである、出《で》る熱《ねつ》を出《いだ》させないから自然癒能作用《しぜんゆのうさよう》に反《はん》するのであるから根《こん》本治癒《ぽんちゆ》ではない。

手術と原因療法

余《よ》は大學病院《だいがくびやうゐん》に往《い》つて患者手術《かんじやしゆじゆつ》の實際《じつさい》を見《み》たが原因療法《げんいんれうほう》はせない、對症療法《たいしやうれうほう》として直《たゞ》ちに手術切開《しゆじゆつせつかい》して仕《し》まふ、解剖學《かいぼうがく》や生理學《せいりがく》に詳《くわ》しいから人間《にんげん》の身體《しんたい》を勝手《かつて》にするが、血管《けつかん》や神經《しんけい》から變化《へんか》して來《き》て居《を》る病氣《びやうき》を手術切開《しゆじゆつせつかい》して患者《かんじや》の靈《れい》格《かく》を無視《むし》する事《こと》は驚《おどろ》くの外《ほか》はないのである、患者《かんじや》も手術《しゆじゆつ》して貰《もら》へば治《なほ》ると決心《けつしん》してかゝるのであるが、身體《しんたい》にメスを入《い》れられる樣《やう》な惡《わる》い事《こと》をしたから仕方《しかた》がないのである、所謂閻魔《いわゆるゑんま》大王《だいわう》の前《まへ》にて責《せ》められると同《おな》じであると思《おも》われよ。

靈脈《れいみやく》で癌腫《がんしゆ》などは拇指と中指が多《おほ》く示《しめ》されるが、癌腫《がんしゆ》を手術切開《しゆじゆつせつかい》して死去《しきよ》したものは百中《ちう》九十位《ぐらゐ》ある殘《のこ》る拾人《にん》は矢張不治《やはりふぢ》である、手術切開《しゆじゆつせつかい》は醫術《いじゆつ》の拙《せつ》なるを自白《にはく》するものであると云《い》ふ事《こと》を悟《さと》らない醫師《いし》が行《をこな》ふのである。

心王《しんのう》の作用《さよう》で出來《でき》た吾々《われく》は心王《しんのう》の自然癒能力《しぜんゆのうりよく》で治《なほ》さなければならぬのです、第《だい》七識煩惱《しきぼんのう》の作用《さよう》である細胞《さいぼう》や組織《そしき》の抵抗力《ていこうりよく》が衰弱《すいじやく》してゐる處《ところ》に、病菌《びやうきん》が侵入《しんにふ》寄生《きせい》するから病氣《びやうき》になるのである、故《ゆゑ》に心王靈脈《しんのうれいみやく》に依《よ》つて人體《じんたい》の新陳代謝《しんちんだいしや》を完《かん》全《ぜん》ならしめ、毒素《どくそ》を體外《たいがい》に排泄《はいしゆつ》して細胞《さいぼう》の活力《かつりよく》を旺盛《わうせい》ならしめ、以《もつ》て疾病《しつぺい》を治《ち》するのが順道《じゆんどう》である。

靈脈と洗滌其他諸種

靈脈《れいみやく》で小指が動《うご》くのは洗滌《せんでう》を專《もつぱ》らとし、中指が動《うご》くのは濕布《しつぷ》を主《しゆ》とし又《また》氷嚢《ひやうのう》冷却《れいきやく》を用《もち》ゆる事《こと》がある、人指と藥指の動《どう》は吸入等《きうにふとう》を行《おこな》ふ事《こと》がある、拇指は何《なに》もせぬでもよいが靈手觸手《れいしゆしよくしゆ》もよいのである。

漢方《かんぽう》には右《みぎ》の方法《はうほう》は昔《むかし》から餘《あま》り行《をこな》はないが洋方《ようほう》は專《もつぱ》ら行《をこな》ふて居《を》る、それを靈《れい》脈《みやく》に依《よつ》て行《をこな》へば大《おほ》ひに見《み》る處《ところ》があると余《よ》は思《おも》ふ、漢方《かんぽう》は内服藥《ないふくやく》を主《しゆ》とし之《こ》れが的確《てきかく》に効果《こうか》があるから、外的援助《がいてきえんじよ》は必要《ひつえう》がないのである。

洋方《ようはう》は少《すこ》しの事《こと》にも直《たゞ》ちに氷嚢《ひやうのう》に依《よつ》て之《こ》れを壓熱《あつねつ》せしむるのである、然《しか》し余《よ》が祖父系《そふけい》の漢方醫《かんぽうい》の傷寒論《しやうかんろん》を見《み》たら冷却法《れいきやくはう》は記《しる》されてあつたから漢方《かんぽう》の方《はう》が先《さき》である。

靈脈《れいみやく》で天性虛弱《てんせいきよじやく》の者《もの》は先《ま》づ小指が先《さき》に人指が追加《つゐか》する、然《しか》して成人《せいじん》して虛弱《きよじやく》の時《とき》は藥指が動《うご》く、之《こ》れは天性虛弱《てんせいきよじやく》の爲《ため》に身體《しんたい》に氣《き》を取《と》られて進《す》めない性《たち》であるからだと見《ゐ》ねばならぬ、醫師《いし》はこんな病人《びやうにん》は治《ち》す事《こと》は出來《でき》ないのであるが、靈脈《れいみやく》が人指の追加《つゐか》だから親兩人《おやふたり》が保護《ほご》してやれば治《なほ》るのである。

又胎毒《またたいどく》で虛弱《きよじやく》の者《もの》は洋方《ようはう》の藥《くすり》より漢方《かんぽう》の內服藥《ないふくやく》の方《はう》がよい、眼科《がんか》の一切《さい》は外《げ》科《か》ではないから靈脈《れいみやく》では人指に出《で》る、依《よつ》て內面《ないめん》の病因《びやういん》を探《さぐ》らねばならぬのである、人指は創傷性《さうしやうせい》をも打撲《だぼく》にも知《し》らせるから靈脈《れいみやく》に注意《ちうい》せねばならない。

心王靈醫學《しんのうれいいがく》は靈《れい》の明示《めいじ》だから洋方《ようはう》の如《ごと》く對症的《たいしやうてき》ではない、根本的《こんぽんてき》、全體的《ぜんたいてき》な治療《ちれう》である、洋方《ようはう》の如《ごと》く病的現象《びやうてきげんしやう》を直接《ちよくせつ》に修繕《しうぜん》せんとするのではない、病的《びやうてき》症狀《せうじやう》を惹起《ぢやくき》するに至《いた》りたる根本《こんぽん》の原因《げんいん》に遡《さかの》ぼつて治療《ちれう》するのである、洋醫《ようい》が人《じん》體《たい》を試驗管《しけんかん》の如《ごと》く死物的《しぶつてき》に取扱《とりあつか》ふに反《はん》し、心王靈醫學《しんのうれいいがく》は人格的《じんかくてき》に取扱《とりあつか》ふのである、心靈解剖《しんれいかいぼう》を說《さい》て內面《ないめん》の調節《てうせつ》を致《いた》さしめるのが劈頭第一番《へきとうだいばん》である。

背髓《せきずい》を治《なほ》すにコルセットを用《もち》ひないで拇指靈脈《れいみやく》に依《よつ》て祖《そ》先關係《せんかんけい》を調《しら》べて根本《こんぽん》を解《こ》いてから治術《ちじゆつ》を與《あた》へる、人間《にんげん》は活物《かつぶつ》であつて靈物《れいぶつ》であるから靈主《れいしゆ》を無視《むし》すればそこに疾患《しつかん》が出《で》るのである。

余の祖父系漢方醫の遺言

余《よ》の祖父系《そふけい》の漢方醫《かんぽうい》がよく云《い》ふたが、乳兒《にふじ》の病氣《びやうき》を治《ち》せんとするには母《はゝ》の病《びやう》氣《き》を先《ま》づ知《し》る可《べ》し、乳兒《にふじ》は母體《ぼたい》のバロメータである、と云《い》ふ事《こと》を聞《き》かされたが漢方《かんぽう》の名醫《めいい》はみんな同論《どうろん》である。

之《こ》れ即《すなは》ち心王《しんのう》の因果《いんが》計數《けいすう》打算《ださん》應用《おうよう》の理《り》ではないか、乳兒《にふじ》を健康《けんかう》にするには母《ぼ》體《たい》を健康《けんかう》にせねばならぬのである、心王《しんのう》の靈法《れいほう》は寸分《すんぷん》も違《ちが》わないのであるから靈脈《れいみやく》が眞《しん》に感《かん》じられるのである。

靈醫學《れいいがく》では靈診《れいしん》するに指頭《しとう》を中心《ちうしん》にして三段脈《だんみやく》や嗅覺《きふかく》は參考《さんこう》である、心臟《しんぞう》の鼓動《こどう》も追加研究《ついかけんきう》で見《み》なくてもよいのである、洋法《ようはう》の診脈《しんみやく》は只單《たゞたん》に脈數《みやくすう》と結代《けつたい》ぐらいを研究《けんきう》するに過《す》ぎない、漢法《かんぽう》は病《やまひ》の陰陽《ゐんやう》を分《わか》ち虚實《きよじつ》を判斷《はんだん》するを重《おも》くして居《を》る、看護婦《かんごふ》などに診《しん》させてすむのではないとして居《を》る。

心王靈脈《しんのうれいみやく》は常脈《じやうみやく》に拇指をあてゝ診《しん》するが漢法《かんぽう》は中指と人指と藥指の三本《ぼん》をあてゝ見《み》る、指《ゆび》で脈《みやく》を押《お》す力《ちから》を加減《かげん》して指《ゆび》を交互《こうご》に動《うご》かして脈《みやく》の性質《せいしつ》を見《み》、血《けつ》壓《あつ》の最高《さいこう》や最底《さいてい》を計《はか》るのである、而《しか》してこの脈《みやく》の性質《せいしつ》によりまた投藥《とうやく》の方法《はうほう》が自《おのづか》ら異《こと》なるのである、古人《こじん》は七種死脈《しゆしみやく》とか、十二脈《みやく》とか二十脈《みやく》とか二十七脈《みやく》の細《こま》かな區別《くべつ》を立《た》てゝをり、細《こまか》にまた腹部《ふくぶ》の大動脈《だいどうみやく》を診《み》る事《こと》も重要《ぢうよう》とされて居《を》る、靈醫學《れいいがく》の觸手《しよくしゆ》で腹《はら》の大動脈《だいどうみやく》を見《み》て生死《せいし》を斷《だん》ずると同《おな》じであるが、靈醫學《れいいがく》の方《はう》は靈脈《れいみやく》から順序《じゆんじよ》を立《た》てゝ大動脈《だいどうみやく》に進《すゝ》むのであるから確實《かくじつ》である。

靈醫學《れいいがく》でも漢法《かんぽう》でも脈性《みやくせい》を見《み》る事《こと》は大切《たいせつ》とするのである、古人《こじん》も『常人《じやうにん》に接《せつ》し常形《じやうけい》を見《み》、常脈《じやうみやく》を切《せつ》する事《こと》三年《ねん》、始《はじ》めて病者《びやうしや》に接《せつ》す可《べ》し』と云《い》ふてあるので分《わか》る、靈醫學《れいいがく》が天候《てんこう》の脈《みやく》の的中《てきちう》に依《よつ》てから患者《かんじや》に接《せつ》せよと誡《いまし》めるので少《すこ》しも變《かわ》らないのである、漢方《かんぽう》の良醫《りようい》となると脈性《みやくせい》のみにて良《よ》く癌《がん》その他《た》を識別《しきべつ》するものがあるには驚《おどろ》かざるを得《え》ない。

靈脈は生死を豫知する權威あり

漢方醫《かんぽうい》はよく三ケ月位後《げつぐらゐご》に死《し》す可《べ》き不治者《ふぢしや》を脈《みやく》にて豫知《よち》した事《こと》を書物《しよもつ》で見《み》たが、洋醫《ようい》は脈《みやく》が全《まつた》く絶《た》へしさして死《し》を斷《だん》ずるのである、漢方醫《かんぽうい》は足脈《あしみやく》のまだ通《かよ》ふを知《しつ》て投藥《とうやく》して治《ぢ》せしめた事《こと》もある。

余《よ》の妹《いもうと》が非常《ひじやう》の下血《げけつ》で洋醫《ようい》は不治《ふぢ》と斷《だん》じたが、鈴木と云《い》ふ八十歳《さい》になる有《ゆう》名《めい》の漢方醫《かんぽうい》が足《あし》の脈《みやく》を見《み》、手《て》の爪《つめ》の中《なか》を見《み》て、決然投藥《けつぜんとうやく》して見《み》て居《を》る内《うち》に温度《おんど》が増《ま》して來《き》て開眼《かいがん》した、それらか順序正《じゆんじよただ》しく平癒《へいゆ》したのである。

心王靈醫學《しんのうれいいがく》では患者《かんじや》の舌《した》は見《み》ないが漢方《かんぽう》や洋法《ようほう》ではよく見《み》るのである、それは胎《たい》が生《しやう》じて居《を》るかそれが全面《ぜんめん》にわたるか、或《あるひ》は一部分《ぶぶん》に止《とゞ》まつてゐるか、又《また》は着色《ちやくしよく》の程度《ていど》を試驗《しけん》するのである。

靈脈《れいみやく》では中指と藥指の動《どう》が非常《ひじやう》なる時《とき》は熱《ねつ》の内訌《ないこう》と見《み》るから舌《した》は別《べつ》に氣《き》にせぬのである、而《しか》して四指全部《しぜんぶ》が掌中《しやうちう》に曲《まが》れば死《し》と斷《だん》じ、拇指人指の合指《ごうし》に於《をい》て生《せい》を見《み》るのである、然《しか》し人指の動《どう》は半信半疑《はんしんはんぎ》で看護次第《かんごしだい》で治《なほ》るとしてある。

靈脈の見方と治法三義に就て

靈脈《れいみやく》を見《み》て四指《し》の全部《ぜんぶ》が掌中《しやうちう》に曲《まが》らない限《かぎ》りは治《なほ》す方法《はうほう》を發見《はつけん》せねばならぬ漢方《かんぱう》では治法《ちほう》に三義《ぎ》を立《た》てゝ居《を》る、一は直接《ちよくせつ》に細菌《さいきん》を殺《ころ》す方法《はうほう》、二は病菌《びやうきん》の産《さん》出《しゆつ》した毒素《どくそ》を中和《ちうわ》せしむる方法《はうほう》、三は毒素《どくそ》を驅除《くじよ》する方法《はうほう》、とであると云《い》ふので、傷寒論中《しやうかんろんちう》の主説《しゆせつ》である。

洋方《やうはう》でも同《おな》じ様《やう》に行《おこな》ふて居《を》る様《やう》である、然《しか》し心王靈脈《しんのうれいみやく》では直接《ちよくせつ》に細菌《さいきん》を殺《ころ》すと云《い》ふ脈《みやく》は出《で》ないが、拇指が非常《ひじやう》に力強《ちからづよ》く掌中《しやうちう》に附《つ》けば内面《ないめん》で殺《ころ》されるのである、チブスを患《わづら》ふと淋病《りんびやう》の黴菌《ばいきん》が撲滅《ぼくめつ》されると云《い》ふ事《こと》は醫師《いし》間《かん》で誰《たれ》でも既知《きち》の筈《はず》である。

黴菌《ばいきん》は多《おほ》く小指であるから拇指の強《つよ》き活動《かつどう》は必《かな》らず殺《ころ》すのである、親不孝《おやふかう》の者《もの》が親《おや》の命日《めいにち》から淋病《りんびやう》になつた者《もの》が、小指に拇指が追加《つゐか》した事《こと》がある。

二は病菌《びやうきん》の産出《さんしゆつ》した毒素《どくそ》を中和《ちうわ》せしむる方法《はうはう》、之《こ》れは漢洋共《かんやうとも》よい方法《はうはう》があるが確實《かくじつ》に奏効《そうこう》と云《い》ふ事《こと》は未《ま》だ信《しん》じられぬのである、靈脈《れいみやく》で拇指人指の和《わ》によつて心身《しんしん》の調和《てうわ》を見《み》るのである、三は毒素《どくそ》を驅除《くじよ》する方法《はうはう》であるが、之《こ》れは人指の動《どう》に依《よつ》て靈的體現《れいてきたいげん》を行《をこな》はせるのがよい、然《しか》し病氣《びやうき》に依《よ》るのである、洋法《やうはう》には良法《りやうはう》もあるが未《ま》だ徹底《てつてい》して居《を》らぬ事《こと》を各醫《かくい》が歎《なげ》いて居《を》るらしい。

凡《すべ》て靈脈《れいみやく》を見《み》て小指が動《うご》いたら梅毒《ばいどく》と見《み》る事《こと》は曾《かつ》て發表《はつぺう》に依《よつ》て知《し》られて居《を》るであろふが、治法《ちはう》の三義《ぎ》をよく靈脈《れいみやく》にて見《み》られよ、大病人《だいびやうにん》で拇指動《うご》くは危險《きけん》だが、梅毒病《ばいどくびやう》で拇指は治《なほ》るから靈藥共《れいやくとも》に熱心《ねつしん》にせられよ、人指の動《どう》は毒素《どくそ》とすると少《すこ》し非難《しなん》である、中指の動《どう》は自分《じぶん》の攝生法《せつせいほう》にて治《なほ》る、藥指の動《どう》は毒素《どくそ》としては少《すこ》し危險《きけん》である。

直接《ちよくせつ》に細菌《さいきん》を殺《ころ》す法《ほう》はなか〱六ケ敷《し》いが心身《しん〱》の調和《てうわ》を計《はか》る深呼吸《しんこきう》がよい、後《あと》の二ッは靈脈《れいみやく》に依《よつ》て臨機《りんき》の處置《しよち》を取《と》られよ、此著《このほん》は治療《ちれう》より靈脈《れいみやく》を中心《ちうしん》としての公開《こうかい》であるから餘《あま》り治療《ちれう》の事《こと》は出《だ》さぬ事《こと》にして居《を》るのである、唯《た》だ洋漢醫《ようかんい》の診脈《しんみやく》と靈脈《れいみやく》の合致点《がつちてん》を述《の》べたのであるからその積《つも》りで研究《けんきう》されよ。

結論

洋漢醫《ようかんい》の診脈上《しんみやくじやう》に就《つい》て余《よ》の聞《き》き書《がき》を綴《つゞ》つて見《み》たのであるから徹底《てつてい》しては居《を》らぬが、要《えう》するに靈脈《れいみやく》と洋漢醫《ようかんい》の診脈法《しんみやくほう》と取捨宜《しゆしやよろ》しきを得《う》れば人身救濟《じんしんきふさい》の眞《しん》を得《え》られると思《おも》ふて記《しる》したのである。

而《しか》してあらゆる醫師《いし》が患者《かんじや》の靈格《れいかく》を認《みと》めて即《すなは》ち心王《しんのう》を認《みと》めて靈指《れいし》に依《よつ》て先《ま》づ診脈《しんみやく》し、次《つぎ》に各自《かくじ》の特色《とくしよく》を發揮《はつき》して貰《もら》へば人體《じんたい》を粗末視《そまつし》せないからである、國民保健《こくみんほけん》の一大危機《だいきき》は人體《じんたい》の靈格《れいかく》を認《みと》めると認《みと》めざるとにあるのである、先頃通《さきごろつう》俗醫學社《ぞくいがくしや》の連中《れんちう》が靈術家《れいじゆつか》を引入《ひきい》れて雜誌《ざつし》を賑《にぎ》はせようとして居《を》るが、余《よ》の發表《はつぺう》の心王靈脈《しんのうれいみやく》に氣《き》が附《つ》かなければその眞《しん》に到達《たうたつ》する事《こと》が得《え》られないのである。

診脈上《しんみやくじやう》の確實性《かくじつせい》を帶《を》びて居《を》らぬ醫術《いじゆつ》や靈術《れいじゆつ》は何等《なんら》の價値《かち》のないものであると云《い》ふてもよい、而《しか》して人身《じんしん》を害《がい》するから先《ま》づ診脈《しんみやく》を徹底《てつてい》す可《べ》く心王靈脈《しんのうれいみやく》を學《まな》ぶ可《べ》きである。

心王靈脈を極めざる者は心療師の資格がない、其他の療法家も靈脈を知らざれば文明醫師と云はれない。

第參拾參章　靈脈大鑑結論

心王靈脈《しんのうれいみやく》を公開《こうかい》するその根本目的《こんぽんもくてき》は心身《しんしん》の健全《けんぜん》と心王的衞生《しんのうてきえいせい》の完成《かんせい》を期待《きたい》せんとするのである、既病者《きびやうしや》を救《すく》ふのも必要《ひつえう》だが未病者《みびやうしや》の出來《でき》ない事《こと》を防《ふせ》ぐのが目的《もくてき》の眞髓《しんずゐ》である。

既病者《きびやうしや》の病種《びやうしゆ》と病因《びやういん》を判別《はんべつ》してそれを土台《どだい》にサンゲ告白《こくはく》させて心身《しんしん》の調和《てうわ》を計《はか》るのが本筋《ほんすぢ》である、故《ゆえ》に藥物醫師《やくぶついし》の對症療法《たいせうれうほう》でなくて心王制裁《しんのうせいさい》を解除《かいじよ》して貰《もら》ふ原因療法《げんいんれうほう》であるから、因果律《いんがりつ》を重要視《ちうえうし》するのである。

優生學《ゆうせいがく》が盛《さかん》に尊稱《そんしよう》される現代《げんだい》、優生《ゆうせい》たらんとする原因《げんいん》に觸《ふ》れないで皮相觀《ひそうかん》から云々《うんぬん》しても決《けつ》して優生兒《ゆうせいじ》を得《う》る事《こと》は斷《だん》じて出來《でき》ないのである。

人種衞生《じんしゆえいせい》を主張《しゆちやう》し恐《おそ》る可《べ》き遺傳《ゐでん》の事實《じじつ》を説《と》くと雖《いへど》も、遺傳《ゐでん》の出來《でき》る靈系《れいけい》を知《し》らずしては米國《べいこく》のカリカックの家族《かぞく》の例《れい》などは解決《かいけつ》する事《こと》は不可能《ふかのう》である。

心王靈脈《しんのうれいみやく》が因果律《いんがりつ》を重《おも》く主張《しゆちやう》し心機轉換《しんきてんかん》に依《よつ》て細胞組織《さいほうそしき》を改造《かいぞう》する事《こと》を強《し》ゆるのも優生法《ゆうせいはう》の骨髓《こつずい》に觸《ふ》れしめんとするからである、既《すで》に吾々《われ〳〵》の肉體細胞《にくたいさいはう》は靈《れい》に依《よつ》て支配《しはい》されて居《を》ると云《い》ふ事《こと》を認《みと》めたる吾人《ごじん》は、細胞自身《さいぼうじしん》で生活《せいかつ》すると云《い》ふ事《こと》は不可能《ふかのう》である、

人種衛生《じんしゆえいせい》を以《もつ》て後代《こうだい》の人種《じんしゆ》の心身《しん〳〵》を改造《かいぞう》す可《べ》き社會的方法《しやかいてきはうはう》として優生運動《ゆうせいうんどう》が激《はげ》しいのである、多《おほ》く結婚《けつこん》から來《きた》る優生學《ゆうせいがく》に關係《かんけい》して居《を》るが、結婚上良種良《けつこんじやうりようしゆれう》縁《えん》を選《えら》むのは結構《けつこう》ではあるが今《いま》一歩進《ぽすゝ》んだ靈的《れいてき》の制裁《せいさい》を解除《かいじよ》せねばならぬ根本《こんぽん》眞理《しんり》を知《し》らねばならぬ。

優生學と人種衛生と靈脈

優生學《ゆうせいがく》の問題《もんだい》にいつもよく例《れい》に擧《あげ》られる有名《ゆうめい》な米國《べいこく》のカリカックの家族《かぞく》の話《はなし》がある、カリカック家《け》の祖先《そせん》カスパーは一七三五年《ねん》に死《し》んだ普通《ふつう》の人間《にんげん》である

が、それから三代目《だいめ》のサンマルタンは十五歳《さい》の時《とき》に父《ちゝ》を失《うしな》ひ、成長《せいちやう》して獨立戰《どくりつせん》爭《そう》に投《とう》じてゐる居酒屋《いざかや》の低能兒《ていのうじ》の娘《むすめ》に私生兒《しせいじ》を生《う》ませた、其私生兒《そのしせいじ》マルタフ、カリカックは母《はゝ》からその性質《せいしつ》を遺傳《ゐでん》して普通《ふつう》の婦人《ふじん》と結婚《けつこん》したが低能兒《ていのうじ》ミルラードを生《う》み、ミルラードは低能兒《ていのうじ》の婦人《ふじん》と結婚《けつこん》して低能兒《ていのうじ》ジステンを生《う》み、と云《い》ふ工合《ぐあい》にして、現在《げんざい》では四代《だい》を經《へ》てゐるが、その總計《そうけい》四百八十人《にん》の子節《こすぢ》を有《ゆう》し此《この》うち百四十三人《にん》は決定的《けつていてき》な低能兒《ていのうじ》で四十六人《にん》のみが漸《やうや》く普通《ふつう》の人間《にんげん》であるがその子孫《しそん》の内《うち》三十六人《にん》は私生兒《しせいじ》、三十三人《にん》は醜業婦《しうげふふ》、二十四人《にん》は泥醉者《でいすゐしや》、八十二人《にん》は夭死者《えうししや》、三人《にん》は癲癇《てんかん》、三人《にん》は犯罪者《はんざいしや》である。

この子孫《しそん》が自分《じぶん》と似《に》てゐる家系《かけい》のものと結婚《けつこん》して現在《げんざい》七百四十六人《にん》となつてゐるが、今後彼等《こんごかれら》が若《も》し平均《へいきん》四人《にん》づゝ持《もつ》とすれば十代後《だいご》には約《やく》七億《おく》八千萬《まん》と云《い》ふ大《おほ》きな數《すう》になつて來《く》る事《こと》になる、このカリカックの家族《かぞく》の例《れい》は、その結婚《けつこん》に於《おい》てそこに社會的《しやかいてき》の立場《たちば》、人種衞生《じんしゆえいせい》の立場《たちば》と云《い》ふ事《こと》を忘《わす》れない様《やう》にしなければならないと云《い》ふ事《こと》を如實《によじつ》に示《しめ》すものである。

現代《げんだい》の學者等《がくしやたち》は數《すう》の上《うへ》から人種上《じんしゆじやう》の衛生《えいせい》を説《とい》て居《を》られるのは右《みぎ》の如《ごと》く誰《たれ》でも同論《ごうろん》であるが、遺傳學《ゐでんがく》は結婚上《けつこんじやう》にて選擇《せんたく》する時《とき》に心王靈脈《しんのうれいみやく》を以《もつ》て靈的《れいてき》に選擇《せんたく》すれば根《ね》を枯《から》す事《こと》が出來《でき》るのである。

アリストートルもプラトも優生的研究《ゆうせいてきけんきう》をされた事《こと》を記《しる》されてある、米國《べいこく》なぞでは優秀者《ゆうしうしや》と結婚法律《けつこんほうりつ》があるそうだ、心理學《しんりがく》や心靈研究《しんれいけんきう》と云《い》ふのは凡《すべ》て精神《せいしん》の優化運動《ゆうかうんどう》である、血統《けつとう》も家柄《いへがら》も大切《たいせつ》ではあるが心靈上《しんれいじやう》の內面《ないめん》を研明《けんめい》して心王《しんのう》の制裁解除《せいさいかいじよ》があれば優秀《ゆうしう》の人間《にんげん》が出來《でき》るのである。

今《いま》の遺傳學《ゐでんがく》は下等動物《かとうどうぶつ》から進化《しんか》した事《こと》を信《しん》じて居《を》るから心王《しんのう》の作用《さよう》は判《わか》らない、メンデルだとてキリスト敎《けふ》の僧侶《そうりよ》だから心王《しんのう》などは御存知《ごぞんぢ》ない、物質《ぶつしつ》そのものゝ變化《へんか》に就《つい》て率《りつ》を擧《あ》げたのであるから優生學《ゆうせいがく》の根本《こんぽん》とはならぬ、水戸黄門《みとこうもん》記《き》が眞説《しんせつ》であるかないかは第《だい》二とし、大盜賊《おほどろぼう》の九紋龍《もんりう》の長吉《ちやうきち》を善化《ぜんか》させて善用《ぜんよう》した事《こと》があるが、低能兒《ていのうじ》と大惡人《だいあくにん》とは心王眼上《しんのうがんじやう》から推定《すいてい》して同《おな》じである、唯《た》だ意識的《いしきてき》に活動《かつどう》せぬのが低能兒《ていのうじ》である丈《だけ》で、心王《しんのう》の支配系統《しはいけいとう》にあるのだから優生《ゆうせい》學《がく》も靈的《れいてき》に運用《うんよう》して玆《こゝ》に始《はじ》めて意義《いぎ》ある人種《じんしゆ》の改良《かいりやう》が出來《でき》るのである。

不具者《ふぐしや》や低能兒《ていのうじ》の出來《でき》るのは父母《ふぼ》の内《うち》一人《り》が心行《こゝろゆき》が曲《まが》りくねつて居《を》るからであるから、それを治《ち》す可《べ》く心王《しんのう》が宇宙《うちう》の常設館《じやうせつかん》に陳列《ちんれつ》せしむるのであると思《おも》へばよい。

夫婦仲睦《ふうふなかむつ》ましくても尊属《ゆうえ》を無視《むし》したり禮《れい》を缺《か》いたりすれば必《かな》らず低能兒《ていのうじ》か不《か》具者《たわ》が出來《でき》るのは確實《かくじつ》である、優生學《ゆうせいがく》は遺傳學《ゐでんがく》を背景《はいけい》として居《を》るのであるから勿論因果《もちろんいんが》の法則《ほうそく》を認《みと》めて居《を》るのである。

釋迦大聖《しやかたいせい》でさへも『吾《わ》れは一大事因緣《だいじいんねん》を以《もつ》て生《うま》れたり』と告白《こくはく》した、父《ちゝ》が作《つく》つた因果作用《いんがさよう》に依《よつ》て呼《よ》び出《だ》された物質上《ぶつしつじやう》の不具者《かたわ》で精神上《せいしんじやう》の勝利者《しやうりしや》であつた。

人《ひと》の性《せい》は神《かみ》にして神《かみ》の性《せい》は心王《しんのう》である、之《こ》れが原料《げんれう》の骨子《こつし》で敎育《けふいく》、訓練等《くんれんとう》は人間《にんげん》の因果律《いんがりつ》に依《よつ》て出來《でき》た子供等《こどもら》を眞直《まつす》ぐの道《みち》に引《ひ》き入《い》れる方法《はうほう》である、はいつて仕舞《しま》へば心王《しんのう》の支配《しはい》で自由《じゆう》に制御《せいぎよ》されるのである。世界人類《せかいじんるい》の進歩發達《しんぽはつたつ》は玆《こゝ》に氣《き》が附《つ》けばよいのである、文明《ぶんめい》も文化《ぶんか》も此《こ》の心王《しんのう》大理性《だいりせい》を離《はな》れて何物《なにもの》もあろふ筈《はづ》がない、佛敎《ぶつけふ》では盡《じん》十方無礙光如來《ぼうむげくわうによらい》と云《い》ふて居《を》るが心王《しんのう》の自由活動《じゆうかつどう》の理想《りそう》の名《な》である。

心王靈脈《しんのうれいみやく》にて萬事《ばんじ》を靈斷《れいだん》すれば世間普通《せけんふつう》の金持《かねもち》より優《すぐ》れた心《こゝろ》の金持《かねもち》となるのである、完全《かんぜん》の心王《しんのう》を識《しつ》てからあらゆる仕事《しごと》に進《すゝ》めば病氣煩悶《びやうきはんもん》に難《なや》む事《こと》がないのである、難《なや》まなければ結婚上《けつこんじやう》に於《おい》ても金《かね》と結婚《けつこん》せないで心王《しんのう》の命《めい》に依《よつ》た無礙《むげ》光《くわう》の合致《がつち》が出來《でき》るのである。

結婚脈の應用

結婚脈《けつこんみやく》に拇指人指合《がつ》せないのは必《かな》らず良緣《りようえん》とは云《い》へない、拇指ばかりは緣《えん》が變《かわ》る、人指ばかりは子供《こども》澤山《たくさん》あつて一生《しやう》苦勞《くらう》するから身體《しんたい》に缺陷《けつかん》が出來《でき》る、中指ばかりの動《どう》は自分《じぶん》の一身上《しんじやう》に變化《へんか》度々《たびく》あり、藥指は二三度《ご》變《かわ》る、小指は子供《こども》で苦勞《くらう》するが夫《おつと》は良《よ》い人《ひと》がある。

人指に拇指が合《がつ》すれば不具者《かたわ》を持《も》つ事《こと》拾中《ちう》四位《ぐらゐ》あり、意氣合《いきあ》はず母《はゝ》の方氣性《はうきしやう》剛《つよ》きが故《ゆゑ》である、中指拇指合《がつ》すれば常《つね》に自家《じが》を思《おも》はざる不孝者《ふかうもの》を持《も》つ、中指藥指合《がつ》すれば遊蕩兒《ゆうとうじ》を持《も》つ、小指ブルブル振《ふる》ふのは常《つね》に流產《りうさん》ありて身體衰弱《しんたいすゐじやく》するから注意《ちうい》、小指拇指合《がつ》すれば出產《しゆつさん》と同時《どうじ》に夫婦間《ふうふかん》に何事《なにごと》か心配出來《しんぱいでき》て夫婦分《ふうふわか》れする事《こと》がある、小指人指合《がつ》すれば姑《しうと》の呵責《かしやく》にて嫁女《よめ》は身體《からだ》冷《ひ》へ子供《こども》は育《そだ》たざる事多《ことおほ》し。

四指掌中《ししやうちう》に曲《まが》れば緣談《えんだん》は不調《ふてう》、藥指と小指合《がつ》して後分離《のちぶんり》して藥指中指に附《つ》けば再緣者《さいえんじや》とする、小指ばかり掌中《しやうちう》に附《つ》き藥指後《のち》に追加《ついか》すれば結婚後夫《けつこんごおつと》が色情上《しきじやうじやう》で不和《ふわ》を生《しやう》ずる事《こと》あり注意《ちうい》す可《べ》し。

結婚上《けつこんじやう》で良緣《りやうえん》に依《よつ》て優生問題《いうせいもんだい》を解決《かいけつ》するには靈脈《れいみやく》より外《ほか》にない、既《すで》に出來《でき》た不良兒《ふりやうじ》を善化《ぜんか》させるには靈脈《れいみやく》にて靈的體現《れいてきたいげん》をせしむるのが改善《かいぜん》の早道《はやみち》である。然《しか》し普通不良兒《ふつうふりやうじ》だとか低能兒《ていのうじ》だとか云《い》ふ者《もの》より、常識《じやうしき》を備《そな》へた低能性不良性《ていのうせいふりやうせい》の者《もの》が充滿《じうまん》して居《を》るから注意《ちうい》せねばならぬ、思想《しそう》ゴロ、政治《せいぢ》ゴロ、宗教《しうけふ》ゴロ、其他《そのた》ゴロと名附《なづ》けられる遊蕩兒《いうたうじ》が東京中《とうけふちう》にも拾貳萬人《まんにん》あるからそれを征伐《せいばつ》せねばならぬのではないか。

兇惡囚人と原胤昭代の美擧

兇惡《きやうあく》なる囚人《しうじん》として世間《せけん》から忌《い》み嫌《きら》はれる物質上《ぶつしつじやう》の失敗者《しつぱいしや》は、矢張《やつぱ》り心王《しんのう》が栖《すん》で居《を》る吾々《われわれ》と同《おな》じ身體《しんたい》であるから亦人間《またにんげん》らしい眞情《しんじやう》がその底《そこ》に流《なが》れてゐる事《こと》は知《し》る者《もの》は識《し》るのである、大赦減刑《たいしやげんけい》で娑婆《しやば》に出《で》て來《き》ても世《よ》に棄《す》てられた囚人共《しうじんども》は、心王靈脈《しんのうれいみやく》に依《よつ》て疑念《ぎねん》なく博大《はくだい》の慈悲《じひ》を施《ほどこ》せば必《かな》らず遷善《せんぜん》するのは請合《うけあひ》であるが、社會《しやかい》がそれを容《い》れてやらねばならぬ大度量《だいどりよう》が必要《ひつえう》である。

あらゆる罪惡《ざいあく》を作《つく》つた後《のち》は必《かなら》ず病氣《びやうき》となる事《こと》は心王律《しんのうりつ》の御定《おさだ》まりである、此《こ》の奇病《きびやう》とか業病《ごふびやう》とか難病《なんびやう》とか云《い》ふ時《とき》に精神的《せいしんてき》に救《すく》へば心身《しんしん》共《とも》に救《すく》ふ事《こと》になる、博愛《はくあい》の權化《ごんげ》であつた原胤昭《はらたねあき》氏《し》は免囚《めんしう》を七千六百餘名《よめい》を取扱《とりあつか》ひ、その内《うち》に改過遷善《かいかせんぜん》して社會《しやかい》の良民《りようみん》に歸復《きふく》させた者《もの》が約《やく》七割《わり》の多《おほ》きに達《たつ》したとの事《こと》誠《まこと》に感謝《かんしや》す可《べ》き偉業《ゐげふ》の德化《とくか》である。

人《ひと》が殘忍性《ざんにんせい》になるのは必《かな》らずその遺傳的系統《ゐでんてきけいとう》がなからねばならぬ、北方支那《ほくぽうしな》に於《おい》て人肉《じんにく》を食《くら》ふ風習《ふうしう》があつた事《こと》を學者《がくしや》が發見《はつけん》したが。

支那人の殘忍性の出處を擧ぐ

『韓非子《かんぴし》』の中《なか》にもある通《とほ》り『父母《ふぼ》の子《こ》に於《を》けるや、男子《だんし》を產《う》めば則《すなは》ち相賀《あいが》し女《をんな》を產《う》めば則《すなは》ち之《これ》を殺《ころ》す』と云《い》ふ因襲的慣例《いんしうてきかんれい》があるが、北方支那人《ほくぽうしなじん》が北隣《ほくりん》に居《ゐ》た無智《むち》で獰猛《だうもう》で、戮辱《りくじよく》を好《この》む蒙古人《もうこじん》に征服《せいふく》されてしまつた、周代《しうだい》の學者《がくしや》をみんな土抗《つちあな》に埋《う》めて殺《ころ》してしまつた秦《しん》の始皇《しくわう》は其蠻族《そのはんぞく》の大將《たいしやう》にして又支那《またしな》帝國《ていこく》の創《さう》立者《りつしや》である、殘虐《ざんぎやく》を好《この》む蒙古族《もうこぞく》の血《ち》は北支那《きたしな》へ入《はい》つた、更《さら》に成吉思汗《じんきすかん》と忽必烈《こつびれつ》の來襲《らいしう》によつて、蒙古族《もうこぞく》の血《ち》は完全《かんぜん》に征服《せいふく》されて南支那《みなみしな》へもはいつた。

だから殘忍性《ざんにんせい》の遺傳《ゐでん》は支那《しな》に隱《かく》れて居《ゐ》るが、それは心王《しんのう》の靈護《れいご》に依《よつ》て優化《ゆうか》されるのである、ゴールトン氏《し》は民族《みんぞく》の劣等化《れつとうか》を非文明人種《ひぶんめいじんしゆ》との結婚《けつこん》によるものと認《みと》めて居《を》る、メンデルの法則《ほうそく》によれば人間《にんげん》の特質《とくしつ》の中《なか》でも、特《とく》に遺傳《ゐでん》するもの二十程《ほど》あつて、狂的性質《けふてきせいしつ》と殘忍《ざんにん》な犯罪癖《はんざいへき》とは最《もつと》も確實《かくじつ》に遺傳《ゐでん》すると云《い》ふのである、今日《こんにち》、無教育《むけふいく》な支那人《しなじん》の多《おほ》くが慘虐性《ざんぎやくせい》と暴行性《ぼうこうせい》に富《さ》んでゐるのは、要《えう》するに兒女殺害《じじよころし》や人肉食用時代《じんにくしよくようじだい》の遺傳《ゐでん》たる事《こと》は疑《うたが》ひを容《い》れない、と先輩《せんぱい》の識者《しきしや》は吾々《われ〳〵》に傳《つた》へて呉《く》れたのである。

鼻《はな》の扁平《ひらべた》な男女《だんじよ》は殘忍性《ざんにんせい》を帶《を》びて居《を》ると云《い》ふのが相學上《さうがくじやう》の斷《だん》であるが、その殘忍性《ざんにんせい》の婦人《ふじん》もその狀態《じやうたい》を子供《こども》などに現《あら》はした時々《ときどき》に敎化《けふげ》すればだん／＼治《なほ》るのである、支那人《しなじん》なども軈《やが》ては自己具有《じこぐゆう》の心王性《しんのうせい》に依《よつ》て自覺《じかく》する時《とき》が來《く》るのである、然《しか》し遺傳《ゐでん》は中々《なか／＼》變化《へんか》するのに至難《しなん》であるから注意《ちうい》せねばならぬ。

余の實驗したる或る家庭の不具者系

余《よ》が確實《かくじつ》に傳《つた》へ聞《き》いて居《を》る或《あ》る家庭《かてい》には不具者《ふぐしや》が三人《にん》出《で》た、一人《り》は三ツ口《くち》、一人《り》は盜賊根性《ねすつここんじやう》、一人《り》は手《て》の不具者《ふぐしや》、之《こ》れの根本原因《こんぽんげんいん》を調査《てうさ》したら三人《にん》の不具《ふぐ》者《しや》の實父母《じつふぼ》は妾腹《せつふく》であるその妾腹《せうふく》の爲《ため》に正妻《せいさい》の子《こ》が苦《くる》しめられた歷史《れきし》がある。

それで長子《ちやうし》は誘拐《ゆうかい》されて死去《しきよ》し二子《し》は日射病《につしやびやう》で死去《しきよ》し、三子《し》は相續《さうぞく》して居《を》れど妻緣《さいえん》なき爲《ため》に子供《こども》なし、四女《じよ》は緣付《えんづ》いたが拾年間《ねんかん》一子《し》もない、之《こ》れが子供《こども》が出來《でき》ると不具者《かたわ》が生《うま》れる事《こと》は請合《うけあひ》だが、實父《じつぷ》の性質《せいしつ》が順《じゆん》であつて妾《めかけ》を置《をい》た主人《しゆじん》は娑婆氣《しやばき》であつて人《ひと》を救《すく》ひ人《ひと》に先達《さきだ》ちて事《こと》をなした爲《ため》に、その德行《とくこう》が現《あら》はれ自然《しぜん》と悪縁《あくえん》の子供《こども》を生《うま》ぬ様《やう》に制裁《せいさい》があるのが不思議《ふしぎ》である。

馬《うま》に食料豆《しよくれうまめ》を與《あた》へる可《べ》く主人《しゆじん》より渡《わた》された馬飼育人《うまかひにん》がそれを賭博《とばく》の費《ひ》に使《つか》ひ馬《うま》には一粒《りふ》も與《あた》へなかつた、その人《ひと》の孫《まご》に白癩病者《はくらいびやうしや》の女子《じよし》が生《うま》れて白癩《はくらい》であつたが、之《こ》れは遺傳性《ゐでんせい》としても心靈上《しんれいじやう》の遺傳《ゐでん》が肉體《にくたい》に出《で》たのである。

人《ひと》と喧嘩《けんか》しては人《ひと》の財産《ざいさん》を無理《むり》取《ど》りにした者《もの》の悴《せがれ》にドモリで非常《ひじやう》の骨膜《こつまく》で多《た》少常識《せうじやうしき》を逸《いつ》した低能振《ていのうぶり》を現《あらは》し、六七十人《にん》も女《をんな》を魅化《ばか》し中《なか》には人妻《ひとづま》も澤山《たくさん》あつたが今《いま》にその非《ひ》を悔《くひ》ないから、拾三四人《にん》も子供《こども》を持《も》つても皆變病《みなへんびやう》で死去《しきよ》したのである。

心王《しんのう》の制裁《せいさい》の嚴格《げんかく》なるは驚《をどろ》くの外《ほか》はないのである、少《すこ》しの無理《むり》があれば必《かな》らず心身《しんしん》に現《あらは》れて來《く》る、吾《わ》が皇室《くわうしつ》に禮《れい》を缺《かい》た巨魁足利尊氏《きよかいあしかゞたかうじ》の末孫《まつそん》が目下《もつか》大分縣《おほいたけん》に居《を》るとか聞《き》いたが、悲慘《ひさん》の極《きよく》に達《たつ》して居《を》るそふだ、人道《じんだう》を無視《むし》したのは必《かなら》ず制《せい》裁《さい》がある事《こと》は定《き》まつて居《を》る、然《しか》し宿命的結論《しゆくめいてきけつろん》ではないその因果《いんが》を轉《てん》ずれば心王《しんのう》の靈讓《れいと》は必《かな》らずある。

名刀捨丸の由來と惡人改善

浪花節《なにはぶし》で有名《ゆうめい》な名刀捨丸《めいとうすてまる》の由來《ゆらい》などを考《かんが》へると、弟《をとふと》の久助《きうすけ》の正直《せうぢき》の爲《ため》に兄《あに》の山賊《さんぞく》を心《こゝろ》から心機轉換《しんきてんかん》して眞人間《まにんげん》にして了《しま》ふのである、元《もと》より因縁《いんねん》に支配《しはい》されて山賊《さんぞく》などになつたのであるが性《せい》には善《ぜん》ありて、その善《ぜん》は心王《しんのう》が支配《しはい》して居《ゐ》る作用《さよう》であるから惡《あく》に強《つよ》きは善《ぜん》にも強《つよ》しと俗說《ぞくせつ》に云《い》ふ通《とほ》りである。

米株《こめかぶ》の勝負《しやうぶ》をする者《もの》が今月《こんげつ》はどうしても買取《かひと》りであると決心《けつしん》しながら買《か》へないのも心王《しんのう》の制裁《せいさい》である、米株《こめかぶ》で失敗《しつぱい》して猫《ねこ》いらずを呑《の》んで死《し》んだ者《もの》や咽喉《のど》を突《つい》て死《し》んだ者《もの》が澤山《たくさん》あるが、空間靈波《くうかんれいは》の爲《ため》であると云《い》ふ事《こと》と、金錢《きんせん》を遊戲的《ゆうぎてき》に使《し》用《よう》したと云《い》ふ二ッの制裁《せいさい》が含《ふく》んでの自殺《じさつ》であると見《み》ねばならぬ。

貰《もら》ひ子《こ》が低能《ていのう》であるからと云《い》ふて養子親《ようしおや》が慘酷《ざんこく》に取扱《とりあつか》ふた爲《ため》に死去《しきよ》した、死《し》去《きよ》した後《のち》に自分《じぶん》の子《こ》が出來《でき》たが成年《せいねん》になるに從《したが》つて低能兒《ていのうじ》である事《こと》が判《わか》り、今《こん》度《ど》は大切《だいじ》に養育《よういく》したが澤山金《たくさんかね》を費《つか》はして死《し》んで了《しま》ふた、兩親《りやうしん》の悲《かな》しみは一方《かた》ならぬのであつたが人《ひと》に云《い》ふに云《い》はれぬ繼子《まゝこ》呵《いじ》めをやつた事《こと》があるから泣《なき》ねいりであつた者《もの》がある。

心王《しんのう》の制裁《せいさい》は現實《げんじつ》に與《あた》へられるから自覺《じかく》されずに居《を》られないのである、それを祟《たゝ》りだとか罰《ばつ》だとか云《い》ふて恐《おそ》ろしく思《おも》ふから心王《しんのう》は解除《かいじよ》せないのである。

人《ひと》を救《すく》ふ可《べ》く起《た》つた者《もの》が一婦人《ふじん》を肉的墮落《にくてきだらく》させ、その婦人《ふじん》のあるのに他《た》の婦《ふ》人《じん》を僞瞞《ぎまん》した者《もの》があるが最終《さいしう》に癌腫《がんしゆ》を患《わづら》ふたのが三四人《にん》ある、之《こ》れは現實《げんじつ》の制《せい》裁《さい》だから解《と》けるけれども、夫《おつと》のある婦人《をんな》が他《た》の夫《おつと》に關係《かんけい》して居《を》るのを正夫《せいふ》は知《し》つて許《ゆる》して置《お》いた爲《ため》に、正夫婦《せいふうふ》の間《あひだ》に三人《にん》の低能兒《ていのうじ》が出來《でき》て、今《いま》では正夫《せいふ》を捨《すて》て姦夫《かんぷ》の方《はう》に行《い》つて居《を》る者《もの》に低能兒《ていのうじ》が出來《でき》たのは實《じつ》に不思議《ふしぎ》ではないか。

醫師の匙加減と子供の難病

父《ちゝ》が醫師《いし》であつて匙加減《さぢかげん》で患者《かんじや》を僞瞞《ぎまん》して巨萬《きよまん》の財《ざい》を作《つく》りあげた爲《ため》に自分《じぶん》の兒《こ》に腎臟病《じんぞうびやう》の難病者《なんびやうしや》が出來《でき》て靈術家《れいじゆつか》に多大《ただい》の金《かね》を取《と》られた者《もの》もある、自分《じぶん》の娘《むすめ》が自殺《じさつ》したと云《い》ふ事《こと》を知《し》つた或《あ》る醫師《いし》は、自分《じぶん》が匙加減《さぢかげん》で澤山金《たくさんかね》を捲《ま》きあげた家《いへ》の悴《せがれ》の爲《ため》に戀《こひ》に引《ひ》かれた爲《ため》である事《こと》が東京《とうけふ》にあつたが。醫師《いし》でも心相脈《しんさうみやく》は判《わか》らないから自分《じぶん》の娘《むすめ》の自殺《じさつ》を止《と》める事《こと》は出來《でき》なかつたのである、靈術《れいじゆつ》を賣《う》つて居《を》つても自分《じぶん》の身體《からだ》の疾患《やまひ》が判《わか》らないで藥物《やくぶつ》の醫師《いし》に御《お》世話《せわ》になつて居《を》る者《もの》も天下《てんか》に澤山《たくさん》ある。

醫師《いし》が匙加減《さぢかげん》をする家《うち》と儒者《じゆしや》が詭辨詭筆《きべんきひつ》を以《もつ》て人《ひと》を僞瞞《ぎまん》する系統《けいとう》には不具者《ふぐしや》や低能兒《ていのうじ》が多《おほ》い、明治《めいぢ》から大正《たいせう》にかけての名《な》ある儒者《じゆしや》の子供《こども》が二三人共《にんとも》に低能《ていのう》者《しや》が殘《のこ》つて居《を》る事《こと》は誰《た》れでも知《し》るのであろふ茲《こゝ》には名《な》を秘《ひ》して置《を》く事《こと》にする。

神官《しんかん》の悴《せがれ》に白痴《はくち》があつて困《こま》つて居《を》る者《もの》もあつたが、祭鎭《さいちん》した御魂《みたま》が虚僞《きよぎ》の者《もの》を人《ひと》に賣《う》つて居《を》るからそんな制裁《せいさい》を受《う》けたのである事《こと》を神官自身《しんかんじしん》は知《し》らない氣《き》が附《つ》かないのである、金滿家《きんまんか》の忰《せがれ》に低能兒《ていのうじ》があるのも對人關係《たいじんかんけい》で無理《むり》があるからである。

白痴《はくち》や低能兒《ていのうぢ》や精神散慢者《せいしんさんまんしや》は兩親《れうしん》が心《こゝろ》の上《うへ》に罪惡《ざいあく》を作《つく》つた爲《ため》に出《で》るが多《おほ》い、遺《ゐ》傳《でん》でなくとも制裁《せいさい》から來《く》る方《はう》が拾中《ちう》七八ある樣《やう》だから研究《けんきう》にも注意《ちうい》せよ。

心王靈脈大鑑《しんのうれいみやくたいかん》は以上擧《いじやうあ》げた諸種《しよしゆ》の現象《げんしよう》を根本的《こんぽんてき》に絶滅《ぜつめつ》したい爲《ため》に發表《はつぺう》したのであるから、萬事《ばんじ》に就《つい》て此《こ》の大鑑《たいかん》を力《ちから》として進《すゝ》んで惡《あく》を制裁《せいさい》して貰《もら》いたいのである。

靈《れい》の根本《こんぽん》に觸《ふ》れてその正《たゞ》しい作用《さよう》から出《で》る靈律《れいりつ》に依《よつ》て人生《じんせい》の一切《さい》の行爲《こうゐ》及《およ》び進退《しんたい》をせられたいのである、どうせ仕方《しかた》がないと云《い》ふような弱《よわ》い音《ね》を出《だ》さずに共存共榮《けふぞんけふえい》の心《こゝろ》を以《もつ》てやつてもらいたい、カリカックの家族《かぞく》の樣《やう》に增々墮落《ますくだらく》して行《ゆ》けば子孫《しそん》が困《こま》るから子孫《しそん》に對《たい》して忠實《ちうじつ》でなければ民族《みんぞく》に對《たい》しても薄情《はくじやう》であると云《い》ふ自覺心《じかくしん》を出《だ》して進《すゝ》んで善化《ぜんか》して貰《もら》いたいのが靈脈《れいみやく》の望《のぞ》みである。

「附　録」

心王靈脈の科學的見解

不肖大觀《たいかん》が積年《せきねん》の苦心《くしん》より成立《なりたち》たる心王敎《しんのうけふ》び及《およ》靈醫學《れいいがく》の生命《せいめい》である心靈解剖《しんれいかいぼう》は、科學智識《かがくちしき》の源泉《げんせん》であるから解剖圖《かいぼうづ》に直面《ちよくめん》してから萬事《ばんじ》の解釋《かいしやく》を下《くだ》すと一糸《し》亂《みだ》れない斷案《だんあん》が出來《でき》るのである。

英國《えいこく》のトムソン氏《し》が『智識《ちしき》は征服《せいふく》す』と云《い》ふたその智識《ちしき》の出《で》る原《もと》は心王《しんのう》の靈《れい》智《ち》であらねば外《ほか》からは出《で》ないのである、太陽《たいやう》が諸《もろ/\》の闇《やみ》を破《やぶ》つて放光《はうくわう》する如《ごと》く心王《しんのう》の靈智《れいち》が常識《じやうしき》を通《つう》じて活躍《かつやく》すれば科學智識《かがくちしき》は自由《じいう》に作用《はたらい》て來《く》る。

宇宙内《うちうない》の六十四元素《げんそ》は今日科學《こんにちかがく》の進歩《しんぽ》に年々《ねん/\》元素《げんそ》の入籍《にふせき》を增《ま》し、モー大概研《たいがいけん》究濟《きうすみ》と思《おも》ひの外心靈界《ほかしんれいかい》の謎《なぞ》は一向《こう》に埒《らち》が明《あ》かない、それは心王《しんのう》の靈智《れいち》の根本原《こんぽんげん》因《いん》に到達《たうたつ》してその作用《さよう》を究明《きうめい》せねば謎《なぞ》は解《と》けないのである。

心靈解剖圖《しんれいかいばうづ》の主座《しゆざ》に居《を》られる心王《しんのう》一元《げん》は科學《かがく》の生命《せいめい》であつて、第《だい》八識《しき》アラヤは哲學的役《てつがくてきやく》を持《ぢ》して居《を》り、第《だい》七識《しき》の末那《まな》は活動役《かつどうやく》であり、第《だい》六識《しき》の常識《じやうしき》は心王《しんのう》に直面《ちよくめん》する役《やく》であつて科學智識《かがくちしき》の分位《ぶんゐ》を責任《せきにん》とする眼耳鼻舌身《げんにびぜつしん》の五官作《かんさ》を取締《とりしま》る役《やく》である。

科學智識《かがくちしき》の根本《こんぽん》に電子《でんし》のある事《こと》を認《みと》めて來《き》た現代《げんだい》は、是非《ぜひ》その電子《でんし》の生命《せいめい》たる心王《しんのう》を認識《にんしき》せねばならぬのである、物質《ぶつしつ》の究極的構成《きうきよくてきこうせい》は電子《でんし》であつて、電子《でんし》論《ろん》は輓近《ばんきん》の物理學進展《ぶつりがくしんてん》の根底《こんてい》を形《かたち》づくるもので、特《とく》に一個《こ》の電子《でんし》の運動《うんどう》が其《そ》の中心《ちうしん》をなして居《を》る、原子《げんし》の構成《こうせい》にしても、電磁氣的現物《でんじきてきげんぶつ》も、エーテルの問題《もんだい》も一般輻射《はんぷくしや》に關《かん》する現象《げんしやう》も、波動力學《はどうりきがく》も皆電子論《みなでんしろん》を土台《どだい》として築《きづ》かれたものであつて殊《こと》に電子《でんし》が磁氣能率《じきのうりつ》を持《も》つと云《い》ふ最近《さいきん》の考察《かうさつ》は、種々《いろ〳〵》の現象《げんしやう》をより精細《せいさい》に説明《せつめい》するものであると思《おも》ふ、相對論及《さうたいろんおよ》び量子論《りやうしろん》も皆電子論《みなでんしろん》に觸《ふ》れてその奥《おく》の心《しん》王《のう》に直面《ちよくめん》せねば解決《かいけつ》が出來《でき》ないのである事《こと》は余《よ》が斷言《だんげん》して置《お》く。

現代《げんだい》は科學《かがく》の奧《おく》に心王《しんのう》を認《みと》める事《こと》を先決問題《せんけつもんだい》とすると同時《どうじ》に、劍戟流行《けんげきりうこう》の時《じ》代《だい》ではない、性慾主義《せいよくしゆぎ》旺盛《わうせい》を主張《しゆちやう》するトッカピン時代《じだい》も過《す》ぎ去《さ》った、粗暴《そはう》と癈《はい》頽《たい》とに疲《つか》れたる現代人《げんだいじん》の末稍神經《まつせうしんけい》は是非《ぜひ》共《とも》心王靈脈《しんのうれいみやく》に活《い》きねばならぬ。

八百萬神《やをよろづのかみ》が天照太神《あまてらすおゝみかみ》の岩戸《いわと》隱《がく》れ即《すなは》ち人間《にんげん》の心王《しんのう》が心《こゝろ》の奧《おく》に隱《かく》れた時《とき》、岩戸《いわと》の御前《おんまへ》に大笑《おほわら》ひを行《おこな》わせられたように、心王《しんのう》の放光《はうくわう》に依《よつ》て國民《こくみん》一同笑《わら》ひを以《もつ》て世界《せかい》に突進《とつしん》せねばならぬのである。

科學智識《かがくちしき》の奧《おく》の奧《おく》の心王靈智《しんのうれいち》を現《あらは》して明《あか》るく進《すゝ》まねばならぬ、太陽《たいやう》も月《つき》も星《ほし》も無邪氣《むじやき》に放光《はうくわう》して笑《わら》ひを宣《せん》して居《ゐ》る、花笑《はなわら》ひ美人笑《びじんわら》ひ一切《さい》民衆《みんしう》共《とも》に笑《わら》わねばならぬ、笑《わら》ひは科學智識《かがくちしき》の完成《かんせい》である、笑《わら》わざるものは勞働爭議《らうどうそうぎ》に走《はし》り常《つね》に泣《な》く仲間入《なかまい》りをして居《な》るのである。

心王《しんのう》に直面《ちよくめん》して終始《しうし》一貫《かん》すれば苦《く》に泣《なか》ず樂《らく》に溺《おぼ》れず苦樂《くらく》を超越《てうえつ》するのである

キングレーキ曰《いは》く『男子《だんし》は働《はたら》かざる可《べ》からず、女子《じよし》は泣《な》かざるべからず』と、然《しか》れども涙《なみだ》あるものは大丈夫《だいぢやうぶ》に萬斛《ばんこく》の涙《なみだ》がある、大《おほ》ひに笑《わら》ふ裏《うら》面に有意義《ゆういぎ》の涙《なみだ》なからねばならぬ、此間《このかん》は科學智識《かがくちしき》の解《かい》し得《え》ぬ謎《なぞ》である。

釋尊《しやくそん》の拈華微笑《ねんげびしよう》も日蓮《にちれん》の斷頭場裡《だんとうぢやうり》の調笑《てうせう》も岩戸《いわと》開《びら》きの大笑《おほわら》ひも一貫《かん》した眞理《しんり》がある、笑《わらひ》は詩《し》である美《び》である、美《び》が生命《せいめい》を發揮《はつき》したる一瞬間《しゆんかん》であると云《い》ふ可《べ》きである、花《はな》に於《をい》て美《び》の生命《せいめい》の發揮《はつき》せられたる一瞬間《しゆんかん》が即《すなは》ち花笑《はなわら》ふと云《い》ふのである、笑《わらひ》は以《もつ》て詩《し》のみに終《をわ》らない拈華微笑《ねんげびせう》は神《かみ》に通《つう》ずと云《い》ふてよい、宇宙《うちう》の大《だい》自觀《じかん》が『笑《わらふ》』て無線電信《むせんでんしん》を透《とほ》して、人《ひと》の靈魂《れいこん》と交通《こうつう》する一刹那《せつな》である。

美人《びじん》の一笑《せう》はチャーミング、パワーを發揮《はつき》する無限《むげん》の魔力《まりよく》即《すなは》ち第《だい》七識《しき》の末那《まな》心象《しんしよう》を發揮《はつき》して居《を》るのである、クレオパトラの一笑《せう》は羅馬《ろうま》の英雄《えいゆう》を飜弄《ほんろう》したではないか、美人《びじん》は何故《なにゆえ》に人《ひと》を惱殺《なうさつ》し人《ひと》を艶殺《えんさつ》するのであろふか。

解剖圖《かいぼうづ》の主座《しゆざ》を占《し》めて居《を》る心王《しんのう》は常《つね》にニコニコ太陽《たいよう》の如《ごと》く笑《わら》ふて心靈界《しんれいかい》を照《てら》

して居《な》られるのである事《こと》を常識《じやうしき》が認《みと》める時《とき》、笑《わらひ》の靈能《れいのう》を味識《みしき》するのである、笑《わらひ》の靈能《れいのう》が了解《れうかい》すれば天照太神《てんせうだいじん》が明《あか》るみの神《かみ》であつて力《ちから》の神《かみ》でない事《こと》が判《わか》る、明《あか》るみの神《かみ》と云《い》ふ事《こと》が判《わか》れば心靈上《しんれいじやう》の心王《しんのう》が判《わか》る事《こと》になるのである。

泣《なく》と笑《わら》ふは人生《じんせい》の大道具《だいどうぐ》である此《こ》の二道《にどう》は心王《しんのう》の根本原理《こんぽんげんり》から出《で》たのでなければならぬ、第《だい》七識《しき》の心象《しんしやう》から出《で》た笑《わら》ひは苦笑《くせう》、嘲笑《てうせう》、冷笑《れいせう》、となつて現《あらは》れる或《あるひ》は美人《びじん》の惱殺《のうさつ》の笑《わら》ひとなつて一生《しやう》を墮落《だらく》させるのである。

歐米人《おうべいじん》の笑《わらひ》は社交的笑《しやこうてきわらひ》であるから笑《わらひ》に力《ちから》がない、心王《しんのう》が隱《かく》れた時《とき》に大笑《をほわら》ひをして心王《しんのう》を放光《ほうくわう》させる笑《わら》ひは五指靈脈《しれいみやく》より外《ほか》に何物《なにもの》もないのである、いかに怒《いか》つて居《を》る者《もの》も方針《ほうしん》を定《さだ》める可《べ》く五指靈脈《しれいみやく》の明示《めいじ》に見《み》れば、何《なん》となく下腹《したはら》からムクムクと眞《しん》の笑《わら》ひが起《おこ》つて來《き》て顏《かほ》がくずれるのである、此間《このかん》の消息《せうそく》は科學智識《かがくちしき》には解釋《かいしやく》が出來《でき》ないのである。

日本人《にほんじん》は世界《せかい》の人心《じんしん》を笑《わら》わせる使命《しめい》を帶《をび》て居《を》る民族《みんぞく》である、試《こゝろ》みに黑人《こくじん》でも白人《はくじん》でもに靈脈《れいみやく》を吹《ふ》かせて見《み》れば直《す》ぐに判《わか》る、その人々《ひと〲》の目的《もくてき》及《およ》び疾病《しつぺい》に依《よつ》て靈脈《れいみやく》が動《うご》くのである、その時《とき》には精神上《せいしんじやう》に限界《げんかい》がなくなつて日本人《にほんじん》にその發見《はつけん》をして呉《く》れた事《こと》を感謝《かんしや》するのであるその感謝《かんしや》する精神狀態《せいしんじやうたい》は萬邦《ばんぱう》一如《おなじ》である、劍戟《けんげき》の心《こゝろ》はない末稍神經《まつせうしんけい》を難《なや》ます事《こと》もない、一視《し》同人《ごうじん》、心王《しんのう》の前《まへ》に低頭《ていとう》するのである。

我《わ》が心《こゝろ》の奥《おく》の金線《きんせん》に觸《ふ》れた瞬間《しゆんかん》は即《すなは》ち宇宙《うちう》の靈性《れいせい》と一如擴大《によかくだい》した瞬間《しゆんかん》、硬鉄《こうてつ》が磁石《じしやく》と合致《がつち》したと同《おな》じである、此間《このかん》は心王科學《しんのうかがく》の解剖圖《かいぼうづ》から判定《はんてい》せねば普通《ふつう》の科學《かがく》ではとても判《わか》らないのである、心王靈脈《しんのうれいみやく》の五指《し》が天地間《てんちかん》の事《こと》を自由《じゆう》に敎《おし》へると云《い》ふのも普通科學《ふつうかがく》ではとても判《わか》らないのである、以後《いご》はその五指《し》の活躍《はたらき》に就《つい》て各指《かくし》がいかに聯絡《れんらく》して活躍《かつやく》して居《を》るかと云《い》ふ事《こと》を科學的《かがくてき》に說明《せつめい》して靈脈《れいみやく》診斷《しんだん》の參考《さんこう》としよう

拇指の内容と活躍部面

拇指は心靈《しんれい》の無形《むけい》を表《あらは》し圓滿《ゑんまん》を表《へう》し心王易《しんのうえき》に配置《はいち》しては天《てん》に主《つかさど》り自彊《じきやう》に主《つかさど》り無病健康《むびやうけんこう》に主《つかさど》る、此《こ》の指《ゆび》の動《どう》は祖先《そせん》に配置《はいち》するが故《ゆゑ》に背髓病《せきずゐびやう》に應用《おうよう》し、心《しん》靈《れい》の無形《むけい》と心王《しんのう》の制裁《せいさい》とを以《もつ》て生死《せいし》を活斷《かつだん》する應用《おうよう》になす時《とき》あり。

天行健君子《てんこうけんくんし》自彊《じきやう》して息《やま》ず、と云《い》ふ活理《かつり》を以《もつ》て事業《じげふ》は目先《めさき》は凶《けふ》で大事業《だいじげふ》及《およ》び永《なが》き事《こと》は成《な》ると利用《りよう》する、心靈《しんれい》と認《みと》める故嚴格《ゆゑげんかく》にて一糸《し》亂《みだ》れざる大義《だいぎ》名分《めいぶん》指《ゆび》さし賢實《けんじつ》なる思想系統《しそうけいとう》とするのである。

諸鑑識《しよかんしき》に對《たい》しては此《この》拇指に他指《たし》が合《がつ》した時《とき》に依《よつ》て斷《だん》の順序《じゆんじよ》がある、此指《このゆび》に人指が合《がつ》して民衆《みんしう》一同《ごう》が皇上《くわうじやう》を拜《はい》し皇臣大和合《くわうしんだいわごう》の現《あらは》れであると見《み》る、此指《このゆび》に中指が合《がつ》して皇室中心《くわうしつちうしん》の主義《しゆぎ》に依《よつ》て皇令《くわうれい》に從《したが》ひ議會《ぎくわい》などの活躍《かつやく》をなす可《べ》く首相《しゆさう》が諸大臣《しよだいじん》に命令《めいれい》一下《か》するのである。

此指《このゆび》に藥指合《がつ》して皇上《くわうじやう》を中心《ちうしん》の敎育政度《けふいくせいど》が布《し》かれ、それに如同《によどう》して一切《さい》の風敎《ふうけふ》及《およ》び宗敎思想《しうけふしそう》が大同《だいどう》して活躍《かつやく》するのである、然《しか》し時《とき》に或《あるひ》は脱線者《だつせんしや》も多少《たせう》あると見《み》るのである、そんな時《とき》は藥指に拇指の方《はう》から動《うご》いて追加《ついか》するから判《わか》る、萬事《ばんじ》此指《このゆび》に他指《たし》が合指《ごうし》に來《き》たのを以《もつ》て斷《だん》ずるのである。

此指《このゆび》に小指が合《がつ》するのは國民《こくみん》に愚者《ぐしや》が多《おほ》くあつて、皇上《くわうじやう》の命令《めいれい》を嚴守《げんしゆ》せずして群雄割據《ぐんゆうかつきよ》の狀態《じやうたい》を示《しめ》す可《べ》く太《はなは》だ兒戲的《じぎてき》であると見《み》る、支那《しな》の現狀《げんじやう》の如《ごと》く統《とう》一が出來《でき》ないから、時《とき》に拇指を無視《むし》して藥指に合《がつ》し又《また》は中指に合《がつ》して、流行思《りうこうし》想《さう》や共産主義《けふさんしゆぎ》に陷《おち》いる事《こと》がある。

此指《このゆび》が諸指《しよし》に聯絡《れんらく》して居《を》るのでなく諸指《しよし》が此指《このゆび》に大統《たいとう》されて居《を》るのであるから、此指《このゆび》が動《うご》かないで四指《し》が合《がつ》してブルブル振《ふる》ふのは國家《こくか》とすれば八天下《てんか》群雄《ぐんゆう》割據《かくきよ》の騷然《そうぜん》たる時代《じだい》と見《み》るのである。

拇指が少《すこ》しも動《うご》かないで四指《し》が外側《そとがは》に反《そつ》て振《ふる》ふのは國民《こくみん》が全部皇上《ぜんぶくわうじやう》に背《そむ》いたのである、病氣《びやうき》とすれば心靈《しんれい》と全肉體《ぜんにくたい》と不調和《ふてうわ》の時《とき》である、氣《き》ばかり勝《かつ》て身體《からだ》が自由《じゆう》にならぬのである。

拇指は萬物《ばんぶつ》の生命體《せいめいたい》であるから少《すこ》しの無理《むり》はないのであるが、他指《たし》に無理《むり》があると自然《しぜん》と制裁《せいさい》せねばならぬ事《こと》になるのである、此指《このゆび》が無意識《むいしき》に活動《かつどう》せねば四指《し》の活動《かつどう》も無意義《むいぎ》に終《おは》るのであるから聯絡《れんらく》をよく了解《れうかい》せられよ。

人指の内容と活躍部面

人指は全肉體《ぜんにくたい》を表《あらは》し心王易《しんのうえき》では大地《たいち》を表《へう》するのである、拇指の心靈《しんれい》を承《うけ》て活《かつ》躍《やく》するとせねばならぬ、唯識論《ゆゐしきろん》にてはアラヤ含藏識《がんざうしき》であるから五臟《ざう》を包擁《ほうよう》し血《けつ》液《えき》を被《うけ》て混交《こんこう》して居《を》る、拇指を父《ち》とすれば人指は母《は》である。

病氣《びやうき》は多《おほ》く陰性《ゐんせい》を患《わづら》ひ内訌《ないこう》の症《しやう》を示《しめ》すと見《み》る、陰性《ゐんせい》なるが故《ゆえ》に無《む》名腫《めいしゆ》を云《い》ひ無名病《むめいびやう》を示《しめ》すのである、拇指の心靈《しんれい》を無視《むし》する時《とき》は單《たん》なる合同《ごうどう》を以《もつ》て兒戯的行《じぎてきかう》爲《ゐ》を現《あらは》すを常《つね》とする、然《しか》れども中指來《きた》つて合《がつ》すれば大《おほ》ひに力《ちから》を得《え》て合同《ごうどう》の中心《ちうしん》を得《ね》たる觀《かん》があるが、藥指之《こ》れを雷同《らいどう》すると渦捲《うづまき》をなして人心《じんしん》を害《がい》する事《こと》がある、時《とき》に眼醒《めざ》めて自分《じぶん》の生命《せいめい》心王《しんのう》に歸《かへ》れと絶叫《ぜつきやう》したとすれば、小指の普現《ふげん》の思《し》想《そう》は三指《し》に合《がつ》して心王《しんのう》を奉戴《ほうだい》して、皇上《くわうじやう》と自己《じこ》の人格《じんかく》との合致《がつち》が出來《でき》て人間《にんげん》の完成《かんせい》を認《みと》めるのであると云《い》へよう。

人指は電子我《でんしが》の役《やく》であればその奥《おく》に心王大靈性《しんのうだいれいせい》ありと確信《かくしん》して電子論《でんしろん》の根本《こんほん》が判《わか》る事《こと》になるのである、人指は一切《さい》の學問《がくもん》を合併《がつぺい》させる役《やく》であるから哲學的《てつがくてき》立脚地《りつきやくち》として置《を》けば間違《まちが》ひないのである、唯識論《ゆゐしきろん》の如く第《だい》八識《しき》を心王本主《しんのうほんしゆ》として仕舞《しま》ふと誤《あやま》りが出來《でき》て五十八派《は》と云《い》ふ迷子《まよひご》の様《やう》な父親《てゝおや》なしの佛敎宗派《ぶつけふしうけふ》が出來《でき》るからいけない。

人指は萬事《ばんじ》陰性《ゐんせい》であるから小指が來《きた》り合《がつ》して毒性病《どくせいびやう》の遺傳《ゐでん》ある事《こと》を知《し》るのであるから、世界思想《せかいしそう》も又米國《またべいこく》の様《やう》な拜金宗《はいきんしう》も必《かな》らず人指の陰性《ゐんせい》と毒性《どくせい》を加味《かみ》して居《を》ると云《い》ふてよいのである、學問指《がくもんゆび》であるから理性《りせい》はあるとしても理性《りせい》の前《まへ》にある第《だい》七識《しき》の惡魔心象《サタンしんしよう》が學問《がくもん》を併呑《へいどん》して、理性《りせい》がありながら自分《じぶん》の身體《からだ》に惡《あく》魔《ま》の狐《きつね》だのが乘移《のりうつ》つて居《お》ると云《い》ふ愚者《ぐしや》もあるが、之《こ》れは偏執性《パラノイヤ》と云《い》ふて藥指の常識《じようしき》がありながらその事《こと》を飽迄《あくま》で人《ひと》に談《かた》つて本當《ほんとう》らしく云《い》ふ者《もの》がある。

これは錯覺《さくかく》や幻覺《げんかく》ばかりでなく心王《しんのう》の制裁《せいさい》を受《う》けて居《を》る因果律《いんがりつ》の系統《けいとう》があるのである、人指は他《ほか》の四指《し》と必《かな》らず聯絡《れんらく》を續《つゞ》けて居《を》るのは肉體《にくたい》と諸機關《しよきかん》と聯絡《れんらく》して居《を》るのと少《すこ》しもかはらないのである、拇指が心靈上《しんれいじやう》から制裁《せいさい》を加《くわ》へる可《べ》く關聯《かくれん》して居《を》るのとは少《すこ》し意味《わけ》が異《ちが》ふのである。

之《こ》れは科學的《かがくてき》に吟味《ぎんみ》して往《ゆ》けばすぐに判《わか》るのである、心王《しんのう》拇指の方《ほう》は科學的《かがくてき》に吟味《ぎんみ》して往《い》つても無形《むけい》の靈性《れいせい》であるから中々《なか〳〵》判《わか》らない奇病業病《きびやうごうびやう》などがある、人指は難病系《なんびやうけい》であるからよく判《わか》るのである、此間《このかん》に拇指の意味《いみ》が充分含《じうぶんふく》まれてあるから研究《けんきう》せられよ。

中指の內容と活躍部面

中指は獨斷的《ごくだんてき》氣勢《きせい》の持主《もちぬし》であるから拇指人指を背景《はいけい》にしてすれば非常《ひじやう》に運勢《うんせい》もよいが、第《だい》七識《しき》の惡魔心象《サタンしんしやう》の代表《だいへう》をする役《やく》であるから時《とき》に脱線《だつせん》してはいけないのである、脱線《だつせん》する時《とき》は必《かな》らず拇指人指を無視《むし》しての獨斷的《ごくだんてき》を行《おこな》ふから大《おほ》ひに危險《きけん》であると云《い》へよう。

中指は力《ちから》によつて全指《ぜんし》に聯絡《れんらく》して居《を》ると見《み》ねばならぬ、拇指人指を背景《はいけい》として藥指小指を使役《しえき》したり合併《がつぺい》したりして活動《かつどう》する大役《たいやく》があるのである、病氣《びやうき》は肉《にく》の方《はう》に屬《ぞく》して居《を》る樣《やう》だが多《おほ》く心王《しんのう》の靈性《れいせい》に關係《かんけい》するのが十中《ちう》九迄《まで》であるから靈力《れいりよく》の顯現《けんげん》と云《い》へよう。

火災《かさい》の時《とき》など一生懸命《しやうけんめい》になつてサア大變《たいへん》だと云《い》ふ時《とき》の力《ちから》は此指《このゆび》を通《つう》じて拇指の眞靈力《しんれいりよく》が出《で》るのである、婦人《ふじん》が痙攣《けいれん》を起《おこ》した時男子《ときだんし》が三四人《にん》で押《おさ》へても突《つ》き飛《と》ばすと云《い》ふ力《ちから》は、拇指の眞靈力《しんれいりよく》を離《はな》れた第七識即《だいしきすなは》ち惡魔心象《あくましんしやう》の現《あらは》れが出《で》るのである、即《すなは》ち無中《むちう》になつて出《だ》す力《ちから》である中心力《ちうしんりよく》を忘《わす》れた力《ちから》であると云《い》へよう、此指《このゆび》は社會的《しやかいてき》の力《ちから》と云《い》ふてよいが、拇指を忘《わす》れた時《とき》に秩序《ちつじよ》の立《た》たない社會的力《しやかいてきちから》と云《い》ふのであつて、マルクスやエングルスなどの力《ちから》を借用《しやくよう》して團結《だんけつ》する力《ちから》とでも云《い》ふてよい。

中指が藥指の合同《ごうどう》を受《う》けた時《とき》に人指を背景《はいけい》として現《あらは》れるのがレニンの如《ごと》き團《だん》隊《たい》と云《い》ふてよい、小指が此指《このゆび》に參加《さんか》して或《あるひ》は中指から小指を捕虜《ほりこ》にして活躍面《かつやくめん》に現《あらは》れるのは、力《ちから》のない勞働爭議《ろうどうそうぎ》とでも云《い》へよう。

中指に四指全部《しぜんぶ》が加《くわ》わると云《い》ふ事《こと》はないがそんな事《こと》があつた時《とき》は、國亡《くにほろ》びて山河《さんか》あり、と云《い》ふ時《とき》であつて人間《にんげん》としては識者《しきしや》が白痴《はくら》か愚者《ぐしや》になつたと云《い》ふてよい、病氣《びやうき》などゝすれば混沌《こんとん》として人事不省《じんじふせい》と云《い》ふ時《とき》である。

中指を拇指が壓《お》して小指が第《だい》二に合《がつ》した樣《よう》な時《とき》は、掛合事《かけあひごと》などに利用《りよう》すれば法律《ほうりつ》の制裁《せいさい》に壓《あつ》せられて居《お》る處《こころ》へ子供《こども》の證人《しやうにん》が來《き》てそれを明《あき》らかに證明《しやうめい》すると云《い》へよう、清水定吉《しみづさだきち》と云《い》ふ盜賊《ごろぼう》が法廷《ほうてい》で自分《じぶん》の子供《こども》を出《だ》されて白狀《はくじやう》したと同《おな》じである。

藥指の內容と活動部面

藥指は風《かぜ》の樣《やう》な質《たち》であるから常《つね》に活動《かつどう》して居《を》るのである、心靈《しんれい》の拇指と藥指とは二にして一、一にして二である故《ゆゑ》藥指が多《おほ》く拇指の代理《かはり》に現《あらは》れる事《こと》が多《おほ》くあるから注意《ちうい》せねばならぬのである。

中指は無形《むけい》の力《ちから》、藥指はその力《ちから》を助勢《じよせい》してより以上《いじやう》の力《ちから》を發揮《はつき》させるのである、然《しか》し藥指が中指に合《がつ》せないで拇指に合《がつ》すれば非常《ひじやう》に賢實《けんじつ》の人《ひと》となるのである、人指に合《がつ》すれば風敎《ふうけう》として權威《けんゐ》ある事《こと》が宣傳《せんでん》せられる事《こと》になるのである。

藥指が小指に合《がつ》せられると兒童敎育上《じどうけうふいくじやう》に就《つい》て苦心《くしん》せねばならぬ事《こと》がある、けれども拇指を背景《はいけい》にした兒童敎育《じどうけうふいく》とすれば申分《まうしぶん》なき敎《おし》へが出來《でき》るのである、藥指に全指《ぜんし》合《がつ》した時《とき》は國民《こくみん》が全部《ぜんぶ》良《よ》い風敎《ふうけう》にて敎化《けうげ》されたのである。

藥指は新綠方面《しんりよくはうめん》を主《しゆ》とした現《あらは》れであるから人《ひと》の氣《き》を何《なん》となく喜《よろこ》ばせるのである、故《ゆゑ》に活動部面《かつどうぶめん》も廣《ひろ》いのであるから應用《おうよう》も充分注意《じうぶんちうい》せねばならぬのである、光澤《くわうたく》とか色採《しきさい》とか愛敬笑《あいけふわら》ひとか云《い》ふ方面《はうめん》にも充分使用《じうぶんしよう》が出來《でき》るから、科學的方面《かがくてきはうめん》から見《み》ても或《あ》る程度迄《ていどまで》は解釋《かいしやく》が出來《でき》る事《こと》になる。

小指の內容と活動部面

小指は人體《じんたい》では血液《けつえき》、宇宙《うちう》では水《みづ》の役《やく》を務《つと》めるのであるから合指《ごうし》の都合《つがふ》では應用《おうよう》が廣《ひろ》いのである、然《しか》し獨立獨步《どくりつどくほ》で活躍《かつやく》する事《こと》は出來《でき》ないのである、病氣《びやうき》としては多《おほ》く獨立《どくりつ》の活動病《かつどうびやう》と見《み》るのである、毒《どく》と血《ち》であるから。

此指《このゆび》に四指《し》が合《がつ》する事《こと》はないが合《がつ》した時《とき》は全肉體《ぜんにくたい》が毒性《どくせい》に負《ま》けて仕舞《しま》ふたのである、宗敎問題《しうけふもんだい》などに見《み》れば日本人《にほんじん》が悉《こと〴〵》く大本敎《おほもとけふ》の如《ごと》き憑依敎《ひやういけふ》に墮落《だらく》した時《とき》となるのである、思想問題《しそうもんだい》とすれば兒戲的《じぎてき》キリスト敎思想《けふしそう》に感染《かんせん》したのだ。

凡《すべ》て此指《このゆび》が一番始《ばんはじ》めに迷《まよ》ふて感染《かんせん》するのであるから、此指《このゆび》が藥指と合《がつ》して常《じやう》識《しき》を逸《いつ》しさへせねばよいのである、祈禱《きたう》などの迷信《めいしん》が此指《このゆび》の役《やく》である眼耳鼻舌《げんにびぜつ》身《しん》の五官《かん》から感受《かんじゆ》して、聽覺催眠《ちやうかくさいみん》を被《うけ》て仕舞《しま》ふのである、故《ゆえ》に此指《このゆび》が動《うご》く者《もの》は愚鈍《ぐどん》の者《もの》が多《おほ》いのである、理解力《りかいりよく》のある者《もの》は憑依《ひようい》、憑靈《ひようれい》などの心理狀態《しんりじやうたい》にはなりたくもなられないのである、故《ゆえ》にそんな奴《やつ》は一喝《かつ》するか二の腕壓迫《うであつぱく》の秘術《ひじゆつ》を氣憶《きおく》しておいて突然行《とつぜんおこな》ふがよいのである。

注意……以上《いじやう》が靈脈《れいみやく》の科學的見解《かがくてきけんかい》としての畧義《りやくぎ》であるから靈脈《れいみやく》と對照研究《たいせうけんきう》されよ、五指《し》の活動中《かつどうちう》拇指丈《だけ》は科學《かがく》を超越《てうえつ》した心靈的部面《しんれいてきぶめん》の作用《さよう》を具有《ぐゆう》して居《を》るから奇病奇脈《きびやうきみやく》の明示《めいじ》をされるから注意《ちうい》、他《た》の四指《し》は人指と共《とも》に科學素質《かがくそしつ》を脱《だつ》せずに活動《かつどう》して居《を》るのであるが、拇指に合《がつ》した時《とき》が天祖《てんそ》の岩戸開《いわとびらき》の一場面《ばめん》の如《ごと》き一切《さい》の理屈《りくつ》を離《はな》れた心靈的方面《しんれいてきはうめん》の扉《とびら》を開《ひら》いた即《すなは》ち世界中《せかいぢう》の民心大和合《みんしんだいわごう》の時《とき》は別《べつ》である。

心王靈醫學自己療法

人間《にんげん》は人《ひと》の助力《じよりよく》に依《よつ》て自己先天《じこせんてん》の具有《もちまへ》である心王《しんのう》の靈癒力《れいゆりよく》及《およ》び靈護《れいご》によりて萬病《まんびやう》を癒《いや》し、且又《かつまた》自己《じこ》の目的事《もくてきごと》の完成《かんせい》に突進《とつしん》する全智《ぜんち》全能《ぜんのう》を有《いう》して居《を》るのである、故《ゆゑ》に病氣《びやうき》や失敗《しつぱい》の因《いん》を考《かんが》へる時《とき》に必《かな》らず自己《じこ》の無理《むり》からであると云《い》ふ事《こと》が自覺《じかく》されるのである、此《こ》の自覺《じかく》を得《え》られぬ者《もの》は一生涯苦痛《しやうがいくつう》に終《をは》るのである。

自己《じこ》の心身《しんく》を療《れう》するには種々《いろ／＼》の方法《はうほう》があるが、靈脈《れいみやく》に依《よつ》て判斷力《はんだんりよく》を養成《やうせい》しその判斷力《はんだんりよく》の自由《じゆう》に依《よつ》て決斷力《けつだんりよく》が旺盛《わうせい》になると同時《どうじ》に强健《きやうけん》なる素質《そしつ》を現《あら》わすのである、無病長壽《むびやうちやうじゆ》と云《い》ふ事《こと》は自己《じこ》の勝手《かつて》には出來《でき》ない必《かな》らず心王《しんのう》の大理想《だいりそう》に合《がつ》致《ち》した行爲《おこなひ》と兩親《れうしん》が社會人道《しやかいじんだう》に對《たい》して善德《ぜんとく》を積《つ》んだ報恩《はうおん》である事《こと》は確實《かくじつ》である之《こ》れ以外《いがい》に無病長壽《むびやうちやうじゆ》の法《ほう》はない。

大概《たいがい》の療法《れうほう》には腹式呼吸法《ふくしきこきうはう》を敎《をし》へてあるが、單《たん》なる腹式呼吸法《ふくしきこきうはう》は何等《なんら》の効果《こうか》を擧《あ》げないのである、岡田式《おかだしき》の如《ごと》く逆式呼吸《ぎやくしきこきう》で自分《じぶん》が先《さき》に死《し》んで仕舞《しま》ふたから先《ま》づ逆式《ぎやくしき》はいけないと云《い》ふ事《こと》に定《さだ》められてある、白隱禪師《はくゐんぜんし》などの遺書中《ゐしよちう》から引用《いんよう》して腹式呼吸《ふくしきこきう》を敎《をし》へる者《もの》が雜多紛然《ざつたふんぜん》たる靈術《れいじゆつ》の通用《つうよう》である。

けれども靈脈《れいみやく》と云《い》ふ病種《びやうしゆ》病因《びやういん》を發見《はつけん》する方法《はうほう》がないから呼吸法《こきうはう》は兒戲的《じぎてき》であると云《い》へよう、無病長壽《むびやうちやうじゆ》たらしむる根本的緊張《こんぽんてききんちやう》の方法《はうほう》は靈脈《れいみやく》より外《ほか》にない、積極的努力主義《せききよくてきどりよくしゆぎ》は靈脈《れいみやく》から出《で》るのでなければならぬ。

靈脈法《れいみやくほう》はあらゆる占斷法《せんだんほう》を超越《てうえつ》し又宗敎上《またしうけふじやう》の吉凶禍福《きつけふかふく》の道理《だうり》を說く敎《をし》へを超《てう》勝《しやう》し、藥物療法《やくぶつれうほう》・心靈療法《しんれいれうほう》をして後《しりえ》に瞠若《だうじやく》たらしむるのである、心身鍛練法《しんくたんれんほう》などの名《な》を附《ふ》して針《はり》を肉體《にくたい》に刺《さ》したり熱湯《ねつたう》を掌中《しやうちう》に注《そゝ》いだりするのは靈脈觀《れいみやくかん》から見《み》ると兒戲的《じぎてき》であると云《い》へよう。

心王自己療法の要義

一、五指靈脈獨修法《しれいみやくどくしうほう》の熟練《じゆくれん》。
二、靈脈《れいみやく》の動《うご》く原理《げんり》と心身《しんしん》の疾患《しつかん》。
三、心《こゝろ》の病氣《びやうき》は社會《しやかい》の怒濤中《どとうちう》に突進《とつしん》する事《こと》。
四、身體《しんたい》の病氣《びやうき》は心王調節《しんのうてうせつ》の呼吸法《こきうほう》。
五、心身以外《しんしんいがい》の金病《きんびやう》は諸事鑑識脈《しよじかんしきみやく》の妙致《めうち》。

以上《いじやう》が自己療法《じこれうほう》として靈脈大鑑《れいみやくたいかん》の附屬《ふぞく》に公開《こうかい》する一節《せつ》であるから充分研究《じうぶんけんきう》されよ、而《しか》して人間《にんげん》は自分《じぶん》の病氣《びやうき》は自分《じぶん》で治《なほ》さねばならぬと云《い》ふ事《こと》を自覺《じかく》せねばならぬ。

一、五指靈脈獨修法の熟練　靈脈《れいみやく》を獨修《どくしう》で診《しん》する事《こと》は此著《このほん》の始《はじ》めに出《だ》してあるからその方法《はうほう》ですれば誰《たれ》にでも出來《でき》る、靈脈《れいみやく》に伴《ともな》ひ實驗《じつけん》して安心《あんしん》を得《う》るのは心王《しんのう》の放光《ほうくわう》である、誰《た》れでもよいから拇指と人指で閉目《へいもく》した両眼《りやうがん》の鼻《はな》に附《つ》いた方《ほう》を少《すこ》し壓《おす》と輪廓《りんかく》ある放光《ほうくわう》がパッと出《で》る之《こ》れが心王靈性《しんのうれいせい》の放光《ほうくわう》である。

靈脈《れいみやく》が拇指の時《とき》は紅黄《あかき》が出《で》る、人指の時《とき》は紫色《むらさき》が出《で》る、中指の時《とき》は赤《あか》が出《で》る藥指の時《とき》は青《あを》が出《で》る、小指の時《とき》は白色《しろいろ》が出《で》るブルブル振《ふる》ふ時か掌中《てのひら》に曲《まが》りきりの時《とき》は黑《くろ》が出《で》る、然《しか》し四指《し》（人、中、藥、小指）が掌中《てのひら》に曲《まが》る病人《びやうにん》は必《かな》らず黑色《くろいろ》が出《で》るのは危險《きけん》である、七日《か》間《かん》以内《いない》に生命《いのち》なし。

右《みぎ》の實驗《じつけん》は患者《かんじや》自身《じしん》の兩眼《りやうがん》と靈脈《れいみやく》で合致《がつち》させるのであるから疑《うたが》ひもなにもないのである、次《つぎ》に常脈《じやうみやく》の處《ところ》に人指中指藥指の三指《し》を附《つ》けて常脈《じやうみやく》を診《しん》して三段脈《だんみやく》を試驗《しけん》するのである、三段脈《だんみやく》は此著《このほん》の始《はじ》めにあるから對照《たいせう》すればすぐに判《わか》る、最後《さいご》に自分《じぶん》の平手《ひらて》に自分《じぶん》の息《いき》を三度《ど》かけてそれを嗅覺《きうかく》するのである苦味《にがみ》は內臟《ないぞう》、甘酢《あますい》のは腦病《のうびやう》、甘《あま》いのは毒性《どくせい》を帶《おび》た疾患《しつかん》と見《み》るのである。

二、靈脈の動く原理と心身の疾患　靈脈《れいみやく》と心王放光《しんのうほうくわう》と三段脈《だんみやく》と嗅覺《きうかく》に就《つい》て獨《どく》修《しう》で出來《でき》る事《こと》を敎《をし》へた、此項《このこう》は靈脈《れいみやく》がどうして動《うご》くのか又《また》は心身《しんしん》の疾患《しつかん》との關係《かんけい》がどうして五指《し》に出《で》るのかと云《い》ふ事《こと》を解決《かいけつ》して置《お》かふ、此著《このほん》の或《あ》る章《しやう》にも出《だ》してあるが今《いま》一歩進《すゝ》んで和解《わかい》しておく事《こと》にする。

人間《にんげん》の心身《しんしん》は一元《げん》の心王《しんのう》が作《つく》りたるものにして、その心王《しんのう》の前《まへ》に作用《はたら》いて居《を》るのは細微《さいび》なる電子《でんし》の活動《かつどう》で、此《こ》の電子《でんし》が心王《しんのう》の命《めい》に依《よつ》て陰陽電子《ゐんようでんし》の自由活《じゆうかつ》動《どう》から物質《ぶつしつ》を集《あつ》め個體《こたい》をなすのであるから、心王《しんのう》の御前立《おまへだち》は電子《でんし》であると云《い》ふのである。

故《ゆゑ》に心身《しんしん》の疾患《しつかん》は此《こ》の電子《でんし》の活躍《かつやく》せぬ時《とき》に起《をこ》るのであるから、常識《じようしき》が心王《しんのう》に訴《うつた》へると心王《しんのう》の御前立《おまへだち》の電子體《でんしたい》が五指《し》に現《あらは》れて心身《しんしん》の病氣《びやうき》を示《しめ》すのであると云《い》ふ事《こと》が判《わか》るであろふ、電子《でんし》の生命《せいめい》が心王《しんのう》であるから、これから先《さき》は實修《じつしう》でなければ意得《いとく》が出來《でき》ない、術《じゆつ》と云《い》ふ字《じ》は行《おこな》ふて求《もと》めるから得《え》られるので行《おこな》わずに理屈《りくつ》ばかり見《み》たり聞《き》いたりしたとて佳境《かきやう》には到達《とうたつ》する事《こと》は出來《でき》ない。

三、**心の病氣は社會の怒濤中に突進する事**　と云《い》ふのは煩悶《はんもん》だの懷疑《うたがひ》だのを談《だん》じて人《ひと》に哀訴《あいそ》する者《もの》は學問《がくもん》ある愚者《ぐしや》が多《おほ》い、腕《うで》に職業《しよくげふ》があり獨立獨歩《どくりつどくぽ》で行《ゆ》かれる者《もの》には餘《あま》りそんな事《こと》はない筈《はづ》である。

心王《しんのう》の靈脈《れいみやく》にて明示《めいじ》を受《う》けて心身《しんしん》を資本《もとで》に社會《しやかい》を活動場《かつどうば》として働《はたら》けば何等《なんら》煩悶《はんもん》だの懷疑《かいぎ》だのが心《こゝろ》の裡《うち》に巣《す》を喰《く》ふ事《こと》はないのである、故《ゆゑ》に社會《しやかい》を的《まと》に心身《しんしん》を資本《もとで》に突進《とつしん》すればよいのである。

四、身體の病氣は心王調節の呼吸法とは靈脈《れいみやく》に依《よつ》て病種《びやうしゆ》と病因《びやういん》を知《し》り外患《がいかん》であつたら中指と平手觸手《ひらてしよくしゆ》を行《おこな》ひ、內患《ないかん》であつたら心王式呼吸法《しんのうしきこきうほう》を行《おこな》ふのがよい。

外患《がいかん》とは肉體上《にくたいじやう》に出《で》た腫物類《できものるい》、或《あるひ》は痛《いた》み處《ところ》の樣《やう》な疾患《しつかん》、皮膚病《ひふびやう》の腐爛《ふらん》したのは觸手禁物《しよくしゆきんもつ》、病因脈《びやういんみやく》に依《よつ》て方法《はうほう》は種々《いろいろ》あるから質問《しつもん》せられよ、內患《ないかん》とは人指に示《しめ》す內臟《ないぞう》の病氣《びやうき》、及《およ》び心身不調和《しんしんふてうわ》の類《るい》である。

之《こ》れは靜座《せいざ》でも直立《ちよくりつ》でも臥床《がしやう》でも患者《かんじや》の自由《じゆう》である、靜座《せいざ》なれば下腹部《したはら》に平手《ひらて》をピタとあて心身《しんしん》を靜《しづ》かにして椽《えん》がわの樣《やう》な處《ところ》で呼吸法《こきうほう》を行《おこな》ふがよい、二階《かい》でも四方明《はうあけ》はなした處《ところ》で行《おこな》ふのがよい。

此《こ》の呼吸法《こきふほう》は閉目《へいもく》して眞觀清淨觀《しんかんせうぜうかん》、の五字《じ》を連唱《れんしよう》すればよいのである別《べつ》に深《しん》呼吸《こきふ》を行《おこな》ふのではない、中音《ちうおん》にて三十分乃至《ぶんないし》一時間位《じかんぐらゐ》毎朝《まいあさ》行《おこな》ふのがよい、然《しか》し病氣《びやうき》でも急《いそ》がしい人々《ひと〴〵》は聖句《せいく》を暗誦《あんしよう》して活動《かつどう》しながら行《おこな》ふても差支《さしつか》へないのである。

座形《ざけい》の時《とき》は前後《ぜんご》に身體《しんたい》を振《ふる》ふてもよいがそれは自由《じゆう》である、萬事《ばんじ》心王《しんのう》に心身《しん〳〵》を任《まか》せたと云《い》ふ觀念《かんねん》が大切《たいせつ》である、他觀《たかん》があると統《とう》一が出來《でき》ないから此間《このかん》を注意《ちうい》せられよ。

仰臥《ぎやうが》の時《とき》は胸《むね》に平手《ひらて》を✕字形《にがた》に輕《かる》く組《く》み閉目《へいもく》して聖句《せいく》を連唱《れんしよう》してもよい、矢《や》張《は》り心王《しんのう》を觀《かん》じて他觀《たかん》を注意《ちうい》されよ、仰臥《ぎやうが》の時《とき》は室内《しつない》の塵芥《ごみ》を吸《す》ふといけぬから清淨《きれい》にしてから行《おこな》ふがよい。

直立《ちよくりつ》の時《とき》は兩手《れうて》を兩腰《れうこし》に輕《かる》く就《つけ》て閉目《へいもく》して聖句《せいく》連唱《れんしよう》するのである、聖句《せいく》でなくも一二三四五六七八九十、迄《まで》を發聲《はつせい》して差支《さしつか》へなし、唯《た》だ心王觀《しんのうかん》に住《ぢう》するのが第《だい》一である。

靜座《せいざ》に限《かぎ》つた事《こと》はないから自由《じゆう》にせられよ、行《おこな》ふ内《うち》に身體《からだ》に靈動《れいどう》が突發《とつぱつ》する人《ひと》があるがその時《とき》は下腹部《したはら》にウンと力《ちから》を入《い》れると靜《しづ》まつて仕舞《しま》ふのである、靜《しづ》まると自分《じぶん》の兩手《れうて》が心王《しんのう》の命《めい》に依《よつ》て患部《かんぶ》に引《ひき》つけられて自然療法《しぜんれうほう》を行《おこな》ふのである。

然《しか》し靈脈《れいみやく》に依《よつ》て病種《びやうしゆ》と病因《びやういん》を發見《はつけん》すればそれにて治法《ちほう》は何《なに》も行《おこな》はないでも漸《ぜん》を以《もつ》て治《なほ》るのである、方法《はうほう》は自分《じぶん》の好《すき》な方法《はうほう》を行《おこな》ふてもよいのである、余《よ》が發表《はつぺう》した自己療法奥傳《じこれうほうおくでん》の内《うち》どれでも自由《じゆう》に行《おこな》ふがよい、又他《またほか》の方法《はうほう》でもよい既《すで》に心王《しんのう》から靈脈《れいみやく》で解除《かいじよ》されたのであるから方法《はうほう》が治《なほ》すのではないと云《い》ふ事《こと》が判《わか》るのである、方法《はうほう》は行《おこな》ふても行《おこな》はないでも心王《しんのう》の因果解除《いんがかいじよ》さへ出來《でき》ればよいのである。

心王靈醫學《しんのうれいいがく》の自己療法《じこれうほう》の權威《けんゐ》は茲《こゝ》にあるのであるから他靈術《たれいじゆつ》のそれと同視《どうし》してはいけない、病種《びやうしゆ》が人指で胃病《ゐびやう》と判《わか》り、病因《びやういん》で父母《ふぼ》の遺傳《ゐでん》と確定《かくてい》したら病因發見《びやういんはつけん》の當日《たうじつ》より萬事《ばんじ》に就《つい》て注意《ちうい》して行《ゆ》けば治法《ちはう》に向《むか》ふのである、別《べつ》に特種《とくしゆ》の方法《はうほう》を行《おこな》ふ必要《ひつえう》はないのである、此間《このかん》を了解《れうかい》して自己療法《じこれうほう》を修《しう》すれば必《かな》らずその堂《だう》に昇《のぼ》る事《こと》が出來《でき》る。

五、心身以外の金病は諸事鑑識脈の妙致とは間世《せけん》の事情《じじやう》を識《し》らずに商業《せうげふ》とか事業《じげふ》とか云《い》ふ事《こと》に手《て》を出《だ》し失敗《しつはい》して金欽病《きんけつびやう》にかゝつた時《とき》は、靈脈《れいみやく》に依《よつ》て自分《じぶん》が進《すゝ》む可《べ》き道《みち》を開《ひら》くのが肝要《かんえう》である、之《こ》れは事業《じげふ》の性質《せいしつ》に依《よつ》て種々《しゆ〴〵》あるからその時《とき》に靈脈《れいみやく》を鑑識《かんしき》して相談《さうだん》に乘《の》るとしよう、投機事業《とうきじげふ》などに手《て》を出《だ》し失敗《しつはい》したのは非難《しなん》であるが實業《じつげふ》や事業《じげふ》の失敗《しつぱい》は血路《けつろ》を開《ひら》く事《こと》は靈脈《れいみやく》で充分判《じうぶんわか》るのであるから自己療法《じこれうほう》の末尾《まつび》に附《ふ》したのである。

以上《いじやう》が自己療法《じこれうほう》としての簡易《かんい》の方法《はうほう》であるから之《こ》れ以上《いじやう》は本院《ほんゐん》に對《たい》して質問《しつもん》が

あれば返答《へんたふ》を與《あた》へるから承知《せうち》されよ、四百有餘《ゆうよ》の病氣《びやうき》以外《いがい》何萬《なんまん》と云《い》ふ病氣《びやうき》が增《ふえ》て來《き》て居《を》る現代《げんだい》でも、心王無視《しんのうむし》から來《き》た病氣《びやうき》ばかりであるから靈脈《れいみやく》に訴《うつた》へれば何《なん》でも判《わか》るのである。

然《しか》し難病《なんびやう》とか業病《ごうびやう》とか奇病《きびやう》とか云《い》ふのはいかなる名醫《めいい》でも治《なほ》す事《こと》は出來《でき》ないから心王《しんのう》の靈護《れいご》を被《う》けるより外《ほか》に仕方《しかた》がないのである、余《よ》の母《はゝ》などが胃癌《ゐがん》を患《わづら》ふたのも靈癒力《れいゆりよく》で良《よ》くなつて拾年間《ねんかん》の生命《せいめい》を與《あた》へられたのである、自己療法《じこれうほう》の眞《しん》は心王觀《しんのうかん》と心王《しんのう》の靈議《れいご》である。

自己療法に就て參考一束

自分《じぶん》の手《て》で患部《かんぶ》を壓迫《あつぱく》して治《なほ》す法《ほう》があれば反對《はんたい》に摩擦《まさつ》して血官《けつかん》を流《なが》させる方《はう》法《ほう》もある、食塩《しよくえん》を患部《かんぶ》に塗《ぬつ》て治《なほ》さんとする方法《はうほう》もあるし薬劑《やくざい》を塗布《とふ》して炎症《えんしやう》を退却《たいきやく》させんとする醫師《いし》もある、身體《しんたい》を動搖《どうよう》させて心身《しんしん》の調節《てうせつ》を計《はか》らんとする方《はう》法《ほう》もあれば刺針《ししん》だの熱湯《ねつたう》を以《もつ》て身心《しん〱》を強健《きやうけん》にせんとする外道《げだう》もある。祈禱療法《きたうれうほう》に依《よつ》て守護神勧請《しゆごじんかんじやう》から迷信《めいしん》に陥入《おちい》り自己《じこ》を滅却《めつきやく》する馬鹿者《ばかもの》もある、鎮魂歸神《ちんこんきしん》など稱《しやう》して氣狂《きちがひ》を養成《やうせい》して病氣《びやうき》を治《なほ》さんとする呆法《あほう》もある、方法《はうほう》や名《な》前《まへ》はどうでもよいから病氣《びやうき》そのものを解除《かいじよ》する事《こと》が大切《ないせつ》である。

吾々《われ〱》は生老病死《しやうろうびやうし》の四苦《く》はいかにも遁《のが》れられないのである、釋迦《しやか》の如《ごと》き大聖《たいせい》でも此《こ》の四義《ぎ》を解決《かいけつ》せんが爲《ため》に出家《しゆつけ》せられたのであつた、此《こ》の四字《じ》さへ悟《さと》れば聖《せい》人《じん》だが中々《なか〱》そふはいかないから凡夫《ぼんぷ》と云《い》ふのである、滋養物《じやうぶつ》を食《しよく》するとか藥《くすり》を呑《の》むとか種々《いろ〱》に手《て》を盡《つく》すけれども心王《しんのう》の天壽《てんじゆ》はいかにも自由《じゆう》にはならぬ。

釋尊《しやくそん》は生老病死《しやうろうびやうし》の四苦《く》などには全然《ぜん〱》思《おも》ひをかけなかつたのである、眞《しん》の釋迦《しやか》は不老不死《ふろうふし》の大心王《だいしんのう》であつた、釋迦《しやか》の心《こゝろ》は四苦《く》の處《ところ》を通《とほ》り過《す》ぎたのである、故《ゆゑ》に既成宗敎《きせいしうけふ》が兒戯的《じぎてき》に祈《いの》る言葉《ことば》の『現世安穩後生善處《げんぜあんのんごしやうぜんしよ》』など云《い》ふ事《こと》は何等《なんら》の價《か》値《ち》がなくて子供《こども》だましの事《こと》になるのである。

大心王《だいしんのう》に身心《しんく》を基調《きてう》した以上《いじやう》は現在《げんざい》の仕事《しごと》は出來《でき》る丈忠實《たけちうじつ》に後代《こうだい》に殘《のこ》る樣《よう》にせねばならぬ、五官《かん》六識《しき》七八識《しき》が心王《しんのう》を中心《ちうしん》に活動《かつどう》して往《ゆ》けば之《こ》れが自己療法《じこれうほう》の眞髓《しんずい》である無理《むり》と云《い》ふ事《こと》は決《けつ》して通《とほ》らないのである。

寄《よ》せては返《かへ》す波《なみ》に去來《きよらい》の相《さう》あるも、水《みづ》に生滅《しやうめつ》なきが如《ごと》く、生死《しやうし》は唯《た》だ之《こ》れ波《なみ》何《なに》をか喜《よろこ》び何《なに》をか悲《かなし》まんとは、少《すこ》しく心《こゝろ》の理《り》の上《うへ》に運《めぐ》らすものゝ感《かん》じ得《う》る所《ところ》なるも、生死交謝《しやうじこうしや》の時《とき》能《よ》く此《こ》の覺悟《かくご》を持續《ぢぞく》し得《う》るもの果《はた》して幾人《いくにん》あるか。

死《し》は千萬《まん》の理論《りろん》を超越《てうえつ》した事實《じじつ》である、いかに理《り》を論《ろん》ずる事《こと》が精細《せいさい》なるも、此《こ》の事實《じじつ》に當《あた》つて迷《まよ》ふ所《ところ》なきにあらざれば實社會《じつしやかい》と何《なん》の涉《かゝわ》るなしと云《い》へよう、無神論者《むしんろんしや》が死期《しき》に神《かみ》を祈《いの》り、唯心論者《ゆゐしんろんしや》の佛弟子《ぶつでし》が死期《しき》に佛《ほとけ》を念《ねん》じた事《こと》が澤山《たくさん》眼《め》と耳《みゝ》に殘《のこ》つて居《を》る。

大死《たいし》一番《ばん》の覺悟《かくご》は時々刻々《じゞこくく》にあらねばならぬ、病氣《びやうき》の時《とき》ばかり治《なほ》らんとして急《きう》に自己療法《じこれうほう》を行《おこな》ふても、病氣《びやうき》はその時《とき》に出《で》たのではなくて必《かな》らずその病因《びやういん》が何年《なんねん》か前《まへ》に胚胎《はいたい》し芽《めざ》したのである事《こと》を知《し》らねばならぬ、之《こ》れを知《し》らないから臨《りん》終《じう》に神《かみ》や佛《ほとけ》に縋《すが》る弱《よわ》い觀念《かんねん》が出《で》るのである。

余の自己療法の觀念

吾々《われ〲》の身體《からだ》は父《ちゝ》母《はゝ》から分《わか》れて來《き》たのであるから身體《からだ》は父《ちゝ》母《はゝ》の尊體《そんたい》と合一《ひとつ》である、心靈《しんれい》は心王《しんのう》の支配《しはい》であるから心身《しん〲》の疾患《しつかん》の時《とき》は心王大靈性《しんのうだいれいせい》にサンゲし、父《ちゝ》母《はゝ》の靈護《れいご》あるを認識《にんしき》してその日《ひ》より無理《むり》をせないと云《い》ふ事《こと》が自己治法《じこちほう》の順序《じゆんじよ》である。

余《よ》は常《つね》に朝夕心王《てうせきしんのう》に心拜《しんはい》し両親《ふたおや》の尊靈《みたま》に感謝《かんしや》してその以外何物《いがいなにもの》にも賴《たよ》らないあらゆる疾病《しつぺい》でも失敗《しつはい》でも自己《じこ》が爲《な》し來《きた》りし罪因《ざいいん》と自覺《じかく》し、その罪因《ざいいん》を消滅《せうめつ》する仕事《しごと》が心王宣傳《しんのうせんでん》の聖業《せいげふ》として努力《どりよく》して居《を》るのである。

尊貴《そんき》の御方《おかた》でも博士《はかせ》連《れん》か數名《すうめい》で御病氣《ごびやうき》を治《なを》す事《こと》が出來《でき》ないのであるから、人《たん》間《げん》の壽命《じゆめう》と云《い》ふものは他《た》の人間《にんげん》には自由《じゆう》にならぬのである、靈術《れいじゆつ》や醫術《いじゆつ》は天壽《てんじゆ》の看護人《かんごにん》である事《こと》を自覺《じかく》すればよいのであるが。

不自然《ふじぜん》の治療法《ちれうはう》や心王律《しんのうりつ》に背《そむ》く靈術《れいじゆつ》などで人間《にんげん》を自由《じゆう》にしようなどゝ云《い》ふから人《ひと》を馬鹿《ばか》にするのである、熊岳式《ゆうがくしき》などは人間自由術《にんげんじゆうじゆつ》だなどゝ云《い》ふがその方法《はうはふ》は人間《にんげん》を愚弄《ぐろう》して居《を》るのであつた、人道教《じんだうけふ》を主張《しゆちやう》した江間式《えましき》なども刺針《ししん》の如《ごと》き曲藝《きよくげい》を行《おこな》ふては人道教《じんだうけふ》ではないのである。

オギャーと生《うま》れるから心王《しんのう》の支配《しはい》に屬《ぞく》して居《を》る吾《わ》が個體《こたい》は肉體《にくたい》に針《はり》一本《ほん》でも刺《さ》す事《こと》は出來《でき》ないのである、況《いは》んや手術《しゆじゆつ》などは絶對《ぜつたい》に禁物《きんもつ》であると云《い》はねばならぬ、過去《かこ》も現在《げんざい》も未來《みらい》も悉《ことごと》く心王靈律《しんのうれいりつ》の一貫《かん》であるから病氣《びやうき》の時《とき》は靈脈《れいみやく》に依《よ》つて先《ま》づその本義《ほんぎ》を認識解了《にんしきかいれう》せねばならぬのである。

吾々《われ〳〵》は宇宙大《うちうだい》なる心王《しんのう》を確信《かくしん》し、父母《ふぼ》の尊靈《そんれい》に感謝《かんしや》し靈護《れいご》あるを自覺《じかく》する處《ところ》に絶大無限《ぜつだいむげん》の宗教《しうけふ》があり靈術《れいじゆつ》があり忠孝《ちうこう》一元《げん》の大論文《だいろんぶん》が成立《せいりつ》し、世界民衆《せかいみんしう》と大《だい》同團結《どうだんけつ》する素質《そしつ》を具有《ぐゆう》する天下《てんか》の公道《こうどう》も大道《だいどう》も認識《にんしき》する事《こと》が出來《でき》るのであると云《い》ふ斷言《だんげん》がされるのである。

此《こ》の考《かんが》へを起《おこ》して來《く》ると自分《じぶん》の僅《わず》かの病氣《びやうき》よりも社會民衆《しやかいみんしう》の病氣《びやうき》や國家的大《こくかてきだい》病人《びやうにん》を自覺《じかく》するのである、政治狂《せいぢきやう》、宗教氣狂《しうけうきちがひ》、思想《しさう》ゴロ、無國家主義《むこくかしゆぎ》、共産主義《けふさんしゆぎ》、等數《とうかぞ》へ來《きた》れば無數《むすう》皆之《みなこ》れ病人《びやうにん》である、自己《じこ》の眞人格《しんじんかく》を認《みと》めた者《もの》は此《こ》の病氣《びやうき》はないのである。

余《よ》は母《はゝ》の病氣《びやうき》の時《とき》にそれを癒《なほ》さんとしてもいかにも難症《なんしやう》であつたから、大願《たいがん》を起《おこ》したのである『母《はゝ》の病氣《びやうき》が治《なほ》ると同時《どうじ》に人《ひと》の病氣《びやうき》を一萬人治《まんにんなほ》したい』と心《こゝろ》に契《ちか》ふたのである、故《ゆえ》に快方《くわいはう》に赴《おもむ》いてから教會所《けふかいじよ》を開設《かいせつ》して患者《かんじや》を集《あつ》め心身《しんしん》の疾患《しつかん》を救濟《きうさい》す可《べ》く研究《けんきう》したのである、自分《じぶん》の腕《うで》で稼《かせ》ぎ出《だ》して預蓄《ちよちく》した數千金《すうきん》や買入《かひい》れた田畑《でんぽた》は悉《ことごと》く研究《けんきう》の爲《ため》に消費《せうひ》したのである、遂《つひ》に心王《しんのう》を認《みと》めたから人《ひと》と共《とも》に心王《しんのう》を研究《けんきう》したく心源術《しんげんじゆつ》、心王祈禱術《しんのうきとうじゆつ》、心王靈醫學《しんのうれいいがく》、等《とう》を公開《こうかい》して數千《すう》人《にん》を養成《ようせい》したのである。

自己療法《じこれうほう》でどうしても治《なほ》らぬ病氣《びやうき》は靈脈《れいみやく》を心得《こゝろえ》靈醫學《れいいがく》を修得《しうとく》して民衆《みんしう》を救濟《きうさい》善導《ぜんだう》して心王《しんのう》を認《みと》めさせれば自分《じぶん》も心王《しんのう》から解除《かいじよ》されるのである、決《けつ》して生活《せいかつ》上《じやう》や其他《そのた》の事《こと》は心王《しんのう》の靈護《れいご》に依《よつ》て何等《なんら》の苦痛《くつう》がないのである。

余《よ》は心王《しんのう》の靈護《れいご》を確認《かくにん》して居《を》るから少《すこ》し位《くらゐ》の心身《しんしん》の疾患《しつかん》の時《とき》も自己療法《じこれうほう》はせないのである、生死《せいし》は心王自由《しんのうじゆう》發作《はつさ》であるから萬事《ばんじ》無理《むり》をせぬ様《やう》に、運動《うんどう》、食事《じ》、思索《しさく》、感情《かんじやう》、經濟《けいざい》、交際《こうさい》、等《とう》は心王《しんのう》の明示《めいじ》によつて程度《ていど》を超《こ》へない様《やう》にして居《を》る、之《こ》れが余《よ》の自己療法《じこれうほう》である、人《ひと》が余《よ》を惡《わる》く云《い》へば余《よ》の垢《あか》を人《ひと》が流《なが》して呉《く》れたと思《おも》ふて居《を》る、直面《ちよくめん》して來《き》た時《とき》はいかなる者《もの》でも心王《しんのう》の靈明《れいめい》に照《てら》して是《ぜ》非《ひ》を解決《かいけつ》するのである、決《けつ》して感情《かんじやう》や理《り》性《せい》や欲情《よくじやう》に捕《とら》われないのである、親類《しんるい》でも他人《たにん》でも一視《し》同人《どうじん》である、之《こ》れが余《よ》の自己療法《じこれうほう》の秘《ひ》である。

心王教の説明

敎《をし》へと名《な》が附《つ》くと誰《た》れでも宗敎《しうけふ》と思《おも》ふのが常例《じようれい》であるが、心王《しんのう》の敎《をし》へだから直爾《たゞち》に宗敎《しうけふ》と云《い》ふのではない、人間《にんげん》の心《こゝろ》の王様《わうさま》の敎《をし》へであるから誰《た》れでも心得《こゝろえ》て置《お》かねばならぬのである必要《ひつえう》の敎《をし》へであると云《い》へよう。

心王《しんのう》と云《い》ふ事《こと》は余《よ》が發表《はつぺう》したのではない、畧《ほゞ》三千年前《ねんぜん》の釋迦大聖《しやかたいせい》が大自覺《だいじかく》の結果發表《けつかはつぺう》された名《な》である、それを態々骨《わざ／＼ほね》を折《をつ》て隱《かく》して勝手《かつて》の名《な》を附《ふ》して賣出《うりだ》して居《を》るのが五十八派《は》の佛敎賣捌所《ぶつけふうりさばきじよ》である、こんな事《こと》を云《い》ふたら怒《おこ》る者《もの》もあるであろふが眞理《しんり》だから仕方《しかた》がないのである。

釋尊《しやくそん》は種々《いろ／＼》の方便《はうべん》を以《もつ》て巧《たくみ》に說《と》かれたが要《えう》するに自分《じぶん》の心王《しんのう》を擴大《かくだい》して說《と》いたのであるから、最終《さいしう》に『一字不說《じもとかず》』と云《い》はれた、今迄《いままで》に說《と》かれたのは邪見末《じやけんみ》得道敎《とくだうけふ》であつたから棄《すて》よと斷言《だんげん》せられた事《こと》は誰《た》れでも知《し》れる處《ところ》である、それに

『如來滅後《にょらいめつご》三千年正道將《ねんせうだうまさ》に滅盡《めつじん》せむ』と云《い》ふ言葉《ことば》をも殘《のこ》された。

今《いま》が將《まさ》に釋尊入滅後《しやくそんにふめつご》二千七八百年《ねん》になつて居《を》るのであるから三千年《ねん》に手《て》が屆《とゞ》いて居《を》るのである、故《ゆゑ》に釋迦《しやか》が說《とい》た正道《せうだう》はモーその道光《だうくわう》を失《うしな》ひ、唯《た》だその五十年《ねん》の經々《きやう/\》を一貫《かん》して居《を》る如來《にょらい》、即《すなは》ち心王《しんのう》が生命《せいめい》となつて流《なが》れて居《を》る丈《だけ》であるから、經典《きやうてん》は何等《なんら》の効《こう》を奏《そう》さないので心王生命《しんのうせいめい》の金線《きんせん》に觸《ふ》れて始《はじ》めてその本心《ほんしん》を認識《にんしき》すると云《い》ふ時代《じだい》が今《いま》より後何萬年《のちなんまんねん》だか知《し》れないのである、その時間《じかん》の支配《しはい》者《しや》が各自《かくじ》の心王靈性《しんのうれいせい》であると云《い》ふてよい。

釋尊《しやくそん》五十年《ねん》の說教《せつけふ》はあらゆる學問《がくもん》に關係《かんけい》して居《を》るから、その生命《せいめい》である大心《だいしん》王《のう》を認識《にんしき》して後《のち》にその解釋《かいしやく》に進《すゝ》むと早《はや》く判《わか》るのである、大藏經《だいぞうきやう》を全部《ぜんぶ》讀破《どくは》しても大心王《だいしんのう》を認《みと》めなければ大藏經《だいぞうきやう》の生命《せいめい》を知《し》らぬと同《おな》じである。

五十八派《ぱ》の受賣所《うけうりしよ》は釋尊《しやくそん》の本家《ほんけ》本元《ほんもと》の大心王《だいしんのう》を賣《う》らないで手《て》製《せい》の阿彌陀宗《あみだしう》や大日宗《だいにちしう》を賣捌《うりさば》いて名《な》に迷《まよ》ふて居《を》ると云《い》はねばならぬ、釋迦《しやか》は大心王《だいしんのう》より外《ほか》に何《なに》物《もの》も說《と》かないのでわないか、大心王《だいしんのう》を阿彌陀《あみだ》と云《い》ひ無量壽佛《むりやうじゆぶつ》と云《い》ひ、大日如來《だいにちによらい》と云《い》ひ空王古佛《くうわうこぶつ》と云《い》ひ、實相身《じつさうしん》と稱《しやう》し大心王《だいしんのう》を認《みと》めさす可《べ》く數《すう》千の名《な》を以《もつ》て說《と》かれたのを分裂的《ぶんれつてき》に、即《すなは》ち大心王《だいしんのう》の頸《くび》を斬《き》り、手《て》を斬《き》り、足《あし》を持《も》ち遁《にげ》したり胴《どう》體《たい》を安置《あんち》したりして自宗《じしう》の本尊《ほんぞん》としたと同《おな》じである。

それを末世《まつせ》の僧《そう》を誡《いまし》めずして釋迦《しやか》を責《せ》めた一休禪師《きうぜんじ》は當《あた》らないではないか、『釋迦《しやか》と云《い》ふ惡戯者《いたづらもの》が世《よ》に出《い》でゝ多《おほ》くの人《ひと》を迷《まよ》はせにけり』と毒《どく》づいたが、釋《しや》迦《か》は自分《じぶん》の說《と》いた敎《をし》へは大統《たいとう》して少《すこ》しも後世《こうせい》に誤《あやま》りのない樣《やう》にしてあるのを、末學《まつがく》が釋迦《しやか》の心《こゝろ》を知《し》らないで弘通《ぐつう》したのが混亂《こんらん》したのである。

哲學的方面《てつがくてきほうめん》や科學的方面《かがくてきほうめん》から宗敎的方面《しうけふてきほうめん》が悉《こと〴〵》く整理《せいり》してあるのである、弘《ぐ》通《つう》の役者《やくしや》もすつかり定《さだ》められてあるのではないか、末法今時《まつぽうこんじ》は誰《た》れにも附屬《ふぞく》はせないのである、大心王認識者《だいしんのうにんしきしや》が澤山出《たくさんで》ればそれが釋迦《しやか》の本懷《ほんかい》である事《こと》を余《よ》は既《すで》に自覺《じかく》して居《を》るのである。

キリスト敎《けふ》も印度佛敎《いんどぶつけふ》の種子《たね》を土台《ごだい》として生《うま》れた事《こと》は明確《めいかく》である、故《ゆゑ》にニコラスノトウイッチ氏《し》の『耶蘇未知傳《やそみしでん》』を見《み》ればよくヱスが印度《いんど》に佛敎修行者《ぶつけふしうげふしや》で行《い》つた事《こと》が擧《あ》げてある、世界《せかい》に廣《ひろ》められてあるキリスト敎《けふ》はヱスの本懷《ほんかい》ではないと斷言《だんげん》せられてある。

吾國《わがくに》の神道《しんたう》十三派《は》も佛敎胚胎《ぶつけふはいたい》が根本《こんげん》になつて居《を》る、古事記《こじき》は法華經《ほけきやう》と易經《えききやう》と阿禮《あれい》の言葉《ことば》を土台《ごだい》にして記《しる》した事《こと》が明確《めいかく》でわないか、して見《み》ればあらゆる敎《をし》への生命《せいめい》は大心王《だいしんのう》であらねばならぬ証《しやう》が澤山《たくさん》ある。

殊《こと》に眞神道《しんくごう》の骨髓《こつずい》は内廟《ないべう》の八咫神鏡《たしんきやう》であつて、八咫神鏡《たしんきやう》は大心王《だいしんのう》の八光《くわう》の相《すが》貌《た》であるから結論《けつろん》がキチンとして居《を》るのである、吾々《われく》は此《こ》の生命體《せいめいたい》に觸《ふ》れた處《ところ》に安心立命《あんしんりつめい》があるのであつて、無内容《むないよう》や虛構《きよこう》の本尊《ほんぞん》にはどうしても低頭《ていとう》する事《こと》が出來《でき》ないのである。

以上《いじやう》が心王《しんのう》の敎《をしへ》が種々《いろく》に擴《ひろ》がつて居《を》る事《こと》を述《の》べたので、それに心王《しんのう》は釋迦《しやか》が說《とか》れた名《な》であると云《い》ふ事《こと》を証明《しやうめい》した丈《だけ》であるから感情《かんじやう》を棄《す》て、考《かんが》へられよ。

余が主張する心王の教

余《よ》は心王《しんのう》と云《い》ふ名《な》を借《か》りたのであつて佛教《ぶつけふ》を利用《りよう》して佛教《ぶつけふ》に捕《とら》はれて居《を》るのではない、余《よ》が百有餘日《ゆうよにち》絶食《ぜつしよく》なり減食《げんしよく》なりをした時《とき》にフイと内面《ないめん》の閃《ひら》めきを認《みと》めた刹那《せつな》、自己《じこ》の本體《ほんたい》を確《たし》かに識《し》つたその翌日《あくるひ》から東京《とうけふ》から來《く》る手紙《てがみ》其他《そのた》何《なん》でも閉目《へいもく》の眼《め》先《さき》に展開《てんかい》するのであつた、將《まさ》に之《こ》れ無意識《むいしき》の感《かん》で心王《しんのう》の靈鏡《れいきやう》に影《えい》ずるのを常識《じやうしき》が合点《がつてん》するのであると信《しん》じた。

それから吾々《われ〳〵》には怒《おこ》る心《こゝろ》がある、喜《よろこ》ぶ心《こゝろ》がある、悲《かなし》む心《こゝろ》がある、記憶《きおく》する心《こゝろ》がある、人《ひと》の事《こと》を首肯《しゆこう》せぬ曲《まが》つた心《こゝろ》がある、大慈悲《だいじひ》の心《こゝろ》がある、人《ひと》の爲《ため》なら何《なん》でもする氣《き》の毒《どく》だなあと云《い》ふ心《こゝろ》もある。

どうしてこんな作用《はたらき》が一ツの心《こゝろ》の中《なか》にあるのかしらん、と種々《いろ〳〵》と考《かんが》へたのである、此時《このとき》フイと五指靈脈《しれいみやく》を實験《じつけん》する事《こと》になつたのである、怒《おこ》る時《とき》は何《なん》だか腦《のう》からムズムズとして中指に電氣《でんき》がかゝる様《やう》になる、大慈悲心《だいじひしん》の起《おこ》る時《とき》は拇指に何《なん》となく力《ちから》がはいつて両眼《りやうがん》に潤《うる》をひが溜《たま》るのである、悲《かな》しむ時《とき》には人指がヒヾれた様《やう》に何《なに》かツマム時《とき》自由《じゆう》にならない、人《ひと》と爭《あらそ》ふた時《とき》には頬《ほゝ》だの眼《め》の廻《まは》りがピクピクしてその餘波《よは》が藥指《やくし》に振《ふる》ひを來《きた》し寒氣《さむけ》がしたり熱氣《ねつけ》が出《で》たりした、喜《よろこ》び事《ごと》があると何《なん》だか兒童《じどう》の様《やう》な氣《き》がして小指が無意識《むいしき》に動《うご》いた。

これが余《よ》の研究《けんきう》を進《すゝ》めんとする出發点《しゆつぱつてん》であつた、毋《はゝ》の人指が動《うご》くので靈脈《れいみやく》の疑問《ぎもん》が出《で》て居《を》つた時《とき》に右《みぎ》の心《こゝろ》の作用《はたらき》から第《だい》二の疑問《うたがひ》が起《おこ》り、どうかして之《こ》れを神託以上《しんたくいじやう》、易斷以上《えきだんいじやう》、力《ちから》あるものにしたいと考《かんが》へて書物《しよもつ》を持參《ぢさん》しては瀧行《たきぎやう》に百ケ日《にち》づゝ六七回《かい》往《い》つたのである、それから都《さ》界《かい》に來《き》て敎會所《けふかいじよ》を開設《かいせつ》する事數《ことすう》拾ケ所《しよ》、無數《むすう》の人《ひと》に接《せつ》してその眞《しん》を得《え》たのであるが、それを圖現《づげん》するのに困《こま》つたから佛敎《ぶつけふ》の唯識論《ゆゐしきろん》の心王《しんのう》を借用《しやくよう》したのである。

借用《しやくよう》して靈脈《れいみやく》の順序《じゆんじよ》を配置《はいち》して見《み》るとピタと合致《がつち》して居《を》るのであつた、依《よつ》て心王敎《しんのうけふ》の本尊《ほんぞん》として心靈解剖正圖《しんれいかいぼうせいづ》として發表《はつぺう》したのである、だから世間普通《せけんふつう》の賣捌所《うりさばきじよ》の本尊《ほんぞん》とは異《ちが》ふのである、命《いのち》を懸《かけ》て研究《けんきう》したのを公開《こうくわい》した次第《しだい》であるからである。

自分《じぶん》の心《こゝろ》の王様《わうさま》の下《した》に作用《はたらい》て居《を》る無數《むすう》の心《こゝろ》の兒分《こぶん》を一心王《しんのう》に統一《とつ》するにはどうしたらよいかと考《かんが》へ、靈脈《れいみやく》と云《い》ふ活《い》きた作用《はたらき》を拾七ヶ年研究《ねんけんきう》して同胞諸君《ごうぼうしよくん》に發表《はつぺう》すると同時《どうじ》に心王《しんのう》の敎《をしへ》をそのまゝ宣傳《せんでん》して居《を》るのである。

心王敎と他の宗敎との比較

先《ま》づ方位《はうゐ》から觀《み》ると心王《しんのう》は中央《ちうわう》であつて佛敎《ぶつけふ》の大日如來《だいにちによらい》、三世常住法界性體《ぜじようちうほうかいせうたい》知佛《ちぶつ》である、神道《しんこう》で云《い》ふ天御中主命《あめのみなかぬしのみこと》で、禪宗《ぜんしう》の空王古佛《くうわうこぶつ》である、又日蓮宗《またにちれんしう》の壽量《じゆりやう》の本佛《ほんぶつ》である。

であるから、心王《しんのう》を觀《かん》ずるを眞觀《しんかん》と云《い》ひ清淨觀《しやう〲かん》と云《い》ひ廣大智慧觀《くわうだいちゑかん》と云《い》ふのである、釋尊《しやくそん》の云《い》ふた本地《ほんち》の娑婆《しやば》世界《せかい》は心王《しんのう》を認《みと》めねばならぬ、全智《ぜんち》全能《ぜんのう》も實體《じつたい》實智《じつち》も心王《しんのう》を離《はな》れての名《な》ではないのである。

日本《にほん》では心王《しんのう》の發現《はつけん》した太陽《たいよう》を以《もつ》て天照太神《あまてらすおほみかみ》を理化《りか》し神化《しんか》して祖先敎《そせんけふ》としたのであるが。此《こ》の太陽《たいよう》には吾々《われ〱》の視線《しせん》で明瞭《めいれう》なる色光《しゆきこう》が五色《しき》の色彩《しきさい》を首肯《しゆこう》するから、その色彩《しきさい》を賞讃《しようさん》して五智如來《ちのによらい》と説《と》かれたのではないか。

佛敎《ぶつけふ》では宇宙《うちう》の萬有《ばんゆう》を一切諸佛《さいしよぶつ》として悉《ことごと》く人格的《じんかくてき》に見《み》るが故《ゆえ》に五色《しき》をそれぞれ佛《ほとけ》と見《み》て、五智《ち》如來《によらい》としこれを世界《せかい》の五方《ほう》に配《はい》し、東方大圓鏡智阿閦佛《とうほうだいえんけふちあしゆくぶつ》、南方平等性智寶生佛《なんぽうべうどうしやうちほうしやうぶつ》、西方妙觀察智阿彌陀佛《さいほうめうかんさつちあみだぶつ》、北方成所作智不空成就佛《ほくほうじやうしよさちふくうじようじゆぶつ》と中央《ちうおう》を大日如來《だいにちによらい》とした。

而《しか》して不動明王《ふどうめうわう》を大日《だいにち》の弟子《でし》とし觀音《かんのん》を阿彌陀佛《あみだぶつ》の弟子《でし》とし、不動《ふどう》を東方《とうぼう》に配《はい》し、觀音《かんのう》は西方《さいほう》の彌陀《みだ》の活動部分《かつどうぶぶん》とし『諸佛《しよぶつ》は西方《さいほう》より來《きた》る』として、秋《あき》は萬物果成《ばんぶつかじやう》の意味《いみ》から西方彌陀《さいほうみだ》を釋迦修成《しやかしうじやう》の名《な》と稱《しよう》して吾々《われ〳〵》に解《わか》る樣《やう》に敎《をし》へたのである。

菩薩即《ぼさつすなは》ち犧牲的活動《ぎせいてきかつどう》は成佛即《ぜうぶつすなは》ち人格者《じんかくしや》とならなければ出來《でき》ない事《こと》を佛菩薩《ぶつぼさつ》の名《な》に寄《よ》せて知《し》らせたのである、不動經《ふどうきやう》には『不動《ふどう》とは衆生《しうじやう》の心性中《しんしやうちう》に在《あ》り』と敎《をし》へ、法華經《ほけきやう》には『安住《あんじう》として動《うご》かざる事須彌山《ことしゆみせん》の如《ごと》し』と敎《をし》へられた、心王《しんのう》を認《みと》めた大觀念《だいかんねん》は須彌山《しゆみせん》の不動《ふどう》を表示《へうじ》したのである。

釋迦《しやか》はこの心王《しんのう》を觀解《かんげ》したから直《たゞ》ちに苦行《くぎやう》をされたのである故北方《ゆゑほくぽう》に配置《はいち》した、心王《しんのう》を理性《りせい》の上《うへ》に認《みと》むれば必《かな》らずそれを體現《たいげん》せねばならぬ故苦行三昧《ゆゑくぎやうさんまい》に入《い》りそれを出《で》てから宣傳《せんでん》に向《むか》ふのである、開敷佛《かいしきぶつ》の名《な》は南方《なんぽう》に配置《はいち》して宣傳《せんでん》を意味《いみ》された、下賤《げせん》の龍女《りうによ》は釋尊《しやくそん》に心王《しんのう》の如意寶珠《によいほうじゆ》を捧《さゝ》げ共通《けふつう》した、この間《かん》の消息《せうそく》を語《かた》る可《べ》く「價値《あたい》三千大千世界《だいせかい》」の富《とみ》を以《もつ》ても心王《しんのう》は賣買出來《ばい〳〵でき》ぬ珍寶《ちんぽう》とされ。而《しか》して上中下《じやうちうげ》の差別《さべつ》なく心王《しんのう》の寶珠《ほつじゆ》を信解《しんげ》すれば平等《べうどう》である事《こと》を極言《きよくげん》した。

宣傳《せんでん》したらその德《とく》を末代《まつだい》に傳《つた》へる可《べ》く西方《さいほう》に彌陀《みだ》を配《はい》し秋《あき》に譬《たと》へ果成《かじやう》の德相《とくそう》を示《しめ》したのである、故《ゆえ》に無量壽如來《むりやうじゆにょらい》の名《な》あり、不可思議光如來《ふかしぎくわうにょらい》の名《な》もある、心《しん》王《のう》の體現者《たいげんしや》は無量萬年《むりようまんねん》も消《き》へぬ不可思議《ふかしぎ》の光《ひかり》を放《はな》つと敎《をし》へたのであると余《よ》は自《じ》解《げ》したのである。

この修成《しうじやう》の活動方面《かつどうはうめん》を三十三身《しん》の觀音《かんのん》に擬《ぎ》した事《こと》は實《じつ》に妙《めう》と云《い》ふ可《べ》きである この彌陀《みだ》を觀解《かんげ》した者《もの》を法藏比丘《ほうぞうびく》とされたのは、余《よ》の心靈解剖圖《しんれいかいぼうづ》に配置《はいち》してある阿羅耶識即《あらやしきすなは》ち含藏《がんぞう》を表示《へうじ》したのであつて心王《しんのう》の外廓《がいかく》を確實《かくじつ》に説《と》かれたのである、加茂眞淵先輩《かもしんえんせんぱい》は阿彌陀《あみだ》をミツルダともミノルダとも名《な》づけたのである、心《しん》王《のう》を認《みと》めて吾々《われ〳〵》の人格修成《じんかくしうじやう》の名《な》を確論《かくろん》されたのであつた、觀無量壽經《かんむりようじゆきやう》には法藏《ほうぞう》比丘《びく》が阿彌陀《あみだ》になつた事《こと》が説《とい》てあるので心王認識者《しんのうにんしきしや》の人格向上《じんかくこうじやう》の本義《ほんぎ》が判《わか》るではないか。

中央大日如來の本體は心王

太陽《たいよう》も星《ほし》も心王《しんのう》の生命《せいめい》ありて活躍《かつやく》するのであるから、古來太陽《こらいたいよう》は神妙不思議《しんめうふしぎ》の靈體《れいたい》とした、釋尊《しやくそん》も太陽《たいよう》を摩河毘盧舍那《まかびるしやな》と云《い》ひ光明遍照《くわうめいへんぜう》と云《い》ふたのである。吾々《われ〳〵》の身體《しんたい》に温暖《おんだん》の氣《き》あるは生理學上《せいりがくじやう》の確論《かくろん》である、温暖《おんだん》あれば火性《かせい》ある事《こと》も自明《じめい》である、火性《かせい》あれば光明《くわうめい》がなければならぬ、心王《しんのう》は光明《くわうめい》の原《もと》であり力《ちから》の素《もと》であるから吾々《われ〳〵》が無病健全《むびやうけんぜん》である事《こと》は心王《しんのう》の放光《ほうくわう》が遍照《へんぜう》であるからである、丁抹《デンマーク》の大醫《たいい》フイセン氏《し》は不治《ふぢ》の難症《なんしやう》たる彼《か》の狼瘡《ろうそう》をこの光線《くわうせん》に依《よ》り全治《ぜんち》せしめた事《こと》が或《あ》る雜誌《ざつし》にあつたが、殺菌力及《さつきんりよくおよ》び消毒《せうどく》の力《ちから》は太陽《たいよう》より外《ほか》に何物《なにもの》も及《およ》ぶものはない。

吾々《われ〳〵》の心王《しんのう》は太陽《たいよう》の光熱《くわうねつ》と少《すこ》しも異《こと》ならないから雜念《ざつねん》が心王《しんのう》に一致《ち》大統《だいとう》されるとそこに一大癒能力《だいゆのうりよく》が起《おこ》るので心身《しん〳〵》の疾患《しつかん》を平定《へいてい》させるのは確實《かくじつ》である、人體《じんたい》ラヂウムなどゝ云《い》ふて居《を》る者《もの》は心王《しんのう》を無視《むし》した反逆者《はんぎやくしや》である。

太陽《たいよう》に黑点《こくてん》の現《あらは》れるのは心王《しんのう》の前《まへ》に活動意識《かつどういしき》である第《だい》七識《しき》の末那《まな》心象《しんざう》の黑雲《こくうん》

がかゝると同《おな》じである、漢字《かんじ》の日《ひ》と云《い》ふのは支那古代《しなこだい》の象形文字《せうけいもんじ》にて『⊙』なり、この字《じ》は即《すなは》ち○に●黒点《こくてん》を入《い》れたものである、之《こ》れが煩悩則菩提《ぼんのうそくぼだい》と云《い》へよう、この黒点《こくてん》は十一年目《ねんめ》に最《もつと》も大《おほ》きく現《あら》はれると云《い》ふ學説《がくせつ》がある。

人間《にんげん》に中心力《ちうしんりよく》あり、天上《てんじやう》に中心力《ちうしんりよく》あり、爭《いか》でか地上《ちじやう》に中心力《ちうしんりよく》なかる可《べ》き、日《に》本《ほん》は人體《じんたい》に象《かたち》どつては頭中《づちう》に鎭座《ちんざ》する心王《しんのう》、支那《しな》は心王《しんのう》の手足《てあし》、歐米《おうべい》は人間《にんげん》に象《かたち》どつては手足《てあし》以外《いがい》の身體《しんたい》、其他《そのた》の諸國《しよこく》は人體上《じんたいじやう》の諸官及《しよかんおよ》び器能機質《きのうきしつ》である、心王《しんのう》の靈明《れいめい》に引卒《いんそつ》されて軈《やが》て眞《しん》の文化《ぶんか》が成立《せいりつ》されるのである。

諸學者の認めた眞我と心王

近江聖人中江藤樹先輩《あふみせいじんなかえとうじゆせんぱい》が『日々心《にち〳〵こゝろ》の奥《おく》の主人公《しゆじんこう》に拜謁《はいえつ》し候《さふら》へ』と敎《をし》へられたが誠《まこと》に深妙《しんめう》の言《げん》である、日蓮上人《にちれんじやうにん》は『胸中《けふちう》の肉團《にくだん》におはしますなり是《これ》を九識心《しきしん》王眞如《のうしんによ》の都《みやこ》と申《もう》す也《なり》』と敎《をし》へた、斷頭場裡《だんさつじやうり》の心王擴大表現《しんのうかくだいへうげん》も此《こ》の自覺《じかく》の現《あらは》れであつたと見《み》ねばならぬ。」

新《しん》カント派《は》の哲學《てつがく》の言葉《ことば》では『超個人的《てうこじんてき》の我《わ》れ」としておる、オイケンも王《わう》陽明《ようめい》も同《おな》じである樣《やう》に思《おも》われる、而《しか》して超個人《てうこじん》の我《わ》れを知《し》つたならば制限《せいげん》された『個人《こじん》の我《わ》れ』を知《し》らねばならぬ、また『個人《こじん》の我《わ》れ』もこれを直觀《ちよくかん》によつて内面《ないめん》から觀《み》れば『超個人《てうこじん》の我《わ》れ』と一つである事《こと》が判《わか》るけれども、事實《じじつ》に於《おい》て各自《かくじ》が之《こ》れを直觀體驗《ちよくかんたいけん》されなければ一切《さい》の事《こと》が判《わか》らぬのだから哲學的解釋《てつがくてきかいしやく》は力《ちから》かないのである。

心《こゝろ》の奧《おく》の主人《しゆじん》と云《い》ひ胸中《けふちう》の肉團《にくだん》におはしますと云《い》ふが如《ごと》きは何《なん》となく心王《しんのう》を絶對靈格者《ぜつたいれいかくしや》と觀《み》た樣《やう》でありがたそうである、超個人《てうこじん》と云《い》ふと何《なん》だか化物《ばけもの》を探《さが》す樣《やう》な氣《き》がしてならぬ、ヘーゲル派《は》の言葉《ことば》をかりて觀《み》れば『世界《せかい》は自然及《しぜんおよ》び人事《じんじ》を通《つう》じて絶對者《ぜつたいしや》なる(思念《イデー》)若《も》しくは(理《ロゴス》)の發展《はつてん》の現《あらは》れである』と云《い》ふた、エンゲルスは『何處《いづこ》にか永遠《えいえん》の昔《むかし》から世界《せかい》から獨立《どくりつ》して且《かつ》世界以前《せかいいぜん》から存在《そんざい》し來《きた》れる所《ところ》の發展《はつてん》の現《あらは》れである』と述《の》べられたが、皆心王《みなしんのう》の內觀性《ないかんせい》から脫線《だつせん》した連《れん》中《ちう》と云《い》へよう。

天上天下唯我獨尊《てんじやうてんかゆゐがどくそん》と絕叫《ぜつきやう》した釋尊《しやくそん》は自己《じこ》の證得《しようとく》した大心王《だいしんのう》を認識《にんしき》した時《とき》の叫《さけ》びであつた、然《しか》し單《たん》に此《こ》の唯我獨尊《ゆゐがどくそん》をのみ自解《じげ》して差別《さべつ》を無視《むし》すると人道《じんだう》を沒《ぼつ》却《きやく》する惡魔敎《あくまけふ》になるから注意《ちうい》せねばならぬのである、天《てん》にも地《ち》にも一ッしかない大心王《だいしんのう》の我《われ》は誰《た》れでも具有《ぐゆう》して居《を》るのであつて、あらゆる學問《がくもん》が之《こ》れを知《し》りたくて苦心《くしん》したが今《いま》に謎《なぞ》が解《と》けないのである、大心王《だいしんのう》に來《く》れば即決《そくけつ》する事《こと》を。

太陽の大きさと心王の大きさ

太陽《たいよう》は八十六萬里《まんり》あるそうだが心王《しんのう》の擴大《かくだい》は五百四十三萬姚垓《まんてうがい》二億《おく》だと傳《つた》へられてある、之《こ》れは數理《すうり》の上《うへ》から單《たん》に云《い》ふたのであろふが、十方法界《ぽうほうかい》を以《もつ》て我《わ》が心《こゝろ》とし體《たい》とし相《さう》とすると云《い》ふに到《いた》つては極限《きよくげん》がないのである。

吾々《われ〳〵》が心王《しんのう》に雜念《ざつねん》を統《とう》一した無《む》雜淸淨《ざつしやう〳〵》の時《とき》に閉目《へいもく》して思《おもひ》を凝《こら》すと、宇宙大《うちうだい》なりと雖《いへど》も決《けつ》して大《だい》でない樣《やう》に思《おも》われる、眼《め》を開《ひら》けば常識中《じようしきちう》に作用《さよう》するが故《ゆえ》に一里先《りさき》は見《み》へないのである、然《しか》し無心《むしん》の感《かん》とか千里眼《りがん》とか云《い》ふのは要《えう》するに全精《ぜんせい》神中《しんちう》の分裂作用《ぶんれつさよう》が中止《ちうし》された瞬間《しゆんかん》である、別《べつ》に奇《き》とする事《こと》はないのである。

太陽《たいよう》は日本《にほん》を照《てら》せども同時《どうじ》に英國《えいこく》は照《てら》さない、心王《しんのう》はあらゆる心裡《しんり》を照破《せうは》し闇黑《あんこく》ならしめんとするのである、故《ゆえ》に一度《た》び五指靈脈《しれいみやく》を吹《ふ》けば日本《にほん》に居《ゐ》て英《えい》國《こく》の天候《てんこう》を知《し》り、米國《べいこく》の天候及《てんこうおよ》び諸商況《しよせうきやう》を先知《せんち》するのである、天文學者偉大《てんもんがくしやゐだい》なりと雖《いへど》も一ヶ月先《げつさき》の天候《てんこう》は判《わか》らないのである、靈脈《れいみやく》は之《こ》れを先知《せんち》する作用《さよう》を具《ぐ》有《ゆう》して居《を》る。

日本《にほん》に居《ゐ》て支那人《しなじん》の心裡《しんり》を靈脈《れいみやく》にて識《し》り進退《しんたい》を豫知《よち》する、太陽及《たいようおよ》び星等《ほしなど》は生《せい》命《めい》を心王《しんのう》として活動《かつどう》をして居《を》るのであるから心王《しんのう》を離《はな》れて太陽《たいよう》なく星《ほし》もないのである、故《ゆえ》に獨逸人《どいつじん》が太陽《たいよう》を理想《りさう》とする我日本國民《わがにほんこくみん》の將來《せうらい》を豫言《よげん》して『日本《にほん》は將來《せうらい》天照太神《てんせうだいじん》を中心《ちうしん》に世界《せかい》に活躍《かつやく》す』と云《い》ふて居《を》る。

心王認識《しんのうにんしき》こそ活《い》ける天照太神《てんせうだいじん》の活躍《かつやく》で八百萬神《よろづのかみ》の正《たゞ》しき活動《かつどう》を示《しめ》すものである、心王敎《しんのうけふ》は此《こ》の使命《しめい》を帶《を》びて人心《じんしん》を吸收《きふしう》す可《べ》く心王靈脈《しんのうれいみやく》を發表《はつぺう》し、心王觸《しんのうしよ》手紫光療法《くしゆしくわうれうほう》を公開《こうかい》したのである、故《ゆゑ》に人體《じんたい》ラヂウムなど云《い》ふて心王《しんのう》の放光《ほうくわう》を無《む》視《し》する逆賊《ぎやくぞく》があつたら公開席上《こうかいせきじやう》で糾彈《きうだん》せねばならぬのである、靈脈研究者《れいみやくけんきうしや》の心《こゝ》得《ろえ》として心王敎《しんのうけふ》の說明《せつめい》を一節《せつ》如是《かくのごとし》。

心王靈脈大鑑

終り

定価　六八〇〇円＋税

心王霊脈大鑑

昭和　三　年十月二十五日　初版発行（心王教本院）
平成十六年五月二十五日　復刻版発行

著者　西村大観

発行　八幡書店
東京都品川区上大崎二―十三―三十五
ニューフジビル二階
電話　〇三（三四四二）八一二九
振替　〇〇一八〇―一―九五一七四